A B C
DE LA GRAPHOLOGIE

DU MÊME AUTEUR

Les bases fondamentales de la graphologie et de l'expertise en écritures, avec 30 planches ou figures, 2e éd. (Alcan).
Traductions allemande (Niels KAMPMANN à Heidelberg), *anglaise, italienne* et *roumaine.*

Traité pratique de graphologie, avec 179 figures, 15e mille (Flammarion, édit.).
Traductions allemande, 7e éd., et *danoise,* 2e éd.

L'écriture et le caractère, 1 vol. de la « Bibliothèque de Philosophie contemporaine », 232 figures dans le texte, 17e éd. (P.U.F.), 1975.
Traductions allemande, par M. Hans BUSSE et M. Bertha MERCKLE ; *espagnole,* par M. Anselme GONZALEZ ; *anglaise,* par J.-H. SCHOOLING.

L'âge et le sexe dans l'écriture, avec 28 planches en héliogravure, hors-texte. Avant-propos par le Pr Charles RICHET, de l'Institut (Adyar, édit. à Paris).

Les éléments de l'écriture des canailles, in-8o, avec 160 documents graphologiques (Flammarion, édit.).

The Psychology of the Movements of Handwriting, from the works of J. CRÉPIEUX-JAMIN, translated and arranged by L. K. GIVEN-WILSON (George Rontledge, à Londres).

La graphologie en exemples (Larousse). *(Épuisé.)*

L'art de juger du caractère des hommes sur leur écriture, de E. HOCQUART, avec introduction et portrait graphologique. *(Épuisé.)*

Libres propos sur l'expertise en écritures et les leçons de l'Affaire Dreyfus, éd. augmentée (Alcan, édit.), 1935.

Jules Crépieux-Jamin

A B C
DE LA
GRAPHOLOGIE

PRÉFACE D'ANDRÉ LECERF

QUADRIGE/PUF

ISNB 2 13 054262 X
ISSN 0291-0489

Dépôt légal : 1re édition : 1930
1re édition « quadrige » : 2004, juin

6, avenue Reille, 75014 Paris

PRÉFACE DE LA 6e ÉDITION

Devant la faveur que le public continue à apporter à cet ouvrage magistral, nous sommes heureux d'en donner une sixième édition, qui ne demande aucune correction, ni addition, étant donné que le texte reste aussi jeune, aujourd'hui, qu'il était lors de la troisième édition, qui fut soigneusement revue et mise à jour.

Ce livre, qui représente la somme de quarante années de travail du plus grand de nos graphologues, reste, aujourd'hui, aussi frais, aussi passionnant, aussi instructif qu'à l'origine. Nous dirons plus : la présentation, en un seul volume, facilite grandement l'intelligence de l'ouvrage et c'est là l'une des nombreuses améliorations apportées à cette nouvelle édition, tant attendue de tous les amateurs de graphologie.

Personne, dans aucun pays, n'a jamais écrit, sur la graphologie, quelque chose d'approchant ; c'est pourquoi ce livre constitue un véritable monument de la Science graphologique, quels que soient les progrès qu'elle puisse faire, ou qu'elle ait déjà faits.

Et pourtant, les critiques n'ont pas manqué de s'exercer, sur une œuvre aussi considérable ; c'est ce qui explique que l'on trouve sous la plume de Crépieux-Jamin, dès 1930 : « ... Je ne puis pas me plaindre des jugements qui ont été portés sur mon œuvre ; j'ai obtenu les suffrages des philosophes que j'admirais le plus, des psychologues qui étaient mes Maîtres. Mes dénigreurs, eux-mêmes, m'ont fait la place assez belle ; aussi, n'ai-je pas pris la peine de leur répondre... »

Les graphologues du monde entier ont répondu pour lui.

Pour bien comprendre l'*A B C*, il faut d'abord se pénétrer de ce sentiment que tout mouvement graphique est un *geste* plus ou moins conscient, qu'il convient de voir, de classifier, puis d'interpréter.

Crépieux-Jamin nous en donne, ici, les moyens : la première partie de l'ouvrage enseigne à voir et à classifier ; la seconde précise la classification des Espèces, en les interprétant selon leur « Milieu graphologique », et aussi selon les interactions des Espèces qui créent les résultantes psychologiques.

Il ne faut pas voir, dans cet ouvrage, un dictionnaire, car il ne saurait y avoir de dictionnaire de graphologie, mais bien plutôt une *méthode*, une classification des Espèces, en vue de leur interprétation caractérologique.

Chaque espèce graphique est un microcosme autour duquel gravitent les autres. C'est un *Monde psychologique*, en raccourci, puisque chaque espèce (tout en conservant sa valeur indicative), modifie la valeur des autres caractéristiques qui, elles-mêmes, orientent l'interprétation d'une Espèce donnée, incluse dans la définition d'un graphisme.

Certains lecteurs, peu avertis, ont pu trouver que, dans les 649 reproductions d'écritures exposées et commentées dans ce livre, il s'en trouve beaucoup qui appartiennent aux siècles passés. Si l'on se donne la peine de mieux voir, on s'aperçoit, au contraire, que ces très curieuses écritures anciennes présentent les mêmes caractéristiques que celles de nos contemporains, avec cette différence toutefois qu'elles offrent des groupements d'espèces rarement rencontrés de nos jours. Cela permet de contrôler l'exactitude de la graphologie et de mesurer l'évolution de l'esprit humain. Bien plus, l'étude de ces écritures nous aide grandement à comprendre les mœurs, les usages, enfin le comportement général d'ancêtres éloignés dans le Temps, et de découvrir, parfois, les mobiles de leurs actes.

L'écriture est la seule chose *vivante* que nous possédions d'eux ; cela justifie la grande valeur que l'on attache aux autographes.

On a aussi souvent critiqué la fameuse synthèse de l'Harmonie et de l'Inharmonie qui est, pratiquement, la base de la méthode jaminienne. C'est de cette méthode que dérive le « Formniveau » de l'École allemande. Mais, alors que cette dernière s'attache uniquement au « Niveau de la Forme vitale », la méthode française de Crépieux-Jamin permet d'apprécier tous les degrés de supériorité ou d'infériorité, qu'ils soient d'ordre intellectuel, moral ou même physique. C'est alors que les 170 Espèces graphiques isolées, définies et interprétées dans ce livre, viennent préciser, nuancer, hiérarchiser les valeurs.

Il ne faut donc ni s'étonner, ni s'effrayer du nombre des Espèces, car c'est bien grâce à ce clavier graphologique, d'une richesse et d'une souplesse infinies, que nos interprétations caractérologiques peuvent atteindre à toute la précision souhaitable.

André George écrivait récemment, en parlant d'Einstein : « ... C'est un esprit pour qui l'Harmonie souveraine du Monde s'accorde à notre raison, capable de la retrouver... » Crépieux-Jamin, dans ce livre, nous donne les moyens de retrouver l'Harmonie de la personnalité humaine, dans les écritures, à condition que notre raison soit capable de le faire.

Il existe des écritures « inharmonieuses » appartenant à des personnes de grande qualité, et cet ouvrage en donnera l'explication et les moyens de les reconnaître.

Georg Mendelssohn fit paraître, dès 1930, dans le *Mitteilungen* de Berlin une analyse de l'*A B C*, dont nous extrayons ces quelques lignes : « ... Nous devons considérer les bases positives ou négatives de la synthèse de l'Harmonie, comme un résultat personnel de ce grand Français [Crépieux-Jamin]. Le livre ressort de ses pensées comme un monument de simplicité géniale... »

Et je voudrais terminer cette préface par une phrase du grand psychiatre et regretté Dr LEGRAIN, ancien directeur des Asiles de la Seine, ancien président de la Société de Graphologie scientifique. Il s'exprimait ainsi, en avril 1930, dans le Bulletin de la Société :

« ... Le livre de M. Crépieux-Jamin sera un compagnon vivant pour les futurs travailleurs de la graphologie, ceux parmi lesquels nous voulons tous prendre rang, contemplateurs respectueux du passé, et admirateurs des Maîtres qui nous ont inspiré le goût de la Science des Écritures, mais avides aussi du nouveau et du renouveau. »

Sous sa forme nouvelle, avec les additions qui lui ont été apportées, nous sommes persuadé que l'*A B C* séduira une fois de plus le monde intellectuel, comme il l'a fait il y a cinquante ans, et qu'il permettra aux générations qui montent de suivre la voie rigoureuse indiquée par le Maître.

André LECERF.

INTRODUCTION

La graphologie est l'étude du caractère par l'écriture. Cette science, à laquelle un Italien, Camillo Baldi, avait consacré un petit livre en 1622, se développa très lentement[1]*. En 1871, l'abbé Michon lui donna un nom et fonda le premier journal dont elle fut l'objet.*

L'abbé Michon, vulgarisateur remarquable et grand orateur, — il avait prêché le carême à Notre-Dame de Paris, — mit, à répandre la graphologie, la fougue et la passion qu'il apportait dans toutes ses initiatives. Œuvre de pionnier qu'il faut admirer, œuvre capitale, puisqu'elle détermina toutes les recherches ultérieures. Cependant, il s'est borné à la développer en surface. Plus d'une fois, dans son journal, il a eu l'intuition d'une meilleure graphologie, mais il était prisonnier des prétendues lois exposées dans ses ouvrages. Il a beaucoup écrit, effleuré bon nombre de vérités ; il n'a pas laissé de doctrine.

Un an après la mort de l'abbé Michon, nous lûmes son Système. *Le transport de joie que nous éprouvâmes devant un si beau sujet d'étude ne parvint pas à nous dissimuler les défauts du livre. En cherchant à mettre un peu d'ordre dans cette graphologie trop ardente, nous fûmes entraîné à créer une méthode d'expérimentation et d'interprétation.*

Aujourd'hui, le résultat d'un labeur de quarante ans est soumis à l'épreuve d'un inventaire didactique. En vue de faciliter au lecteur non-initié l'intelligence du livre, nous exposerons d'abord les principes essentiels sur lesquels il est fondé.

1. Pour l'histoire de la graphologie, consulter :

L'écriture et le caractère, 1 vol. in-8°, « Bibliothèque de Philosophie contemporaine », 16e éd., Presses Universitaires de France, Paris, 1963.

La graphologie, nos 94 et 96, 1964. Conférence d'André Lecerf à la Société de Graphologie de Paris.

PREMIÈRE PARTIE

EXPOSÉ DE LA MÉTHODE

DE L'INFINIE DIVERSITÉ DES ÉCRITURES

Le point de départ de la graphologie est le modèle calligraphique dont l'imitation s'accompagne de différences individuelles allant toujours en augmentant à mesure que l'écriture devient plus spontanée. A la faveur des mouvements variés que nécessite la formation des lettres, chacun trace, à son insu, une réduction de ses gestes préférés et révèle ainsi son tempérament et son caractère.

La diversité des écritures est prodigieuse. Il a été démontré[1] qu'elle dépasse tout ce que l'on peut imaginer. Le seul tracé d'un bâton produit au moins huit milliards cinq cent quarante-neuf millions de variétés. En appliquant les mêmes calculs au chiffre 1, sous les diverses formes calligraphiques et typographiques, en tenant compte de ses liaisons éventuelles avec un autre chiffre ou une lettre, on arrive au total approximatif de 857 560 902 216 027 392 000 000 000 de variétés, soit 857 septillions 560 sixtillions 902 quintillions 216 quatrillions 27 trillions 392 milliards.

Si l'on calcule les nuances possibles des 62 lettres et chiffres conjugués de notre alphabet, en accordant à chaque tracé un nombre de variétés égal à celui que nous avons accordé au chiffre 1, nous obtenons un 1 suivi de dix-sept cents zéros. Cependant, ce résultat formidable que notre imagination ne parvient pas à concevoir, est fort au-dessous de la réalité, car nous ne donnons aux tracés les plus compliqués (comme ceux des majuscules B, H, M, R, etc.) que le nombre de variétés attribué au chiffre 1, alors que les diverses formes calligraphiques de ces lettres atteignent, à elles seules, le nombre de lettres de l'alphabet tout entier.

1. *Les Bases fondamentales de la graphologie et de l'expertise en écriture*, p. 22 (Librairie Alcan).

Il n'y a donc aucune chance de rencontrer jamais une écriture absolument identique à une autre, puisque les possibilités de variations de tracés sont infinies.

Chacun pourra, dans une certaine mesure, vérifier expérimentalement ces résultats mathématiques en recueillant un grand nombre d'une ou de plusieurs sortes de majuscules. Le M est peut-être la lettre la plus aisée à récolter en masse à cause des mots Mon, Ma, Monsieur, Madame, Marie, d'un usage constant. Mais, le nom propre de chacun, celui de la ville et de la rue qu'on habite, fournissent aussi de faciles et importantes collections. En Angleterre, c'est le I, en Allemagne, le H (Herr Hochachtungsvoll, Hochwolgeboren, etc.), en Roumanie le D (Domnule, Domnilor, Doamna, Dumneavoastra, etc.).

Le résultat de ces expériences causera quelque surprise aux collectionneurs, même après les révélations qui viennent d'être faites ; ils pourront accumuler 1 000, 10 000 ou 100 000 spécimens d'une même majuscule sans jamais en rencontrer une identique à une autre.

L'infinie diversité des écritures est la conséquence de l'infinie diversité des caractères. Aucune écriture ne ressemble complètement à une autre ; il n'y a pas de meilleure preuve de la possibilité de la science graphologique.

LES CAUSES

En établissant la graphologie sur les données de l'écriture calligraphique, nous exprimons que nos études découlent de l'écriture et non des théories du caractère. On s'engage ainsi sur des faits connus ; c'est le seul procédé scientifique. De ces faits il s'agit de remonter aux causes ; c'est l'inconnu à déterminer ; un point d'arrivée, non un point de départ, sauf quand on veut faire connaître à des élèves les principaux résultats de la science. Autre chose est une loi de recherches scientifiques et une œuvre d'enseignement. Comme la graphologie est autant une science à faire qu'une science faite, il faut mettre entre les mains du graphologue un instrument de recherches et de progrès. Dans la pratique il semble qu'on parte forcément du caractère ; c'est, en effet, la question posée, mais le meilleur moyen d'y répondre avec sûreté et précision c'est d'analyser l'écriture comme si aucune question spéciale n'était posée au sujet du caractère.

Ce n'est pas non plus *le geste* que nous devons envisager pour commencer, mais le *caractère de l'écriture et ses causes* : le matériel employé, papier, support de papier, encre, plume, stylographe, crayon, etc. Ensuite le geste, dont les causes sont elles-mêmes : 1º musculaires, 2º d'influence motrice et sensorielle, 3º psychiques, 4º physiques, comme la presbytie et la myopie, etc.

L'idéal serait, avant de parler de la signification des signes graphiques, de pénétrer toutes les causes, ce qui permettrait de distinguer nettement leurs influences.

Le geste lui-même a pour causes : 1º les os et les muscles, 2º les nerfs, 3º les dispositions psychiques, 4º les influences physiques : fatigue, chaud, froid, gêne, souffrance, etc.

C'est de la variété et de la complexité des causes que nous avons déduit la loi de la variabilité et de la contingence des significations. Des causes diverses produisant des effets semblables, il en résulte qu'un même signe graphologique peut avoir, selon les cas, des significations diverses[1].

Ces considérations très simples ont provoqué l'effondrement du signe fixe de l'ancienne graphologie qui, sans souci des causes, exprimait toujours la même chose. Ne suffit-il pas d'envisager, comme cause, l'ignorance et les maladresses du tracé qu'elle détermine, pour redresser des douzaines d'interprétations graphologiques fausses ? Elles sont mal fondées par définition. Je me borne à ce seul exemple qu'on pourrait amplifier avec des considérations pathologiques, parce que cet ouvrage en sera rempli.

La méthode rationnelle, qui ne fait que commencer à porter ses fruits, nous oriente vers une nouvelle conception du portrait graphologique, parce que les causes étant reconnues variées et enchevêtrées, le produit est forcément très complexe : au lieu de significations trop précises et compromettantes, très commodes, en vérité, mais qui dissimulent dangereusement ce que le caractère a de plus délicat, avec tous ses imprévus, nous découvrons des états d'âme, sans préjuger leurs répercussions.

La preuve la plus aisément vérifiable de la diversité des causes est que, au cours des années et même dans l'espace d'un seul jour, nous écrivons différemment. Cependant nos écarts de

1. *L'Écriture et le caractère*, p. 54.

formes et de mouvements sont contenus dans des limites assez étroites pour ne pas altérer profondément l'allure générale de notre écriture ; si bien qu'à travers l'expression des causes variées, notre formule graphique n'est pas assez modifiée pour empêcher nos parents et amis de la reconnaître. N'exagérons donc pas l'importance des variations : elles n'ont que celle d'une entrave à réduire.

La stabilité de l'écriture est plus grande chez les lymphatiques et les bilieux que chez les nerveux et les sanguins, parce que ces derniers, beaucoup plus émotifs, sont impressionnés par des causes plus nombreuses. Mais, tous les jours, chaque individu subit les effets d'une contrariété ou d'une agitation accidentelle, du chaud ou du froid, de la station assise ou debout, du changement de plume, etc., etc. Afin d'éviter les erreurs d'appréciation qu'il redoute, le graphologue demande un second document ; tout va bien si le second document confirme le premier, sinon le voici arrêté par un nouveau doute. Où est la constante de l'écriture ? Elle est quelquefois dans l'instabilité foncière qui, à son tour, résulte de causes variées. Voilà pourquoi la graphologie est difficile et même impraticable pour les personnes dénuées de souplesse d'esprit. Mais voici les deux meilleurs moyens d'écarter les obstacles : il faut, avant d'apprendre la graphologie, étudier les causes des variations de l'écriture. Quand on sera expert dans ce domaine, on abordera celui des interprétations, en choisissant ses éléments d'appréciation parmi les plus sûrs, et en abandonnant tous ceux qui ne sont pas incontestables. Nous développerons plus loin ces considérations et nous indiquerons quels sont les éléments qualitatifs de la graphologie.

LE FIL D'ARIANE

Comment se reconnaître dans une diversité de causes et d'effets qui n'apparaît d'abord que comme une effroyable confusion ?

C'est dans une correspondance entre Gœthe et Lavater que nous avons trouvé notre première inspiration.

Gœthe s'exprimait ainsi : « Que l'écriture ait des rapports avec le caractère et l'intelligence humaine, et qu'elle puisse donner au moins un pressentiment de la manière de sentir ou d'opérer, il n'existe pas l'ombre d'un doute à ce sujet, comme on doit aussi reconnaître un accord avec toute la personnalité, non seulement dans les traits, la conformation générale, mais même dans l'expression du visage, le ton, les mouvements du corps. Cependant, on rencontrerait là plutôt une affaire de sentiment qu'une science claire. On pourrait bien, par cette méthode, réussir dans quelques cas isolés ; mais vouloir faire de la réunion du tout une certaine méthode, cela réussirait difficilement à qui que ce soit. Comme je possède moi-même une collection considérable d'écritures et que j'ai souvent eu l'occasion de fixer mon attention sur ces sujets et de m'en rendre compte, il me semble que tout homme qui voudrait tourner ses idées sur ces matières pourrait, sinon pour les étrangers, mais pour sa propre satisfaction et instruction, faire quelques pas qui pourraient lui ouvrir un point de vue sur un chemin à déblayer. Comme la chose est extrêmement compliquée et comme soi-même on doute de la place où l'on doit rencontrer le fil d'Ariane qui doit conduire hors de ce labyrinthe, on ne trouve que peu à dire à ce sujet, à moins qu'on ne l'approfondisse sérieusement.

« Prenez, en attendant, ce que je vous dis aujourd'hui comme l'assurance de l'intérêt sympathique que j'attache à ces recherches, en vous engageant amicalement à continuer à collectionner avec zèle. »

Sa lettre, comme on le voit, était peu encourageante, mais elle contenait un conseil : celui de recueillir un grand nombre d'écritures pour les comparer. Ce conseil nous séduisit d'autant mieux qu'il s'accordait avec nos instincts de collectionneur[1].

En quelques mois, nous avions rassemblé assez d'autographes pour ne plus savoir où les caser dans notre modeste chambre d'étudiant. Il fallut bien songer à les trier, à les grouper, à les classer d'une manière ou d'une autre. Des dossiers furent établis, correspondant aux indications fournies par Michon. Bientôt il nous apparut que tout l'effort de redressement devait porter

1. L'authenticité de cette lettre, souvent reproduite, est discutée. M. le Pr SUPHAN, directeur de la *Gœthe und Schiller Archives*, à Weimar, consulté par M. W. Preyer, la considère comme douteuse. M. W. Preyer n'a trouvé non plus aucune preuve directe à l'appui de l'opinion courante, mais il n'abandonne pas l'espoir de démontrer que ce fut Gœthe qui engagea Lavater à observer les particularités individuelles de l'écriture.

Cette discussion est purement académique. La lettre est très vraisemblable et, quel que soit son auteur, le conseil était bon.

sur la distinction entre les caractères généraux de l'écriture et l'étude de ses petites particularités, distinction presque totalement délaissée jusque-là.

Les graphologues, à cette époque-là, étudiaient tour à tour les majuscules, les minuscules, les hampes, les barres, les accents, les marges, etc., dans leurs manifestations variées. Il s'ensuivait une multitude de petites réalisations graphiques à chacune desquelles on donnait une signification particulière. Les graphologues s'embarrassaient de détails dont les interprétations, dépourvues de toute orientation, entouraient la graphologie d'un réseau de pauvretés.

Après divers tâtonnements, nous précisâmes ainsi notre pensée dans le journal *La graphologie* (novembre 1890) : « Il faudrait grouper les signes graphologiques de même nature, en se gardant bien de les spécialiser à outrance, et rapporter au terme général d'écriture le plus grand nombre possible de particularités attribuées aux mots et aux lettres. »

C'était le fil d'Ariane souhaité par Gœthe.

Quelques années après[1], allant plus loin, nous avons énoncé cette loi : *Il n'y a pas de signes particuliers indépendants ; il n'y a que des signes généraux dont les modes sont divers.*

Sans doute, cela n'empêchera pas la fantaisie graphologique de s'installer en maîtresse dans certaines publications mondaines, mais les lecteurs judicieux savent maintenant que dans le domaine étréci des petits signes de l'écriture, on ne trouve que des parcelles de vérité, c'est-à-dire des occasions incessantes de s'égarer.

1. *L'Écriture et le caractère*, *loc. cit.*, 4e éd. (1896), p. 49.

LA CLASSIFICATION GRAPHOLOGIQUE

GENRES, ESPÈCES ET MODES

Le travail de compression des détails graphologiques au profit des signes généraux ne pouvait être l'œuvre d'un jour ; il était conditionné par le développement et le classement de la collection d'autographes de toute nature que nous avions entreprise, labeur absorbant et sans cesse remanié.

Nous avions abandonné depuis longtemps la formule mystique de l'abbé Michon : « C'est l'âme qui directement écrit et parle »[1], pour considérer l'écriture comme *une succession de gestes réduits* qui s'accrochent inévitablement au tracé des lettres. Grâce à cette idée, exprimée pour la première fois par E. Hocquart, en 1812, mais, chose étrange, complètement négligée par tous les graphologues qui lui ont succédé, la classification des caractéristiques de l'écriture peut s'identifier à celle des mouvements en général. La graphologie devient ainsi un chapitre de psycho-physiologie. C'est ce que nous avons réalisé en prenant pour base les sept **genres** suivants : la *vitesse*, la *pression*, la *forme*, la *direction*, la *dimension*, la *continuité*, l'*ordonnance*.

Toutes les manifestations de l'écriture rentrent dans le cadre de ces sept divisions génériques.

Les **genres** se subdivisent en **espèces**.

Les **espèces** sont les qualités particulières de chaque genre. Par exemple : le genre vitesse comprend les écritures accélérée, lancée, lente, posée, précipitée, ralentie, rapide, résolue, etc. Ce sont là des espèces de vitesse dont la signification est, conséquemment, relative aux expressions de l'activité.

Actuellement, environ 175 Espèces sont déterminées ; ce nombre n'est pas limitatif et sera certainement accru à mesure que la graphologie se développera. Chaque terme a son histoire et a été l'objet d'expériences qu'il serait trop long et fastidieux de raconter[2]. L'auteur ne désire pas, du reste, qu'on le croie sur

1. *Système de graphologie*, p. 34.

2. Un seul exemple suffira pour donner une idée du travail accompli. En contemplant un jour ma pile de dossiers, j'observai qu'il y en avait un très gros et un très petit. Le premier était celui de l'écriture bizarre et le second de

parole ; une œuvre comme celle-ci ne peut être que provisoire. Elle appelle une critique sévère et persistante.

Parmi les espèces, il en a été signalé de beaucoup plus importantes que les autres, sous le titre de *qualitatives*. L'origine de cette idée se trouve dans la monographie de l'écriture inégale[1]. Il nous semblait que l'écriture inclinée, indiquée par Michon comme le signe de la sensibilité, n'était pas apte à jouer ce rôle de tout premier plan : elle manquait de souplesse et n'enregistrait guère de nuances. C'est alors que l'inégalité des tracés, dont les possibilités d'expression sont incessantes, et à tous les degrés, nous apparut comme très capable de représenter les manifestations multiples de la sensibilité. L'expérience confirma cette vue de l'esprit. Nous appelons ce signe *qualitatif* parce qu'il possède les plus éminentes qualités pour représenter le trait de caractère qui lui donne naissance.

l'écriture artificielle. Bien des années se sont écoulées depuis, et aujourd'hui, au contraire, l'énorme dossier de l'écriture bizarre est devenu l'un des plus petits, alors que celui de l'écriture artificielle s'est prodigieusement gonflé. Que s'est-il donc passé ? Je m'étais borné, pour l'écriture artificielle, à rechercher des « graphismes déguisés » qui sont, en effet, la plus parfaite manifestation de l'écriture artificielle et que l'on ne rencontre pas souvent. Mais il y a des manières très différentes de contrefaire, de simuler, de truquer, qui n'altèrent le naturel que par un côté. Peu à peu, à la faveur d'observations accumulées, j'ai cru voir que les écritures contraintes, fantaisistes, exagérées et compliquées, étaient artificielles chaque fois que leur emploi était formellement affecté et systématique. L'effet de cette définition a été de fournir plus de 50 signes graphologiques pour déceler l'écriture artificielle, dans *Les éléments*, p. 275, et nécessairement, il en est résulté une abondante documentation.

Quant au dossier de l'écriture bizarre, il avait bénéficié, au début, de tous les tracés qui me semblaient étranges. Mais toute singularité n'est pas bizarrerie. C'était le dossier de mes ignorances ; il s'est vidé à mesure que je définissais de nouvelles espèces d'écritures. N'est pas bizarre qui veut, beaucoup voudraient l'être qui ne sont que ridicules, exagérés, imposteurs. Après une chasse prolongée aux documents graphologiques, il me reste une demi-douzaine de petites pages pour toute richesse comme spécimens d'écritures bizarres, mais alors irréductiblement bizarres... au moment où j'écris ces lignes.

Le souvenir de cette histoire m'a rendu indulgent pour une de mes élèves qui s'exerçait à définir et à classer des écritures. Le plus volumineux dossier de sa collection était celui de l'écriture blanche. On verra plus loin que c'est une espèce d'écriture impersonnelle, aux caractéristiques éteintes. Chaque fois que mon élève ne parvenait pas à définir une écriture, elle concluait qu'elle avait devant les yeux une écriture blanche. Ce dossier était aussi celui de ses ignorances, mais il ne lui fallut pas des années pour se corriger ; en deux heures tous ses documents, dans lesquels il n'y avait pas une seule écriture blanche, étaient distribués dans les dossiers auxquels ils appartenaient par définition.

1. *L'Écriture et le caractère*, p. 221.

Il fut bientôt découvert d'autres signes possédant les mêmes facilités d'enregistrement, et se pliant aux expressions les plus nuancées : l'écriture rapide, révélatrice de l'activité ; l'écriture simple qui, grâce à ses modes contingents : clarté, naturel, spontanéité, renseigne admirablement sur la droiture ; les écritures inachevée, lâchée, gladiolée, qui précisent les manières d'être les plus caractéristiques de la débilité, etc.

Il résulta de ces études la définition suivante : *Sont qualitatifs les signes graphologiques qui représentent les qualités psychologiques les plus essentielles et qui, à ce titre, s'enregistrent le plus facilement et le plus nécessairement, avec toutes leurs nuances.* Définition dont voici le corollaire : *Plus un signe est spécialisé dans une forme ou une allure étroite, moins il est apte à représenter un trait fondamental du caractère.* En effet, le signe qui apparaît seulement à la faveur d'un tracé occasionnel (par exemple lié à la présence d'une certaine lettre majuscule ou minuscule), sans parvenir à s'accrocher à une autre forme, ne saurait représenter qu'une qualité accessoire du caractère ; il comporte une signification sans nuances et nécessairement réduite. Il ne faut pas mépriser ces signes qui, par leur intensité et leur répétition, peuvent prendre le rang d'espèces dominantes dans une définition graphique, mais il est bon de savoir que leur influence est, malgré tout, secondaire. Quoi qu'il advienne, un signe dont l'action n'est étendue qu'à une faible partie de l'écriture n'aura jamais l'intérêt d'un signe qualitatif qui parvient à s'enregistrer dans l'autographe le plus bref. C'est ce que nous verrons au cours de ce travail.

Or, jusqu'ici, on n'avait aucune donnée permettant d'établir théoriquement la suprématie ou la subordination d'un signe en le considérant isolément. La nouvelle conception des signes qualitatifs comble cette lacune et permet de passer au crible toutes les données graphologiques anciennes ; elle met en vedette les qualités de la plus haute importance, celles que le graphologue a le plus grand intérêt à bien observer puisqu'elles lui évitent de s'égarer dans les broussailles des menues considérations.

Dès lors, la question s'est posée de renfermer la graphologie dans un petit nombre de ces termes fondamentaux, plutôt que d'étendre le vocabulaire graphologique.

Cette simplification, très désirable, serait aujourd'hui prématurée. Il faut résister à toute suggestion tendant à rétrécir notre champ de recherches, ou à fixer, dans des nomenclatures systématiques, des éléments qui ne sont pas en état de l'être. Il est nécessaire, pendant quelque temps encore, de renoncer à l'idée d'un classement des signes qualitatifs. Expérimentons-les d'abord longuement et soigneusement ; nous éviterons ainsi d'asservir notre pensée à des systèmes mal venus. L'expérience des vingt dernières années, pendant lesquelles le nombre des Espèces a été doublé, montre assez que la graphologie est en pleine période d'accroissement.

A l'abri de la classification en *Genres*, *Espèces* et *Modes*, qui comporte une discipline vraiment méthodique, au cadre solide et souple, nous pouvons attendre, sans impatience, dans une liberté d'esprit inégalable, que la période d'expérimentation soit achevée. Le classement des Espèces, par ordre qualitatif, se fera peu à peu de lui-même, à mesure que des expériences élaboreront les faits[1].

Les Espèces se subdivisent elles-mêmes en Modes.

Le Mode n'est qu'une manifestation de l'Espèce maintenue en sous-ordre à cause de son action réduite. C'est le petit signe

1. Pierre Humbert, dans son *Tableau graphométrique*, a réduit le nombre des Espèces à 70 en ne faisant état que des deux alternatives extrêmes des qualités qu'il présente, soit basse ou haute, anguleuse ou ronde, sinueuse ou rigide, etc. Mais Pierre Humbert, éminent expert en écritures, a conçu son tableau dans le seul but de favoriser les expertises. A cet effet, il a délibérément sacrifié non seulement un certain nombre de signes classés, mais encore tous ceux que l'on découvrira dans l'avenir, puisque le nombre des éléments de son Tableau est définitivement limité à 70. Il le fallait pour ne pas déborder le plan de son système. Mais cela n'est acceptable qu'en vue d'une utilisation exclusive par les experts en écritures, dont les besoins sont restreints. On ne l'imposerait aux graphologues qu'en cessant de développer la science.

Par exemple, dans le *Tableau graphométrique* il n'y a pas place pour les écritures floue, lâchée, inachevée, dont j'ai montré l'importance capitale chez les débiles, ni pour les tracés inorganisés, combinés, inhibés, filiformes, suspendus. L'écriture compliquée n'y est pas non plus ; l'écriture liée est déplorablement confondue avec l'écriture fragmentée dans l'espèce groupée. Mais dans ce tableau résumé l'écriture lisible fait double emploi avec l'écriture claire, etc.

Pierre Humbert n'a jamais considéré son œuvre comme une méthode de graphologie. Il s'est trouvé cependant que sa limitation même l'a fait adopter comme telle par quelques esprits craintifs auxquels conviennent des cadres rigides et étroits, et qui sont perdus s'ils ont à exercer leur jugement sur quelques termes de plus. Mais ceux-là s'égarent, parce que l'usage d'un tableau synthétique nécessite le maximum de moyens d'observation.

Le *Tableau graphométrique*, avec son intérêt spécial, est cependant une construction très méritoire ; il est accompagné de définitions bien étudiées auxquelles je ferai quelques emprunts.

de la graphologie ; il est tout à la fois la parcelle des Espèces et la multitude des réactions faibles ou discontinues qui n'arrivent pas à s'imposer comme traits dominants de l'écriture. Le débutant voit d'abord le Mode parce qu'il le rencontre partout et que son observation ne nécessite ni savoir, ni peine. Mais si l'on se borne à considérer exclusivement les indications fragmentaires de l'écriture, à tomber en arrêt devant un crochet ou une finale plus longue que les autres, les grandes révélations générales et intenses, les seules qui comptent, en somme, échappent.

Mais alors, se demande le lecteur, que deviennent ces petits signes qui cependant s'imposent aux yeux du novice ? Leur sort, après avoir subi le contrôle de l'idée générale d'Espèce, est très variable ; les uns grandissent et exercent une influence prépondérante lors de l'établissement du portrait graphologique ; les autres sont secondaires et très subordonnés aux précédents ; d'autres encore sont rejetés comme sans valeur. Examinons ces trois cas.

1° Un signe est-il marqué avec une intensité et une répétition suffisantes pour éveiller sûrement l'idée dominante de l'Espèce à laquelle il appartient ? Nous en tiendrons le plus grand compte : voilà notre meilleur élément d'investigation.

Précisons encore : tous les signes graphologiques, sans aucune exception, prennent rang comme Espèces quand ils sont tout à la fois intenses et répétés, ce qui consacre leur très haute valeur.

2° Au contraire, lorsque le signe se manifeste rarement et médiocrement, c'est un simple Mode, la petite et fugace manifestation de l'Espèce, la menue monnaie de la graphologie. Tous les Modes sont des Espèces non confirmées comme dominantes. Nous ne leur accorderons qu'une faible importance. Dans les éventualités les plus favorables, l'observation des Modes met sur la voie de généralisations méconnues lors d'un premier examen et fournit d'intéressants éléments de détail. Tantôt cette observation ratifie les résultats obtenus ; tantôt elle en modère la portée ; mais le Mode est toujours vassal des Espèces dominantes. C'est une valeur d'appoint.

3° Enfin, quand un signe n'est pas répété, il doit être considéré comme nul et non avenu, pour des raisons d'élémentaire prudence. C'est un sacrifice à faire sans hésiter.

Il faut bien se garder de penser à la graphologie à travers

l'idée des variétés représentées par les Modes. Cela restreint le champ de l'observation au point de fausser tous les résultats ; c'est une faute impardonnable qui stérilise même les plus belles dispositions. Au contraire, on doit toujours observer les écritures à travers l'idée générale d'Espèce, en ne perdant pas de vue l'orientation fournie par le Genre auquel appartient l'Espèce. C'est pourquoi apprendre la graphologie en étudiant les lettres de l'alphabet les unes après les autres est un détestable moyen. Les erreurs continuelles d'appréciation engendrées par ce système puéril sont inévitables et plus on travaille dans cette mauvaise direction, plus on trouble son jugement.

Ramener tous les mouvements de l'écriture, c'est-à-dire les signes graphologiques, à leur source naturelle, aux Genres qui les produisent et aux Espèces qui les représentent, est une garantie contre l'erreur, parce que la détermination précise des origines d'un mouvement favorise son interprétation.

Soignez les commencements, disait Hippocrate. Nous nous inspirerons de ce précieux conseil. Au prix d'un petit effort d'attention, le futur graphologue s'évitera bien des déboires. Le moindre mal qui lui arrivera, s'il ne choisit pas d'emblée la voie méthodique, sera d'être obligé d'apprendre deux fois la graphologie, comme les enfants auxquels les parents enseignent d'abord une langue puérile, aux mots déformés, ce qui les force plus tard à apprendre une seconde fois le français.

Qu'on ne s'imagine pas que l'étude de la graphologie est plus aisée en commençant par l'observation des détails. L'examen des lettres et des queues de lettres n'avantage que ceux qui savent s'élever d'abord jusqu'à l'idée générale des Espèces de mouvements graphiques ; elle induit les autres en erreur et les jette dans un embrouillement dont ils ont beaucoup de peine à sortir. Ceux-là sont voués aux analyses défectueuses parce que trop étroites et tombent dans le piège pitoyable des accidents de plume, en donnant une valeur à des observations qui n'en ont aucune.

LES ACCIDENTS DE PLUME

Il faut insister sur le danger des observations trop morcelées de l'écriture. Les premiers initiateurs de la graphologie leur ont donné une regrettable consécration dont l'influence se fera sentir longtemps encore. Les petits signes, faciles à observer, avec lesquels on ne se trompe jamais[1], voilà des éléments commodes auxquels on ne renonce pas aisément ! Le système de l'abbé Michon ne répondait que trop à l'insuffisance mentale d'une foule de curieux qui cherchent à s'amuser aux dépens des autres, à l'aide de la graphologie, mais dont les habitudes d'esprit n'ont rien de commun avec celles des hommes de science. C'est toujours le détail qui les attire et qui les trompe !

Il y a cependant des accidents de plume ; nous appelons ainsi tous les tracés modifiés par des circonstances extérieures qui n'ont rien à voir avec le caractère. Cela devrait suffire à ruiner le système des petits signes indépendants et non répétés.

M'étant amusé à surveiller la production de mes accidents de plume, j'ai été frappé de leur fréquence. Évidemment, chacun peut en recueillir des exemples typiques dans son écriture. En voici quelques-uns :

La fig. 1 représente un fragment de lettre tracée après avoir scié quelques bûches de bois. En dessous (fig. 2), le même texte reproduit deux heures après.

Dans la fig. 3, j'allais écrire le mot *heureuse* lorsque la sonnerie d'un réveille-matin me fit tressauter. La plume a enregistré dans le *h* mon mouvement réflexe. A la reprise, quelques secondes après, l'écriture est rapetissée, montrant ainsi le degré profond de l'inhibition que j'ai subie.

En écrivant à une amie (fig. 4), je trace le mot *occasion* sous le coup d'un trouble visible. Que s'est-il passé ? J'avais besoin d'éternuer.

On observe (fig. 5), un tracé réduit, étriqué, comme dans les états de dépression. Étais-je donc malade ? Pas du tout. Mais j'avais une plume qui accrochait et piquait le papier à chaque mouvement ascendant : j'étais contraint de réduire la vitesse, la pression et l'amplitude de mon tracé pour éviter de projeter de l'encre.

Voici (fig. 6) un singulier mouvement dans le mot *si*, une discordance certaine. Ne serait-ce pas un signe pathologique ? Un joli problème pour ergoteur !

1. Michon, *Système de graphologie*, p. 59, et *Méthode pratique de graphologie*, p. 40.

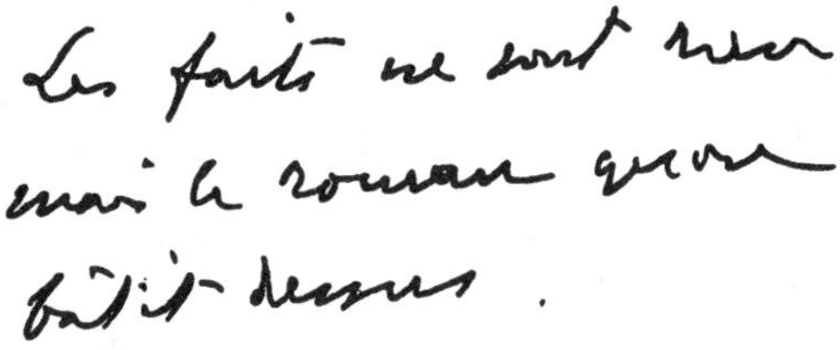

Fig. 1. — Accident de plume. Après avoir scié du bois

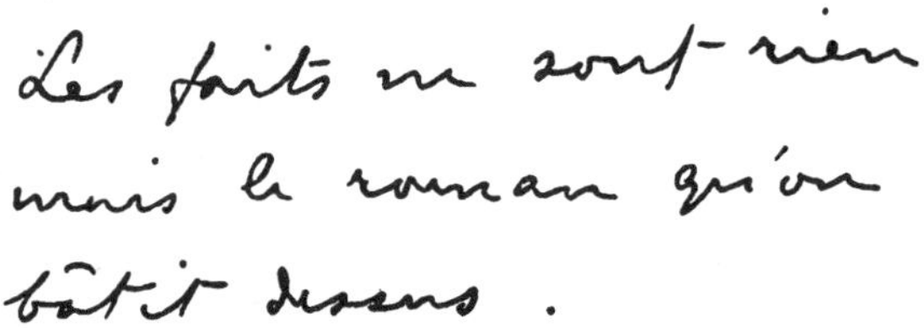

Fig. 2. — Tracé normal

Fig. 3. — Accident de plume : surpris par la sonnerie d'un réveille-matin

Fig. 4. — Accident de plume : besoin d'éternuer

Fig. 5. — Effet d'une plume qui pique le papier

Ne cherchez pas : il y avait une petite croûte de pain sous mon papier.

Et cet exemple d'écriture avec des prolongements étranges (fig. 7), que veut-il dire ? Tout simplement que ma petite fille, à laquelle je ne répondais pas assez vite, à son gré, me tirait par la manche. Comme je voulais achever la phrase commencée, je résistais. Chaque secousse et résistance s'inscrivaient tour à tour sur le papier. On peut juger des inhibitions et des déformations en comparant avec le même texte (fig. 8), écrit en paix.

Cette fois (fig. 9), je n'échapperai pas aux condoléances de l'amateur de petits signes. Il ne peut pas douter de ma déchéance profonde puisqu'en feuilletant mes manuscrits il a trouvé de nombreux feuillets couverts de cette même écriture tremblée et violemment saccadée. Mais c'est l'effet du chemin de fer. Contraint de beaucoup voyager, à un moment donné de ma vie, je rendais mon sort agréable en travaillant pendant le trajet. Le volume des *Éléments* fut ainsi rédigé, au moins pour la moitié entre Rouen et Paris.

Laissons de côté les effets banals des tables qui remuent, d'une température trop froide ou trop chaude, etc. Ces exemples suffiront à mettre en garde le futur graphologue contre le péril des signes accidentels et à l'engager à ne se prononcer que sur des documents assez étendus, permettant un contrôle de sincérité et des définitions bien motivées[1].

LES QUINZE PREMIERS PRINCIPES DE LA GRAPHOLOGIE

Une vieille amie me dit un jour : « Je reconnais que la graphologie fait des progrès, mais elle me semble bien moins amusante qu'autrefois. Avec vos précisions, avec vos classifications,

1. Une lettre missive de plusieurs pages, signée, avec son enveloppe, est généralement un document satisfaisant. Mais la multiplicité des autographes est encore plus désirable. (Cf. *Les Éléments*, p. 5 : « Le choix des documents ».)

La signature étant un geste écrit plus libre que les autres, les indications qu'elle fournit méritent une créance particulière. Les caractéristiques marquées avec une intensité modérée dans le corps de l'écriture sont nettement renforcées quand on les observe en même temps dans la signature. (Cf. *Les Éléments*, p. 245 : « Tracés serfs et tracés libres ».)

Fig. 6. — Une croûte de pain sous le papier

Fig. 7. — Ma petite fille me tire par la manche

Fig. 8. — Ma petite fille est partie

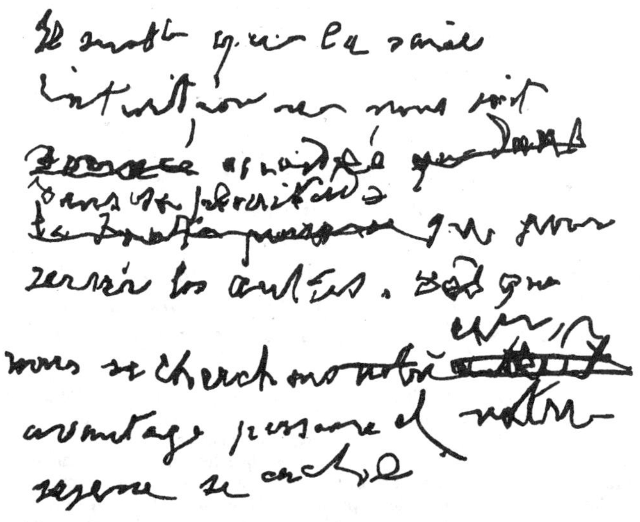

Fig. 9. — Sur le chemin de fer

vous nous cassez la tête. Je n'ai pas du tout envie de devenir une graphologue professionnelle et il me suffit de connaître une dizaine de petits signes faciles à observer dans les écritures, et indiscrets à souhait, de manière à alimenter la conversation avec mes amies. Faites-nous donc un petit livre spirituel, sans définitions, afin que nous retrouvions notre ancien jeu ; il aurait du succès. »

« Il est de fait, lui répondis-je, que la graphologie d'aujourd'hui, avec ses définitions de plus en plus rigoureuses, a un moindre attrait pour les gens qui l'aiment en raison de l'amusement facile qu'elle comporte. Mais vous savez bien que votre jeu n'est pas inoffensif. Comment pouvez-vous regretter ses perfectionnements ? Vous êtes dans la situation d'un amateur de musique qui, de parti pris, se vouerait à de méchants petits airs joués avec un seul doigt sur le piano. »

Trop de personnes ressemblent à mon interlocutrice ; elles voudraient bien faire de la graphologie, elles en ont le goût, mais elles ne veulent pas l'apprendre.

Elles disent : « J'ai le sens psychologique ; est-il bien nécessaire de me plier à une besogne d'écolier ? » Tout le monde croit avoir le sens de juger autrui d'après l'écriture ou autrement. Cependant, la passion qui pousse vers la graphologie n'est pas du tout la preuve qu'on y réussira. Dans un de ses brillants *Propos*[1], Alain montre, au contraire, que l'intérêt que nous prêtons à une chose n'est pas tout, et même la passion nous empêche de nous instruire. « C'est une vérité assez rude, et que les ateliers enseignent, qu'il faut se séparer d'abord de son premier amour. C'est bien lui qui nous conduit à la porte, mais il faut le laisser à la porte. En d'autres termes, il faut travailler et conquérir par là un genre de bonheur que le désir n'apercevait point. On ne peut jouir de la géométrie avant d'être géomètre. Le problème dès le commencement est celui-ci : il faut que l'enfant arrive à s'intéresser à des objets qui, par eux-mêmes, ne l'intéressent point. Les lettres n'intéressent personne, c'est lire qui intéresse. Ajouter cinq à deux pour faire sept, cela n'intéresse personne, mais c'est compter comme Inaudi qui intéresse. D'où cet ennui du paresseux qui attend toujours que le plaisir lui vienne comme par magie. »

1. *L'Émancipation* (juillet 1925), XLVe Propos.

Faire des définitions graphologiques offre également de faibles attraits pour le graphologue, c'est découvrir le caractère dans l'écriture qui est le but. Mais il faut commencer par le commencement, apprendre la langue graphologique et faire des définitions objectives, représentant l'objet de notre étude sous l'angle le plus favorable à nos déductions.

Tant que l'attention concrète n'est pas éveillée et systématiquement exercée, on regarde les écritures sans les voir, et, naturellement, sans les comprendre ; le jugement graphologique est intuitif, c'est-à-dire vague et conjectural. La plupart des erreurs des graphologues viennent de là.

Je ne suis cependant pas choqué d'entendre dire que la graphologie est un jeu ; c'est une marque d'affection. Toute occupation favorite est un jeu, fût-elle en même temps une étude ardue. Le plus beau joujou d'un vrai peintre, n'est-ce pas sa palette ? Et pourquoi la graphologie ne serait-elle pas une récréation pour ceux qui l'aiment ? Mais j'entends qu'un noble jeu comme l'étude du caractère par l'écriture ne doit pas être défiguré, déconsidéré par l'ignorance ou la sottise. Le mauvais joueur se fait mépriser s'il n'observe pas les règles. Un de nos amis trouve son plaisir à résoudre des équations, il nous étonne par son ingéniosité, mais son goût s'appuie sur une solide culture, sans quoi il serait ridicule.

Ici je n'espère amuser personne. Mon but est de signaler la difficulté primordiale de l'étude des écritures et le moyen de la vaincre. Pour interpréter les écritures, l'ancienne graphologie ne prescrivait à peu près aucune règle ; elle était très simple à cause de sa pauvreté, mais la nécessité de définitions bien établies, avant toute interprétation, est inéluctable aujourd'hui. Nous avons beaucoup d'éléments d'étude, il faut les relever dans les écritures, les grouper, les coordonner sous l'égide des idées générales que nous avons énoncées. Notre richesse actuelle, établie sur des observations plus étendues, serait stérile si de bonnes définitions ne fixaient pas le sens des nouveaux moyens d'étude. Triste progrès que d'envisager davantage sans toutefois observer mieux !

Il faut donc s'exercer, se plier à la rigoureuse discipline de relever, dans chaque écriture, les signes dominants, avant de se permettre des interprétations.

Nous avons rédigé à cet effet une sorte d'introduction à la

graphologie pratique, sous la forme d'une quinzaine de règles dont le graphologue doit s'inspirer s'il veut obtenir les meilleurs résultats ; nous les proposons à l'attention du lecteur.

*
* *

1. Ne pas s'engager à fond dans un examen graphologique sur un seul document.

Une lettre signée, avec son enveloppe, est le minimum de documentation nécessaire. Il faut savoir, par l'étude préliminaire des causes, que beaucoup de gens ont plusieurs écritures et que les émotifs, en particulier, subissent, au cours des heures, des impressions sans cesse renouvelées. Le graphologue pourvu de plusieurs documents détermine à peu près l'étendue de l'impressionnabilité du scripteur, mais s'il est mal documenté, la variabilité de l'écriture est un terrible écueil pour lui.

La règle d'une documentation variée a été proclamée par tous les maîtres de la graphologie. On s'efforcera de la respecter. La pauvreté des éléments d'étude a toujours pour corollaire la pauvreté des résultats. Quelques succès obtenus sur des fragments d'écriture, par des praticiens pourvus d'une expérience consommée, ne sauraient infirmer le principe.

Évidemment, on n'a pas besoin de nombreux documents pour juger le caractère des pauvres d'esprit, des gens ennuyeux, monotones ou mélancoliques, de tous ceux qui n'ont qu'une âme assez plate. Les émiettés, les dissipés, les instables, les disparates, nécessitent déjà une observation plus attentive sur des documents plus variés ; ils ont trop d'âmes — légères et inorganisées. Enfin, les caractères riches ne livrent leurs secrets qu'avec l'aide d'un dossier remplissant les conditions requises ; là nous pourrons, si nous avons un dossier suffisant, montrer les différents étages du caractère, préciser les trois ou quatre grands états d'âme qui président à l'activité du scripteur.

Il suffit de confronter quelques signatures de lettres-missives avec le texte et l'adresse sur l'enveloppe pour se rendre compte de la nécessité de fournir au graphologue des éléments de documentation. Par exemple, celui qui ne connaît de M. Paul Doumer qu'une dizaine de mots sur une carte de visite, de sa petite écriture d'un demi-millimètre, ne sait que peu de chose de lui ; un autographe plus étendu avec ses majuscules agrandies et lancées nous renseigne davantage ; la signature de M. Doumer, plus montante que le texte et très développée, apporte un nouveau contingent d'information. Mais tout cela est encore insuffisant si l'on n'a pas l'enveloppe de sa lettre avec son grand tracé inégal, de 3 à 10 millimètres. Voilà un caractère riche, émotif, ordonné, qu'on ne parvient à découvrir qu'à la faveur de tracés suffisants et variés, aptes à enregistrer la diversité de ses qualités.

Non seulement un trop petit nombre d'attitudes ne révèle qu'un trop petit nombre de qualités, mais un seul document ne se rattache qu'à une seule disposition. Nous ne sommes pas les mêmes lorsque nous venons de recevoir une bonne nouvelle ou une mauvaise : au lendemain d'une nuit de repos ou d'insomnie, etc.

Sans doute, la nécessité nous impose parfois des examens d'écritures dans des conditions imparfaites ; mais alors que le graphologue rejette toute présomption et formule les réserves convenables, le demandeur se contentera d'une étude sommaire.

2. Rechercher d'abord les caractéristiques graphiques de l'écriture et classer les dominantes par ordre d'intensité.

Cette recherche tend à obtenir une bonne définition des formes et des mouvements ; elle oblige à bien voir pour mieux comprendre.

On néglige habituellement cette opération indispensable, parce qu'elle nécessite un sérieux effort d'attention volontaire. Il est bien plus commode de jeter un rapide coup d'œil sur une écriture et, pour exprimer l'effet qu'elle produit, de s'abandonner à son imagination. C'est ce que font les gens légers, passionnés, dépourvus d'éducation intellectuelle, en dernière analyse sans jugement. Il est tout à fait saugrenu de prétendre juger un caractère sans s'être rendu compte de la nature de ses éléments. La précipitation dans l'application de ce deuxième principe entraîne inévitablement des conséquences fâcheuses. Au contraire, bien observer ce que l'on doit décrire et mettre de l'ordre dans ses observations, voilà le début qui conduit au succès.

3. Les écritures se définissent par leurs caractères graphiques, grandes, légères, montantes, rigides, etc., et non par leurs qualités psychologiques, comme sottes, craintives, envieuses, méchantes, etc., ce qui est substituer l'intuition à l'observation concrète et mettre la charrue avant les bœufs.

On détermine d'abord les mouvements de l'écriture ; leur interprétation vient ensuite. Comme chacune de ces opérations est complexe, il est nécessaire, même pour le graphologue exercé, de les accomplir l'une après l'autre. L'observation objective au début de l'examen graphologique préserve de la prévention, ce fléau des études psychologiques, en même temps que l'ordre rationnel dans les opérations évite la confusion.

4. Si l'on est embarrassé pour définir une écriture, on cherche à revivre les mouvements de celui qui l'a tracée.

A cet effet, cinq moyens sont à notre disposition :

1° On suit l'écriture avec une pointe mousse comme si on voulait la récrire ;

2° On la calque (ce qui éveille l'attention sur les détails) ;

3° On l'imite à main levée pour stimuler son imagination ;

4° On l'examine à la distance d'environ 60 centimètres, favorisant ainsi l'observation des grands mouvements de l'écriture, par suite de l'élimination provisoire des mouvements moins extériorisés ;

5° On la considère à plusieurs reprises pendant une ou deux secondes seulement, en notant à chaque fois ce qu'on a vu.

L'emploi systématique de ces cinq moyens donne des résultats rapides et sûrs.

Les progrès de la graphologie ont simplifié la méthode ; mais en développant ses ressources et en mettant en évidence la complexité des causes qui se dressent devant le graphologue à chaque interprétation, elle a découragé quelques bons esprits. Nous indiquons ici des procédés d'investigation dont l'utilisation favorisera tous les chercheurs et grâce auxquels toute personne tant soit peu cultivée, ayant le goût et le sens des études graphologiques, surmontera en très peu de temps les plus grandes difficultés.

Pour apprécier un signe dans une écriture, disais-je dès le début de mes recherches, il faut pénétrer dans son milieu, saisir son esprit, VIVRE SA VIE. Et je recommandais de suivre des yeux les textes écrits en s'imprégnant des mouvements du scripteur. Telle est l'origine des cinq moyens d'examen que je propose.

A ce sujet, un de nos disciples, Gustave Bridier, nous suggéra d'imiter, avec la patience d'un faussaire, le graphisme à analyser. « A chaque expérimentation, nous écrivait-il, on interroge scrupuleusement le retentissement des gestes sur le système nerveux. Lorsqu'on est parvenu à saisir et à définir un ou deux des états de conscience provoqués, on touche à une réponse satisfaisante. » Plus tard, d'un commun accord, nous avons perfectionné le procédé en suivant les tracés avec une pointe mousse, comme si l'on voulait récrire le texte.

L'emploi de ce mode d'observation donne des résultats merveilleux ; en quelques instants, l'écriture la plus impénétrable livre son secret. Toutefois, on peut tout embrouiller si l'on va trop vite ; on n'atteint pas un tel but au pas de course ; la conséquence est qu'on marche sur les difficultés sans les voir, en substituant son écriture à celle qu'on ne suit pas assez fidèlement. Une attention très éveillée conduit seule au succès.

Aux observateurs dont l'entrain a besoin d'être modéré, nous faisons calquer les écritures. L'initiation est un peu plus longue, mais l'efficacité du moyen est éclatante. La comparaison du calque et du document original décèle immédiatement les défauts d'une observation mutilée. Bientôt l'élève revient avec fruit au procédé plus rapide qui consiste à suivre exactement l'écriture avec une pointe comme s'il voulait la récrire.

L'imitation à main levée et l'examen à distance rendent de très bons services. Quand un procédé a échoué, on cherche différemment.

Une autre façon d'acquérir une rapide expérience consiste à concentrer son attention sur un écrit pendant une ou deux secondes seulement, et à noter les dominantes graphiques que l'on a observées pendant ce court espace de temps. Au début, l'on dit communément : je n'ai rien vu. Mais cela est inexact, et nous le démontrons de la manière suivante :

— Vous n'avez donc pas reconnu l'écriture de votre père ?

— L'écriture de mon père ? Vous voulez rire ! Il a une petite écriture fine, presque verticale, d'une régularité remarquable, avec des majuscules élégantes, tandis que le document que vous venez de faire passer sous mes yeux est d'une écriture beaucoup plus grande, épaisse, avec des mouvements communs.

— Vos remarques sont excellentes et vous venez de distinguer en deux secondes les quatre principales dominantes de l'autographe qui vous a été soumis. Bien plus, vous avez recueilli les éléments d'une expertise avec tant de précision que vous avez conclu sans hésiter à la dissemblance des deux écritures. C'est un coup de maître. Ne dites donc pas que vous n'avez rien vu, mais plutôt que vous avez senti le besoin d'apprendre à exprimer vos découvertes.

Un bon observateur n'est pas toujours égal à lui-même, l'activité cérébrale fléchit quelquefois, pour des causes très variées : les procédés qui viennent d'être décrits fouettent l'attention défaillante et donnent des résultats surprenants ; nul système ne permet d'en obtenir de plus prompts.

5. On néglige tous les signes qui ne se rattachent pas à une Espèce d'écriture ; ce sont des accidents de plume ou bien la conséquence de mauvaises observations. En effet, il n'y a pas de signes particuliers, indépendants des grandes allures de l'écriture ; il n'y a que des signes généraux dont les modes sont divers.

Nous avons montré qu'en somme, toute la graphologie tient dans les Espèces[1], puisqu'il n'y a pas de petits signes particuliers indépendants. Les moindres indices graphologiques valables se rattachent aux Espèces. L'esprit du graphologue doit toujours être tourné vers les généralisations. Noter une barre de *t* fine est une observation puérile, il importe seulement de savoir si l'écriture est fine. Quand on rencontre des formes ou des mouvements inégaux, il est aussi puéril de les inventorier minutieusement ; on les groupe sous le titre d'écriture inégale et selon leur Espèce d'inégalité.

Il faut donc rejeter tous les ouvrages de graphologie qui étudient tour à tour chacune des lettres de l'alphabet, majuscules et minuscules, chiffres, accents, etc. L'impossibilité de définir convenablement les écritures avec ces notions insuffisantes n'a besoin que d'être signalée. Au contraire, en négligeant tous les signes qui ne se rattachent pas aux grands mouvements de l'écriture on se met à l'abri des erreurs dues aux accidents de plume de toute nature.

1. Les Genres ne sont qu'un cadre et une orientation.

6. Les petits signes, même logiquement rattachés à leurs espèces graphiques, n'ont de valeur qu'autant qu'ils sont répétés.

Exemples : une ou deux lettres pochées ne disent nullement une écriture boueuse ; un *t* non barré une écriture négligée ; le fléchissement d'une ligne une écriture descendante, etc.

Le signe non répété n'est pas toujours un accident de plume, mais par définition, il n'a qu'une valeur minime et douteuse. On ne s'en embarrassera pas.

7. Dans les définitions, il n'y a pas lieu de diviser les signes en principaux et secondaires. Les derniers sont toujours relativement secondaires, puisque le classement est établi par ordre d'intensité.

Ne jamais hésiter à sacrifier une observation incertaine. Des éliminations judicieuses, et même hardies, n'appauvrissent pas le travail du graphologue, au contraire elles lui permettent d'élever très haut la qualité de ses portraits.

Mais il est nécessaire d'éviter une équivoque : un signe très important en lui-même peut ne jouer qu'un rôle modeste dans une écriture riche, alors qu'un signe sans grand ascendant théorique occupe très souvent le premier plan d'une définition dans une écriture pauvre ou impersonnelle. Il est donc recommandable de faire suivre chaque terme des définitions d'un des chiffres 1, 2 ou 3. Ce chiffre indiquera si la force d'action du signe est à un degré puissant (1), moyen (2) ou faible (3). Ce complément de notation renforce la définition et il évite d'appliquer à des Espèces d'écritures de haute valeur théorique l'épithète de secondaires.

Le premier plan d'une définition peut être composé de qualités médiocres intenses, ou de très belles qualités à un degré faible, ou de qualités faibles et de peu de valeur. Il en résulte des notations pauvres dont les premiers termes sont marqués de l'indice 2 ou 3, et d'autres très riches où les sept ou huit premiers termes ont l'indice 1, les seconds termes faisant défaut, et en troisième lieu une ou deux qualités peu marquées, donc avec l'indice 3. Le débutant a toujours une tendance à utiliser l'indice 1 pour les signes du début de ses définitions, mais alors il donne par cette malencontreuse appréciation une idée tout à fait erronée de la qualité du caractère.

8. Il y a souvent plusieurs dominantes qui méritent d'être mises sur le même plan, tant hiérarchiquement que quantitativement. Leur groupement, selon les affinités, prépare le portrait graphologique.

Le graphologue est très excusable de faire un premier dépouillement où tous les signes qu'il a découverts sont mélangés, mais on ne peut pas se dispenser de les grouper par étages, comme nous venons de le dire, puis de les coordonner, en rapprochant les unes des autres les Espèces parentes, issues du même Genre. Par exemple, si nous disons qu'une écriture est trop simplifiée, imprécise et confuse, nous obtenons une représentation beaucoup plus vivante de sa physiologie que si ces indications sont intercalées au hasard au milieu des autres ; grâce au rapprochement des trois termes, on voit tout de suite les origines de la confusion ; le portrait est amorcé.

9. On retire un grand avantage à fixer les mesures des signes qui s'y prêtent ; *mesures de dimension* **des écritures grande, petite, exagérée, espacée, etc.,** *mesures proportionnelles* **dans les écritures saccadée, inégale, agrandie, rapetissée, etc. ; ou** *mesures d'angles* **dans les écritures renversée, inclinée, anguleuse, etc.**

Après quelque temps d'exercice, l'appréciation des mesures, dans les cas ordinaires, se fait très convenablement. On n'a plus besoin d'être l'esclave de son double décimètre et de son rapporteur d'angles.

Il est bien entendu qu'on ne délaissera son double décimètre et son rapporteur d'angles qu'après en avoir épuisé les enseignements et seulement dans des cas banals.

Il y a aussi les graphomètres. Ce sont des papiers transparents porteurs de mesures diverses que l'on applique sur les autographes en vue de noter leurs dimensions, espacements, valeurs d'angles, etc.

En 1884, le Dr Schwiedland, de Vienne (Autriche), nous communiqua son idée d'un schéma transparent pour juger de l'intensité de l'inclinaison de l'écriture. Ce fut le premier graphomètre. Nous avons présenté cette petite invention dans le *Traité pratique*[1], en nous promettant de la développer, mais nous ne tardâmes pas à la juger à sa faible valeur. En effet, si

1. *Traité pratique de graphologie*, 15e mille, Flammarion, Paris.

un graphomètre peut aider à voir, il n'aide jamais à comprendre. C'est un petit moyen borné à l'usage des débutants et qui n'est supportable que lors des premiers exercices. Nous avons appris à le mésestimer le jour où un soi-disant professeur de graphologie, sollicité de porter un jugement sur une écriture, se récusa devant nous parce qu'il n'avait pas son graphomètre ! Tel un enfant qui refuserait d'abandonner le chariot protecteur de ses premiers pas.

Le plus curieux des graphomètres est celui de Hans Busse, publié à Munich, en 1903. Il donne sept indications. Mais son utilisation est malaisée parce qu'il est imprimé sur un tissu insuffisamment transparent. Pour les petites mensurations, il semble très difficile d'éviter la confusion.

Quand un graphologue aura besoin de mesurer une écriture, il se servira d'un bon double-décimètre et d'un rapporteur. Aucun graphomètre ne vaut autant.

Le papier pelure rayé, divisé en millimètres, rend de bons services. Comme rapporteur, celui en celluloïd est excellent. On introduit au centre un bout de fil noir ou un crin de cheval. Une bonne loupe complète l'outillage du graphologue ; le débutant ne doit pas s'en passer, même s'il a de bons yeux ; plus tard, l'expérience aidant, elle n'est plus indispensable. Pour l'expert en écritures, au contraire, l'usage de la loupe, et même du microscope, est d'une constante nécessité.

La mode est aux chiffres, c'est une réaction salutaire contre la légèreté d'observation qui prévalut encore dans les sciences au siècle dernier. Mais comme toujours, la réaction a dépassé la mesure et, à entendre parler certains savants, le chiffre est tout. En ce qui nous concerne, exerçons-nous à chiffrer ce qui peut l'être simplement en vue de fortifier nos définitions. N'oublions jamais qu'Alphonse Bertillon, l'ancien directeur du Service anthropométrique, le commandant Corps et le capitaine Valério, ayant appliqué à l'examen de l'écriture du capitaine Dreyfus des théories mathématiques là où elles n'avaient que faire, ont produit une œuvre extrêmement néfaste pour notre pays, et si stupide que la génération actuelle ne veut pas y croire. L'expertise de Bertillon restera éternellement comme le monument le plus représentatif de l'abus des mathématiques[1].

1. Cf. *Libres propos*, 3e éd., Alcan, Paris.

10. La plus petite faute dans une définition est d'oublier un ou plusieurs signes de faible importance ; la plus lourde, que rien ne peut réduire, est de se tromper dans le premier plan de la définition.

Le premier plan de la définition doit être inattaquable parce qu'il représente la ou les grandes dominantes dont l'influence s'exerce sur toutes les autres révélations de l'écriture. Voilà le péché mortel de la graphologie. Toutes les déductions qui s'ensuivent sont négligeables.

11. Les grandes allures scripturales enveloppant les petites, il est parfois utile de joindre aux définitions (surtout à celles des Espèces complexes, au large rayonnement, comme les écritures inégale, exagérée, rapide, discordante, inhibée, etc.) de brèves indications sur leurs modes. La notation des discordances de la signature avec le texte est particulièrement nécessaire, elle fournit la matière de lumineuses révélations.

Il ne suffit pas de noter dans la définition qu'une écriture est inégale. Il y a trop d'espèces d'inégalités pour que cela ait un sens clair. Dans des cas assez rares, une écriture semble les résumer toutes ; alors on inscrit : *inégale dans toutes ses expressions*. D'autres ne sont inégales que dans une espèce de forme, de mouvement, de vitesse, etc. ; on l'explique en peu de mots, avec un chiffre indiquant le degré d'intensité. Alors seulement la définition représente l'écriture d'une manière vivante.

Avec une définition assez exacte, un graphologue expérimenté parviendrait à faire un portrait sans avoir les documents originaux sous les yeux.

Les généralisations, si précieuses pour s'orienter, demandent des amendements dans les définitions ; leur trop grande étendue produit de l'imprécision. Si l'on parle d'une écriture exagérée, sans indiquer son ou ses modes d'exagération, nous nous efforçons en vain de comprendre. Mais si l'écriture est définie exagérée parce que ses manifestations sont excessives à l'égard de telle ou telle espèce d'écriture, nous sommes aussitôt éclairés et en état de vivifier l'indication graphologique.

12. Les allures de l'immense majorité des écritures sont très bien circonscrites à l'aide d'un petit nombre de caractéristiques.

Dans l'état actuel de la graphologie, avec environ 175 espèces graphiques à notre disposition, il faudrait s'alarmer de n'en pas découvrir au moins 5 ou 6, parce que cela révèle souvent une observation insuffisante, ou d'en trouver plus de 13 ou 14, chiffre au delà duquel il est très rare d'ajouter à une définition synthétique des éléments indispensables.

La limitation du nombre des éléments, dans les définitions, à 5 au moins et à 14 au plus — sauf dans des cas tout à fait exceptionnels — nous a valu quelques critiques. Elles se résument ainsi : « Toutes les observations sont utiles ; dans une écriture donnée, leur nombre est assez faible ; renoncer à une partie d'entre elles n'est-ce pas se démunir de révélations graphologiques, et, par suite, s'exposer à faire des portraits qui se ressembleront ? Les définitions de 5 ou 6 éléments graphiques semblent particulièrement insuffisantes, trop limitées pour éviter les redites. » Puisque ces objections naissent spontanément dans un certain nombre de bons esprits, il est nécessaire de les réduire à néant une fois pour toutes. Nous allons y répondre.

Protestons d'abord contre l'idée que nous restreignons arbitrairement le nombre des observations graphologiques. Nous nous bornons à noter celles qui sont valables et l'expérience prouve qu'il y en a rarement moins de 5 ou 6, et rarement aussi plus de 13 ou 14. (Ces chiffres s'appliquent à nos ressources actuelles d'environ 175 éléments.) Souvenons-nous que les mauvais graphologues ont seuls le privilège d'aligner dans leurs définitions 20 ou 30 éléments graphiques. Chaque fois qu'on nous présente une de ces définitions plantureuses, le souvenir d'une excursion faite jadis, avec les membres de la *Société préhistorique de Normandie* — dont nous nous honorons de faire partie — nous revient à l'esprit. Des amateurs de pierres taillées néolithiques parcouraient un champ qui en recélait. Il avait beaucoup plu la veille ; les pierres se montraient à découvert ; la récolte s'annonçait bien. Mais — chose déroutante à première vue — tandis que les meilleurs d'entre nous ne récoltaient que peu de chose, ceux qui étaient encore inexpérimentés faisaient d'abondantes trouvailles. C'est qu'ils ramassaient sans discernement. Au retour, las de porter leur lourd butin, ces novices harassés sentirent la nécessité d'effectuer un choix. Ils sollicitèrent alors l'aide des anciens. La révision fut cruelle : le sac le plus chargé ne contenait pas une seule bonne pierre.

C'est à peu près le résultat que l'on obtient en se servant d'une graphologie dépourvue d'idées générales, qui ne montre dans les écritures que des lettres et des fragments de lettres, des hampes, des jambages, des finales, des crochets, des harpons, des boucles, des barres, des accents, etc. Tout cela est fort intéressant, mais dangereux si l'on perd de vue les allures générales du graphisme. On croit recueillir des pierres précieuses et l'on s'encombre d'une incertaine pierraille.

Sans rien négliger de parti pris, réservons donc notre attention aux éléments de définitions les plus substantiels, aux grandes allures de l'écriture qui, tout à la fois, expliquent et synthétisent les petites. Ce sont là nos vraies richesses.

Il ne faut pas se laisser impressionner par les nombres apparemment faibles de 5 ou 6 éléments graphiques pour constituer certaines définitions. Ils représentent habituellement, grâce à leur valeur synthétique et à leurs répercussions, deux ou trois fois plus d'informations que leur quantité numérique. Mais la frayeur de se trouver en face d'une grande indigence de moyens si l'on s'appuie sur un trop petit nombre de particularités, est si profondément ancrée chez certains graphologues, qu'il ne faut rien de moins qu'une preuve absolue pour les convaincre et les rassurer. Les mathématiques vont nous la fournir.

On connaît la vertu des progressions arithmétiques et celle des permutations. Leurs résultats énormes surprennent toujours. Nous avons appris cela au lycée, mais rares sont les personnes qui ont besoin de recourir aux calculs de cette sorte ; chez le plus grand nombre, il ne reste des leçons d'autrefois qu'un vague et intéressant souvenir.

Ce désintéressement ne se comprendrait pas chez les graphologues ; ils ont un intérêt considérable à utiliser des notions qui sont à la base de leur science. En définissant les écritures, ne sont-ils pas constamment en face de combinaisons et de permutations ? Comment pourraient-ils se désintéresser de leurs nombres, c'est-à-dire de l'étendue du clavier qu'ils ont à leur disposition, ne serait-ce que pour ne pas rester muets devant l'objection que 5 ou 6 éléments de définition exposent à faire des portraits qui se ressemblent ?

M. Laisant raconte[1] l'histoire d'un dîner auquel douze personnes devaient prendre part.

« C'étaient des gens attachant une grande importance à l'étiquette ; or, les places n'ayant pas été marquées à l'avance, une discussion courtoise s'engagea au moment de s'asseoir à table, sans d'ailleurs aboutir à aucun résultat. Quelqu'un, pour sortir d'embarras, proposa d'essayer successivement toutes les manières possibles de résoudre la question : il n'y aurait plus ensuite qu'à choisir la disposition qui semblerait la plus heureuse. On essaya, en effet, pendant quelques minutes ; mais on s'embrouillait, et les choses ne semblaient pas encore s'arranger toutes seules. Heureusement, parmi les convives, il s'en trouvait un, professeur au collège de la ville, ayant quelques notions mathématiques. — « Mes bons amis, dit-il, le potage commence à refroidir. Tirons nos places au sort, ce sera plus tôt fait. » On suivit ce sage conseil et le repas s'acheva au milieu de la plus franche cordialité. Au dessert, reprenant la parole : « Savez-vous, demanda le professeur, combien il nous aurait fallu de temps pour épuiser toutes les dispositions possibles que nous pouvions former autour de cette table, en mettant seulement une seconde pour passer d'une disposition à une autre ? » — Et comme chacun gardait le silence : « En continuant ce petit jeu, jour et nuit, sans nous arrêter un seul instant, nous y aurions mis plus de 15 ans et 2 mois, même en ne nous occupant pas de savoir combien il se présenterait d'années bissextiles. Vous voyez que si le rôti menaçait de se dessécher, nous étions sûrs de périr tous de faim. Soyons donc cérémonieux, si le cœur nous en dit, mais sans excès. »

Et c'était la vérité ; le nombre exact des manières différentes dont douze personnes peuvent prendre place à une table de douze couverts est exactement 479 001 600 ; plus de 479 millions !

Le problème que les graphologues ont à résoudre est du même genre, mais nous disposons de 175 éléments au lieu de 12 et l'on peut s'attendre à ce que nos groupements de 5 à 5, de 6 à 6, etc., jusqu'à 14, forment un total plus imposant.

En tenant compte de la position variable des éléments dans chaque groupe, le nombre d'arrangements de 5 à 5, à lui seul, est de 118 614 695 760, plus de 118 milliards !

1. *L'initiation mathématique*, p. 115, par C.-A. Laisant, Hachette, Paris.

De 6 à 6, il dépasse 19 trillions ; de 7 à 7, 3 quatrillions ; de 8 à 8, 485 quatrillions ; de 9 à 9, 76 quintillions, etc.

De 14 à 14, il est exactement de :

6 865 035 384 765 195 374 013 440 972 800, soit : 6 nonillions 865 octillions 35 septillions 384 sextillions 765 quintillions 195 quatrillions 374 trillions 13 milliards 440 millions 972 mille 800 unités[1].

Ce sont là des chiffres absolus.

J'espère que les inquiétudes des graphologues, auxquels je réponds ici, s'apaiseront en face de ces chiffres incontestables et effarants.

Ce n'est cependant pas tout : ces nombres d'arrangements négligent le degré d'intensité de chaque signe. Si seulement nous les réduisions à trois, en évaluant aussi les mesures fournies par le double-décimètre et le rapporteur d'angles, nous obtiendrions un résultat immensément plus grand. Épargnons-nous ce calcul fastidieux puisque nous dépassons déjà de beaucoup ce que notre esprit peut concevoir.

La conclusion de ces calculs est que les combinaisons de 5 à 14 signes, avec environ 175 éléments, sont pratiquement infinies. Il n'y a aucune chance que deux définitions correctes se ressemblent, encore moins deux portraits basés sur ces définitions.

Les mathématiques confirment la loi de l'infinie diversité des écritures en regard de l'infinie diversité des caractères. C'est sur cette loi que repose la graphologie scientifique.

13. La définition d'une écriture se fait uniquement d'après les signes que l'on observe d'une manière certaine et concrète.

1. Les calculs ont été arrêtés à 166 éléments.

Nombre d'arrangements de 166 objets par groupes de 5 à 5, 6 à 6, 7 à 7, 8 à 8, 9 à 9, 10 à 10, 11 à 11, 12 à 12, 13 à 13, 14 à 14.

5 à 5 :	118 614 695 760
6 à 6 :	19 096 966 017 360
7 à 7 :	3 055 514 562 777 600
8 à 8 :	485 826 815 481 638 400
9 à 9 :	76 760 636 846 098 867 200
10 à 10 :	12 051 419 984 837 522 150 400
11 à 11 :	1 880 021 517 634 653 455 462 400
12 à 12 :	291 403 335 233 371 285 596 672 000
13 à 13 :	44 876 133 625 916 309 634 074 777 600
14 à 14 :	6 865 035 384 765 195 374 013 440 972 800

C'est-à-dire que l'absence d'un signe ne confère nullement la qualité opposée à celle que ce signe exprimerait.

L'abbé Michon avait imaginé le signe négatif. Il s'exprimait ainsi :

« Ce signe est tout simplement l'absence d'un autre signe. Et « cette absence de signe, fait purement négatif, d'une très facile « constatation, a la même vérité, la même force, la même valeur « positive que le signe positif.

« Nous arrivons donc à cette loi :

« Le signe positif dit nettement un état, un sentiment, etc.

« Le signe négatif dit nettement l'état opposé, le sentiment « opposé.

....

« C'est un des principes de la méthode les plus nets, les plus « pratiques. On ne se trompe jamais dans l'application. Un « signe positif qui manque donne rigoureusement le signe néga- « tif qui lui est opposé. » (*Méthode*, p. 39 et 40.)

Cette singulière théorie fut d'abord acceptée par tous les graphologues ; nous l'avons combattue, et aujourd'hui nous ne pensons pas qu'un seul membre de la *Société de graphologie* soit disposé à insérer des signes négatifs dans ses définitions. Je n'insiste donc pas sur ce 13ᵉ principe qui est là pour mettre en garde les nouveaux venus.

14. Une définition est bonne quand on peut retrouver sans hésitation l'écriture qui en est l'objet parmi vingt autres.

C'est une grande épreuve que graphologues, ou experts en écritures, peuvent également méditer. Elle est logique, étant donné l'infinie diversité des écritures, mais elle est pénible pour les mauvais graphologues ou experts. Le jour où l'on créera un diplôme de graphologue je demanderai que mon épreuve soit éliminatoire.

15. On ne doit pas aborder le portrait graphologique détaillé, tant que l'on n'est pas rompu aux difficultés des définitions.

Pour commencer, on se limite au développement des grandes dominantes, en édifiant préalablement une charpente solide de définitions, et, si on l'obtient, on se garde de rien risquer en voulant trop dire. L'expérience fait le reste.

Naturellement, l'expérience ne vient pas sans travail, mais elle se développe sûrement, et assez vite, chez celui qui tient compte des 15 principes que nous venons d'exposer.

Soignez les commencements, disait Hippocrate. Oh ! le beau précepte, l'un des plus précieux de la sagesse humaine ! L'appliquer, c'est prendre le plus court chemin pour arriver au but que l'on s'est proposé. Au contraire, toute action mal engagée mène à l'insuccès.

DE LA DIFFICULTÉ DES DÉFINITIONS

Les définitions sont-elles difficiles ?

Répondre négativement inciterait à la négligence ; mettre en relief toutes les difficultés sèmerait à tort le découragement. Ces deux alternatives sont à éviter.

Le problème des définitions dépasse, dans tous les cas, les moyens d'un assez grand nombre d'individus grossiers, insignifiants, brouillons, déséquilibrés, même simplement étourdis. Mais avec un peu d'attention et de jugement, on parvient à définir les écritures assez vite, et assez bien pour en obtenir de précieux services.

Cependant, la conséquence de l'infinie diversité des écritures est que les définitions sont infiniement difficiles, dès qu'on vise à la perfection, parce que chacun de nous réalise une synthèse organique sans précédent et qui ne sera plus jamais renouvelée. Qui donc oserait envisager des définitions et des portraits parfaits, puisqu'il faudrait en découvrir l'unique formule, entre des combinaisons infinies ?

L'étude de la nature humaine, d'une complexité inexprimable, en continuelle transformation, toujours mystérieuse par un côté, ne se prête qu'à des esquisses plus ou moins poussées. La graphologie nous permet d'en obtenir d'excellentes, à la condition de restreindre nos ambitions. En jetant délibérément par-dessus bord toutes les manifestations trop faibles ou discutables de l'écriture, nous produirons des définitions exactes, claires, bien hiérarchisées, et nous en déduirons, sans trop de risques, une ou plusieurs douzaines de traits de caractère, ou mieux d'états d'âme. Il y a là de quoi satisfaire amplement les gens raisonnables. Sans doute, on n'atteint pas ainsi le fond du caractère. Nous venons d'expliquer pourquoi il est non seulement présomptueux, mais absurde de l'espérer. Le bon graphologue est à la fois clairvoyant et modeste. Il met le comble à son mérite, d'ailleurs toujours relatif, en ne qualifiant pas ses résultats de moraux ou d'immoraux, au gré de ses préjugés ou de ses passions. En effet, les définitions exactes prémunissent le graphologue contre les suites de la prévention. Elles créent un obstacle à la passion sympathique ou antipathique. Si une écriture est justement définie *monotone*, nous sommes obligés d'en tirer des déductions conformes aux mouvements stéréotypés et mornes qui engendrent la monotonie. De même, une écriture définie *exagérée*, livre le secret du déséquilibre du scripteur, quel que soit le désir que nous éprouvions d'en juger autrement.

Les bonnes définitions ne s'obtiennent pas sans travail. On s'y essaie péniblement pour commencer. Plus tard, alors même que l'expérience facilite l'appréciation des espèces graphiques et que nous avons toujours présents à l'esprit les 200 mots, synonymes compris, les mieux adaptés à nos recherches, il faut encore s'appliquer si l'on veut obtenir un résultat scientifique. Les graphologues intuitifs font l'économie de cette préparation si nécessaire. La tentation de les imiter est forte pour les gens qui veulent seulement s'amuser. Toutefois, les vrais amateurs de graphologie, ceux qui, l'aimant désirent l'utiliser pour leurs besoins sociaux, penseront que substituer l'intuition au savoir, c'est se lancer dans la carrière comme un casse-cou, avec la probabilité de s'égarer. Dans ces conditions, ne vaut-il pas mieux faire l'effort utile qui permet les résultats propices ?

Il est sans exemple qu'un homme soit devenu un grand peintre sans avoir appris à dessiner et à mélanger les couleurs ; pourquoi voudrait-on faire une graphologie sérieuse sans étudier les moyens qui assurent les meilleurs résultats ?

Malheureusement, des professionnels même n'ont aucun souci de méthode. Comme ils déconsidèrent nos études, nous allons donner le moyen de les reconnaître : avec des connaissances graphologiques rudimentaires, un homme judicieux peut très bien contrôler une définition, qu'il ne saurait cependant établir ; partant de là, que ceux qui font usage de la graphologie, exigent toujours des graphologues une définition de l'écriture commentée. Si le graphologue émet des appréciations dont la fausseté saute aux yeux, s'il néglige des mouvements essentiels, ou s'embarrasse d'observations puériles, il montrera son vrai visage : celui d'un ignorant.

En somme, le premier but à atteindre est la notation correcte des grandes dominantes, c'est-à-dire des 2, 3 et parfois 4 ou 5 traits les plus essentiels. C'est en se basant sur des observations qualitatives de cette sorte, que les graphologues professionnels expérimentés parviennent à dresser instantanément une bonne silhouette graphologique. Ils renforcent ensuite ce savoir, en étendant les définitions aux dominantes moins accentuées.

Quel que soit l'usage qu'on veuille faire de la graphologie, on définira un bon nombre d'écritures à fond, ne serait-ce que pour apprendre à se défier de soi-même, car c'est à cette occasion qu'apparaîtront les difficultés d'une définition claire et vivante.

Ne pas détruire ses études ! Les relisant plus tard, on prendra une bonne leçon sans maître, en constatant des erreurs évidentes et considérables.

UN MOT SUR L'INTERPRÉTATION DES SIGNES

LES SYNTHÈSES D'ORIENTATION

Le graphologue s'est familiarisé avec les formes et les mouvements des écritures. Il a appris à les regarder, à les voir, à les comprendre, et maintenant il les définit correctement. Comment va-t-il les interpréter ? Les principes suivants, qui seront appliqués tout au long de cet ouvrage, le guideront :

On recherche la signification d'un trait de l'écriture en le considérant comme un mouvement physiologique et en le mettant en rapport de qualité, d'étendue, de constance et d'énergie avec le mouvement psychologique correspondant.

Les signes graphologiques ont une valeur relative, parce que le même mouvement peut être déterminé par des causes diverses.

Tout l'art du graphologue est dans ceci : discerner entre plu-

sieurs significations possibles la plus convenable par rapport au milieu, la plus sûre logiquement, la plus nécessaire psychologiquement.

Nos mouvements sont des réponses à diverses excitations. Au geste constant de l'écriture correspond une marque constante du caractère ; au geste intermittent correspond une marque intermittente de l'esprit. Le rapport entre la cause et l'effet n'est pas toujours subtil ; la conformité de qualité crée des analogies d'expression qui, dans bien des cas, suppriment toute hésitation : une écriture claire dit un esprit clair, une écriture confuse un esprit confus ; les tracés grossiers, compliqués, exagérés, expriment la grossièreté, la complication, l'exagération, etc. Mais cette graphologie élémentaire ne conduit pas très loin, elle fournit quelques mots, toujours les mêmes, sans orientation.

C'est ici qu'apparaît l'efficacité de la notion de synthèse.

Apprendre la graphologie, c'est se familiariser avec les causes des variétés de l'écriture et leurs significations ; la savoir, c'est l'envisager continuellement à travers ses conceptions synthétiques, dans sa substance profonde, sous la protection des grandes idées que réalisent la multitude de ses petites manifestations : l'inorganisation des tracés ou leur heureuse combinaison, l'harmonie, ou l'inharmonie, la grossièreté ou la distinction, l'ordre ou le désordre, l'exagération ou la mesure, la clarté ou la confusion, la simplicité ou la complication, la mollesse ou la fermeté, la lenteur ou la vitesse, la continuité ou la discontinuité, l'inégalité ou la monotonie, l'inhibition ou la dynamogénie. Si ce n'est pas tout, l'essentiel est là.

Les deux premières de ces synthèses méritent particulièrement de retenir l'attention du lecteur, parce qu'elles ont, plus que les autres, le privilège d'orienter nos appréciations. Puisque l'interprétation des mouvements de l'écriture est fonction du milieu dans lequel ils se manifestent, il fallait trouver le moyen de déterminer ce milieu par des procédés rapides. Nous l'avons tenté de deux manières qui peuvent très bien se superposer. La première renseigne sur le développement du scripteur, en partant de l'écriture inorganisée des enfants, qui s'organise bientôt dans les conditions d'une éducation normale. Les meilleurs parviennent ensuite à réaliser des tracés combinés, très personnels, jusqu'à ce que diverses causes, principalement la maladie ou la vieillesse, fassent apparaître des éléments de désorganisation.

Nous proposons cette étude comme objet de la première leçon pratique de graphologie ; elle entre utilement, et en plein, dans le sujet, sans s'attarder aux enfantillages de l'anatomie graphique. C'est pourquoi nous la détachons de la seconde partie de notre ouvrage. Il y a un intérêt énorme à ce que le graphologue saisisse la coordination de ces quatre petits chapitres et qu'il apprenne ainsi à penser par synthèse. C'est la vraie préface pratique de notre livre qui ne doit pas être disséminée en quatre morceaux dans les pages suivantes, afin que l'idée directrice qu'elle représente pénètre profondément dans l'esprit du lecteur.

Il en est de même de la grande synthèse de l'harmonie et de l'inharmonie qui a fait si bien son chemin que nombre d'auteurs l'exposent sans indication de provenance, quand ils ne vont pas jusqu'à se l'approprier, ou bien la démarquer, ce qui est une forme d'adhésion. L'âme de notre œuvre est dans cette idée grâce à laquelle on sort de l'indécision, souvent d'un seul coup d'œil, dans le choix des expressions amélioratives ou péjoratives.

Dès lors, l'acquisition des autres notions de la graphologie n'offrira aucune difficulté sérieuse pour un esprit ouvert.

A cet effet, les espèces d'écritures : *inorganisée*, *organisée*, *combinée* et *désorganisée* vont être étudiées immédiatement, et les espèces *harmonieuse* et *inharmonieuse* aussitôt après. Toutes les autres espèces suivront par ordre alphabétique, pour la commodité des recherches.

L'ÉCRITURE INORGANISÉE *(Genre Continuité)*

L'écriture inorganisée est celle qui n'enregistre pas la pensée dans des conditions d'automatisme suffisantes pour obtenir un tracé tout à la fois courant et correct.

Les causes initiales de l'écriture inorganisée sont, pour le tracé courant, la maladresse à se servir de la plume, et pour le tracé correct, l'ignorance.

L'écriture inorganisée s'observe à tous les âges, parce que la maladresse et l'ignorance sont de tous les âges, mais elle est inévitablement l'écriture des petits enfants qui ont tout à apprendre. C'est habituellement autour de 5 ans qu'on leur

enseigne l'écriture ; leurs débuts sont pénibles. Jusque-là leur existence a été vouée au jeu ; maintenant on exige d'eux une application soutenue, de l'habileté manuelle, du soin, de la propreté, un effort d'imagination pour se représenter la forme et le sens des mots, enfin de la mémoire pour réaliser le tout. En face de tant de difficultés, chacun réagit avec des moyens déjà très personnels, si bien que, dès le début, aucune écriture d'enfant ne ressemble à une autre[1]. Nous allons voir leurs diverses manières de se comporter.

La fig. 10 est de l'écriture d'un enfant de 6 ans. Dans tous

Fig. 10. — Écriture inorganisée ; premiers mots d'un garçon de 6 ans grossissement progressif, exagération des dimensions, non-sens

les mots, les lettres vont en augmentant de hauteur. La cause est due à l'effort considérable d'application de l'enfant qui, pour ne pas manquer le but, augmente son action à mesure qu'il agit, en dépensant plus de force qu'il n'est besoin. Ce grossissement progressif est très caractéristique de l'écriture enfantine, mais il persiste chez les adultes qui se donnent entièrement à ce qu'ils font, avec la ferveur candide des enfants. L'exagération générale des dimensions est due à la même cause. Les différence considérables de hauteur des lettres, dont l'écart est de 3 à 9 mm, témoignent de l'inhabileté manuelle. Enfin, le mot *élève* est copié *élavé*, puis *elve*. La cause de ces non-sens est une insuffisance de l'attention jointe à une expérience nulle.

A 6 ans, les non-sens sont inéluctables, mais chez un sujet normal ils disparaissent très vite. Leur persistance, dans une copie, après 8 ans, est la preuve d'une certaine débilité intellec-

1. Cf. *Les Bases fondamentales de la graphologie et de l'expertise en écritures*, Alcan, édit., à Paris.

tuelle. L'attention et l'imagination qui ne permettent pas de réaliser l'orthographe dans une simple transcription, sont évidemment très faibles. Plus tard encore, si les non-sens abondent, on est en présence d'un arriéré. Enfin, l'absence de progrès sur ce point, d'une année à l'autre, semble indiquer l'idiotie ou l'imbécillité. C'est ce que l'on voit fig. 11, dans une dictée faite à un garçon de 10 ans où la forme de presque tous les mots est travestie. La grande indigence de ses moyens est évidente.

Écrire des mots non pensés, ou avec des lettres qui ne représentent pas les mots que l'on pense, voilà de toutes les manifestations de l'écriture inorganisée, la plus caractéristique et la plus fâcheuse.

L'exemple de la fig. 12, écriture grossissante (avec un tracé trop étalé et des fautes d'orthographe, tous signes d'inorganisation) est plus particulièrement remarquable par la juxtaposition des lettres. Les enfants sont portés à s'arrêter après avoir tracé une lettre, parce qu'elle représente à leurs yeux un effort achevé, une figure complète, après quoi ils voient un recommencement. Mais pour leur permettre d'imaginer les mots, il faut leur apprendre à lier les lettres qui les composent. L'effort du maître consiste donc à astreindre ses élèves, le plus tôt possible, à ne pas s'immobiliser après chaque résultat partiel ; de là provient, contre toute attente, la rareté des écritures franchement juxtaposées chez les enfants ; le maître s'y oppose incessamment parce que c'est le grand obstacle à la coordination de l'écriture et à sa rapidité. Toutefois, si les enfants ne lâchent pas la plume pour obéir au maître, il n'échappent guère au besoin de s'arrêter entre chaque effort : c'est la cause des reprises que l'on observe dans les écritures inorganisées. La fig. 13 en est un bon exemple ; elle représente l'écriture d'une fillette de 7 ans. Avec son grand nombre de reprises, dont résulte un tracé aussi ralenti que si les lettres étaient juxtaposées, les formes élémentaires des lettres et ses diverses inégalités, elle constitue un spécimen très caractéristique de l'écriture enfantine.

Les reprises entre les lettres sont assez souvent suivies d'un arrêt plus prolongé entre les mots, au cours duquel, pour se reposer, l'enfant appuie la plume sur le papier, produisant ainsi des points où il n'en faut pas (fig. 14). Ce double ralentissement — celui des reprises et celui des arrêts ponctués — est, chez une enfant de 6 ans 1/2, comme celle qui nous a fourni notre exem-

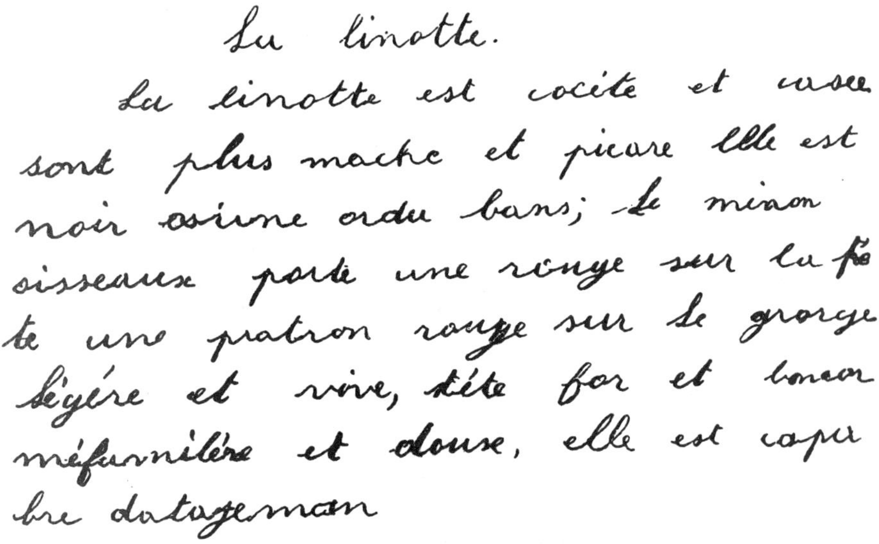

Fig. 11. — Dictée faite à un garçon de 10 ans. Non-sens continuels

Traduction : La linotte est coquette et gracieuse. Son plumage est bigarré : l'aile noire a une bordure blanche ; le mignon oiseau porte une toque rouge sur la tête, un plastron rouge sur la gorge. Légère et vive, tête folle et bon cœur, mais familière et douce, elle est capable d'attachement.

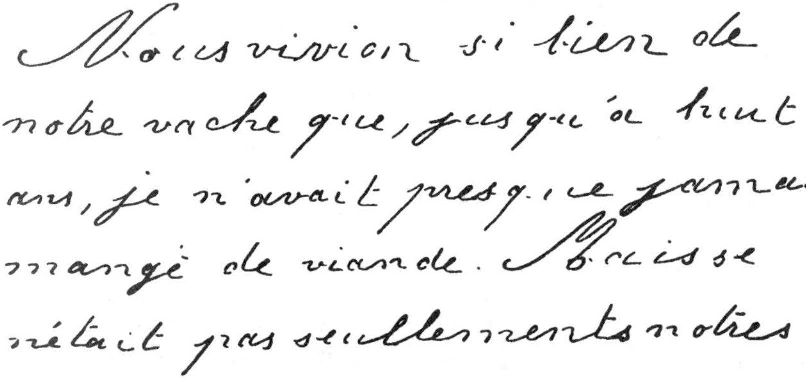

Fig. 12. — **Écriture inorganisée ; juxtaposition des lettres. Garçon de 6 ans 1/2**

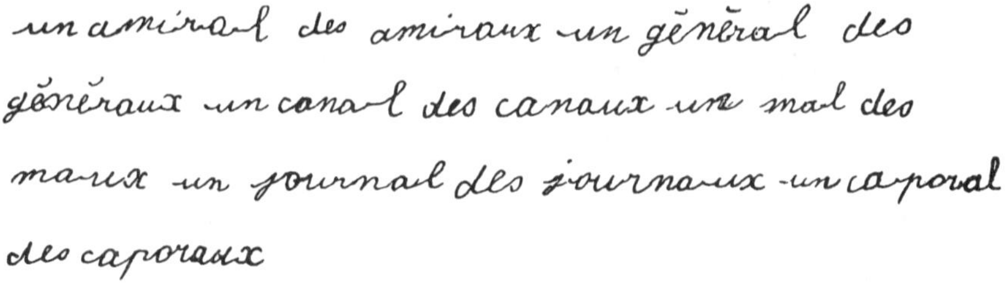

Fig. 13. — Écriture inorganisée ; reprises. Fillette de 7 ans

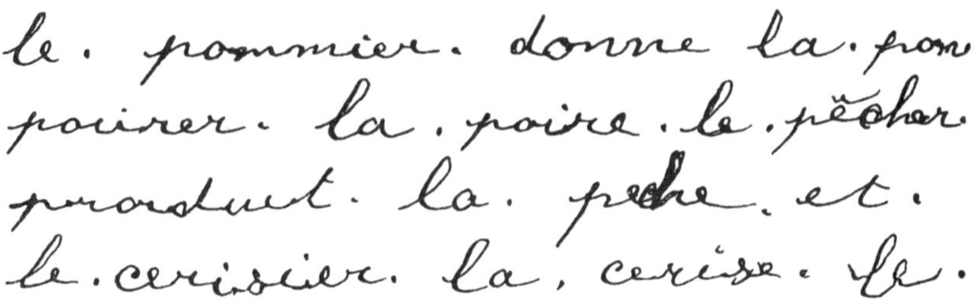

Fig. 14. — Écriture inorganisée ; arrêts ponctués, reprises, tremblements
Fillette de 6 ans

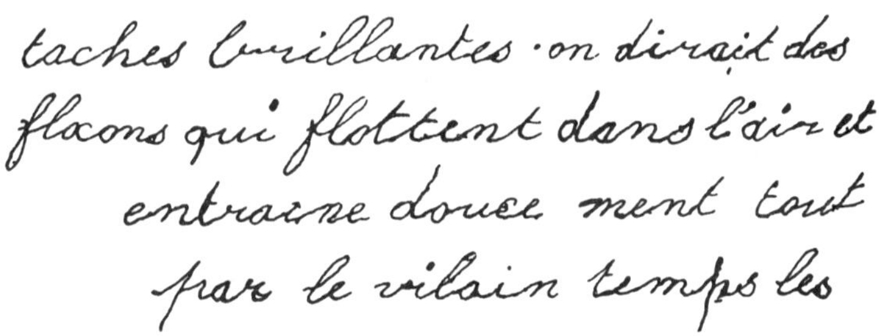

Fig. 15. — Écriture inorganisée ; le tremblement. Garçon de 8 ans

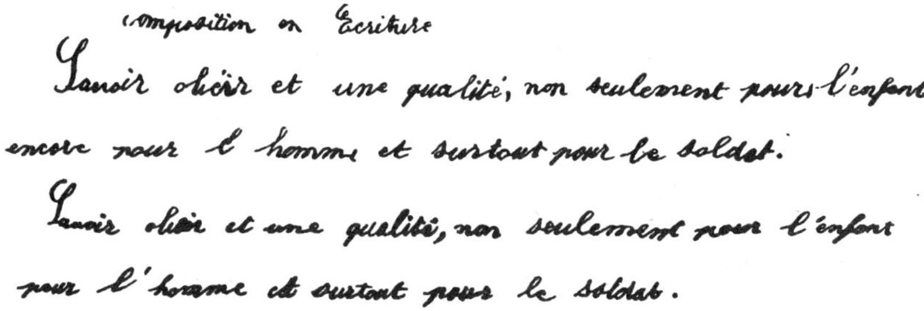

Fig. 16. — Une curieuse composition en écriture, fig. 16, 17 et 18
3 garçons de 9 ans. Voici le 8e de la classe. Formes grossières

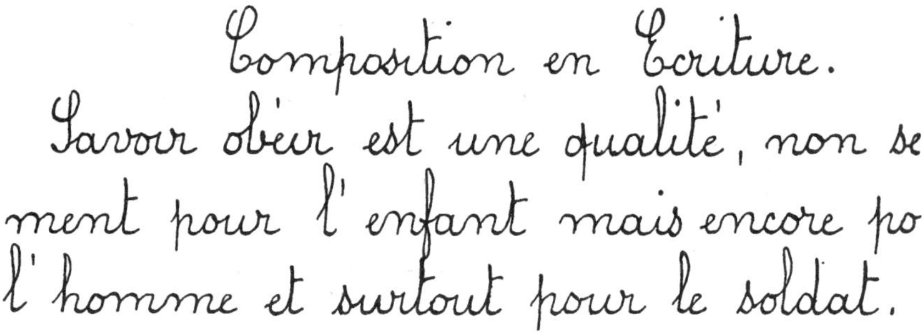

Fig. 17. — Formes correctes du 1er de la classe

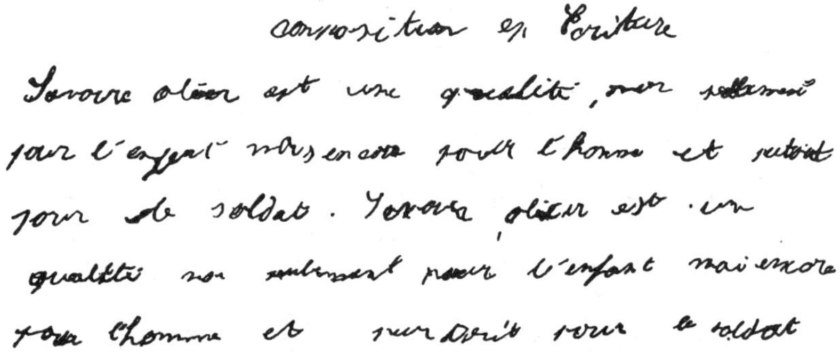

Fig. 18. — Écriture inorganisée du dernier de la classe ; désordonnée
informe, saccadée, confuse, incorrecte, à reprises, retouchée, malpropre

ple, l'indice d'une activité qui a besoin d'être stimulée. Rien de plus à cet âge.

Le manque de hardiesse des enfants, timidité ou crainte de mal faire, rend très souvent leur écriture tremblée (fig. 15). Cependant, l'assurance vient vite. Après l'âge de 10 ans, le tremblement est rare. Il n'en est pas de même des formes vulgaires qui restent trop longtemps une des marques foncières de l'écriture inorganisée. La fig. 16, qui est informe, est d'un garçon de 9 ans 1/2. Il est en retard.

Chez les enfants, l'aisance et l'élégance sont irréalisables : mais la correction des formes est souvent obtenue avant la 9e année. La fig. 17 représente un rare exemple de correction des formes chez un enfant de 9 ans. Il est naturellement le premier de sa classe. Son camarade de la fig. 18 est le dernier. Celui de la fig. 16 est au milieu.

Heureux ceux qui évitent les tracés grossiers comme celui de l'enfant de 9 ans de la fig. 19 ! Ici, l'influence de l'instituteur est puissante. Dans les bonnes écoles, en particulier dans les lycées, l'écriture grossière est exceptionnelle ; ailleurs, par sa fréquence, elle est parfois manifestement due à un manque de surveillance.

Il en est de même de la malpropreté. Elle est plus répandue, dans certains milieux scolaires, qu'elle ne devrait être. Mais elle correspond, dans un grand nombre de cas, à des négligences occasionnelles et n'a qu'une importance relative. La pleine force de la malpropreté, comme indice de l'écriture inorganisée, se rapporte à la répétition habituelle des tracés boueux, accompagnés de taches d'encre. Dans la fig. 20, il s'agit d'un enfant de 7 ans ; il a donc droit, pour une bonne part, à l'excuse de l'inhabileté. Mais tous ses devoirs sont sales. Celui de la fig. 21, un an plus tard, ne montre aucun progrès. L'écriture, plus ferme, reflète ici le développement physiologique qui s'est produit pendant l'année écoulée, mais la persistance des reprises et des points où il n'en faut pas, les non-sens et la grossièreté du tracé sont là des concomitances très inquiétantes.

Une comparaison avec un sujet normal fera ressortir la gravité de telles insuffisances. Les trois exemples de la fig. 22 sont du même petit garçon. Il n'avait pas 6 ans quand il a écrit au crayon : *Toujours un élève docile (A)*. Entre chacune de ses lettres, il y a un arrêt masqué par la reprise. Les mots sont grossissants. Trois mois après, en février *(B)*, l'écriture est faite à la

plume. Ses caractéristiques sont les mêmes, cependant l'assurance est plus grande, avec des reprises moins nombreuses. Le troisième spécimen *(C)* est du mois de juin ; il comporte encore quelques mots grossissants ; les reprises sont rares ; la forme est très améliorée. Il n'a fallu que 7 mois pour obtenir ce résultat dont l'importance saute aux yeux.

Dans l'ensemble, les enfants vont, d'une marche sûre, de

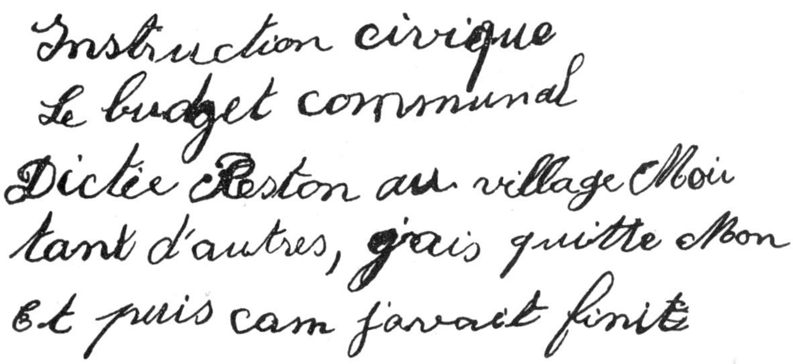

Fig. 19. — Écriture inorganisée ; grossière, à reprises, très lente, incorrecte garçon de 9 ans

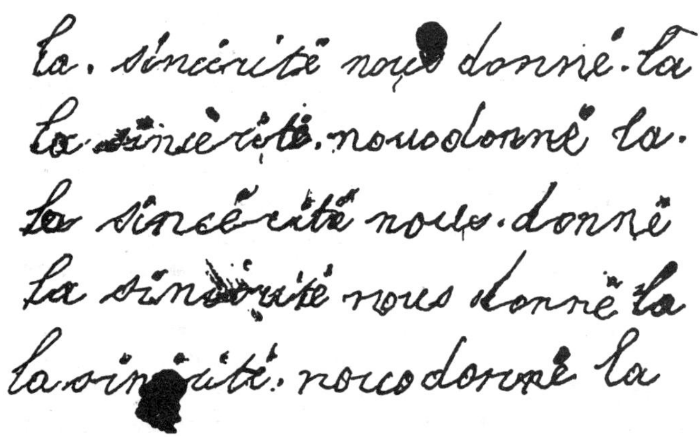

Fig. 20. — Écriture inorganisée ; à reprises, tremblée, lente inutilement ponctuée, grossissante, malpropre

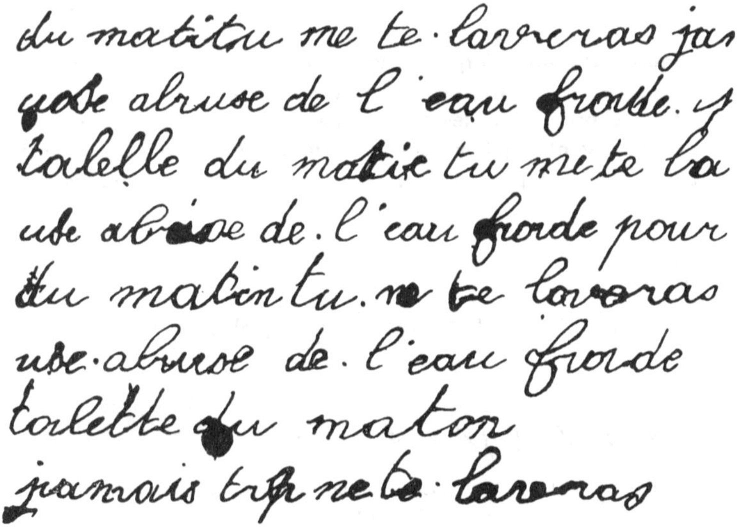

Fig. 21. — La même fillette un an après ; persistance des caractéristiques précédentes multiples non-sens. Arriération mentale

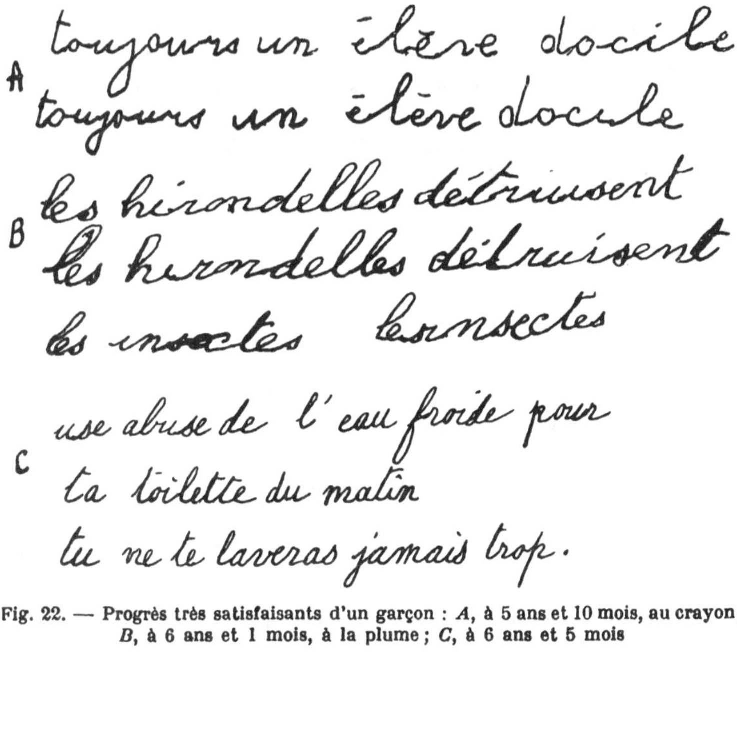

Fig. 22. — Progrès très satisfaisants d'un garçon : *A*, à 5 ans et 10 mois, au crayon; *B*, à 6 ans et 1 mois, à la plume ; *C*, à 6 ans et 5 mois

l'inorganisation à l'organisation de l'écriture ; chaque année est marquée par un progrès, mais plus on avance, plus il y a d'écart entre les premiers et les derniers de chaque classe, parce que les premiers vont régulièrement de l'avant, tandis que les derniers s'attardent, et parfois s'arrêtent. Voici, par exemple, fig. 23,

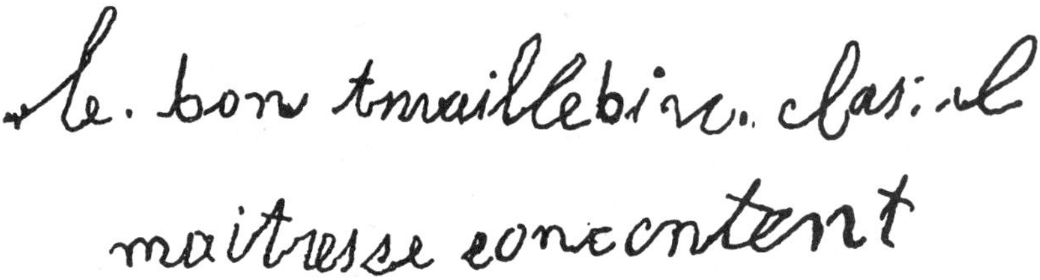

Fig. 23. — Copie d'un autre débutant de 6 ans 1/2 ; incoordination Non-sens, reprises, lenteur, omissions. Inquiétant présage

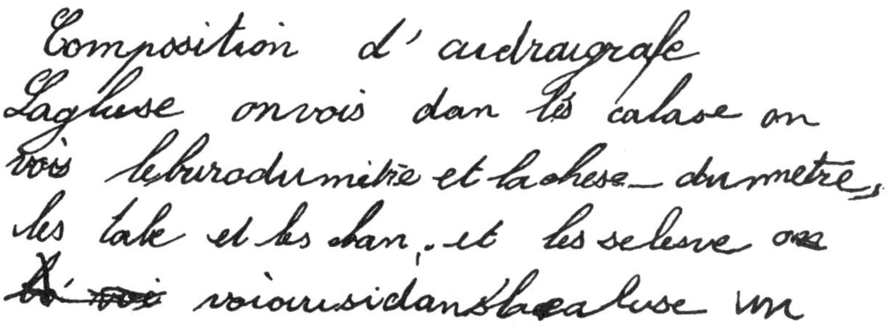

Fig. 24. — Le sujet de la figure 23, à 10 ans
Les non-sens persistent ainsi que l'incoordination. C'est un arriéré

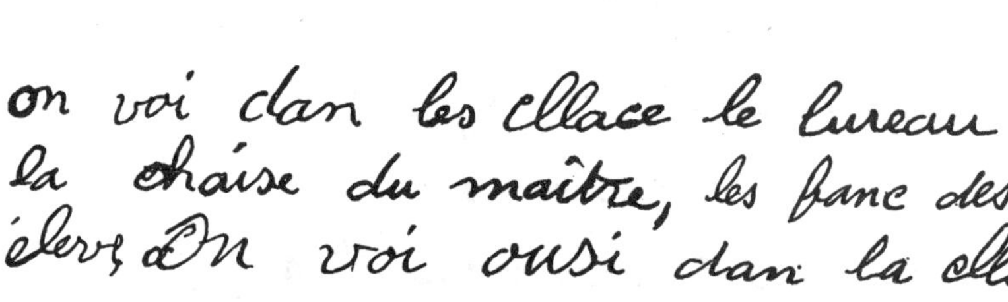

Fig. 25. — Écriture inorganisée d'un autre arriété de 10 ans qui, à l'école dispute au précédent la place de dernier

l'écriture d'un garçon de 6 ans. Il devait copier : *le bon élève travaille bien en classe et les maîtresses sont contentes.* Dans ce petit devoir, il oublie cinq mots et en dénature quatre. Au cours d'une copie, avec un peu d'attention, ces erreurs eussent été réduites à presque rien, comme il est arrivé avec ses camarades.

Maintenant, fig. 24, cet enfant a 10 ans ; on voit qu'il n'a pas fait de progrès ; il ne parvient pas à imaginer les mots[1]. Il a cependant suivi la filière de son école, toujours classé le dernier, ou l'avant-dernier, car il vient d'avoir un nouveau camarade (fig. 25) qui lui dispute sa place habituelle et réussit à l'emporter par le nombre de ses non-sens. Ce sont deux arriérés confinant à l'imbécillité.

Comparons leurs compositions à celles des deux premiers de la classe qui ont parcouru le même cycle d'études et qui ont 10 ans comme eux (fig. 26 et 27). Ils ont l'écriture correcte de leur âge ; celui-ci est décelé par des reprises entre les lettres, et la lenteur du tracé. Dans trois ans, les deux petits arriérés, après avoir désespéré tous leurs éducateurs, entreront dans un atelier pour apprendre un métier qu'ils feront toujours mal ; les deux autres auront vraisemblablement un sort plus favorable.

Il ne faut cependant pas se hâter de pronostiquer la destinée d'un enfant sur ses premiers écrits. Tous les signes graphologiques qui apparaissent entre 5 et 9 ans méritent une attention vigilante, mais aucun, pris isolément, n'engage irrémédiablement l'avenir. Il se fait, à ces âges-là, de prodigieux redressements. Des sujets qui donnent de belles espérances s'arrêtent parfois, pour des raisons très variées ; d'autres, lourds au départ, se fortifient lentement, mais sûrement. La fig. 28, en *A*, par exemple, représente une copie d'une fillette de 4 ans et 8 mois. On criait au miracle. En vérité, elle était en avance de deux ans sur son âge. Aujourd'hui, elle a 12 ans ; voici, fig. 28, en *B*, un de ses devoirs. L'ex-petit phénomène, avec son écriture qui est restée vulgaire, serrée et lente, se maintient difficilement au niveau des fillettes de son âge.

En général, on sort de l'écriture inorganisée entre 12

1. Nous verrons plus loin, dans la monographie de l'écriture bien ou mal orthographiée, combien est grande l'erreur des graphologues qui, tous, jusqu'ici, rejettent du domaine de la graphologie l'étude des fautes d'orthographe.

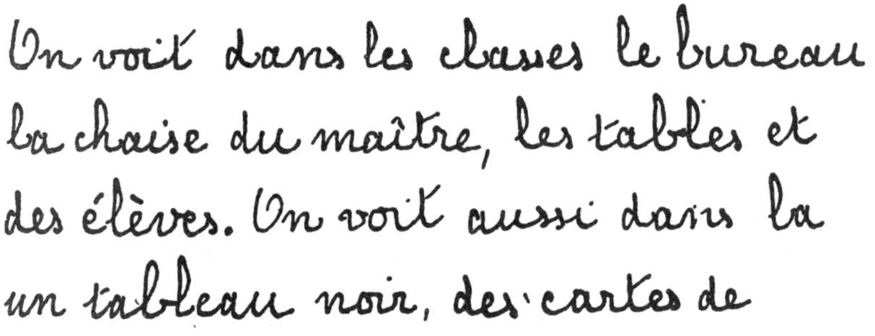

Fig. 26. — Ecriture inorganisée, lente et à reprises ; correcte pour 10 ans
Le premier de la classe

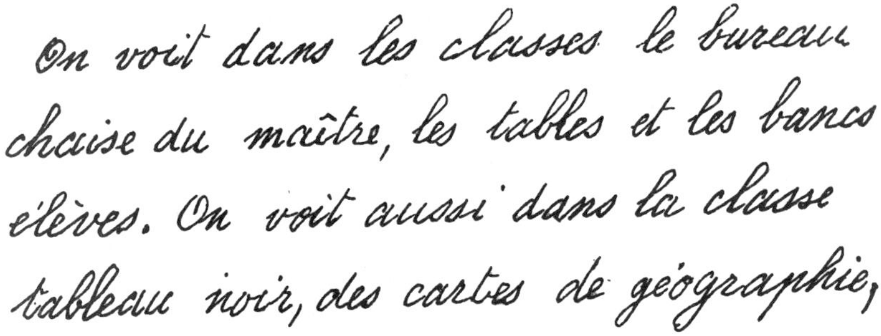

Fig. 27. — Le second de la classe. Même âge, mêmes observations

et 14 ans[1]. Mais beaucoup d'individus n'ont pas les moyens intellectuels d'en sortir et, comme ils écrivent peu après leur éloignement de l'école, ils conservent les signes, plus ou moins affaiblis, de l'écriture inorganisée des enfants.

Nous avons montré ailleurs[2] qu'il y a un âge de la culture graphique, un âge du développement intellectuel, et un âge phy-

1. On voit combien il est fâcheux que l'enseignement ne soit obligatoire que jusqu'à 13 ans ; on arrête le développement des esprits en plein essor, à un moment décisif.

2. Cf. *L'Age et le sexe dans l'écriture*, Adyar, édit. à Paris. Cf. *Cours supérieur de graphologie*, p. 209 et suiv., André Lecerf, Dangles, Paris, 1948.

siologique, qui ne concordent pas nécessairement avec l'âge selon le calendrier. En étudiant l'écriture de jeunes soldats illettrés, nous leur avons trouvé plus de résolution et de relief que chez les enfants ; le type d'écriture petite, grêle et tremblée, qui est si fréquent chez ces derniers, de 5 à 8 ans, ne se trouve chez aucun adulte, n'eussent-ils que 6 à 8 ans d'âge de culture graphique. Du moins, nous ne l'avons pas découvert. A part cela, les signes de l'écriture inorganisée sont les mêmes chez l'adulte que chez les enfants ; ils proviennent des mêmes causes : la maladresse à se servir de la plume et l'ignorance ; ils engendrent les mêmes appréciations : la puérilité du caractère, l'insuffisance de l'attention, de l'imagination et de la mémoire, ce qui en fait des êtres élémentaires. Mais, naturellement, l'insuffisance a des degrés et l'on observe des natures, même très frustes, élevées à l'abri d'excitations malsaines, qui ont une valeur sociale incontestable.

Nous nous bornerons, pour finir, à insister sur la confusion et les espacements excessifs.

Fig. 18, nous avons donné un exemple d'écriture inorganisée confuse. Le fait est assez rare dans les devoirs d'école parce que les enfants sont soumis à une discipline ; mais après l'école, les mauvais sujets s'abandonnent à leur désordre. Il convient de contrôler cette espèce d'écriture pour ne pas la confondre avec des manifestations de négligence occasionnelle, ou de précipitation. La vulgarité du tracé, sa lenteur, son instabilité, et les fautes d'orthographe répétées, sont les principaux éléments du contrôle.

L'écriture très espacée laisse dans le doute les graphologues débutants. C'est cependant un des signes des plus nets de l'écriture inorganisée ; il abonde sous la plume des gens sans esprit, insignifiants. Espacement ne veut pas nécessairement dire clarté ; ses causes peuvent être le gaspillage, un genre mondain, une imitation, un relâchement, etc.[1].

Analysons l'autographe de la fig. 29, aux espacements excessifs, qui provient d'une femme d'environ 40 ans ; il est très négligé ; plusieurs barres de *t*, tous les points et les accents sont omis. La pression est faible, le trait tremblé ; les liaisons médiocres ne favorisent pas la rapidité ; les phrases, sans points, ni

1. Voir plus loin la monographie de l'Inhibition.

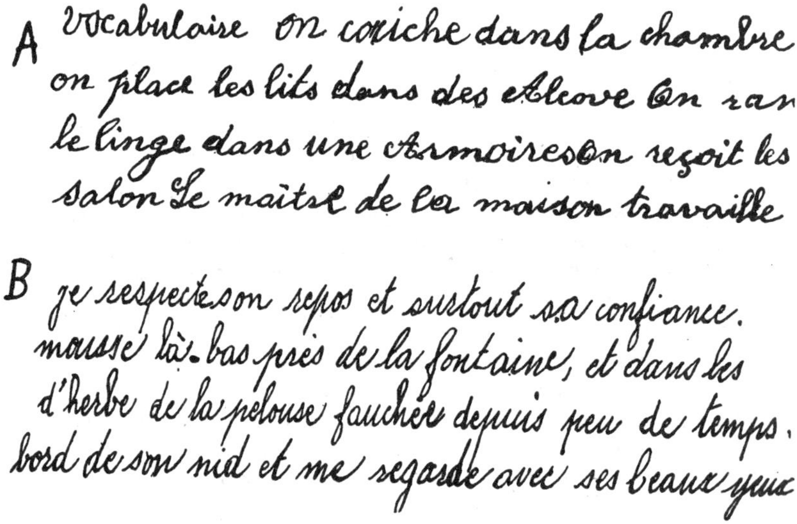

Fig. 28. — *A*. Copie d'une fillette de 4 ans et 8 mois très en avance sur les enfants de son âge. — *B*. Un de ses devoirs à 12 ans L'écriture est restée vulgaire, serrée, lente. Espoirs déçus

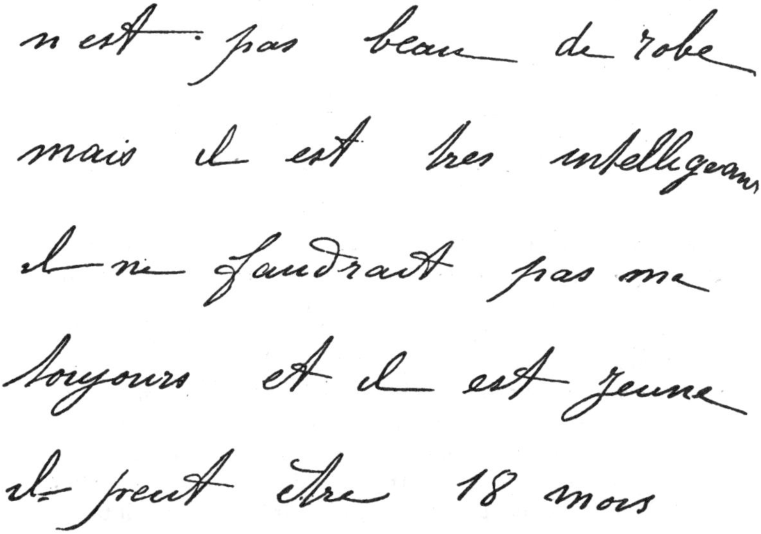

Fig. 29. — Écriture inorganisée d'une femme de 40 ans, négligée trop espacée avec des non-sens

majuscules, ne sont pas déterminées ; par contre, une majuscule apparaît quand il n'en faut pas. Enfin, à la 4e ligne, s'étale un non-sens : *toujours*, à la place de *toucher*, et un autre à la 5e ligne : *être*, pour *avoir*. C'est donc bien une écriture inorganisée. Puisque la valeur des signes est établie par le milieu où ils se trouvent, nous ne pouvons pas dire que cette femme vulgaire, privée d'attention et d'imagination, a une belle clarté d'esprit ? Les espacements excessifs ne sont là qu'un des Modes les plus indigents de l'écriture inorganisée : le relâchement.

Enfin, la fig. 30 est d'un homme de 28 ans. Elle porte tous les fruits de l'écriture inorganisée ; sa vulgarité, sa mollesse, sa négligence, sautent aux yeux. Elle est juxtaposée, lente, instable, mal orthographiée, avec des majuscules où il n'en faut pas et des minuscules en place de majuscules.

On ne s'étonnera pas d'apprendre que son existence soit remplie de tribulations. Il a 9 ans d'âge graphique chez un mauvais élève.

Au résumé, l'écriture inorganisée, inévitable dans la première enfance, appartient, dès l'adolescence, aux natures inférieures. A l'étage le plus bas, les idiots et les imbéciles donnent le spectacle de la plus grande impuissance intellectuelle ; au-dessus d'eux, il y a les mal doués ; un peu plus haut, les ignorants, pour des causes variées : enfance maladive, trop grande distance entre le lieu d'habitation et l'école, insouciance des parents, dénûment, etc. Mais ignorance n'est pas toujours inintelligence, et il y a beaucoup d'humbles natures dont l'utilité sociale est hors de doute. Il n'est pas nécessaire d'être bachelier pour faire un bon terrassier, et les terrassiers nous sont indispensables. Sachons donc reconnaître les vertus des humbles et les secours qu'ils nous apportent, mais en évitant la faute de leur donner un rôle de dirigeant. Que chacun soit à sa place !

L'ÉCRITURE ORGANISÉE *(Genre Continuité)*

Antonyme : inorganisée

Une écriture est organisée lorsqu'elle est tracée couramment et correctement.

C'est le cas d'un grand nombre d'enfants quand ils quittent

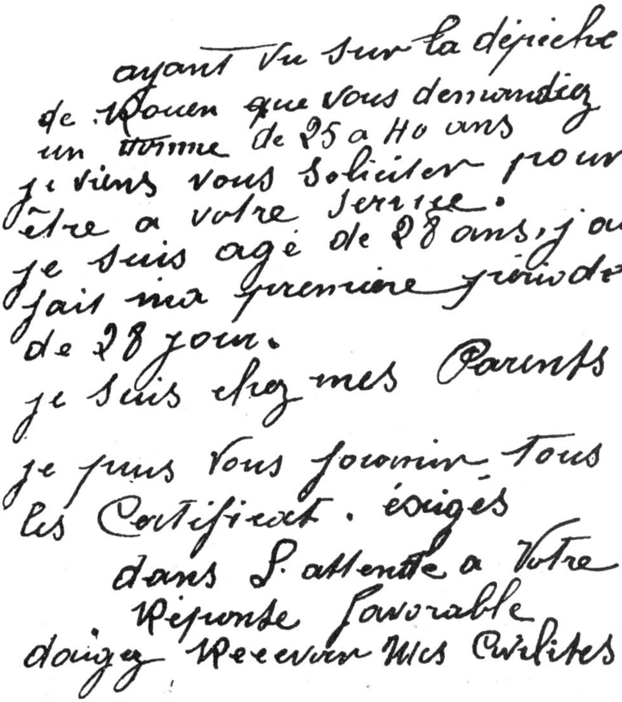

ayant vu sur la dépêche
de Rouen que vous demandiez
un homme de 25 a 40 ans
je viens vous Soliciter pour
être a votre service.
je suis agé de 28 ans, j'ai
fait ma premiere période
de 28 jour.
je suis chez mes Parents
je puis vous fournir tous
les Certificat. éxigés
dans l'attente a Votre
Réponse favorable
daignez Recevoir mes Civilites

Fig. 30. — Écriture inorganisée d'un homme de 28 ans
vulgaire, lente, juxtaposée, molle, négligée, instable, mal orthographiée
Il a 9 ans d'âge graphique

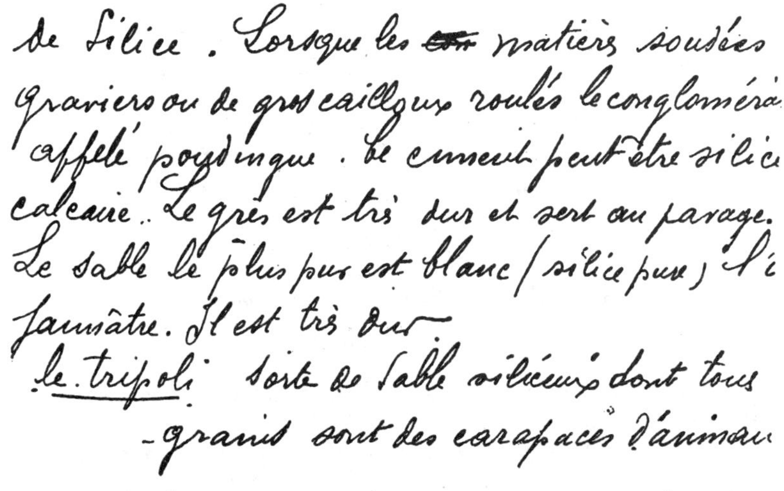

de silice. Lorsque les matiers soudées
graviers ou de gros cailloux roulés le conglomérat
appelé poudingue. Le ciment peut être silice
calcaire. Le grès est très dur et sert au pavage.
Le sable le plus pur est blanc (silice pure) si
jaunâtre. Il est très dur.
le tripoli sorte de sable siliceux dont tous
grains sont des carapaces d'animaux

Fig. 31. — Écriture correcte et courante, organisée, d'un écolier de 13 ans

l'école, après 13 ans. Ils ne sont encore pourvus que d'un petit savoir, mais d'un puissant moyen de perfectionnement. Dès lors, leurs progrès sont conditionnés par leur désir d'apprendre, leurs occupations et leur entourage. Trop souvent, à cause de ce périlleux concours de circonstances, les écritures se modifient plutôt en raison des évolutions de l'âge qu'à la suite de nouvelles acquisitions intellectuelles ; les enfants n'augmentent pas leur savoir et vivent toute leur vie sur le peu qu'ils ont appris ; ils végètent. Ceux qui, plus favorisés, continuent leurs études, améliorent leur écriture, l'ordonnent avec plus d'art, et la simplifient, tout en lui conservant son précieux caractère de lisibilité.

La figure 31 reproduit l'écriture très bien organisée d'un garçon de 13 ans qui a toujours été un bon sujet. Il manie la plume avec une aisance remarquable pour son âge.

Nous voyons fig. 32 une écriture s'éloignant à peine des traditions de l'école, mais qui, par la correction, l'aisance du tracé, la netteté, la clarté, est un exemple très louable d'écriture organisée. Elle provient d'une institutrice.

La suivante, fig. 33, correcte et courante, est d'une jeune employée de commerce de 16 ans. L'écriture est sans grand caractère, mais correcte et courante.

Dans la fig. 34, on constate un tracé beaucoup plus personnel, délicat, souple, aisé, avec de légères inégalités qui rendent l'écriture nuancée, vivante. Beaucoup d'ordre et de clarté, mais une seule simplification aux *f*. C'est une écriture très bien organisée.

La fig. 35, très différente des précédentes par le mouvement spontané, l'habileté à se servir de la plume, l'aisance et la fermeté, est une écriture supérieurement organisée.

Le lecteur voit qu'il y a des degrés dans l'écriture organisée, comme en tout ; elle caractérise des petits mérites lorsqu'elle est associée à des ressources intellectuelles modestes, et de grands talents si les qualités d'attention, d'ordre, de clarté, d'activité, inhérentes à l'écriture organisée, sont très développées. Dans la multitude infinie des tracés, l'écriture organisée est aisément reconnaissable parce qu'elle est étrangère aux formes grossières, aux non-sens, aux reprises, à la lenteur accentuée, à la confusion, aux fautes d'orthographe lourdes et répétées ; toutefois, malgré ses caractères nets et précis, son acquisition n'est pas à l'abri des régressions. A côté de ses vertus, peuvent se dévelop-

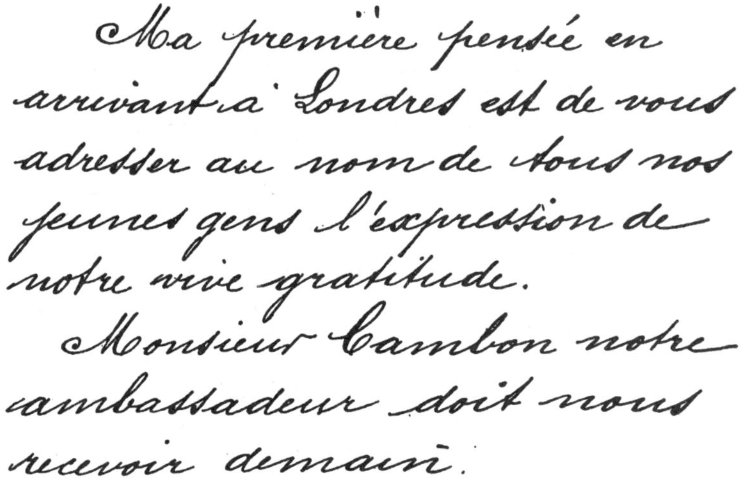

Ma première pensée en arrivant à Londres est de vous adresser au nom de tous nos jeunes gens l'expression de notre vive gratitude.

Monsieur Cambon notre ambassadeur doit nous recevoir demain.

Fig. 32. — Écriture correcte, aisée, nette, limpide bien organisée d'une institutrice

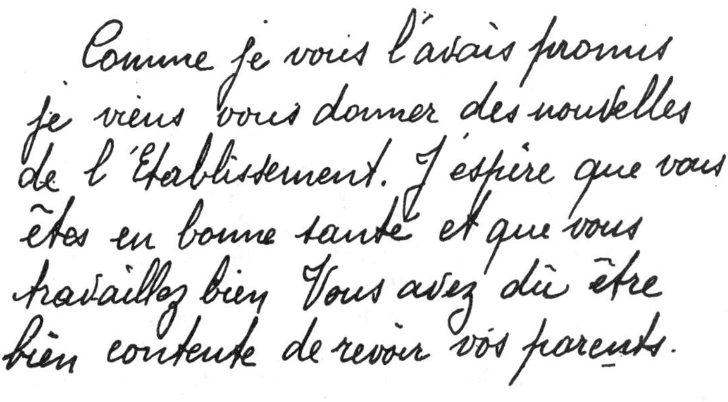

Comme je vous l'avais promis je viens vous donner des nouvelles de l'Etablissement. J'espère que vous êtes en bonne santé et que vous travaillez bien Vous avez dû être bien contente de revoir vos parents.

Fig. 33. — Écriture correcte et courante d'une employée de commerce de 16 ans

per des qualités parasites qui tendent à réduire son action, et même à la désorganiser. Mais avant d'étudier l'écriture désorganisée, suivons, dans leur progression, les individus les mieux doués, ceux qui parviennent à l'*écriture combinée*.

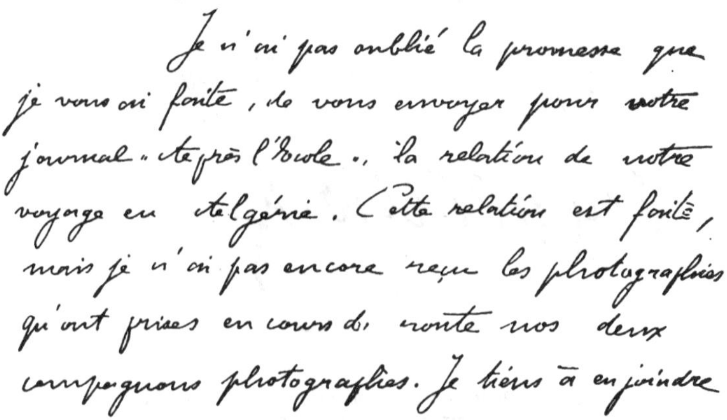
Je n'ai pas oublié la promesse que je vous ai faite, de vous envoyer pour votre journal « Auprès l'École », la relation de notre voyage en Algérie. Cette relation est faite, mais je n'ai pas encore reçu les photographies qu'ont prises en cours de route nos deux compagnons photographes. Je tiens à en joindre

Fig. 34. — Écriture claire, ordonnée, légère, nuancée, aisée cylindrique, très bien organisée

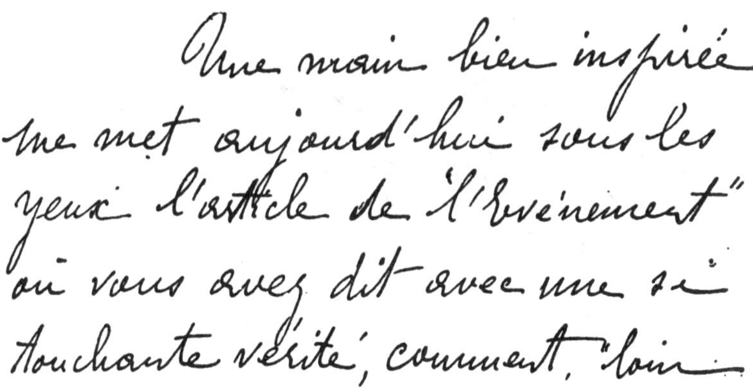
Une main bien inspirée me met aujourd'hui sous les yeux l'article de "l'Evénement" où vous avez dit avec une si touchante vérité, comment, "loin

Fig. 35. — Écriture ferme, semi-anguleuse, spontanée aisée, supérieurement organisée

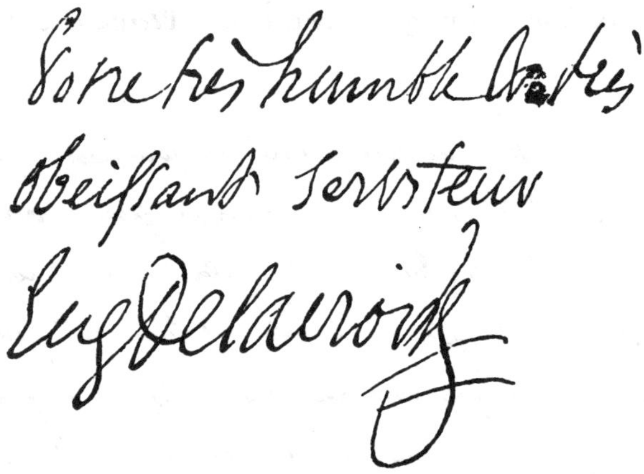

Fig. 36. — Belle écriture combinée (liée et simplifiée)
du peintre Eugène Delacroix
Elle est très rapide, grande, inégale de dimension
2 à 7 mm pour les lettres intérieures, aisée, ferme, élégante

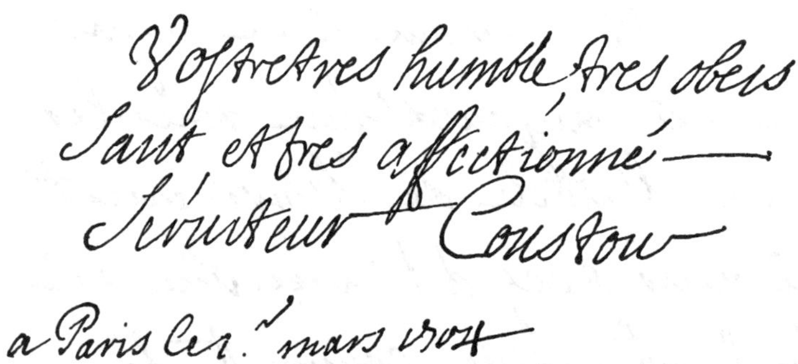

Fig. 37. — Le sculpteur Coustou
Son écriture combinée ; simple, simplifiée, liée, claire, aisée
grande, 2 à 4 mm, semi-anguleuse, élégante

L'ÉCRITURE COMBINÉE *(Genre Continuité)*

Antonyme : inorganisée. — Synonymes : arrangée, enchaînée

Une écriture est combinée lorsque ses formes, plus ou moins liées et simplifiées, s'agencent bien.

On voit, par cette définition, que la correction et la rapidité de l'écriture organisée ne suffisent pas pour atteindre les hauteurs de l'écriture combinée. L'apparition des liaisons originales et des simplifications de tracé qui ont toutes deux pour cause la nécessité d'abréger, d'unir, d'associer les éléments de l'écriture pour en faire un instrument aussi avantageux que possible en vue d'inscrire la pensée, voilà les indices particuliers de l'écriture combinée. L'enchaînement des mouvements fournit au scripteur une multitude d'occasions de montrer son aptitude à choisir et à varier. Les solutions heureuses favorisent la vitesse et témoignent d'une bonne association des images et, par conséquent, d'une attention, d'une imagination et d'une mémoire éveillées. L'écriture combinée nous semble réaliser le signe le plus qualitatif de l'intelligence : elle est, par excellence, la marque d'un esprit inventif et souple.

L'écriture d'Eugène Delacroix, fig. 36, est un bel exemple d'heureuses combinaisons. Ses formes élégantes, simples, simplifiées, ses mouvements aisés, liés, semi-anguleux, progressifs, c'est-à-dire tendant toujours vers la droite, favorisent la vitesse qui est obtenue sans effort. Les lettres minuscules, avec des inégalités de dimension de 2 à 7 millimètres, mais non discordantes, témoignent de la variété des impressions du scripteur. L'ensemble des tracés est si bien agencé, si distingué, qu'il prend un air de noblesse et de sérénité.

Les combinaisons de mouvements de l'écriture de Coustou, le grand sculpteur (fig. 37), sont intéressantes à comparer, mot pour mot, avec celles de Delacroix. Chez ces deux hommes de génie, la même tendance d'esprit et la même élévation sont réalisées avec des allures différentes.

Le tracé sobre, simple, simplifié, lié, semi-anguleux de Huet, l'érudit prélat d'Avranches (fig. 38), est très originalement combiné. On en saisira bien l'ingéniosité et la précision en suivant le texte avec une pointe mousse, comme si on cherchait à le récrire.

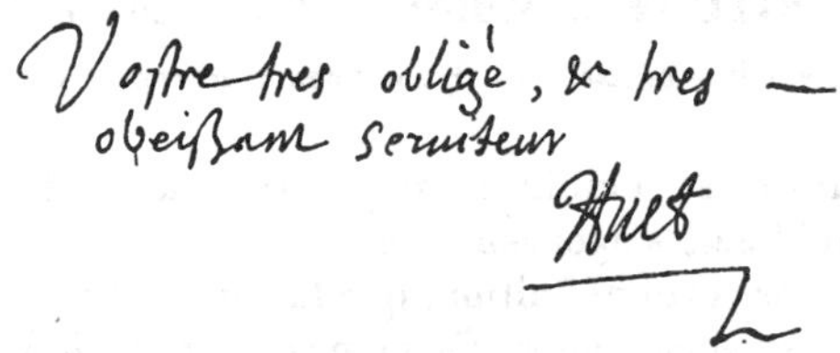

Vostre tres obligé, & tres —
obeissant serviteur
Huet

Fig. 38. — Huet, évêque d'Avranches. Écriture combinée, simple, simplifiée liée, semi-anguleuse, sobre, nette et nourrie

Le prince Hardenberg (fig. 39), diplomate prussien de grand mérite, a l'écriture liée, simple, simplifiée, signes fondamentaux des tracés combinés. Mais il écrit avec une froide circonspection.

L'une des plus belles écritures combinées que l'on puisse découvrir est celle de Jean Claude, l'adversaire de Bossuet (fig. 40). Sa définition est composée de nombreuses dominantes de haute valeur, toutes sur le même premier plan : elle est en relief, nourrie, très ferme, nuancée, sobre, simple, simplifiée, liée, claire, rapide, résolue, semi-anguleuse, assez grande et inégale (2 à 5 mm). Ici, la puissance et la souplesse s'unissent aux

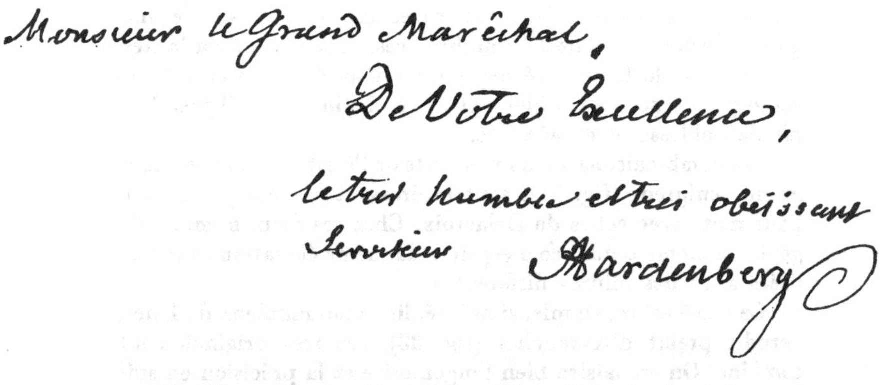

Monsieur le Grand Maréchal,
De Votre Excellence,
le très humble et très obéissant
serviteur Hardenberg

Fig. 39. — Le prince Hardenberg, célèbre diplomate allemand
Écriture combinée, simple, simplifiée, liée, claire, semi-anguleuse, posée contenue et retenue

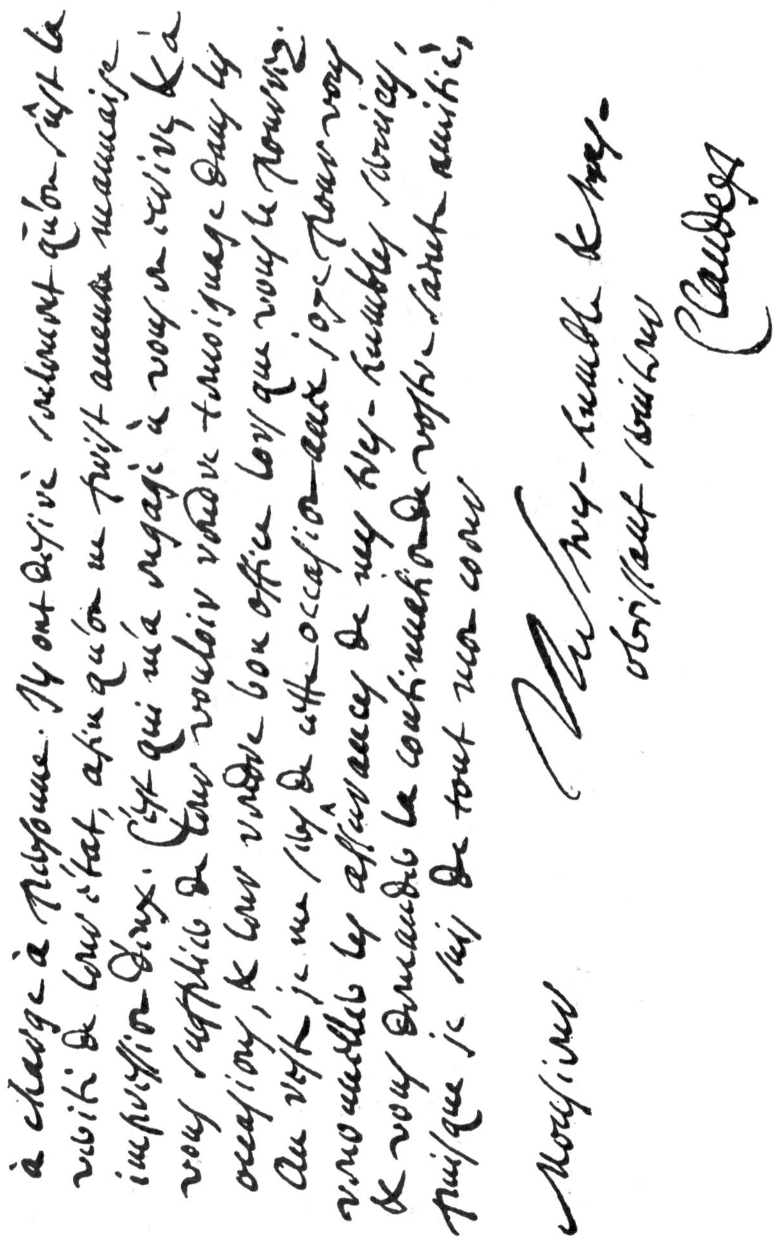
à charge à Ncyboune. Ils ont désiré seulement qu'on sût la
vérité de tous c'état, afin qu'on ne puist auceunes mauvaise
impression d'eux. C'est qui m'a engagé à vous en escrire & à
vous supplier de tous vouloir rendre témoignage dans les
occasions, & leur rendre bon office lorsque vous le pourrez.
Au reste je me sers de cette occasion pour vous
renouveller les assurances de mes très humbles services,
& vous demander la continuation de votre sainte amitié,
puisque je suis de tout mon cœur

Monsieur

Votre très humble & très
obéissant serviteur
Claude

Fig. 40. — Jean Claude. Écriture combinée, en relief, nourrie, très ferme nuancée, sobre, simple, simplifiée, liée, claire, rapide, résolue semi-anguleuse, assez grande et inégale, 2 à 5 mm

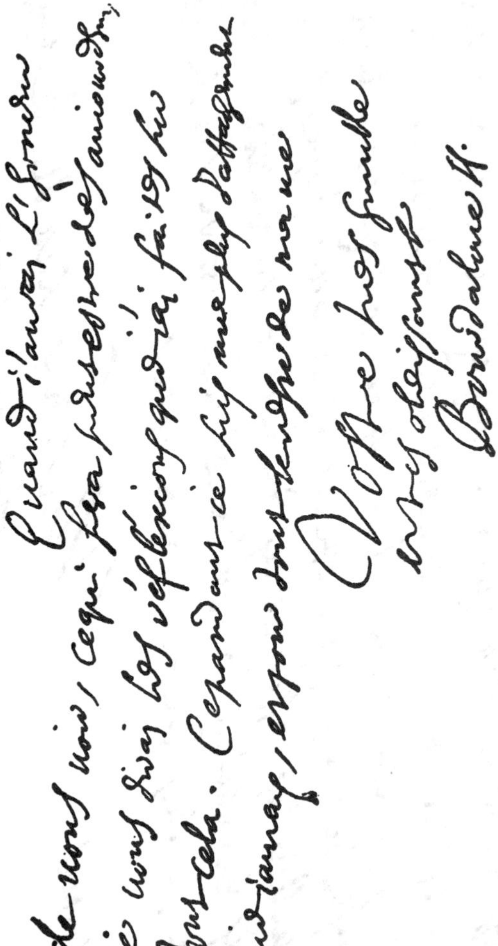

Fig. 41. — Bourdaloue. Écriture combinée, liée, simple simplifiée, lancée, montante et concave, rapide, inégale et saccadée (de 1 à 6 mm), semi-arrondie

plus hautes qualités. On observera la variété des liaisons ; l'écriture n'est pas très liée, mais elle l'est qualitativement.

Dans l'écriture combinée, c'est la richesse des associations de mouvements qu'il faut apprécier bien plus que l'étendue des liaisons. Une écriture liée entre les mots, dans toute la longueur des lignes, nous montre le maximum de la manifestation de l'Espèce liée, mais non de l'Espèce combinée ; elle n'a même qu'une faible valeur d'arrangement et d'association si, par le fait de liaisons trop systématiques, elle perd de sa clarté et s'oppose aux simplifications. C'est l'appréciation du milieu qui dirige le graphologue. Mais une écriture trop simplifiée est un bien plus grand obstacle aux combinaisons ; elle les rend impossibles dans les écritures juxtaposée, fragmentée, pointillée et bâtonnée, au même titre que dans les écritures monotone, automatique, confuse, lente.

Avant tout, c'est *le choix* et l'*à-propos* des liaisons, des abréviations et des simplifications, qui nous guident dans nos appréciations de l'écriture combinée ; elle doit être d'un mouvement souple et nuancé. Plus les combinaisons employées sont ingénieuses, plus l'écriture témoigne de la haute valeur du scripteur ; il se plie sans cesse aux diverses éventualités des tracés en employant les assemblages de lettres les meilleurs et les plus élégants ; en un mot, il combine ses tracés.

L'alternance des courbes et des angles, avec les solutions les plus favorables à la rapidité, voilà peut-être la marque superlative de l'écriture combinée : c'est le triomphe des écritures semi-anguleuses ou semi-courbes. L'exemple du tracé de Jean Claude est, à cet égard, tout à fait remarquable.

Chez l'illustre prédicateur Bourdaloue, plus amène (fig. 41), la fougue et l'adresse représentées par l'écriture rapide, semi-courbe, montante, liée, simplifiée, très inégale de dimension et de direction, fournissent aussi un exemple de riches et actives combinaisons.

Avec le maréchal Ney (fig. 42), nous voyons les tracés combinés sous un nouvel aspect. Cette petite écriture homogène, et cependant semée de minuscules inégalités, sinueuse, montante, alerte, est pleine d'attraits. Pas un de ses mouvements n'est indifférent. Elle exprime finalement, par ses formes simplifiées, liées, bouillonnantes et contenues, la maîtrise d'un esprit pénétrant et souple.

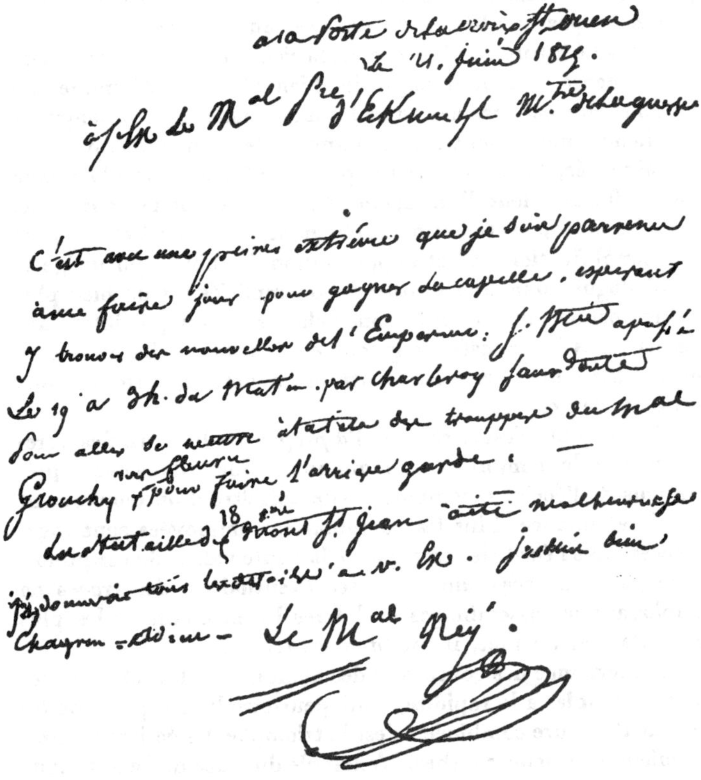

Fig. 42. — Le maréchal Ney
Écriture combinée, liée, simple, simplifiée, rapide, petite (1/2 à 1 mm) bouillonnante, contenue, montante, arrondie, serrée, sinueuse

Fig. 43. — Baron, comédien de la troupe Molière, à 40 ans
Écriture très grande (7 à 10 mm), lancée, ferme, élégante

Il ne faudrait pas croire que l'écriture liée et simplifiée confère nécessairement les plus hautes supériorités. Il y a, en effet, des écritures combinées dégradées par des désordres variés. Notre surprise, en les découvrant, correspond à celle que nous éprouvons en rencontrant des gens cultivés, ou de beaucoup d'esprit, qui n'ont pas le sens commun. Nous verrons ce qui leur manque en étudiant l'écriture inharmonieuse.

Il y a aussi des combinaisons recherchées qui ne valent que par leur étrangeté. Mais nous pénétrons là dans le domaine de la bizarrerie. Des combinaisons maladroites ne font que souligner l'inintelligence du scripteur et, si elles sont ridicules, son déséquilibre.

ÉCRITURE DÉSORGANISÉE *(Genre Continuité)*

Synonyme : altérée

Une écriture est désorganisée lorsque sa comparaison avec d'autres documents, provenant de la même main, fait apparaître une diminution considérable de ses qualités antérieures.

L'écriture désorganisée est de tous les âges, mais sa fréquence croît avec les années. Dans la jeunesse, la cause, habituellement temporaire, est la maladie. L'organisme est alors en pleine croissance ; tempérament et caractère se développent irrésistiblement, et les disciplines scolaire et familiale réduisent les expressions du désordre. Quand la liberté entre en jeu, chez les adultes, c'est alors qu'on peut mesurer la puissance désorganisatrice des passions par les troubles de l'écriture. Bien souvent, passions et maladies sont des causes liées qui produisent une multitude d'altérations graphiques ; les chagrins et les accidents en engendrent d'autres. Enfin, la vieillesse résume tous les aspects de la désorganisation, non pas précisément en rapport avec l'âge selon le calendrier, mais selon l'usure et les infirmités de l'individu.

Le peintre de Waldeck, dont nous avons publié une belle lettre[1] écrite à l'âge de 103 ans, avait à ce moment-là un graphisme ferme et net que nombre d'hommes de moins de 60 ans

1. *L'Age et le sexe*, pl. VI.

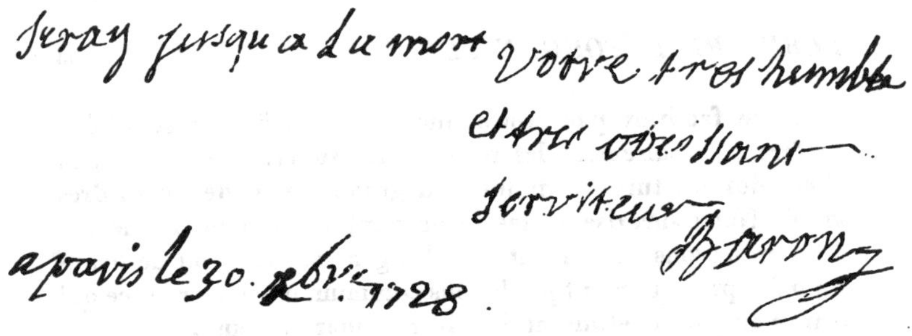

seray jusqu'a la mort Votre tres humble
et tres obeissant
serviteur
Baron
a paris le 30. xbre. 1728.

Fig. 44. — Baron à 75 ans. Écriture rapetissée, saccadée (3 à 5 mm) juxtaposée, tremblée, lente, avec quelques reprises

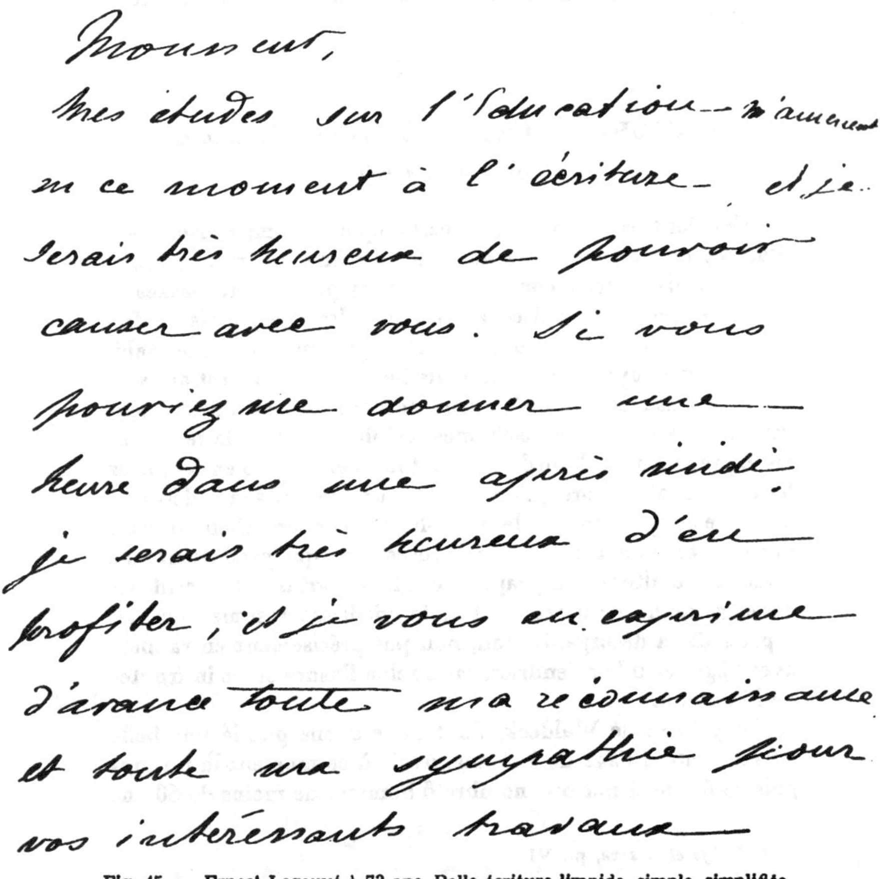

Monsieur,
Mes études sur l'éducation m'amènent
en ce moment à l'écriture et je
serais très heureux de pouvoir
causer avec vous. Si vous
pouviez me donner une
heure dans une après midi.
je serais très heureux d'en
profiter, et je vous en exprime
d'avance toute ma reconnaissance
et toute ma sympathie pour
vos intéressants travaux

Fig. 45. — Ernest Legouvé à 73 ans. Belle écriture limpide, simple, simplifiée cylindrique, inclinée de 30 à 47°, semi-anguleuse, harmonieuse (Lettre adressée à l'abbé Michon)

peuvent envier. C'est qu'il n'était pas usé. Il vécut encore six ans[1].

Beaucoup de vieillards meurent prématurément, c'est-à-dire avant la décrépitude, emportés par des accidents ou des maladies intercurrentes, et, notamment, du fait de leur insouciance pour l'hygiène qu'ils devraient suivre. Mais chez ceux qui achèvent normalement leur vie, l'écriture régresse peu à peu vers les tracés inorganisés des enfants ; elle réapparaît avec la lenteur, les étourderies, les déformations et les incohérences que l'on observe chez les tout petits. Ces derniers n'avaient pas d'attention, d'imagination, de mémoire ; le vieillard usé les a perdues et le résultat est le même dans l'écriture. De là viennent les tracés discontinus avec des lettres juxtaposées, des retouches, des saccades, des tremblements, des lignes descendantes ou convexes, des mots inachevés, etc.

Prenons la signature de Baron, l'illustre comédien de la troupe de Molière. Lorsqu'il avait 40 ans (fig. 43), elle était très grande (10 mm), lancée, ferme, élégante ; 35 ans après (fig. 44), l'écriture est rapetissée, saccadée (3 à 5 mm), juxtaposée, tremblée, lente, avec quelques reprises. La désorganisation est générale ; il est en pleine caducité.

Ernest Legouvé, à 73 ans, était très valide ; son écriture, dans la fig. 45, ne contient que deux faibles marques de vieillesse : quelques lettres trop inclinées, d'un mouvement saccadé, dont le *j* de la ligne 9 est le type extrême et quelques points inutiles. Dans la fig. 46, il a 96 ans ; là, on observe le rapetissement, le tremblement, la confusion, l'inachèvement des tracés ; les forces défaillent, c'est la décrépitude.

Emilie Chandler, une paysanne anglaise, dont voici, fig. 47, la signature, au crayon, tracée à l'âge de 104 ans, était dans l'impossibilité d'écrire avec une plume. On le devine en voyant ses traits saccadés malgré le crayon.

Chez Octave Feuillet, à 78 ans (fig. 48), la désorganisation se manifeste visiblement par le tremblement, la juxtaposition des lettres, l'inachèvement des mots, les saccades et la confusion. En essayant de reproduire quelques lignes de cette écriture, on se rendra compte de son rythme lamentable. Le début de cette lettre missive est d'une allure assez ferme, mais aux mots : ***ne me***

1. Cf. *Cours supérieur de graphologie*, André Lecerf, *loc. cit.*

condamneront pas à un repos définitif, il semble que le scripteur va s'éteindre. En signant, il rétablit cependant le tracé du début.

Ce dernier exemple est d'une grande évidence ; mais, dans d'autres cas, il faut se méfier d'un moyen employé par beaucoup de vieillards pour affermir leurs mouvements ; c'est d'ailleurs le même que les enfants utilisent au début de leur instruction, ainsi que les malades, plus spécialement dans les maladies nerveuses : ils exercent une forte pression sur la plume, ce qui a

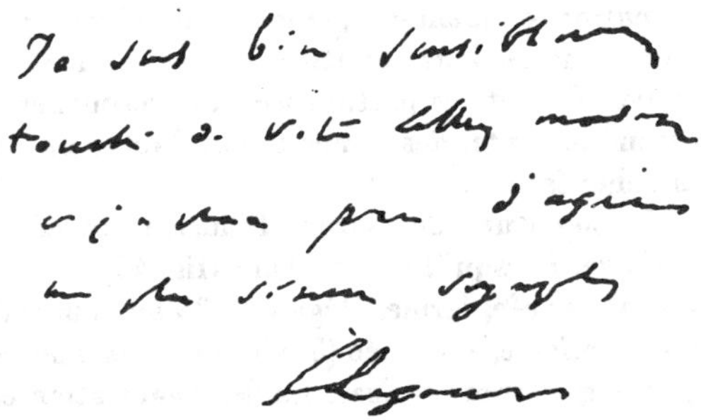

Fig. 46. — Ernest Legouvé à 96 ans
Écriture rapetissée, tremblée, confuse, inachevée lâchée, signes de décrépitude

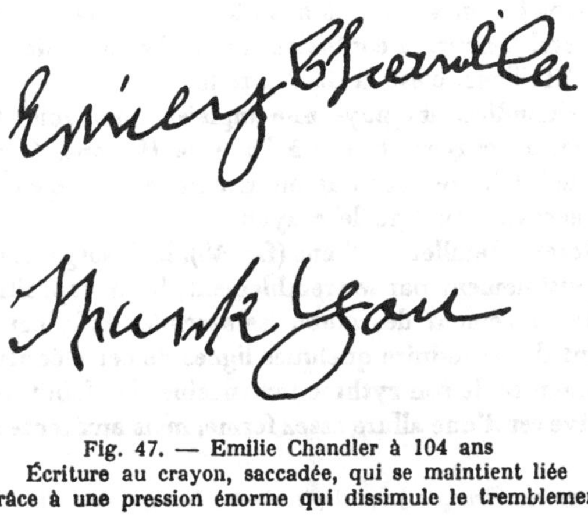

Fig. 47. — Emilie Chandler à 104 ans
Écriture au crayon, saccadée, qui se maintient liée grâce à une pression énorme qui dissimule le tremblement

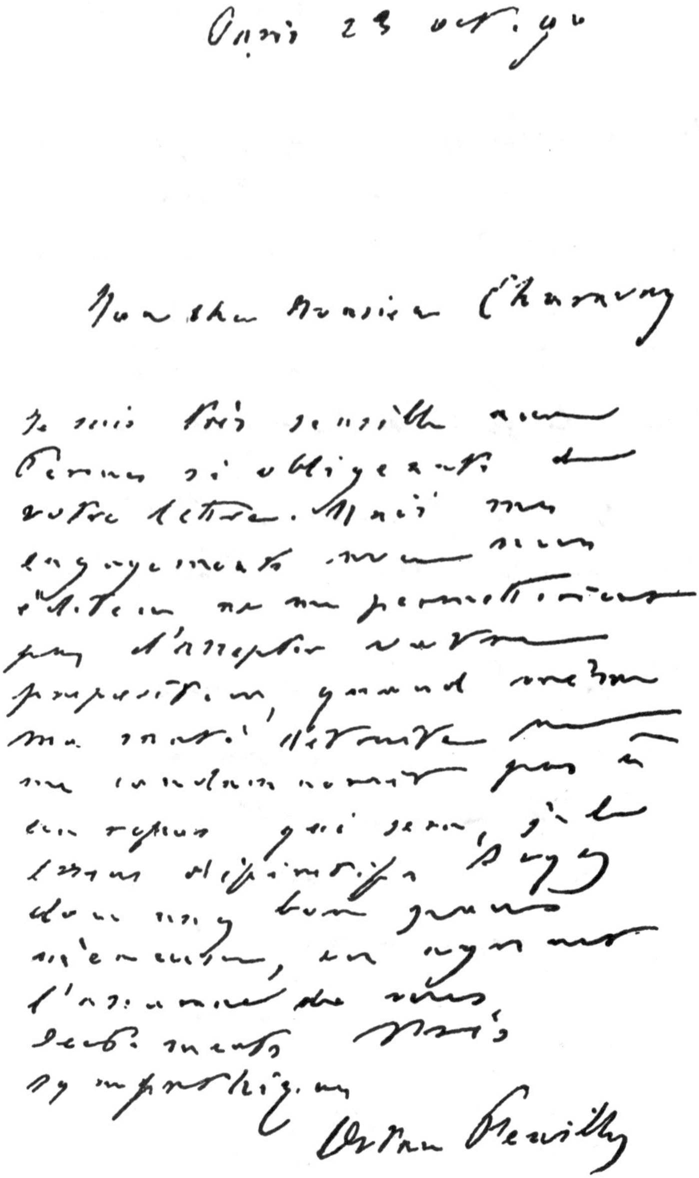

Paris 23 oct. 90

Mon cher Monsieur Charavay

Je suis très sensible aux termes si obligeants de votre lettre. Mais mes engagements avec mon éditeur ne me permettraient pas d'accepter votre proposition, quand même ma santé détruite ne me condamnerait pas à un repos qui sera, je le crains, définitif. Soyez donc assez bon pour m'excuser, en agréant l'assurance de mes sentiments très sympathiques

Octave Feuillet

Fig. 48. — Octave Feuillet
Écriture tremblée, juxtaposée, inachevée, saccadée, confuse

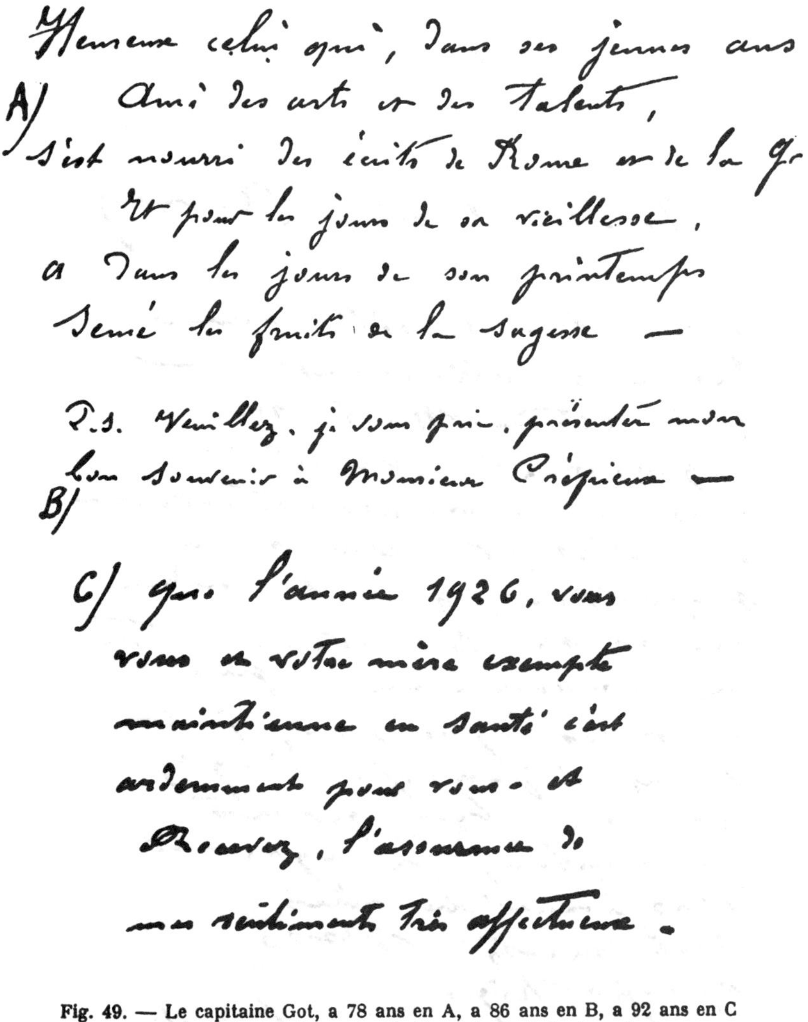

Heureux celui qui, dans ses jeunes ans
A) Ami des arts et des talents,
S'est nourri des écrits de Rome et de la Gr
Et pour les jours de sa vieillesse,
a dans les jours de son printemps
Semé les fruits de la sagesse —

P.S. Veuillez, je vous prie, présenter mon
bon souvenir à Monsieur Crépieux —
B)

C) que l'année 1926, vous
vous et votre mère exempte
maintienne en santé c'est
ardemment pour vous. et
Recevez, l'assurance de
mes sentiments très affectueux.

Fig. 49. — Le capitaine Got, a 78 ans en A, a 86 ans en B, a 92 ans en C
Épaississement progressif. Tracé lent et juxtaposé
A la loupe on distingue les retouches pour relier les lettres

pour effet de masquer le tremblement et la juxtaposition des lettres. L'usage du crayon se prête mieux à dissimuler les saccades, parce qu'il glisse sur le papier plus aisément que la plume ; au dos des écrits au crayon, lourds et crispés, le refoulement du papier permet d'apprécier la pression énorme qui, seule, a rendu possible la coordination relative des mouvements. La plume en or, presque aussi douce que le crayon, ne le remplace pas ; elle se fausse sous une aussi grande pression.

Le capitaine Got avait 78 ans quand il nous a envoyé la charmante poésie de la fig. 49, en A. L'écriture est très bien organisée, d'allure juvénile, mais rapetissée. Au physique, il paraissait avoir vingt ans de moins que son âge. A 86 ans, fig. 49, en B, le rapetissement s'accompagne d'un léger épaississement. A le voir, il était toujours le même, étonnamment dispos et jovial, mais l'écriture dit bien son effort pour le paraître. A 92 ans, fig. 49, en C, l'écriture devient floue, épaisse et pochée, elle perd la spontanéité qu'elle avait gardée si longtemps. Nous avons vu écrire notre ami, il s'appliquait beaucoup, appuyait fortement la plume sur le papier, juxtaposait les lettres et les reliait par d'habiles et légères retouches. Les liaisons que l'on croit voir dans ses mots sont illusoires ; à la loupe, on distingue les retouches.

On voit que la désorganisation de l'écriture dans la caducité accentuée se manifeste par des modes sans éclat, de nature à égarer l'observateur sans expérience.

Dans l'écriture des personnes très usées, on remarque, autour des lettres, des petits traits flottants ; ils sont causés par des défaillances de l'attention et de la mémoire. Le scripteur ne sait plus où il en est ; pendant qu'il cherche à se ressaisir, la plume erre sur le papier en inscrivant des traits légers, des petits cheveux. On les observe dans la fig. 50 qui provient d'une paysanne d'Alesford (Essex), âgée de 104 ans. L'écriture est très retouchée, juxtaposée, très lente, saccadée (2 à 5 mm), informe, tachée, avec deux incorrections : *Junary* pour January et *us* pour *is*, toutes caractéristiques qui la font ressembler à certaines écritures inorganisées des enfants, sauf les petits cheveux qui disent avec précision la décrépitude sénile.

Dans la fig. 51, nous observons d'emblée d'importantes marques de décrépitude. L'écriture est de plus en plus descendante, saccadée, informe, inachevée. Les derniers mots sont à peine

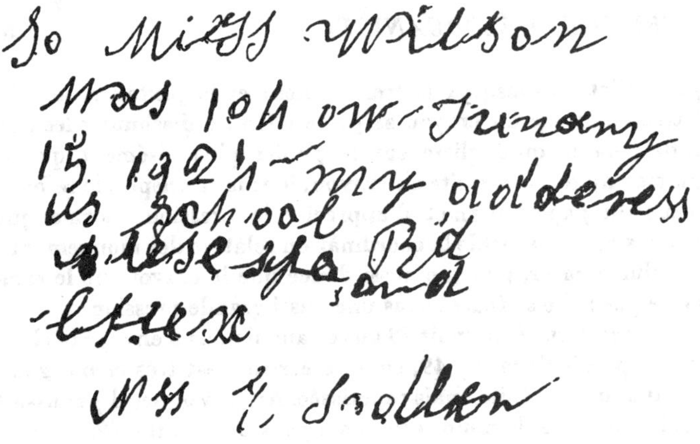

Fig. 50. — E. Sadlen, une paysanne d'Alesford (Essex), à 104 ans Écriture très retouchée, juxtaposée, très lente, saccadée (2 à 5 mm) informe, avec des petits traits flottants autour des lettres tous signes de décrépitude

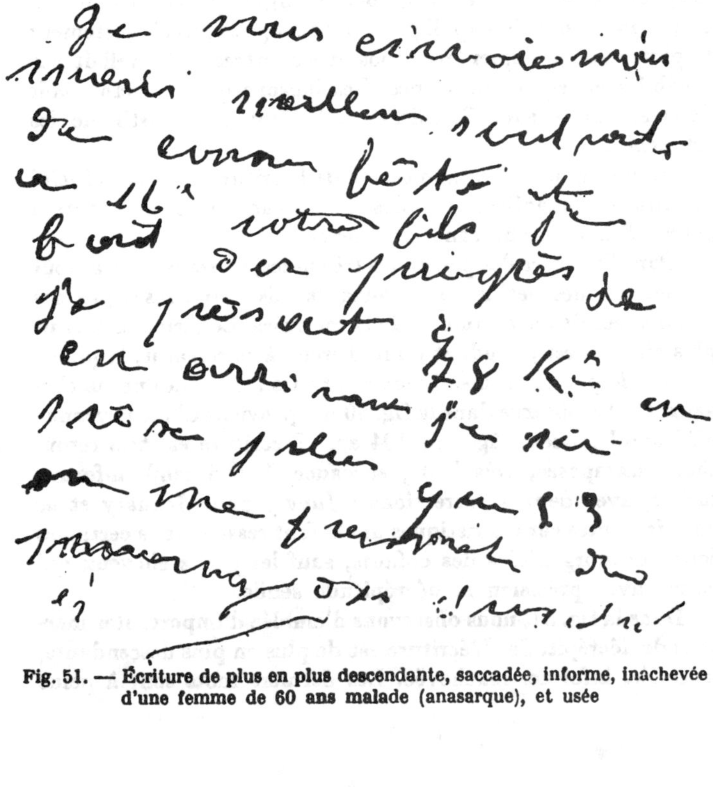

Fig. 51. — Écriture de plus en plus descendante, saccadée, informe, inachevée d'une femme de 60 ans malade (anasarque), et usée

inscrits ; la personne est si faible, qu'il lui a suffi d'écrire dix lignes pour être épuisée. C'est une femme de 60 ans seulement, mais elle a de l'anasarque et elle est très usée.

Parmi les causes pathologiques qui provoquent la désorganisation de l'écriture, il n'en est pas de plus démonstrative que la paralysie générale. A son début, alors que nul ne soupçonne la maladie, on observe dans l'écriture des surcharges, des oublis, des ratures, des non-sens. Dès lors, on peut suivre pas à pas les progrès du mal jusqu'à la décrépitude, qui ne tarde pas à se manifester. Nous nous bornerons à en donner deux exemples.

La fig. 52 contient trois fragments de l'écriture d'un paralytique général, homme de 46 ans. Le premier est du début de la maladie confirmée ; le second quelques mois après, dans une période d'excitation ; le troisième, en pleine décrépitude, huit mois après. Les documents parlent d'eux-mêmes.

Dans la fig. 53, c'est un homme de 35 ans. Le voici au début de la maladie ; il nous donne la recette d'un gâteau aux pommes de terre. Au titre, il avait écrit *pomme* au singulier. Il y ajoute l'*s* quelques secondes après. Dans les huit premières lignes, il y a douze retouches avec une faute d'orthographe, tous faits anormaux chez lui. Depuis quelque temps il était irritable et inquiet, mais refusait de se croire malade. Onze mois après, nous lui demandâmes de nous recopier la recette qu'il nous avait donnée (fig. 54), mais il dut s'arrêter à la 3e ligne, tant il lui était pénible d'écrire, ce qu'il faisait trait par trait, avec des hésitations continuelles, et, conséquemment, avec une extrême lenteur. La désorganisation rapide et profonde de cette écriture est saisissante.

Il nous est impossible de faire mieux ici que de signaler la paralysie agitante, la chorée, la sclérose en plaques, les aphasies, la crampe des écrivains, le goître exophtalmique, etc., qui sont des causes pathologiques très reconnaissables de désorganisation de l'écriture[1].

D'une manière générale, en dehors des affections d'origine nerveuse, on n'observe dans l'écriture des malades que des effets d'excitation ou de dépression ; la cause nous échappe et, par conséquent, le diagnostic médical.

Prenons plutôt l'exemple d'une vie agitée pour montrer

1. Cf. *Cours supérieur de graphologie*, André LECERF, *loc. cit.*

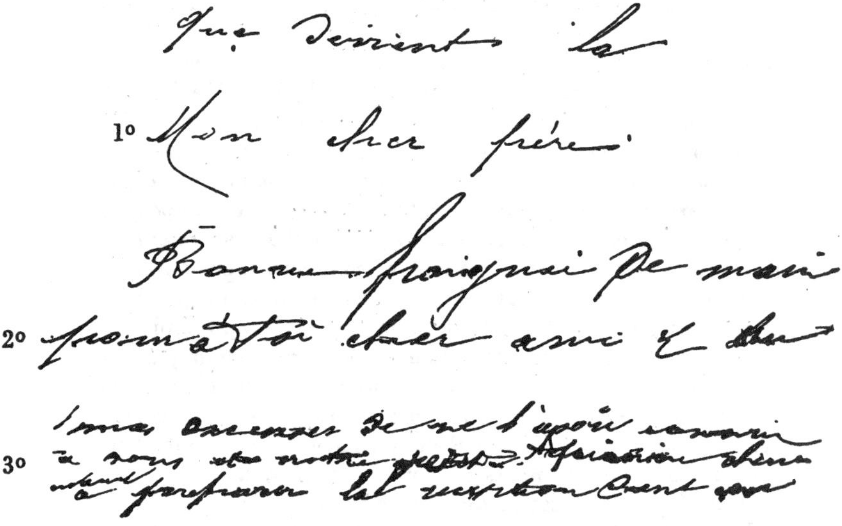

Fig. 52. — Désorganisation de l'écriture dans la paralysie générale
1° début de la maladie ; 2° période d'excitation ; 3° décrépitude

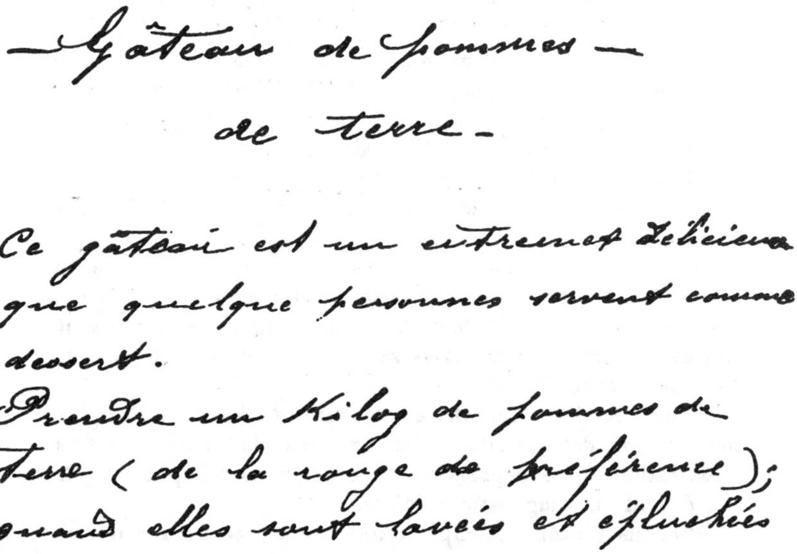

Fig. 53. — Homme de 35 ans, paralytique général, début de la maladie
Douze retouches dans les huit premières lignes

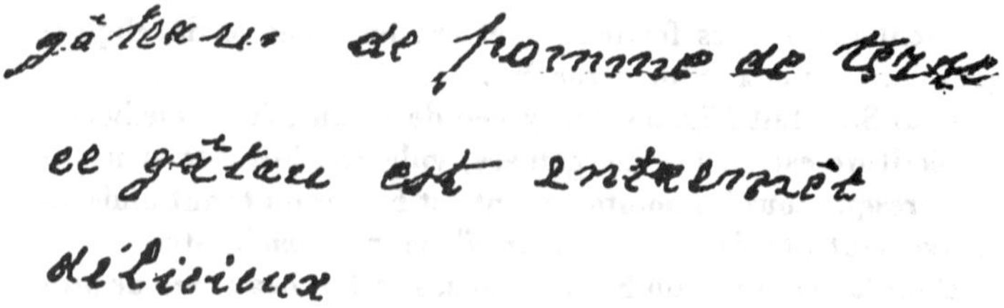

Fig. 54. — Onze mois après, écriture très lente juxtaposée, tremblée, incorrecte

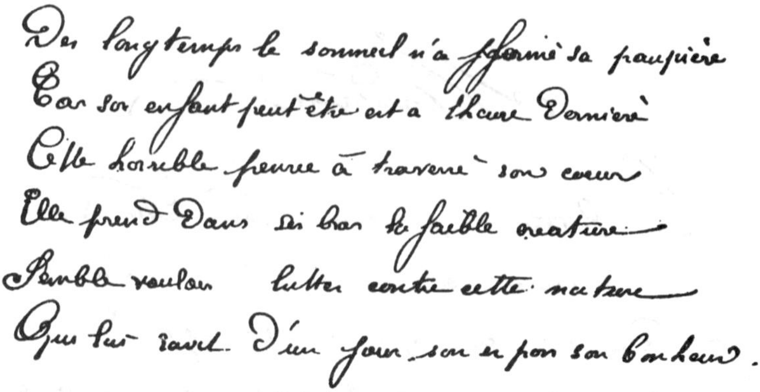

Fig. 55. — Un lycéen de 15 ans
Écriture encore inorganisée, vulgaire, instable et négligée

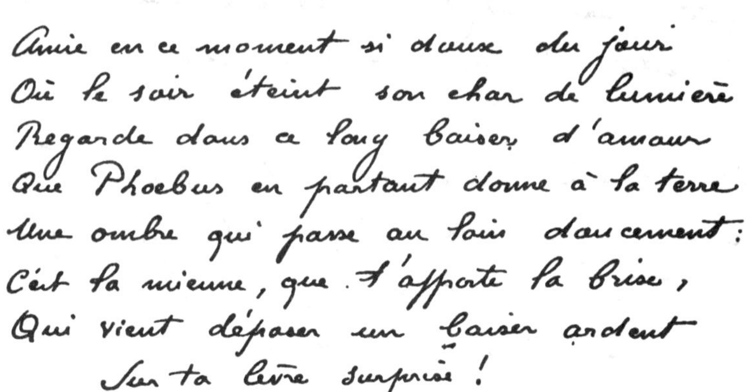

Fig. 56. — Le même à 18 ans. Développement harmonieux écriture correcte, courante, ordonnée, simple, claire, semi-arrondie

comment des causes fortuites mettent en échec le développement harmonieux d'un caractère.

Paul S... était (fig. 55) un lycéen de 15 ans, élève médiocre. Son écriture est encore inorganisée, vulgaire, instable et négligée ; presque tous les points, accents et barres du *t* sont omis ou fautivement placés ; il écrit *sonmeil* pour *sommeil*, etc.

Dans la fig. 56, Paul S... a 18 ans. Il a fait beaucoup de progrès ; son écriture est assez bien organisée, correcte, courante,

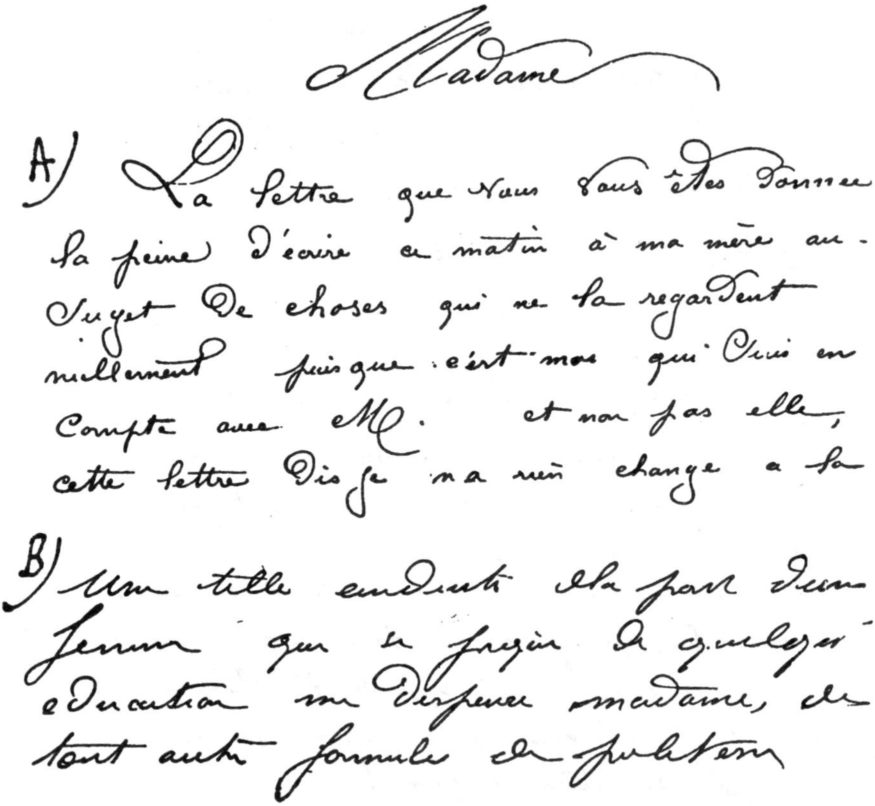
Madame

A) La lettre que vous vous êtes donnée la peine d'écrire ce matin à ma mère au sujet de choses qui ne la regardent nullement puisque c'est moi qui suis en compte avec M. et non pas elle, cette lettre dis-je n'a rien changé à la

B) Une telle conduite de la part d'une femme qui se targue de quelque éducation me dispense madame, de toute autre formule de politesse

Fig. 57. — Début et fin d'une lettre écrite par le même dans un accès de colère, à 20 ans

ordonnée, simple, claire, semi-arrondie. Il va passer son baccalauréat ; son avenir se dessine favorablement. Mais à ce moment-là son père meurt, et la situation de sa famille change du tout au tout. Ses études sont interrompues ; le voilà sans métier, sans ressources, livré à lui-même, et abusant de sa liberté pour fréquenter des individus peu recommandables. Il fait des dettes, vit d'expédients. Son caractère devient difficile, irritable. Voici fig. 57, en A, le début d'une lettre qu'il écrit dans un accès de colère, et en B la fin de cette même lettre. L'écriture est franchement désorganisée ; en A, les traits agrandis et lancés ; en B, les tracés inclinés, violemment précipités, dilatés et incorrects, disent assez la fureur de l'écrivain. Le service militaire semble arrêter les débordements de cette nature indisciplinée, mais aussitôt après, sous le couvert d'une vague représentation commerciale, Paul S... reprend sa vie de dissipation. Voici, fig. 58, un fragment d'une de ses lettres à l'âge de 26 ans : écriture rapetissée, légère, imprécise, inachevée, lâchée. On y retrouve les négligences accrues de son écriture à 15 ans : pas d'accents, pas de points, ni de barres aux *t* ; le désordre ne se dissimule même pas. Nous sommes en plein détraquement. Couvert de dettes, repoussé partout, Paul S... disparaît subitement. Trente ans après, le hasard met entre nos mains une lettre qu'il nient d'adresser à l'un de ses nouveaux créanciers (fig. 59) ; il v'est donc jamais sorti de l'abîme de misère dans lequel il était tombé. Son écriture le dit assez. Elle est lente, juxtaposée, descendante, tremblée, avec l'accentuation et les barres du *t* toujours négligées. Le désastre est complet. Il n'a que 55 ans et il est en pleine décrépitude. Il mourut quelques mois après.

La désorganisation de l'écriture, et conséquemment du caractère, ne se montre pas toujours sous des aspects tragiques ; il y a une multitude de dérangements plus apparents que profonds, dus à des émotions passagères, à des troubles de santé sans suites graves, à l'hypertrophie d'un sentiment, à des accidents matériels. Les plus intéressants de ces changements sont ceux qui représentent le développement des passions. Il suffira d'en donner un exemple.

En 1858, le scripteur de la fig. 60 était un jeune artiste, talentueux et modeste. Son écriture est harmonieuse, simple, légère, progressive, semi-anguleuse, simplifiée, trop soulignée.

Vingt ans après, nous le retrouvons avec l'écriture de la

fig. 61, dilatée, exagérée (majuscules où il n'en faut pas, disproportion excessive du *C* de *cher*) et en relief. Ce sont les signes de l'homme important. Son nom attire la foule, il est enivré par les applaudissements. Mais l'orgueil gâte maintenant son charmant caractère.

De toutes les passions, c'est l'orgueil qui fait le plus communément et le plus profondément sentir son influence désorgani-

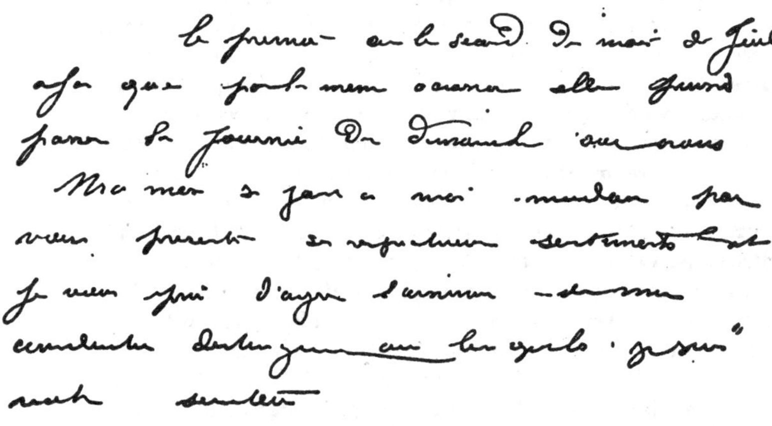

Fig. 58. — A 26 ans, écriture rapetissée, légère, imprécise, inachevée, lâchée négligée. Cause : vie désordonnée

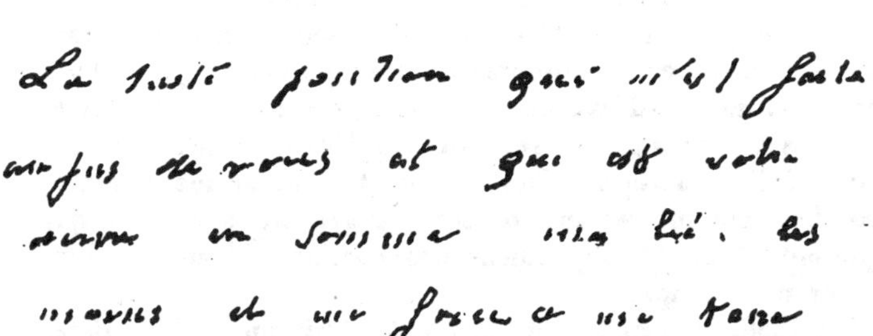

Fig. 59. — Trente ans après, écriture lente, juxtaposée, hésitante, tremblée chancelante, sinueuse, descendante, négligée (omissions des accents et barre du *t*). En pleine décrépitude à 55 ans

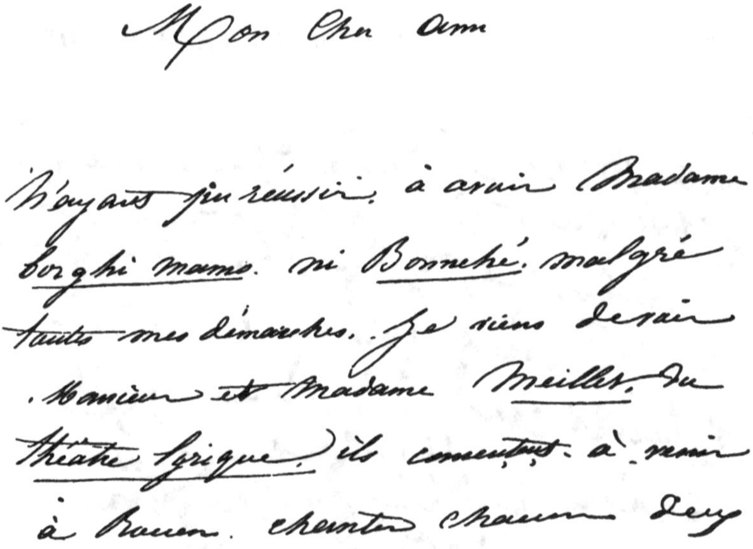

Fig. 60. — Écriture d'un jeune artiste talentueux et modeste

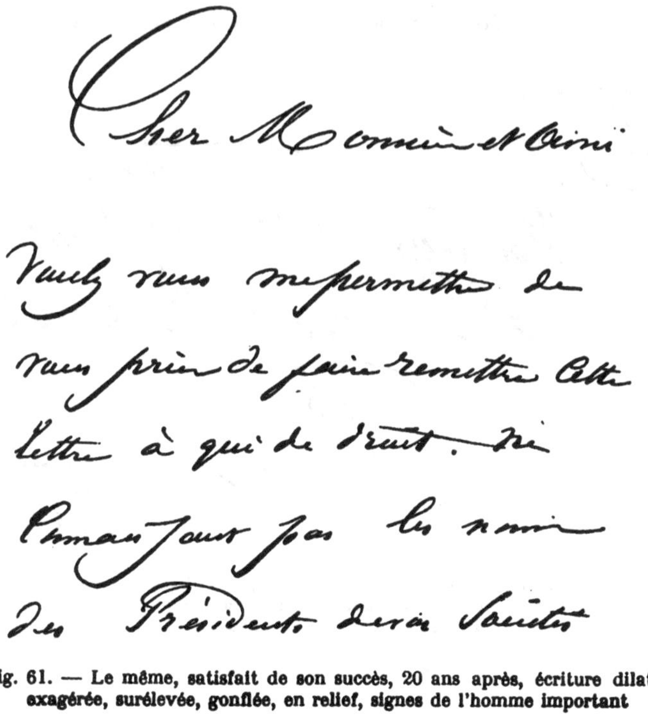

Fig. 61. — Le même, satisfait de son succès, 20 ans après, écriture dilatée exagérée, surélevée, gonflée, en relief, signes de l'homme important

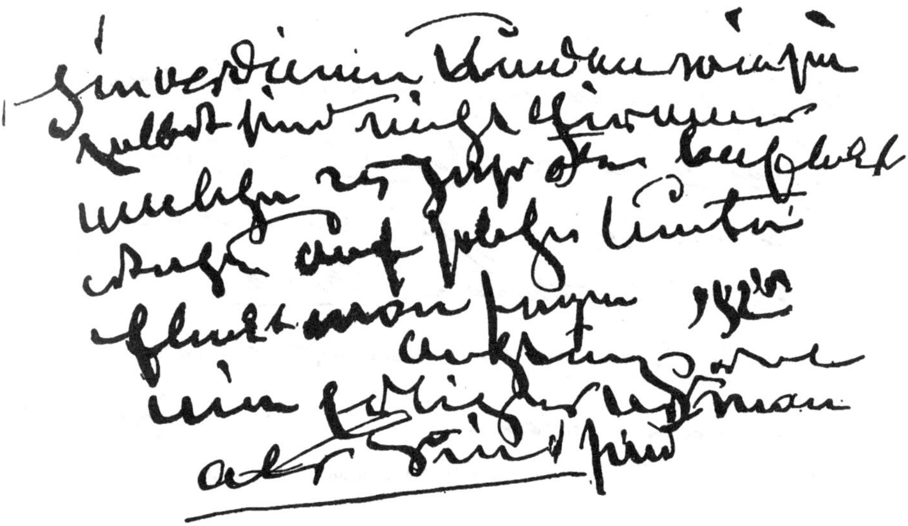

Fig. 62. — Écriture grossière, informe, désordonnée, lancée

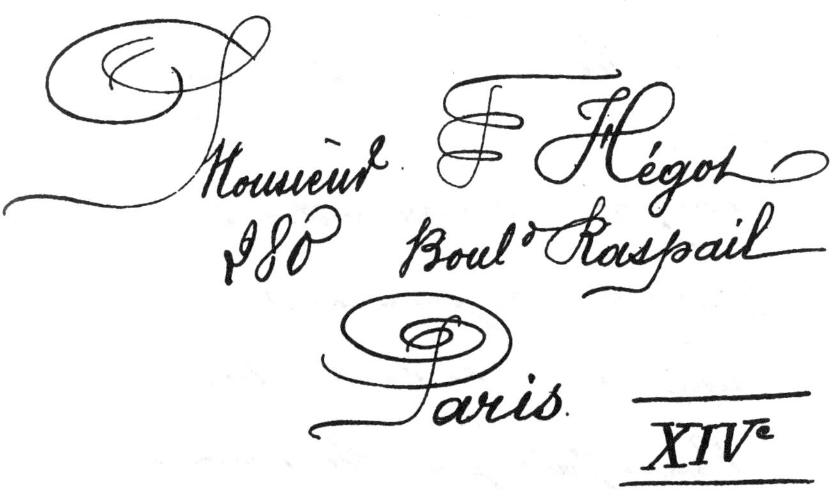

Fig. 63. — Écriture disproportionnée, lancée, compliquée, discordante tour à tour molle et à grands mouvements concentriques et surélevés très lente, très inharmonieuse

satrice sur l'écriture. En général, les hommes de haute supériorité se débarrassent en vieillissant des formes gonflées, surélevées et étalées de l'orgueil.

LES ÉCRITURES HARMONIEUSE ET INHARMONIEUSE[1] *(Genre Forme)*

L'harmonie de l'écriture est faite de ses proportions heureuses, de sa clarté, de l'accord entre toutes ses parties. Les tracés simples, sobres et aisés, précisent davantage sa valeur.

L'harmonie de l'écriture correspond à celle du caractère, c'est la grande marque de la supériorité.

Les disproportions, les discordances et les exagérations suffisent, d'autre part, à caractériser l'écriture inharmonieuse, mais ses plus bas étages sont formés avec l'assistance de la confusion, de la complication, et surtout de la grossièreté.

L'inharmonie de l'écriture révèle l'infériorité du caractère.

L'intérêt de l'observation de l'harmonie dans les écritures est, en lui-même, très important ; cependant, son retentissement sur toutes les autres remarques que le graphologue est appelé à faire, dépasse de beaucoup sa valeur. Toute notre théorie graphologique est fondée sur la synthèse des écritures harmonieuse et inharmonieuse, à laquelle nous avons ajouté, dans cet ouvrage, après l'avoir patiemment mise au point, celle des écritures inorganisée, organisée, combinée et désorganisée. Sans elles, la graphologie, privée d'une orientation quelconque, recueillait sans ordre les particularités de l'écriture, et aboutissait à tracer des mots qui se succédaient, comme les observations, sans lien et sans vie. Dans les cas les plus favorables, lorsque les remarques de ces prétendus portraits étaient justes, leur imprécision relative stérilisait les conclusions. Il fallait sortir de là : une classification des signes ne tenant compte que des mouvements généraux de l'écriture, fut une première étape nécessaire. Il nous apparut alors qu'une même qualité comportait plusieurs sens, suivant la valeur de celui qui la possédait ; ce fut notre théorie des qualités de supériorité ou d'infériorité, selon les cas, qui per-

1. Cf. *L'Écriture et le caractère*, p. 172 et suiv. *Les Éléments*, p. 23 et 112.

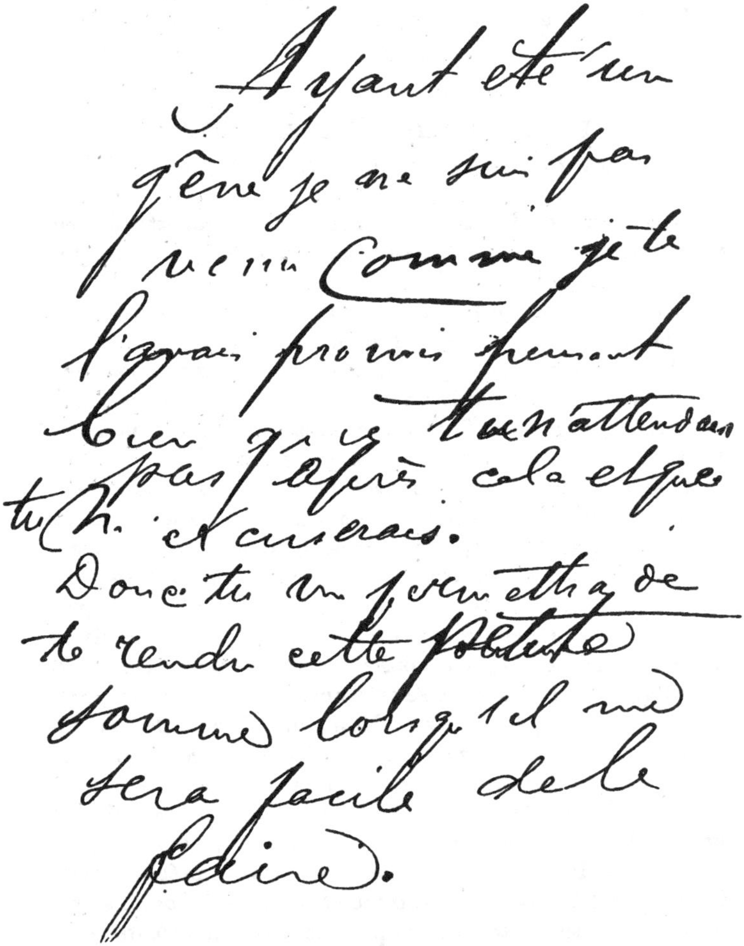

Fig. 64. — Écriture très inharmonieuse, disproportionnée, disgracieuse désordonnée, discordante, agitée, saccadée, incoordonnée, surélevée

mit d'énoncer ce principe directeur : aucun signe graphologique n'a un sens unique ni absolu ; sa valeur est en rapport de qualité, d'étendue, de constance et d'énergie avec le mouvement qui l'a produit ; *mais l'interprétation finale est fonction du milieu*[1].

Cette difficulté paraît insurmontable à beaucoup de gens ; les uns n'ont pas d'aptitudes psychologiques suffisantes ; les autres reculent devant l'effort d'application nécessaire, parce qu'ils s'exagèrent son intensité. C'est à ces derniers que nous offrons notre synthèse des écritures harmonieuse ou inharmonieuse qui, en donnant une base simple et solide à la recherche de la supériorité ou de l'infériorité, facilite considérablement toutes les opérations du portrait graphologique. En fait, il n'y a pas d'observation à la fois plus féconde ni plus aisée que celle de l'harmonie et de l'inharmonie dans les écritures, malgré la complexité de ses résultats, parce que les éléments du problème à résoudre sont très simples.

Mettre un scripteur dans son milieu psychologique, à peu près à sa place dans la hiérarchie des caractères, en quelques secondes, n'est-ce pas merveilleux ? Il n'en faut pas plus à un graphologue tant soit peu exercé, car les discordances, les disproportions, les exagérations, la confusion, la complication et la grossièreté de l'écriture, qui sont les indices de l'inharmonie, sautent aux yeux.

Nul besoin d'avoir des capacités extraordinaires pour observer instantanément que l'écriture de la fig. 62 est grossière, informe, désordonnée, donc inharmonieuse.

Dans la fig. 63, on est frappé par le développement de plusieurs des majuscules et leur complication ; elles sont discordantes en dimension et en mouvement d'une ligne à l'autre ; l'écriture est molle, avec des sursauts. L'utilisation de la règle pour former le numéro de l'arrondissement et l'encadrer est saugrenue. Il s'agit d'un individu très prétentieux.

Pour être moins laid, l'autographe suivant, fig. 64, est cependant très inharmonieux parce qu'il est disproportionné. Ses mouvements (voyez le *c* de *comme*, ligne 3, et les barres du *t*) et ses dimensions sont discordants, disgracieux, désordonnés : il est d'un homme très commun.

Voici, fig. 65, un document dont l'écriture est imprécise,

1. Cf. *Abrégé de graphologie*, André LECERF, Stock, édit., Paris, 1949.

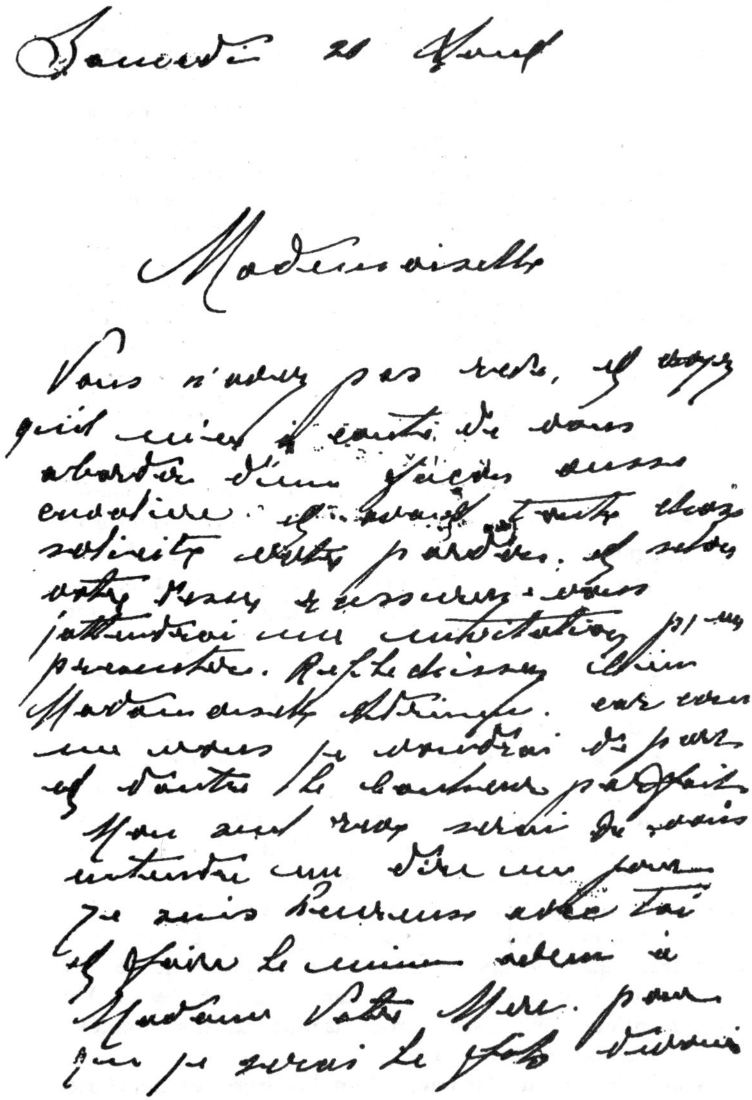

Fig. 65. — Écriture imprécise, confuse, disgracieuse, agitée incoordonnée, très inharmonieuse

confuse, disgracieuse, agitée, incoordonnée. Le lecteur en conviendra sans peine. Avec un peu d'habitude, on découvrira en quelques secondes le caractère inharmonieux d'une telle lettre. Il s'agissait d'une demande en mariage de la part d'un être des plus méprisables, repris de justice. Le bandit parlait bien, la jeune fille hésitait : elle fut sauvée d'une terrible aventure par la graphologie.

Toutes les exagérations provoquent des tracés inharmonieux, mais les formes exagérées de l'orgueil sont les plus démonstratives. L'orgueilleux ne se cache pas, il se hausse, il s'étale, il se gonfle, il s'admire et, plus il est sot, plus il affiche ses prétentions. Quelle aide précieuse pour le graphologue !

Le débutant lui-même n'hésite pas devant des manifestations comme celles de la fig. 66, qui ne comportent aucune équivoque sur l'exaltation vaniteuse du scripteur : son tracé est discordant, surélevé et gonflé ; sa signature, que nous ne pouvons malheureusement publier ici, mesure 14 centimètres de hauteur, et la majuscule qui la précède couvre 25 centimètres carrés. C'est une Importance !

Fig. 67, on voit d'un coup d'œil la discordance de la dimension des majuscules. Il y en a six, elles ont 6, 8, 10, 18, 25 et 36 millimètres de hauteur. Quel jugement faut-il accorder à un homme si peu stable ? La surélévation de ses lettres *M*, *J* et *P* montre cependant qu'il a une grande confiance en lui. Quoique son écriture soit correcte et courante, elle est inharmonieuse : c'est un médiocre.

Le tracé de la fig. 68, tout à la fois lourd, lancé, mouvementé, grossier et surélevé, avec son informe *E. V.*, d'autant plus saugrenu que la lettre a été mise à la poste à Neuilly, est assez fortement inharmonieux pour qu'il n'y ait aucun doute sur l'infériorité générale du scripteur.

Mais nous aurons cent autres occasions, dans cet ouvrage, de voir des écritures nettement inharmonieuses ; il nous suffit ici de présenter notre méthode d'orientation.

*
* *

L'examen de quelques écritures harmonieuses va faire ressortir les contrastes.

Rappelons que la proportion, l'ordre, la clarté, la simplicité,

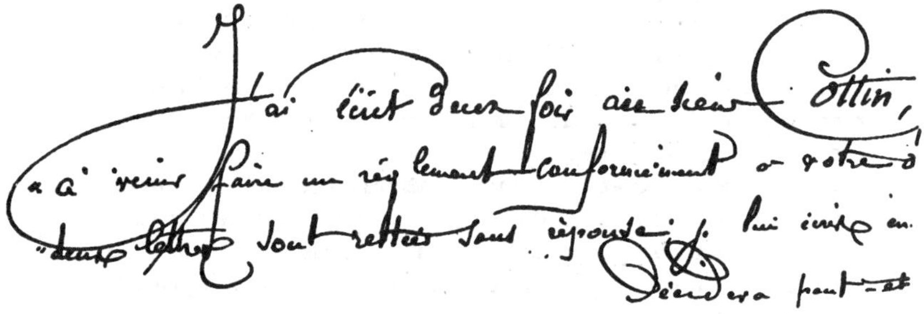

Fig. 66. — Écriture très inégale, discordante, disproportionnée, lancée surélevée, gonflée, petite et saccadée 1/4 à 3 mm, régressive, juxtaposée compliquée, lente, très inharmonieuse

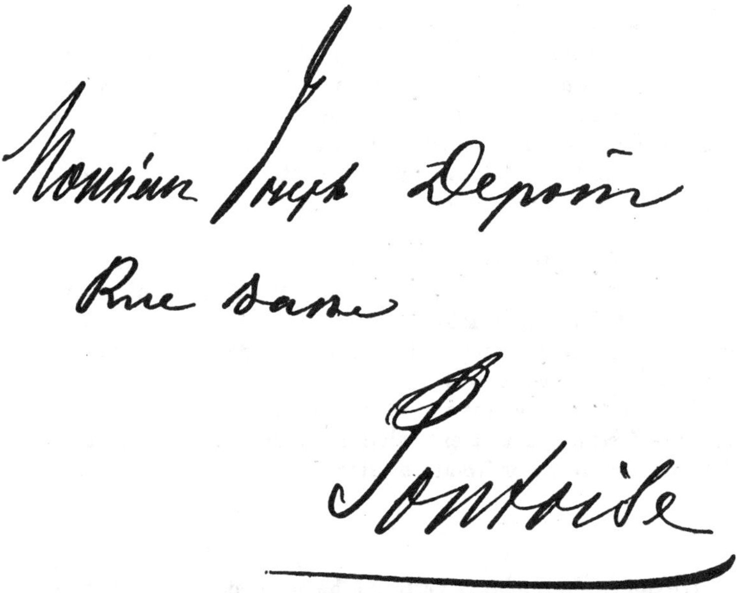

Fig. 67. — Écriture très disproportionnée, surélevée, anguleuse étrécie, très instable et inharmonieuse

la sobriété et l'aisance dans les tracés, sont les principales conditions de l'écriture harmonieuse. Ces conditions sont toutes rassemblées dans l'écriture de Pierre Bayle, l'éminent auteur du *Dictionnaire historique* (fig. 69) ; elles sont même dépassées, car l'écriture est liée, simplifiée, rapide, tout à la fois harmonieuse

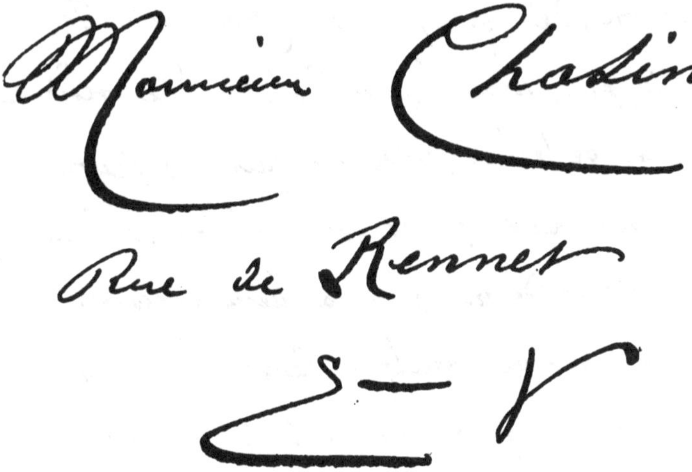

Fig. 68. — Écriture lourde, grossière, mouvementée, à volutes, lancée très disproportionnée, étalée, gonflée. Très inharmonieuse

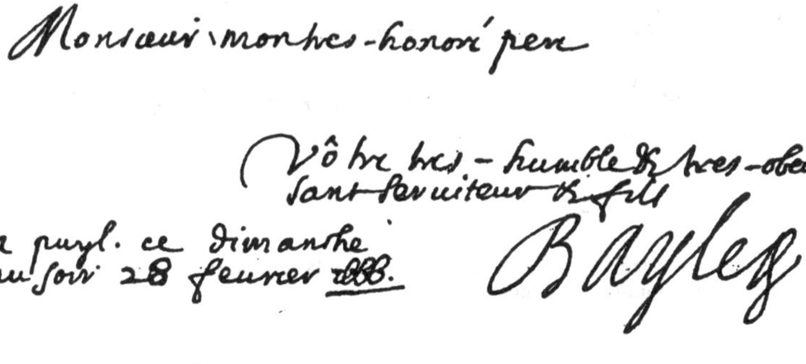

Fig. 69. — Écriture harmonieuse et bien combinée de Pierre Bayle claire, ordonnée, simple, simplifiée, liée, aisée, distinguée, sobre

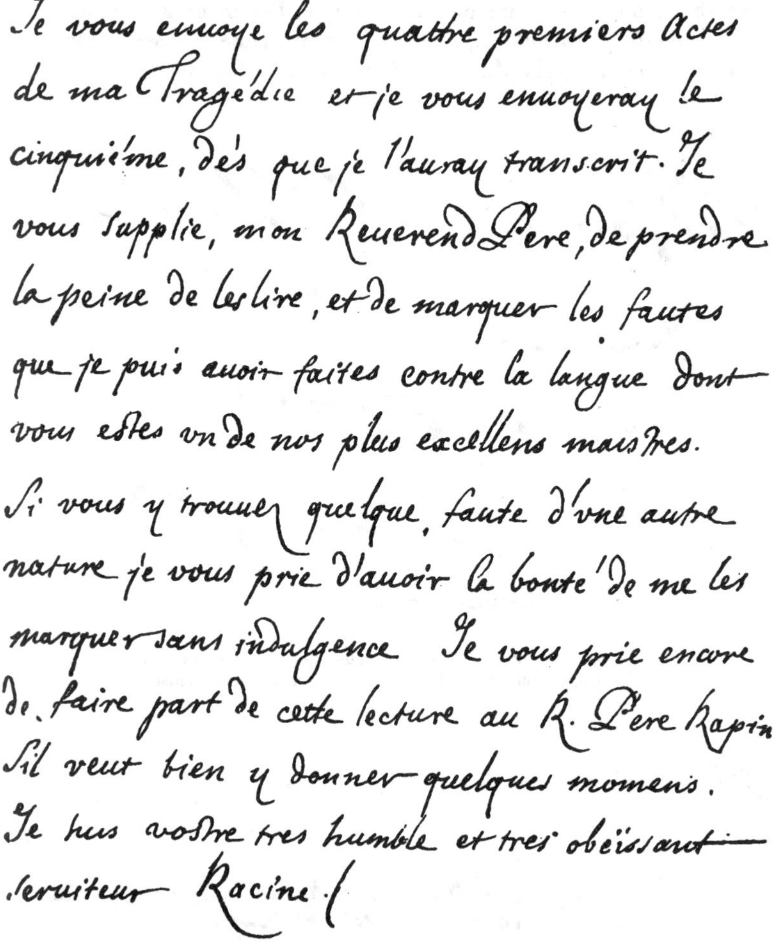
Je vous enuoye les quatre premiers Actes
de ma Tragédie et je vous enuoyeray le
cinquiéme, dés que je l'auray transcrit. Je
vous supplie, mon Reuerend Pere, de prendre
la peine de les lire, et de marquer les fautes
que je puis auoir faites contre la langue dont
vous estes vn de nos plus excellens maistres.
Si vous y trouuez quelque faute d'vne autre
nature je vous prie d'auoir la bonté de me les
marquer sans indulgence. Je vous prie encore
de faire part de cette lecture au R. Pere Rapin
s'il veut bien y donner quelques momens.
Je suis vostre tres humble et tres obeïssant
seruiteur Racine.

Fig. 70. — Racine, son écriture claire, simple, simplifiée, gracieuse bien proportionnée, ordonnée, posée, nourrie, cylindrique, à volutes

et combinée. Pierre Bayle n'avait que 18 ans quand il a écrit ces lignes.

Est-il besoin d'attirer longuement l'attention sur la grâce, les proportions heureuses, la parfaite clarté, la simplicité, les simplifications, en un mot l'harmonie de l'écriture de Racine ? (fig. 70).

H. Beecher-Stowe, l'auteur de *La Case de l'oncle Tom* (fig. 71), a l'écriture ordonnée, claire, bien proportionnée, aisée,

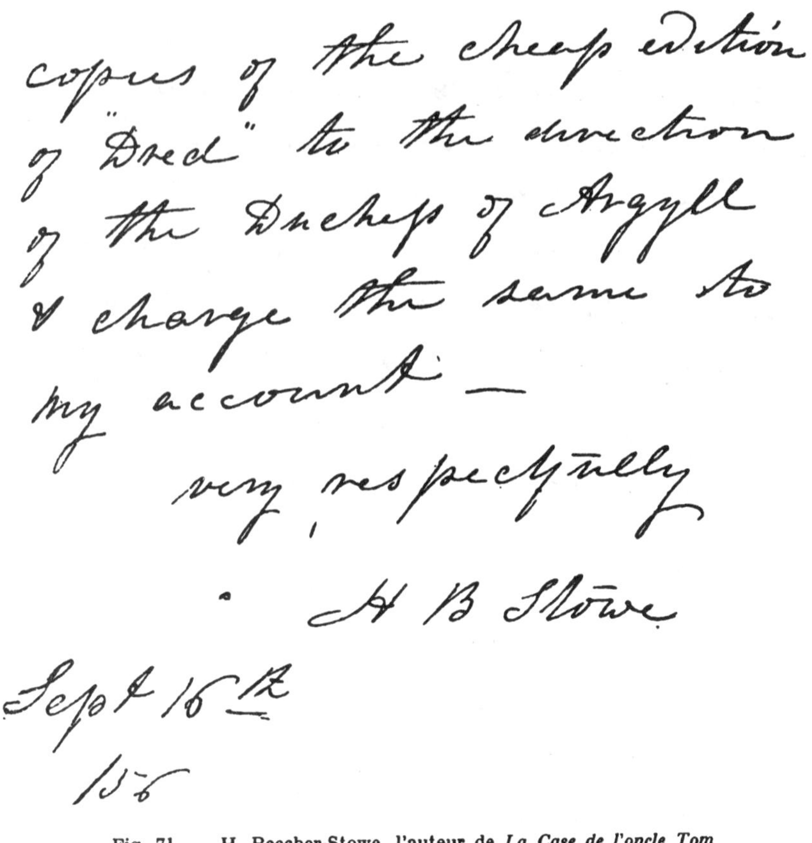
copies of the cheap edition
of "Dred" to the direction
of the Duchess of Argyll
& charge the same to
my account —
very respectfully
H B Stowe
Sept 16th
56

Fig. 71. — H. Beecher-Stowe, l'auteur de *La Case de l'oncle Tom*
Écriture claire, bien proportionnée, spontanée, aisée, simple, simplifiée semi-anguleuse, progressive, accélérée, cylindrique

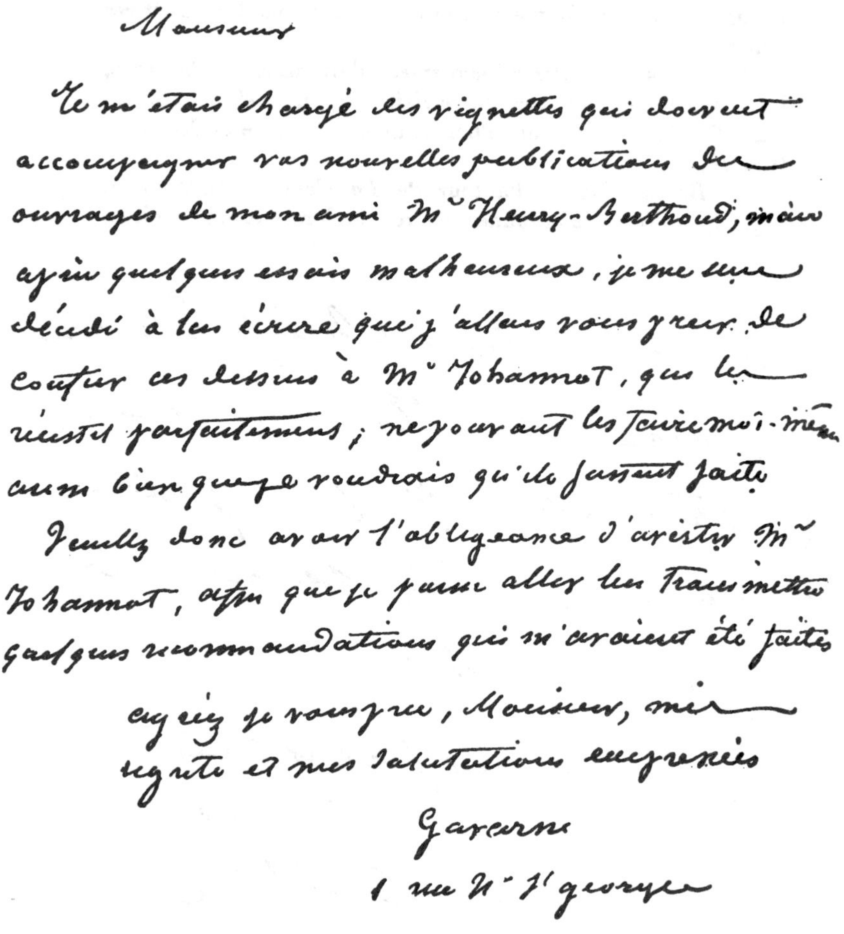

Monsieur

Je m'étais chargé des vignettes qui doivent accompagner vos nouvelles publications des ouvrages de mon ami Mr Henry-Berthoud; mais après quelques essais malheureux, je me suis décidé à les écrire que j'allais vous prier de confier ces dessins à Mr Johannot, qui les réussit parfaitement; ne pouvant les faire moi-même aussi bien que je voudrais qu'ils fussent faits.

Veuillez donc avoir l'obligeance d'inviter Mr Johannot, afin que je puisse aller lui transmettre quelques recommandations qui m'avaient été faites.

Agréez je vous prie, Monsieur, mes regrets et mes salutations empressées

Gavarni

1 rue N. D. St Georges

Fig. 72. — Gavarni. Écriture 1° bien proportionnée, claire, simple, simplifiée sobre, serrée ; 2° nourrie, régulière, arrondie, cylindrique

simple, simplifiée, semi-anguleuse et doucement inclinée ; elle exhale un grand charme, celui d'une harmonie gracieuse.

L'écriture de Gavarni (fig. 72) et d'une sévère tenue, très harmonieuse. Le premier plan de sa définition est : bien proportionnée, claire, simple, simplifiée, sobre ; le second plan : nourrie, régulière, arrondie, cylindrique.

L'écriture d'Alfred de Musset (fig. 73) est bien proportionnée, ordonnée, claire, très simple et simplifiée, progressive, accélérée, légère, gladiolée, d'une harmonie sobre, délicate et distinguée, qui saute aux yeux.

Essayons de parler de l'écriture de Beethoven (fig. 74).

Les lettres de Beethoven en français sont rares ; la différence de langue ne l'empêche pas d'avoir un tracé très courant ; cependant, il est moins mouvementé que d'habitude. Cette écriture a été souvent mal interprétée, parce qu'au lieu d'apprécier ce qu'elle contient, on a délibéré sur ce qu'elle ne contient pas ! C'est un travers commun de vouloir corriger ce qu'on ne comprend pas.

L'écriture de Beethoven n'est réductible à aucune autre ; en l'étudiant avec un sentiment de déception parce qu'elle n'est pas ciselée comme celle des maîtres de la Renaissance, combinée comme celle de Bayle, gracieuse comme celle de Racine, etc., on méconnaît l'esprit de la graphologie et le génie du grand musicien.

Beethoven est tout entier dans son écriture harmonieuse, simple, simplifiée, limpide, aisée, dégagée, ferme, résolue, semi-anguleuse, toujours très mouvementée sans cesser d'être noble en ses mouvements. Évidemment cela échappe quand on regarde l'écriture au microscope, ou bien quand on concentre son attention sur une simple signature lourdement décalquée, ce qui la rend informe, comme l'a fait un auteur allemand, pour démontrer qu'elle n'est pas harmonieuse et que, par conséquent, notre théorie de l'harmonie est sans valeur. Mais l'harmonie d'une écriture ne s'établit pas sur le calque d'un nom de neuf lettres, sans paraphe. D'autre part, l'harmonie n'a pas qu'une face ; s'il est vrai qu'elle conditionne la supériorité d'une manière très générale, elle ne s'oppose pas aux développements particuliers de la personnalité ; au contraire, les qualités fondamentales qu'elle représente exaltent l'originalité du caractère et, sans elle, l'originalité risquerait fort de n'être que bizarrerie. Chez Beethoven, l'harmonie se manifeste supérieurement avec la dominance d'une imagination et d'une sensibilité brillantes, véhémentes et phénoménales, en accord avec son tempérament et les conditions de son éducation première. Voilà le secret de

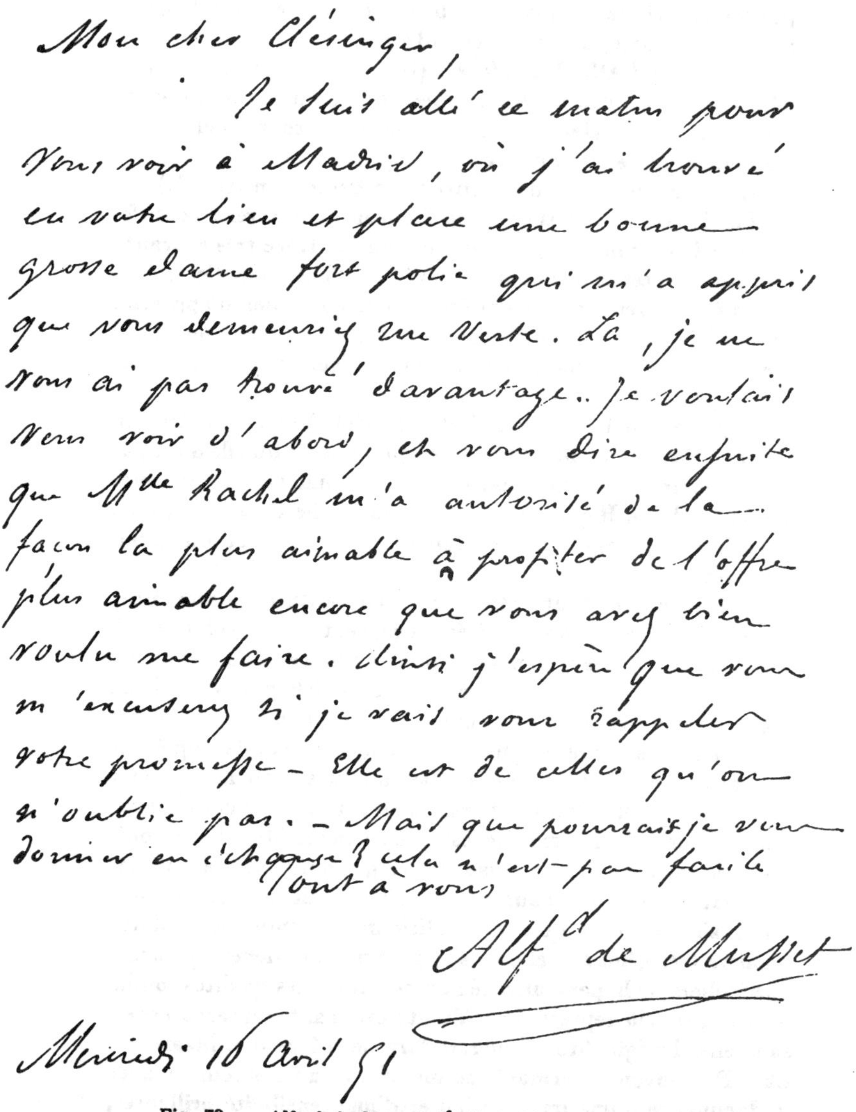

Mon cher Clésinger,

Je suis allé ce matin pour vous voir à Madrid, où j'ai trouvé en votre lieu et place une bonne grosse dame fort polie qui m'a appris que vous demeuriez rue Verte. Là, je ne vous ai pas trouvé davantage. Je voulais vous voir d'abord, et vous dire ensuite que Mlle Rachel m'a autorisé de la façon la plus aimable à profiter de l'offre plus aimable encore que vous avez bien voulu me faire. Ainsi j'espère que vous m'excuserez si je vais vous rappeler votre promesse — Elle est de celles qu'on n'oublie pas. — Mais que pourrais-je vous donner en échange? cela n'est pas facile

Tout à vous

Alfd de Musset

Mercredi 16 avril 51

Fig. 73. — Alfred de Musset. Écriture bien proportionnée ordonnée, claire, très simple et simplifiée, progressive, accélérée, légère gladiolée, d'une harmonie sobre, délicate et distinguée qui saute aux yeux

son écriture, soit dit pour les personnes qui la trouvent mystérieuse[1].

Mais descendons de ces hauteurs, l'écriture harmonieuse, indice de supériorité générale, n'est pas nécessairement liée à la transcendance ; nombre de gens, aux talents moindres, ont l'écriture bien proportionnée, claire, simple et sobre. Ce sont des hommes précieux, des sages ; ils forment la seconde élite et l'armature de la civilisation.

***

Nous avons vu, dans notre première synthèse, comment la graphologie révèle les conquêtes successives, les limitations, les accidents, et les régressions de la personnalité. Notre seconde synthèse, basée sur l'harmonie ou l'inharmonie des tracés, fournit un contrôle rapide de l'état de supériorité ou d'infériorité du scripteur. Toute la graphologie pivote autour de ces notions fondamentales ; c'est pourquoi leur exposé représente la première leçon pratique de graphologie scientifique.

Mais, sans aller plus loin, nous signalons, aux nombreuses personnes qui s'intéressent à la question de l'orientation professionnelle, l'intérêt de ces développements préliminaires. Pour connaître et guider l'enfant, pour renseigner et conseiller les familles, on a imaginé des épreuves d'une conception souvent lourde et compliquée pour les examinateurs, longues et pénibles pour les enfants. L'emploi de nos deux synthèses semble résoudre le problème avec plus de simplicité et de sûreté. Quelques cahiers de devoirs d'un enfant, à plusieurs années d'intervalle, permettent de juger de ses possibilités, de ses aptitudes, de ses progrès, sans qu'il soit nécessaire de mobiliser à une heure déterminée les maîtres et les élèves.

Dans cet ouvrage nous nous bornons à préciser qu'il y a dans nos deux synthèses les éléments d'une méthode graphologique d'orientation professionnelle. L'idée sera développée ailleurs.

1. Il en va de même avec l'écriture de Napoléon, qu'on nous a maintes fois opposée en regard de notre Théorie de l'Harmonie. Il y a des êtres qui dépassent les normes habituelles ; Napoléon était l'un des plus démonstratifs. Le Génie est l'exception. (A. L.)

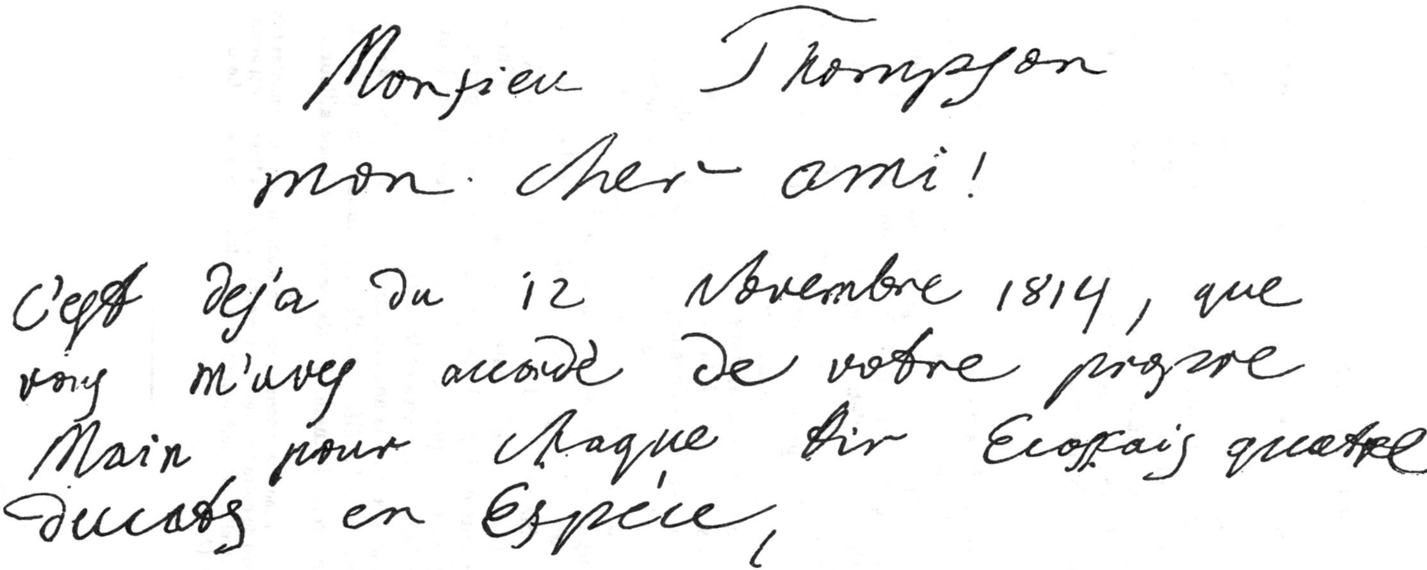
Monsieu Thompson
mon cher ami!
C'est deja du 12 Novembre 1814, que
vous m'avez accordé de votre propre
Main pour chaque Air Ecossais quatre
ducats en Espèce,

Fig. 74. — Écriture de Beethoven, mouvementée, grande et très inégale (2 à 6 mm) espacée, aisée, dégagée, limpide, simple, simplifiée, combinée, arrondie, résolue

TABLEAU DES GENRES GRAPHIQUES AVEC LEURS ESPÈCES

VITESSE. — Abrégée, accélérée, acérée, bouillonnante, contrainte, dynamogéniée, emportée, lâchée, lancée, lente, mouvementée, posée, précipitée, ralentie, rapide, résolue, retenue, spontanée.

PRESSION. — Blanche, boueuse, à encoches, épaisse, ferme, fine, floue, fuselée, légère, maigre, massuée, molle, nette, nourrie, pâteuse, plate, pochée, en relief, renflée, sèche, spasmodique.

FORME. — Anguleuse, arquée, arrondie, artificielle, bizarre, calligraphiée, calligraphique, carrée, claire, compliquée, concave, confuse, conventionnelle, convexe, en coup de fouet, en coup de sabre, crénelée, déguisée, disgracieuse, distinguée, élégante, enfantine, étrécie, étriquée, filiforme, gonflée, gracieuse, grossière, en guirlandes, harmonieuse, impersonnelle, imprécise, inharmonieuse, informe, jointoyée, en lazzo, limpide, en miroir, naturelle, ornée, bien ou mal orthographiée, recherchée, ronde, simple, semi-anguleuse, semi-arrondie, simplifiée, en spirales, typographique, à volutes, vulgaire.

DIMENSION. — Agrandie, basse, condensée, dilatée, disproportionnée, espacée, étalée, exagérée, grande, à mouvements étendus, petite, prolongée en bas ou en haut, proportionnée, rapetissée, serrée, sobre, surélevée.

DIRECTION. — Centrifuge, centripète, chevauchante, descendante, élancée, horizontale, inclinée, montante, plongeante, progressive, redressée, régressive, à rebours, renversée, rigide, sinueuse, tordue, verticale.

CONTINUITÉ. — Agitée, aisée, automatique, barrée inutilement, bâtonnée, brisée, cadencée, calme, chancelante, combinée, cylindrique, dégagée, désorganisée, discordante, égale, fragmentée, gladiolée, grossissante, groupée, hésitante, homogène, inachevée, inégale, inhibée, inorganisée, instable, juxtaposée, liée, monotone, nuancée, organisée, pointillée, ponctuée dans les lettres, protéiforme, régulière, à reprises, retouchée, rythmée, saccadée, sautillante, sénile, stable, suspendue, tremblée.

ORDONNANCE. — Croisée, désordonnée, enchevêtrée, malpropre, négligée, ordonnée, ponctuée inutilement, soignée, soulignée, mal disposée, sans marges.

ESPÈCES GRAPHIQUES PAR ORDRE ALPHABÉTIQUE AVEC LE GENRE DONT ELLES DÉPENDENT

ABRÉVIATIONS ; *V, Vitesse ; P, Pression ; F, Forme ; Dim, Dimension ; Dir, Direction ; C, Continuité ; O, Ordonnance.*

Abrégée, V ; accélérée, V ; acérée, V ; agitée, C ; agrandie, Dim ; aisée, C ; anguleuse, F ; arquée, F ; arrondie, F ; artificielle, F ; automatique, C.

Barrée inutilement, C ; basse, Dim ; bâtonnée, C ; bizarre, F ; blanche, P ; boueuse, P ; bouillonnante, V ; brisée, C.

Cadencée, C ; calligraphiée, F ; calligraphique, F ; calme, C ; carrée, F ; centrifuge, Dir ; centripète, Dir ; chancelante, C ; chevauchante, Dir ; claire, F ; combinée, C ; compliquée, F ; concave, F ; condensée, Dim ; confuse, F ; contrainte, V ; conventionnelle, F ; convexe, F ; coup de fouet, F ; coup de sabre, F ; crénelée, F ; croisée, O ; cylindrique, C.

Dégagée, C ; déguisée, F ; descendante, Dir ; désordonnée, O ; désorganisée, C ; dilatée, Dim ; discordante, C ; disgracieuse, F ; disproportionnée, Dim ; distinguée, F ; dynamogéniée, V.

Égale, C ; élancée, Dir ; élégante, F ; emportée, V ; enchevêtrée, O ; à encoches, P ; enfantine, F ; épaisse, P ; espacée, Dim ; étalée, Dim ; étrécie, F ; étriquée, F ; exagérée, Dim.

Ferme, P ; filiforme, F ; fine, P ; floue, P ; fragmentée, C ; fuselée, P.

Gladiolée, C ; gonflée, F ; gracieuse, F ; grande, Dim ; grossière, F ; grossissante, C ; groupée, C ; en guirlandes, F.

Harmonieuse, F ; hésitante, C ; homogène, C ; horizontale, Dir.

Impersonnelle, F ; imprécise, F ; inachevée, C ; inclinée, Dir ; inégale, C ; informe, F ; inharmonieuse, F ; inhibée, C ; inorganisée, C ; instable, C.

Jointoyée, F ; juxtaposée, C.

Lâchée, V ; lancée, V ; en lazzo, F ; légère, P ; lente, V ; liée, C ; limpide, F.

Maigre, P ; malpropre, O ; massuée, P ; en miroir, F ; molle, P ; monotone, C ; montante, Dir ; mouvementée, V ; à mouvements étendus, Dim.

Naturelle, F ; négligée, O ; nette, P ; nourrie, P ; nuancée, C.

Ordonnée, O ; organisée, O ; ornée, F ; bien ou mal orthographiée, F.

Pâteuse, P ; petite, Dim ; plate, P ; plongeante, Dir ; pochée, P ; pointillée, C ; ponctuée dans les lettres, C ; ponctuée inutilement, O ; posée, V ; précipitée, V ; progressive, Dir ; prolongée en bas ou en haut, Dim ; proportionnée, Dim ; protéiforme, C.

Ralentie, V ; rapetissée, Dim ; rapide, V ; à rebours, Dir ; recherchée, F ; redressée, Dir ; régressive, Dir ; régulière, C ; en relief, P ; renflée, P ; renversée, Dir ; à reprises, C ; résolue, V ; retenue, V ; retouchée, C ; rigide, Dir ; ronde, F ; rythmée, C ; en coup de sabre, F.

Saccadée, C ; sautillante, V ; sèche, P ; semi-anguleuse, F ; semi-arrondie, F ; sénile, C ; serrée, Dim ; simple, F ; sinueuse, Dir ; simplifiée, F ; sobre, Dim ; soignée, O ; soulignée, O ; spasmodique, P ; en spirales, F ; spontanée, V ; stable, C ; surélevée, Dim ; suspendue, C.

Tordue, Dir ; tremblée, C ; typographique, F.

Verticale, Dir ; à volutes, F ; vulgaire, F.

DEUXIÈME PARTIE

ÉTUDE DES ESPÈCES GRAPHIQUES

L'ÉCRITURE ABRÉGÉE *(Genre Vitesse)*

Antonyme : compliquée

L'écriture abrégée se manifeste par des omissions de lettres ou bien leur remplacement par des signes conventionnels (comme + pour plus), en vue d'écrire plus vite. Dans les cas favorables, associée aux tracés harmonieux, elle renforce considérablement l'action meilleure de l'écriture simplifiée qui vise au même but. Dans les écritures vulgaires, sa valeur, très conditionnée, est souvent ruinée par la présence simultanée des marques de l'écriture compliquée. Il ne faut pas s'étonner de cette rencontre, on l'observe couramment ; elle témoigne d'un effort puéril et vain. C'est une discordance.

Les abréviations ne sont pas nécessairement heureuses ni réfléchies ; dans l'esprit d'imitation qui les provoque, comme on le voit souvent dans les écoles, ou dans les bureaux, elles n'ont guère de retentissement sur la rapidité du tracé ; leur stérilité est décelée par la lenteur générale des mouvements. On peut mettre autant de temps à écrire *bcp* que *beaucoup*, et *tjrs* que *toujours*, si l'on hésite, faute d'habitude ou d'activité vraie.

Les abréviations vont parfois à l'encontre de leur but ; il en est d'inintelligentes, si mal combinées qu'elles compliquent le tracé sans profit ; de sottes, quand leur abus empêche la lecture ; de maladroites, si elles créent des équivoques ; enfin d'inconvenantes, quand elles émaillent des lettres missives à des personnes auxquelles on doit le respect. L'usage de l'écriture abrégée exige donc du tact. Son emploi normal devrait être limité à la prise rapide de notes personnelles et à quelques applications commerciales.

Voici (fig. 75) l'adresse abrégée d'un professeur d'Université. Le texte est un peu court, cependant d'une audace admissible, le pli étant déposé chez le destinataire.

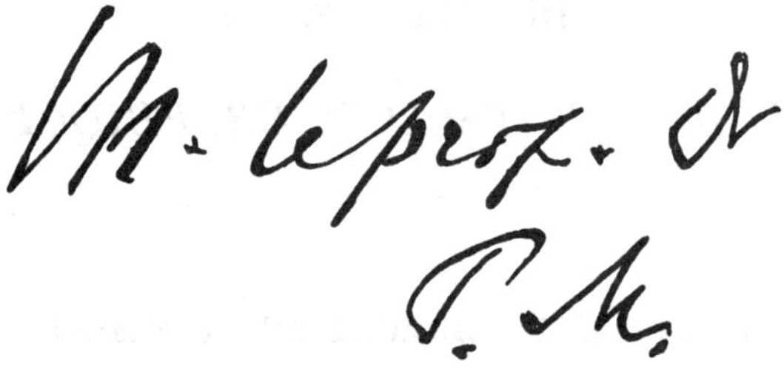

Fig. 75. — Une écriture trop abrégée

Fig. 76. — Une écriture abrégée inopérante

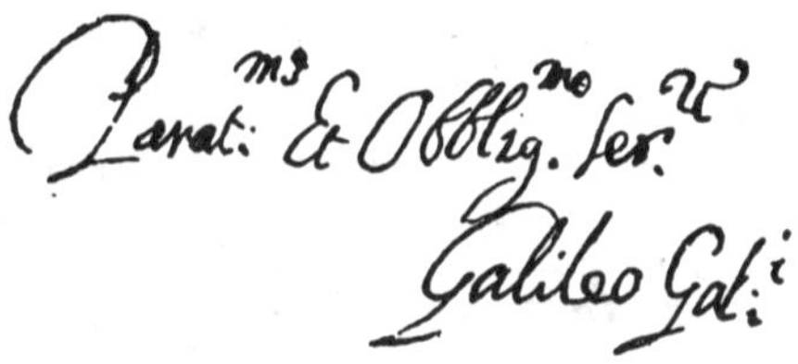

Fig. 77. — Galilée

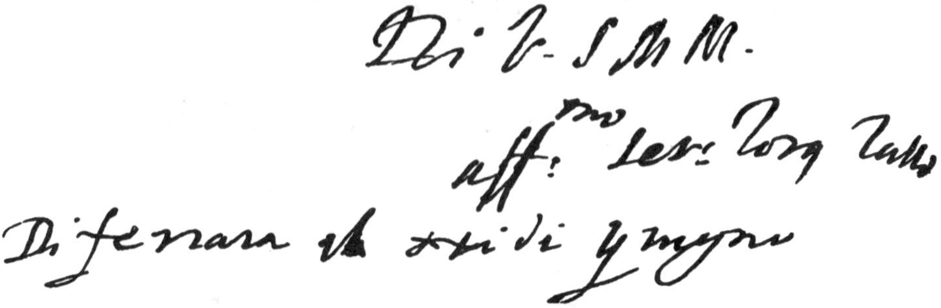

Fig. 78. — Torquato Tasso

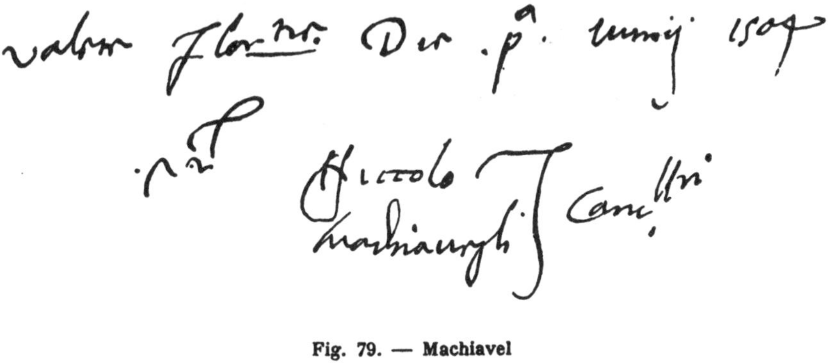

Fig. 79. — Machiavel

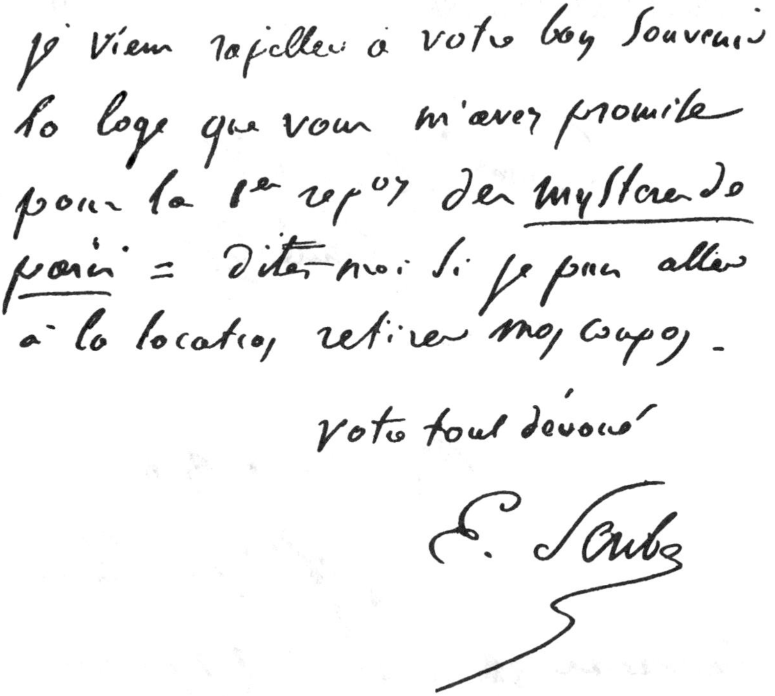

Je viens rappeler à votre bon souvenir
la loge que vous m'avez promise
pour la 1re repon des Mystères de
Paris = dites-moi si je peux aller
à la location retirer mon coupon.

Votre tout dévoué

E. Scribe

Fig. 80. — Scribe abrège son écriture en simplifiant, suspendant déformant ou supprimant des lettres

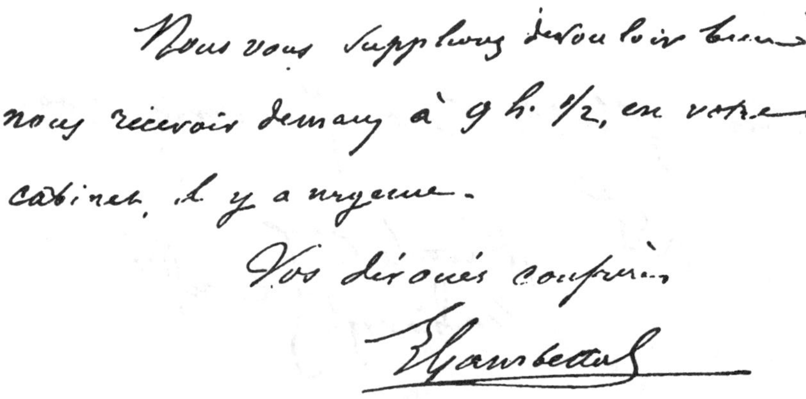

Nous vous supplions de vouloir bien
nous recevoir demain à 9 h. 1/2, en votre
cabinet. Il y a urgence.

Vos dévoués confrères

Gambetta

Fig. 81. — **Écriture accélérée de Gambetta, petite, résolue, simple et simplifiée**

L'écriture exagérée, saccadée, disproportionnée de la fig. 76, avec ses lettres intérieures de 8 à 20 mm, étrécie, très montante, est abrégée dans quelques-unes de ses formes. Mais la complication des deux soulignements sous les mots abrégés, absorbe le plus clair du temps gagné par la réduction du nombre de lettres. Les tracés de dimension exagérée sont toujours ralentis parce qu'un grand mouvement est moins vite fait qu'un petit. Dans ces conditions, l'écriture abrégée est inopérante. Il s'agit d'une femme exaltée, sans discernement, ce que les médecins appellent une pithiatique.

Dans les siècles derniers, les formules de politesse qui terminaient les lettres missives étaient souvent très longues ; on les abrégeait quand la personnalité du destinataire ne l'interdisait pas. Galilée (fig. 77), Torquato Tasso (fig. 78) et Machiavel (fig. 79) nous en offrent de curieux exemples. En les observant, on se rend compte du défaut de l'écriture abrégée : à un certain degré, elle devient énigmatique. C'est pourquoi la simplification, d'un art plus souple, qui ne supprime que des fragments de lettres, en respectant la clarté de l'écrit, est un mode de rapidité supérieur à l'abréviation[1].

Scribe (fig. 80) a une manière originale d'abréger son écriture ; il ampute les mots des lettres redoublées et de l's des pluriels. Tour à tour, ses lettres sont abrégées ou simplifiées, suspendues, déformées ou supprimées, sans que la lecture en soit affectée. Il est instructif de suivre minutieusement son tracé et de dénombrer ses avantages ; ils sont considérables et balancent l'imperfection de ses liaisons qui est toujours une condition défavorable à la vitesse, mais la supériorité s'affirme.

L'ÉCRITURE ACCÉLÉRÉE *(Genre Vitesse)*

Antonyme : ralentie

C'est l'allure qui précède l'écriture rapide et qui suit l'écriture posée.

Les résultats de l'accélération sont relatifs à l'activité générale des scripteurs. L'efficacité d'un même effort chez un homme

1. Cf. *Cours pratique de graphologie*, André Lecerf, Dangles, édit., Paris, p. 71 (sigles).

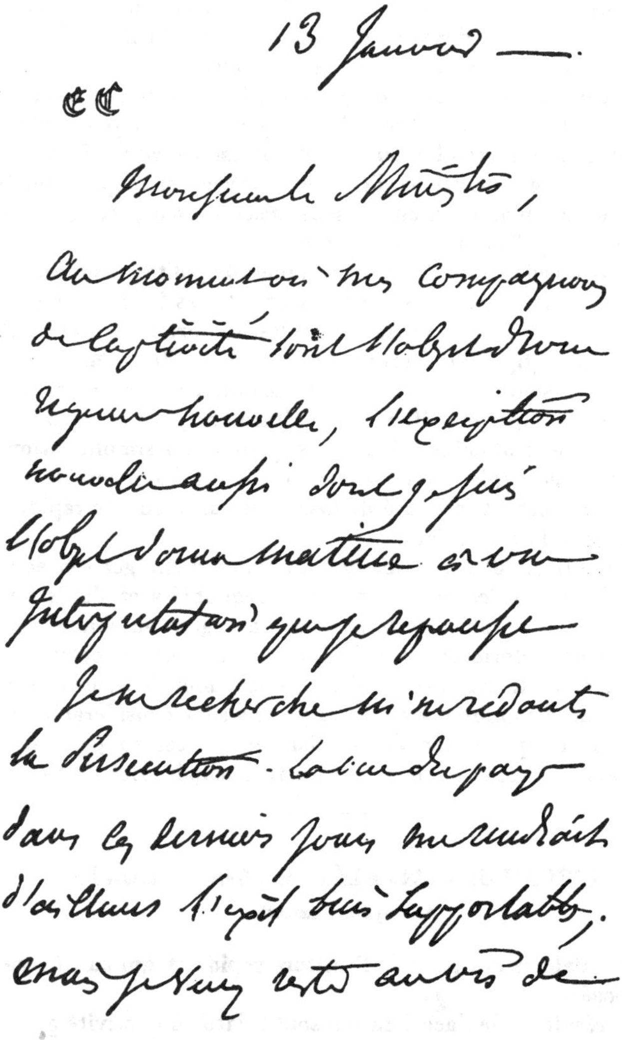
13 Janvier —
Monsieur le Ministre,

Fig. 82. — Belle écriture accélérée et combinée, simple simplifiée et liée, du général Cavaignac

actif, ou chez un homme hésitant, ne se traduit pas par le même produit. Mais on peut essayer d'établir une moyenne normale en éliminant les cas extrêmes.

Il résulte d'expériences relatées dans un précédent ouvrage[1], que l'écriture accélérée produit environ 150 lettres à la minute. C'est la moyenne obtenue dans une centaine d'épreuves, déduction faite des non-valeurs intellectuelles, chez lesquelles toute accélération produit du désordre, ou ne donne rien.

Une accélération profitable est obtenue sans peine avec les espèces d'écritures abrégée, simple, simplifiée, progressive, combinée, résolue, lancée, groupée, et sautillante, dont la présence détermine les possibilités du scripteur.

Une écriture habituellement accélérée à 150 lettres environ à la minute, résultat contrôlé par celui des écritures posée et rapide (voyez ces Espèces), est un très précieux signe d'activité générale. Quand la moyenne de 150 lettres est dépassée, l'appréciation graphologique est améliorée dans le sens des significations de l'écriture rapide. (Voir ce chapitre.)

L'écriture de Gambetta (fig. 81) est accélérée, résolue, petite (de 1 à 2 mm), simple et simplifiée, conditions très favorables à la vitesse. Mais elle n'est que légèrement lancée ; plusieurs points où il n'en faut pas, et des liaisons insuffisantes indiquent des périodes de ralentissement[2].

Le général Cavaignac (fig. 82) a un tracé très lié, simple et simplifié, moins lancé que celui de Gambetta, mais combiné ; son accélération est très aisée. La fin de sa lettre que nous reproduisons (fig. 83), plus dégagée, plus mouvementée, est franchement rapide.

L'écriture de Richard Parkes Bonington, le célèbre peintre anglais (fig. 84), est également accélérée ; on voit très bien son mouvement progressif (tendant vers la droite) et pressé, qui cause la suppression de plusieurs accents et barres du *t*. La simplicité et la réduction des formes favorisent le résultat qui, ne devant rien aux liaisons, ne conduirait pas aisément à une plus grande vitesse.

Est-il nécessaire de dire que les indications précédentes sont

1. *Les Éléments de l'écriture des canailles*, p. 207 à 219.

2. Comparer avec l'écriture mouvementée de Gambetta (*L'Écriture et le caractère*, p. 63, Presses Universitaires de France, 11e éd.). Le mouvement graphique est le même, les circonstances sont différentes. (A. L.)

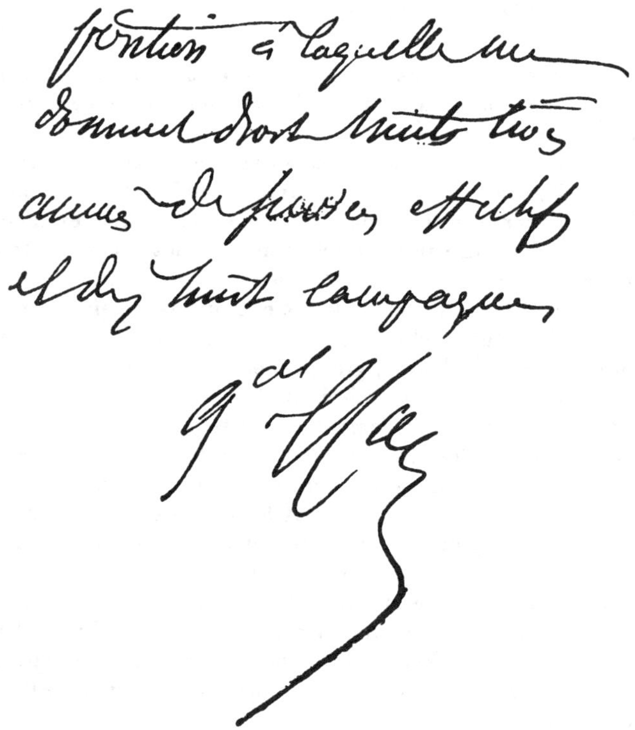

Fig. 83. — Fin de la précédente lettre, d'un mouvement élargi, plus vif, rapide

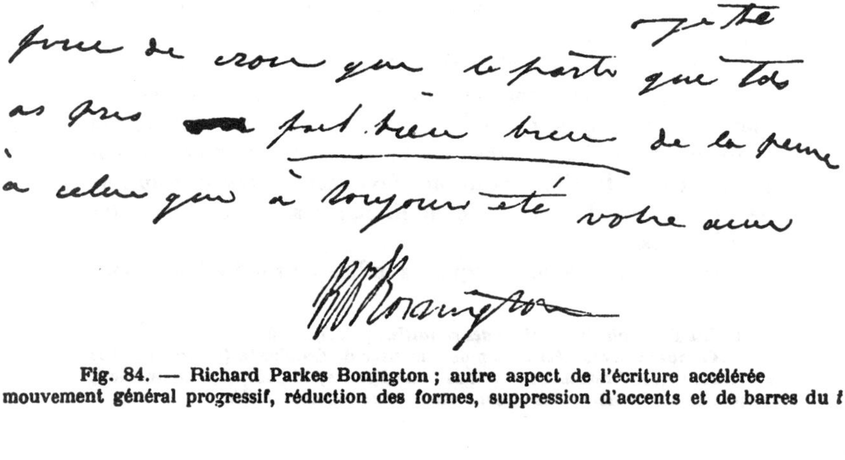

Fig. 84. — Richard Parkes Bonington ; autre aspect de l'écriture accélérée mouvement général progressif, réduction des formes, suppression d'accents et de barres du *t*

uniquement relatives aux documents que nous reproduisons ? Tous les hommes, à moins que leur écriture soit inorganisée, écrivent plus ou moins vite, selon leurs besoins. Mais l'échelle de leurs moyens diffère sensiblement selon le tempérament et le degré de culture. Par exemple, les lymphatiques, si on les pousse, sont parfois troublés au point d'être immobilisés ; au contraire, les nerveux s'adaptent instantanément aux nécessités les plus variées. La graphologie se prête merveilleusement à déterminer le rythme habituel et le degré d'activité courante et utilisable de chaque individu[1].

L'ÉCRITURE ACÉRÉE *(Genre Vitesse)*

Antonyme : massuée

L'écriture acérée se manifeste dans les finales des traits ou des lettres, en forme de pointe aiguë.

Nous avons signalé ce signe pour la première fois en 1885[2] !

L'écriture acérée semble, par la forme du trait, n'être qu'un variété de l'écriture gladiolée. Cependant, son mouvement exige deux conditions particulières, le lancement et la grande rapidité ; elle appartient donc au genre Vitesse. C'est une variété de l'écriture lancée.

L'écriture acérée ne peut pas être un signe graphologique qualitatif, car il ne répond pas à la permanence de l'enregistrement. Par exemple, la pointe est rarement possible dans les traits descendants qui sont essentiels, qui forment les bases de notre écriture ; l'échappée brusque de la plume n'est aisée que dans les traits horizontaux.

Elle signifie, selon sa fréquence et ses dimensions, l'impatience occasionnelle ou l'esprit critique et mordant ; avec un tracé long et lâché, la colère et la méchanceté ; s'il est jeté violemment en avant des lettres ou des mots, la fureur. Le signe est particulièrement facile à observer dans les barres du *t*.

De toutes les façons, l'écriture acérée dérive d'un geste rapide en soi, vif et rageur, indice sûr d'irritation quand il est accidentel, et de mauvais caractère s'il est permanent.

1. Cf. *Les Éléments*. De l'écriture lente à l'écriture rapide, p. 207 à 219.
2. *Traité pratique*, p. 128.

Fig. 85. — Écriture acérée

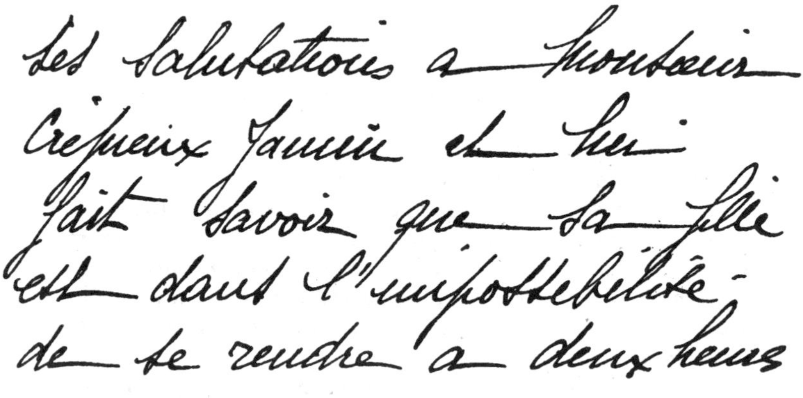

Fig. 86. — Écriture acérée chez une femme orgueilleuse

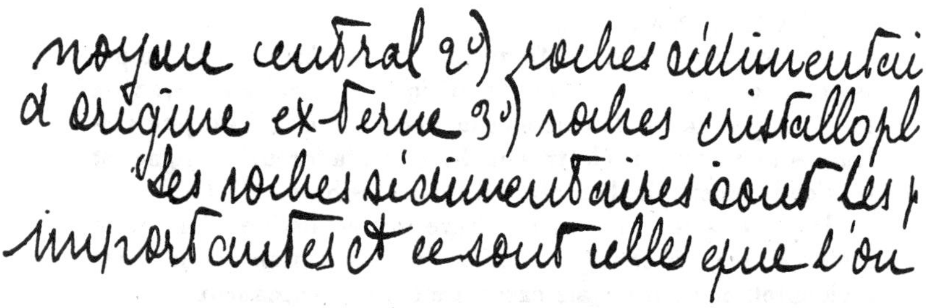

Fig. 87. — Écriture acérée passagère dans une crise de vanité exaspérée, d'où l'irritation

Dans la fig. 85, l'écriture est foncièrement fine ; les traits accentués et acérés apparaissent là comme des mouvements spasmodiques, des décharges nerveuses discordantes. Les barres du *t* sont placées en arrière, signe indicatif de régression (avec l'écriture lente et molle) du tempérament lymphatique. C'est une nature faible et irritable, difficile à manier (discordance).

La fig. 86 est remarquable par ses finales aiguës et prolongées. La surélévation des *M*, des *p* et des *s* oriente l'interprétation : c'est une femme orgueilleuse, à l'imagination ardente, qui critique tout sans prudence ni ménagement. Type de l'écriture acérée.

La jeune fille qui a tracé la fig. 87, avec des barres de *t* acérées et surélevées (en haut de la lettre), a cependant l'écriture foncièrement arrondie. Elle traversait une petite crise de vanité exaspérée qui n'a pas eu de suite. L'écriture arrondie s'est affermie et les traits acérés ont disparu.

Les perspectives ne sont pas aussi favorables au sujet du scripteur de la fig. 88, parce qu'il s'agit d'un homme de 50 ans. L'écriture est grande, de 5 à 8 mm, très étrécie, maigre, serrée dans les mots, semi-anguleuse dans les mots, mais avec des finales s'appuyant sur des angles qui contrarient le mouvement progressif du tracé, pour s'achever par un trait courbe et acéré. C'est disgracieux et hargneux, summum de l'écriture acérée.

L'ÉCRITURE AGITÉE *(Genre Continuité)*

Antonyme : Calme

L'écriture agitée est une variété de l'écriture inégale. Elle est caractérisée par une irrégularité *discordante* et mouvementée, avec de l'imprécision dans les formes.

Elle est causée par une altération profonde de la sensibilité. La comparaison entre plusieurs documents, indispensable ici, aide à déterminer si l'agitation résulte d'un ébranlement occasionnel : émotion vive, précipitation, fatigue, etc., ou d'un état permanent. Dans le premier cas, on l'interprétera selon les causes, en tenant compte du fond de nervosité, de suggestibilité, de mobilité et d'impatience qui a permis à l'agitation de se manifester ; dans le second cas, l'hypersensibilité, l'instabilité et l'irritabilité d'un caractère difficile, troublé, passionné, malheureux, seront les causes à démêler.

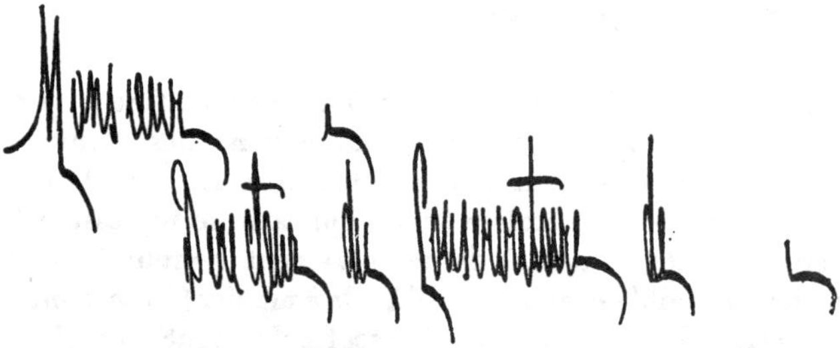

Fig. 88. — Finales acérées dans une écriture grande, très étrécie anguleuse, maigre, serrée dans les mots : caractère difficile

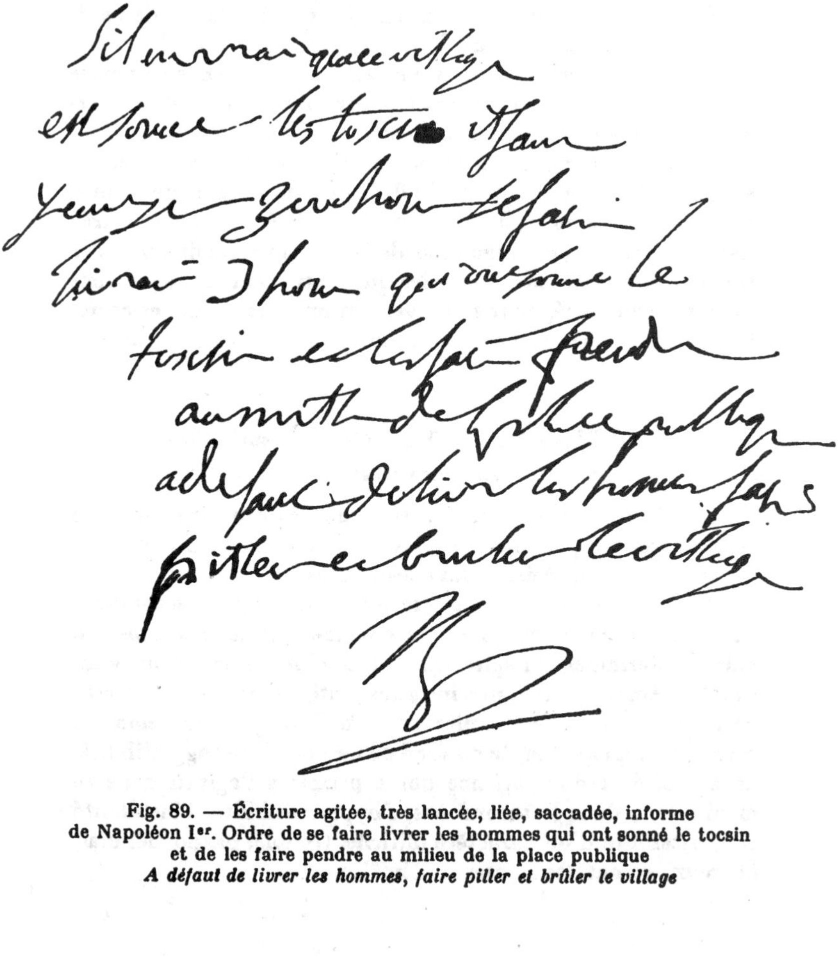

Fig. 89. — Écriture agitée, très lancée, liée, saccadée, informe de Napoléon Ier. Ordre de se faire livrer les hommes qui ont sonné le tocsin et de les faire pendre au milieu de la place publique
A défaut de livrer les hommes, faire piller et brûler le village

L'écriture de Napoléon Ier est une des plus agitées que l'on connaisse, sans pénétrer dans le domaine pathologique. Le tracé du terrible billet que nous reproduisons (fig. 89) correspond en tous points à la définition que nous venons de donner. Ici la violence et la précipitation s'associent à l'impatience habituelle de l'Empereur ; l'irritation fait danser la plume et produit une écriture discordante, tellement imprécise que sa lecture est une opération ardue. Malgré tout, l'écriture est liée, combinée, simple et simplifiée, marques d'un esprit et d'une activité supérieurs.

Les discordances de la fig. 90, choquantes par elles-mêmes, sont dans un milieu différent : l'écriture n'est pas liée, ni combinée, ni simple ou simplifiée ; elle est vulgaire, instable, ne répondant à aucun sentiment logique. Nous sommes là sur le terrain pathologique ; c'est l'œuvre d'une jeune fille détraquée.

Le cardinal de Retz, le célèbre frondeur et grand écrivain (fig. 91), s'adressant à un haut personnage, perd cependant patience en transcrivant la longue formule de politesse qui, de son temps, terminait les lettres missives. Sous sa plume, chaque terme a son importance relative ; *Monseigneur* est soigneusement tracé, mais il se crispe en écrivant *votre très humble et très obéissant serviteur*. C'était un sensitif qui s'agitait pour peu de chose et n'aimait pas non plus à perdre son temps. A notre époque aussi, les gens nerveux sont souvent pris d'une agitation soudaine quand ils expriment leur satisfaction en présentant à leurs correspondants l'hommage de leur considération la plus distinguée.

Nous verrons, à propos des écritures mouvementées, désordonnées, inégales, lancées, précipitées, saccadées, etc., d'autres aspects de l'agitation.

L'ÉCRITURE AGRANDIE[1] *(Genre Dimension)*

Antonyme : rapetissée

L'écriture agrandie est une Espèce graphologique éminemment circonstancielle. On la décèle par la comparaison avec l'écriture normale qui est moins grande. Les dimensions ne peu-

1. Cf. *Les Écritures dilatée et dynamogéniée.*

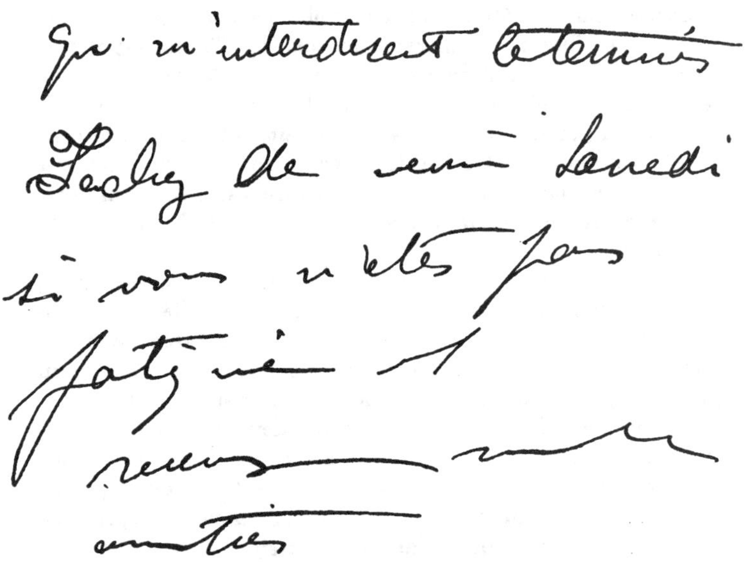

Fig. 90. — Écriture agitée, vulgaire, instable d'une jeune fille dont l'esprit se dérange

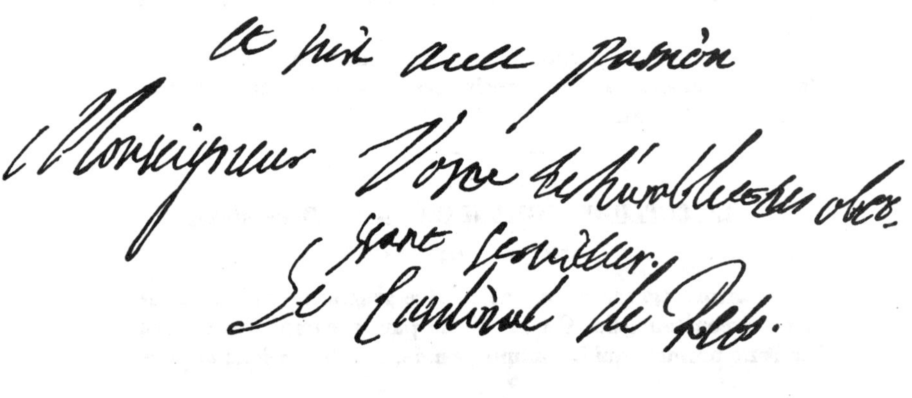

Fig. 91. — Le cardinal de Retz. Exemple d'agitation par impatience

vent pas se préciser, puisqu'elles sont relatives à l'écriture normale de chaque sujet.

Les causes de l'écriture agrandie sont très diverses ; l'enthousiasme, les émotions vives, joie ou peur, surtout la colère, la provoquent. Chacun peut observer, au crépuscule, une dilatation sensible de l'écriture, encore augmentée par la pleine obscurité. L'excitation particulière que produit sur nous une température élevée, sans orage, tend aussi à agrandir l'écriture[1]. Enfin, il suffit qu'on ait oublié ses lunettes.

La signature plus grande que le texte est la plus fréquente des manifestations de l'écriture agrandie, mais dans ce cas la cause est un soulignement ; nous en parlerons en étudiant l'écriture soulignée.

La signification de l'écriture agrandie est liée à la cause qui l'a provoquée ; de toutes les façons, elle comporte un élément important d'émotivité ; les natures épaisses ne répondent pas aux excitations qui la font naître, sauf dans l'expression des passions violentes, colère ou envie.

Une curieuse lettre de Saint-Saëns, l'illustre compositeur (fig. 92), donne la raison pour laquelle ses manuscrits sont en écriture agrandie : c'est afin de fournir aux imprimeurs une copie lisible. Mais il se méprend quand il suppose qu'il écrit plus vite en grossissant son tracé. Un petit mouvement est toujours plus rapide que le même agrandi, s'ils sont tous deux provoqués dans des conditions physiologiques semblables.

L'ÉCRITURE AISÉE *(Genre Continuité)*

Synonyme : naturelle. Antonyme : contrainte

On reconnaît l'écriture aisée à l'harmonie des mouvements dans lesquels la simplicité et la spontanéité jouent les premiers rôles.

L'aisance des mouvements, dans ses belles formes, n'est obtenue que par l'association des plus hautes qualités du caractère. Les tracés combinés, progressifs, exaltent sa valeur en

1. Cf. *L'Écriture et le caractère*, 11e éd. La graphologie expérimentale, p. 124 et suiv.

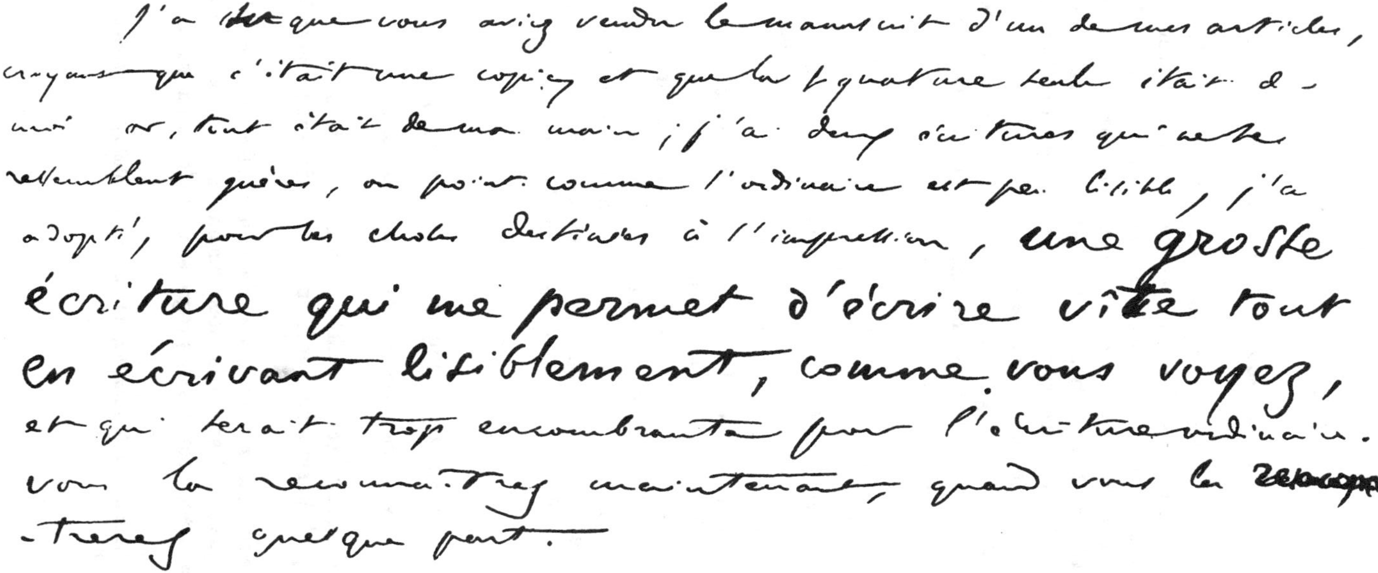
J'ai [dit] que vous aviez vendu le manuscrit d'un de mes articles,
croyant que c'était une copie et que la signature seule était de
moi. Or, tout était de ma main ; j'ai deux écritures qui ne se
ressemblent guère, or, comme l'ordinaire est peu lisible, j'ai
adopté, pour les choses destinées à l'impression, une grosse
écriture qui me permet d'écrire vite tout
en écrivant lisiblement, comme vous voyez,
et qui serait trop encombrante pour l'écriture ordinaire.
Vous la reconnaîtrez maintenant, quand vous la ren-
-trerez quelque part.

Fig. 92. — Saint-Saëns explique pourquoi ses manuscrits sont en écriture agrandie

donnant à son activité de la mesure, du tact, de l'intelligence. La simplicité, cet art suprême, lui est indispensable. Une spontanéité doucement contenue met le comble à sa précieuse formule.

C'est à l'écriture aisée qu'il convient d'attribuer la haute valeur qu'on a conférée jusqu'ici à l'Espèce équivoque de l'écriture naturelle. (Voyez ce mot.)

Ne pas confondre l'écriture aisée avec l'écriture dégagée. (Voyez ce mot.)

C'est une écriture vraiment aisée que celle de Josué Reynolds, le grand portraitiste anglais (fig. 93). Elle est très simple, simplifiée, combinée. On peut trouver des écritures aisées dans les Espèces bien organisées, mais elles ne sont la règle générale que dans l'Espèce combinée dont les qualités de souplesse, de rapidité et de continuité sont celles qui président aux mouvements aisés.

Chez Camille Rousset, l'éminent historien, ces qualités sont si bien développées qu'elles éclatent toutes dans sa signature (fig. 94). En voyant la gracieuse spontanéité de son écriture, on comprend la séduction qu'il a exercée sur tous ceux qui l'ont connu.

La marquise de Sablé en est un exemple charmant (fig. 95). Son écriture est harmonieuse et combinée, très grande et inégale (4 à 8 mm), mais non saccadée ; limpide, simple, simplifiée, espacée ; elle s'extériorise beaucoup au profit de la grâce et de l'imagination, en restant noble, distinguée, aisée.

L'ÉCRITURE ANGULEUSE *(Genre Forme)*

Antonyme : arrondie

L'écriture anguleuse est caractérisée par l'accentuation des angles normaux du modèle calligraphique, ou le remplacement des courbes normales par des angles.

Elle procède d'un mouvement dur, cassant, qui lui donne sa principale signification. Un milieu de qualités harmonieuses ne parvient pas souvent à corriger la raideur et l'intransigeance de l'écriture anguleuse, quand elle est la caractéristique dominante ; elle reste déplaisante malgré tout, parce que sa moindre asso-

Fig. 93. — Écriture aisée de Josué Reynolds. Elle est très simple simplifiée, combinée

Fig. 94. — Camille Rousset. Liée, gracieuse mouvementée, arrondie, légère

ciation avec les mouvements lancés détermine la brusquerie ou la violence. Dans ses manifestations excessives, avec des angles de plus de 70°, elle exprime la colère.

Le défaut de l'écriture très anguleuse est de paralyser la souplesse, qui est une qualité ultime de l'intelligence. Aussi, dans les écritures anguleuses nobles, voit-on apparaître des mouvements redresseurs, comme ceux de l'écriture sinueuse, petite ou autres.

Associé aux tracés régressifs, l'angle est le signe d'un caractère objecteur, rétif ou hargneux. Dans les écritures inharmonieuses, il exprime l'esprit contrariant et buté.

Le tracé de l'angle se prête à exprimer des résistances, cela n'est pas douteux. Mais en considérant les finales anguleuses, notamment à la base des *t*, comme le signe exclusif de l'entêtement, on a été trop loin. Toutes les grandes passions, en faisant déraisonner les humains, les conduisent à l'aveuglement qui est générateur du plus fol entêtement. De là découlent d'autres expressions graphiques de l'entêtement que les finales anguleuses du *t*. Lorsque le calme succède aux passions, l'entêtement tombe. Il n'est donc ici qu'un état occasionnel avec des indices variables : ceux des passions qui le déterminent.

Dans les natures supérieures, l'entêtement n'a pas un caractère aveugle et définitif, il a un but, il cherche à l'atteindre. L'obstination intelligente est une importante qualité, c'est la marque des combatifs. Mais cela ne fait pas des caractères agréables ; ils ont, par exemple, plus de valeur sociale que familiale.

Malgré tout, à côté de tous ses défauts, l'écriture anguleuse donne une impression de fermeté, de ténacité qui lui vaut l'admiration des faibles ; ils l'imitent avec d'autant plus de ferveur que peu de signes se prêtent mieux à la fraude : un simple mouvement de va-et-vient, à la portée des êtres les plus insignifiants, suffit à produire des angles. Dans les écritures conventionnelles artificielles, on en fait un grand usage. Quel beau masque ! C'est qu'il est plus simple de fabriquer des angles à l'aide d'un mouvement automatique que de combiner des courbes.

Comment peut-on vérifier la sincérité de l'écriture anguleuse ! Précisément à l'aide des discordances de débilité et d'automatisme qui l'accompagnent. L'écriture anguleuse, par

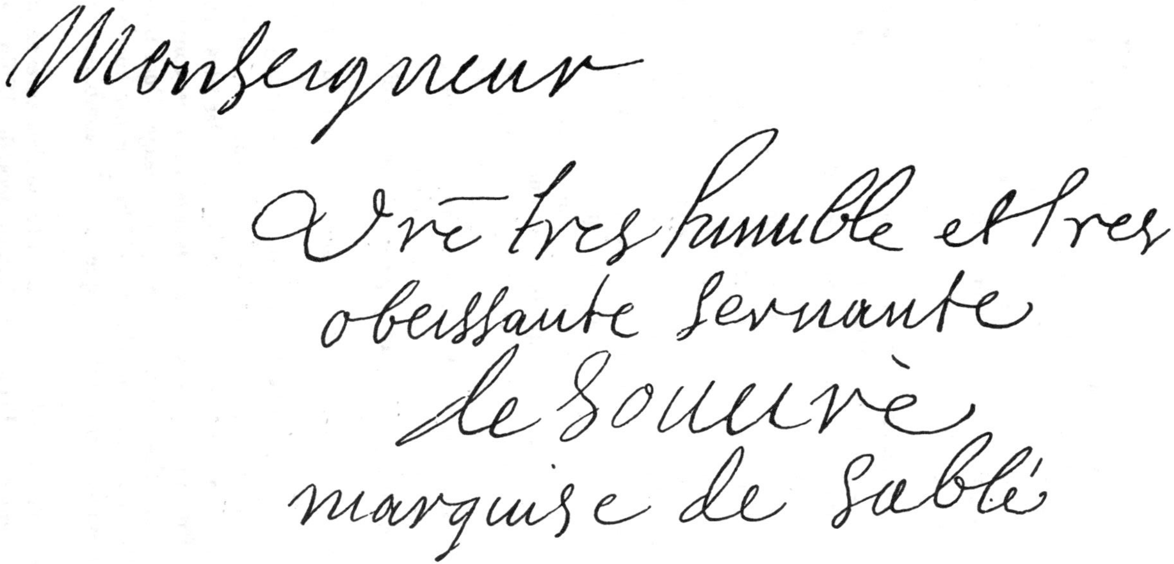

Fig. 95. — Écriture aisée, harmonieuse, combinée, très grande et inégale (4 à 8 mm) mais non saccadée ; limpide, simple, simplifiée, espacée, gracieuse et mouvementée de la marquise de Sablé

exemple, ne favorise pas la vitesse ; dans l'angle, il y a un changement brusque de direction qui est à la fois positif, affirmatif et légèrement inhibitoire. Mais l'inhibition ne se développe, dans le mauvais sens de la lenteur, que si l'écriture est, par ailleurs, hésitante, compliquée, discontinue, ce qui décèle son caractère négatif et artificiel.

*
* *

Ce qui précède laisse beaucoup de questions en suspens. Il y aurait à faire des expériences délicates pour classer les mouvements anguleux. Nous croyons que l'angle est un signe de plus grande énergie que la courbe. Néanmoins, angles ou courbes proviennent d'une force unique et d'une lutte qui est la négation même du mouvement. L'arrêt, qui suppose une force, est un mouvement consacré à annuler le précédent. La courbe, comme l'angle, sont donc des modes de mouvements dans leurs réactions. Une courbe peut précéder un angle, ou le suivre, et ces mouvements peuvent se favoriser ou se contrarier, varier de position, être à côté, ou les uns sur les autres, ce qui semble les lier au Genre direction, car toutes les positions relatives d'un mouvement prennent une direction en passant de l'un à l'autre.

Il est des cas où l'angle est plus naturel que la courbe. Par exemple  est plus naturel que .. C'est d'instinct que nous disons que les angles sont un signe d'énergie, ils semblent nécessiter plus de force que les courbes. Il est vrai que l'inutilité de cette dépense d'énergie apparaît souvent. Et d'autre part, la courbe elle-même est un signe de force quand elle contrarie plus que l'angle le mouvement naturel de la main. Ainsi  exige plus de force que  et cependant on ne réussira à bien faire  qu'avec une main légère, ne déployant pas trop de force dans la première courbe.

Enfin, il y a des angles que la calligraphie commande, parmi lesquels il en est qui ne sont pas naturels à la main. Au sommet des lettres, l'angle est ordinairement normal. En effet, l'angle après le trait ascendant est le pivot naturel du trait descendant, sauf au départ d'une arcade.

La signification des différents angles peut se déduire de l'opportunité, du naturel et de l'union heureuse des forces qui les produisent. A la lumière de notre synthèse de l'écriture

Fig. 96. — Écriture anguleuse, à angles aigus dans une écriture très vivante mais inharmonieuse et surélevée : caractère très désagréable et impérieux

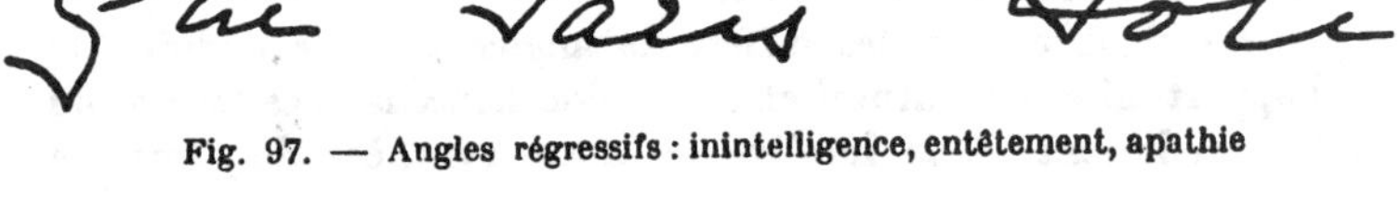

Fig. 97. — Angles régressifs : inintelligence, entêtement, apathie

combinée, on pénétrera le sens des associations les plus ingénieuses, élégantes ou rapides ; on comprendra la pauvreté d'esprit qui anime les écritures anguleuses automatiques et la richesse des moyens du scripteur qui, au courant de la plume, saisit les occasions incessamment variées de manifester son aptitude à choisir les meilleures combinaisons de tracés. Dans tous les cas, notons le parallélisme des écritures anguleuse et courbe : toutes deux dans leur grande intensité expriment la lourdeur, l'entêtement, l'intransigeance ; toutes deux, dans leurs formes outrancières (automatique ou arquée), sont artificielles, disgracieuses, ralenties, peu claires, négatives. Dans les intensités moyennes, l'angle manifeste mieux la fermeté, l'intransigeance ; la courbe, la douceur, la souplesse ; cependant c'est leur usage successif, avisé, *bien combiné*, qui comporte les appréciations les plus qualitatives.

*
* *

Les significations de l'écriture anguleuse varient selon la mesure des angles, leur position, leur direction et le milieu graphologique.

L'angle aigu, comme dans la fig. 96, comporte très souvent des appréciations défavorables ; il est brusque, cassant, provocant ; il irrite et il défie. Cependant, il y a bien des atténuations d'un cas à un autre : tout dépend des associations de mouvements. Par exemple, si nous comparons le scripteur des angles obtus de la fig. 88 à celui des angles aigus de la fig. 96, nous n'hésitons pas, contrairement à la règle des angles aigus ou obtus, à préférer le caractère contrariant, têtu, effronté, mais plein de vie, de la fig. 96, à celui plus chagrin, hargneux et étroit de la fig. 88, préférence qui, d'ailleurs, est à une bonne distance de l'affection, car tous deux sont orgueilleux, impérieux et désagréables.

Dans la fig. 97, le tracé courbe et mouvementé comporte des angles se dirigeant vers la gauche. Fâcheuse association : les angles régressifs sont la plus précise indication du caractère négatif de l'entêtement invincible par inintelligence et apathie.

La lettre *t*, surtout quand elle termine les mots, se prête au tracé de l'angle, à ce point qu'on l'observe dans des écritures dont tous les autres traits sont arrondis. Notre exemple de la

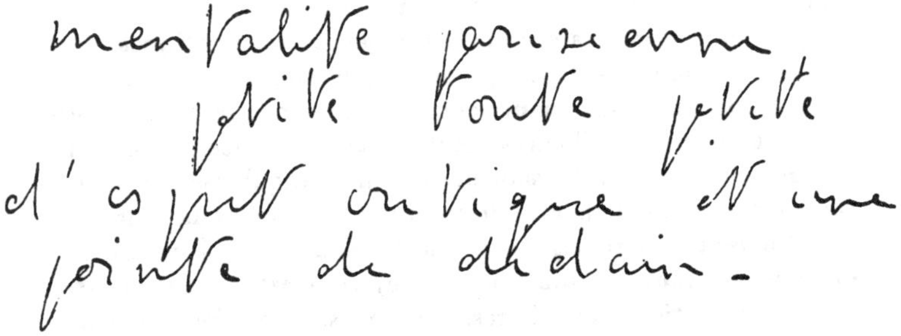

Fig. 98. — Angles exclusivement fixés à la base des *t* détentes nerveuses, brusqueries

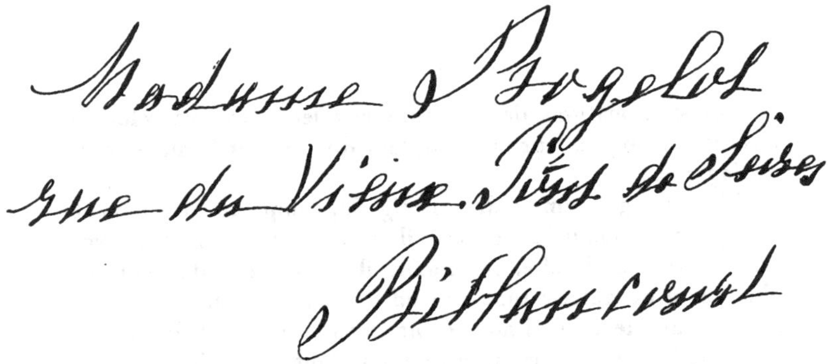

Fig. 99. — Angles aigus souvent mitigés. Femme du peuple très vaillante intraitable sur les questions de droiture

Fig. 100. — Ici, les angles encadrent les lettres ils sont fonction d'une inhibition profonde, d'une opposition systématique à tout mouvement spontané

fig. 98 provient d'une toute jeune femme ; son écriture anguleuse, trop inégale, incoordonnée, légère, étalée, décèle une nervosité considérable ; ses angles dérivent de mouvements brusques qui trouvent, presque exclusivement à la base des *t*, l'occasion d'une détente.

La femme de 70 ans qui est l'auteur de la fig. 99, est une vaillante ; dans une situation très humble, elle a su faire de ses quatre fils d'excellents sujets. Nous proposons son cas aux graphologues qui méprisent tous les scripteurs à l'écriture anguleuse. Toutefois, il est vrai que cette personne avait, sur un point, un caractère difficile : elle était particulièrement intraitable sur les questions d'équité, de droiture. Voilà une forme d'intransigeance à laquelle on n'a pas pensé.

Au reste, l'aspect de la fig. 99 est trompeur si on ne l'observe pas de près. En suivant attentivement le texte, on découvrira onze courbes à la base des lettres ; ce sont les petites ressources de la bonne volonté et du discernement.

Il est assez rare de rencontrer des angles au début et à la fin des lettres. Julien Mauclerc, le célèbre architecte et faïencier du XVIe siècle (fig. 100), en est un exemple. Comment l'interpréter ? Suivons le tracé avec une pointe mousse comme si nous voulions le récrire, afin de nous pénétrer de ses mouvements, et nous ne tarderons pas à comprendre que si l'écriture est anguleuse elle est encore plus lente, contrainte, inhibée. L'angle n'est ici que l'opposition consciente, systématique à tous les mouvements spontanés. Le *n* régressif de *Julien* confirme le côté sombre, disgracieux et faux du caractère.

Dans l'écriture de Prévost-Paradol, fig. 101, le brillant journaliste du second Empire, nous observons un mélange d'angles et de courbes. C'est un bon signe d'écriture combinée, d'ailleurs justifié par la simplicité, la simplification, les liaisons et la clarté du tracé.

Voici maintenant, fig. 102, quelques lignes du maréchal Gallieni, le sauveur de Paris, auquel nous devons tout, et que les admirables chefs, Foch et Pétain, n'ont pu qu'égaler[1]. Toutes les caractéristiques de son écriture sont sur le même premier plan : anguleuse, ferme, très simple et très simplifiée, rapide et

1. Je dois ce document à l'amitié de M. Jacques Mariani, auquel il était adressé en pleine bataille de la Marne, par son illustre ami.

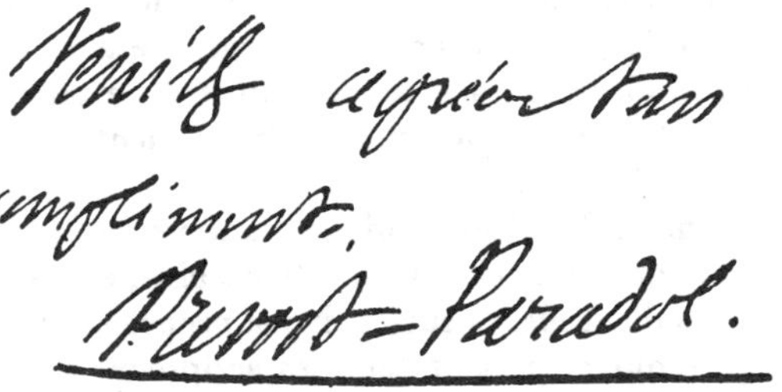

Fig. 101. — Mélange d'angles et de courbes dans une écriture simple, simplifiée, liée, claire, tous signes d'écriture combinée

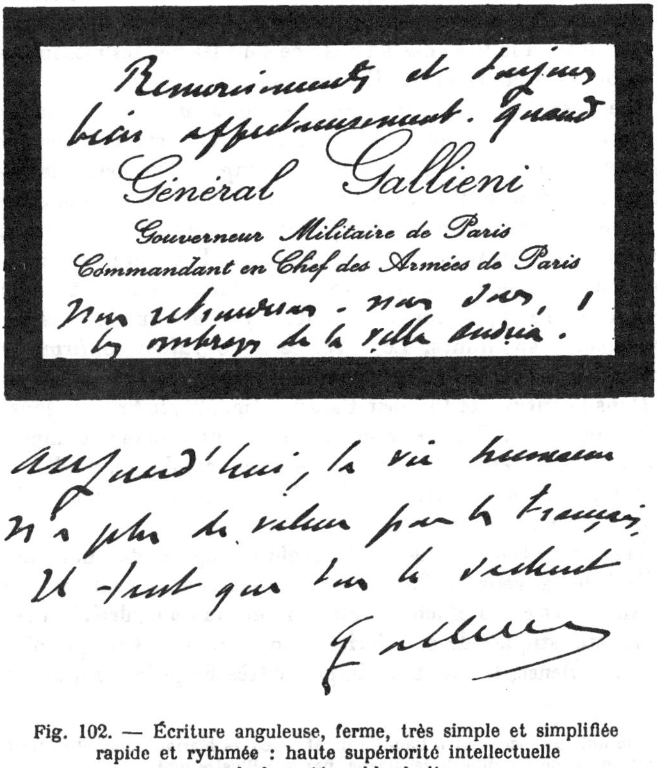

Fig. 102. — Écriture anguleuse, ferme, très simple et simplifiée rapide et rythmée : haute supériorité intellectuelle grande fermeté, noble droiture

rythmée. Le caractère du Maréchal Gallieni est connu dans ses moindres détails ; aucun de ses biographes n'a dit qu'il était dur, ni désagréable ; tous s'accordent sur sa fermeté et sa droiture.

« Il avait horreur des méchants et des méchancetés », nous dit son très distingué biographe, M. P.-B. Gheusi, dans un livre que tous les Français devraient posséder[1]. Sa bonté était naturelle et il se cachait pour faire du bien. Les remerciements l'embarrassaient. Pas rêveur, encore moins naïf, il avait une âme voyante d'enfant et de héros ; le mal l'étonnait plus encore qu'il ne l'indignait. Une lettre anonyme le plongeait dans la stupéfaction ; elle lui donnait, tout de suite après, l'idée d'agir, d'instinct, à l'inverse de son but.

« Parfois, une boutade sans malignité détendait sa figure d'ascète et annonçait des plaisanteries, des dialogues qu'il ne tardait pas à rompre très vite, en ordonnant de travailler. Il n'était jamais dissimulé ; ceux qui le connaissaient devinaient sa pensée dans un mot, ceux qui l'aimaient dans un regard. »

Lorsque l'écriture anguleuse n'est pas flétrie par l'inharmonie, elle est l'un des meilleurs indices de la droiture. Une éducation sérieuse et sévère, une nature courageuse et sûre, plutôt que tendre et faible, le sentiment de la justice et du devoir, voilà les causes éminemment estimables d'une quantité d'écritures anguleuses. On s'étonnera plus tard qu'il nous ait fallu plaider pour cette éclatante vérité. La grande droiture nécessite une discipline, une fermeté résolue, que l'angle illustre mieux que tout autre indice.

L'ÉCRITURE ARQUÉE *(Genre Forme)*

Synonymes : courbée, cintrée, contournée

L'écriture arquée est caractérisée par l'exagération des courbes normales en forme d'arc, comme dans les *m* et *n*, ou par l'arcure de traits qui ne doivent pas être arqués. Elle procède d'un mouvement d'écartement régressif et autoritaire, d'où les significations d'égoïsme, de méfiance et d'orgueil dis-

1. *Gallieni*, 1849-1916, par P.-B. Gheusi, p. 232, E. Fasquelle, édit.

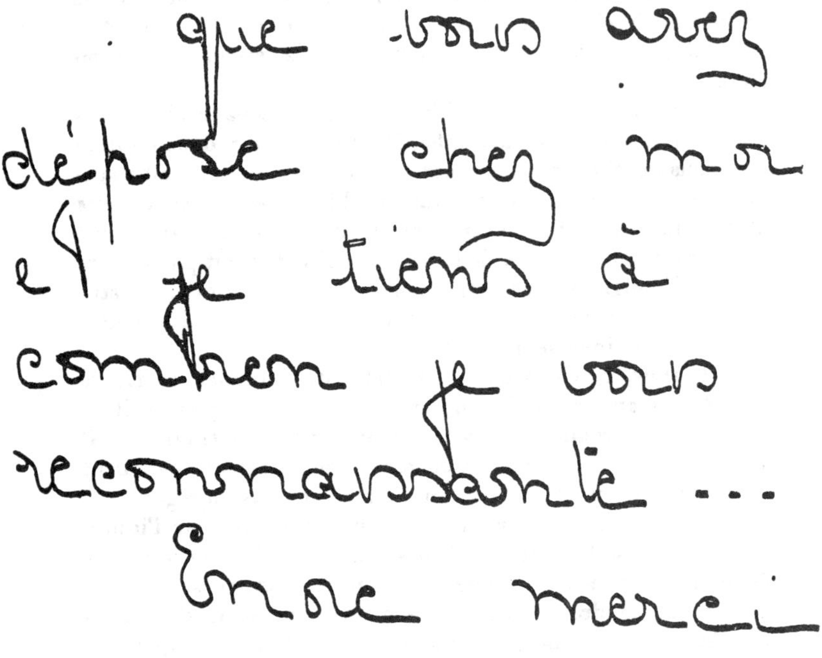

Fig. 103. — Écriture arquée, affectée, trop grande, trop espacée indigente de mouvements actifs et intelligents

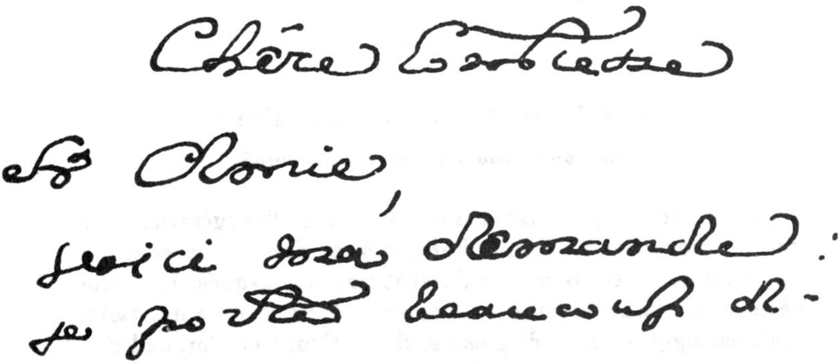

Fig. 104. — Écriture arquée, affectée, disgracieuse

tant, dédaigneux, méprisant, ou arrogant, selon le milieu.

Sous une forme outrancière, le tracé arqué sert de base à une écriture conventionnelle, à la mode dans un certain monde aristocratique. Et cependant, c'est une des écritures les plus disgracieuses qui existent, peu lisible, et ralentie à cause des déformations et des complications qu'elle engendre. Elle est incontestablement artificielle.

L'exemple que nous donnons (fig. 103) n'est bien lisible que grâce à sa dimension, à ses espacements et à sa lenteur, toutes qualités négatives. Le texte de la fig. 104 a besoin d'être traduit : « Chère Comtesse et amie, Voici ma demande : je porte beaucoup d'intérêt », etc. C'est l'écriture d'un artiste des lettres. On ne peut rien voir de plus disgracieux, de plus pénible, sous la plume d'un homme d'esprit.

L'ÉCRITURE ARRONDIE *(Genre Forme)*

Synonyme : courbe. — Antonyme : anguleuse

L'Écriture arrondie est celle dont les courbes calligraphiques normales sont accentuées, ou dont les angles normaux sont remplacés par des courbes. L'écriture ronde est le degré extrême de cette Espèce graphique ; les écritures en guirlandes et arquées en sont des dérivés. *(Voyez ces mots.)*

L'écriture courbe est causée par des mouvements amènes, ce qui n'exclut ni la fermeté, ni le relâchement. C'est pourquoi sa signification n'est précisée que par ses associations. Avec l'écriture lente, elle indique la mollesse, la paresse, l'indifférence[1] ; avec l'écriture à volutes, la sociabilité, la complaisance ; avec l'écriture typographique, la grâce ; avec l'écriture à grands mouvements, l'imagination ; avec l'écriture progressive, la bonté ; avec l'écriture régressive, l'égoïsme ; avec l'écriture petite, la souplesse ; avec l'écriture retouchée, la faiblesse anxieuse, inquiète ; avec l'écriture négligée, l'insécurité morale, etc. C'est donc bien à tort qu'on donne à l'écriture arrondie un sens précis ; son action est auxiliaire. En soi-même, elle n'est ni un signe d'infériorité, ni un signe de supériorité.

1. Elle est alors un signe capital du tempérament lymphatique.

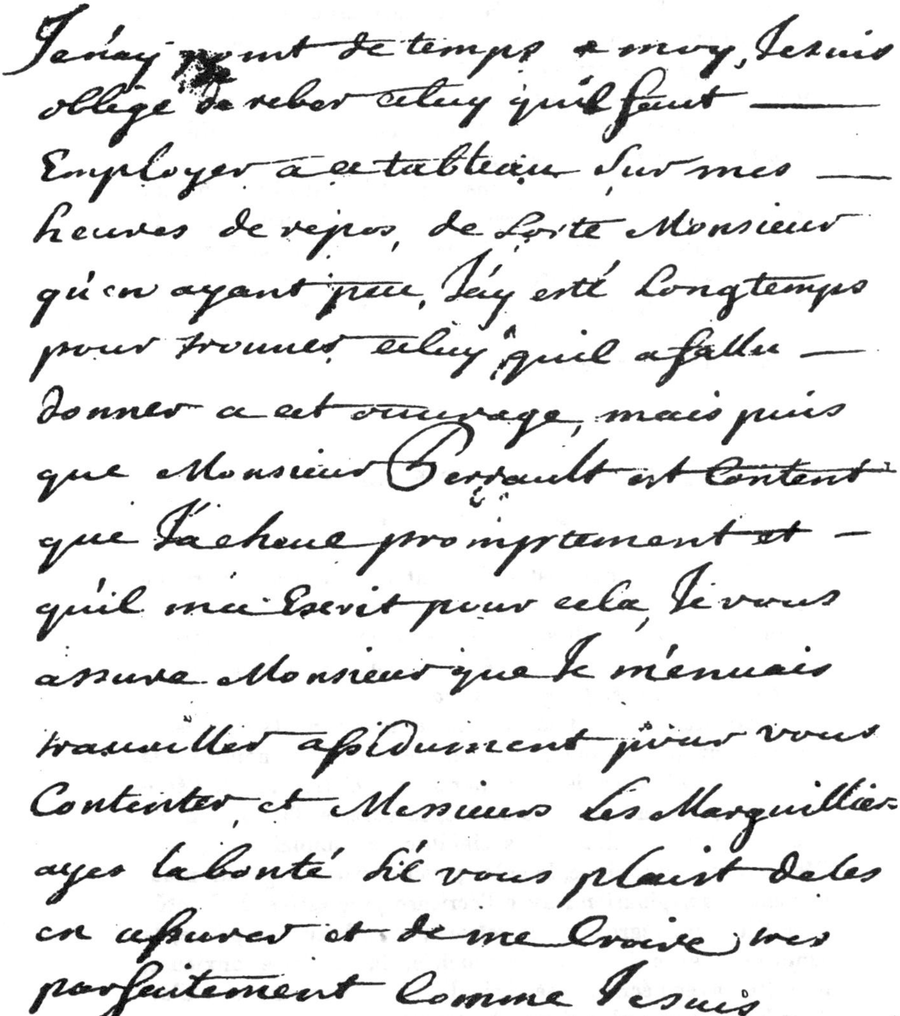
Je n'ay point de temps a moy, Je suis
obligé de rober celuy quil faut
Employer a ce tableau sur mes
heures de repos, de sorte Monsieur
qu'en ayant peu, Jay esté Longtemps
pour trouver celuy quil a fallu
donner a cet ouvrage, mais puis
que Monsieur Perrault est Content
que Jacheve promptement et
quil me Escrit pour cela, Je vous
assure Monsieur que Je m'en vais
travailler assiduement pour vous
Contenter, et Messieurs Les Marguilliers
ayes la bonté sil vous plait de les
en assurer et de me croire tres
parfaitement Comme Je suis

Fig. 105. — **Écriture arrondie de Charles Le Brun : aménité, sociabilité**

Nous aurons à pourchasser, de chapitre en chapitre, de telles erreurs, et à répéter qu'aucun signe, ni aucune qualité, n'ont une valeur absolue. L'homme est un tout dont les éléments agissent et réagissent les uns sur les autres avec d'infinies variations. En dehors de ce principe, il n'y a place que pour une graphologie puérile et dangereuse.

Nous avons montré, à propos de l'écriture anguleuse, les rapports d'origine et de résultats des tracés arrondis et anguleux : c'est leur usage successif, bien combiné, soit avec le mélange judicieux des courbes et des angles, soit dans les écritures semi-anguleuse et semi-arrondie, qui comporte, en général, les appréciations les plus qualitatives. Mais chaque cas exige sa solution particulière.

L'écriture de Charles Le Brun, fig. 105, l'admirable décorateur du palais de Versailles, est un bon spécimen du tracé arrondi, sans être en guirlandes, ni ronde. Simple, liée, nourrie, rapide, doucement exagérée avec quelques majuscules en place de minuscules, et jointoyée, l'écriture révèle un esprit supérieur et un caractère paisible. Le Brun était un travailleur acharné qui ne vivait que pour son art.

Le grand historien Mézeray a une écriture, fig. 106, qui se rapproche de l'Espèce ronde ; ses courbes sont si profondément associées à ses riches qualités d'harmonie, de clarté, de grâce, de puissance, de simplicité, que sa personnalité se dresse devant nous, tout à la fois forte, bienveillante, et judicieuse, à la seule vue des cinq mots de notre exemple.

L'ÉCRITURE ARTIFICIELLE *(Genre Forme)*

Synonymes : affectée, déguisée, systématique, conventionnelle

Antonyme : spontanée

L'écriture artificielle[1] est celle qui est faussée dans un ou plusieurs de ses genres normaux ; elle emprunte plus ou moins consciemment des formes et des mouvements, pour se donner une apparence.

1. Cf. La monographie de l'Écriture artificielle, dans les *Éléments*, p. 275 à 281.

Les principaux éléments de l'écriture artificielle sont :

L'Exagération, sous la forme d'écriture très inharmonieuse ou trop régulière, trop grande ou trop petite, trop épaisse ou trop légère, trop espacée ou trop serrée, trop lancée ou trop ralentie, trop penchée ou trop redressée, trop ronde ou trop anguleuse, etc.

La Contrainte, sous la forme d'écriture anguleuse, automatique, basse, blanche, calligraphique, imprécise, inachevée, inhibée, jointoyée, lente, monotone, officielle, ponctuée, rapetissée

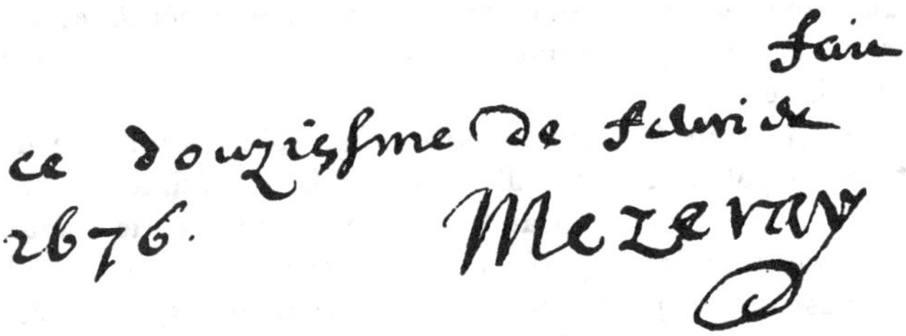

Fig. 106. — Écriture très arrondie de l'historien Mézeray

redressée, régressive, régulière, renversée, retenue, retouchée, sobre, suspendue, typographique, etc.

La Complication, sous la forme d'écriture embrouillée, enchevêtrée, confuse, désordonnée, fioriturée, ornée, surchargée, surélevée, etc.

La Fantaisie, sous la forme d'écriture baroque, bizarre, excentrique, extravagante, recherchée, etc.

Cette longue énumération des indices de l'écriture artificielle a pour corollaire la proposition suivante : une écriture artificielle, par un seul mode d'expression, ne compromet pas profondément la sincérité du caractère, mais seulement le fragment en cause qui, dans son isolement, et s'il n'est pas dominant par son intensité, est le plus souvent négligeable. En effet, des formes exagérées, contraintes, compliquées, ou fantaisistes, peuvent se glisser accidentellement dans une écriture sincère.

Par exemple, quelques lettres typographiques dans une écriture n'en font pas une écriture artificielle ; mais un graphisme entièrement composé de lettres de forme typographique est évidemment ***déguisé*** (voyez ce mot), ce qui est le mode le plus intense, le plus parfait, de l'écriture artificielle.

C'est donc l'emploi systématique et affecté des modes graphiques énumérés ci-dessus qui constitue l'écriture artificielle.

Les écritures conventionnelles, celle dite du Sacré-Cœur, la méthode Simon en France, et le « Simple Script » en Angleterre, très répandues, sont des écritures artificielles parce que systématiques.

Au début, elles sont déguisées, mais aussitôt que l'oppression calligraphique de l'école se relâche, — et elle se relâche très vite, même pendant le séjour à l'école, — elles deviennent de moins en moins déguisées, puis de moins en moins artificielles. Dans cette dernière éventualité, le caractère apparaît suffisamment à travers les formes imposées, pour qu'un graphologue habile parvienne à exercer utilement son art. A un moment donné, il nous semble très injuste de considérer comme artificielle une écriture qui contient seulement des traces de calligraphie conventionnelle, résidus d'une éducation première.

Certains graphologues ne conçoivent l'écriture artificielle que sous l'aspect de l'écriture calligraphique ou fantaisiste ; mais l'écriture calligraphique est rarement factice et l'écriture fantaisiste répond, dans bien des cas, à une tournure d'esprit qui n'est pas affectée. Il faut chercher l'écriture artificielle derrière les tracés ***volontairement*** exagérés, contraints, compliqués, fantaisistes, en réservant les significations théoriques péjoratives à leurs manifestations systématiques, affectées, et maladroitement renforcées.

Quand il s'agit d'une écriture apparemment artificielle, la règle sage d'une copieuse documentation prend le caractère de la plus grande nécessité, parce que le scripteur a fréquemment deux écritures. Dans un cas de force majeure, le seul examen de la signature permet souvent de ne pas s'égarer.

Enfin c'est raisonner déplorablement de conclure d'un petit artifice au mensonge blâmable[1]. Par exemple, l'art impose des contraintes, fortifie l'ordre, fait épanouir la fantaisie, la grâce et la beauté ; allons-nous oublier tout cela en interprétant ses manifestations graphiques ?

Voici, fig. 107, une écriture artificielle. Pourquoi ? Parce

1. Cf. *Les Éléments*, etc., monographie du mensonge, p. 251 à 299.

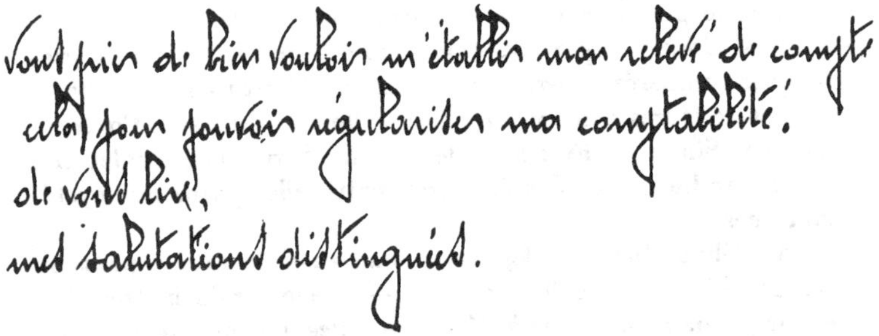

Fig. 107. — Écriture artificielle parce que contrainte, très ralentie avec l'aide de la juxtaposition, suspendue, compliquée La spontanéité est réduite à rien

que sa spontanéité est réduite à rien par ses formes anguleuses et compliquées, par la juxtaposition des lettres et leur tracé suspendu. Sur les dix finales de la première ligne, il y en a neuf inachevées, suspendues. La complication des *p* et des *g*, la contrainte des *b* et des *l*, augmentent la lenteur de cette écriture où tout est factice, calculé, donc artificiel. Le lecteur n'en doutera pas, et prendra une bonne leçon, s'il veut étudier cet exemple avec nos procédés exposés plus haut.

Dans la fig. 108, nous observons une altération de la forme des lettres : toutes les courbes sont ovalisées. Ce mouvement ne

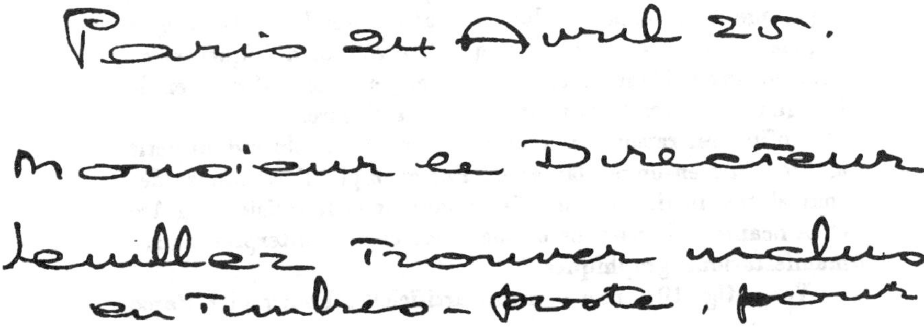

Fig. 108. — Écriture artificielle, contrainte, ovalisée

peut se faire sans une contrainte rigoureuse que l'habitude ne parvient pas à supprimer, c'est une manifestation d'inhibition[1].

Les complications cherchées de la fig. 109 ne laissent aucun doute sur la nature de notre exemple : l'écriture est compliquée, contrainte, ralentie, exagérée, d'une fantaisie affectée ; c'est un dessin vulgaire.

Que fait ici la signature de François Ier ? C'est un exemple de l'Espèce d'écriture artificielle que nous appelons d'apparat (fig. 110). Par ses dimensions exagérées, par ses mouvements lents, l'écriture du roi reflète les sentiments de dignité que lui inspire sa fonction. Il est dans son rôle, et sans reproches, à cause de la clarté et de la simplicité de son tracé, cependant artificiel. Le même sentiment de dignité inspire nombre de gens qui se manifestent dans des circonstances solennelles ; ils amplifient leurs gestes en même temps que leurs allures sont posées. Les notaires nous en donnent de fréquents exemples ; ils ont conscience du sérieux de leur mission sociale, on ne saurait les en blâmer... tant qu'ils imitent la clarté et la simplicité de l'écriture de François Ier.

La fig. 111 représente aussi une écriture d'apparat, de l'Espèce carrée, mais elle est employée mal à propos, dans l'occasion la plus vulgaire ; elle est laide, très lente, avec des petites complications qui, à elles seules, décèlent sa fausseté et sa grande médiocrité ; elle est juxtaposée et fortement inhibée. Il y a une discordance évidente entre la mollesse générale du tracé et les angles terminaux des lettres. On voit qu'il n'est pas nécessaire qu'une écriture soit agrémentée de signes bizarres ou exagérés pour être profondément artificielle ; ici tout est contrainte, torpeur, mensonge et pauvreté.

Les lymphatiques, aux mouvements mous, sont parfois affectés par des inhibitions qui, pendant un temps plus ou moins long, souvent très court, les laissent positivement en panne. Ils se tirent d'affaire en se retenant d'agir, ou bien à l'aide de procédés dilatoires, ils inventent, ils brodent et, s'ils ne se ressaisissent pas rapidement, deviennent incohérents. Dans leur écriture on observe un ralentissement marqué et l'apparition de formes et de mouvements artificiels qui s'évanouissent avec l'inhibition. Le cas de la fig. 111, qui est extrême, ne comporte

1. Cf. *Écriture inhibée*, p. 373.

Fig. 109. — Écriture compliquée, contrainte, ralentie, exagérée d'une fantaisie affectée. Artificielle

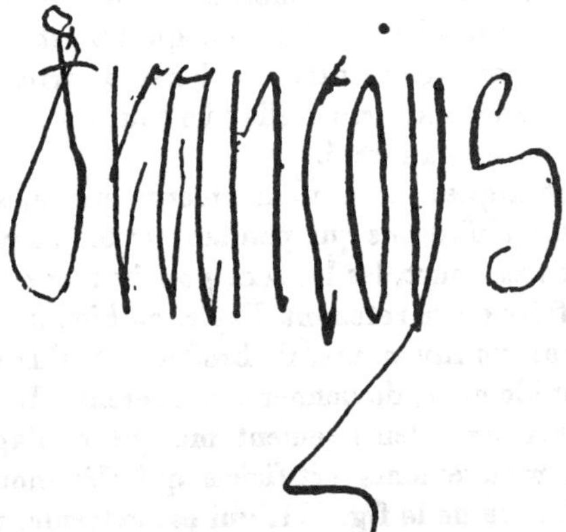

Fig. 110. — Signature de François Ier, claire et simple cependant artificielle, par son tracé très lent et ses dimensions exagérées

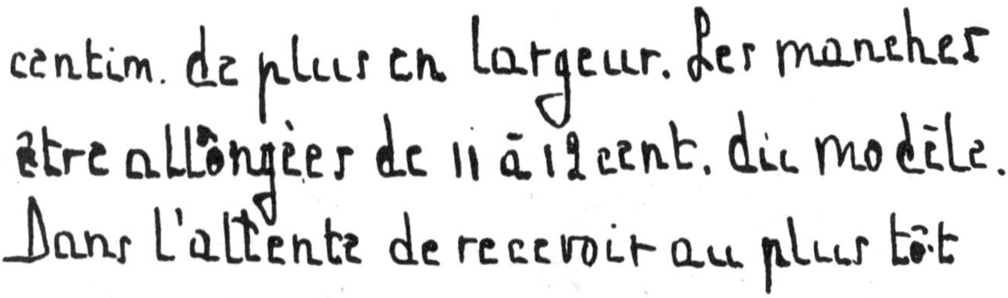
centim. de plus en largeur. Les manches
être allongées de 11 à 12 cent. du modèle.
Dans l'attente de recevoir au plus tôt

Fig. 111. — Écriture artificielle, très laide, très lente, juxtaposée, compliquée fortement contrainte et inhibée. Bon exemple de torpeur

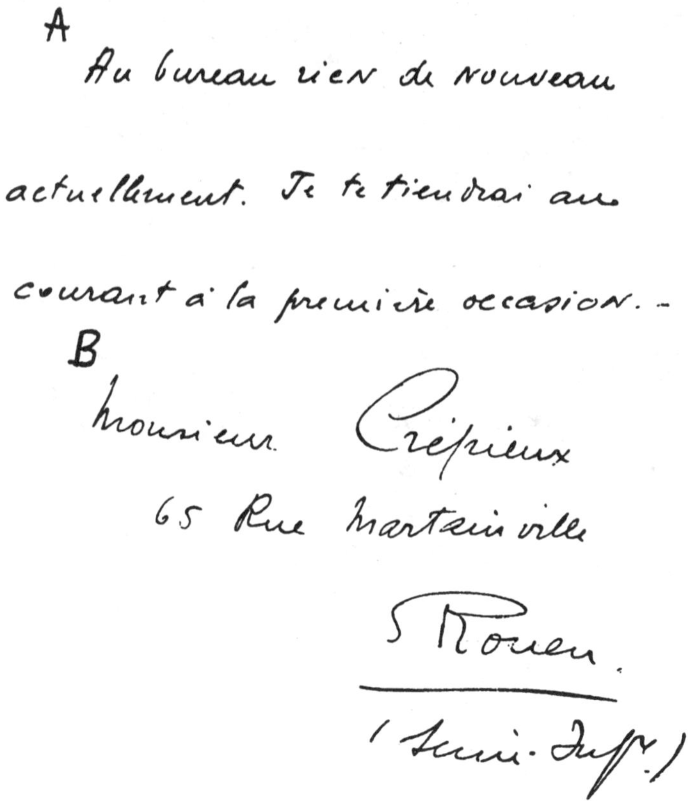
A
Au bureau rien de nouveau
actuellement. Je te tiendrai au
courant à la première occasion. —
B
Monsieur Crépieux
65 Rue Martainville
Rouen
(Seine-Infre)

Fig. 112. — Comment l'écriture enregistre un mouvement subtil de contrainte : en A, ralentissement général et apparition d'un *n* typographique ; en B, retour à l'écriture normale

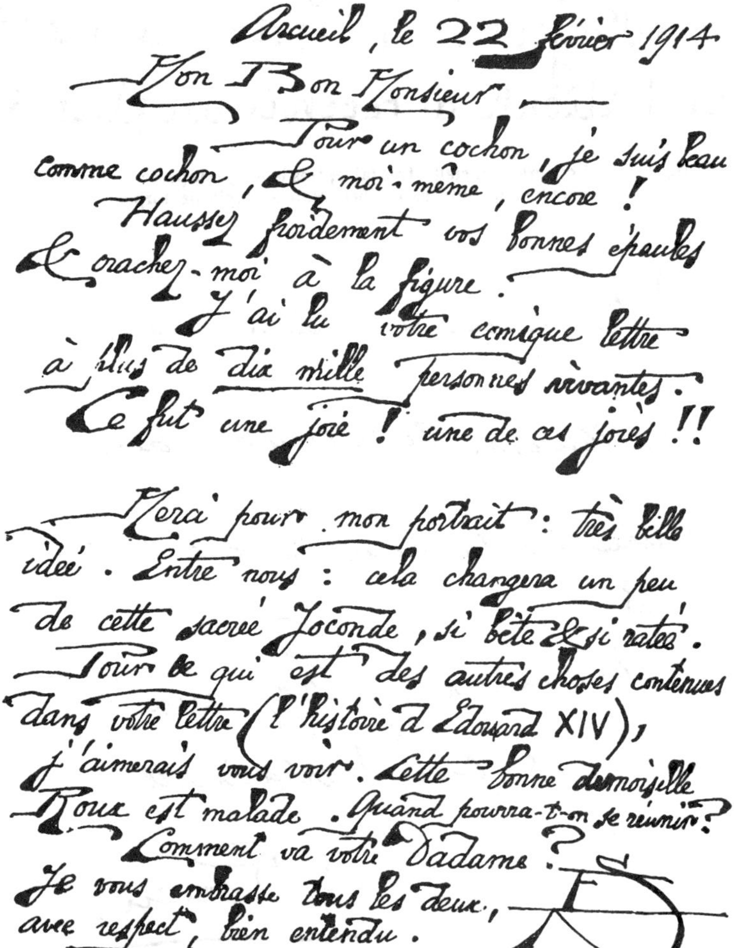

Arcueil, le 22 février 1914
Mon Bon Monsieur —
Pour un cochon, je suis beau
comme cochon, & moi-même, encore !
Haussez froidement vos bonnes épaules
& crachez-moi à la figure.
J'ai lu votre comique lettre
à plus de dix mille personnes vivantes.
Ce fut une joie ! une de ces joies !!

Merci pour mon portrait : très belle
idée. Entre nous : cela changera un peu
de cette sacrée Joconde, si bête & si ratée.
Pour ce qui est des autres choses contenues
dans votre lettre (l'histoire d'Edouard XIV),
j'aimerais vous voir. Cette bonne demoiselle
Roux est malade. Quand pourra-t-on se réunir ?
Comment va votre Madame ?
Je vous embrasse tous les deux,
avec respect, bien entendu.
ES

Fig. 113. — Écriture volontairement maniérée, affectée, exagérée fantaisiste, tout à la fois mouvementée et retenue, foncièrement artificielle

pas de redressements ; l'inhibition est constante. Mais voici, fig. 112, en A, un exemple d'inhibition occasionnelle dans lequel le mécanisme que nous venons de décrire apparaît clairement. Au moment de donner une explication gênante, le scripteur quitte son écriture groupée pour se rapprocher de l'écriture juxtaposée : deux séparations pour le mot *rien*, huit pour *actuellement*, cinq pour *occasion*. Le ralentissement subi est évident. Mais il n'a pas suffi. On observe à diverses reprises l'apparition singulière d'un *n* typographique : Nous voilà dans l'écriture artificielle. Fig. 112, en B, l'inhibition ne se manifeste plus, l'écriture redevient groupée et les *n* sont normaux.

Les menues manifestations d'écriture artificielle ne sont pas rares, et elles s'attachent habituellement à une seule lettre, de forme typographique ou compliquée.

Avec Erik Satie[1], fig. 113, sommes-nous dans l'artifice ou bien dans la bizarrerie? Certes, son écriture est singulière, extravagante. Mais elle est volontairement maniérée, affectée, exagérée, fantaisiste ; tout à la fois mouvementée et retenue, répondant avant tout à la définition de l'écriture artificielle. Erik Satie ne manquait pas de mérite ; il se complaisait malheureusement dans la bouffonnerie.

Enfin, voici, fig. 114, une autre manifestation d'écriture artificielle ; claire, légère, fine, arrondie, élégante, ordonnée, mais très lente, retenue, contenue et juxtaposée, c'est-à-dire sans aucune spontanéité. Ses qualités de forme sont réduites à rien par son indolence. Il ne reste debout que la coquetterie.

L'ÉCRITURE AUTOMATIQUE *(Genre Continuité)*

Synonymes : mécanique, machinale

L'écriture automatique est constituée par des formes simples, stéréotypées, se succédant avec monotonie. Les tracés anguleux s'y prêtent particulièrement. Elle se révèle aussi particulièrement bien dans les mots un peu longs comme commencement où les courbes dominent.

1. Compositeur de musique volontairement excentrique, auteur des *Gymnopédies*, orchestrées par Claude DEBUSSY, *Parade*, *Socrate*, *Mercure*, *Relâche* et d'un grand nombre de pièces pour le piano. Mort en 1925.

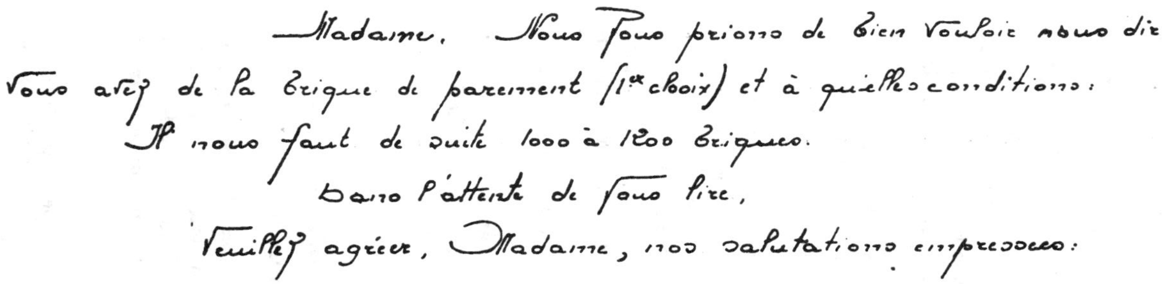

Fig. 114. — Écriture artificielle. D'un côté une facade élégante, ordonnée, de l'autre la lenteur la contention, l'inhibition, l'indolence. Il ne reste debout que la coquetterie

Fig. 115. — **Écriture automatique, anguleuse et étrécie de Masséna L'esprit, dans ces mouvements, n'est pas mis à contribution**

La cause profonde de l'automatisme (chez les scripteurs qui se servent habituellement de l'écriture automatique) est la débilité mentale. Les débiles choisissent le mode de mouvement qui sollicite le moins l'attention et l'imagination.

Occasionnellement, après un effort comme d'écrire une longue épître, on s'abandonne à l'automatisme en guise de détente, en signant tantôt avec des courbes, tantôt avec des angles stéréotypés. La signature de Masséna, fig. 115, en est un exemple ; celle de Frédérick Lemaître, fig. 116, en est un autre. Que nos lecteurs essaient d'écrire lisiblement les noms Masséna et Lemaître, ils apprécieront l'économie de mouvements et d'attention que réalisent les scripteurs en substituant des angles aux combinaisons du tracé normal[1].

En face d'une écriture automatique, on doit se méfier des gestes artificiels. Les trompeurs sont attirés par cette calligraphie élémentaire qui dispense d'avoir de l'imagination. La fraude est décelée par les indices qui ne s'accordent pas avec la pauvreté et la légèreté du tracé d'un asthénique déprimé ou excité ; par exemple, le relief, l'élégance, etc.

Les écritures conventionnelles tendent toutes à l'automatisme ; il en est qui se tracent au métronome ! Elles ne sont conservées que par les scripteurs les moins intelligents, dociles parce que nuls, et habitudinaires. Notre exemple, fig. 117, est sec à souhait ; il est systématiquement automatique et anguleux, dénotant un caractère sans souplesse. Et la souplesse est une des qualités les plus précieuses du discernement.

Mais l'automatisme est parfois un frein salutaire. Nous en avons observé plusieurs exemples. Une jeune fille avait une écriture trop mouvementée ; nous l'avons retrouvée quelques années après avec un tracé anguleux automatique et nous avons appris qu'à la suite de dures épreuves elle avait fait un effort considérable pour modérer ses allures.

1. En parlant plus loin de l'écriture bâtonnée, nous montrerons comment Frédérick Lemaître, plus âgé, a simplifié davantage sa signature.

Fig. 116. — On voit ici comment l'automatisme intervient finalement, amené par la fatigue

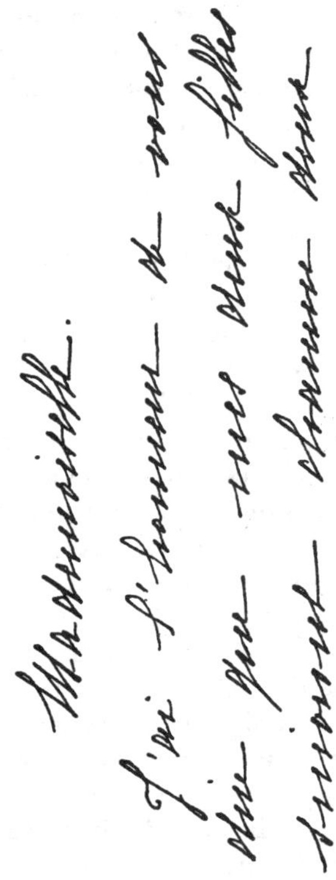

Fig. 117. — Écriture automatique, affectant les formes propices de l'écriture conventionnelle du Sacré-Cœur : viduité de l'esprit sécheresse du cœur et entêtement

L'ÉCRITURE INUTILEMENT BARRÉE *(Genre Continuité)*

« On est surpris parfois », dit le Dr Paul Carton[1], « de ne trouver aucun geste exubérant dans l'écriture de gens manifestement bouillants et sanguins, dont le cerveau, en perpétuelle ébullition, déforme et vagabonde à tout propos et dont l'imagination déborde comme une soupe au lait et retombe à plat aussi vite qu'elle s'est élancée. En pareil cas, un geste d'inhibition typique se retrouve dans l'écriture, placé comme un couvercle sur des hampes, comme si le scripteur voulait enfermer ses emballements dont il a conscience et se méfie. Il s'agit d'une courte barre horizontale placée au sommet des *J* majuscules, des *h*, des *l*, des *d*, des *f* minuscules, etc. Ce petit signe, qui est la caractéristique de l'*écriture inutilement barrée*, ne trompe jamais et permet à lui seul de diagnostiquer une mentalité bouillonnante et une forte dominance du tempérament sanguin. Plus rarement, cette barre existe seulement à l'extrémité inférieure des jambages de majuscules, ou des *p*, des *q*, des *t*, etc. En pareil cas, l'ébullition du sujet est plus physique que cérébrale. »

L'expérience a démontré la justesse des observations du Dr Paul Carton.

Les *t* barrés deux fois ont la même origine et signification.

Nous avons observé aussi des *j* et des *i* pointés deux fois.

Nous rattachons les barres et les points inutiles à l'écriture jointoyée dont ils sont un mode, mais leur prédominance fréquente les élèves au rang d'Espèce graphologique. Nous en donnons des exemples variés fig. 118.

Dans la fig. 119, en avant du *M* et du *t*, on observe un trait superflu ; comme il se présente habituellement au début des lettres missives, ou dans les signatures, nous pensions, jadis, que c'était un geste d'aménité, de politesse ; il n'en est rien ; les superfluités de l'écriture réduites au geste précisé par le Dr Paul Carton, sont toutes des marques d'inhibition.

Dans la fig. 127, le *V*, violemment élancé, est doublé, à droite, par un trait inutile qui n'est pas autre chose qu'une réaction inhibitoire à la première impulsion délirante.

1. *Diagnostic et conduite des tempéraments*, par le Dr Paul CARTON, p. 89. N. Maloine, édit. à Paris. Cet ouvrage substantiel et d'une rare qualité contient une précieuse contribution à la graphologie.

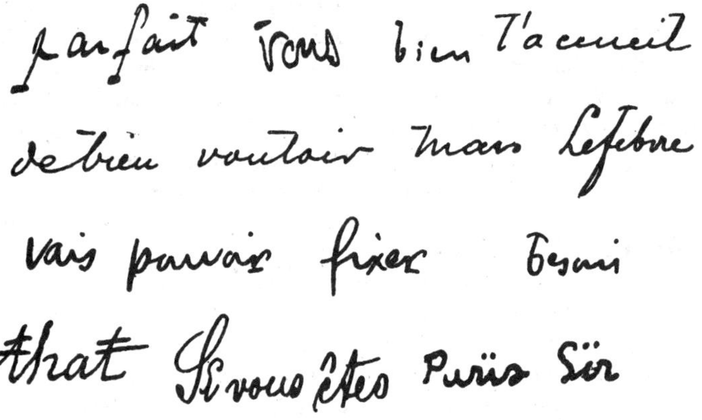

Fig. 118. — Écriture inutilement barrée en haut ou en bas des lettres
Barres du *t* et ponctuation doublées
toutes marques caractéristiques d'inhibition

Fig. 119. — Superfluités en avant du *M* et du *t*
qui rentrent dans les signes de l'écriture inutilement barrée

L'ÉCRITURE BASSE *(Genre Dimension)*

Antonyme : prolongée

Nous appelons écriture basse celle dont les lettres extérieures à hampes, ou à jambages, n'atteignent pas la dimension d'un corps et demi au-dessus des autres lettres, selon les principes de la calligraphie. Par exception, le *d* peut ne s'élever qu'à une hauteur et le *t* à une demi-hauteur.

Dans les écritures très basses, il n'y a pas de différence de hauteur entre les lettres intérieures et extérieures.

L'intervention des majuscules en minuscules, est un mode de l'écriture basse. C'est un signe de simplicité, de timidité, de modestie, de résignation. D'une façon plus générale, la diminution de l'étendue des mouvements est un signe de faiblesse, de dépression intellectuelle, si elle s'applique aux hampes, et de fatigue, de diminution des fonctions de l'appareil moteur, si les jambages sont notablement raccourcis.

La défaillance d'extériorisation, dont témoigne le peu d'amplitude de l'écriture basse, en fait un signe de calme, de mollesse, de placidité. On la rencontre souvent chez les asthéniques et chez les humbles, mais aussi chez les grands supérieurs simples.

C'est un des signes du tempérament lymphatique.

Dans la fig. 120, on est frappé, au premier abord, par l'inégalité des dimensions ; les lettres intérieures ont de 2 à 4 mm, mais beaucoup de lettres extérieures ne les dépassent pas. Ligne 2, *may* équivaut à *mau* ; ligne 4, *all* se lit *aee*, etc. Il semble que le scripteur ne parvienne pas à maintenir la diffusion de ses mouvements sur le plan qu'il a adopté, avec une écriture trop grande pour lui. Il est fort intelligent (écriture inégale, liée, rapide, claire et sobre), mais il barre rarement ses *t*, les termine par un angle paresseux et, de temps en temps, omet des accents. Les lettres extérieures, arrêtées dans leur mouvement, pourraient n'être qu'un petit signe de fatigue intermittente, comme les précédents. Dans tous les cas, nous n'avons jamais vu l'écriture basse employée par des caractères très énergiques.

Dans la fig. 121, il s'agit d'un déprimé ; il est humble, ne demande qu'à s'effacer. Bibliothécaire, il n'a qu'un maître à servir, et il le sert très bien, car il est fort érudit. Voilà donc un homme à sa place !

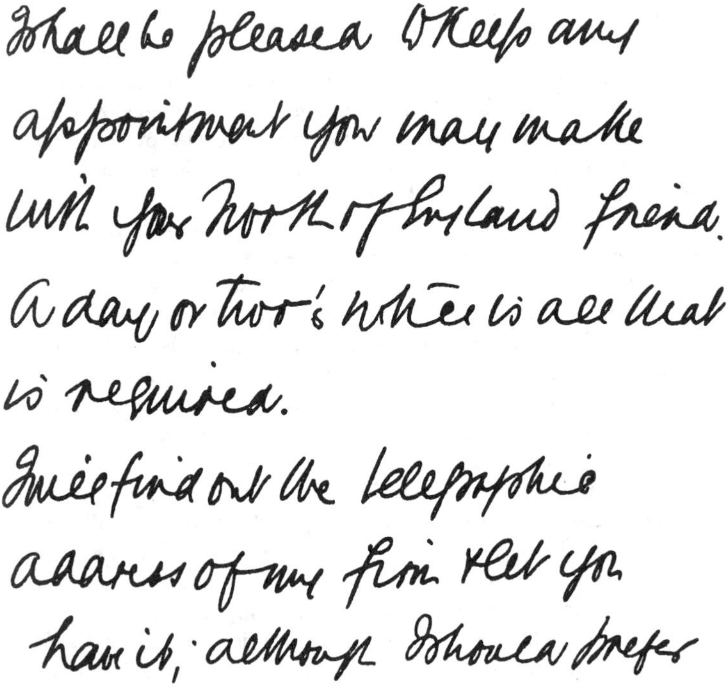

Fig. 120. — Écriture alternativement basse — c'est-à-dire avec des hampes et des jambages insuffisamment développés — ou normale
Petit indice de débilité

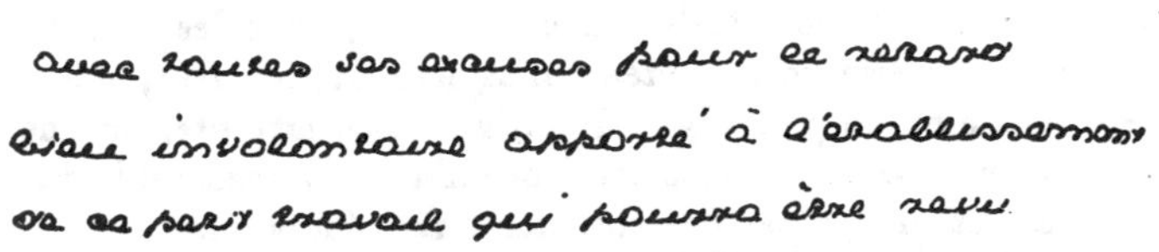

Fig. 121 — Écriture très basse, hampes et jambages supprimés minuscules pour majuscules (hors texte). Écriture petite, inégale, très sobre et retenue, chevauchante en descendant, simple, liée, claire bien organisée. Très intelligent, mais débile

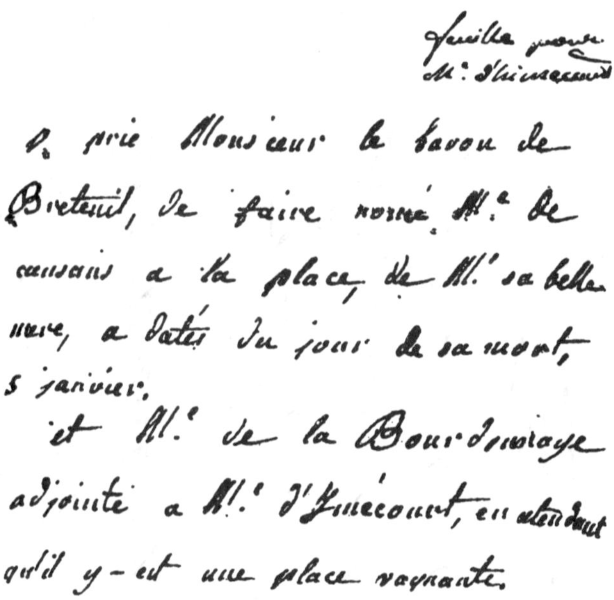

feuille pour
Mme d'Aimecourt

Je prie Monsieur le baron de
Breteuil, de faire nommer Mlle de
Causans a la place de Mme sa belle
mere, a dater du jour de sa mort,
5 janvier.
et Mlle de la Bourdonnaye
adjointe a Mlle d'Aimecourt, en attendant
qu'il y ait une place vacante.

Fig. 122. — Écriture de Madame Elisabeth
les jambages sont spécialement réduits

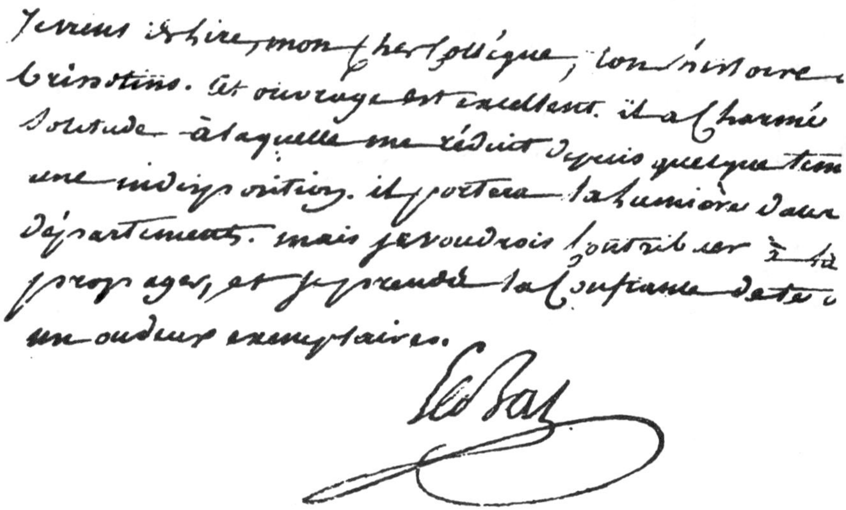

Je viens de lire, mon cher Collègue, ton histoire des
Brissotins. Cet ouvrage est excellent. il a charmé la
solitude à laquelle me réduit depuis quelque temps
une indisposition. il portera la lumière dans les
départements. mais je voudrois contribuer à la
propager, et je te prends la confiance de t'en demander
un ou deux exemplaires.

Le Bas

Fig. 123. — Écriture du révolutionnaire Le Bas
les hampes spécialement sont réduites

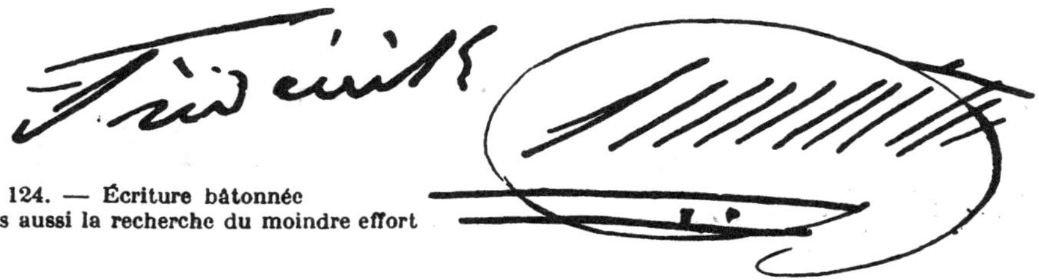

Fig. 124. — Écriture bâtonnée
Fantaisie ! Mais aussi la recherche du moindre effort

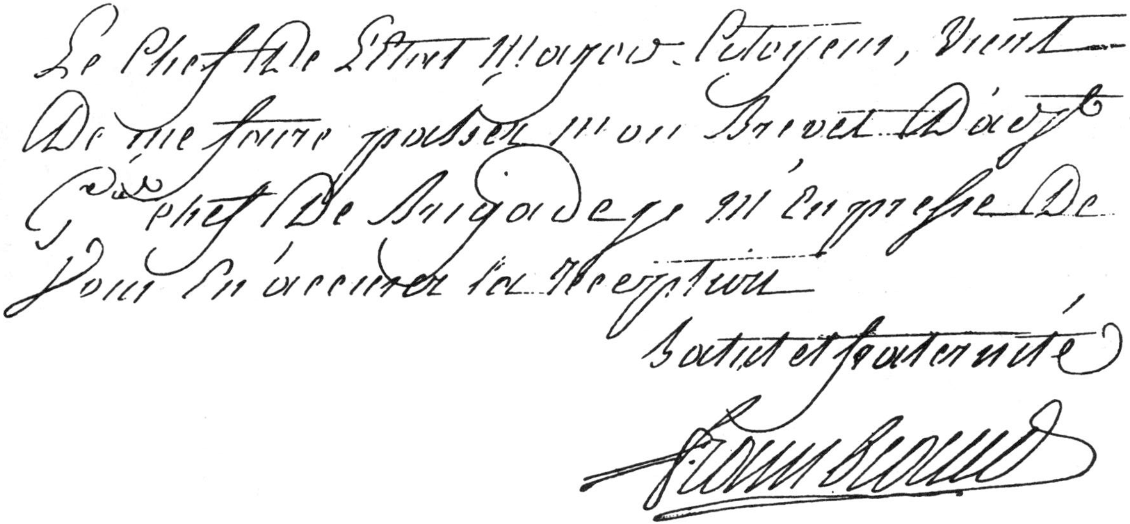

Fig. 125. — Écriture bâtonnée et juxtaposée, deux modes d'économie des mouvements combinés

Il n'est pas rare de constater la fixation des mouvements diminués exclusivement aux hampes, ou bien aux jambages. Dans l'écriture de Mme Élisabeth, la sœur de Louis XVI (fig. 122), les hampes sont normales, mais les jambages sont habituellement réduits à presque rien. A l'inverse, dans l'écriture du révolutionnaire Le Bas (fig. 123), ce sont les hampes qui s'abaissent presque toutes, alors que les jambages sont assez normaux. Ces constatations sont importantes, car tous les mouvements au-dessus de la ligne de base de l'écriture se rapportent à un genre d'effort plus cérébral que les mouvements développés au-dessous de cette ligne. Aux déplacements en hauteur correspondent, selon leur forme et leur intensité, l'activité intellectuelle, le mysticisme, l'exaltation, l'amour de l'indépendance, etc. ; aux déplacements inférieurs tout ce qui concerne la suractivité motrice et la prédominance des instincts. Nous y reviendrons à propos de l'Espèce prolongée en bas et en haut, dont l'écriture basse n'est qu'un des aspects.

L'ÉCRITURE BATONNÉE *(Genre Continuité)*

Antonyme : pointillée

Nous donnons le nom d'écriture bâtonnée au tracé plus ou moins réduit à celui d'un bâton.

L'effet est, de toute évidence, une simplification, mais quelle en est la cause ? Il semble, chez certaines personnes, que ce soit uniquement le fait de l'écriture juxtaposée (voyez ce mot), dont se servent les enfants inhabiles à coordonner leurs tracés, ou les vieillards dont l'activité restreinte se satisfait de mouvements discontinus, et, par cela même, ralentis.

Chez Frédérick Lemaître (fig. 124), il y a une discordance entre le prénom et le nom. Ici, l'emploi des bâtons paraît être une fantaisie.

En comparant cet autographe à un autre, antérieur de dix ans (fig. 116), où le tracé est déjà automatique, on constate que le bâtonnement est la suite logique de l'automatisme ; tous deux annoncent la fatigue à des degrés différents.

Le général Rambeaud (fig. 125), tout en conservant une partie des mouvements amplifiés de son tempérament sanguin, cède aux nécessités de l'âge ; il juxtapose ses traits. Les bâtons

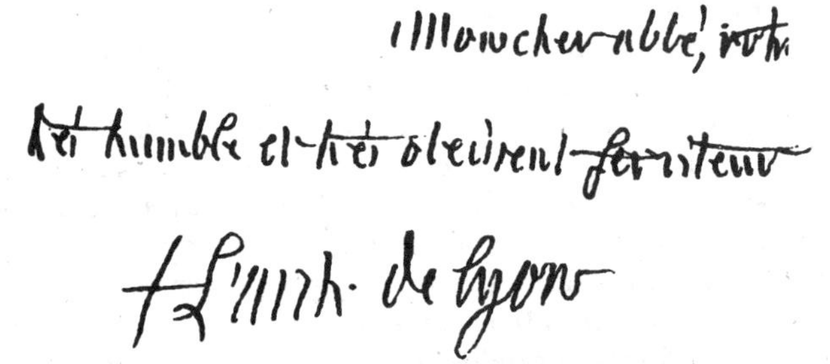

Fig. 126. — Mgr l'Archevêque de Lyon. Très belle écriture simple simplifiée, claire, nourrie, cylindrique, combinée (liée entre les mots) mais bâtonnée et juxtaposée : activité restreinte du vieillard

qu'il substitue aux formes liées ont, par leur fermeté, une allure bien militaire ; sans doute, l'interprétation d'une écriture comme celle-là, grande et nette, est beaucoup moins défavorable que si elle était associée au tremblement. La vieillesse s'annonce cependant. C'est ce que l'on voit dans la belle écriture de Mgr Lanh, archevêque de Lyon (fig. 126). Il n'est pas épuisé, mais très diminué.

Quand les économies de mouvements s'imposent systématiquement à un organisme, la fermeté peut s'affirmer longtemps encore, mais l'activité est inexorablement refrénée.

L'ÉCRITURE BIZARRE *(Genre Forme)*

Antonymes : correcte, simple

L'écriture bizarre représente des formes et des allures étrangères à toute calligraphie.

Il y a très peu d'écritures bizarres sincères ; beaucoup sont seulement artificielles, parce que recherchées et exagérées. Toute étrangeté voulue est un artifice. Mais il est assez difficile, au sujet d'allures anormales, de faire la part de la sincérité. Il semble cependant que les expressions de la bizarrerie à grand étalage, les exagérations manifestes, les extravagances, les excentricités drôlatiques, les grands mouvements affectés, surtout ralentis, sont, sauf de rares exceptions, issus du désir d'étonner. Le scripteur montre par là qu'il possède une vanité exceptionnelle dont le ridicule lui échappe.

Ces tracés saugrenus disent très bien l'exaltation, le désordre imaginatif et la plus sotte ostentation.

Bien plus véridiques, et tirant à conséquence, sont les menues manifestations de la bizarrerie : petits tracés à rebours du normal, contournés, compliqués, ou omis, d'une manière imprévue, systématisés en dehors de toutes les règles, s'accrochant parfois à un seul mot, à une seule lettre, à un seul chiffre, ou à de curieuses simplifications. Ces petits signes étranges *et répétés*, n'ayant donc rien à faire avec un accident de plume, sont qualitatifs de l'écriture bizarre ; ils expriment le sens profond de ce qu'il y a d'insolite dans les écritures de cette Espèce.

La signification de l'écriture bizarre variable, selon les milieux, est au fond une originalité du comportement en opposition avec les usages et un jugement allant de l'invention à la rénovation et, dans les cas excessifs, versant dans le déséquilibre.

A propos de la fig. 113, nous avons dégagé les différences entre une écriture artificielle et une écriture bizarre ; nous n'y reviendrons pas et nous nous bornerons à donner quelques exemples incontestablement bizarres.

Fig. 127. — Écriture très élancée, bizarrement compliquée
Manifestation sincère d'un grand impulsif

La signature du peintre Stello, du XVIIIe siècle (fig. 127), ne peut manquer d'attirer l'attention, quand on la rencontre dans un catalogue d'autographes. Le *V* de *Votre* est follement élancé, et c'est son extrémité qui va servir de base à la ligne. Tout le reste n'est que fantaisies étranges et complications. Le grand trait qui double la hampe du *V* est une manifestation de l'Espèce d'écriture, inutilement barrée ; elle est d'une rare étendue, en rapport d'intensité avec le mouvement initial. En marge de la lettre missive à laquelle nous empruntons cette signature, et qui appartenait à la collection de notre ami Alfred Bovet, est un dessin à la plume qui représente une cornue sur un échaud et ayant la forme d'une cornemuse, d'où s'échappent,

Fig. 128. — Écriture bizarre, compliquée, surélevée, étalée juxtaposée, fuselée, brisée, suspendue, ovalisée, très ralentie

comme un bouquet de feu d'artifice, des gobelets et des pipes, tandis qu'elle rend des poissons dans un plat. Cet homme bizarre était un délirant.

N'est pas bizarre qui veut, mais le scripteur de la fig. 128 n'a aucun effort à fournir pour l'être ; son écriture compliquée, surélevée, étalée l'y prédisposait. En regard de cela, nulle supériorité ne s'affirme ; l'écriture est encore juxtaposée, fuselée, brisée, suspendue, ovalisée, très ralentie, toutes faiblesses au centre desquelles se complaisent l'étrangeté et la sottise.

On pourrait croire que l'auteur de la fig. 129 est un plaisantin qui a déguisé son écriture : il n'en est rien ; tous les traits qui la composent sont logiquement associés ; l'inhibition représentée par un certain nombre d'angles est appelée par les impulsions désordonnées que révèle l'écriture élancée. Celle du *V* de *voulez*, ligne 2, à elle seule crie le déséquilibre. L'abus des soulignements retiendra aussi l'attention des aliénistes. En cherchant à revivre les impressions de ce pauvre scripteur, selon nos méthodes expo-

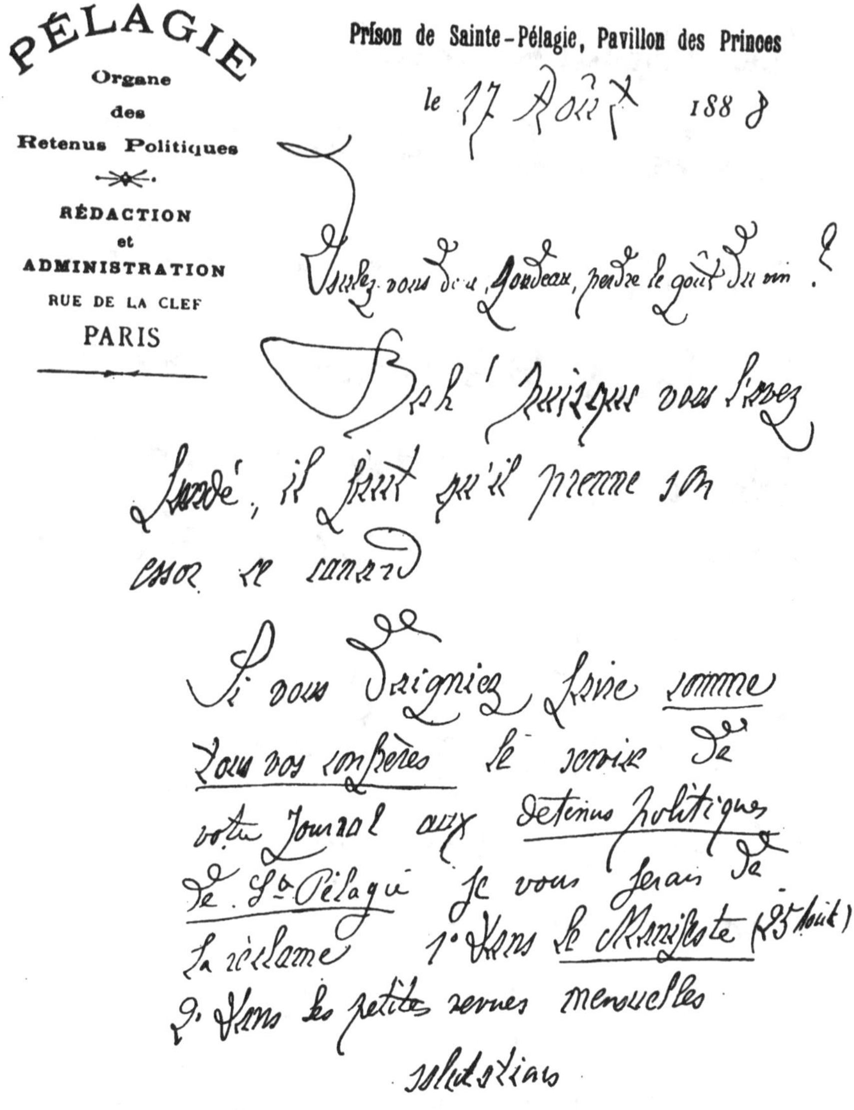

PÉLAGIE
Organe
des
Retenus Politiques

RÉDACTION
et
ADMINISTRATION
RUE DE LA CLEF
PARIS

Prison de Sainte-Pélagie, Pavillon des Princes

le 17 Août 1888

Voulez-vous donc, Goudeau, perdre le goût du vin ?

Bah ! puisque vous l'avez fondé, il faut qu'il prenne son essor le canard

Si vous daigniez faire comme tous vos confrères le service de votre journal aux détenus politiques de Ste Pélagie je vous ferais de la réclame 1° dans le Manifeste (25 Août) 2° dans les petites revues mensuelles.

Salutations

Fig. 129. — Écriture bizarre, très élancée, inhibée (angles), ralentie très inégale de dimension, avec changements de train, tordue, soulignée exagérée, particulièrement avec des majuscules où il n'en faut pas

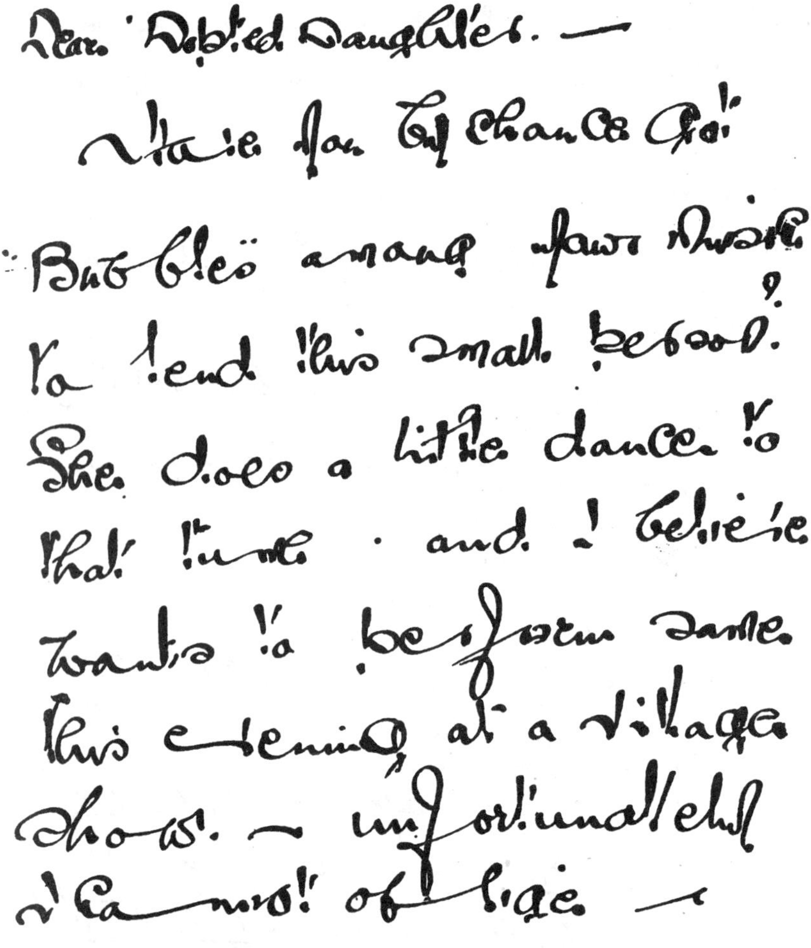

Fig. 130. — Écriture bizarre. 1° brisée, suspendue, inhibée, lente, grossissante inégale de dimension et de direction, saccadée ; nourrie, bien espacée arrondie, inégale de dimension et de direction. En voici le texte

Dear 'Dopted Daughter,

Have you by chance got " Bubbles " among your music to lend this small person ? She does a little dance to that time and I believe wants to perform same this evening at a village show — unfortunately I cannot oblige —

sées plus haut, on voit la nécessité des inhibitions au moment des impulsions les plus fortes, et leur utilité moindre, ou nulle, quand l'esprit se calme. A partir de la ligne 7, l'apaisement se fait ; la ligne 8, très inégale, saccadée, bouillonnante, montre le personnage sous son aspect le moins exalté, mais instable et inquiet. Dans toute cette page, il n'est que trop sincère.

La nécessité de définir à fond les écritures bizarres apparaît déjà par les exemples précédents ; on évite ainsi les erreurs d'attribution, tout en faisant apparaître les causes. Ces dernières se résument habituellement dans l'activité anormale d'une, ou de deux tendances, qui menacent l'équilibre du caractère. La bizarrerie, ramenée à ses sources, n'est plus alors une entité irréductible ; chaque être bizarre est expliqué. Voici, par exemple, fig. 130, une écriture déconcertante à première vue. Étudions-la. Au premier plan de sa définition, nous notons qu'elle est brisée, suspendue, inhibée, trois caractéristiques du même genre qui, s'aggravant mutuellement, provoquent une lenteur accentuée. L'inhibition semble incontestablement maîtresse ; cependant, nous découvrons encore au premier plan l'écriture très grossissante, indice d'exagération, en discordance perpétuelle et violente avec l'inhibition. La cause de l'étrangeté de cette écriture est là. On s'explique l'inégalité de dimension et de direction, allant jusqu'à la saccade ; l'équilibre est malaisé à maintenir. Le second plan de la définition : nourrie, bien espacée, arrondie, nous renseigne principalement sur la vitalité du tempérament.

C'est également en s'efforçant de définir l'écriture de la fig. 131, et d'en coordonner les données, qu'on s'explique les causes de son étrangeté. Elle est très mouvementée, lancée, inégale dans tous ses genres, gonflée, surélevée, exagérée, liée, rapide, spasmodique. Combinée, mais inharmonieuse.

Tout s'accorde ici pour exalter le mouvement, la vie, et M. X... ne manque pas de virtuosité intellectuelle (écriture combinée). C'est le côté sympathique de son caractère. Mais la mesure manque et le discernement aussi quand l'orgueil est en jeu. Il est trop impulsif, enthousiaste, émotif ; les freins des tracés spasmodiques sont insuffisants pour enrayer ses élans inconsidérés. En somme, il est bizarre parce qu'il est excessif.

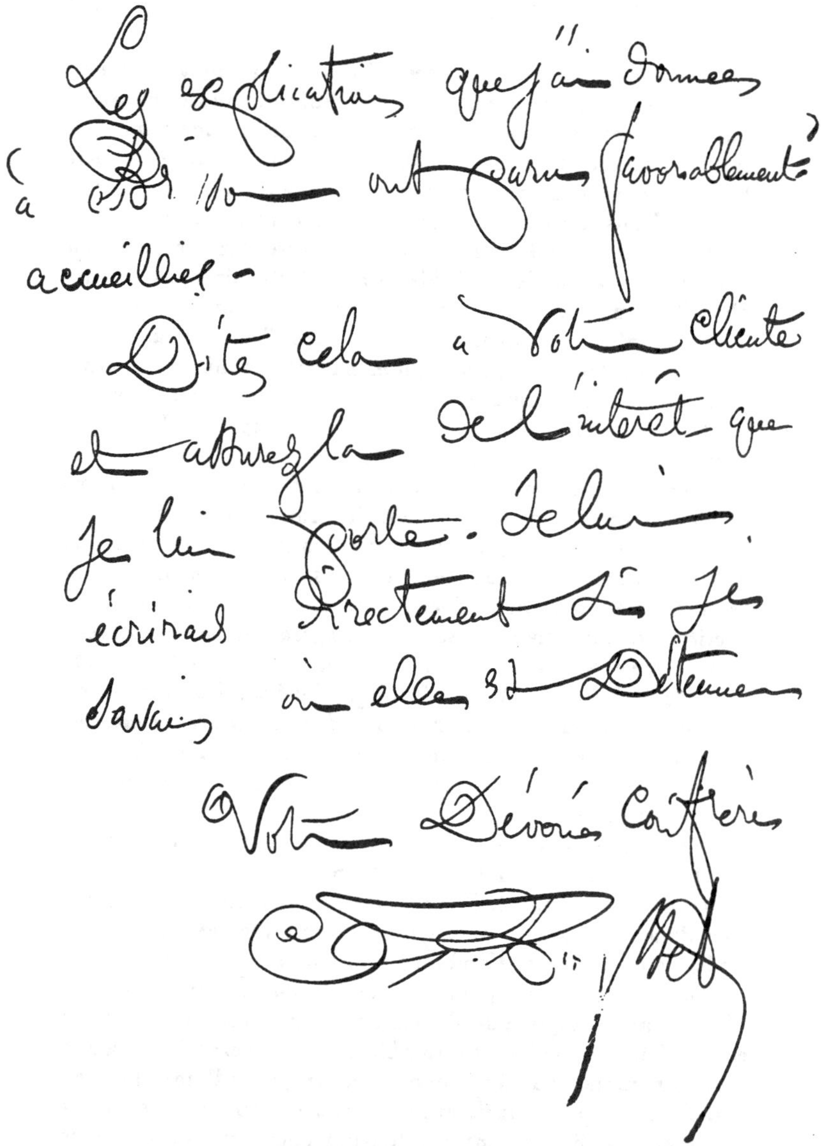

Les explications que j'ai données
à M. [illegible] ont paru favorablement
accueillies.
Dites cela à votre cliente
et assurez-la de l'intérêt que
je lui porte. Je lui
écrirais directement si je
savais où elle est détenue

Votre dévoué Confrère

[illegible]

Fig. 131. — Écriture à mouvements étendus, lancée, rapide, très inégale dans tous ses genres, gonflée, surélevée, exagérée (majuscules pour minuscules) liée, spasmodique, combinée, mais inharmonieuse

L'ÉCRITURE BLANCHE *(Genre Pression)*

Synonyme : sans relief. — Antonymes : nourrie, nuancée

L'écriture est blanche quand ses caractéristiques sont éteintes au profit d'une correction fade. Elle laisse voir des qualités de simplicité, de clarté, de régularité, de tranquillité, d'uniformité, à l'exclusion des mouvements nuancés, vifs ou intenses.

L'écriture blanche réunit souvent les caractères des écritures artificielle et impersonnelle, mais en tant qu'Espèce graphique, elle est distincte. En effet, elle n'est pas nécessairement affectée comme la première, ni sans caractéristiques intéressantes comme la seconde, elle n'est jamais nourrie, mais fine et sans relief, avec une direction horizontale et parfois des fins de lignes descendantes. Son ordre, son agencement, sont souvent irréprochables.

Au fond, l'écriture blanche est un signe de propreté morale, de bonne éducation, de timidité, de modestie, de retenue, toutes qualités séduisantes, mais précaires, faute d'énergie et d'expérience de la vie pour les réaliser. Les vertus sommeillent, figées, inutilisées. Cependant, chez les sujets jeunes, c'est quelquefois une écriture d'attente, dont la signification n'est pas définitivement défavorable, comme celle des vrais insignifiants privés de ressources ; elle contient des éléments de perfectibilité. Chez les jeunes filles, par exemple, où l'écriture blanche est bien plus fréquente que chez les garçons, le mariage fournit des occasions de développement merveilleux. Alors, on voit, dans les cas heureux, les lignes devenir ascendantes, la pression s'accentuer : la jeune femme est sortie des limbes.

Une jeune fille de 26 ans, d'une droiture exemplaire, avec un jugement raisonnable, quoique sans pénétration, et une activité modeste, rehaussée par une louable continuité, voilà les traits principaux de l'auteur de la fig. 132.

Celle de la fig. 133, à peu près du même âge, avec une écriture plus inégale, une pression aussi plate et un léger gladiolement, n'offre pas plus de ressources, en étant aussi respectable. La troisième jeune fille, fig. 134, n'a que 18 ans ; son écriture est plus ronde, aussi plus molle ; ses accents sont remplacés par des points. C'est une petite débile, très sensée, correcte, bien élevée. Elle se développera vraisemblablement aussi bien que les autres, parce qu'elle est modeste et pleine de bonne volonté.

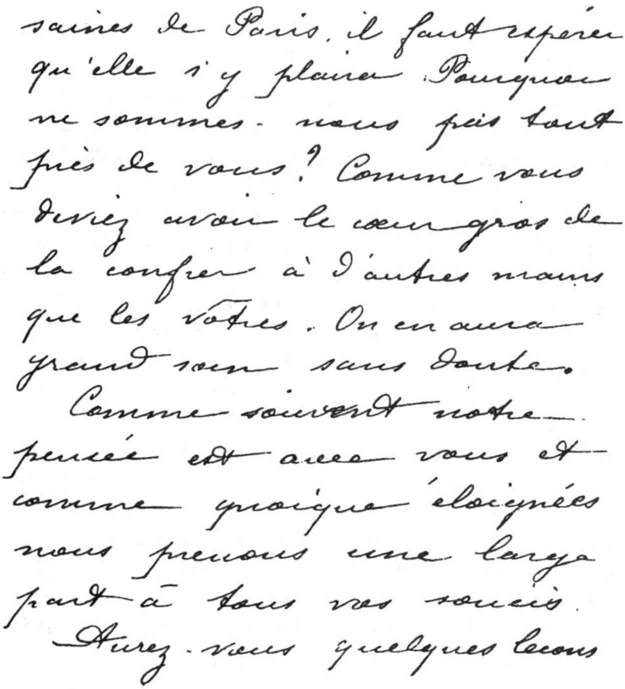

saines de Paris, il faut espérer qu'elle s'y plaira. Pourquoi ne sommes-nous pas tout près de vous? Comme vous deviez avoir le cœur gros de la confier à d'autres mains que les vôtres. On en aura grand soin sans doute.
Comme souvent notre pensée est avec vous et comme quoique éloignées nous prenons une large part à tous vos soucis.
Aurez-vous quelques leçons

Fig. 132. — Écriture blanche, légère, plate, cylindrique progressive, courante et correcte

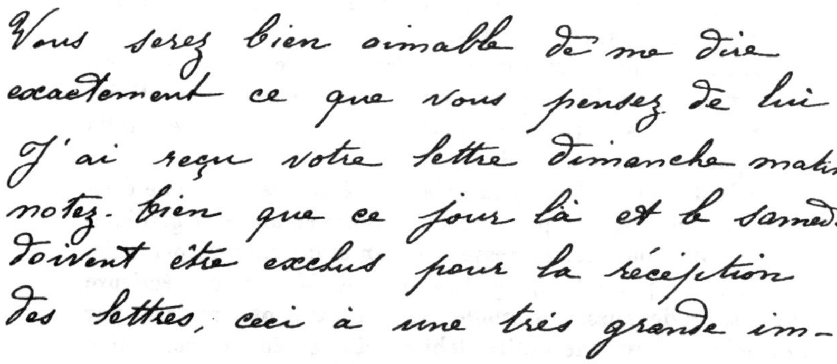

Vous serez bien aimable de me dire exactement ce que vous pensez de lui. J'ai reçu votre lettre dimanche matin notez-bien que ce jour là et le samedi doivent être exclus pour la réception des lettres, ceci a une très grande im-

Fig. 133. — Écriture blanche, légèrement gladioléc pas encore très bien organisée

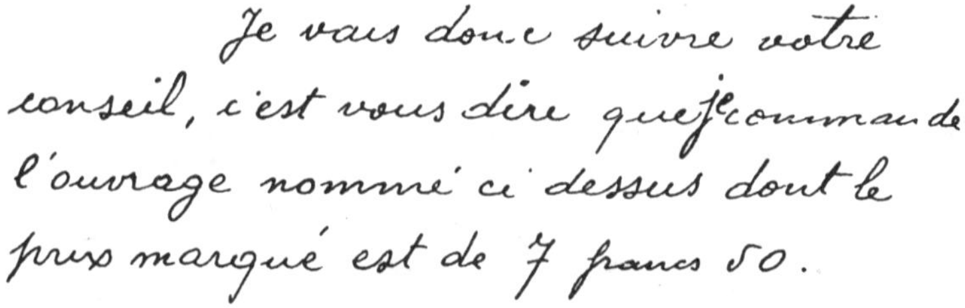

Fig. 134. — **Écriture blanche, plus molle que les précédentes également dépourvue de vices, mais encore inorganisée**

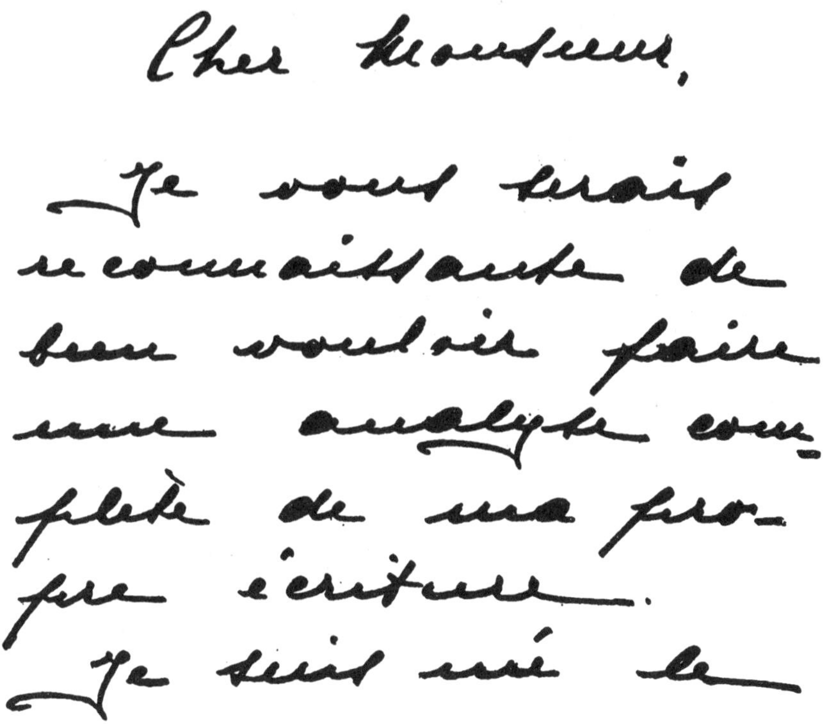

Fig. 135. — Écriture boueuse

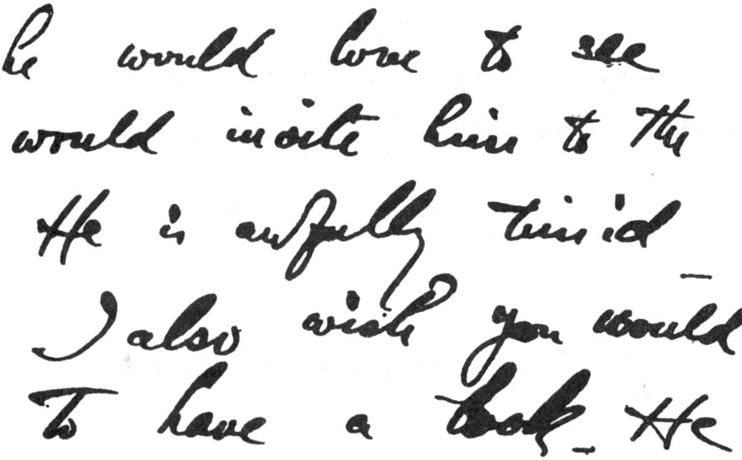

Fig. 136. — Écriture boueuse

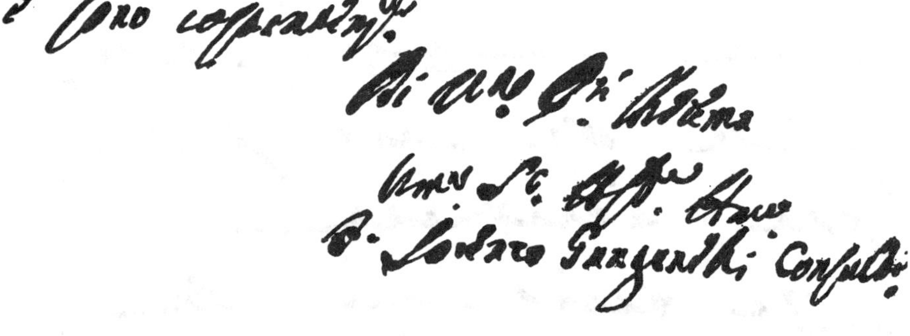

Fig. 137 — Écriture du pape Clément XIV boueuse par l'effet d'une mauvaise plume

L'ÉCRITURE BOUEUSE *(Genre Pression)*

Antonyme : légère

Une écriture est boueuse lorsque, dans un tracé épais, les lettres à boucles sont empâtées.

L'influence de la plume et de l'encre est ici grandement à considérer. Les encres pour stylographes, surtout la bleue, s'étalent et remplissent les ovales des lettres ; il ne faut donc pas y attacher d'importance si le tracé boueux n'est pas intense et confirmé par l'observation de plusieurs documents.

Un fil de coton qui s'attache au bec de la plume produit un tracé plus ou moins baveux et boueux. Si l'accident n'atteint qu'une ou deux lignes dans une page, la cause n'est pas malaisée à expertiser ; l'irrégularité des bavures guide le graphologue. Mais au cours de quatre pages, ce n'est évidemment plus un accident de plume ; on a consenti à l'expression de l'écriture boueuse.

Le tracé boueux intense est souvent un signe de grossièreté, de gourmandise, de sensualité, de désordre. Mais on le trouve aussi chez les neurasthéniques très déprimés, où il prend la signification de faiblesse, d'épuisement. Pour que l'écriture demeure légère et bien formée, il faut encore que la main ait non seulement la dextérité, mais encore la force de bien diriger la plume. Quand l'organisme est déprimé, la main paresseuse s'appesantit, néglige, les déliés, et forme l'écriture boueuse. L'hypertension artérielle et l'état congestif sont des causes de l'empâtement des ovales, la main étant privée de l'aisance nécessaire au tracé normal.

Il n'est pas nécessaire d'insister au sujet de la fig. 135 ; c'est un bon exemple d'écriture boueuse. A la cinquième et à la huitième ligne, aux mots *une* et *née*, on observe l'écriture à encoches. Il faut voir là une cause importante des tracés boueux ; une forte pression les détermine.

On voit, fig. 136, par quelques déliés normaux, qu'une mauvaise plume n'est pas ici la cause des empâtements, mais une pression excessive. Les accents sont écrasés. Ligne 2, à *him*, la hampe n'est pas pochée, non plus que les *o* de *would*, *love*, *to*, lignes 1 et 5, parce que la pression est irrégulière. Ce scripteur écrit toujours ainsi.

La pièce reproduite par la fig. 137 nous a semblé douteuse

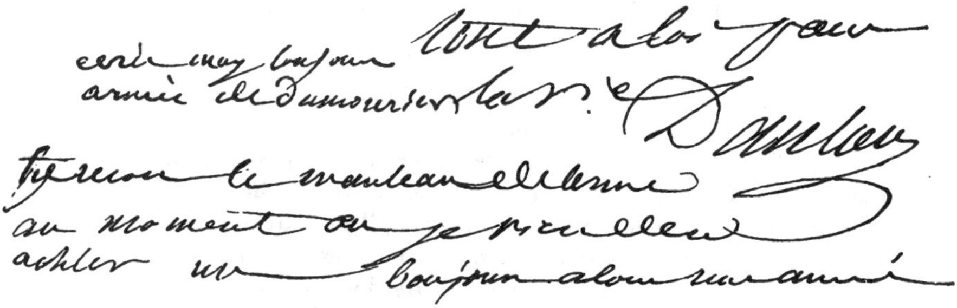

Fig. 138. — **Écriture bouillonnante de Danton, lancée, liée, très rapide et inégale**

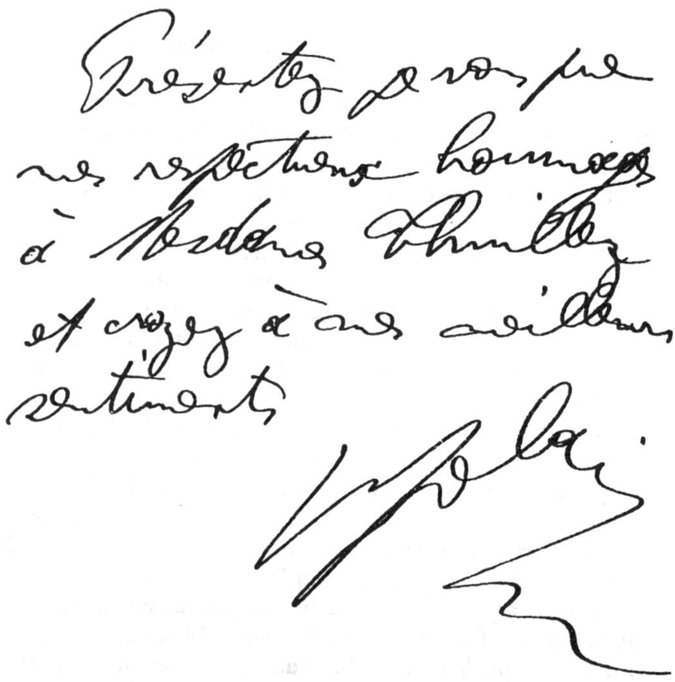

Fig. 139. — **Écriture bouillonnante, agitée, saccadée, très inégale de direction et de dimensions du grand inventeur prothétiste Paul Delair Prédominance de l'imagination**

en tant que modèle d'écriture boueuse. Il s'agit d'une lettre écrite par le pape Clément XIV, en 1746. A ce moment-là, les plumes d'oie étaient sans concurrence ; elles permettaient d'écrire très finement quand elles étaient bien taillées, mais leur entretien était délicat ; le moindre excédent de pression produisait un effet massif. Nous avons donc recherché d'autres autographes de Clément XIV pour les comparer à notre exemple ; le résultat est que Clément XIV avait réellement une écriture boueuse, plus ou moins, notre exemple représentant le plus. Dans ce cas, les dispositions occasionnelles physiologiques, ou pathologiques, dont l'influence sur la pression est prépondérante, expliquent les variations d'intensité du signe.

L'ÉCRITURE BOUILLONNANTE *(Genre Vitesse)*

Antonyme : calme. — Synonyme : effervescente

L'écriture bouillonnante est très inégale de direction et de dimension, maigre, plus ou moins saccadée. Elle est causée par une effervescence générale et continue. Elle exprime très bien l'état d'agitation profonde et un peu inquiète de certains nerveux doués d'une impressionnabilité excessive et maladive. Tout en prenant des formes très variées, cette Espèce d'écriture semble réaliser dans sa plénitude le tempérament nerveux-sanguin-bilieux-lymphatique. Le Dr Paul Carton ne l'a observée que chez des hommes. Voici les caractéristiques psychiques qu'il attribue à cette combinaison de tempéraments[1] : « Ces sujets sont assez ternes et inconstants. On remarque d'abord une sensibilité excessive, puis un caractère très exagéré et impatient, puis une grande énergie à atteindre ce qui passionne et enfin un grand laisser-aller qui fait que l'indécision, l'abandon, l'irrégularité règnent dans la vie courante. »

Sans vouloir expliquer Danton, ce qui nous exposerait à des critiques faciles[2], nous présentons son écriture (fig. 138), comme

1. *Diagnostic et conduite des tempéraments, loc. cit.*, p. 145.

2. En face de l'écriture de gens connus, on a toujours une tendance à se laisser influencer par leur caractère soi-disant connu, et souvent mal apprécié. Dans nos jugements, nous partons toujours de l'écriture ; le contraire est une faute de méthode et n'a aucune force démonstrative.

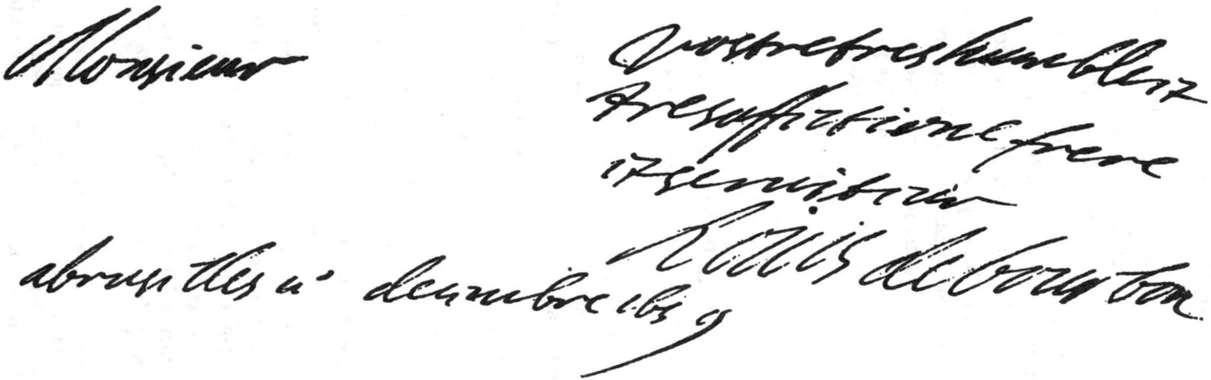

Fig. 140. — Louis II de Bourbon, prince de Condé, dit *le Grand*. Écriture bouillonnante très rapide, inclinée, inégale de direction (sinueuse), et de dimensions, 2 à 8 mm semi-anguleuse

irrégulière, fougueusement lancée, simplifiée, très rapide. Comme mode de simplification, les majuscules sont remplacées par des minuscules, et les accents et barres du *t* sont supprimés. C'est évidemment une écriture bouillonnante, extrêmement variable, et reflétant avec exagération les moindres sentiments.

Le scripteur de la fig. 139, Paul Delair, a l'écriture très mouvementée, saccadée, très inégale de direction et de dimension, combinée sans être lancée, réunion de signes déterminant l'imagination créatrice. C'était, en effet, un homme fort intelligent et actif, un travailleur infatigable, un esprit inventif toujours en ébullition. Ses ingénieuses découvertes lui ont permis, dans le domaine des restaurations faciales, de rendre les plus précieux services aux grands mutilés.

Louis de Bourbon, le grand Condé (fig. 140), a l'écriture bouillonnante, très rapide, inégale de dimensions, très inclinée lancée. Ici, la passion domine tout le caractère.

Dans la fig. 141, le bouillonnement est moins apparent que dans les précédents exemples ; il est cependant très profond. La personnalité se montre sans relief ; mais notre document a été écrit au cours d'une maladie. L'intérêt de notre exemple est dans le fait que ses inégalités affectent tous les genres graphiques ; aucune, prise séparément, n'est extraordinaire ; l'ensemble est cependant d'une grande intensité. Rappelons, à ce propos, notre principe : que les petites marques d'inégalité répétées ont plus de valeur pour mesurer la sensibilité que les grandes. Les signes graphologiques à grand étalage n'ont jamais l'importance des signes fréquents et d'un tracé court ; ils sont quantitatifs, non qualitatifs.

L'ÉCRITURE BRISÉE *(Genre Continuité)*

Antonyme : liée. — Synonyme : rompue

L'écriture brisée est caractérisée par une interruption plus ou moins étendue dans le tracé des lettres[1]. Ce signe est lié aux troubles de la respiration et de la circulation. L'état du malade, en nécessitant la suppression des mouvements violents, oblige

1. Cf. *L'Écriture et le caractère*, 11e éd., p. 107.

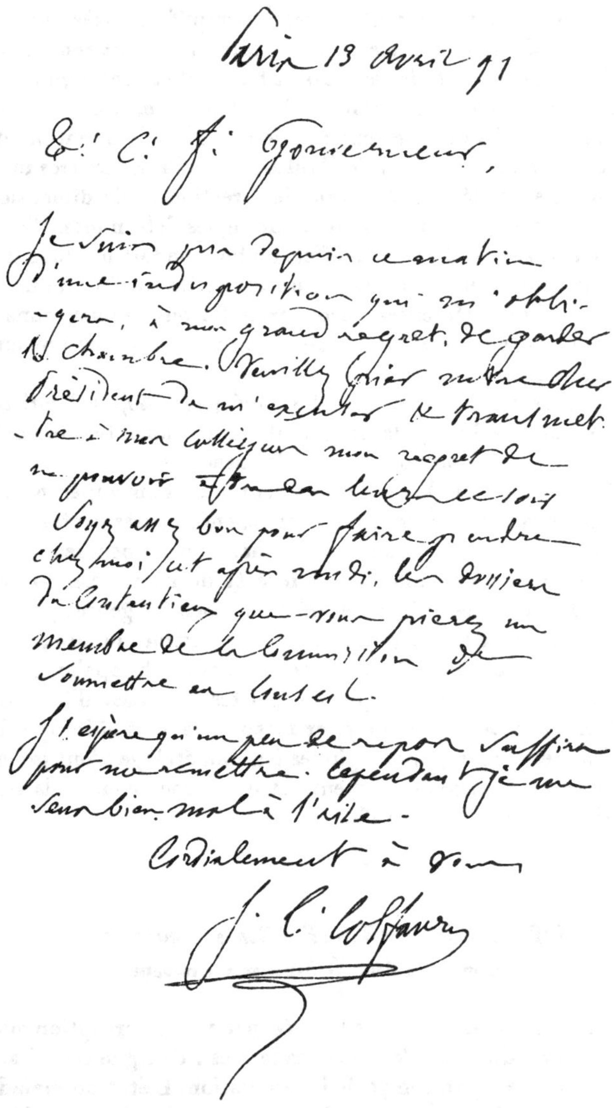
Paris 13 avril 91

Mon Cher Gouverneur,

Je suis pris depuis ce matin d'une indisposition qui m'obligera, à mon grand regret, de garder la chambre. Veuillez prier notre cher Président de m'excuser et transmettre à mes collègues mon regret de ne pouvoir assister à la séance ce soir.

Soyez assez bon pour faire prendre chez moi cet après-midi, les dossiers du contentieux que vous priez un membre de la commission de soumettre au conseil.

J'espère qu'un peu de repos suffira pour me remettre. Cependant je me sens bien mal à l'aise.

Cordialement à vous

J. C. Colfavru

Fig. 141. — Écriture bouillonnante
très inégale dans toutes ses manifestations, petite, liée rapide, lancée, sans relief, progressive

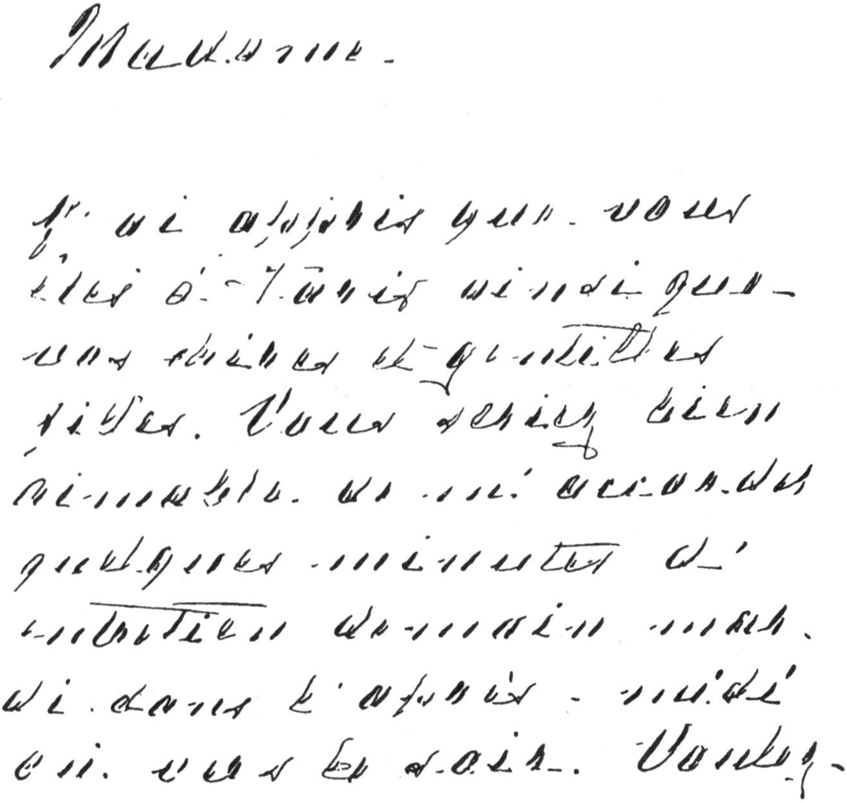

Fig. 142. — **Écriture brisée, juxtaposée, avec des points où il n'en faut pas des petits traits inutiles, assez grande, 2 à 3 mm, très lente d'une femme de 76 ans, cardiaque et asthmatique**

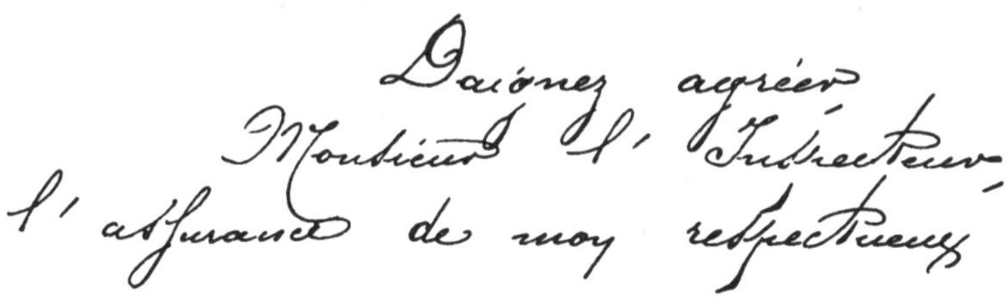

Fig. 143. — **Écriture brisée d'une jeune fille de 20 ans. Palpitations**

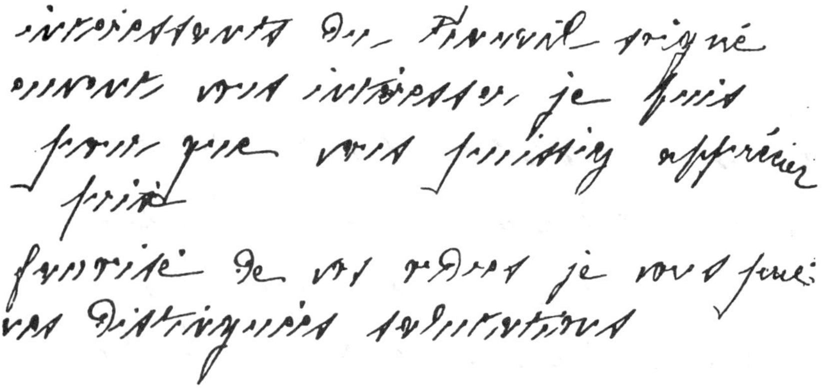

Fig. 144. — Écriture brisée, inhibée et suspendue d'une femme d'environ 50 ans, souffrant d'asystolie

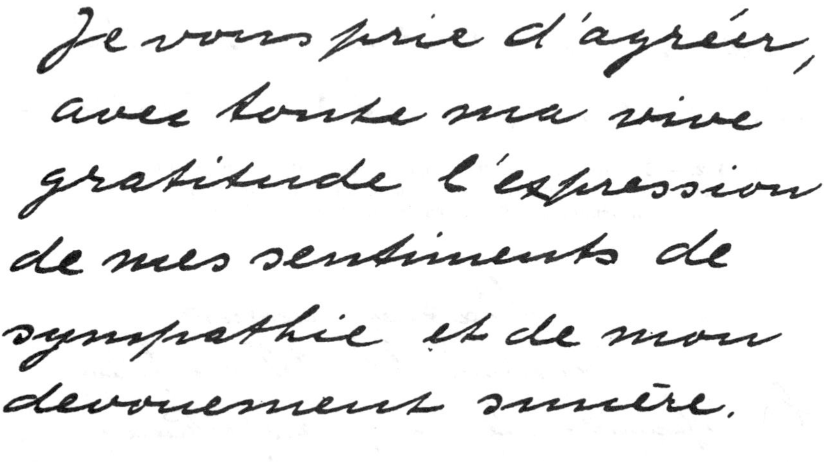
Je vous prie d'agréer, avec toute ma vive gratitude l'expression de mes sentiments de sympathie et de mon devouement sincère.

Fig. 145. — Écriture cadencée, régulière, simple, accélérée cylindrique, claire, nourrie

l'écrivain à adopter une mimique douce et précautionneuse qui rend les mouvements graphiques très impressionnables au rythme des battements du cœur et à la moindre oppression ; d'où les lacunes dans le tracé des lettres.

Ce signe ne comporte pas d'appréciation péjorative, il a cependant le sens d'une activité très conditionnée par l'état du cœur.

C'est une femme de 76 ans, très usée, cardiaque et asthmatique, qui a tracé la lettre missive de la fig. 142. L'écriture n'est pas seulement juxtaposée, mais encore hachée, brisée. Le mot *filles*, par exemple, comporte treize coups de plume. La présence de points où il n'en faut pas, de petits traits flottants autour des lettres, indique une écriture complètement désorganisée, mais son ordonnance générale reste belle, harmonieuse, et c'est un spectacle émouvant qu'une attitude aussi noble en face de la mort prochaine.

La jeune fille de 20 ans, auteur de la fig. 143, n'a que des palpitations. Entre les crises, son écriture reste plus ou moins brisée, parce qu'elle est inquiète.

Nous croyons que la fig. 144 reproduit à peu près le maximum des troubles graphiques attribuables à l'oppression. Presque tous les mouvements sont inhibés, suspendus, brisés. Ligne 5, on voit comment se forme le mot *de* : un point initial, puis la hampe dans un mouvement lancé, arrêté lui-même par un point. Toute l'écriture est ainsi obtenue par bonds successifs. A la fin des lignes, on s'efforce, dans les mots *apprécier* et *prie*, de réduire les arrêts ; l'écriture devient alors inégale et rapetissée. Il s'agit d'une femme d'environ 50 ans, souffrant d'asystolie.

L'ÉCRITURE CADENCÉE *(Genre Continuité)*

« C'est, dit Pierre Humbert, le va-et-vient équilibré du pendule.

« L'écriture est rapide, et la vitesse du mouvement vertical des doigts, comme celle du mouvement latéral de la main, est en même temps très constante.

« Cette régularité d'allure se manifeste dans le graphisme par une certaine égalité du tracé, et par l'absence des angles très ouverts et des brisures de courbes qui sont des signes de saccade.

« De là une assez grande uniformité dans le calibre, l'épaisseur, la direction et les espacements des lettres ; dans la forme et la position des points et des accents ; dans la longueur des barres et des déliés finals des mots.

« La vitesse du mouvement graphique est marquée d'autre

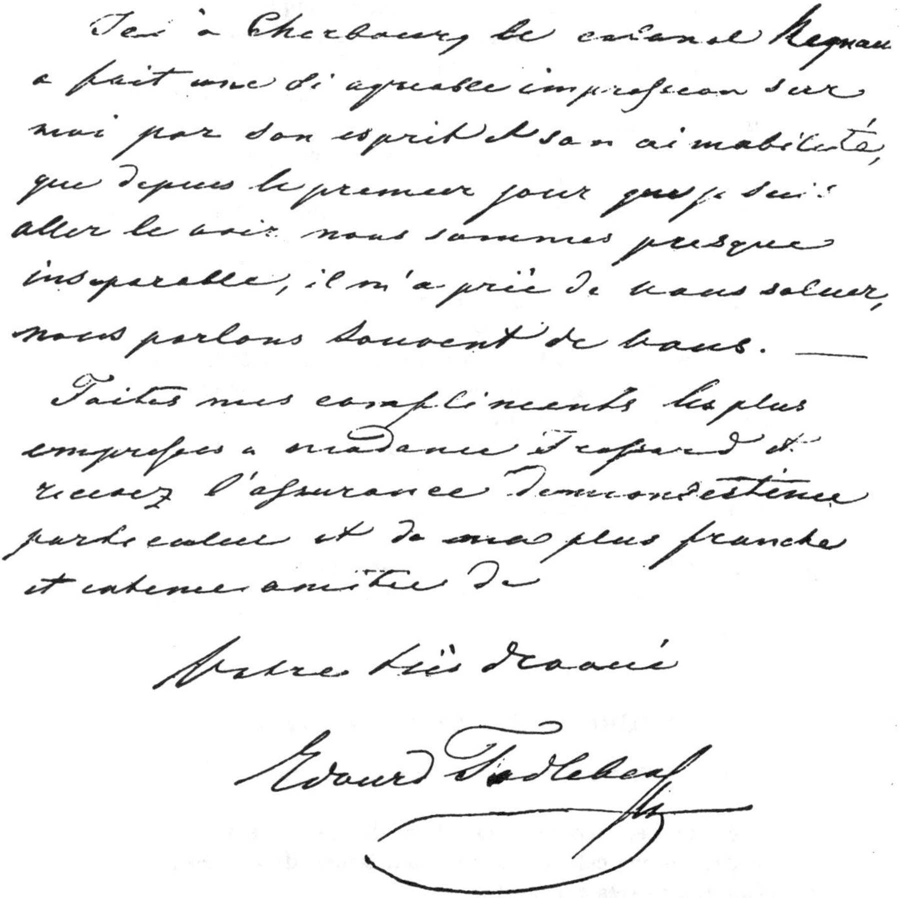
Ici à Cherbourg le colonel Regnau
a fait une si agreable impression sur
moi par son esprit et son aimabilité,
que depuis le premier jour que je suis
allé le voir nous sommes presque
inséparable; il m'a prié de vous saluer,
nous parlons souvent de vous. —
Faites mes compliments les plus
empressés à madame Trapand et
recevez l'assurance de mon estime
parfaite et de ma plus franche
et entière amitié de
Votre très dévoué
Edouard Todleben

Fig. 146. — Écriture cadencée, rapide, simple, régulière, cylindrique inclinée, du général russe Todleben

part dans cette écriture par l'allongement des points et des accents et leur déviation sur la droite ; enfin par quelques exceptions à l'égalité du graphisme, apparaissent de distance en distance au milieu du tracé.

« L'écriture cadencée ne doit pas être confondue avec l'écriture posée, dont l'allure, beaucoup moins vive, n'est pas nécessairement isochrone. »

Cette Espèce d'écriture doit être favorablement considérée ; dans le détail, elle ne comporte souvent que des qualités moyennes ; toutefois, son harmonie et sa continuité, comme dans la fig. 145, la haussent jusqu'à la supériorité. Si l'activité domine, comme dans l'écriture du célèbre ingénieur militaire russe Todleben, la haute supériorité s'affirme (fig. 146).

De toutes les façons, la stabilité, la régularité, la clarté de l'écriture cadencée sont des indices sérieux de droiture d'esprit, de fidélité, de courage.

L'ÉCRITURE CALLIGRAPHIÉE *(Genre Forme)*

Antonymes : informe, négligée
Synonymes : soignée, officielle

L'écriture calligraphiée représente l'effort fait par un scripteur pour obtenir un tracé limpide, non pas précisément en vue d'imiter les formes du modèle calligraphique, mais en s'assimilant, selon ses moyens, les qualités d'ordre, de précision, de lisibilité, d'homogénéité, de l'écriture calligraphique.

La spontanéité semble incompatible avec le tracé attentif et posé de cette Espèce d'écriture et cela lui a valu le dédain des graphologues. Évidemment, l'écriture calligraphiée est privée d'une partie essentielle des qualités qu'on exige d'une documentation satisfaisante ; elle n'est cependant pas dépourvue d'intérêt. Elle enregistre les possibilités d'ordre, de discipline, de clarté, de simplicité, d'équilibre des mouvements, et si par la contrainte qu'elle impose, quelques changements s'opèrent dans les manifestations du caractère, les traits secondaires sont seuls atteints ; les dominantes ne sont que peu modifiées.

L'écriture calligraphiée n'est pas, à beaucoup près, aussi contrainte que l'écriture calligraphique et elle s'éloigne encore

plus de l'écriture déguisée. On ne saurait lui refuser le pouvoir de représenter au naturel une face du caractère.

Au reste, quand les gens grossiers, compliqués, égoïstes, orgueilleux, inattentifs, etc., empruntent les tracés calligraphiés, ils démontrent assez bien par les caractères accessoires de leur

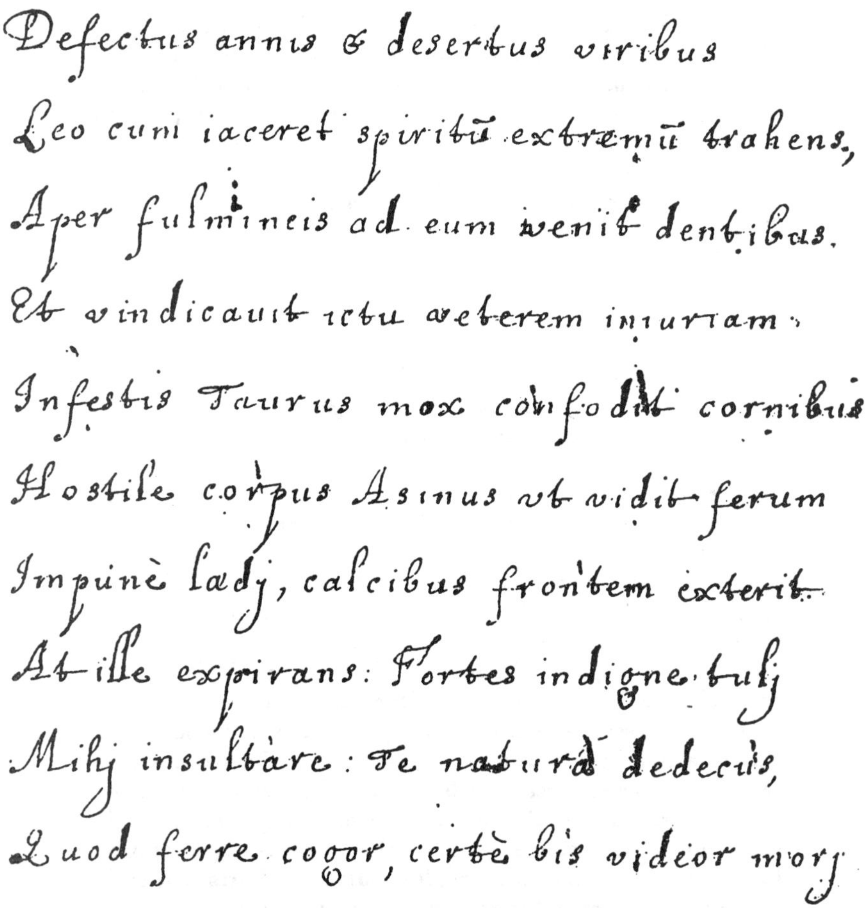
Defectus annis & desertus viribus
Leo cum iaceret spiritũ extremũ trahens,
Aper fulmineis ad eum venit dentibus.
Et vindicavit ictu veterem iniuriam.
Infestis Taurus mox confodit cornibus
Hostile corpus Asinus vt vidit ferum
Impunè lædj, calcibus frontem exterit.
At ille expirans: Fortes indigne tulj
Mihj insultare: Te naturæ dedecus,
Quod ferre cogor, certè bis videor morj

Fig. 147. — Écriture calligraphiée, très claire, posée juxtaposée, verticale, cylindrique, typographique, simple simplifiée, régulière, contenue, très harmonieuse écriture, révélateurs de leurs insuffisances, que les allures foncières du caractère ne sont pas faciles à comprimer, même quand on le désire, encore moins quand on ne le cherche pas. Dans l'écriture calligraphiée, le but n'est pas de dissimuler sa personnalité, mais uniquement de renforcer ses manifestations d'ordre et de clarté, nécessité qui s'impose parfois aux êtres les plus désordonnés. On accordera donc à l'écriture calligraphiée la valeur d'un bon document complémentaire.

Dans les temps présents, on observe peu d'écritures calligraphiées ; la négligence règne ; on se permet d'écrire à ses parents, ou à ses supérieurs, des épîtres d'un déchiffrement malaisé. Les employés de bureau et les copistes, en trop petit nombre, monopolisent les tracés ordonnés et posés de l'écriture calligraphiée, c'est pourquoi cette Espèce est encore appelée *officielle*. Mais de tout temps, la grande élite s'est distinguée par la clarté de ses lettres missives. Nous le montrerons quand nous étudierons les *Écritures nobles*, dans un ouvrage en préparation[1]. Qu'il nous suffise ici de donner l'exemple de Guez de Balzac, le grand écrivain français du XVIIe siècle (fig. 147). A lui seul, il met en relief toutes les vertus de l'écriture calligraphiée : la clarté limpide, l'ordre, la mesure, la simplicité, la régularité. Chez Pierre de Boissat (fig. 148), littérateur, membre de l'Académie Française (1603-1662), l'ordre domine, mais associé à des qualités très mélangées ; l'écriture est condensée, tout à la fois monotone et mouvementée, bizarrement retouchée aux *e*, nourrie, cylindrique, contenue, avec quelques jolies lettres typographiques et simplifiées. C'est encore un des heureux aspects de l'écriture calligraphiée ; les moins favorables sont fournis par la rencontre avec les signes de l'orgueil (écritures surélevée, gonflée, étalée, ornée, arquée), ou avec ceux de la débilité. Dans le premier cas, c'est la parade de la grande sottise ; dans le second, le tableau de la grande misère.

Sans doute, la fig. 149 est d'une calligraphie claire, soignée, régulière, mais ces qualités sont réduites à presque rien par leurs compromissions avec les Espèces brisée, juxtaposée, retouchée, inhibée (les barres du *t* ne sont figurées que par un point à

1. Cet ouvrage n'a jamais paru.
Cf. *Cours supérieur de graphologie, loc. cit.*, André LECERF, p. 74 et suiv.

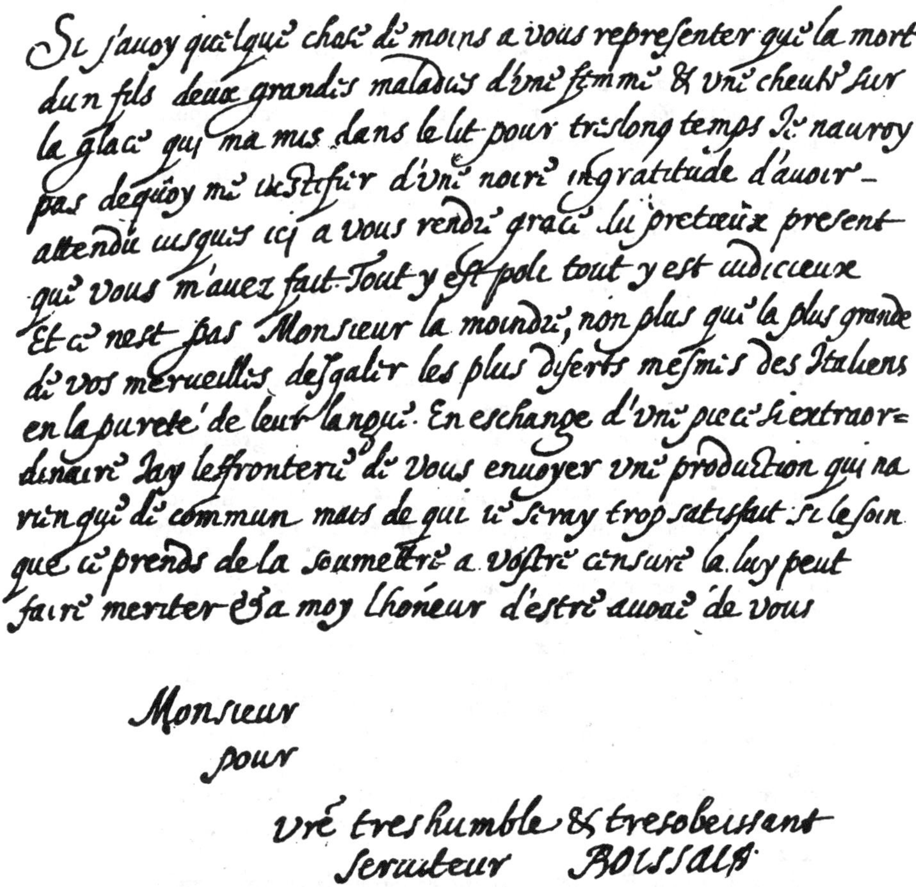
Si j'auoy quelque chose de moins a vous representer que la mort
dun fils deux grandes maladies d'une femme & une cheute sur
la glace qui ma mis dans le lit pour treslong temps je naurey
pas dequoy me iustifier d'une noire ingratitude d'auoir
attendu iusques ici a vous rendre grace du pretieux present
que vous m'auez fait Tout y est poli tout y est iudicieux
Et ce nest pas Monsieur la moindre, non plus que la plus grande
de vos merueilles desgaler les plus diserts mesmes des Italiens
en la purete de leur langue. En eschange d'une piece si extraor=
dinaire Jay leffronterie de vous envoyer une production qui na
rien que de commun mais de qui ie seray trop satisfait si le soin
que ie prends de la soumettre a vostre censure la luy peut
faire meriter & a moy lhoneur d'estre auoue de vous

Monsieur
pour
vre treshumble & tresobeissant
Seruiteur BOISSAT

Fig. 148. — Écriture calligraphiée, très claire quoique condensée tout à la fois monotone et mouvementée, retouchée, cylindrique, nourrie contenue, avec quelques jolies lettres simplifiées et typographiques

gauche de la lettre), d'où une lenteur désespérante. Les *p* surélevés achèvent de peindre ce caractère indigent. L'écriture calligraphiée n'est qu'une tendance vers l'ordre, elle ne suffit pas à tout.

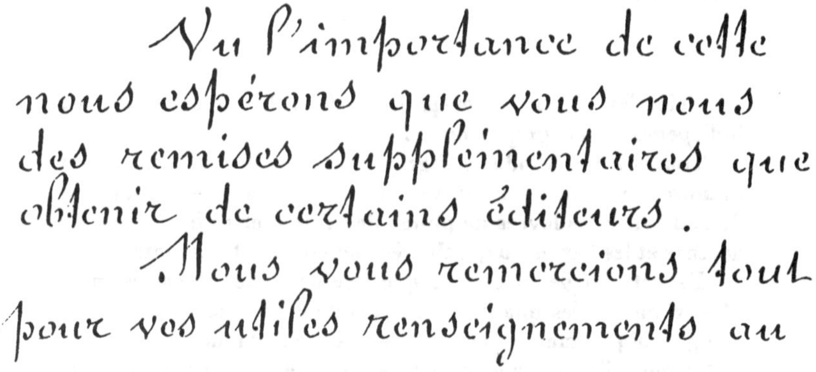

Fig. 149. — Écriture calligraphiée, claire, soignée, régulière mais juxtaposée, brisée, inhibée (barre des *t* figurées par un point à gauche) retouchée, au résumé très lente

---

L'ÉCRITURE CALLIGRAPHIQUE *(Genre Forme)*

Synonyme : cérémonieuse. — Antonyme : négligée

L'écriture calligraphique a une très grande importance théorique, car nous en faisons le point de départ des observations graphologiques. Comme indice révélateur du portrait, elle est peu intéressante.

En effet, *une écriture est calligraphique quand elle reproduit les formes, les mouvements, les dimensions et les proportions qu'on enseigne dans les écoles*. C'est donc un dessin qui offre apparemment peu de prise à l'analyse du caractère. En comparant les devoirs de calligraphie d'une école, on voit cependant que chaque élève reproduit le modèle en fournissant des indices de sa personnalité. Entre chaque devoir fait en même temps, sous la même direction, par des élèves du même âge, il y a des différences assez sensibles dans la dimension des lettres, dans la gros-

seur ou la finesse des traits, dans leur direction, dans tous les mouvements, pour que le maître identifie chaque élève d'après son écriture. Mais les déductions qu'on en peut tirer sont pauvres, à côté de celles que fournit une écriture plus courante et personnelle.

***

Voici les règles calligraphiques dont la connaissance est indispensable au graphologue[1].

Toutes les méthodes calligraphiques, — il y en a un grand nombre qui ne diffèrent que par de menus détails, — recommandent d'éviter les levées de plume de et ne mettre les points, les accents et les barres du *t*, qu'après l'achèvement des mots.

De cette règle, il résulte que l'écriture liée dans les mots n'exprime que les qualités modestes de continuité de l'écriture calligraphique, mais les accents, les barres de *t* reliées aux lettres et les mots liés entre eux, représentent le signe graphologique qualitatif de l'écriture liée ; ils sont caractéristiques. Les coupures dans les mots n'ont souvent pas d'autres causes que l'habitude, nuisible à la rapidité, d'interrompre à tout propos le mouvement de l'écriture, pour mettre les accents.

On compte six calibres différents d'écriture calligraphique :

1° Le gros,	dont la hauteur est de	15	mm
2° Le demi-gros,	—	10	—
3° Le moyen,	—	5	—
4° Le petit moyen,	—	3	—
5° Le demi-fin,	—	2	—
6° Le fin ou expédiée,	—	1,5	—

L'expédiée et le demi-fin sont universellement adoptés comme écriture courante.

La dimension proportionnelle pour l'expédiée est de 1,5 mm pour les minuscules et de 6 mm pour les majuscules et les lettres bouclées ; elle est respectivement de 2 et de 8 mm dans le demi-fin.

La hauteur des lettres intérieures (on appelle ainsi celles qui ne s'élèvent, ni ne s'abaissent au-dessus ou au-dessous de la

1. Cf. *Les Éléments*, p. 2 à 5.

ligne d'écriture) est du double de la largeur intérieure d'un *u* ou d'un *n*.

Pour les lettres extérieures, les têtes bouclées doivent avoir en hauteur, au-dessus des autres lettres, les dimensions d'un corps et demi des lettres intérieures ; les queues droites ou bouclées doivent dépasser, au-dessous, le corps des lettres intérieures, d'une longueur d'un corps et demi des autres lettres.

Les *d* et les *t*, dites lettres à tête droite, ne doivent s'élever au-dessus des lettres intérieures qu'à une hauteur pour le *d* et une demi-hauteur pour le *t*[1].

La distance des interlignes est de quatre hauteurs de minuscules sans tête.

Le délié est un trait se traçant en remontant avec légèreté. Le plein est la ligne plus grosse *ayant partout la même épaisseur de trait*, sans renflements, se traçant de haut en bas.

La calligraphie anglaise est inclinée avec une pente de 40°.

Toutes les lettres minuscules dérivant du bâton et de l'*o*, on bannit de la calligraphie les jambages pointus que font les enfants, et les rondeurs qui ne se rapportent pas à l'ovale régulier (Anatole André).

Le bâton de l'*a* ne doit pas être pointu en haut, et il ne doit pas couper l'ovale.

L'*o* doit être fermé, mais non bouclé. La lettre *r* terminant un mot prend la forme typographique, avec un crochet à droite terminé par un délié.

Le double *s* peut se faire avec un grand *s* à boucles, puis un petit.

Enfin, l'écriture calligraphique est habituellement appliquée, cérémonieuse, ordonnée, posée, mais n'est pas nécessairement lente.

Ces indications brèves suffiront à guider le graphologue pour apprécier les caractères essentiels de la calligraphie.

Nous devons nous borner ici à la présentation des principaux types d'écriture calligraphique : fig. 150, on trouve la fine de Rollin, la cursive de Reverdy, la droite de Robquin ; fig. 151, la ronde de Marchand et la ronde de Dubus et Lemaire ; fig. 152, la bâtarde de Rollin et la gothique du même.

L'écriture calligraphique, chez des enfants de moins

1. *Calligraphie*, par Louis BAUDE, J. Hetzel & Cie, édit.

de 11 ans, est habituellement informe ; plus tard, surtout de 12 à 13 ans, on la rencontre très fréquemment avec ses qualités de clarté, de soin, d'ordre, d'équilibre, qualités qui s'altèrent rapidement après la sortie de l'école. Chez les adultes, il n'y a guère que les instituteurs et les institutrices qui l'emploient continuelle-

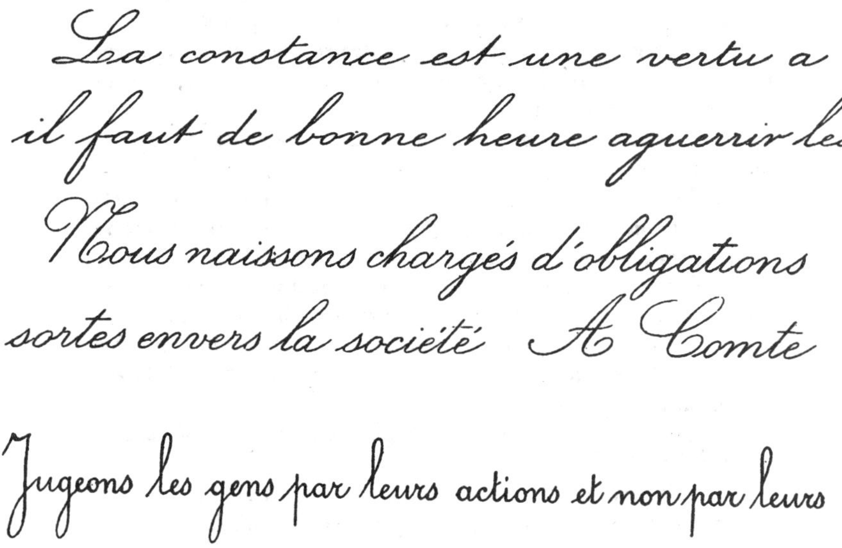

Fig. 150. — Écritures calligraphiques : 1° fine de Rollin 2° cursive de Reverdy ; 3° droite de Robquin

ment. On ne saurait les critiquer d'avoir de bonnes habitudes professionnelles ; toutefois, les meilleurs ne se bornent pas à reproduire servilement la calligraphie qu'ils enseignent ; leurs tracés portent la marque de leur personnalité ; aucune n'est absolument semblable à une autre ; beaucoup répondent autant à la qualification de calligraphiée qu'à celle de calligraphique. On peut en voir un bon exemple fig. 32, p. 54, où l'écriture d'une institutrice intelligente, tout en étant calligraphique, a une allure très personnelle.

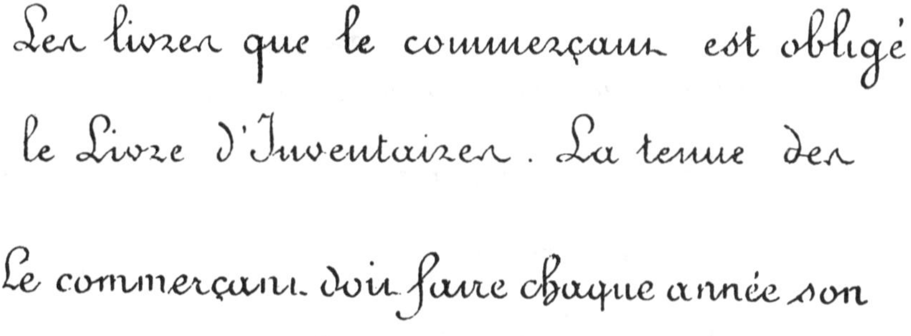

Fig. 151. — Écritures calligraphiques
1° ronde de Marchand ; 2° ronde de Dubus et Lemaire

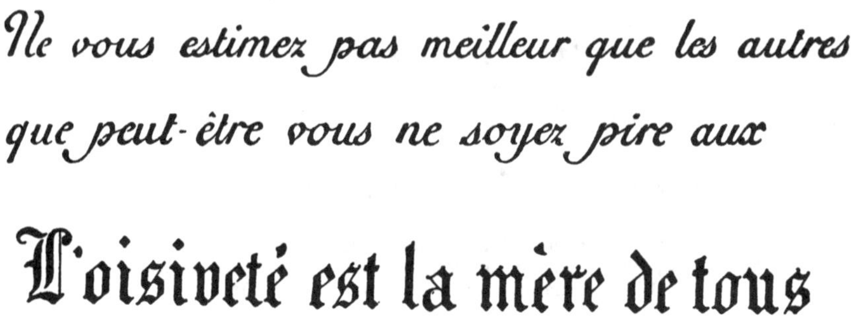

Fig. 152. — Écritures calligraphiques
1° bâtarde de Rollin ; 2° gothique de Rollin

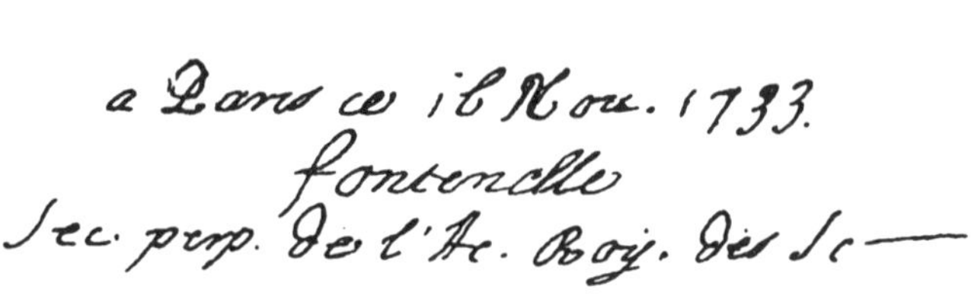

Fig. 153. — Écriture harmonieuse, claire, légère
simple, simplifiée, arrondie, plate, horizontale, étriquée

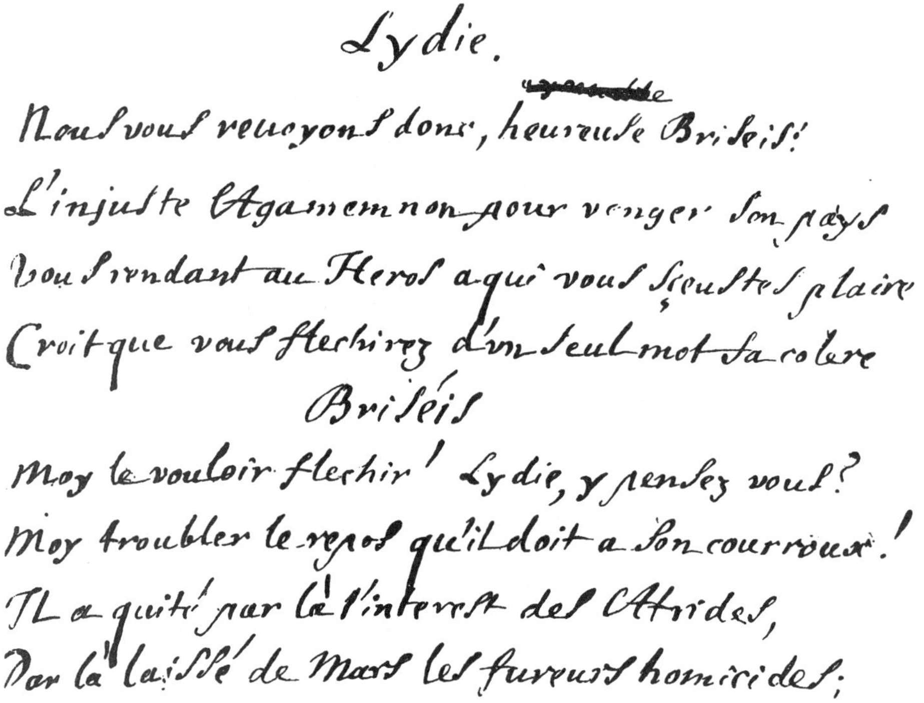

Lydie.

Nous vous renvoyons donc, heureuse Briseis!
L'injuste Agamemnon pour venger son pays
Vous rendant au Heros a qui vous sceustes plaire
Croit que vous flechirez d'un seul mot sa colere

Briseis

Moy le vouloir flechir! Lydie, y pensez vous?
Moy troubler le repos qu'il doit a son courroux!
Il a quité par la l'interest des Atrides,
Par la laissé de Mars les fureurs homicides;

Fig. 154. — **Écriture calme, nuancée, très vivante et mesurée horizontale, claire, simple, nourrie, de notre grand La Fontaine Elle indique un robuste équilibre (v. fig. 504.)**

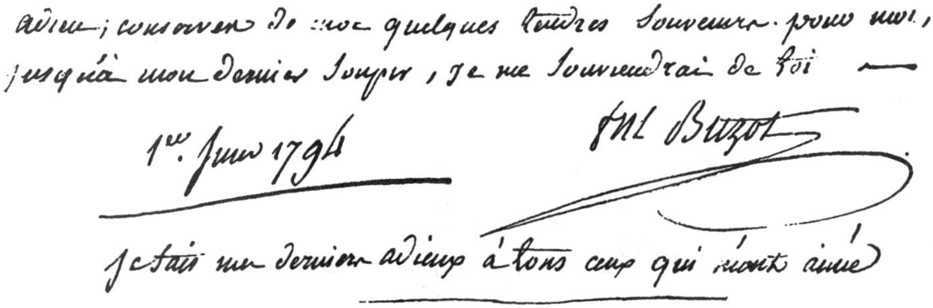

adieu; conserve de moi quelques tendres souvenirs pour moi, jusqu'à mon dernier soupir, je me souviendrai de toi —

1er. Juin 1794 FNL Buzot

je fais un dernier adieu à tous ceux qui m'ont aimé

Fig. 155. — **Écriture harmonieuse, calme, posée, régulière, horizontale d'un homme qui se prépare à mourir**

L'ÉCRITURE CALME *(Genre Continuité)*

Antonymes : lancée, agitée. — Synonymes : placide, posée

Une écriture est calme quand elle est sinon lente, posée ou ralentie, mais mesurée dans ses expressions. Elle est donc exclusive de toutes les manifestations excessives et des tracés discordants et agités. De là naissent l'équilibre, l'harmonie, la sérénité qui sont les significations de l'écriture calme.

Dans les écritures nobles, l'attitude calme appelle les interprétations de philosophie, d'impartialité, de sang-froid. Chez les inférieurs, elle indique encore la douceur et la paix. Mais le calme conjugué avec la mollesse produit la froideur, la placidité, l'insouciance, l'indifférence, et nous voici enlisé dans les marécages du tempérament lymphatique.

Voici, fig. 153, une écriture harmonieuse, claire, légère, arrondie, plate, simple et simplifiée, horizontale, remarquable par son calme et sa mesquinerie. C'est celle de Fontenelle qui aimait avant tout la tranquillité et les plaisirs simples qui ne coûtent rien. « Celui qui veut être heureux, disait-il, se réduit et se resserre autant qu'il est possible. » Fontenelle, dépourvu de passions, a vécu jusqu'à cent ans. Sachons gré à cet homme qui se flattait de n'avoir jamais ri, d'avoir fait cet aveu : « Je conviens qu'il manque à ce bonheur une chose, qui, selon les façons de penser communes, y serait cependant nécessaire : il n'a nul éclat. »

L'écriture suivante, fig. 154, est tout à la fois calme et nuancée, très vivante et mesurée, claire, simple, nourrie, horizontale ; elle exprime un robuste équilibre. C'est celle de notre grand La Fontaine.

Voici encore, fig. 155, une écriture calme, posée, régulière, petite, horizontale, avec de nombreuses et menues inégalités, signe qualitatif d'émotivité. Elle est de Buzot, l'un des chefs du parti Girondin. Sur le point d'être découvert et prêt à fuir, il faisait ses adieux à son meilleur ami. Calme héroïque.

Enfin, la fig. 156, calme, régulière, horizontale, très simple et claire, mais avec des formes et des mouvements élémentaires, comme dans l'écriture blanche, nous montre le calme issu d'une

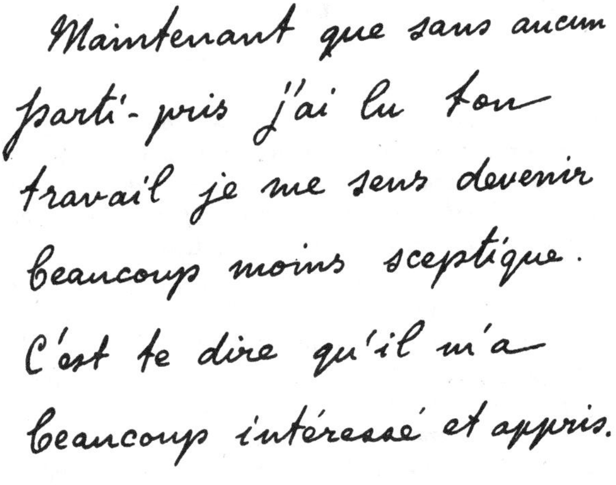

Maintenant que sans aucun parti-pris j'ai lu ton travail je me sens devenir beaucoup moins sceptique. C'est te dire qu'il m'a beaucoup intéressé et appris.

Fig. 156. — Écriture calme, régulière, horizontale, simple, claire mais avec des formes et des mouvements élémentaires

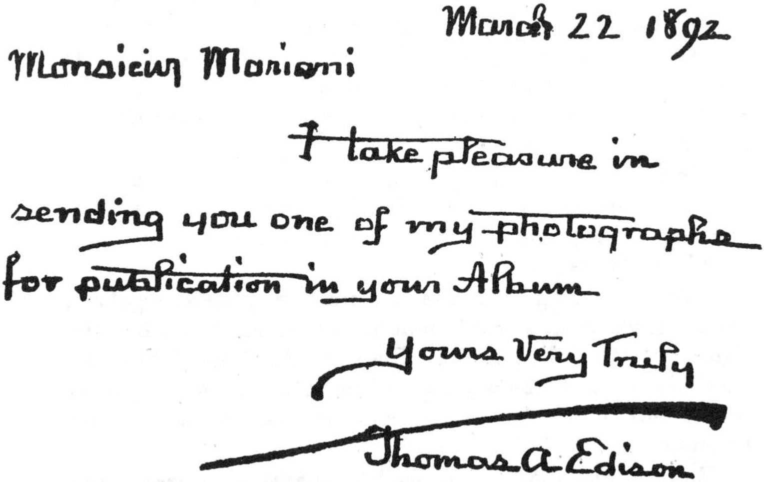

March 22 1892

Monsieur Mariani

I take pleasure in sending you one of my photographs for publication in your Album

Yours Very Truly

Thomas A Edison

Fig. 157. — Écriture carrée, appuyée, anguleuse, inhibée surtout très claire : c'est ce qu'a voulu le scripteur

nature faible, sans envergure. Mais cela n'est pas haïssable, loin de là.

On remarquera, dans ces différents exemples, la constance du tracé horizontal ; il semble inséparable du calme.

L'ÉCRITURE CARRÉE *(Genre Forme)*

On observe de temps en temps, et plus spécialement chez des savants ou des poètes, une Espèce d'écriture dont la caractéristique principale est la forme carrée des mots. Quelle en est la cause ? L'analyse du tracé va nous la révéler.

Voici l'écriture de Thomas Edison (fig. 157), appuyée, anguleuse, et forcément lente, puisqu'elle enregistre une inhibition à la base de chaque lettre. Mais elle est très lisible. Il semble bien que la recherche d'une lisibilité parfaite soit la cause de la forme de cette Espèce d'écriture, et du ralentissement de ses mouvements ; nul autre souci n'apparaît ; la grâce est sacrifiée à l'utilité.

Chez le poète Émile Vitta[1] (fig. 158), même préoccupation exclusive. L'artiste s'applique, prend son temps ; il veut être lu aisément, afin que la transmission de sa pensée comporte le moindre effort pour le lecteur. Le scripteur assume toute la peine, le soin, l'ordre, en vue du respect de l'œuvre.

Le tracé carré est une calligraphie d'apparat dont la cause principale, l'amour de la clarté, se complique d'un sentiment d'expansion, bien compréhensible, en face de la réalisation enfin obtenue. Dans nos deux exemples, et dans la plupart de ceux de notre collection, ce sentiment est idéaliste ; l'épanouissement qu'il détermine emprunte très peu de chose à la vanité, car il ne s'associe pas avec ses marques graphologiques surélevées, en spirales, étalées, etc.

Naturellement, une écriture d'apparat en suppose une autre plus ou moins dépourvue de la préoccupation principale des scripteurs. Mais ces derniers sont si bien habitués à la forme graphique qui s'accorde le mieux avec leurs désirs, qu'ils croient sincèrement n'avoir pas d'autre manière d'écrire. Il est inutile d'insister sur cette illusion.

1. Émile VITTA, l'immortel poète de *Pierrette au Mont-de-Piété*, de la *Promenade franciscaine*, du *Lac des Pleurs*, de *Châlis*, du *Mur*, etc. A. Meissen. édit. à Paris.

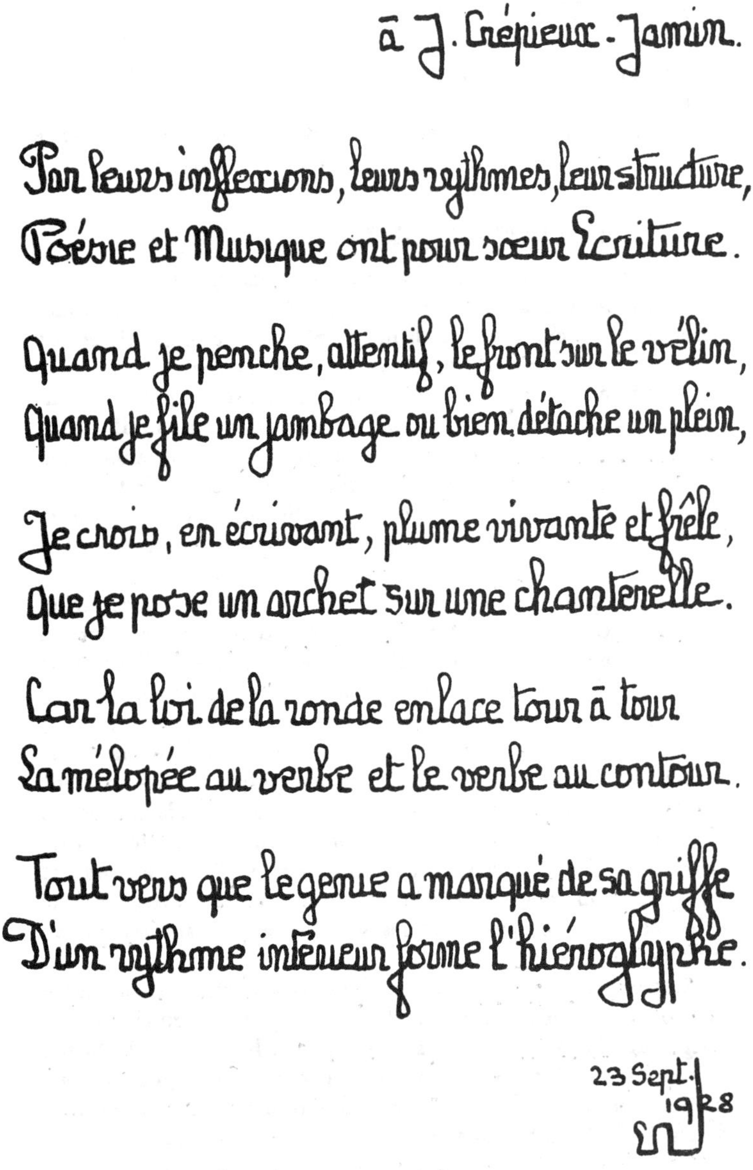
à J. Crépieux-Jamin.

Par leurs inflexions, leurs rythmes, leur structure,
Poésie et Musique ont pour soeur Ecriture.

Quand je penche, attentif, le front sur le vélin,
Quand je file un jambage ou bien détache un plein,

Je crois, en écrivant, plume vivante et frêle,
que je pose un archet sur une chanterelle.

Car la loi de la ronde enlace tour à tour
La mélopée au verbe et le verbe au contour.

Tout vers que le genie a marqué de sa griffe
D'un rythme intérieur forme l'hiéroglyphe.

23 Sept. 1928
EV

Fig. 158. — Écriture carrée, limpide, grande, 3 mm verticale horizontale, homogène, ralentie, bien coordonnée, tordue calligraphic d'apparat du grand poète Emile Vitta

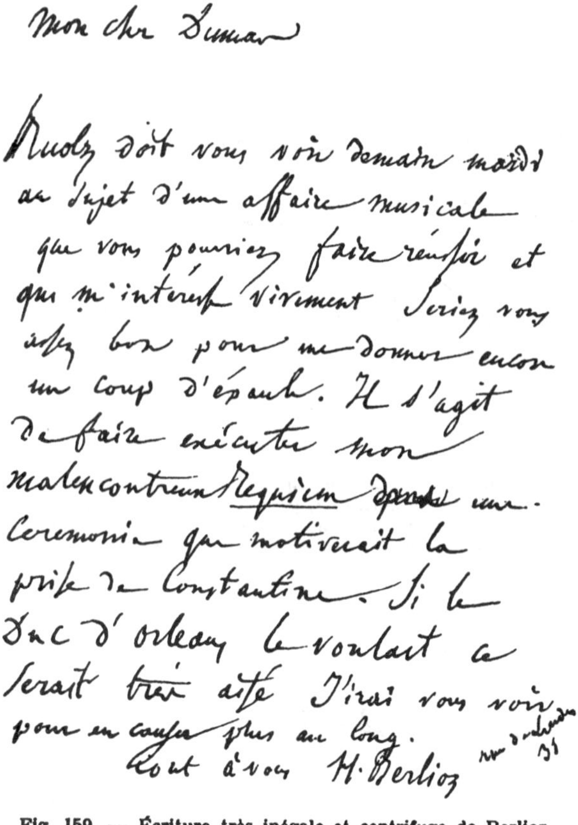
Mon cher Dumas
Rudolz doit vous voir demain mardi
au sujet d'une affaire musicale
que vous pourriez faire réussir et
qui m'intéresse vivement. Seriez vous
assez bon pour me donner encore
un coup d'épaule. Il s'agit
de faire exécuter mon
malencontreux Requiem dans une
ceremonie que motiverait la
prise de Constantine. Si le
Duc d'Orleans le voulait ce
serait très aisé. J'irai vous voir
pour en causer plus au long.
tout à vous H. Berlioz
rue de Londres 31

Fig. 159. — Écriture très inégale et centrifuge de Berlioz

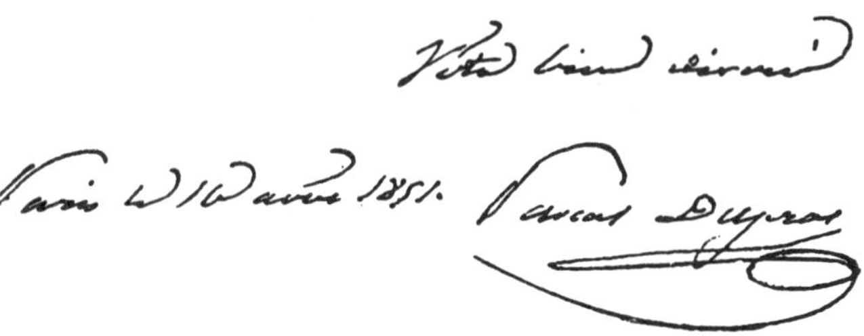
Votre bien dévoué
Paris le 10 avril 1851. Pascal Duprat

Fig. 160. — Tracés centripètes et vifs, au-dessus de la ligne simples mouvements de détente

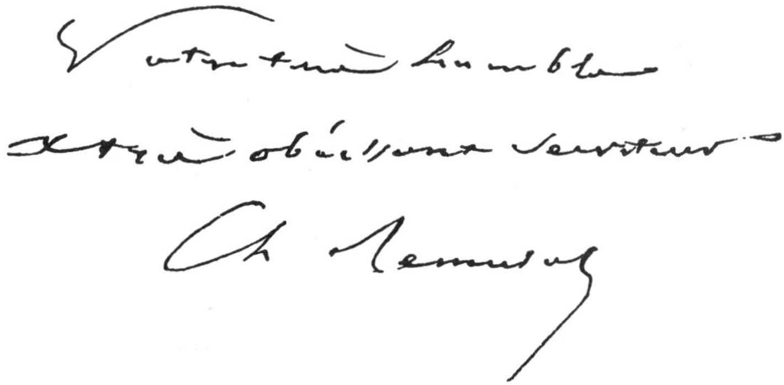

Fig. 161. — **Écriture centrifuge, spontanée, lancée très rapide et sautillante, progressive, simple, simplifiée petite, nuancée, légèrement montante, de Charles de Rémusat, écrivain philosophe et homme politique (1797-1875)**

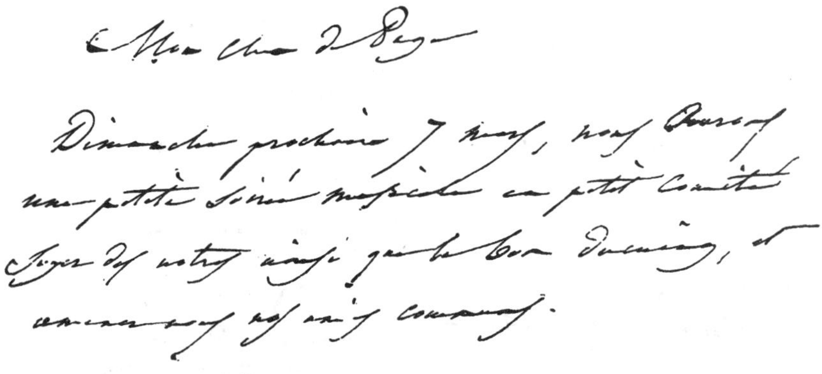

Fig. 162. — **Écriture aux mouvements centripètes et vifs au-dessous de la ligne, très rapide, imprécise, filiforme, 1/2 mm simple, liée, saccadée, fuselée, montante à 5°**

L'ÉCRITURE CENTRIFUGE *(Genre Direction)*

Antonyme : centripète

L'écriture centrifuge a une tendance générale, dans les finales de lettres ou de mots, à se diriger vers la droite horizontalement, ou légèrement en montant, sans aucun repli à gauche, ni en bas. Elle nourrit l'écriture progressive (voyez ce mot).

C'est le signe qualitatif de l'altruisme. Son action est bien développée par les écritures crénelée, dilatée, espacée. Avec ces précieux concours, la bonté, la générosité, le dévouement, la spontanéité dans la bienveillance, l'esprit de justice et de conciliation, toutes ces qualités agréables se reflètent, à divers degrés, dans l'écriture centrifuge. Mais l'exagération de son mouvement produit l'étourderie, l'imprudence, la précipitation, la dilapidation.

L'écriture de Berlioz (fig. 159), très inégale dans tous les genres, et dont les richesses ne peuvent être dénombrées qu'à l'aide de documents multiples, est cependant toujours centrifuge, souvent avec un mouvement impulsif.

L'écriture de Charles de Rémusat, fig. 161, est franchement centrifuge, spontanée, lancée, sautillante, très rapide, progressive, simple, simplifiée, petite, nuancée, légèrement montante. Plus on la regarde, plus on lui trouve de charme. La vie de Ch. de Rémusat confirme les indications de la graphologie ; elle fut un modèle d'harmonie et de fine spiritualité. Au cours d'une carrière très remplie, tour à tour écrivain, philosophe et homme politique, membre de l'Académie des Sciences morales et de l'Académie française, il sut se faire universellement estimer, sans jamais trahir ses opinions, pour son caractère altruiste et plein de bonne grâce.

L'ÉCRITURE CENTRIPÈTE *(Genre Direction)*

Antonyme : centrifuge

Une écriture est centripète lorsque les mouvements terminaux des lettres ou des mots sont tout à la fois compliqués et amplifiés par un trait dirigé vers la gauche. Ce trait se développe

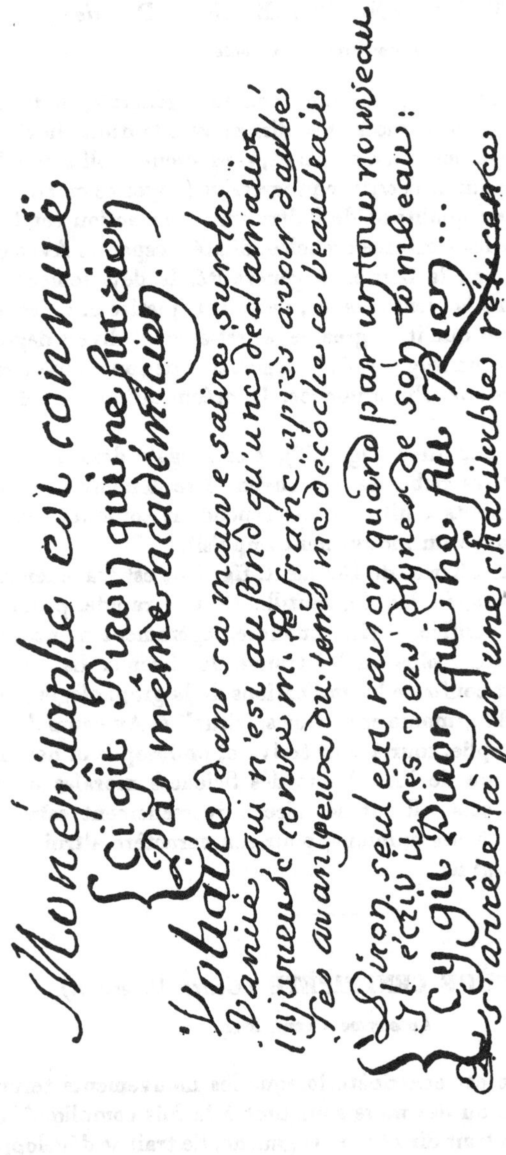

Fig. 163. — Écriture centripète au-dessus et au-dessous de la ligne lente, inhibée, contrainte, lourde et grossière

aussi bien en dessous qu'au-dessus de la ligne et la signification du premier diffère parfois beaucoup de celle du second ; toutefois, quand les terminaisons centripètes sont *courtes et lentes*, qu'elles soient au-dessus ou au-dessous de la ligne, elles marquent l'égoïsme et, plus encore, la réserve calculée qui conduit en ligne droite à la fausseté.

Les terminaisons centripètes d'allure vive relèvent de l'écriture lancée ; on les rencontre à la fin des mots, ou des phrases, presque toujours *au-dessus de la ligne*, et chez des gens contraints ou âgés. Le défaut de culture, en particulier, tourmente bien des scripteurs ; ils sont obligés, pour écrire, de faire un effort considérable ; le tracé de chaque mot est une peine. Enfin, quand le mot est achevé, contents d'eux-mêmes, ils l'expriment par une mimique expansive, par la finale lancée. C'est un geste de détente qui n'a rien à voir avec l'égoïsme ni la fausseté.

Chez Pascal Duprat, le célèbre publiciste (fig. 160), les mouvements centripètes, au-dessus de la ligne, apparaissent bien comme des détentes. Il n'en est pas de même chez Piron (fig. 163), dont l'écriture centripète en haut et en bas, avec un mouvement lent, se prête aux appréciations les plus sévères. On suivra profitablement le tracé de ces quelques lignes avec une pointe mousse, comme si l'on voulait les récrire ; on pénétrera bien de cette façon la lourdeur, la laideur, la grossièreté de cette écriture, ses inhibitions constantes, sa contrainte accentuée et, pardessus tout, l'incomparable collection de ses traits centripètes. L'étude de la ligne 10 est spécialement recommandée.

C'est une bien curieuse écriture que celle du vicomte d'Arlincourt (fig. 162), très centripète, très imprécise, filiforme, liée, rapide, lancée, saccadée, fuselée, montante à 5°. L'écriture rapide, montante et lancée révèle la fougue ; l'écriture fuselée et l'intensité des mouvements étendus au-dessous de la ligne : la suprématie de l'instinct.

On remarquera la discordance entre l'écriture rapide et centripète, et d'autre part, le trop grand accord entre les allures imprécises et filiformes, d'où une nature ardente, emportée, pourvue de qualités qui ne parviennent pas à s'accorder, pitoyable par son égoïsme et son insécurité, incurable de la sottise parce qu'elle est impétueuse sans discernement.

La vie d'Arlincourt, très mouvementée, correspond en tous points aux révélations graphologiques. Il fut un magistrat

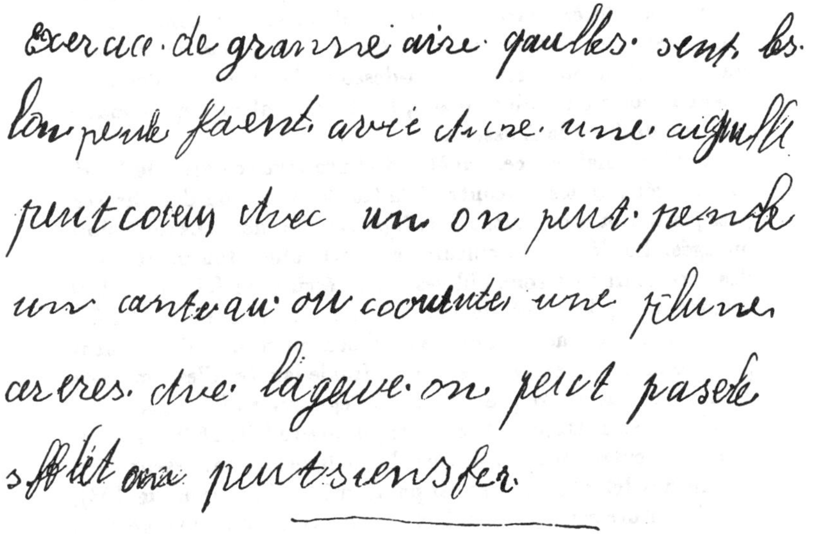

Fig. 164. — Écriture chancelante et inorganisée d'un enfant de 13 ans imbécile, fils d'alcooliques. Directions incertaines, lenteurs inégalités et inhibitions caractéristiques, points où il n'en faut pas, non-sens

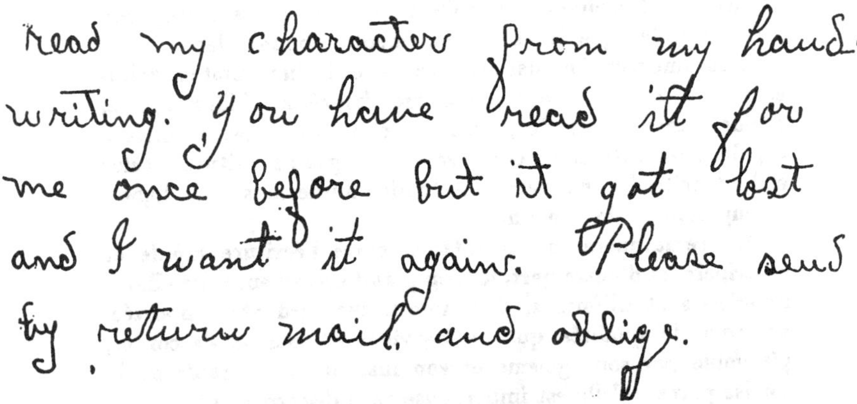
read my character from my hand.
writing. You have read it for
me once before but it got lost
and I want it again. Please send
by return mail. and oblige.

Fig. 165. — Écriture chancelante, hésitante, tordue directions incertaines et discordantes

réactionnaire dans le sens le plus fâcheux du mot, un romancier médiocre, un poète ridicule. « D'une tragédie qu'il fit représenter au Théâtre-Français en 1827, le *Siège de Paris*, on a retenu, dit Larousse, ces vers restés célèbres et qui montrent à quelles monstrueuses amphibologies le conduisait souvent sa manie malheureuse des inversions :

> On m'appelle *à régner*...
> Mon père, en ma prison, seul à manger *m'apporte*.
> J'habite la montagne et j'aime à *la vallée*...

L'ÉCRITURE CHANCELANTE *(Genre Continuité)*

Synonymes : indécise, irrésolue

Antonymes : ferme, résolue

L'écriture chancelante est déterminée par un tracé grêle, sans relief, sinueux, légèrement tremblé, offrant l'image d'une énergie défaillante. On l'observe chez les enfants malingres, comme chez les adultes débiles, ou les vieillards usés ; occasionnellement aussi sous le coup d'une grosse déconvenue. Elle accompagne un grand nombre d'états pathologiques ; c'est l'écriture des convalescents très éprouvés.

Le vacillement de l'écriture de la fig. 164 ne peut échapper à personne, mais une attention vigilante est nécessaire pour découvrir l'indigence profonde, caractéristique de l'imbécillité que révèlent ces quelques lignes. Il s'agit d'un enfant de 13 ans, issu de parents alcooliques. Il ne parvient pas à coordonner ses idées, ni leur représentation écrite. Les mouvements se succèdent très différents les uns des autres ; leur instabilité se complique d'une inhibition qui rend incohérentes toutes les associations de lettres. Les points où il n'en faut pas expriment la lenteur et la difficulté du tracé : l'enfant est obligé de s'arrêter de temps en temps ; en reposant la plume sur le papier il fait les points où il n'en faut pas, indices de sa lenteur et de sa gêne.

Le suivant (fig. 165), qui est un homme de 25 ans, tout en étant d'une autre espèce, nous fournit une écriture chancelante, inorganisée, lente, discordante de direction, tremblée, tordue. C'est un caractère sans ressort, hésitant et faible. Quelques traits centrifuges, aux *d*, indiquent une tendance à s'émanciper.

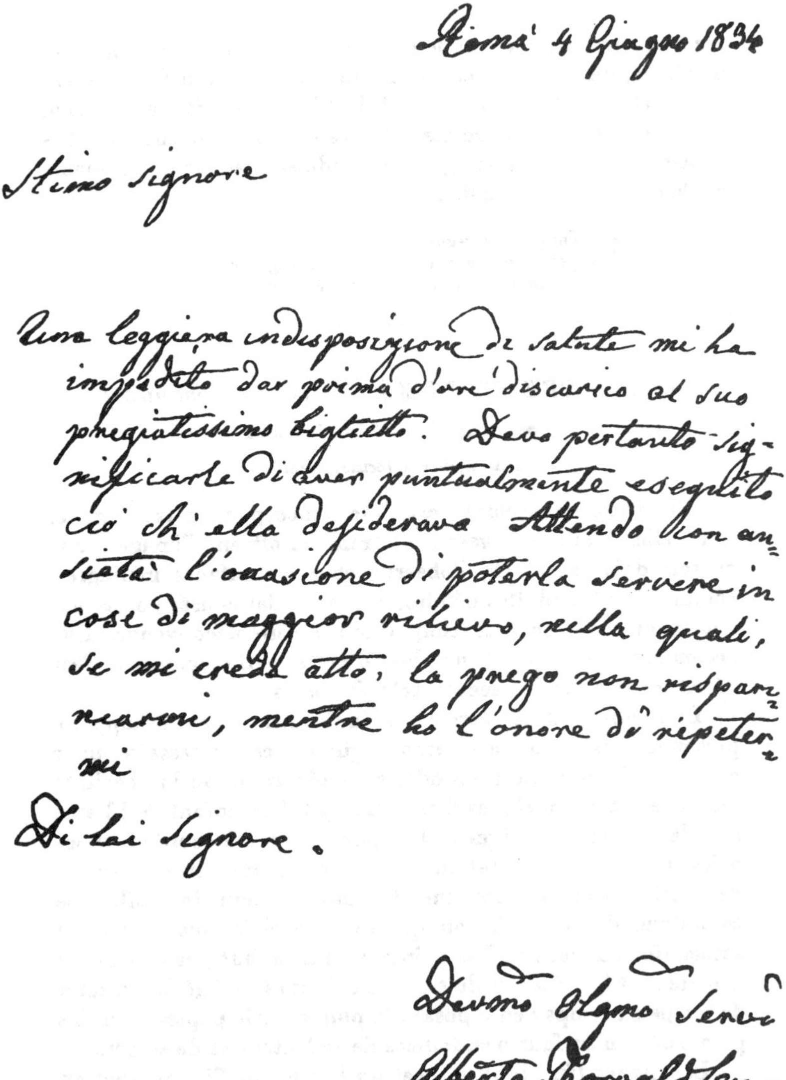

Roma 4 Giugno 1834

Stimo signore

Una leggiera indisposizione di salute mi ha impedito dar prima d'ora discarico al suo pregiatissimo biglietto. Devo pertanto significarle di aver puntualmente eseguito ciò ch'ella desiderava. Attendo con ansietà l'occasione di poterla servire in cose di maggior rilievo, nella quali, se mi crede atto, la prego non risparmiarmi, mentre ho l'onore di ripetermi

Di lei Signore.

Devmo Obbmo Servo
Alberto Thorwaldsen

Fig. 166. — Écriture du grand sculpteur Thorwaldsen, à l'âge de 65 ans désorganisée, chancelante, ralentie, légèrement descendante et grossissante mais nuancée. simple et conservant son harmonie

Ce n'est pas assez que cette nature soit pitoyable, il faut encore qu'elle fasse de l'opposition !

L'écriture de Thorwaldsen (fig. 166), un des plus grands sculpteurs du siècle dernier, est harmonieuse, nuancée, sobre, mais ralentie, très légèrement descendante et grossissante, tordue et tremblée, incontestablement chancelante. D'où cela vient-il ? Il avait 65 ans, la caducité s'annonçait.

Voici (fig. 167) une écriture très inégale, imprécise, simplifiée, tremblée, tordue, sobre et retenue, avec des mouvements centripètes de détente au-dessus de la ligne ; elle répond à la définition de chancelante. Mais elle est assez rapide et bouillonnante ; cela précise qu'il ne s'agit pas d'un vieillard. En effet, c'est un homme de moins de 25 ans ; il est très passionné dans tout ce qu'il entreprend et se surmène.

La seule différence, entre un vieillard caduc et un adulte très fatigué, c'est que le premier est dans son état normal, tandis que le second, après avoir fait connaissance avec une phase de la vieillesse et ses déchéances, retrouve habituellement et vite son équilibre. C'est ainsi que le graphologue rencontre à tous les âges l'écriture chancelante, stabilisée ou occasionnelle.

Nous observons encore, dans la fig. 168, cette imprécision dans les formes et les grandeurs, l'indécision dans la direction, qui caractérisent l'espèce d'écriture que nous étudions ici. Nous la définissons inharmonieuse, instable, chancelante, lâchée, grossissante.

L'écriture chancelante met en relief la complexité des indices de la volonté : il n'existe pas un signe d'énergie et un signe de faiblesse, mais toujours des associations de signes se rapportant à la force et à la faiblesse, dans lesquelles la continuité ou la discontinuité semble jouer un rôle décisif.

L'ÉCRITURE CHEVAUCHANTE *(Genre Direction)*

L'écriture chevauchante est constituée par des mots qui montent ou qui descendent successivement en repartant toujours de la même base (fig. 566).

L'écriture chevauchante en montant représente un effort constamment renouvelé, mais sans hardiesse, un désir persistant et refréné ; dans ses formes excessives, elle dit l'exaltation, la frénésie.

L'écriture chevauchante en descendant dit l'opiniâtreté même sans espoir, l'obstination sombre d'une énergie privée d'élan.

A la fin de la grande guerre, l'écriture de beaucoup de soldats était chevauchante en descendant, comme dans la fig. 169, dont la direction générale est d'ailleurs descendante. Les jeunes hommes faisaient leur devoir avec courage, mais ils étaient fati-

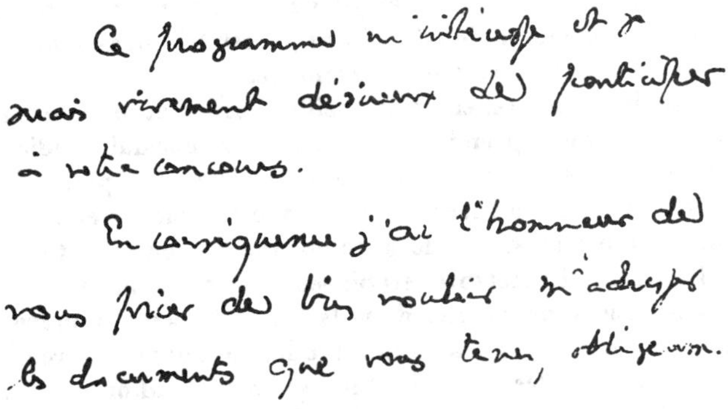
Ce programme m'intéresse et je suis vivement désireux de participer à votre concours.
En conséquence j'ai l'honneur de vous prier de bien vouloir m'adresser les documents que vous tenez obligeamment.

Fig. 167. — Écriture chancelante, très inégale et imprécise bouillonnante, tremblée, sobre et retenue, légèrement gladiolée avec des mouvements centripètes de détente au-dessus de la ligne

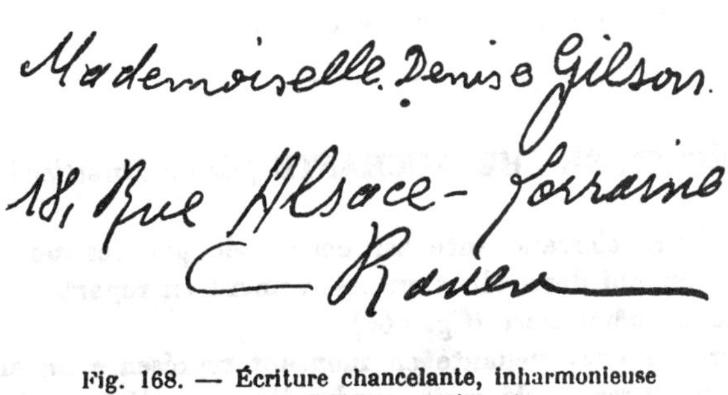
Mademoiselle Denise Gilson
18, Rue Alsace-Lorraine
Rouen

Fig. 168. — Écriture chancelante, inharmonieuse instable, lâchée, grossissante

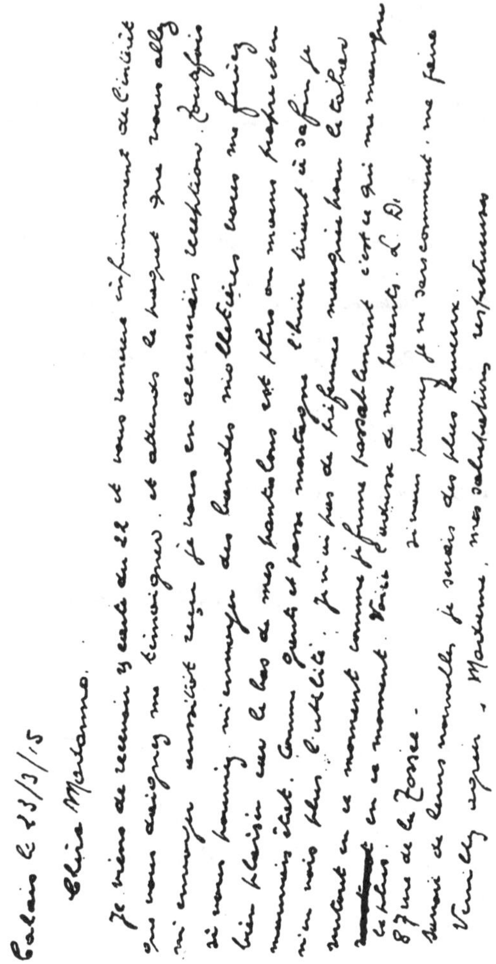

Fig. 169. — Écriture descendante et chevauchante en descendant fatigue, inquiétude

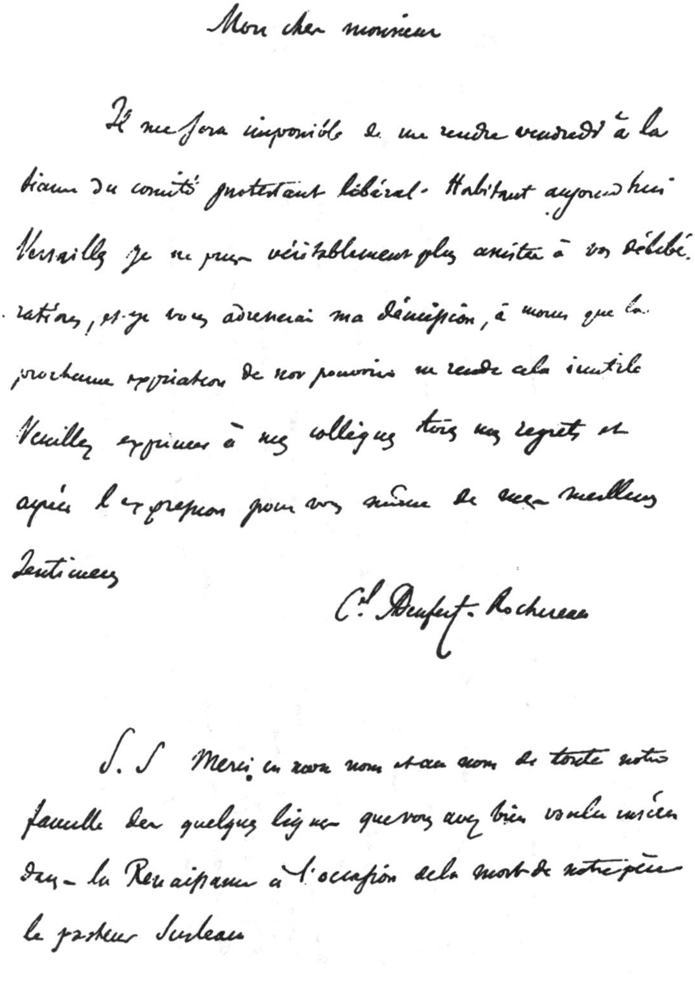
Mon cher monsieur

Il me sera impossible de me rendre vendredi à la réunion du comité protestant libéral. Habitant aujourd'hui Versailles je ne peux véritablement plus assister à vos délibérations, et je vous adresserai ma démission, à moins que la prochaine approbation de vos pouvoirs ne rende cela inutile. Veuillez exprimer à mes collègues tous mes regrets et agréez l'expression pour vous-même de mes meilleurs sentiments

Cl. Denfert-Rochereau

P.S. Merci en notre nom et au nom de toute notre famille des quelques lignes que vous avez bien voulu insérer dans la Renaissance à l'occasion de la mort de notre père le pasteur Surleau

Fig. 170. — **Écriture chevauchante en descendant, petite, sinueuse légère, liée, gladiolée, simple, imprécise sobre et retenue. Le texte est très expressif**

gués ; leur lutte contre la dépression s'inscrit à chaque mot ; ils sont peut-être humiliés de leur faiblesse, mais non démoralisés.

Chez le colonel Denfert-Rochereau, l'illustre défenseur de Belfort en 1870, l'écriture chevauchante est liée à d'autres expressions mélancoliques : traits plongeants, lig. 3, à *Habitant*, lig. 5, à *moins* ; rapetissement rythmé du tracé que le lecteur découvrira aisément lig. 4, 5, 6, 8, 11 ; inhibition considérable affectant le mouvement progressif de l'écriture au point d'en troubler la définition normale. Mais cette épître (fig. 170), très expressive d'une forte émotion passagère, la mort d'un père chéri, et le regret d'une détermination qui lui coûte, reste d'un graphisme très simple, simplifié, lié, nuancé, combiné, magnifique groupement de qualités élevées. Le graphologue expérimenté n'a pas de peine, au seul vu de la lettre que nous reproduisons, à rétablir le caractère normal.

C'est une autre face de l'écriture chevauchante que nous offre la fig. 171 ; le scripteur, qui ne tremble pas, malgré ses 86 ans, est cependant obligé de renoncer aux associations de lettres qu'il préférait jadis, à cause de troubles respiratoires. Chaque fois qu'un mot est achevé, il se repose une ou deux secondes ; cela suffit pour déplacer sa main, et ce déplacement, entre deux mouvements, se fait en descendant, parce que son énergie est défaillante. C'est ainsi que son écriture chevauchante est un composé de mouvements descendants, chancelants, et presque juxtaposés, chacun expliquant les deux autres.

L'ÉCRITURE CLAIRE *(Genre Forme)*

Synonyme : lisible. — Antonymes : confuse, illisible

Une écriture est claire quand elle est bien lisible.

La formation régulière des lettres, à l'exclusion de toute complication, voilà le signe primordial, qualitatif de l'écriture claire. Viennent ensuite des espacements convenables entre les lettres (1 mm), entre les mots (2 mm), et les lignes (environ 10 mm, selon la grandeur de l'écriture). Un agencement correct des marges est des alinéas apporte à la clarté une contribution distinguée, celle de la culture d'esprit.

La clarté est peut-être la plus éminente qualité du caractère ;

elle est la loi suprême de l'intelligence et la marque essentielle de la droiture ; rien de beau, de noble, de pur, ne se fait sans son concours, et elle l'apporte puissant et décisif à l'ordre, à la simplicité, à la sincérité. Une écriture claire, dans un ensemble harmonieux, est donc un des plus beaux signes d'intelligence et un excellent indice de droiture.

Chez les inférieurs, où son témoignage intellectuel est réduit par l'effet de l'inharmonie, elle demeure cependant le rempart efficace qui s'oppose à la bassesse. Que resterait-il, par exemple,

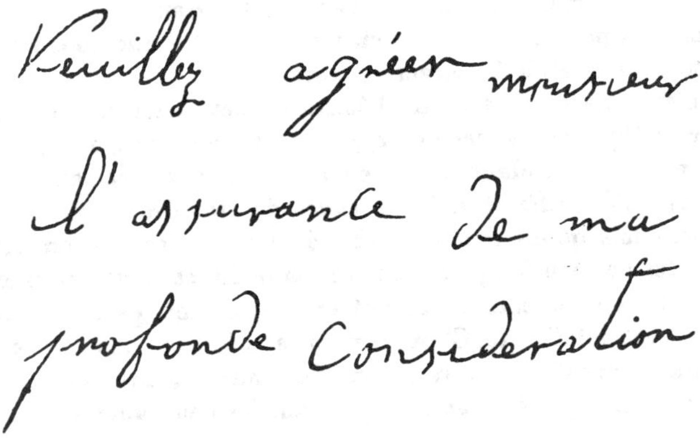

Fig. 171. — Écriture chevauchante en descendant, d'un octogénaire

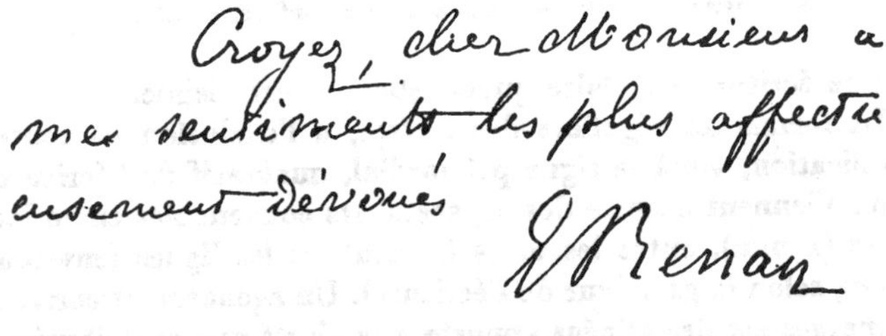

Fig. 172. — Écriture très claire, harmonieuse, homogène, simple sobre, légèrement gladiolée
(V. fig. 488)

aux insignifiants, si la clarté leur manquait ? On sait que leurs écritures sont habituellement lisibles et espacées. Mais cette observation n'a pas été comprise : les insignifiants sont des pauvres, non pas des gens entièrement dépourvus de ressources. Ils ont, en particulier, l'écriture claire qui sauvegarde leur bon sens et leur droiture. Privez-les de ce soutien et leur mentalité devient périlleuse[1].

Une écriture claire est toujours un bon signe.

L'écriture d'Ernest Renan, fig. 172, de sa plus tendre enfance jusqu'à sa mort, a toujours eu, comme première dominante, la clarté ; ce fut aussi la qualité maîtresse de son esprit. La simplicité, l'homogénéité s'y ajoutent pour constituer une harmonie très douce. Dans un grand nombre de ses autographes, l'écriture de Renan apparaît liée, simplifiée et combinée.

En lisant la lettre missive de Xavier Bichat, reproduite fig. 173, on n'a pas besoin de bâtir des hypothèses sur son contenu, tant elle est claire. Mais on voit ici l'effet du concours qu'apportent d'autres qualités de haute tenue : la simplicité, la fermeté, un tracé nourri.

L'écriture d'Hégésippe Moreau, fig. 174, est claire avant tout ; combinée, simple, simplifiée, groupée, légère, posée sinon lente, cylindrique, basse, au-dessous de la ligne. Une si belle définition paraît gâtée par la lenteur relative, mais il s'agit de la copie d'une poésie.

En général, les copies, dans un but de clarté, sont peu rapides ; le souci de la correction accapare l'attention ; aussi, prennent-elles un air d'uniformité, de monotonie, qui nous permet souvent de distinguer si une lettre missive est spontanée, ou étudiée et recopiée. Quelques essais, à ce sujet, d'abord sur sa propre écriture, développeront le sens critique, si nécessaire au graphologue : rien ne lui sert d'interpréter fidèlement les indices de sa science si, faute d'expérience, il s'est mépris sur les causes.

De toute évidence, Hégésippe Moreau n'avait pas un esprit lent, son écriture combinée et simplifiée le proclame ; la lenteur de son écrit est occasionnelle, sans portée pour juger de son activité générale, mais témoignant d'un heureux pouvoir d'inhibition pour parfaire l'ordonnance de ses écrits.

1. Voir plus loin Écriture limpide.

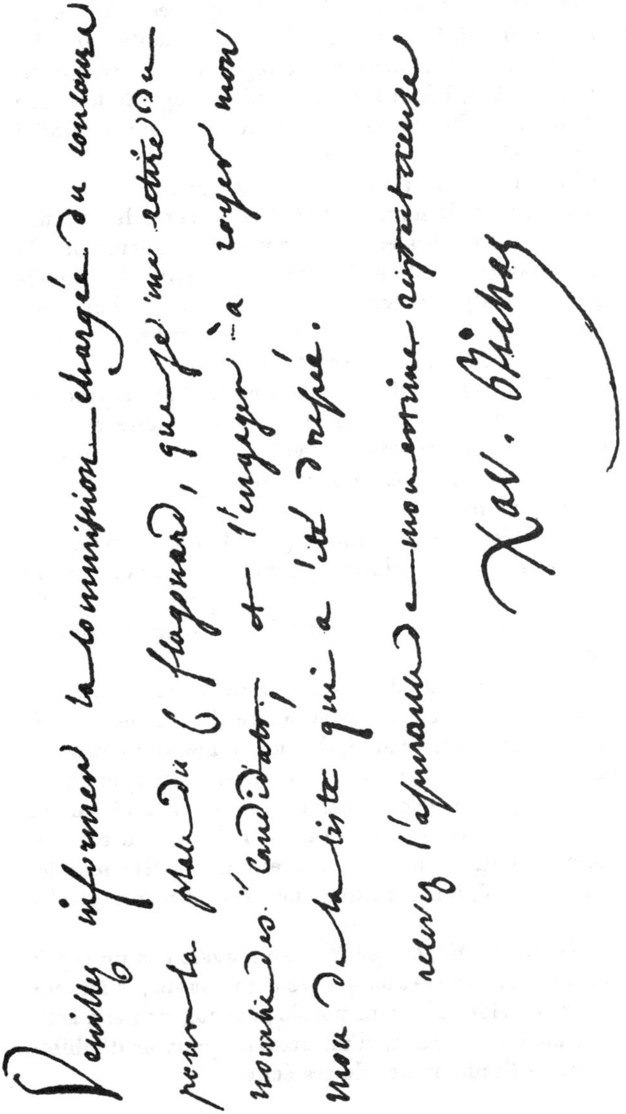

Fig. 173. — Écriture très claire, combinée, simple, simplifiée, aisée, liée ferme, nourrie, petites et nombreuses inégalités (V. fig. 417)

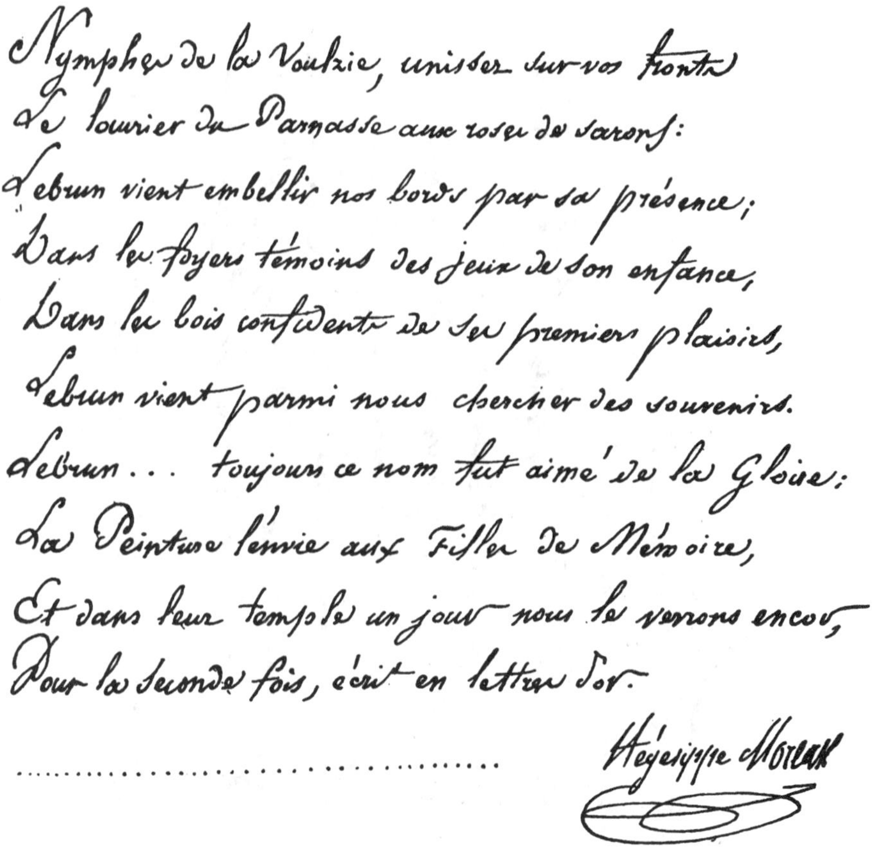

Nymphes de la Voulzie, unissez sur vos fronts
Le laurier du Parnasse aux roses de Sarons:
Lebrun vient embellir nos bords par sa présence;
Dans les foyers témoins des jeux de son enfance,
Dans les bois confidents de ses premiers plaisirs,
Lebrun vient parmi nous chercher des souvenirs.
Lebrun... toujours ce nom fut aimé de la Gloire:
La Peinture l'envie aux Filles de Mémoire,
Et dans leur temple un jour nous le verrons encor,
Pour la seconde fois, écrit en lettres d'or.

Hégésippe Moreau

....

Fig. 174 — Écriture très claire, combinée, simple, simplifiée, groupée légère, posée, basse au-dessous de la ligne

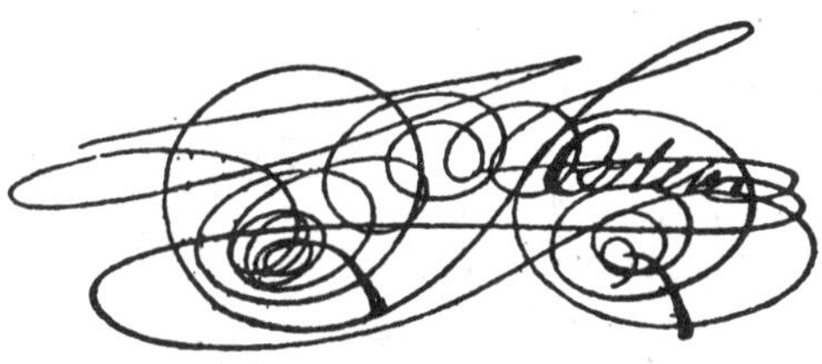

Fig. 175. — Signature compliquée, bouillonnante mouvementée : esprit brouillon

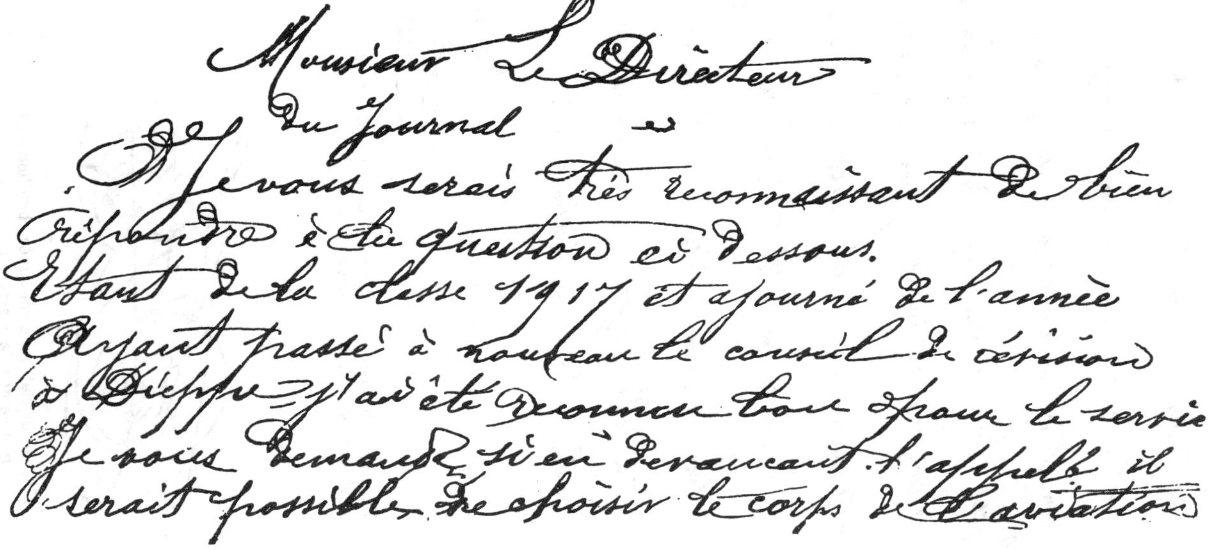
Monsieur Le Directeur
du Journal
Je vous serais très reconnaissant de bien
répondre à la question ci dessous.
Etant de la classe 1917 et ajourné de l'année
ayant passé à nouveau le conseil de révision
à Dieppe j'ai été reconnu bon pour le service
Je vous demande si en devançant l'appel il
serait possible de choisir le corps de l'aviation

Fig. 176. — Écriture inharmonieuse, compliquée, retouchée, lancée, surélevée lente, tour à tour gladiolée ou grossissante, sinueuse, liée, en spirales

L'ÉCRITURE COMPLIQUÉE *(Genre Forme)*

Antonymes : abrégée, simplifiée

Une écriture est compliquée quand elle contient des traits inutiles à la formation des lettres.

Observée dans son origine, la complication est une maladresse des natures élémentaires, des ignorants et des hésitants. Dans la règle, la culture d'esprit, en tant qu'elle développe l'intelligence, et non pas seulement le savoir, fait disparaître la complication ; mais les natures tatillonnes, méticuleuses, s'en débarrassent difficilement.

Ce signe se manifeste de façon infiniment variée. Ses interprétations sont toujours péjoratives, et dans les meilleures écritures, elles compromettent toutes les combinaisons de résultantes heureuses.

Partout la complication jette le trouble, l'hésitation ou l'incohérence. Elle sert souvent à déguiser la vérité, à égarer la bonne foi. Dans ses formes intenses, c'est peut-être le signe le plus opposé à la droiture[1]. Mais dans ses formes légères, et chez a jeunesse, elle dit seulement la frivolité et la coquetterie.

Toute la pauvreté de l'écriture compliquée se révèle dans la fig. 176, par surcroît inharmonieuse, retouchée, lancée, surélevée, lente, tour à tour gladiolée ou grossissante, sinueuse, liée. Le scripteur est un agité, un faiseur d'histoires, un exagéreur, un prétentieux, un brouillon, un débile. Ce malheureux garçon de 20 ans, aveuglé sur lui-même, au moment de faire son service militaire, se propose d'entrer dans l'aviation, carrière qui exige un ensemble de qualités dont il n'a pas une seule ! Nous regrettons de ne pouvoir reproduire sa signature qui est extravagante.

Le paraphe étant un tracé libre[2], se prête à enregistrer les complications les plus extraordinaires. Et c'est là que non seulement les déséquilibrés, mais des natures contraintes s'abandonnent, révélant brusquement tout ce que leur esprit comporte de trouble et de misère. C'est pourquoi la signature avec un paraphe est un document précieux. Coster (fig. 175), membre de l'Assemblée nationale en 1792, a une signature compliquée,

1. Cf. *Les Éléments*, Monographie de l'Écriture compliquée, p. 81 à 91.
2. Cf. *Les Éléments de l'écriture des canailles*, tracés serfs et tracés libres, p. 245.

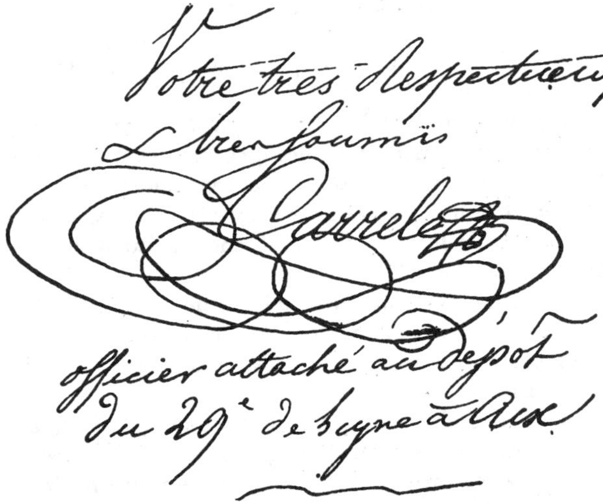

Fig. 177. — Écriture liée, combinée, aisée, posée, claire, cylindrique avec un paraphe arachnéide mouvementé et compliqué à froid

Fig. 178. — Écriture d'Élizabeth, reine d'Angleterre
compliquée, juxtaposée, surélevée, recherchée, par cela même très ralentie
calligraphiée, cylindrique, typographique, nette, ferme, légère
Ecriture d'apparat

bouillonnante, mouvementée. Que peut-il se passer dans une tête aussi mal organisée ? C'est un politicien brouillon qui tire parti de ses défauts. De tels gens, seuls, savent promettre les réalisations les plus contradictoires et, par leurs mouvements impulsifs, s'imposer aux masses.

Une des complications les plus curieuses de l'écriture s'accroche au paraphe, et rien que là, sous la forme de tracés arachnéides. Il n'y a donc pas une Espèce d'écriture arachnéide, mais seulement une complication qui rappelle la contexture d'une toile d'araignée. Cette complication, très fréquente aux XVIIIe et XIXe siècles, est devenue relativement rare de nos jours ; elle n'avait pas échappé à la sagacité de l'abbé Michon qui l'attribuait aux hommes entendus, entreprenants, à la fois habiles et ardents[1]. Nous la trouvons chez le célèbre publiciste Armand Carrel (fig. 177), associée à l'écriture liée, combinée, aisée, posée, claire, cylindrique, mouvementée. Mais il semble que les complications sont ordonnées, tracées à froid.

La reine Élisabeth d'Angleterre (fig. 178) ne cherche pas à dissimuler ses mouvements compliqués ; elle s'y complaît comme à une ornementation délicieuse. Elle n'est que recherchée, par cela même d'un mouvement très ralenti. Il ne faut cependant pas se montrer sévère pour cette écriture ; sans doute, elle gagnerait beaucoup à n'être pas aussi compliquée, mais son caractère d'apparat oriente impérativement les appréciations vers la haute supériorité que révèlent, d'autre part, la grâce et la distinction des tracés typographiques et simplifiés. C'est un exemple utile de subordination des signes à la dominante principale. Il faut aussi tenir compte de l'époque.

A l'analyse, on observe que les complications de l'écriture de la reine Élizabeth dérivent presque toutes de paraphes successifs qui forment autant de surélévations, indices d'orgueil. Il n'est pas rare d'observer cette complication. Par exemple : Dumoustier (fig. 179) signe avec un pauvre petit paraphe arachnéide, mais se reprenant aussitôt, il ne craint pas de se répandre sous une seconde forme plus véhémente. Les brouillons et les orgueilleux sont les gens les plus naïfs sur la terre ; par leur aveuglement, ils favorisent si bien les graphologues qu'ils per-

1. Cf. *Méthode pratique*, p. 201. Cf. *Cours pratique*, André LECERF, p. 196 et suiv.

Fig. 179. — Double paraphe arachnéide

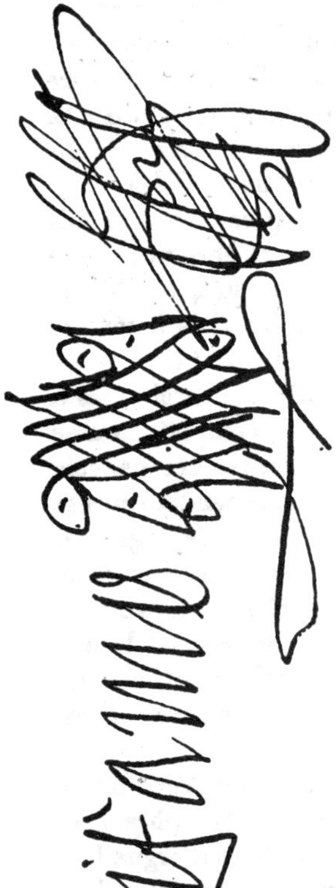

Fig. 180. — Écriture de Spifame, célèbre illuminé du XVIe siècle, grande, claire posée, avec un double paraphe arachnéide, le premier composé le second brouillon et un troisième sous le premier, en lazzo

Fig. 181. — Écriture emportée, exagérée, 20 à 24 mm très mouvementée, paraphe arachnéide

mettent de soutenir que l'étude du caractère, dans ses grandes lignes, est un jeu d'enfant pour un homme tant soit peu observateur et doué de bon sens. Voyez, fig. 180, la signature de Spifame, le célèbre illuminé du XVIe siècle ; elle est paraphée trois fois ; dans la première il montre son esprit posé, attentif, habile, intrigant. Mais son second paraphe, lancé, impétueux, exalté, passionné, déréglé, découvre son caractère sous un aspect nouveau, plus profondément véridique, où l'impulsif se révèle violent et dangereux ; enfin, le troisième paraphe, en lasso, doit être considéré comme le soulignement du premier, qui n'avait pas besoin d'être souligné. C'est trop d'habileté et de complication.

Raisin (l'aîné), comédien et auteur du XVIIe siècle (fig. 181), complique aussi son paraphe par le tracé arachnéide ; cependant, sa spontanéité ne saurait être suspectée ; son écriture exagérée, avec des minuscules de 20 à 24 mm, mouvementée jusqu'à l'emportement, met sa bonne foi hors de cause. Nous ne croyons pas à son habileté ; par ses dominantes intenses, l'écriture annonce un gaffeur, un exalté, un brouillon.

L'ÉCRITURE CONCAVE *(Genre Forme)*

Antonyme : convexe. — Synonyme : creuse

L'écriture concave est affaissée au centre des lignes ; c'est une variété de l'écriture descendante. Elle exprime une dépression dont la cause est à déterminer, suivie d'un effort pour s'y soustraire. Tantôt c'est l'effet d'une contrariété passagère, — et alors, d'un document à un autre, les lignes se redressent — tantôt c'est l'indice d'une déception plus profonde, d'un chagrin qui affecte les sources de l'activité ; ou bien encore c'est le reflet d'un mauvais état physique ou pathologique.

L'inquiétude est toujours à la base des interprétations. Par l'effet de la cause la plus courante de l'écriture concave, la vie étant semée de soucis petits et grands, elle est très commune. Chez les natures sensitives, elle apparaît, ou disparaît, à quelques heures d'intervalle.

Notre exemple représente l'écriture de Louis XVI (fig. 182), qui n'est presque jamais reproduite correctement, mais défor-

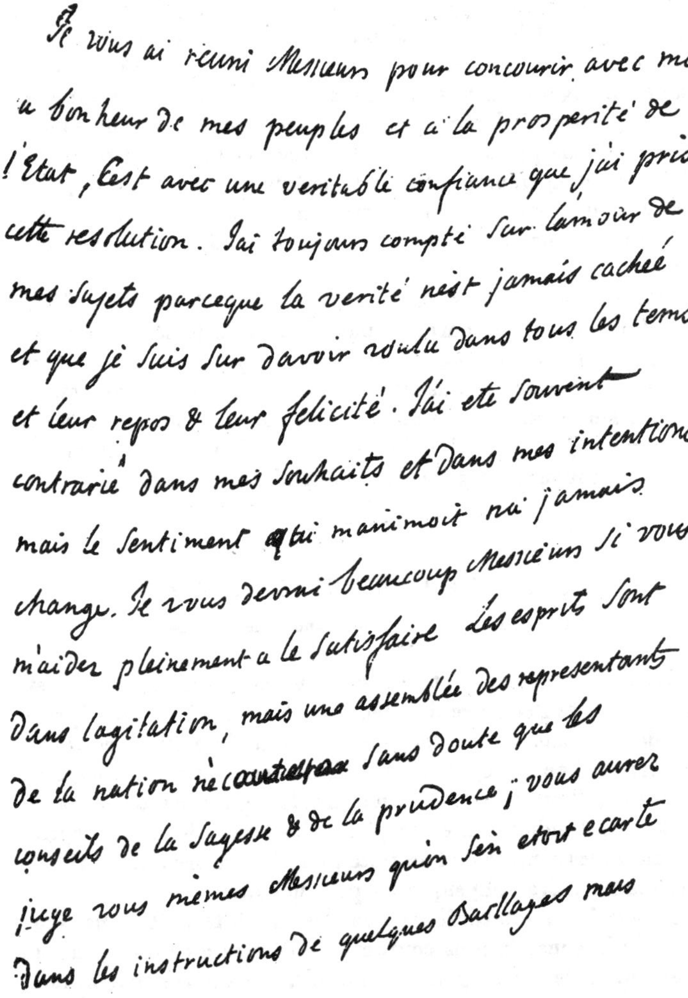
Je vous ai réuni Messieurs pour concourir avec moi
au bonheur de mes peuples et à la prosperité de
l'Etat, C'est avec une veritable confiance que j'ai pris
cette resolution. J'ai toujours compté sur l'amour de
mes sujets parceque la verité n'est jamais cachée
et que je suis sur d'avoir voulu dans tous les tems
et leur repos & leur felicité. J'ai eté souvent
contrarié dans mes souhaits et dans mes intentions
mais le sentiment qui m'animoit n'a jamais
changé. Je vous devrai beaucoup Messieurs si vous
m'aider pleinement à le satisfaire Les esprits sont
dans l'agitation, mais une assemblée des representants
de la nation n'écoutera sans doute que les
conseils de la sagesse & de la prudence; vous aurez
jugé vous mêmes Messieurs qu'on s'en etoit écarté
dans les instructions de quelques Baillages mais

Fig. 182. — Écriture concave de Louis XVI ; dépression

mée par des réductions ou des calques grossiers[1]. Le roi débute sous une impression très pénible ; la concavité de son récit est d'une intensité exceptionnelle, avec 4 mm de creux. A mesure qu'il écrit, son esprit se raffermit si bien qu'au bas de la page il ne lui reste plus qu'un peu d'excitation ; elle se traduit par l'écriture montante, étrangère à ses habitudes.

L'ÉCRITURE CONDENSÉE *(Genre Dimension)*

Antonyme : dilatée. — Synonymes : tassée, compacte

C'est une écriture resserrée dans tous ses modes à la fois ; les lettres, les mots, les lignes, sont plus ou moins tassés, les marges réduites ou supprimées, les dimensions rapetissées.

Voilà un signe très favorable d'attention. La condensation des mouvements évite leur dispersion. L'écriture condensée est très avantageuse pour lutter contre l'étourderie. Par contre, ses expressions intenses désignent les natures étroites, qui n'aiment rien risquer, les égoïstes, les avares, les cupides.

Son usage occasionnel est assez fréquent lorsqu'on a beaucoup à dire à un correspondant et peu de papier à sa disposition : on y verra le signe d'un caractère souple qui sait s'adapter.

Dans quelques états de dépression, de crainte, sous l'empire du froid, de la faim, de l'épuisement, l'écriture se condense visiblement. Un bon observateur, qui s'intéresse à un sujet émotif, nerveux, n'a pas de peine à suivre, dans son écriture alternativement condensée ou dilatée, les variations correspondantes de son caractère et de son état de santé.

Nous donnons comme exemple l'écriture de Mirabeau. A première vue, elle paraît laide ; sa condensation, en effet, ne flatte pas l'œil ; mais l'analyse en fait ressortir les grandes richesses. Elle est très sobre et condensée, avec marge, simple et simplifiée, bien proportionnée, liée, combinée, semi-anguleuse, nourrie, ferme, homogène, grande, de 2 à 3 mm. Dans ce milieu sévère, la grâce est sacrifiée à la puissance ; aucune superfétation n'apparaît ; Mirabeau se ramasse, se recueille, se replie

1. Tous les exemples de cet ouvrage et des précédents sont donnés en grandeur naturelle et par reproduction directe.

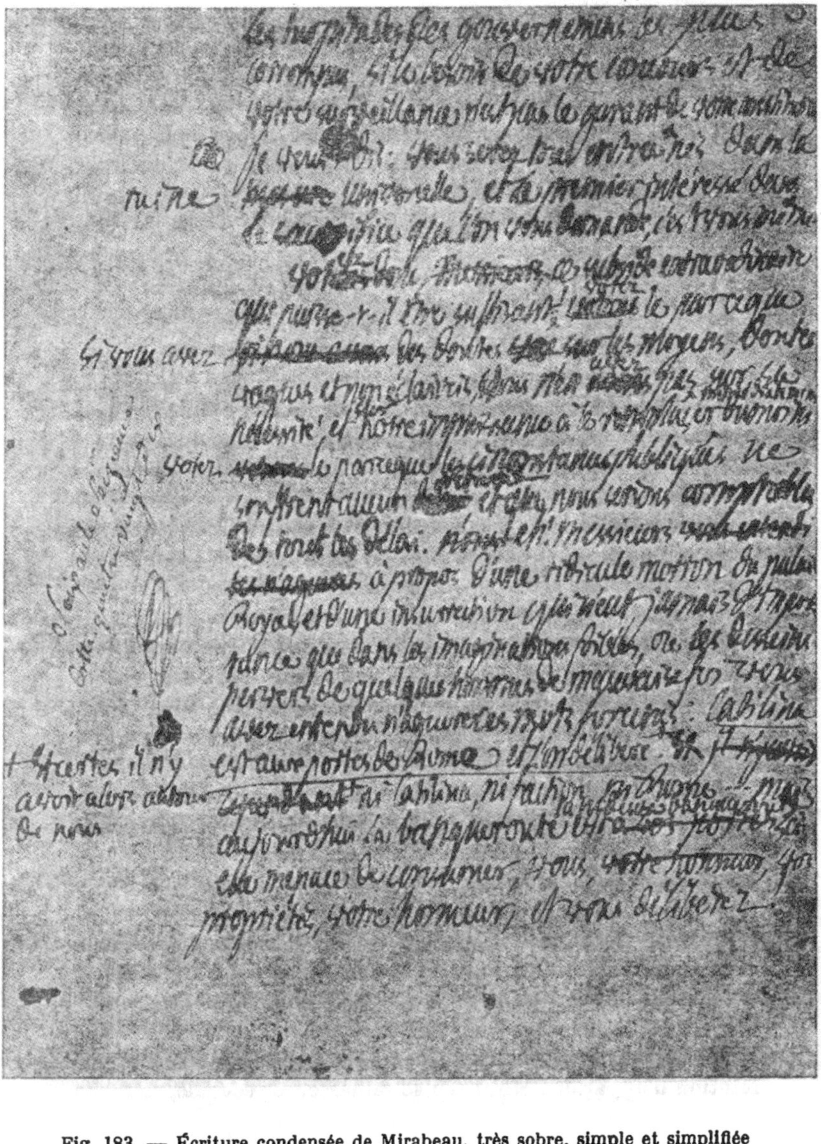

Fig. 183. — Écriture condensée de Mirabeau, très sobre, simple et simplifiée bien proportionnée, liée, combinée, semi-anguleuse, nourrie ferme, homogène, grande de 2 à 3 mm

sur lui-même, il est tout à sa pensée ; avec une incomparable maîtrise de soi (fig. 183). On y voit, aussi, son immoralité[1].

La fig. 185 est aussi un exemple d'écriture condensée, sans marges, mais le milieu n'est pas le même. Nous allons retrouver cette écriture en parlant de la confusion.

L'ÉCRITURE CONFUSE *(Genre Forme)*

Synonyme : illisible. — Antonymes : claire, lisible

Une écriture est confuse quand sa lisibilité est compromise pour une cause quelconque[2].

Beaucoup de modes d'expression troublent la clarté d'un écrit : l'agitation, les complications, le tassement des mots ou des lignes, l'excès des abréviations, tous les désordres, comme le croisement des lignes et l'enchevêtrement, etc. Mais le signe principal de l'écriture confuse est l'imprécision de la forme des lettres qui rend le texte équivoque et empêche ou retarde la lecture.

L'écriture confuse révèle un esprit qui ne manifeste pas clairement sa pensée. Sa continuité, chez un enfant, atteste l'arriération mentale.

Par l'interprétation des signes à l'aide desquels la confusion s'accuse plus particulièrement, on précise le genre de désordre qui la produit.

La confusion que l'on observe dans l'écriture des malades, qui n'ont plus le contrôle de leurs mouvements, n'a que le sens d'un désordre d'origine pathologique.

L'écriture de la fig. 184 est normalement espacée, mais incoordonnée, remplie de non-sens, saccadée, très retouchée, confuse au plus haut degré puisqu'elle est incompréhensible. Il s'agit d'un imbécile de 16 ans. On peut mesurer l'erreur des graphologues qui considèrent l'espacement, au moins normal, comme le principal signe de la clarté.

Voici, fig. 185, une écriture évidemment confuse, désordonnée, imprécise, condensée, saccadée, retouchée, lancée, lente,

1. Écriture boueuse.
2. Cf. La monographie de l'Écriture confuse, dans les *Éléments*, p. 63 à 80.

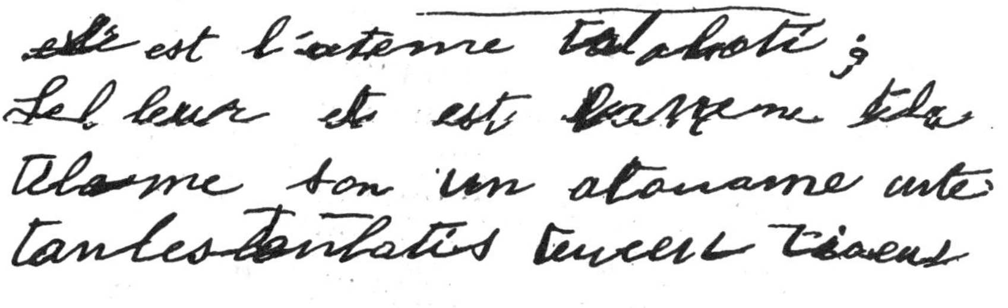

Fig. 184. — Écriture confuse, saccadée, 1 à 3 mm incoordonnée, à non-sens retouchée, d'un imbécile de 16 ans

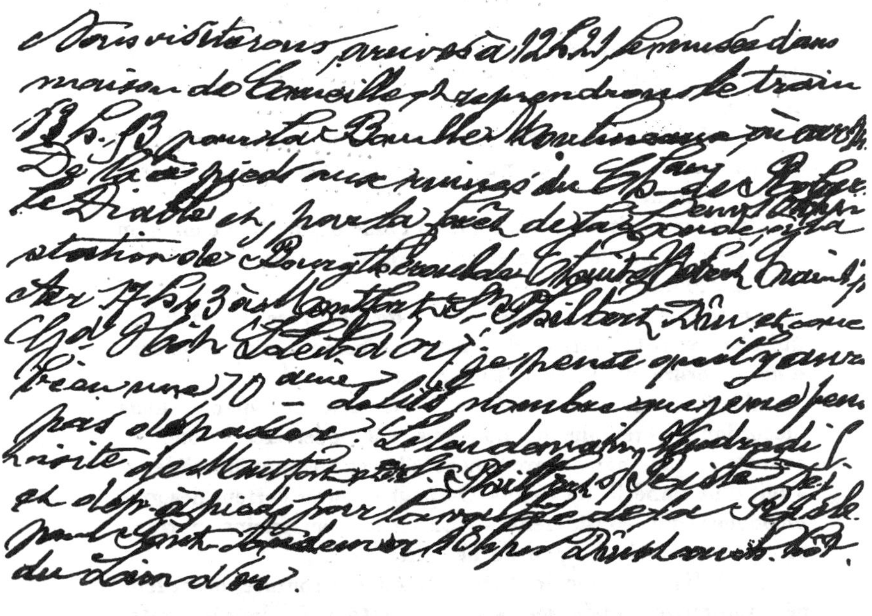

Fig. 185. — Écriture sénile, confuse, désordonnée imprécise, condensée, saccadée, retouchée, lancée, lente tremblée, très inégale de dimensions et de directions

tremblée, très inégale de dimensions et de directions. Cependant, un petit éclaircissement va beaucoup modifier la portée de cette définition défavorable : c'est l'écriture d'un homme de plus de 75 ans ; c'était un chef ; il est resté fougueux (écriture lancée), mais son activité vraie est amoindrie par ses mouvements imprécis, retouchés, saccadés, tremblés ; l'apparence est mouvementée ; le fond est chancelant ; le résultat véritable est la lenteur. Pour être juste, nous n'oublierons pas qu'une écriture désorganisée implique toujours une écriture antérieure mieux organisée[1].

Chez les enfants, la cause de la confusion est, le plus souvent, l'instabilité ; leurs tracés fort inégaux, saccadés, tremblés, révèlent leur excessive nervosité : ce sont des dégénérés. C'est le cas du garçonnet de 8 ans dont nous donnons l'écriture fig. 186. La tare est profonde, parce que le système nerveux ne se régénère pas comme les autres tissus de notre corps.

Chez les adultes, les causes les plus habituelles de la confusion sont la précipitation, la négligence, la paresse, qui compromettent la formation correcte des lettres et l'achèvement des mots ; enfin, tous les désordres. L'abus des simplifications n'est pas moins fâcheux que les complications, comme on l'observe dans la fig. 187. En réalité, il s'agit d'un homme intelligent et cultivé, mais si primesautier qu'il dépasse tous ses buts. Écrire une telle lettre est toujours un manque d'égard, et, selon les personnes auxquelles on l'adresse, une incorrection ou bien une grossièreté. Si intelligent qu'un homme paraisse, il n'échappe pas au reproche d'être un brouillon quand il prend la peine d'écrire à des amis qui ne parviennent pas à le lire. On nous objectera l'exemple de Napoléon Ier ? Mais sait-on combien de fois son écriture détestable lui a porté préjudice ? Il n'écrivait d'ailleurs pas toujours illisiblement : nous avons eu entre les mains un gros volume de ses lettres autographes à l'Impératrice et, ô puissance de l'amour ! elles étaient faciles à déchiffrer.

1. L'une des mille raisons qui obligent le graphologue à s'assurer de l'âge et du sexe avant d'entreprendre une étude graphologique. (A. L.)

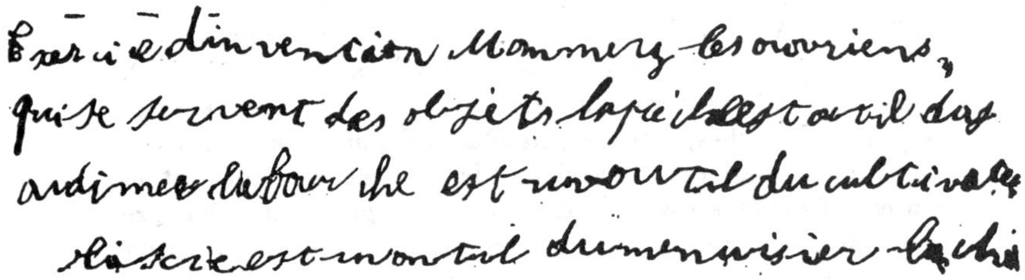

Fig. 186. — Écriture confuse, très inégale, saccadée, 1 à 3 mm, sinueuse tremblée, à reprises, descendante, d'un enfant de 8 ans, instable

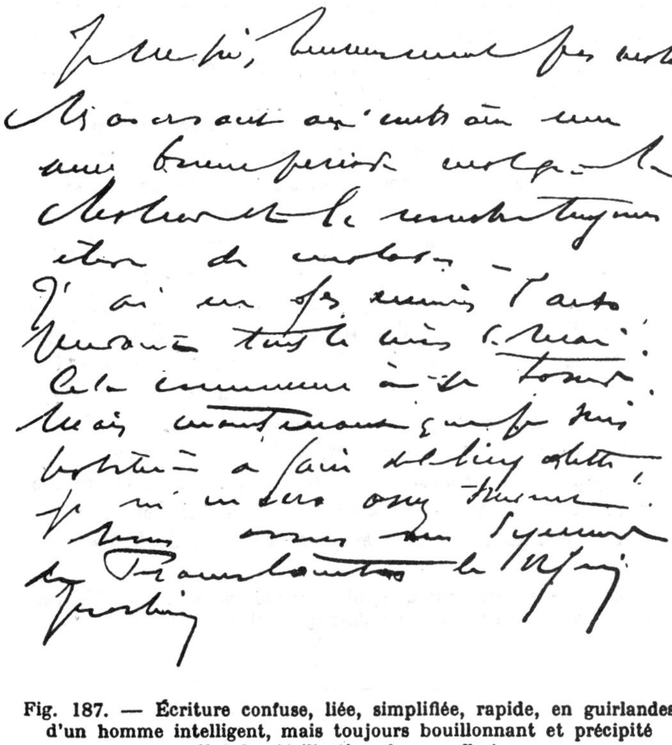

Fig. 187. — Écriture confuse, liée, simplifiée, rapide, en guirlandes d'un homme intelligent, mais toujours bouillonnant et précipité d'où la stérilisation de ses efforts

L'ÉCRITURE CONTRAINTE *(Genre Vitesse)*

Antonyme : aisée. — Synonyme : systématiquement retenue

L'écriture contrainte se manifeste par des allures gênées, le plus souvent associées à un ralentissement général de l'activité, à des hésitations du tracé, au rapetissement, au redressement de l'inclinaison. Les écritures conventionnelles et les copies appliquées sont contraintes.

L'écriture contrainte exprime la réduction habituelle, ou accidentelle, de la spontanéité, et le défaut de sincérité, la réserve systématique.

L'écriture de Longfellow, le célèbre poète américain (fig. 188),

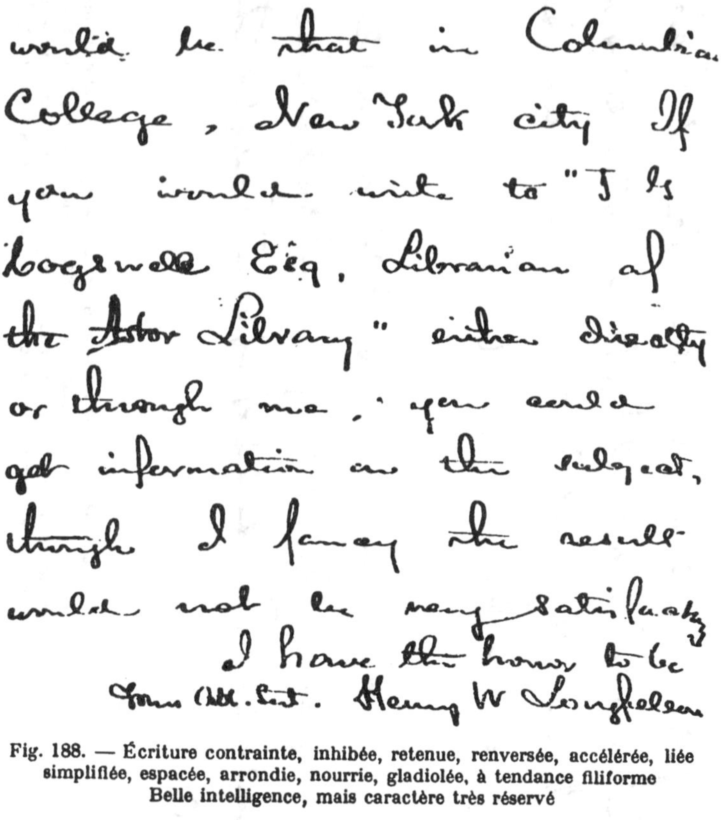
would be in Columbia College, New York city. If you would write to "J G Cogswell Esq. Librarian of the Astor Library" either directly or through me, you could get information on the subject, though I fancy the result would not be very satisfactory.
I have the honor to be
Yours Obt. Servt. Henry W Longfellow

Fig. 188. — Écriture contrainte, inhibée, retenue, renversée, accélérée, liée simplifiée, espacée, arrondie, nourrie, gladiolée, à tendance filiforme
Belle intelligence, mais caractère très réservé

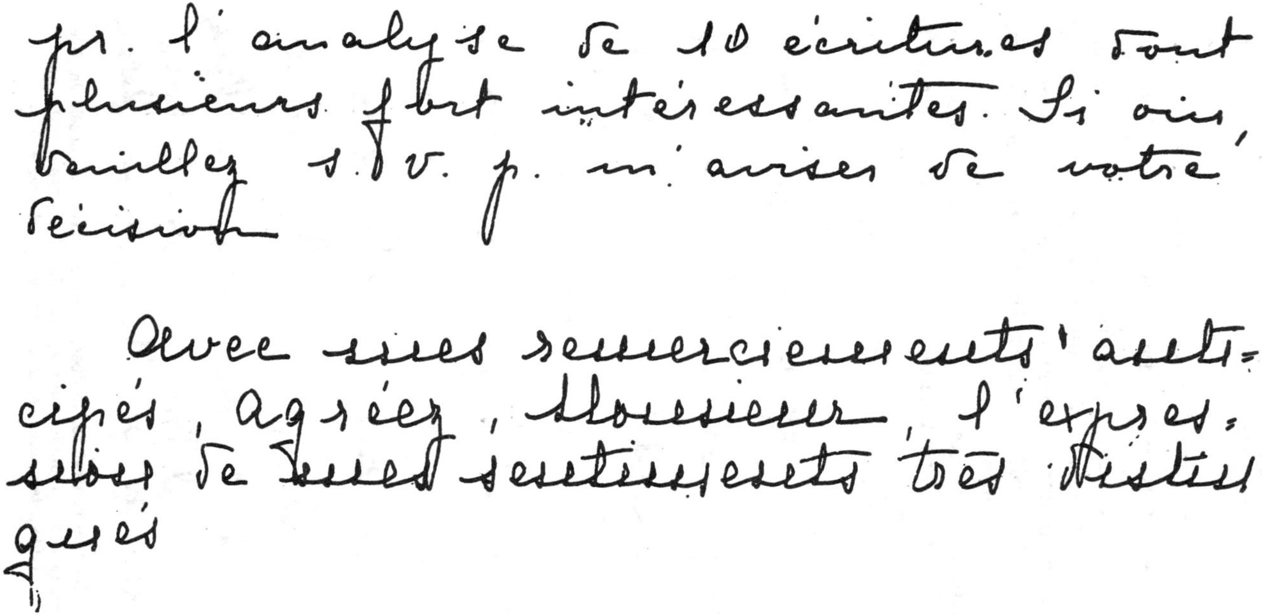

Fig. 189. — Dans les quatre premières lignes, écriture normale actuelle du sujet claire, espacée, grossissante, arrondie, accélérée, aisée, inégale de dimension, 1 à 3 mm
Du même, dans les quatre dernières lignes, écriture conventionnelle issue de celle du Sacré-Cœur très ralentie par les reprises au bas des lettres monotone, automatique, d'où l'égalité de dimension, 3 mm

est semée de traits heureux, accélérée, liée, simplifiée, espacée, arrondie, nourrie ; mais elle est gladiolée, à tendance filiforme, ce qui est moins bien ; enfin, retenue et renversée, avec quelques petites inhibitions, en somme contrainte : deux aspects de sa personnalité.

L'ÉCRITURE CONVENTIONNELLE *(Genre Forme)*

Synonyme : artificielle. — Antonyme : classique

L'écriture conventionnelle est une Espèce variable d'écriture calligraphique, en marge de la calligraphie classique, employée par une catégorie de personnes dont le but est, le plus souvent, de se distinguer des autres. Les conventions graphiques, imaginées dans cet esprit, changent non seulement d'une époque à une autre, mais d'un pays à un autre, et selon les milieux ; cependant, leur caractéristique est toujours une violence exercée en vue de singulariser le geste écrit. Elles sont artificielles et contraintes.

Le type d'écriture conventionnelle qu'on rencontre le plus souvent dans notre pays est l'écriture dite du Sacré-Cœur. Elle est très reconnaissable par ses angles systématiquement aigus, ce qui oblige à faire des triangles dans toutes les lettres à boucles. Sa régularité et sa raideur la rendent monotone. En principe, elle doit être liée, sans pleins ni déliés, faiblement inclinée et d'une dimension de 2 mm au moins pour les lettres intérieures ; enfin, pas de barre au *t*, mais une liaison remontant dans le corps de la lettre jusqu'à la hauteur de la lettre suivante.

Malgré la sévérité de ces règles, on parvient assez facilement à découvrir le caractère dans les écritures du Sacré-Cœur, parce qu'aucune méthode n'est capable de comprimer la vie au point de réaliser l'uniformité des mouvements graphiques. Les écritures sont infiniment variées, et cette infinie diversité existe même dans chaque compartiment des écritures conventionnelles[1].

Voici, fig. 189, une écriture normale, spontanée dans les quatre premières lignes ; elle est claire, espacée, arrondie, gros-

1. Cf. *Les Bases fondamentales*, p. 12, et *Les Éléments*, p. 278.

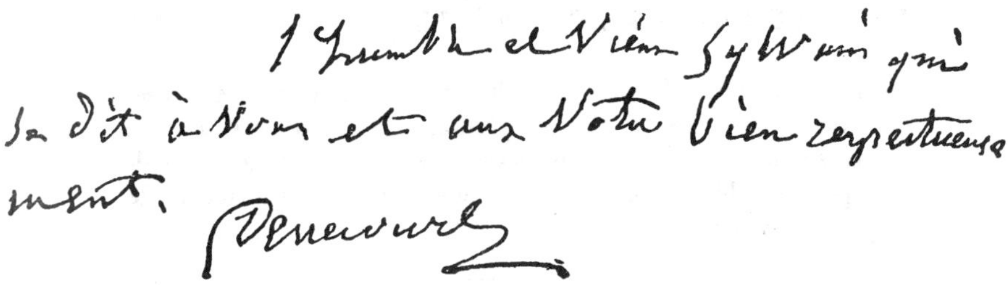
L'humble et vieux Sylvain qui
se dit à vous et aux votre bien respectueuse
ment.
Denecourt

Fig. 190. — Écriture convexe de Denecourt, à l'âge de 92 ans
claire, simplifiée, groupée, progressive, saccadée, gladiolée. Fatigue et usure

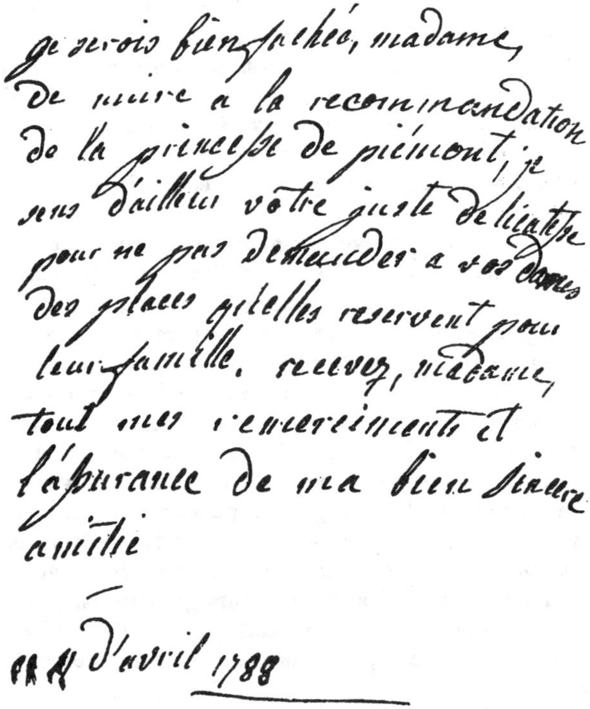
je serois bien fachée, madame,
de nuire a la recommandation
de la princesse de piemont, je
sens d'ailleurs votre juste delicatesse
pour ne pas demander a vos dames
des places qu'elles reservent pour
leur famille. recevez, madame,
tous mes remerciments et
l'assurance de ma bien sincere
amitie

ce 4 d'avril 1788

Fig. 191. — Écriture convexe, juxtaposée, lente, claire, simple
grossissante, nuancée, de la reine Marie-Antoinette
L'inquiétude et la fatigue la dominent

sissante, accélérée, aisée, inégale de dimension, de 1 à 3 mm. Il s'agit d'une dame à laquelle on avait imposé, dans son enfance, l'écriture du Sacré-Cœur ; les quatre dernières lignes de notre figure la représentent ; elle est très ralentie parce qu'elle est compliquée par les reprises au bas des lettres, monotone, agrandie et automatique, d'où l'égalité de dimension : 3 mm. Il est excessivement rare qu'il ne reste rien de la contrainte première, mais les *d* à rebours, signe de résistance, d'opposition, d'indépendance, que nous observons dans l'écriture normale actuelle nous en donne la raison : un caractère capable de s'affranchir.

On trouvera, fig 204, un exemple du Simple Script, la plus répandue des écritures conventionnelles anglaises[1].

L'ÉCRITURE CONVEXE *(Genre Forme)*

Antonyme : concave. — Synonyme : bombée

La convexité de l'écriture figure une courbe au-dessus de la ligne, en sorte que celle-ci apparaît bombée. Alors que la plupart des déprimés s'abandonnent sans essayer de réagir, comme dans les écritures descendantes ou plongeantes, ou bien réagissent tardivement comme dans l'écriture concave, d'autres s'efforcent, dès le début de leurs tracés, de vaincre leur répugnance à agir ; de là un mouvement initial ascendant qui ne se soutient cependant pas : c'est l'écriture convexe.

Le vieux Denecourt, la providence de la forêt de Fontainebleau, s'est évertué jusqu'à l'extrême vieillesse à entretenir son activité. A 92 ans, il écrivait la lettre dont nous publions un fragment fig. 190. Son écriture est encore digne de sa belle nature : claire, simplifiée, groupée, progressive, mais convexe, saccadée, gladiolée. Il restait à cet excellent homme plus de bonne volonté pour agir que de force pour accomplir.

La reine Marie-Antoinette, dans les dernières années de sa vie, n'a pas manqué d'inquiétudes ; elles se sont exprimées par des troubles variés dans la direction des lignes de son écriture

1. Un arrêté ministériel du 17 octobre 1945 l'a rendu obligatoire en France, et c'est infiniment regrettable, dans l'intérêt des enfants auxquels on impose une régression graphique et psycho-motrice. (A. L.)

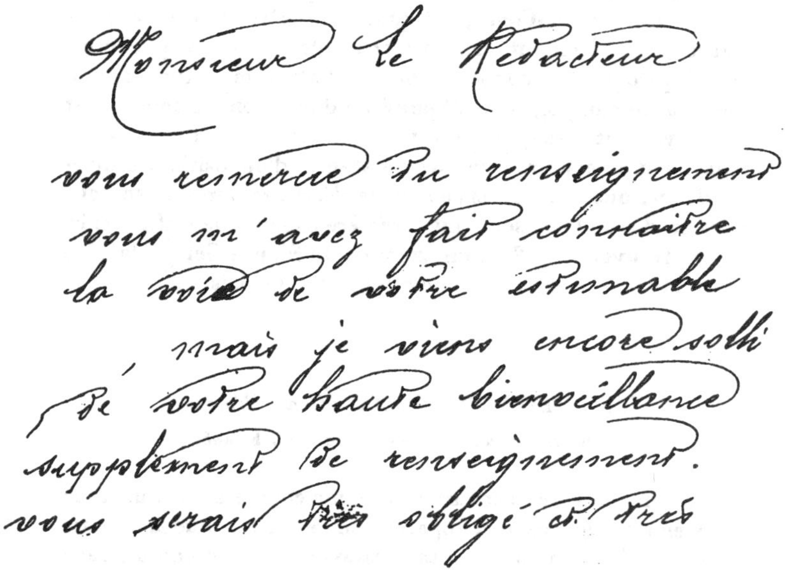
Monsieur le Rédacteur
vous remercie du renseignement
vous m'avez fait connaître
la voie de votre estimable
mais je viens encore solli
de votre haute bienveillance
supplément de renseignement.
vous serais très obligé de très

Fig. 192. — Écriture en coup de fouet en arrière

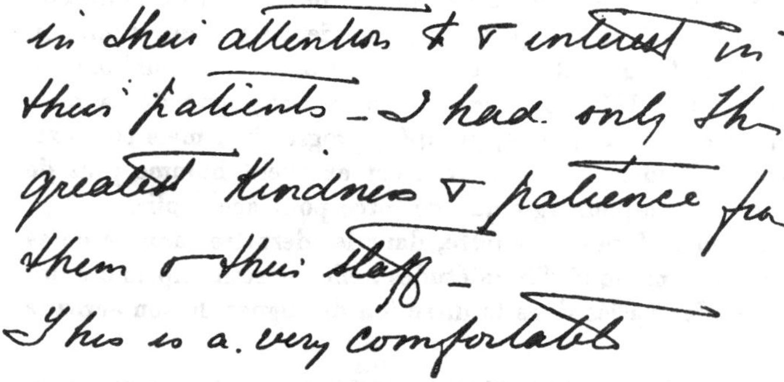
in their attention & interest in
their patients – I had only the
greatest kindness & patience from
them & their staff –
This is a very comfortable

Fig. 193. — Écriture en coup de fouet en avant

qui, dans tous les cas, ont perdu leur horizontalité. Dans notre exemple, fig. 191, la convexité est associée à la juxtaposition, à la lenteur ; l'énergie était très défaillante.

L'ÉCRITURE EN COUP DE FOUET *(Genre Forme)*

Cette nouvelle Espèce d'écriture est constituée par des traits s'arc-boutant à gauche pour se développer longuement et brusquement vers la droite. C'est une particularité issue de l'écriture lancée, très caractéristique et souvent dominante. La barre du *t*, la hampe des *d*, les majuscules *A*, *F*, *M*, *P*, les paraphes, se prêtent le mieux à enregistrer ce mouvement de détente.

Selon que le trait de gauche est arrondi ou anguleux, les significations de l'écriture en coup de fouet sont très différentes. Toutefois, on peut s'attendre, de la part des personnes qui l'emploient, à des vivacités, à des rebuffades, à des incartades. Le coup de fouet vif et anguleux exprime la brusquerie, l'emportement ; s'il est inégal, une nature fantasque et, dans ses allures excessives, la colère, la brutalité, la violence.

Le coup de fouet le plus usité est celui de la fig. 194, en A ; son mouvement vif et brusque, arc-bouté sur l'angle aigu de la base du *p*, avec le prolongement excessif de la finale, marquent un mouvement impulsif. En B, le trait est atténué, En C, le mouvement est arrondi, l'impulsion est inoffensive, leste, enjouée, cependant peu louable à cause de la complication qui s'y attache.

On observe, dans la fig. 192, le coup de fouet ramené en arrière et, fig. 193, le coup de fouet en avant. Dans les deux cas, la détente est vive, mais dans le dernier le coup de fouet s'associe à la surélévation et l'appréciation graphologique, de ce fait, est orientée vers l'indiscipline hautaine et tenace, du fait des petits harpons.

L'ÉCRITURE CRÉNELÉE *(Genre Forme)*

Antonyme : jointoyée. — Synonyme : ouverte

« L'Espèce, dit Pierre Humbert, est caractérisée par l'interruption au sommet de la panse des lettres *a*, *d*, *g*, *o*, *q*, et par l'absence d'œilletons venant restreindre cette ouverture.

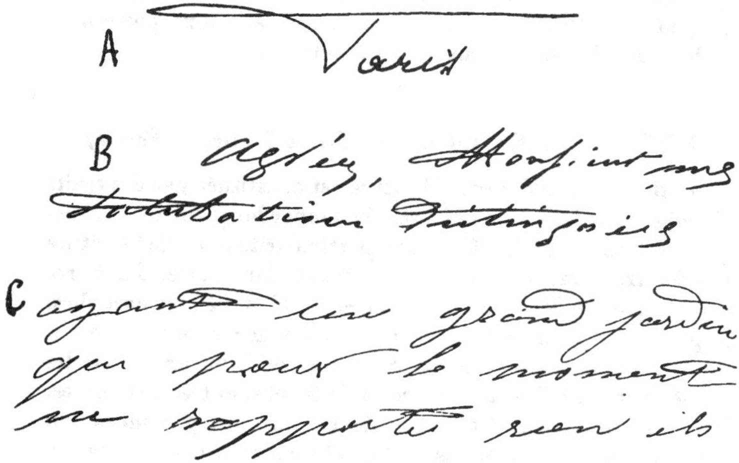

Fig. 194. — Trois variétés de coup de fouet

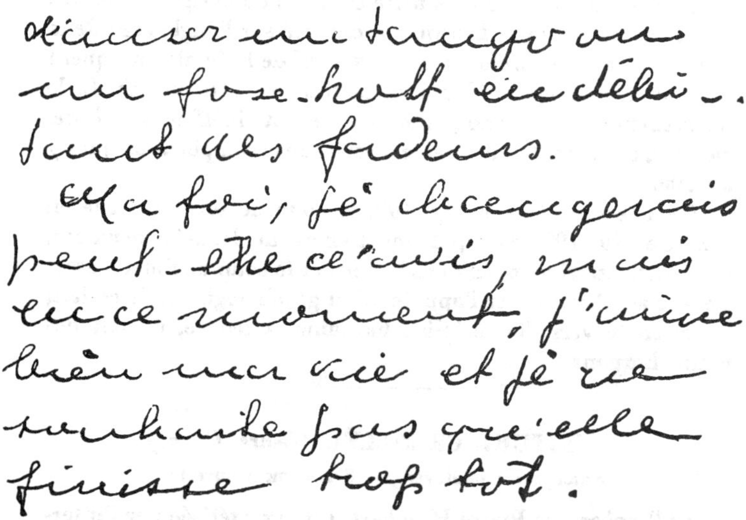

Fig. 194. — Écriture crénelée (o et a ouverts), étalée, arrondie molle, lente, simple. Indolence et bavardage

« A l'encontre de l'écriture jointoyée, l'écriture crénelée ne renferme pas non plus de fausses liaisons, de traits additionnels, ni d'allongements de finales tracés en vue de combler les blancs du papier disséminés dans le texte. »

Le crénelage est un geste de spontanéité, d'abandon, de sincérité ; il témoigne d'un altruisme, d'une générosité et d'un dévouement naturels pouvant aller jusqu'à l'oubli de soi-même, ce qui est tantôt admirable, tantôt très imprudent.

On ne s'étonnera pas de trouver ce signe plus souvent dans l'écriture des femmes que dans celle des hommes.

« La femme seule, dit Arsène Houssaye, peut vivre et mourir par le cœur[1]. »

Le crénelage dans les écritures lancées ou molles, dit l'inconséquence, la légèreté, le bavardage. Pour peu qu'il s'y mêle un élément de désordre, nous avons affaire à un brouillon, à un être déraisonnable, avec un contrôle très affaibli sur ses actes.

La fig. 195 reproduit une écriture étalée, arrondie, molle, en guirlandes, et très crénelée. Sa simplicité, avec son allure progressive, révèlent la bonté naturelle de la scriptrice, mais son énergie est chancelante, et plus encore. Les meilleurs instincts, associés, comme dans notre exemple, à l'absence presque complète de pouvoir d'inhibition, produisent des êtres passifs, négatifs, sans valeur. La bonté et la douceur s'accordent agréablement, sans cependant valoir la bonté unie à la fermeté. Mais la bonté indolente et désarmée n'est que l'ombre d'une âme charitable.

L'ÉCRITURE CROISÉE *(Genre Ordonnance)*

Après avoir rempli une page, le scripteur la déplace et écrit par-dessus le précédent texte : c'est l'écriture croisée, signe de désordre, de confusion et de mauvais goût. Son emploi ne serait excusable que chez les pauvres qui économiseraient le papier, mais ce ne sont guère que des gens riches qui l'emploient ; ils cherchent ainsi à se distinguer ; le moyen n'est pas heureux : la vraie distinction consiste à faire mieux que les autres.

1. Cf. *L'Age et le sexe dans l'écriture*, p. 36, éd. Adyar, Paris.

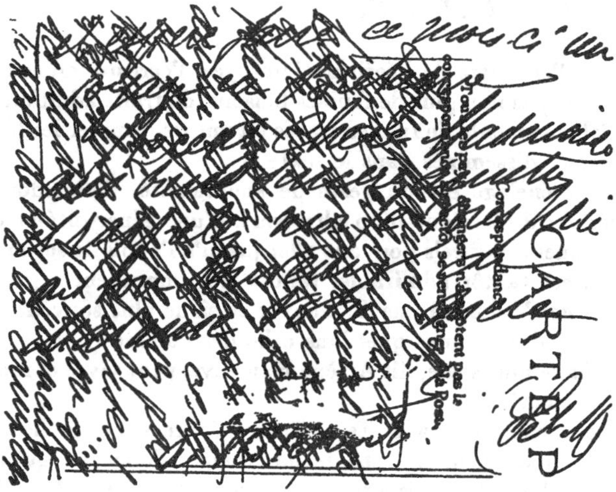

Fig. 196. — Écriture croisée : désordre, confusion, mauvais goût

Fig. 197. — Écriture croisée : imitation et sottise

L'écriture croisée, originaire des méthodes du Sacré-Cœur, est presque exclusivement employée par des femmes. Son emploi témoigne aussi de leur respect servile pour les traditions, les modes, les habitudes.

Le scripteur qui croise les lignes lorsqu'il a du papier à sa disposition est sans excuse ; il n'a pas le sens de l'ordre. Est-on justifié de croiser les lignes quand on ne dispose que d'un espace trop limité pour exprimer sa pensée, comme on le voit sur le fragment de carte postale de la fig. 196 ? Mais il y a d'autres moyens de résoudre la difficulté sans offenser le bon goût, en serrant les lignes et en réduisant la dimension des lettres, souvent aussi en ne se répandant pas en vaines paroles. Nous verrons plus loin que l'écriture rapetissée *à propos* est un bon signe d'adaptation, d'intelligence. La grande écriture gladiolée, de 5 à 2 mm, de la fig. 196, pouvait se réduire de moitié sans cesser d'être lisible, en évitant ainsi le tracé confus et malpropre que le lecteur a sous les yeux.

L'exemple de la fig. 197 est encore une grande écriture gladiolée, de 7 à 1 mm, avec l'aggravation d'un étalement tel, que chaque ligne ne comporte que deux ou trois mots ; dans ces conditions, le croisement est une outrance et une sottise autant qu'un désordre.

L'ÉCRITURE CYLINDRIQUE *(Genre Continuité)*

Antonyme : saccadée. — Synonyme : calibrée (P. Humbert)

C'est l'écriture dont les lettres sont de la même hauteur dans les mots (fig. 198). L'égalité des traits qui composent les lettres, sans pleins ni déliés, mais plus ou moins nourris, est aussi un mode de l'écriture cylindrique. C'est un assez bon signe d'équilibre, de stabilité, de régularité, de pondération, toutes qualités qui favorisent la droiture dans sa plus solide expression. Cependant, il serait excessif et dangereux de considérer l'ensemble des écritures cylindriques sous un aspect favorable ; on sera mieux avisé en se déterminant d'après les alliances. Les tracés artificiels automatiques, compliqués, contraints, lents, monotones, ruinent plus ou moins les appréciations favorables de l'écriture cylindrique.

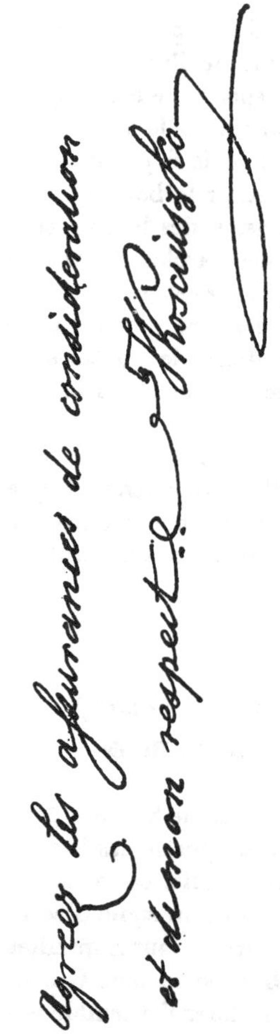

Fig. 198. — Écriture cylindrique, aux minuscules égales bon signe de pondération, de stabilité

Fig. 199. — Belle écriture dégagée de Racan

D'une manière générale, la droiture est un état d'âme très complexe, très délicat à définir. Mais on ne risque rien de dire que l'harmonie, la simplicité, l'ordre, la mesure et la régularité (dont l'écriture cylindrique est un des modes), sont ses principaux éléments. Ne faisons donc jouer à l'écriture cylindrique, dans nos études, qu'un rôle modeste et très conditionné.

La fig. 145 représente une écriture cylindrique cadencée, régulière, simple, accélérée, claire, nourrie. La qualité de stabilité du caractère se développe dans un excellent milieu. Il s'agit, en effet, d'un homme sage, actif et pondéré, remarquablement droit.

L'ÉCRITURE DÉGAGÉE *(Genre Continuité)*

Antonyme : contrainte. — Synonyme : émancipée

L'écriture dégagée comporte une liberté d'allures qui n'est pas permise dans l'écriture aisée. (Voyez ce mot.) Quelques exagérations vont très bien avec celle-là et font perdre de son charme à celle-ci. Des gens légers, frivoles, prétentieux, ont une écriture dégagée ; la distinction du caractère s'accorde mieux avec l'expression simple de l'écriture aisée.

Les faiseurs, les habiles, tous ceux qui cultivent l'art de feindre, s'appliquent aux manières aisées ; ils n'aboutissent qu'aux allures dégagées. La recherche dans leurs écrits, des tracés régressifs et compliqués permet de les démasquer.

L'écriture dégagée est plus mobile, plus alerte, plus entraînante que l'écriture aisée ; à ce titre elle attire davantage la sympathie spontanée des masses, mais l'écriture aisée lui est préférable, toutes choses égales d'ailleurs : le milieu fixe les appréciations. Il est évident que l'écriture de Racan (fig. 199) est fort belle, mais par ses dimensions exagérées, 6 à 10 mm, elle exprime bien le défaut de l'écriture dégagée qui est de manquer du sens de la mesure.

Le comte Roger, du Nord, eut une vie politique mouvementée ; son écriture est dégagée, avec le *d* à rebours (fig. 200). Il avait de belles qualités (écriture liée, simplifiée, rapide), mais son tracé est d'une inégalité choquante et d'un mouvement trop dégagé. Le mot *considération*, lig. 3, est très saccadé ; le

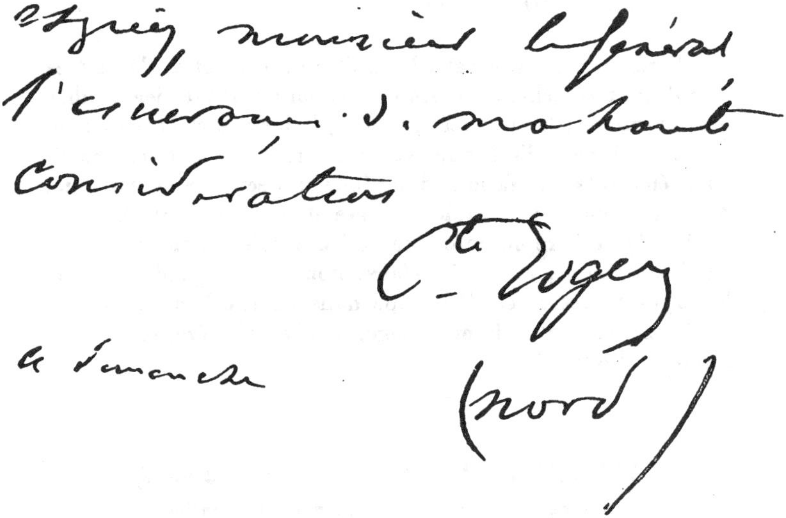

Fig. 200. — Écriture dégagée du comte Roger : liée, simplifiée, rapide inégale, et saccadée, 1 à 4 mm, peu harmonieuse et gladiolée

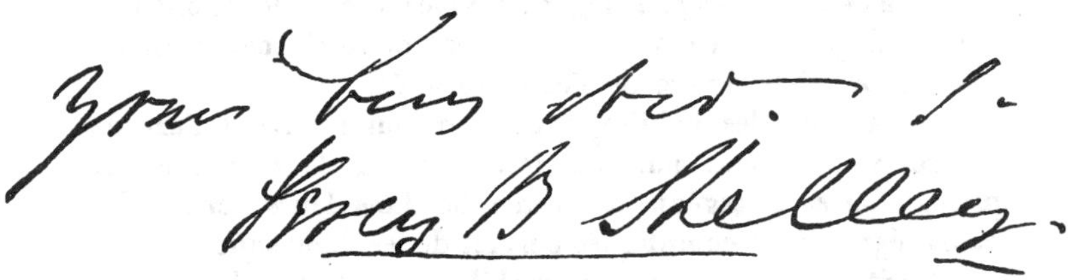

Fig. 201. — Écriture dégagée, lancée, très rapide et inégale de Percy Bisshe Shelley, l'illustre poète anglais

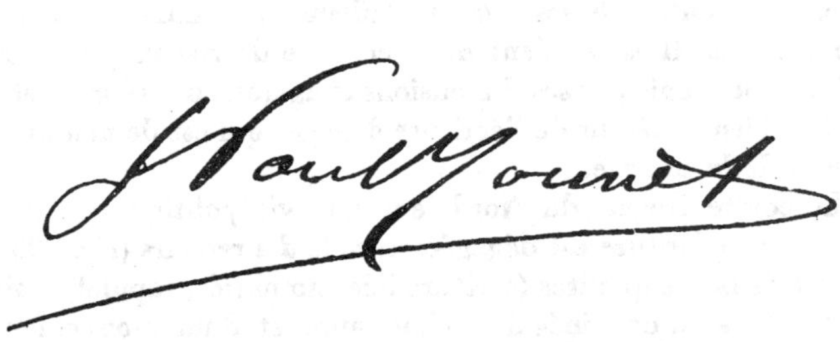

Fig. 202. — Écriture dégagée, étalée, mouvementée, lancée, rapide

mot *Nord*, avec une majuscule très basse et sa parenthèse grossière et discordante, à lui seul, permet d'apprécier ses allures sans gêne.

Le grand poète anglais Shelley[1], si spirituellement raconté par André Maurois, avait la haine de toutes les tyrannies. Son écriture, fig. 201, est dégagée, lancée, très rapide, très inégale. On ne saurait dire plus sur ce court autographe, mais déjà Shelley, indépendant, ardent, généreux, sensible, est là presque tout entier.

Paul Mounet nous donne, dans la fig. 202, un bon exemple d'écriture dégagée, étalée, mouvementée, nourrie, lancée, liée, rapide, inclinée, surélevée. Sa seule signature exprime une vie intense.

L'ÉCRITURE DÉGUISÉE *(Genre forme)*

Antonyme : spontanée. — Synonyme : artificielle

On constate aisément, dans la grande majorité des écritures artificielles, que le scripteur ne cherche pas précisément à changer toute son écriture ; il la modifie seulement sur un ou plusieurs points, selon ses désirs ; il s'affuble d'un faux nez, non d'un masque. Le changement radical des principales caractéristiques de l'écriture produit le déguisement. N'y parvient pas qui veut et, d'ailleurs, les réussites ne sont qu'apparentes. En employant ses propres moyens toujours plus ou moins limités, pour imiter des formes qui lui sont étrangères, le faussaire les réalise *avec les caractéristiques de sa personnalité*, en sorte que, malgré ses efforts, il se livre à l'expert. Il est pris si celui-ci possède assez de pièces de comparaison.

Le faussaire sent si bien le danger, qu'il s'applique parfois à rendre l'écriture aussi mobile que possible pour ne pas trahir sa systématisation graphique normale ; il fuit la preuve. Non seulement il fait un usage affecté des formes exagérées, contraintes, compliquées ou fantaisistes, mais encore il les emploie simultanément. Peine perdue ! Le faussaire trahit son identité dans les mouvements qu'il emploie avec le plus d'aisance.

D'ailleurs, le déguisement n'est pas l'apanage des lettres ano-

1. *Ariel, ou la vie de Shelley*, par André Maurois (Calmann-Lévy, édit.).

nymes ; contrairement aux conjectures les plus rationnelles, on trouve, dans ces dernières, un nombre bien plus grand d'écritures sincères ou à peine modifiées. Les formes et les mouvements excessifs ont l'inconvénient de divulguer le faux sur-le-champ ; on les évite. Parmi les méchants qui se livrent à ce jeu abominable des écrits anonymes, les uns sont trop ignorants, d'autres trop maladroits pour réussir à fausser notablement leur écriture. D'autres encore ne s'en donnent pas la peine, se croyant à l'abri des recherches.

Le grand domaine des écritures déguisées se trouve dans les écoles où l'on substitue l'écriture du Sacré-Cœur à la calligraphie normale ; dans certains bureaux militaires ou autres, en Angleterre, où se développe le système *Simple Script*, encore plus disgracieux et nuisible que celui du Sacré-Cœur, toutes les écritures conventionnelles, au début, sont des déguisements ; nulle part il n'y en a de plus complets, même chez les faussaires habiles. Mais peu à peu les jeunes élèves se dégagent de cette tyrannie des mouvements automatiques, souvent tracés au rythme du métronome, et les meilleurs, à la sortie de l'école, n'ont plus que des vestiges de la calligraphie qui leur a été imposée ; leur écriture est devenue spontanée, sincère. Ceux qui gardent l'empreinte la plus forte du passé sont les moins aptes à varier, c'est-à-dire les moins doués.

Ainsi donc, dans l'occasion la plus répandue de l'écriture déguisée, elle n'exprime rien de répréhensible chez la personne qui l'emploie ; toutefois, son inintelligence se révèle si elle persiste à s'en servir quand elle peut s'en dispenser. En ce cas, il s'y mêle peut-être de la sympathie pour des genres de mouvements froids, réservés et cassants ; l'examen de l'écriture fournit l'interprétation la plus probable : nature indifférente ou qui dissimule sa sensibilité ; caractère privé d'autres ressources que celles de la coutume et de l'imitation ; caractère riche, mais habile, prudent, volontairement énigmatique ; enfin, manifestation de dédain, de rogue. On ne se hâtera pas de conclure, afin de faire, à la mauvaise éducation reçue par le scripteur, la forte part qui lui revient habituellement dans ces circonstances délicates.

Lorsque l'écriture déguisée, quel que soit son mode, ou sa réussite, est employée dans le but de s'abriter pour mal faire, elle indique la fausseté, la lâcheté.

Tout le monde ne parvient pas à déguiser son écriture, bien

loin de là ; cependant, on a longtemps méconnu *la notion des possibilités individuelles*, que nous avons introduite dans les expertises depuis une quarantaine d'années. Bientôt, elle sera universellement appliquée. Grâce à elle, un grand nombre d'expertises reçoivent une conclusion certaine, en quelques minutes, alors que la sottise et l'ergoterie s'acharnaient à rechercher des différences et des ressemblances entre des écritures inconciliables. Par exemple, qu'un homme du peuple, à l'écriture inorganisée, lente, grossière, incorrecte, puisse imiter une écriture élégante et rapide, c'est une question qui ne se pose plus que dans l'esprit de quelques experts arriérés ; l'élimination se fait d'emblée. Au contraire, si nous comparons les trois écritures de la fig. 203, nous éprouvons le sentiment qu'il n'est pas *impossible* que la même main les ait tracées, après quoi on peut mettre en jeu toutes les ressources de l'expertise pour découvrir la vérité. Ici, elle est que les trois écritures sont de la même main[1]. L'expérience est très bien réussie, mais elle ne démontre pas que la personne qui a si bien déguisé sa propre écriture puisse imiter celle d'autrui ; en effet, elle n'y parvient pas. Et, d'ailleurs, un bon expert n'aura pas de peine à identifier les trois spécimens, malgré la documentation de trop faible étendue. Il ne rentre pas dans le cadre de cet ouvrage de développer cette petite expertise ; contentons-nous d'observer que les trois écrits sont de dimensions différentes ; le premier est l'écriture normale de la scriptrice, sa dimension n'est pas reproduite dans les deux autres spécimens, c'est la règle ; celui qui fausse son écriture prend inconsciemment les formes et les mouvements opposés aux siens, il déguise son écriture grande, serrée, fine, par exemple, ou petite, étalée, grosse. En somme les écritures vraiment déguisées sont rares, le faux n'est que partiel ; le graphologue a surtout besoin de savoir qu'il s'exécute habituellement avec les espèces fantaisiste, discordante, exagérée, compliquée, lente, contrainte.

La fig. 204, qui représente un produit du *Simple Script*, est aussi lente et contrainte que possible ; elle n'exprime qu'une lamentable pauvreté de mouvement. Sa seule qualité est d'être claire, grâce à sa forme carrée. Mais ici la lisibilité est achetée au prix de tout le reste.

1. Cf. *Cours supérieur...*, *loc. cit.*, p. 226 et suiv.

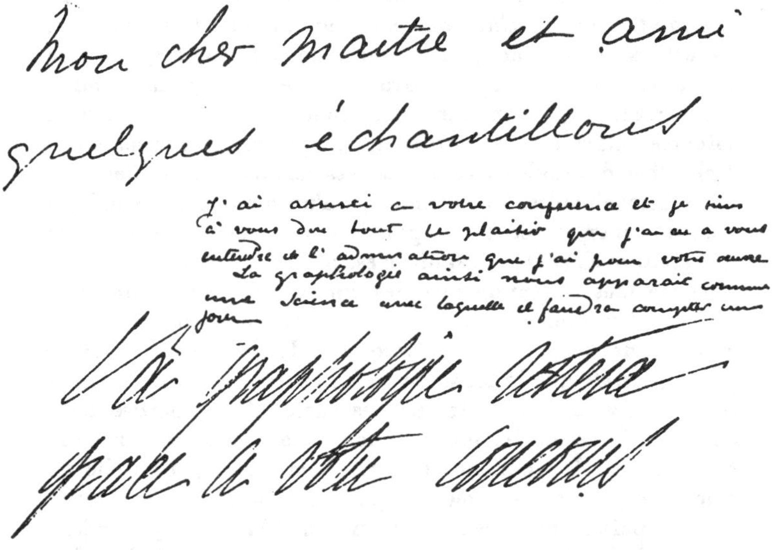

Fig. 203. — Une écriture normale et deux essais de déguisement

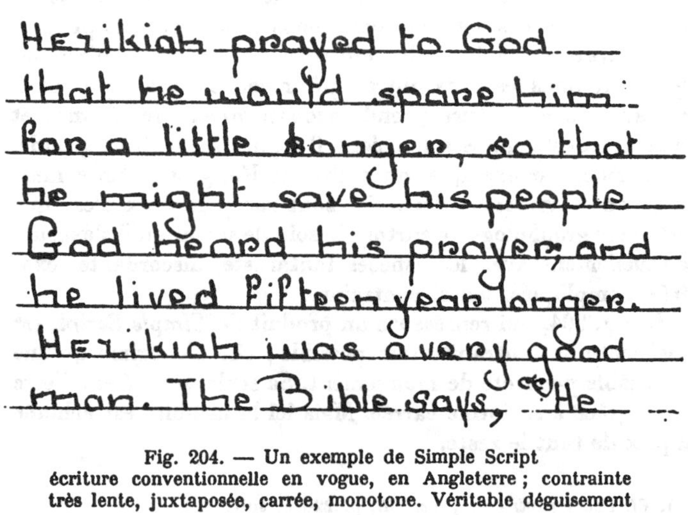

Fig. 204. — Un exemple de Simple Script écriture conventionnelle en vogue, en Angleterre ; contrainte très lente, juxtaposée, carrée, monotone. Véritable déguisement

L'ÉCRITURE DESCENDANTE *(Genre Direction)*

Une écriture est descendante quand la direction des lignes s'abaisse de gauche à droite au-dessous du plan horizontal[1].

C'est un signe de dépression, d'inquiétude, de tristesse, de découragement. On lui a donné un sens de fatalité : c'est un grand mot bien incertain. Nous ne l'appliquerons pas même à ceux qui se laissent tomber, car au dernier moment ils peuvent se raccrocher.

Une écriture, descendant accidentellement de 1 à 5°, exprime très bien la contrariété, l'inquiétude ou la fatigue passagères. Le même signe prend une importance considérable s'il est constant ; il indique le manque de confiance en soi, peu de ressort, une nature mélancolique.

Les lignes de plus en plus descendantes disent l'épuisement ou le désespoir.

Quand les lignes descendantes sont associées aux écritures fine, légère, petite, chancelante, plate, molle, hésitante, trop retouchée, régressive, tordue, saccadée, négligée, — pour ne citer que les principales intéressées, — leur origine dans la nature débile du scripteur ne fait pas de doute.

Enfin, l'écriture descendante accompagne un grand nombre d'états pathologiques. Mieux que cela, elle révèle l'action profonde de la maladie avant qu'on la soupçonne.

Cependant, la dépression, la tristesse ou la débilité, ne produisent pas toujours l'écriture descendante, et maints auteurs se sont étonnés de ne pas la rencontrer dans des occasions où sa présence paraissait inévitable. C'est que chacun de nous réagit dans la dépression selon son tempérament. Par exemple, dans la peine, le nerveux s'inquiète, s'agite, résiste mal ; le sanguin se répand en paroles et se révolte pour fléchir bientôt ; le lymphatique est indifférent, ou anéanti ; le bilieux garde seul son sang-froid et cherche à dominer les évènements. Après cela, on comprendra mieux qu'une même expression graphologique soit impuissante à représenter les réactions contradictoires de la peine.

On savait déjà que la fatigue, à un certain degré, cause de

1. Cette définition ne s'applique, naturellement, qu'aux écritures qui se tracent de gauche à droite.

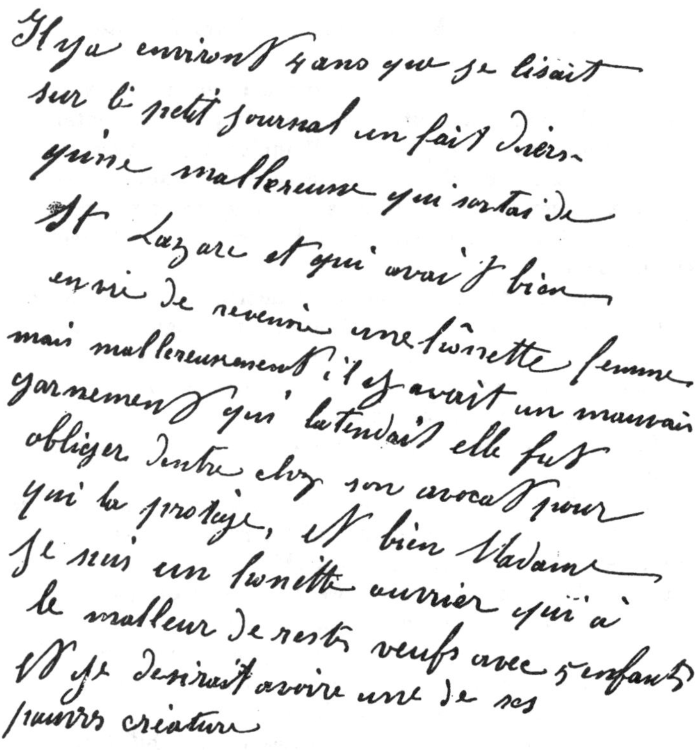

Il y a environt 4 ans que je lisait
sur le petit journal un fait diver-
syne malleureuse qui sortai de
St Lazare et qui avai bien
envie de revenir une honnette femme
mais malleureusement il y avait un mauvais
garnement qui l'attendait elle fut
obliger d'entre chez son avocat pour
qui la protège, et bien Madame
je suis un honnette ouvrier qui a
le malleur de resté veufs avec 5 enfants
et je desirait avoire une de ses
pauvres créature

Fig. 205. — Écriture inorganisée de plus en plus descendante, marasme

l'excitation, d'où l'écriture montante. Il n'y a pas là d'obscurité mais une illustration de notre principe de la variabilité et de la contingence des signes[1].

L'écriture est une synthèse ; elle ne livre ses secrets qu'aux chercheurs capables d'avoir des vues d'ensemble, de relier les causes diverses aux reflets divers, d'interpréter avec souplesse des cas toujours différents, comme ceux que dénonce l'étude de l'écriture descendante qui offre mille aspects, comme la peine, qu'elle représente, et qui se prête à d'infinies combinaisons.

L'écriture de la fig. 205 est de plus en plus descendante ;

1. Cf. *L'Écriture et le caractère*, 11e éd., p. 54.

elle est inorganisée, lente, molle, sinueuse, tantôt cylindrique, tantôt grossissante. Elle est si pauvre qu'elle évoque l'idée de marasme.

Mlle Duchesnois était une grande tragédienne dont les débuts furent difficiles. Son écriture dit pour quelle cause : elle était alors de plus en plus descendante ; la jeune artiste doutait d'elle-même. Bientôt, d'illustres protecteurs l'encouragèrent et son écriture s'affermit. Elle avait de merveilleux dons de sensibilité (écr. inégale de 2 à 3 mm), de robustesse (écr. grande et nourrie), de mémoire (écr. en relief, claire, contenue), de simplicité (écr. simple, minuscules pour majuscules), qui ne tardèrent pas à se développer et elle devint la plus grande tragédienne de son temps (1777 à 1835) (fig. 206).

Nous retrouvons Mlle Duchesnois vingt ans plus tard, à propos de l'écriture rapetissée (fig. 503).

L'ÉCRITURE DÉSORDONNÉE *(Genre Ordonnance)*

Synonymes : confuse, déréglée, désorganisée

Antonymes : harmonieuse, bien agencée, claire, régulière

Le désordre est un défaut très composé ; il est malaisé de s'en faire une idée précise. Il ne s'étale pas seulement dans une tenue négligée, ou sur une table de travail où les livres en vrac créent un fouillis. Le désordre s'exprime partout parce que chaque imperfection en contient un élément. Nous en avons classé les termes en deux catégories[1], la première représentant *le désordre actif*, avec les mouvements ardents, excessifs et inconsidérés des passions ; la seconde dans le *désordre passif*, résultat de l'inattention, de la paresse, de l'insouciance, de l'imprévoyance, de la négligence, etc., toutes qualités négatives.

On conçoit aisément que les signes classiques et bien connus du désordre, c'est-à-dire le faible souci de l'arrangement, le défaut de proportion des lettres, la ponctuation ou les barres de *t* négligées, ne révèlent que des formes élémentaires du désordre passif. Il faut voir plus avant. L'écriture désordonnée se reconnaît mieux encore aux discordances, aux confusions,

1. *Cf. Les Éléments*, Monographie du désordre, p. 127.

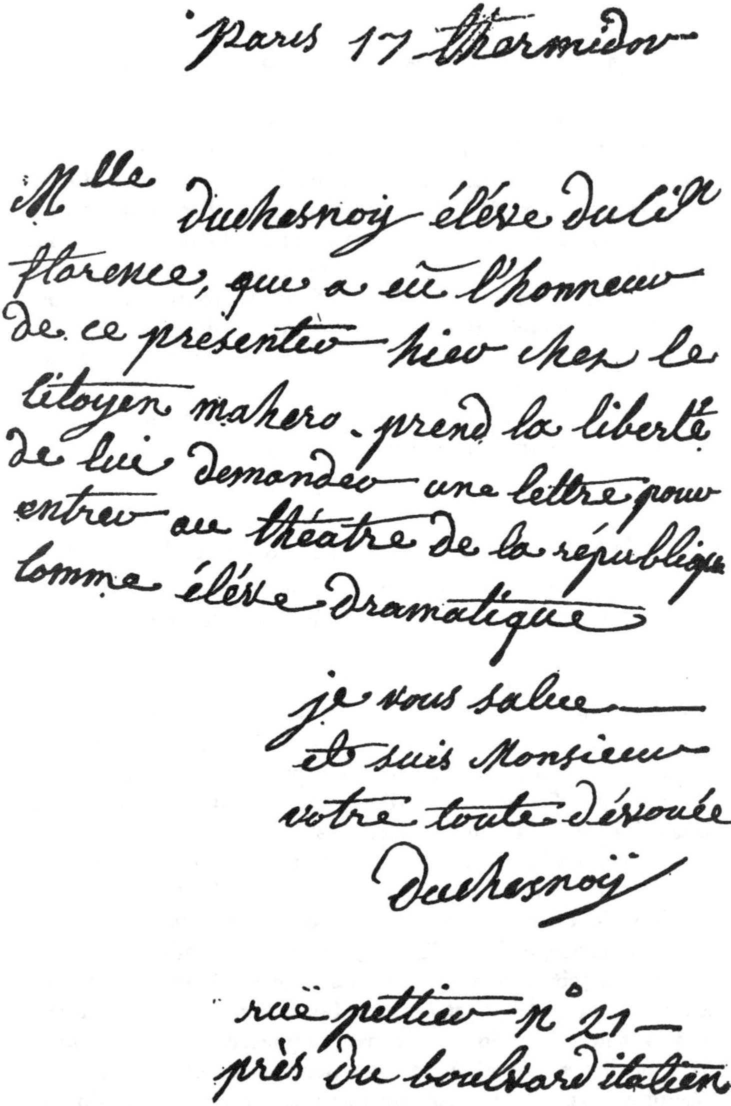

Paris 17 thermidor

Mlle duchesnoy élève du citn
florence, qui a eu l'honneur
de ce presenter hier chez le
citoyen mahero prend la liberté
de lui demander une lettre pour
entrer au théatre de la républiqu
comme élève dramatique

je vous salue
et suis Monsieur
votre toute dévouée
duchesnoy

rue pelletier n° 21
près du boulevard italien

Fig. 206. — **Écriture de plus en plus descendante, claire, nourrie grossissante, simple (minuscules pour majuscules), mal orthographiée inégale, 1 à 3 mm ; contenue**

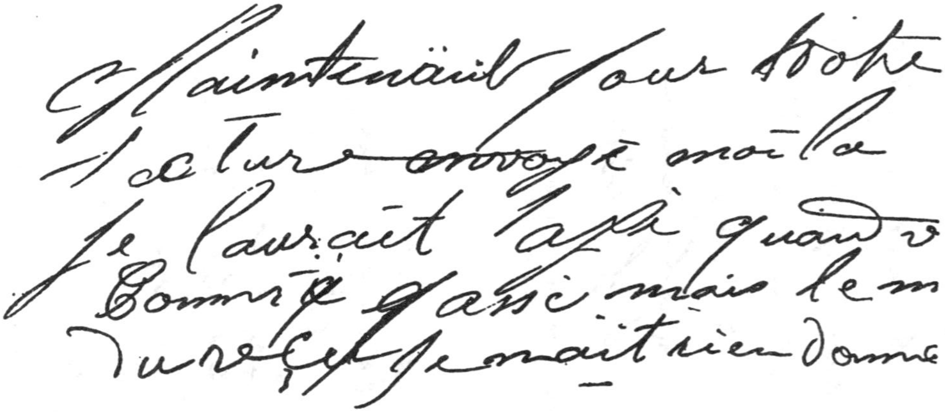

Fig. 207. — Écriture inorganisée, inharmonieuse, désordonnée, discordante lancée, saccadée, 1 à 5 mm ; confuse, retouchée

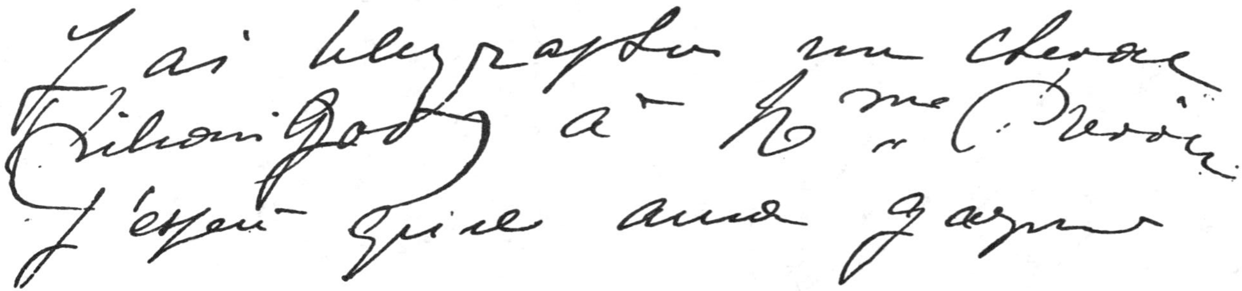

Fig. 208. — Écriture désordonnée, négligée, lâchée, étalée, emportée, gladiolée, 4 à 0 mm

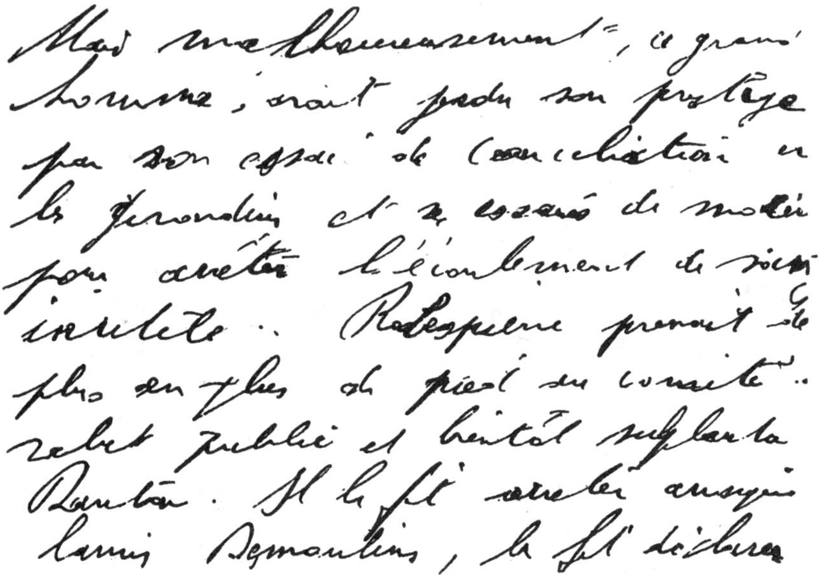

Fig. 209. — Écriture désordonnée, négligée, très inégale et saccadée 1 à 3 mm ; disgracieuse, descendante à 5°, précipitée confuse et retouchée, rapide en soi, pratiquement lente

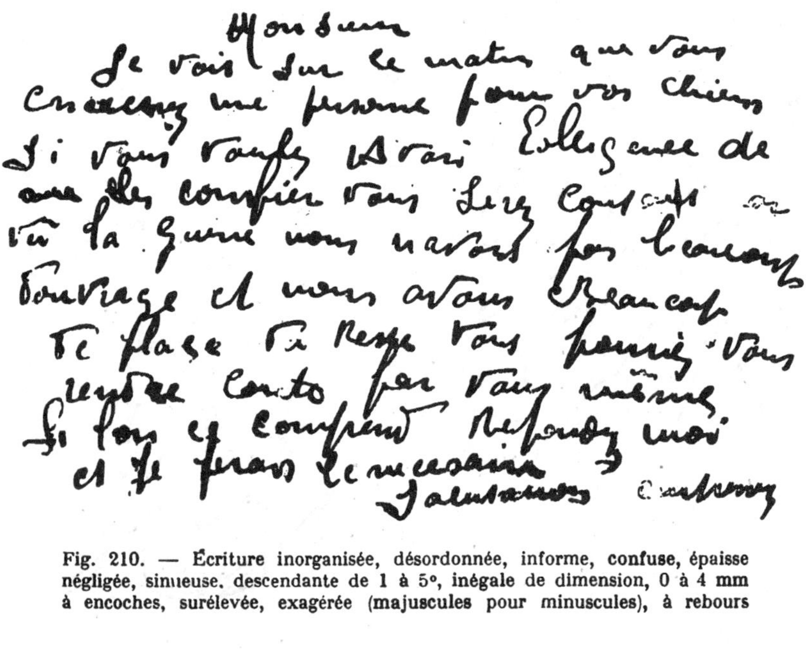

Fig. 210. — Écriture inorganisée, désordonnée, informe, confuse, épaisse négligée, sinueuse, descendante de 1 à 5°, inégale de dimension, 0 à 4 mm à encoches, surélevée, exagérée (majuscules pour minuscules), à rebours

aux complications, aux exagérations, à toutes les inharmonies. Les nombreuses nuances de ces catégories viennent s'enregistrer dans l'écriture avec une admirable sincérité ; toutefois, il est nécessaire de ne pas se contenter d'une documentation restreinte, si l'on veut en tirer des conclusions judicieuses, parce que les caractéristiques si variées du désordre ne parviennent à s'enregistrer que dans un écrit assez étendu pour en fournir les occasions.

Enfin, nous ne considérons pas comme désordonnées, sur le premier plan de nos définitions, les écritures qui ne comportent qu'un seul élément de désordre. Dans le vrai dérèglement, un désordre en appelle un autre. La pure doctrine est de ne pas se fier à un seul indice et de confronter ses observations, ainsi fortifiées, avec le milieu. Le seul embarras est de découvrir les petits désordres dans l'écriture des gens cultivés, parce qu'ils se surveillent. Cependant, ils finissent par se trahir, notamment dans leur signature. La signature est le grand piège des imperfections foncières.

Nous observons, dans la fig. 207, les manifestations évidentes d'un grand désordre ; personne, croyons-nous, ne méconnaîtra l'aspect déplaisant, répugnant, de cette écriture ; elle est désordonnée dans tous ses mouvements et formes. Au premier plan, nous la voyons inharmonieuse et inorganisée, conditions qui permettent aux imperfections de se développer en toute liberté ; au second plan, elle est discordante, lancée, saccadée, 1 à 5 mm, confuse, retouchée. On apprendra sans étonnement qu'il s'agit d'un être dénué de bon sens, insupportable, agité, violent.

Selon les apparences, la scriptrice de la fig. 208 tient sa plume avec un certain brio ; le graphologue novice hésite à la classer très bas parce qu'il est impressionné par l'écriture rapide. Mais son mouvement est précipité, excessif. Et pour quoi dire ? Qu'elle a conseillé à un ami de jouer aux courses, en misant sur un certain cheval, et elle exprime l'espoir qu'il aura gagné ! Voilà le beau travail auquel elle a consacré toutes les ressources de son agitation maladive. En effet, son écriture est désordonnée, négligée, lâchée, étalée, emportée, gladiolée, 4 à 6 mm. C'est une déséquilibrée.

Le cas de la fig. 209 est plus complexe ; l'écriture est confuse, négligée, très inégale et saccadée, 1 à 3 mm, disgracieuse, descen-

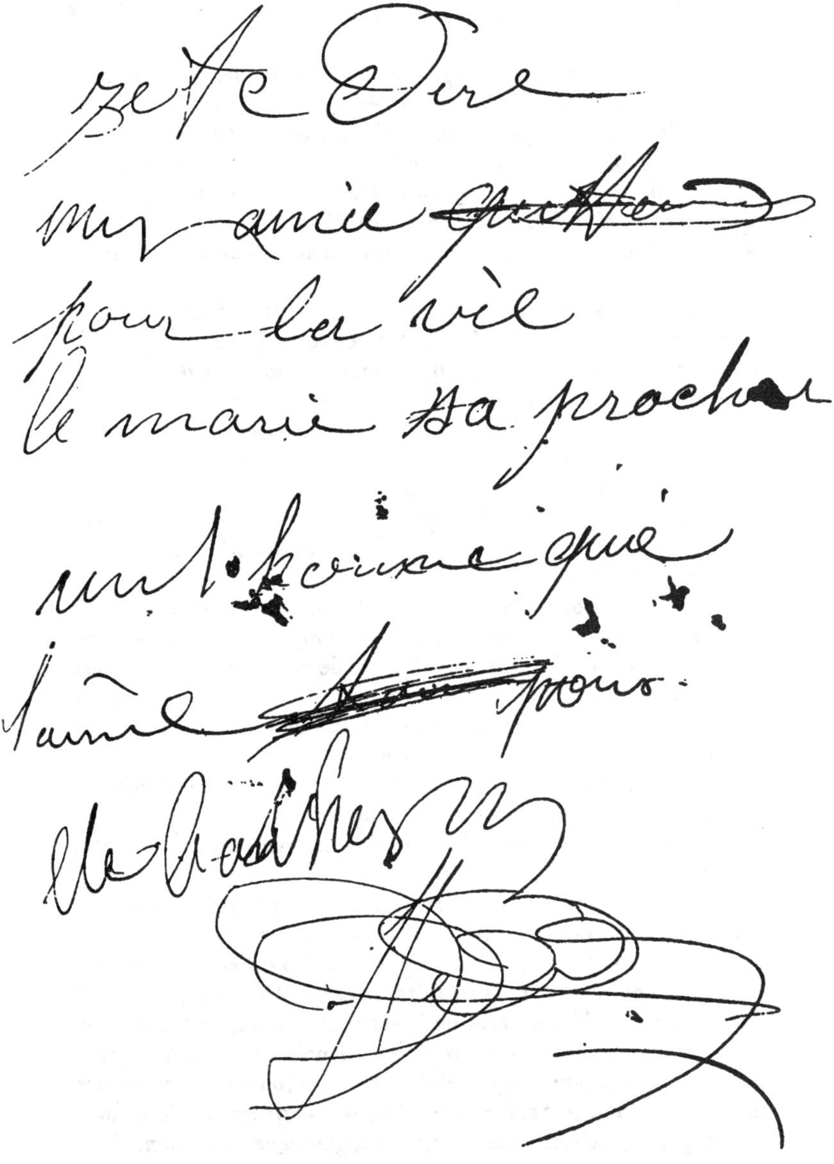

Fig. 211. — Écriture désordonnée, inorganisée, inharmonieuse très mouvementée, lancée, exagérément espacée, inégale, 2 à 6 mm arrondie, retouchée, confuse

dante à 5°, précipitée, inhibée et retouchée, rapide en soi, mais pratiquement lente, gladiolée ; en somme, désordonnée. Les éléments de la définition, comme ceux de son caractère, ne parviennent pas à s'accorder. C'est un hyper-émotif, un anxieux, un débile. Comme il est jeune, tout espoir d'amélioration ne doit pas être abandonné.

Il n'en est pas de même de l'auteur de la fig. 210, qui est âgé de 45 ans environ. Son écriture est inorganisée (voir particulièrement le mot *l'obligeance*, ligne 4), inharmonieuse, désordonnée, informe, confuse, épaisse, négligée, sinueuse et descendante de 1 à 5°, inégale de dimension, 0 à 4 mm ; à encoches, surélevée, exagérée (majuscules pour minuscules), à rebours. On n'entrevoit pas, dans tout cela, le moindre espoir de perfectionnement. C'est un inadaptable.

La fig. 211 représente une écriture de femme qui ne déparerait pas une collection d'autographes de folles ; elle est désordonnée, inorganisée, inharmonieuse, très mouvementée, confuse, lancée, exagérément espacée, arrondie, inégale, 2 à 6 mm, retouchée. La personne en question est évidemment déséquilibrée, aliénée en puissance, mais elle n'est pas internée ; on ne songe pas, pour l'instant, à en venir là. Dans son entourage, sa misère ne tranche pas sur celle des autres, et son éducation première, supérieure à sa condition actuelle, lui donne même quelques avantages, — lorsqu'elle est à jeun.

Nous aurons l'occasion fréquente de reparler du désordre à chaque manifestation spécialisée de l'exagération, de la confusion, des inharmonies, etc., auxquelles le désordre s'alimente.

L'ÉCRITURE DILATÉE *(Genre Dimension)*

Synonymes : agrandie, amplifiée

Antonymes : tassée, rapetissée

Une écriture est dilatée quand ses dimensions, ses formes, ses mouvements, toute son ordonnance sont, avant tout, agrandis, souvent progressifs. Spécialement, les lettres, les mots et les lignes sont espacés, la hauteur des lettres intérieures est au moins de 2 mm, les finales ont une tendance marquée à aller vers la droite avec un développement en longueur, les ovales sont

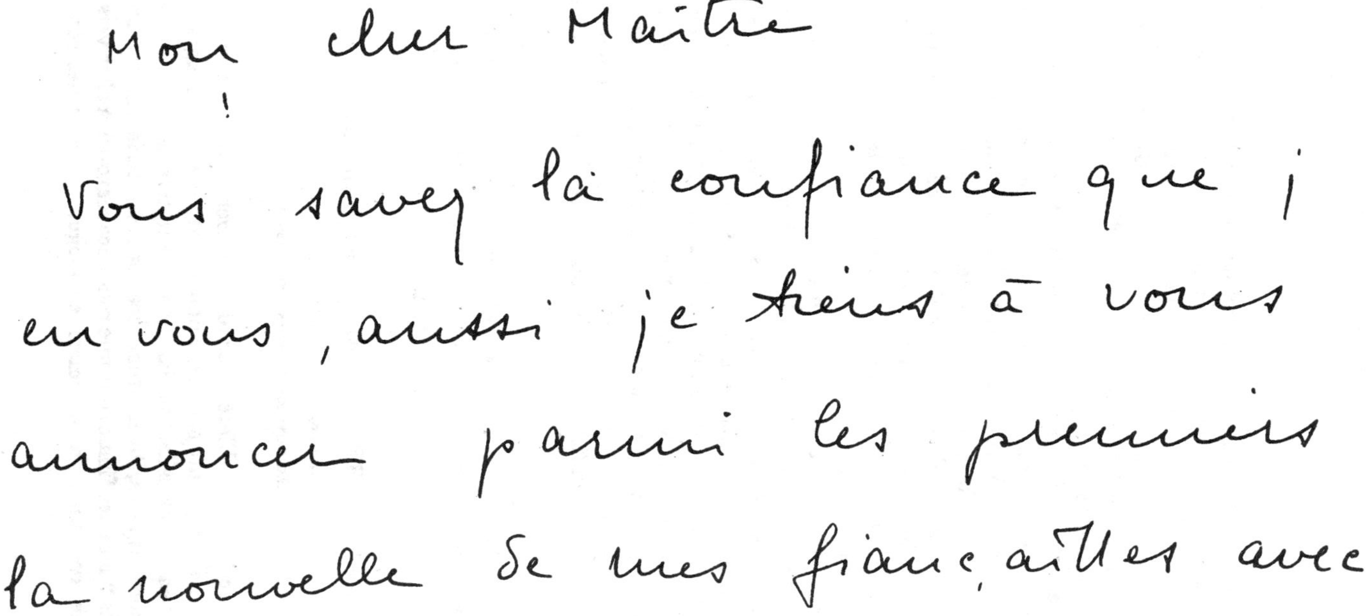

Fig. 212. — Écriture dilatée, très espacée, étalée, limpide, aisée, cylindrique simple et simplifiée, progressive, en guirlandes, légèrement montante, distinguée, groupée

ouverts ; les mots sont souvent grossissants et les lignes montantes, etc.

L'écriture dilatée indique une expansion de tout l'être, comme celle qu'on ressent à l'annonce d'une très bonne nouvelle. Un jour de beau temps, quand on se porte bien, on peut éprouver sinon la même émotion, mais un sentiment de plénitude comparable. L'écriture, à ce moment-là, se dilate comme l'être tout entier ; c'est un signe occasionnel d'allégresse, de joie rayonnante, de ravissement. L'aptitude à éprouver les transports de joie varie beaucoup selon les tempéraments ; les nerveux et les sanguins la possèdent au plus haut degré. On trouve dans leurs écritures une ample matière aux observations sur la variété et la discontinuité des mouvements expansifs.

Autant l'expansion occasionnelle et justifiée a d'attraits, autant sa permanence est pitoyable. Il n'y a que de pauvres individualités pour être toujours dans l'état d'euphorie. La vie a des côtés sérieux qui s'opposent à une joie perpétuelle. Le sage est plus réservé ; il sait par expérience que le bonheur est une conquête parfois malaisée ; quand il obtient la sénérité, il se garde bien de la compromettre par de trop abondantes manifestations. Chez l'être habituellement béat, la nature communicative est dissipation ou bavardage ; la franchise, imprudence ; la gaîté, légèreté ; la générosité, dilapidation. Nous ne parlons pas de ceux qui rient toujours : leur cas est pathologique, ce sont des imbéciles.

Nous ne pouvons pas donner ici un exemple plus gracieux que celui de notre élève et amie, Mlle X..., nous annonçant ses fiançailles (fig. 212) ; toutes les manifestations graphologiques du bonheur y sont rassemblées. L'écriture est dilatée, très espacée, étalée, limpide, aisée, cylindrique, simple et simplifiée, progressive, en guirlandes, légèrement montante, distinguée, groupée. On n'a pas souvent l'occasion d'offrir une aussi fraîche et séduisante définition.

Le court document de la fig. 213 montre l'expression sereine de l'écriture dilatée, en même temps simple, simplifiée, liée, en lazzo, c'est-à-dire la bonne grâce jointe à l'habileté.

Dans la fig. 214, nous nous heurtons à une discordance : l'écriture est bien dilatée, mais en même temps suspendue et descendante. Nous croyons que la dilatation exprime la qualité foncière ; la suspension des finales, la trace des leçons de l'expé-

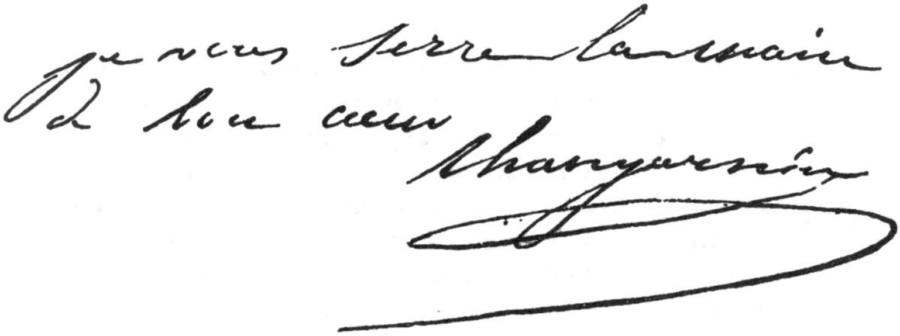

Fig. 213. — Écriture dilatée, simple, simplifiée, liée, en lazzo

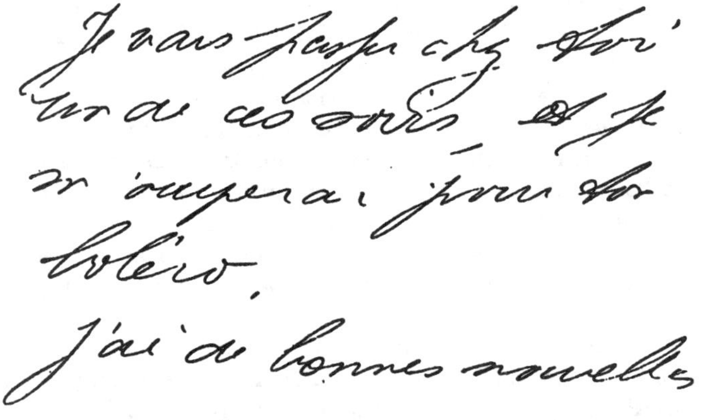

Fig. 214. — Écriture dilatée, suspendue, descendante
trois caractéristiques en discordance

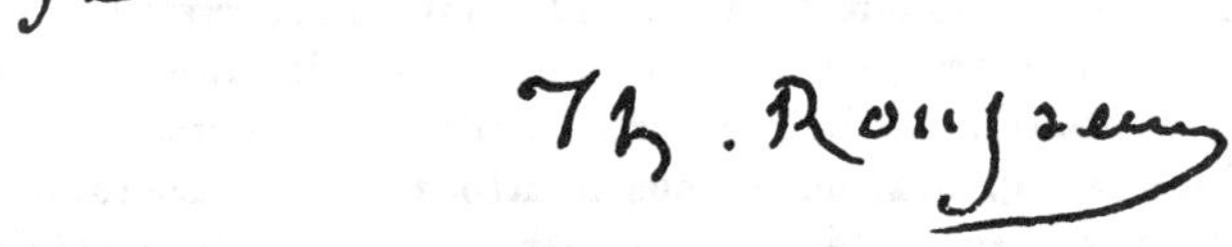

Fig. 215. — Ecriture dilatée, simple, grande et nuancée
2 à 3 mm ; limpide, sobre, progressive, crénelée

rience, qui est parfois sévère pour ceux qui ne surveillent pas leur bonheur ; enfin, la chute des lignes, le résultat final des épreuves subies, c'est-à-dire une certaine anxiété par manque de confiance en soi. Le caractère était médiocre et peu solide, il s'est désagrégé.

L'écriture de Théodore Rousseau, fig. 215, montre un aspect modéré de l'écriture dilatée, simple, grande, nuancée, 2 à 3 mm, limpide, sobre, progressive, crénelée. Il y a un accord parfait entre tous les traits de cette définition.

Enfin, voici, fig. 216, la belle écriture dilatée de saint François de Sales, en même temps combinée, semi-anguleuse, très nourrie, grande (3 mm), simple, simplifiée, progressive, très ferme, accélérée. De même que dans l'exemple précédent, la dilatation est affermie par des qualités concordantes.

L'ÉCRITURE DISCORDANTE *(Genre Continuité)*

Synonymes : disparate
inharmonieuse avec incohérences partielles

Antonymes : harmonieuse, ordonnée, coordonnée

Une écriture est discordante quand ses caractères ne sont pas en harmonie. Toute inégalité excessive, toute exagération partielle, créent une discordance.

Il y a des discordances de tous les genres, c'est-à-dire de vitesse, de pression, de forme, de dimension, de direction, de continuité, d'ordonnance. Mais les écritures ne sont jamais discordantes que sous un ou deux aspects. Davantage serait un désordre affreux, le oui et le non mêlés, la confusion entre le petit et le grand, entre la droite et la gauche, entre l'angle et la courbe, etc.[1].

Les discordances, disions-nous dans *Les éléments* (p. 112), très faciles à relever dans les écritures, ont toutes, à côté de leur expression générale, une signification particulière. Celles de la « forme » entraînent la versatilité, le mensonge ou la fausseté, selon l'intensité des signes ; celles de la « vitesse », l'irrésolution,

1. Chez certains anormaux, les discordances peuvent atteindre presque tous les genres. (A. L.)

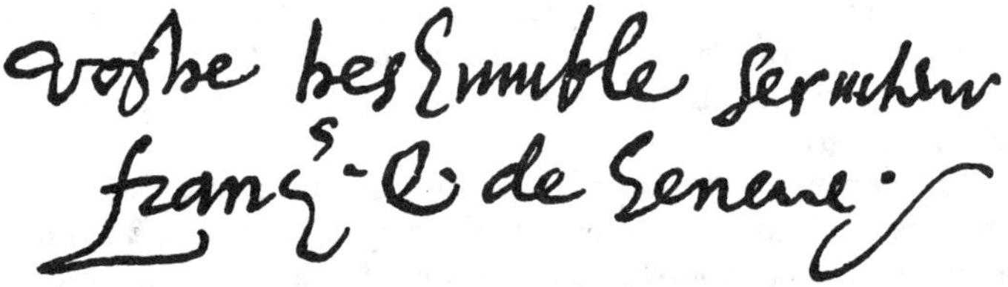

vostre tres humble serviteur
franç^s E. de Geneve

Fig. 216. — Écriture dilatée, très nourrie, grande, 3 mm ; combinée semi-anguleuse, simple, simplifiée, progressive, très ferme, accélérée

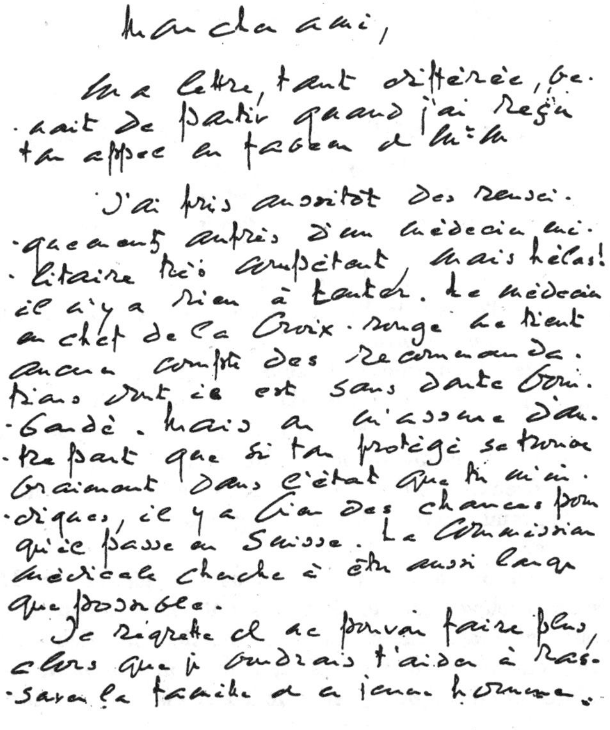

Mon cher ami,

Ma lettre, tant différée, venait de partir quand j'ai reçu ton appel en faveur de M. M.

J'ai pris aussitôt des renseignements auprès d'un médecin militaire très compétent, mais hélas! il n'y a rien à tenter. Le médecin au chef de la Croix-Rouge ne tient aucun compte des recommandations. Tout est sans doute bien gardé. Mais on m'assure cependant que si ton protégé se trouve vraiment dans l'état que tu m'indiques, il y a bien des chances pour qu'il passe en Suisse. La commission médicale cherche à être aussi large que possible.

Je regrette de ne pouvoir faire plus, alors que je voudrais t'aider à rassurer la famille de ce jeune homme.

Fig. 217. — Écriture discordante de direction, rythmée, gladiolée, groupée plate, bien disposée, simple, simplifiée, accélérée, sautillante, sobre le revirement, l'action saccadée ; celles de la « pression », l'hésitation ; celles de la « direction », la mobilité, la variabilité, l'inconsistance ; celles de la « continuité », l'instabilité, l'indécision, la légèreté ; celles de la « dimension », le manque de jugement ; celles de « l'agencement », le désordre ou la fantaisie, etc.

Ce sont là des indications générales qui sont modifiées par le milieu ; pas plus que d'autres, elles n'ont un sens absolu.

Les discordances de dimension et de forme nous semblent avoir le plus d'importance. Nous avons fait du défaut *très accusé* de proportion, le signe le plus caractéristique de la médiocrité intellectuelle, et de la discordance de formes bien avérée, un signe de mensonge et de fausseté. Ces signes ont subi des milliers d'épreuves sans défaillance. Cependant, c'est une règle impérative, aussi bien morale que graphologique, de considérer ces observations comme provisoires tant qu'un examen plus approfondi n'a pas révélé des indices corroborants. Jamais un signe important et valable n'est isolé ; s'il n'est pas répété et d'accord avec le milieu graphologique, c'est qu'il s'agit d'un accident de plume, et dans les cas douteux on le traitera comme tel. Par exemple, on doit éprouver une invincible répugnance à parler de la fausseté ou de la sottise d'un homme sur un seul indice.

La fig. 217 est curieuse par sa brusque discordance dans l'inclinaison des lettres ; c'est évidemment un désordre partiel. Pour le reste, elle est ordonnée, avec un texte bien disposé. Deux caractéristiques semblent expliquer la discordance : son rythme et le gladiolement. La discordance est ici entre deux mouvements dont l'un repose de l'autre, elle équivaudrait à une reprise et le gladiolement excessif (4 à 1/2), décèlerait la cause : un tempérament débile. L'écriture accélérée, sautillante, simple, simplifiée, sobre, dit la valeur intellectuelle.

C'est une écriture bien vulgaire et tourmentée que celle de la fig. 218 ; elle pourrait servir d'exemple de choix pour illustrer tour à tour une demi-douzaine de chapitres de cet ouvrage. Mais c'est l'instabilité discordante de ses éléments constitutifs qui nous semble mériter le plus l'attention du lecteur. La discordance dans l'inclinaison est de plus en plus accusée, la dimension de plus en plus grande, comme le grossissement des lettres dans les mots, comme la chute des lignes ; tout est excessif, désordonné, saccadé, dans ce tracé inharmonieux.

En jetant les yeux sur la fig. 219, après avoir médité sur la

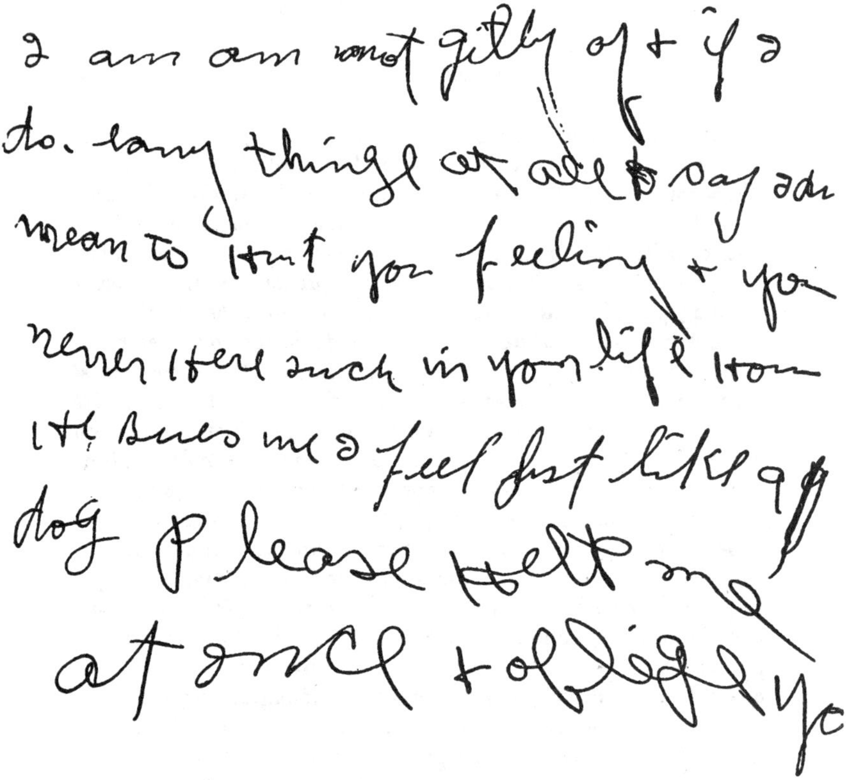

Fig. 218. — Écriture discordante de direction de plus en plus descendante, grande, grossissante, désordonnée exagérée, vulgaire, instable, saccadée, agitée

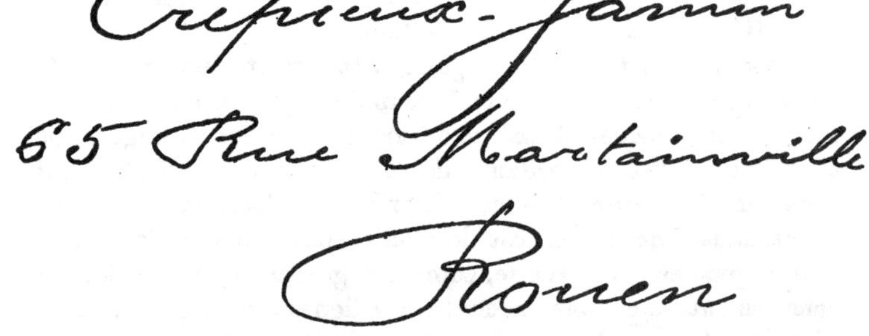

Fig. 219. — Écriture discordante de proportions, accélérée gonflée, cylindrique, ponctuée

précédente, on éprouve un soulagement. Cependant, nous sommes encore dans le domaine de la discordance et de l'exagération habituellement associées. Entre le *M* de la première ligne et le *J* de la seconde, il y a une disproportion choquante, c'est-à-dire une discordance, un désordre. Les points au départ des *M* indiquent un tempérament lymphatique. C'est un esprit lourd et sans jugement.

L'ÉCRITURE DISGRACIEUSE *(Genre Forme)*

Synonymes : déplaisante, inesthétique

Antonymes : gracieuse, ordonnée

C'est l'écriture qui manque tout à la fois de formes attrayantes et de correction. Les écritures vulgaire, informe, sèche, étrécie, anguleuse à angles aigus, très lancée, disproportionnée, désordonnée, sont parmi les signes les plus révélateurs de l'écriture disgracieuse.

Elle indique un caractère déplaisant, grognon, rebutant, hargneux, difficile à supporter.

Dans les écritures inorganisées, la disgrâce est la règle, elle s'explique par l'inhabileté qui n'est pas un vice ; mais quand elle subsiste alors que l'écriture est courante, elle se prête à diverses interprétations, quoiqu'elle ne comporte pas encore nécessairement, en elle-même, des déductions fâcheuses ; on peut avoir toutes sortes de qualités solides sans avoir ce qu'on appelle en calligraphie une belle main. Néanmoins, il apparaît souvent, par l'étude des associations de signes, que les mouvements disgracieux sont liés à des états nerveux pathologiques dont les causes sont très diverses ; tantôt ils reflètent un caractère aigri, comme chez les infirmes traités sans délicatesse par des méchants ou stupides moqueurs, tantôt ils résultent d'un état maladif. La souffrance, tous les excès et, occasionnellement l'inquiétude, le dépit, l'irritation, font danser la plume sur le papier de disgracieuse manière. A une certaine période des intoxications par l'alcool, la morphine, le tabac, etc., l'écriture devient agitée, désordonnée, emportée, discordante, indiquant ainsi, tout à la fois, l'altération profonde du système nerveux et un caractère détraqué. Le grand malheur est que les enfants de ces intoxiqués sont les innocentes victimes des erreurs de leurs parents. Cela explique un bon nombre d'écritures grimaçantes, informes, tordues, saccadées, retouchées, dès la première enfance. Et elles ne s'améliorent que difficilement par la suite.

Voici l'écriture (fig. 220), d'un de ces malheureux, fils

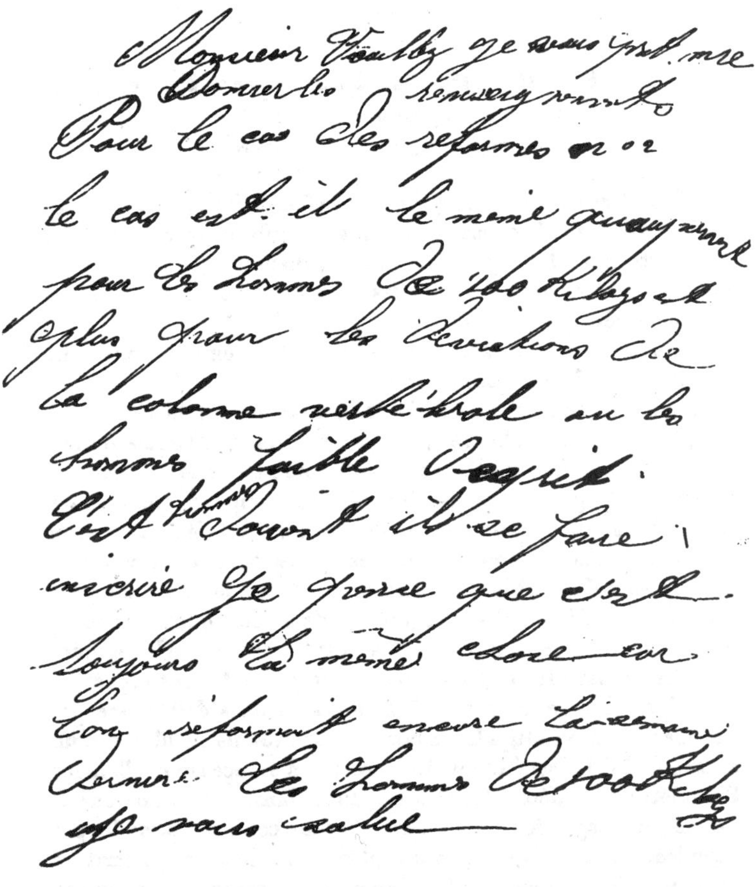

Fig. 220. — Écriture disgracieuse, maigre, imprécise sinueuse, désordonnée, saccadée, disgracieuse, descendante

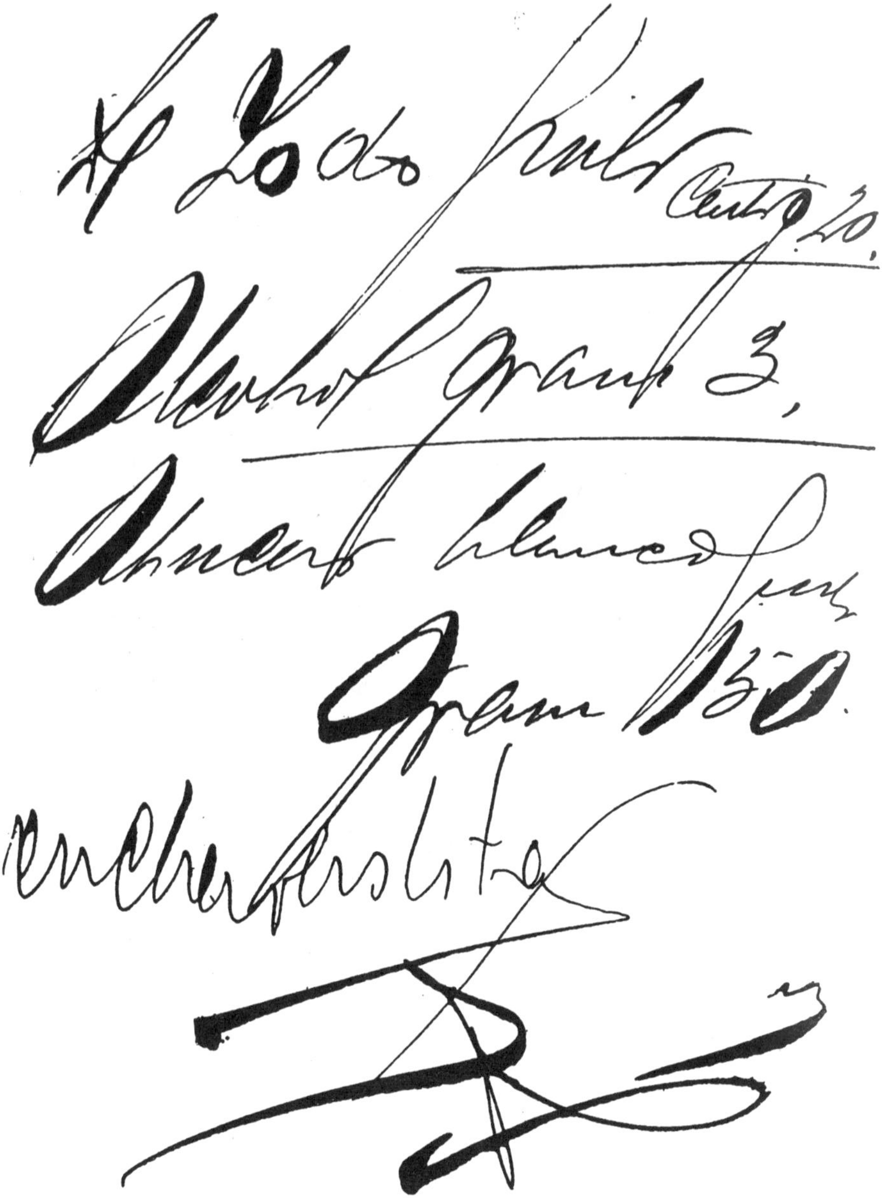

Fig. 221. — Écriture disgracieuse, exagérée, prolongée surtout aux jambages 24 à 32 mm ; spasmodique, gladiolée, 2 à 7 mm ; jointoyée, lancée, rapide montante, très disproportionnée et inharmonieuse, grossière

Fig. 222. — Écriture simplifiée, liée, rapide, mais disgracieuse, imprécise jointoyée, grasse, négligée

d'alcooliques et alcoolique lui-même. Son écriture est disgracieuse, maigre, imprécise, désordonnée, saccadée, légèrement descendante.

L'écriture disgracieuse du médecin qui a écrit l'ordonnance de la fig. 221 a pour principales causes la discordance, l'exagération, la grossièreté ; il est inutile d'en faire intervenir d'autres. A elle seule l'inharmonie rend l'écriture laide ; celle-ci est repoussante. Notons qu'il ne s'agit ni d'un médecin français, ni d'un médecin anglais.

Enfin, voici, fig. 222, l'écriture d'un de ces hommes aigris dont nous avons parlé en commençant. Elle est rapide, simplifiée, liée, mais disgracieuse, anguleuse, imprécise, jointoyée, grasse, négligée, bizarre. Ligne 1, au mot *comprendre*, lig. 5, aux mots *le*, *terme*, *de*, et lig. 6, à *due*, l'*e* muet est représenté par un large ovale. Cette bizarrerie s'explique par les côtés étranges de son mauvais caractère, épineux et irritable. Encore une fois, les gens franchement désagréables sont plus ou moins des déséquilibrés.

L'ÉCRITURE DISPROPORTIONNÉE *(Genre Dimension)*

Synonyme : déréglée. — Antonyme : proportionnée

C'est l'écriture dans laquelle les règles proportionnelles des grandeurs fixées par l'art calligraphique sont nettement méconnues.

Lorsque les inégalités sont si choquantes qu'elles conduisent d'un extrême à l'autre, l'écriture est discordante. (Voyez ce mot.)

Le défaut de proportion indique un manque de goût, un jugement médiocre ; il amorce la discordance, dont la signification est pire. Nous avons proposé ces deux signes, associés à la vulgarité, comme les grands détecteurs de l'infériorité intellectuelle. Ils sont très faciles à observer. D'un seul coup d'œil, le graphologue exercé recueille une indication de premier ordre qui oriente toutes ses autres appréciations. De telles conséquences inciteront le graphologue à ne pas se prononcer sur une seule manifestation de disproportion, ni sur un seul document, afin de ne pas confondre une qualité foncière avec le produit d'un accident de plume.

Les enveloppes de lettres missives rendent ici de bons services, car les inharmonies sont là comme encadrées, et les majuscules, qu'elles contiennent en nombre inusité, favorisent les comparaisons.

De Grimarest (fig. 233), écrivain français du XVIIIe siècle, bien oublié aujourd'hui, nous a laissé une vie de Molière fantaisiste, tant elle est remplie d'erreurs. Son écriture, très disproportionnée et gonflée, exprime très bien son manque de jugement et son orgueil. Il y a quatre majuscules dans ce petit auto-

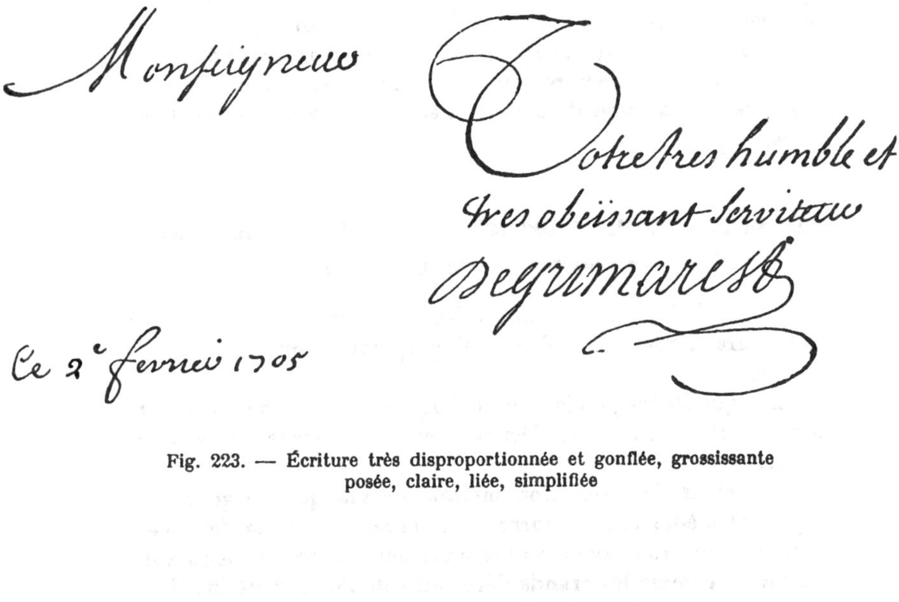

Fig. 223. — Écriture très disproportionnée et gonflée, grossissante posée, claire, liée, simplifiée

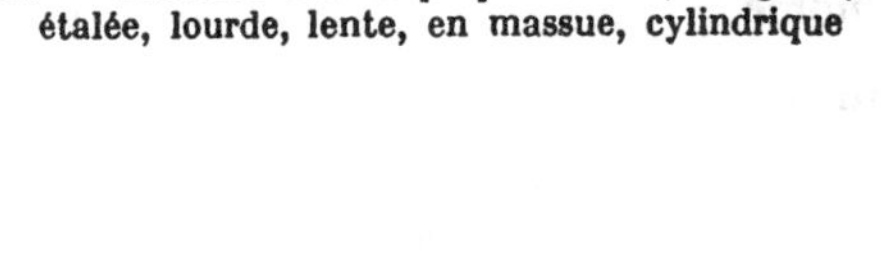

Fig. 224. — Écriture très disproportionnée, exagérée, 12 mm étalée, lourde, lente, en massue, cylindrique

graphe ; elles ont respectivement 5, 10, 15, et 22 mm de hauteur ; la disproportion est excessive. Cependant, de Grimarest a l'écriture claire, liée, posée, simplifiée ; c'était un esprit médiocre et cultivé.

La comtesse de Lamotte (fig. 224) n'offre aucune compensation à son écriture exagérée de 13 mm de hauteur, avec la très choquante disproportion de son *L* étalé, joint à un tracé vulgaire, lourd, lent et massué. Que de disgrâces en sept lettres !

L'ÉCRITURE DISTINGUÉE *(Genre Forme)*

Synonyme : noble. — Antonyme : grossière

L'écriture distinguée se fait reconnaître par des qualités éclatantes d'harmonie. La clarté, la mesure, l'aisance des tracés avec des formes originales et particulièrement agréables, sont les conditions primordiales de la distinction graphique.

L'écriture distinguée résume les plus belles qualités de l'esprit et du caractère ; elle reflète la transcendance et la noblesse.

Nous avons déjà reproduit un certain nombre d'exemples de cette Espèce, à propos des écritures harmonieuses et combinées. En voici quelques autres.

Le grand sculpteur flamand Jean Bologne (fig. 225), répond en tous points à notre définition ; elle est gracieuse, nuancée, liée, simplifiée, sobre, posée, claire, cylindrique, d'une rare distinction de forme et de trait.

L'aspect de l'écriture de Lacordaire (fig. 226), est très différent du précédent ; néanmoins, quelle admirable harmonie dans ce petit tracé simple, simplifié, sobre, clair, espacé, groupé ! L'élégance n'est pas seulement le produit de courbes gracieuses, elle résulte parfois, comme ici, de la perfection des qualités exprimées.

Manuce, le célèbre imprimeur et latiniste du XVIe siècle (fig. 227), à un autre tempérament que Lacordaire ; son écriture nourrie et grande (3 mm) le dit assez. Mais ce n'est qu'une question de robustesse ; si différents qu'apparaissent les deux hommes, ils sont sur le même plan de supériorité distinguée,

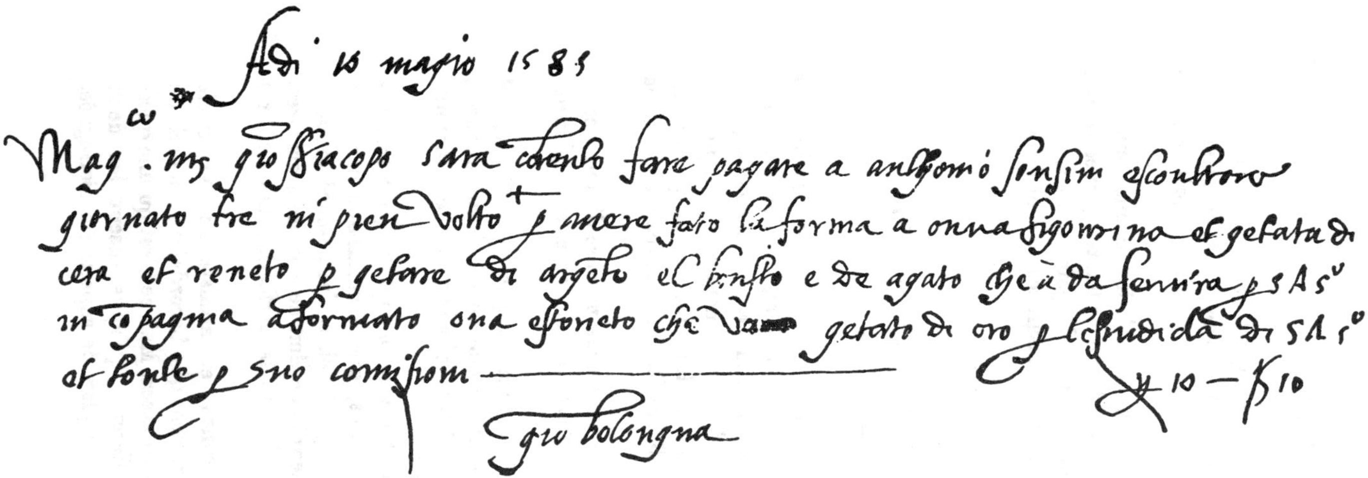

Fig. 225. — Écriture distinguée, gracieuse, nuancée, liée, simplifiée, claire, accélérée cylindrique, très harmonieuse, de Jean Bologne, célèbre statuaire flamand

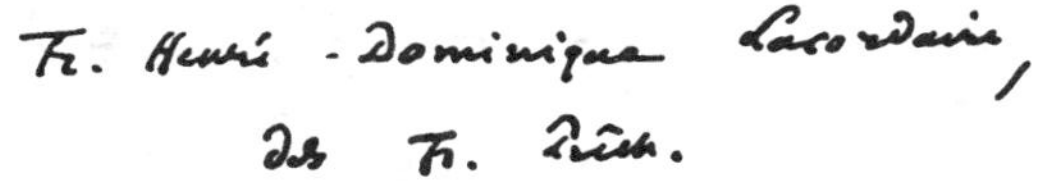

Fig. 226. — Écriture distinguée, petite, 1 mm ; simple, simplifiée, sobre, espacée groupée, très harmonieuse, de Lacordaire

Fig. 227. — Écriture harmonieuse et distinguée, nourrie, grande, 3 mm ; sobre, posée calme, simple, simplifiée, cylindrique, de P. Manuce, imprimeur et latiniste du XVIe siècle

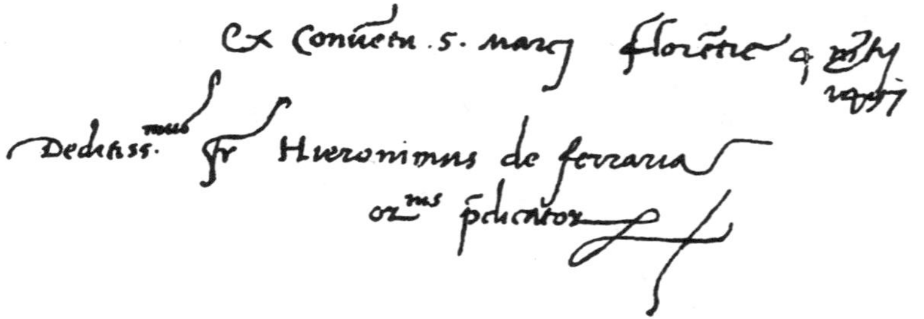

Fig. 228. — Écriture distinguée, élancée, petite, 1 mm 1/4 ; légèrement grossissante simplifiée, posée, verticale, cylindrique, typographique, de Jérôme Savonarole (1452-1498)

Fig. 229. — Écriture distinguée, limpide, simple, simplifiée, arrondie, posée cylindrique, groupée, de Henri IV, roi de France

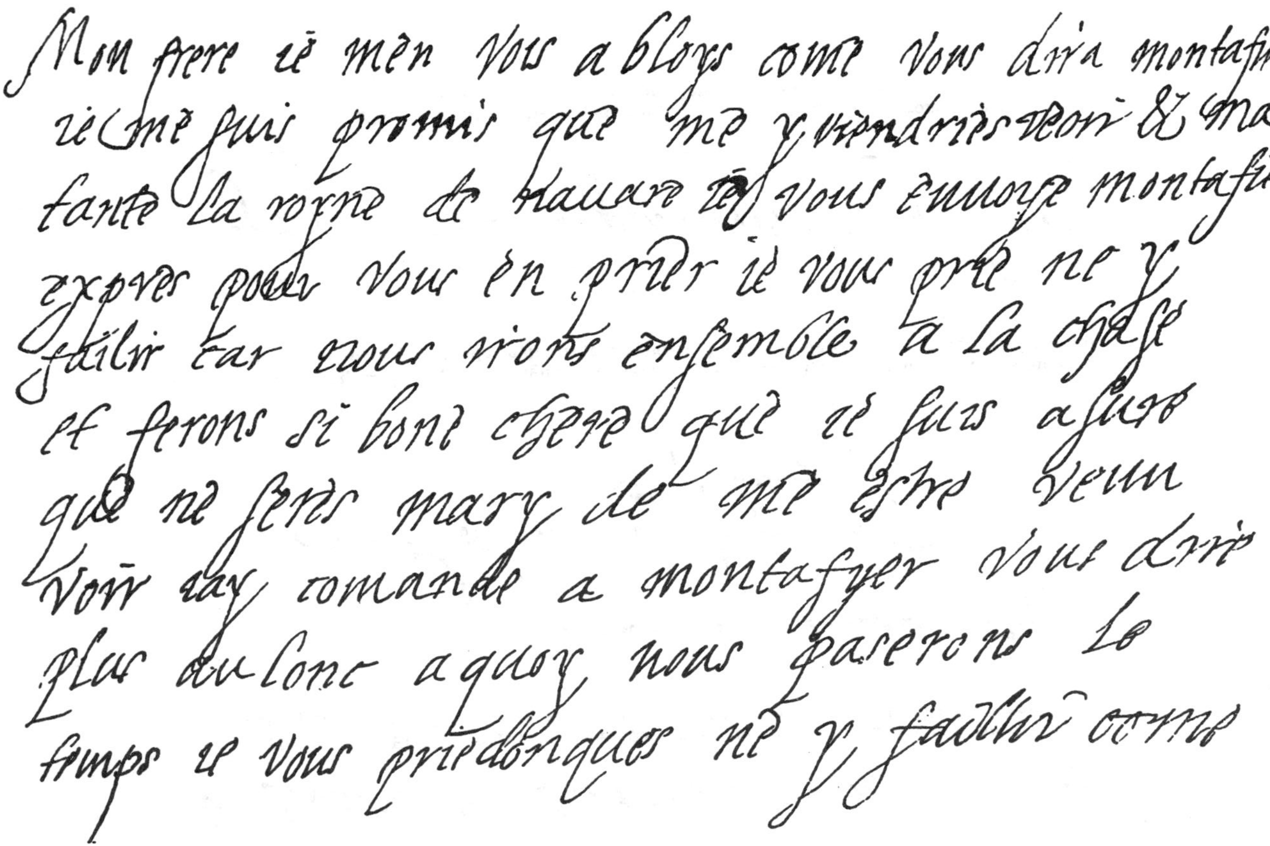

Mon frere ie men vous a bloys come vous dira montasier
ie me suis promis que me y viendries veoir & ma
tante la royne de navarre ie vous envoye montasier
expres pour vous en prier ie vous prie ne y
faillir car nous irons ensemble a la chasse
et ferons si bone chere que ie suis asure
que ne serés mary de me estre venu
voir iay comande a montasyer vous dire
plus au long a quoy nous paserons le
temps ie vous prie donques ne y faillir come

Fig. 230. — Écriture distinguée, harmonieuse, posée et juxtaposée, ralentie, grande 3 à 5 mm ; nuancée limpide, aux jambages prolongés, légèrement montante, gracieuse, typographique

tous deux simples, simplificateurs, en pleine maîtrise d'eux-mêmes.

Jérôme Savonarole (fig. 228), nous apporte le charme de son écriture élancée, légèrement grossissante, indices d'une nature mystique et enthousiaste. A côté de cela, son tracé vertical, posé, petit, simplifié, sobre, cylindrique et typographique, exprime ses éminentes ressources de pénétration, de droiture, de gracieuse élévation.

Les quelques mots de la fig. 229 révèlent une écriture distinguée, posée, limpide, simple et simplifiée, arrondie, cylindrique, groupée ; ils sont de la main de Henri IV, roi de France.

L'auteur de la fig. 230 est encore un roi de France, Charles IX ; son écriture, sans être précisément d'apparat, est soignée, posée, juxtaposée, forcément ralentie. Mais elle est distinguée, harmonieuse, grande, nuancée, 3 à 5 mm ; limpide, gracieuse, semée de lettres typographiques. Sa direction ascendante avec les jambages prolongés décèlent de l'ardeur et le besoin de mouvement.

L'admirable fragment autographe de l'*Essai sur les données immédiates de la conscience* de M. Henri Bergson (fig. 231), est d'une facture très harmonieuse et très distinguée, limpide, sobre, simple, posée et juxtaposée, simplifiée, gracieuse, légèrement gladiolée ; son charme est incomparable. La copie a cependant nui aux mouvements aisés, liés et groupés qui augmentent encore la beauté de cette écriture, quand elle est spontanée.

L'ÉCRITURE DYNAMOGÉNIÉE *(Genre Vitesse)*

Synonyme : stimulée. — Antonymes : déprimée, inhibée

Nous devons à Brown-Séquard la découverte et la définition de la dynamogénie. « Sont dynamogènes, dit-il, les irritations nerveuses qui, plus ou moins instantanément, pour une durée plus ou moins longue, dans des parties nerveuses ou contractiles plus ou moins distantes du lieu de l'irritation, exagèrent plus ou moins une puissance ou une fonction. »

L'écriture dynamogéniée est celle qui reflète cette irritation. C'est une des plus grandes Espèces de la graphologie. Elle dénote par son élan, sa puissance renforcée, sa rapidité, sa direc-

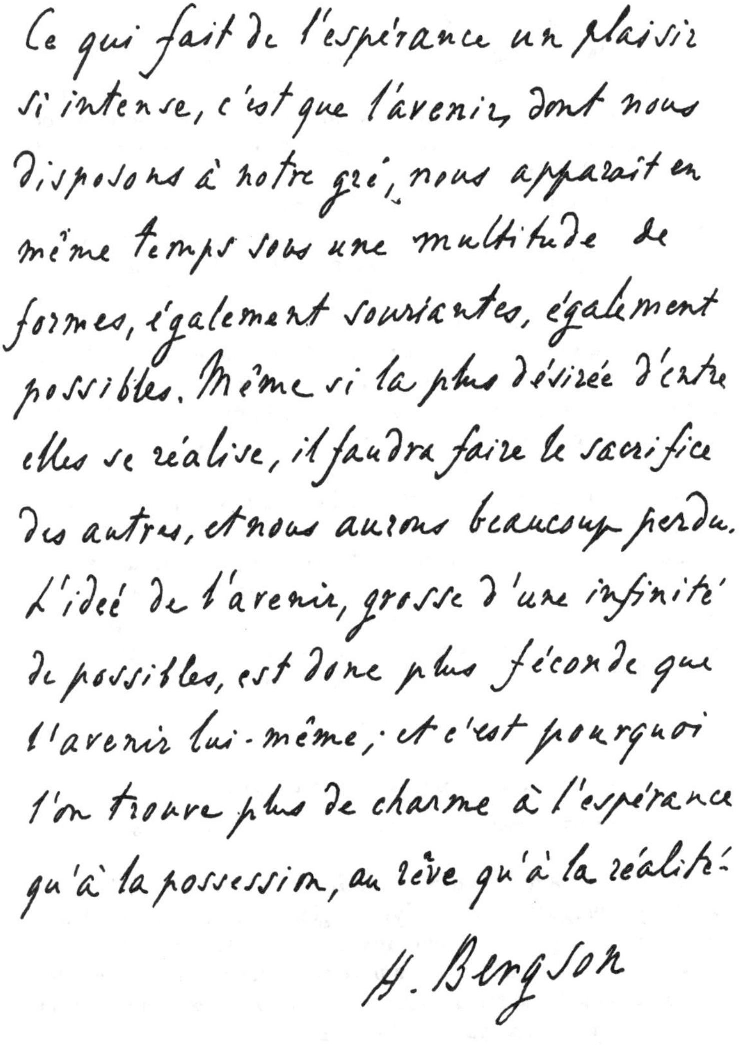
Ce qui fait de l'espérance un plaisir
si intense, c'est que l'avenir, dont nous
disposons à notre gré, nous apparaît en
même temps sous une multitude de
formes, également souriantes, également
possibles. Même si la plus désirée d'entre
elles se réalise, il faudra faire le sacrifice
des autres, et nous aurons beaucoup perdu.
L'idée de l'avenir, grosse d'une infinité
de possibles, est donc plus féconde que
l'avenir lui-même ; et c'est pourquoi
l'on trouve plus de charme à l'espérance
qu'à la possession, au rêve qu'à la réalité.

H. Bergson

Fig. 231. — Écriture très harmonieuse et distinguée, limpide, sobre, simple simplifiée, gracieuse, légèrement gladiolée juxtaposée par l'influence de la copie, du philosophe Henri Bergson

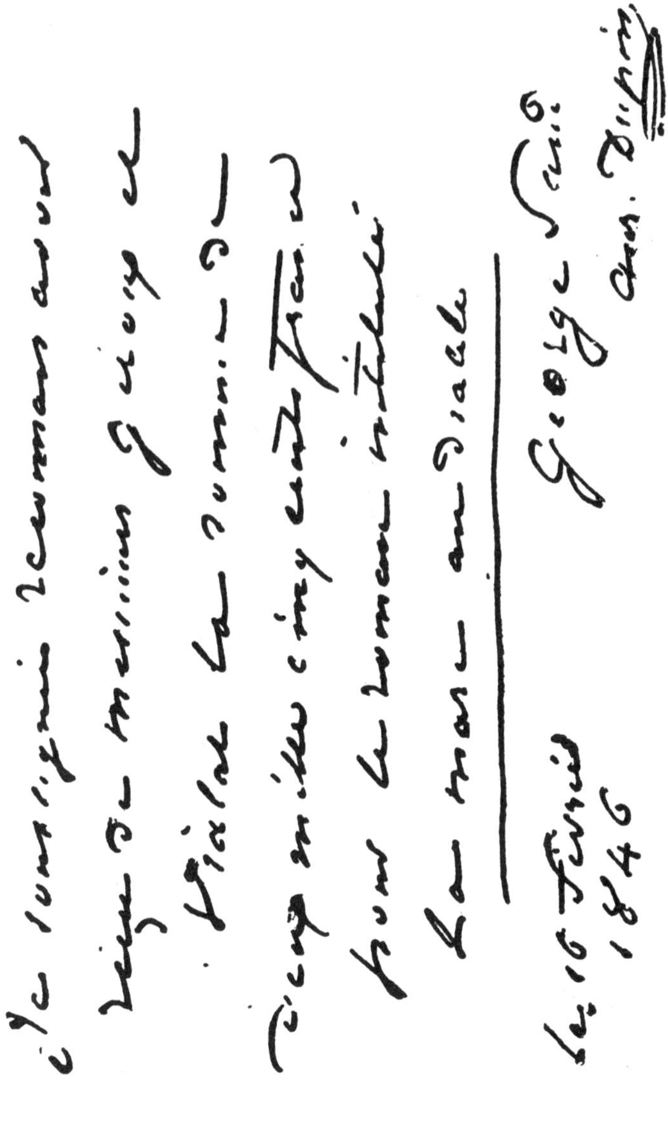

Fig. 232. — Écriture dynamogéniée, nourrie, dilatée centrifuge, rapide et sautillante, semi-anguleuse, brisée, de George Sand

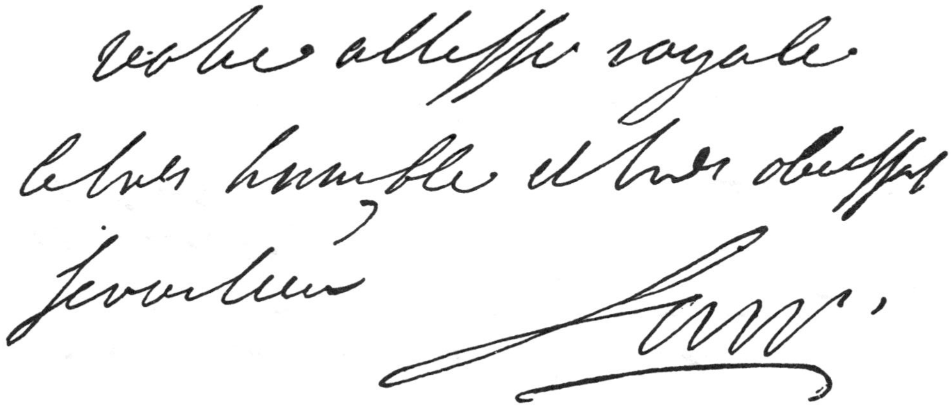

Fig. 233. — Écriture dynamogéniée, dilatée, liée, grande et inégale (2 à 3 mm) rapide, semi-anguleuse, négligée, inclinée, 35 à 20°, de Jean Law, le fameux financier anglais

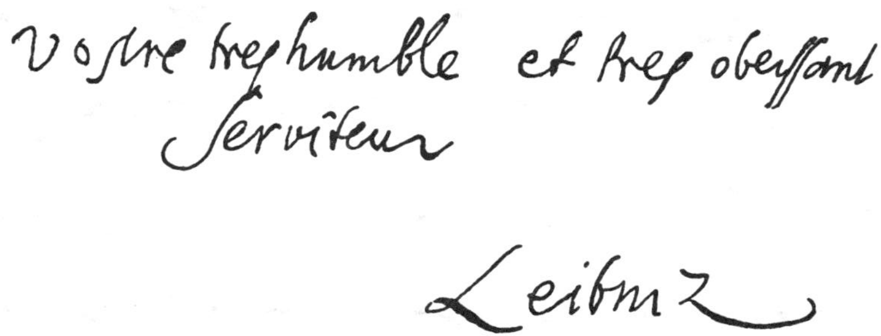

Fig. 234. — Écriture dynamogéniée, très harmonieuse et distinguée, limpide simplifiée, dilatée, liée, rapide, grossissante, étalée, de Leibniz

tion ascendante, son tracé nourri et libre de toute contrainte, l'activité vibrante. Une heureuse nouvelle la provoque habituellement chez des scripteurs normalement contraints et fait ressortir leurs possibilités d'activité. Quand cette Espèce d'écriture est courante, elle exprime une activité très éveillée, l'amour de la vie, une bonne santé, un caractère optimiste.

Il y a une parenté proche et évidente entre les Espèces dilatée et dynamogéniée, si bien que nous avons été tenté de les confondre dans une même définition. Mais en étudiant expérimentalement ces deux signes, il nous est apparu que, si elles sont appelées à se conjuguer, elles ont un caractère distinct. On le voit bien en comparant les conséquences de leurs états *permanents*, l'un favorable, l'autre fâcheux. L'écriture dilatée est le produit d'un enchantement qui, tout à la fois, enivre, fascine et pousse à la rêverie. C'est un sentiment de béatitude évolué. De là sa représentation graphique presque exclusive par l'agrandissement, l'expansion. L'écriture dynamogéniée, au contraire, représente une exaltation des forces qui se développent. Elle n'est pas une fin comme l'écriture dilatée ; ses signes se rapportent tous à l'activité plus ou moins ardente ; elle est surtout animée, rapide, montante, lancée.

L'écriture de George Sand (fig. 232), nourrie, dilatée, étalée, centrifuge, rapide, sautillante, semi-anguleuse, quoique brisée au J de *Je* au *G* de *Giroux*, au *d* de *deux*, au *d* de *Sand*, est franchement dynamogéniée. Il est vrai que l'occasion s'y prête ; recevoir une somme de 2 500 francs développe la bonne humeur. Toutefois, son écriture est habituellement bien vivante.

On distingue aisément, dans la fig. 233 le mouvement vigoureux de l'écriture dynamogéniée ; sa définition semble raconter la vie du scripteur le trop fameux financier Jean Law ; son optimisme aveugle (écr. montante et négligée) est renforcé par son tempérament vigoureux (écr. grande) et passionné (écr. inclinée et liée) ; ses traits lancés et dilatés disent son imprudence ; il agissait pour le plaisir d'agir sans prévoir.

Chez Leibniz (fig. 234), l'allure dynamogéniée, rapide, dilatée, liée, étalée, grossisante, est cependant distinguée, harmonieuse, modérée ; la puissance et la circonspection réunies sont la marque des plus grands caractères.

C'est encore une autre face de l'écriture dynamogéniée que nous présente la fig. 235, Ici, la vigueur et la passion éclatent

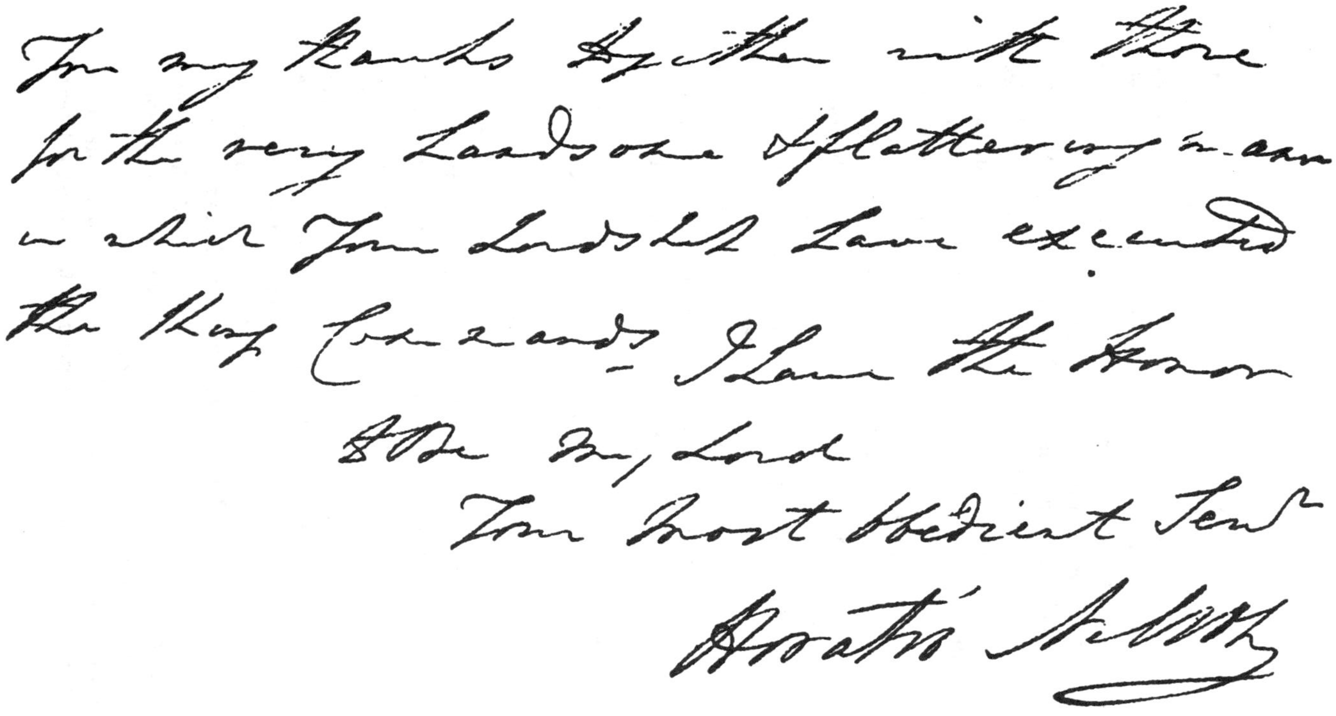
Your my thanks together with those
for the very handsome & flattering manner
in which Your Lordship have executed
the King's Commands – I have the honor
to be My Lord
Your most obedient Servt
Horatio Nelson

Fig. 235. — Écriture dynamogéniée, lancée, aisée, rapide, étalée, espacée inclinée de 30 à 35°, sinueuse, imprécise, inégale dans les mouvements lancés, aisés, rapides, étalés, espacés, inclinés, nourris, mais en même temps ils sont inégaux de dimension, sinueux, imprécis ; une attention vigilante préside à l'utilisation des forces.

Quand l'écriture dynamogéniée n'a pas de contrepoids dans la souplesse, la modération, l'harmonie des mouvements, il n'en résulte que de l'exagération, de l'agitation, du désordre. C'est pourquoi nous nous méfierons des élans exagérés et des feux de paille d'une activité occasionnellement exaltée. La dynamogénie foncière, comme dans nos exemples, est seule qualitative. On la rencontre d'ailleurs à tous les degrés de l'échelle des caractères ; elle révèle indistinctement un bon équilibre du tempérament ; l'écriture de Mme de Warens (fig. 236), grande, étalée, nourrie, liée, accélérée, inclinée, en est un exemple frappant[1].

L'ÉCRITURE ÉGALE *(Genre Continuité)*

Synonyme : uniforme

Antonymes : discordante, agitée, inégale

On appelle écriture égale celle dont les inégalités sont faibles, car il n'en est pas qui soit toujours semblable à elle-même. Les tracés monotones, contraints, calligraphiques, automatiques, s'en rapprochent le plus. Ils représentent souvent un dessin plus ou moins mensonger. L'expérience apprendra vite à ne pas confondre les inégalités mornes et de valeur négative, avec la régularité et la stabilité qui sont parmi les plus belles qualités du caractère.

L'écriture habituellement et relativement égale signifie placidité, indifférence, ataraxie. Son sens péjoratif s'applique toujours quand elle procède de la lenteur et de la monotonie. Elle est généralement associée à une grande indigence de qualités.

Occasionnellement, dans un document où une parfaite lisibilité est requise, l'égalité du tracé n'est qu'une conséquence du

1. Le même document réunit les signatures de Mme de Warens et de Jean-Jacques Rousseau ; signalons simplement les deux paraphes du grand écrivain, mouvementés, compliqués, tourmentés, violents, et discordants entre eux et avec son écriture ordinairement posée et monotone. Le caractère chagrin et inadaptable de Rousseau est là clairement indiqué.

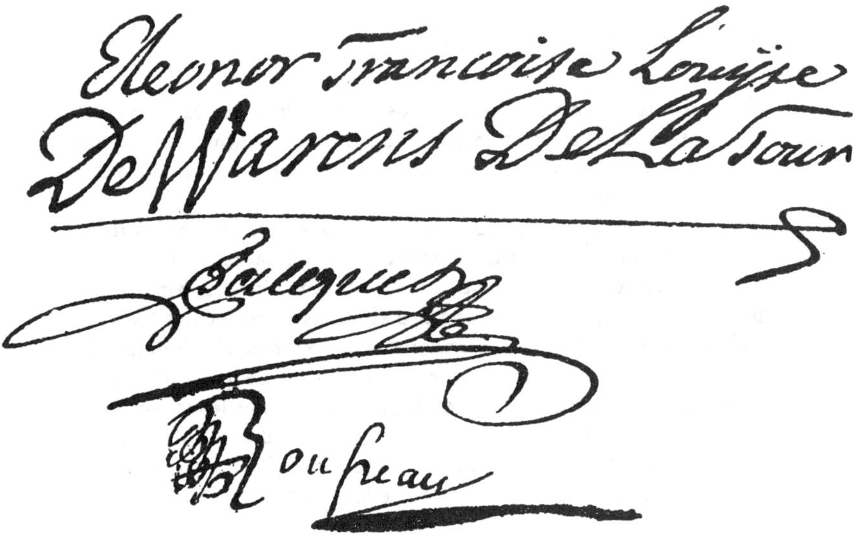

Fig. 236. — Écriture dynamogéniée, grande (2 à 3 mm), étalée, nourrie, liée accélérée, inclinée, de Mme de Warens

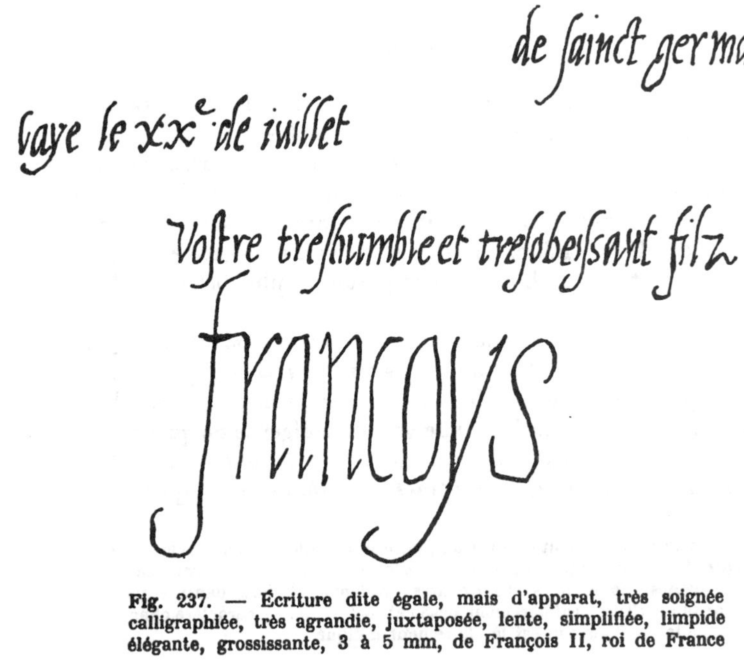

Fig. 237. — Écriture dite égale, mais d'apparat, très soignée calligraphiée, très agrandie, juxtaposée, lente, simplifiée, limpide élégante, grossissante, 3 à 5 mm, de François II, roi de France

soin qui a présidé à l'écrit. Être minutieux, attentif, calme, d'autant plus que l'utilité s'en fait sentir, est une marque évidente d'intelligence.

Les écritures d'apparat, parmi les plus égales, sont facilement reconnaissables par leur agrandissement et leur application scrupuleuse. On le voit dans la fig. 237, reproduisant l'écriture de François II, roi de France ; son caractère foncier ne se révèle guère ; admirons sa culture graphique, sa belle main, sa distinction, mais ne nous laissons pas éblouir par ces qualités de pure forme. La lenteur extrême de l'écrit, la disproportion choquante de la signature, l'irrégularité des espacements entre les lettres, qui ne répond pas à l'agencement d'un écrit intelligemment ordonné, mais à une copie faite lettre par lettre, ont une signification nettement défavorable. Devant un tel document, comme devant toutes les écritures trop égales, calligraphiées et ralenties, le graphologue avisé se tient sur la réserve.

L'ÉCRITURE ÉLANCÉE *(Genre Direction)*

Synonymes : érigée, dressée. — Antonymes : lourde, traînante

L'écriture élancée est une variété de l'écriture lancée ; elle participe à sa définition comme étant le produit d'un élan, mais elle consiste plus spécialement dans le prolongement des finales de lettres en élévation plus ou moins verticale. C'est une forme mystique de l'impulsion et un signe capital d'imagination ardente.

Contrairement aux autres modifications de l'écriture lancée, elle apparaît dans des écritures apparemment calmes, ou monotones, en s'attachant à une seule lettre, de préférence aux *d*, *r*, *v*, minuscules, plus rarement aux finales des mots. Nous en donnons des exemples variés dans la fig. 238. On trouve ces signes chez des contemplatifs, des mystiques exaltés, malgré leur aspect flegmatique.

Dans l'écriture de Clarenthal, le mouvement élancé du *V*, d'une spontanéité entière, tranche avec le reste du texte. On dit souvent que le premier mouvement est le meilleur, c'est très contestable dans la plupart des cas ; refréner ses impulsions est plus salutaire que de s'y abandonner ; le graphologue a seul un

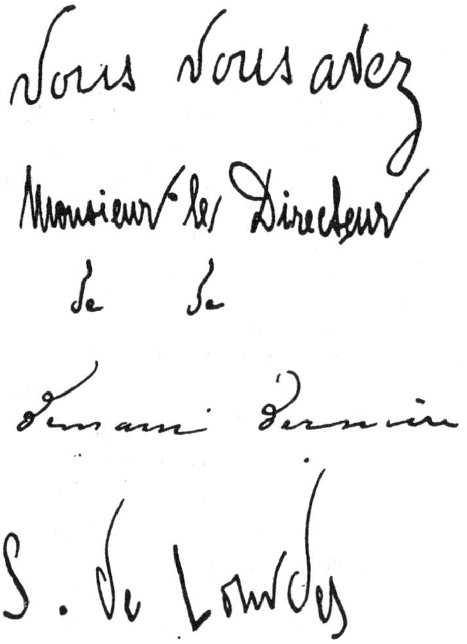

Fig. 238. — Manifestations variées de l'écriture élancée

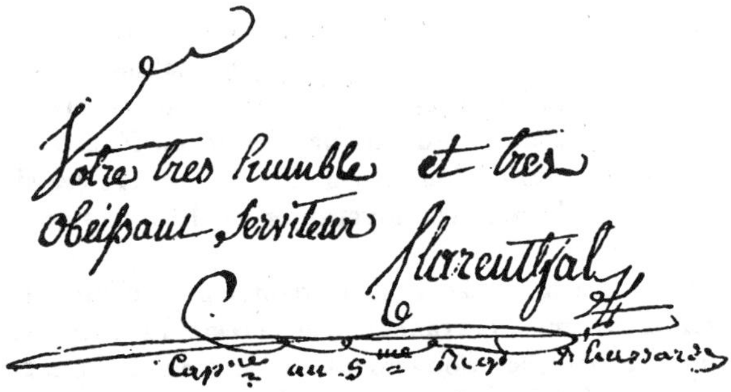

Fig. 239. — Écriture élancée, semi-arrondie, posée, calligraphiée, nuancée

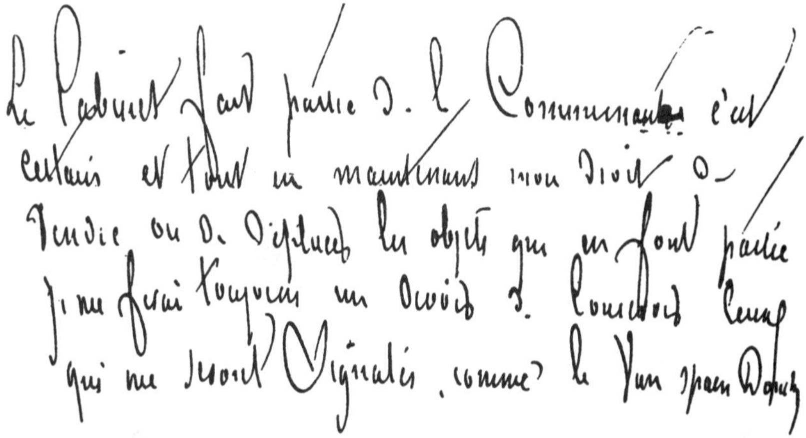

Fig. 240. — Écriture élancée : les barres du *t*

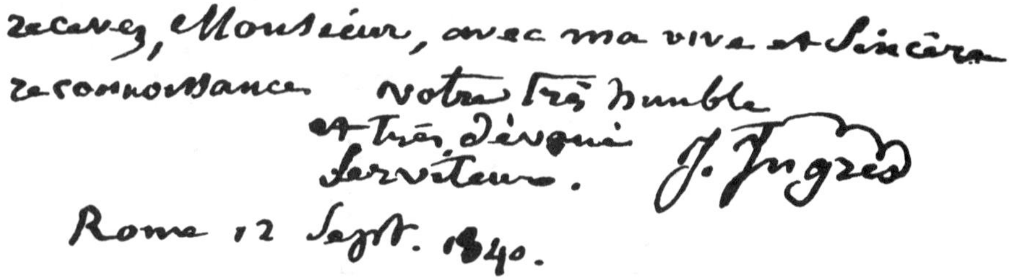

Fig. 241. — Paraphe élancé d'Ingres

Fig. 242. — Signature élancée de Mme Paradol
célèbre sociétaire de la Comédie-Française

Fig. 243. — Écriture élancée, combinée, liée, simplifiée, rapide, bouillonnante très inégale, imprécise, de Blaise Pacal

avantage indiscutable en face de mouvements impulsifs, car il discerne d'un coup deux faces du caractère. Il y a quelques marques d'imagination dans l'écriture de Clarenthal, son *o* ampoulé d'*obéissant*, le *s* exagéré de *serviteur*, les lettres surélevées de sa signature, son double paraphe abondant et enjolivé, mais sans le *V* élancé de *Votre*, le degré de son exaltation nous aurait échappé.

Dans la fig. 240, on observe, ligne 1, deux majuscules exagérées et élancées au lieu de minuscules. Mêmes faits ligne 3, *à vendre* ; ligne 4, à *conserver* et à *ceux* ; ligne 5, à *signaler*. Mais le mouvement élancé des barres des *t* est encore plus significatif de l'exaltation ; elles s'élancent avec une allure folle et provocante, peu rassurante.

Dans l'écriture du grand peintre Ingres (fig. 241), quelques *s* minuscules, et le paraphe, traduisent seuls ses élans. On accuse sa peinture de froideur ; cela marque simplement la différence entre l'inscription et l'exécution.

Il ne faut pas méconnaître la valeur de l'élan, cependant il est nécessaire d'en rapporter le sens au milieu dans lequel il se développe. Par exemple, Paradol (fig. 242) nous offre une signature très révélatrice de son caractère avec deux grandes dominantes intenses, l'élancement et la surélévation qui se conjuguent à merveille. Un orgueil exalté, ne reculant devant aucune hardiesse pour se satisfaire, en est le résultat. Au contraire, chez Pascal (fig. 243), le milieu est très riche, il met en relief, au premier plan, la sensibilité (écr. très inégale et bouillonnante), et l'imagination (écr. très élancée), soutenues par l'activité supérieurement intelligente que révèlent les tracés liés, simplifiés et combinés.

L'ÉCRITURE ÉLÉGANTE *(Genre Forme)*

Synonymes : gracieuse, plaisante, distinguée
Antonymes : vulgaire, lourde

L'élégance dans l'écriture consiste dans l'emploi de courbes au dessin net et d'un mouvement plus ou moins lancé, avec la séduction d'un tracé bien ordonné. Dans les manifestations élevées de ce signe, les lettres de forme typographique et origina-

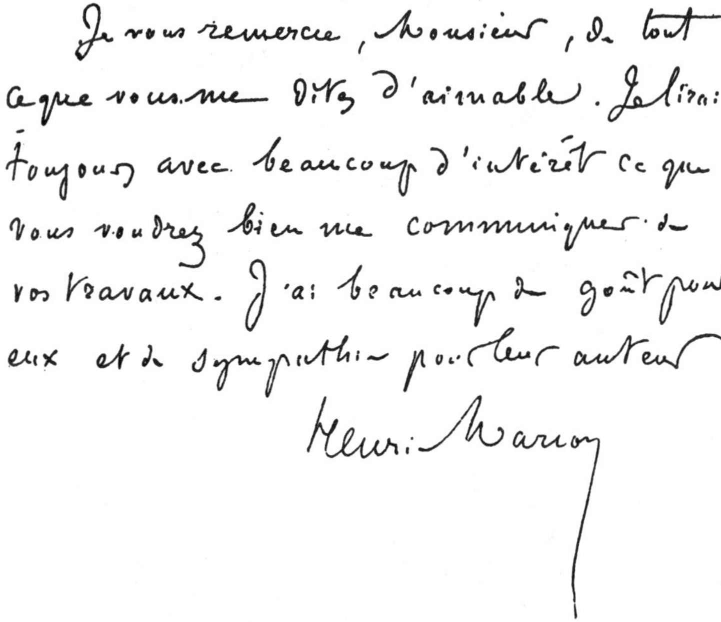
Je vous remercie, Monsieur, de tout ce que vous me dites d'aimable. Je lirai toujours avec beaucoup d'intérêt ce que vous voudrez bien me communiquer de vos travaux. J'ai beaucoup de goût pour eux et de sympathie pour leur auteur
Henri Marion

Fig. 244. — Écriture élégante, gracieuse, distinguée, très ordonnée, rythmée liée, combinée, inégale de dimension (1/2 à 2 mm)

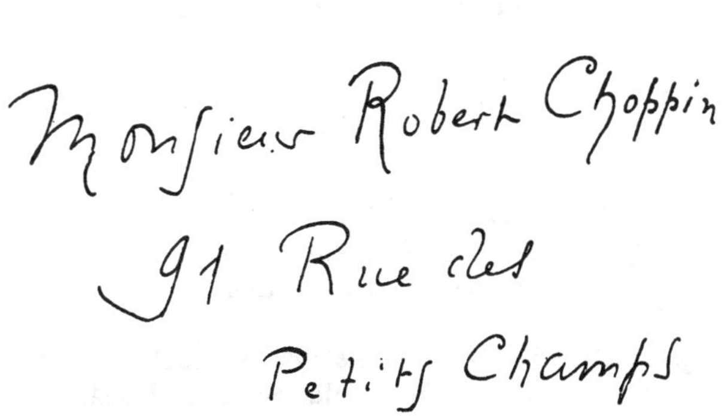
Monsieur Robert Choppin
91 Rue des
Petits Champs

Fig. 245. — Écriture élégante, légère, gladiolée (4 à 1 mm) ; surélevée, inégale

lement simplifiées et combinées abondent. La signification de l'écriture élégante est distinction du goût et des manières.

Hélas ! une disposition si délicate supporte mal les voisinages suspects : il suffit d'un peu d'exagération ou de vanité pour lui faire perdre le charme infini de la distinction. Elle n'est plus alors que coquetterie, minauderie, fatuité, indiscrète envie de plaire. C'est ce que l'on voit dans la figure 243. Au contraire, l'écriture de Henri Marion, le regretté professeur à la Faculté des Lettres de Paris (fig. 244), porte toutes les marques d'une nature élevée, pleine de charme ; elle est élégante, gracieuse, distinguée, très ordonnée, rythmée, liée, combinée, nuancée.

Notre exemple de la fig. 245 est fort agréable, incontestablement élégant, mais apprêté ; c'est la belle main d'un artiste ciseleur de mérite.

L'ÉCRITURE EMPORTÉE *(Genre Vitesse)*

Synonymes : exaltée, passionnée

Antonymes : calme, paisible, sobre

C'est l'écriture produite dans un mouvement impulsif, violent et sans freins, le degré extrême de l'écriture lancée.

Sa signification est irritation, colère, surexcitation, exaspération, emportement. Ce grand désordre est rarement un tracé normal ; il est presque toujours le produit occasionnel d'une émotion violente. Mais on voit des natures véhémentes, fougueuses, batailleuses, passionnées, qui offrent le spectacle d'un perpétuel déséquilibre. Sans doute il faut les plaindre, mais s'en écarter, car elles mettent le trouble partout. La plus dangereuse conjugaison de l'écriture emportée est avec l'agitation, comme on le voit chez les maniaques ; la plus désagréable, avec l'exagération. Il y a plus d'écritures emportées féminines que masculines.

De toutes les façons, les êtres sujets à l'emportement sont détestables.

Sans pénétrer profondément dans le domaine pathologique, nous présentons, fig. 246 et 247, des écritures emportées. Les deux scripteurs sont excessifs, mais celui de la fig. 247 est particulièrement emballé. On nous dit qu'il applique son activité

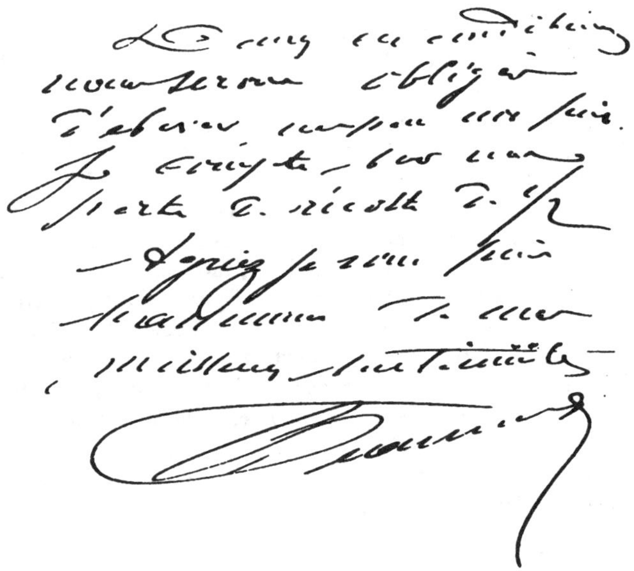

Fig. 246. — Écriture emportée, montante, rapide en soi, sautillante juxtaposée, gladiolée, agitée, imprécise, inclinée, exagérée

Fig. 247. — Écriture emportée, montante de 22 à 25°, inclinée à 30° très inégale de dimension (1 à 4 mm), exagérée, vulgaire, agitée, négligée

Fig. 248. — Écriture emportée, élancée, mouvementée, simplifiée, très inégale, liée inclinée (de 60 à 35°), du duc de Lesdiguières

Fig. 249. — Écriture emportée, élancée, montante à 16°, fine, légère, inclinée rapide, liée, d'une actrice de la Comédie-Française

Fig. 250. — Écriture enchevêtrée, compliquée, désordonnée, exagérée lancée, confuse, juxtaposée, lente avec de grands mouvements en spirales, saccadée, vulgaire et très inharmonieuse

brouillonne à des œuvres utiles ; c'est un indulgent et aveugle optimisme en face d'une écriture montante à 17°, inclinée à 30°, très inégale de dimension (1 à 4 mm), exagérée, vulgaire, agitée, négligée, car, finalement, les brouillons sont négatifs.

L'écriture du duc de Lesdiguières, maréchal de France (fig. 248), est d'un mouvement vif et passionné, évidemment fougueux, mais elle est associée à de si belles qualités de l'esprit et du cœur que son emportement n'est plus que la manifestation d'une indomptable et puissante volonté avec de magnifiques contrepoids.

Une autre face de l'écriture emportée nous est offerte par la fig. 249 : celle de l'ambition vive, ardente et habile, engendrant forcément des susceptibilités. Cependant le caractère est fort au-dessus du vulgaire, avec un idéal sensible et fin. Que nous sommes loin des redoutables écritures des exemples 246 et 247 !

L'ÉCRITURE ENCHEVÊTRÉE *(Genre Ordonnance)*

Synonyme : brouillonne. — Antonyme : claire

La confusion des hampes dans les lignes supérieures, ou des jambages dans les lignes inférieures, produit l'écriture enchevêtrée. Elle est presque toujours due non à l'écriture trop serrée, mais aux hampes et aux jambages d'une dimension excessive. Dans le premier cas, celui des hampes, elle révèle de l'exaltation intellectuelle et, dans le second, celui des jambages, une exagération motrice, sous réserve des autres composantes de l'écriture.

Les très longs jambages sont le signe pathognomonique de la dromomanie, maladie des gens qui ne tiennent pas en place, qui ont la manie des voyages, mais insuffisants s'ils sont isolés.

On rencontre très rarement l'écriture enchevêtrée chez les enfants. En dernière analyse, c'est une tare d'adulte et un mode secondaire de l'écriture confuse. On rencontre cependant des écritures tellement enchevêtrées qu'elles ne correspondent plus qu'à un désordre généralisé. Notre figure 250 en est un exemple saisissant ; chacune de ses caractéristiques, aussi fâcheuses les unes que les autres, pourrait illustrer avec bonheur une mono-

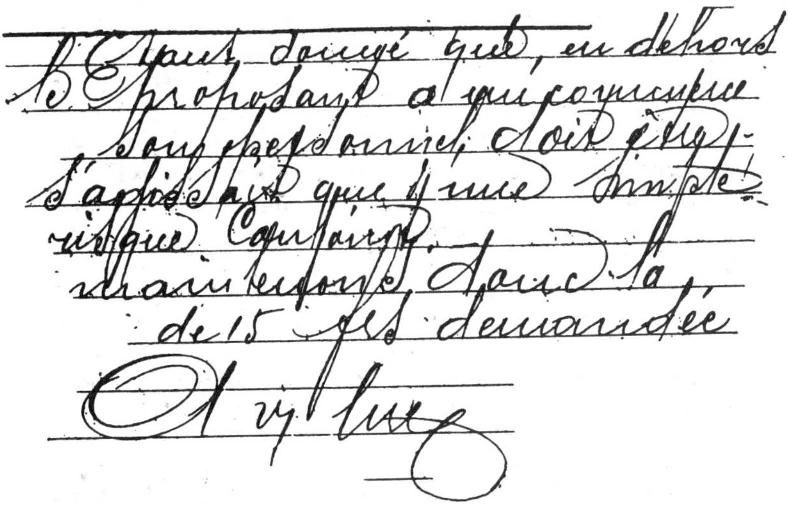

Fig. 251. — Écriture enchevêtrée, vulgaire, saccadée, gonflée, exagérée, lancée

graphie du désordre. On observera profitablement tous les termes de sa définition : enchevêtrée, compliquée, désordonnée, exagérée (avec de grandes majuscules en place de minuscules), lancée, confuse, juxtaposée, lente avec de grands mouvements en spirales, saccadée, vulgaire et très inharmonieuse. C'est un déséquilibré.

Le teneur de livres qui a tracé la figure 251 est aussi un homme vulgaire. Que le lecteur veuille bien suivre, avec une pointe mousse, comme s'il voulait le récrire, le mot *s'agissait*, ligne 4 ; il saisira immédiatement tout ce qu'il y a d'exagéré, de saccadé, de désordonné, dans ce graphisme. Cependant, il comporte une atténuation parce qu'il est, pour une part, l'effet d'une déformation professionnelle. Nous en parlerons à propos de l'écriture prolongée.

L'ÉCRITURE A ENCOCHES *(Genre Pression)*

Cette espèce d'écriture a été signalée par P. le Dr Paul Carton qui la définit ainsi : « On peut rattacher au tempérament

lymphatique l'écriture à encoches au niveau de l'extrémité supérieure de tous les traits verticaux des lettres, encoches qui résultent d'un fort appui de la plume dont les deux becs sont ainsi écartés au cours d'un mouvement freiné d'aller et retour sur place. On devra naturellement éliminer les écritures tracées par des plumes fatiguées. La véritable écriture à encoches persiste même avec des plumes fines et neuves[1]. »

L'indication précise du mouvement freiné d'aller et retour sur place, éclaire bien la question : l'écriture à encoches est un geste d'inhibition et participe, selon le milieu, à toutes les qualités, bonnes ou mauvaises, de ce genre de mouvements. On ne

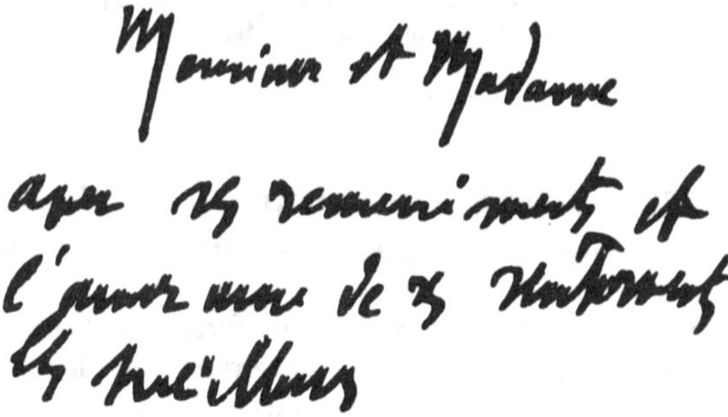

Fig. 252. — Écriture à encoches, épaisse, boueuse saccadée (1 à 6 mm), inhibée, imprécise, surélevée, sinueuse

perdra pas de vue que l'encoche nécessite une main lourde mais ferme. Dans notre exemple (fig. 252), l'écriture est épaisse, boueuse, saccadée, imprécise, surélevée, sinueuse ; ce sont là de fâcheuses contingences. Elles paraissent moins accusées dans la fig. 253, mais l'écriture est encore épaisse et lourde, inhibée (voir le *q* de *paquet* et celui de *que*), arrondie, molle, étalée ; c'est un bilieux-sanguin orgueilleux et à l'esprit lourd. Le docteur Carton dit que cette espèce de gens ne brille pas par la franchise[2].

1. *Diagnostic et conduite des tempéraments*, p. 92.

2. Après un très grand nombre de contrôles d'écritures à encoches, nous nous sommes assurés qu'elle appartenait, avant tout, aux bilieux-nerveux-sanguins. Cf. *Cours supérieur*, André Lecerf, p. 110.

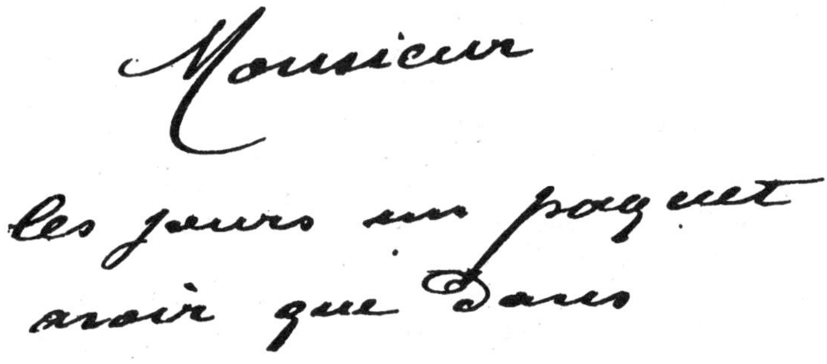

Fig. 253. — Écriture à encoches, épaisse et lourde inhibée, arrondie, molle, étalée

L'ÉCRITURE DITE ENFANTINE *(Genre Forme)*

Synonymes : élémentaire, inorganisée. — Antonyme : organisée

L'écriture enfantine, à travers ses formes innombrables, revêt un caractère de simplicité, de lenteur et d'application qui est la conséquence de l'inhabileté des enfants à manier la plume. Avant la puberté, elle exprime mieux le tempérament et les instincts que le caractère, parce que celui-ci n'est qu'à l'état d'esquisse et que l'écriture n'est pas encore assez spontanée pour enregistrer toutes ses nuances.

Après la puberté, les individualités se développent rapidement. Toutefois, il y a de pauvres esprits qui sont inaptes à progresser au delà d'une limite élémentaire, des débiles, des mous, des paresseux, des apathiques, dont l'esprit s'immobilise dans la torpeur et ne s'ouvrira jamais davantage. Ceux-là gardent toute leur vie l'écriture dite enfantine, terme auquel nous proposons de substituer celui d'écriture inorganisée qui embrasse tous les cas d'écriture élémentaire. Le soldat illettré, auquel on apprend à écrire, n'est pas un enfant, ses tracés rudimentaires ne sont pas tout à fait les mêmes que ceux des enfants ; il est donc mieux de les distinguer dans les définitions.

Nous renvoyons le lecteur aux pages qui contiennent la monographie de l'écriture inorganisée.

L'ÉCRITURE ÉPAISSE *(Genre Pression)*

Synonymes : appuyée, lourde, grosse, pesante
Antonyme : légère

Dans une écriture cursive normale de 2 mm de hauteur, l'épaisseur des pleins est de 1/4 de millimètre. (Méthodes Rollin, Reverdy, Robquin, etc.) Nous distinguons ensuite, toujours sur la base d'une dimension de 2 mm, l'écriture nourrie de 1/2 à 3/4 de millimètre, l'écriture épaisse au-dessus.

La proportionnalité de l'épaisseur avec la dimension décroît pour les écritures grandes et s'accroît pour les écritures petites. C'est-à-dire qu'une écriture très grande, de 6 mm, est épaisse bien avant d'atteindre l'épaisseur proportionnelle de 3 mm, et une écriture très petite, de 1/2 mm, avec moins que la pression d'une écriture nourrie. La grande disproportion entre l'épaisseur et la hauteur des lettres fixe la définition et permet l'emploi judicieux des synonymes lourde, grosse, pesante. A un certain degré d'intensité supérieure, on observe les écritures pâteuse et renflée ; nous nous en occuperons plus loin.

L'écriture épaisse est une marque d'esprit lourd, de paresse, de sensualité ; son empâtement progressif, chez les sanguins, trahit un état congestif dangereux ; nous en avons donné un exemple fig. 49.

Plus que d'autres, ce signe doit être correctement observé sur plusieurs documents ; il dépend quelquefois de l'usage occasionnel d'une plume que nous n'avons pas choisie, ou d'une encre à l'eau qui s'étale, comme celle de couleur bleue, ou bien encore d'un papier défectueux. Toutes les appréciations qui découlent de l'observation des Espèces du genre Pression, risquent d'être un tissu d'erreurs si le graphologue s'engage à fond dans son examen sur un seul document. La règle est universellement respectée en théorie, mais trop souvent méconnue par les usagers de la graphologie, et particulièrement négligée par les graphologues. Il suffirait cependant de formuler quelques réserves, dans les cas d'une documentation insuffisante, pour sauver l'honneur ?

Un exemple : l'écriture de Lamartine est universellement connue et reproduite dans tous les albums d'autographes ; son inclinaison et sa légèreté lui donnent un aspect très féminin qui

la fait particulièrement distinguer par les graphologues. Nous en reproduisons un fragment fig. 350. Mais qui reconnaîtrait, sans beaucoup hésiter, la main de Lamartine dans la signature de la fig. 255 ? Elle est cependant de lui. Mais le second auto-

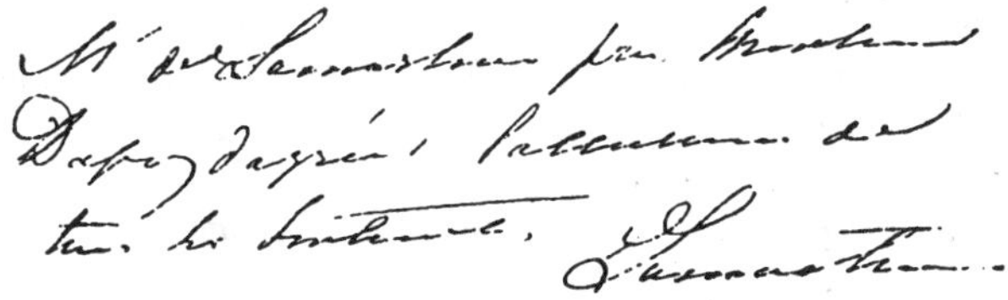

Fig. 254. — Écriture très fine de Mme de Lamartine : effet de plume d'acier

graphe est écrit avec une plume d'acier, et le premier avec une plume d'oie ; ce dernier date de la jeunesse du poète, alors que les plumes d'acier n'étaient pas encore en usage en France. L'écriture de la fig. 254, qui est de Mme de Lamartine, est aussi tracée avec une plume d'acier.

Fig. 255. — Écriture épaisse de Lamartine : effet de plume d'oie

La fabrication des plumes métalliques a été importée en 1846, à Boulogne-sur-Mer, par la maison Blanzy-Poure & Cie. Pendant une période assez longue, la plume d'oie et la plume d'acier furent employées indifféremment, de là des différences plus considérables qu'en d'autres temps, entre les tracés d'un même individu. Aujourd'hui encore, nous connaissons des écrivains qui emploient les deux sortes de plumes.

On parvient à écrire finement avec des plumes d'oie, quand

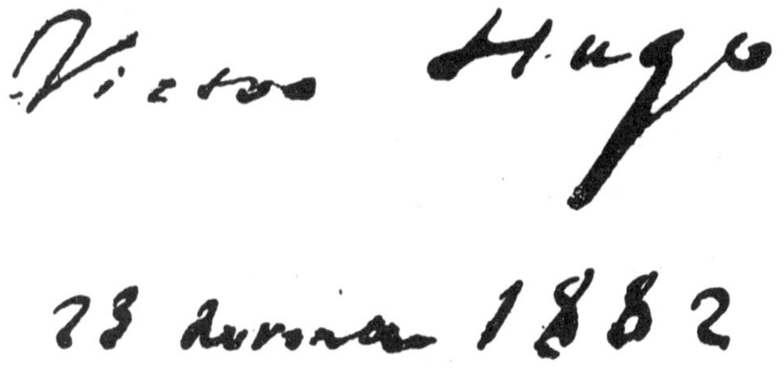

Fig. 256. — Écriture épaisse de Victor Hugo

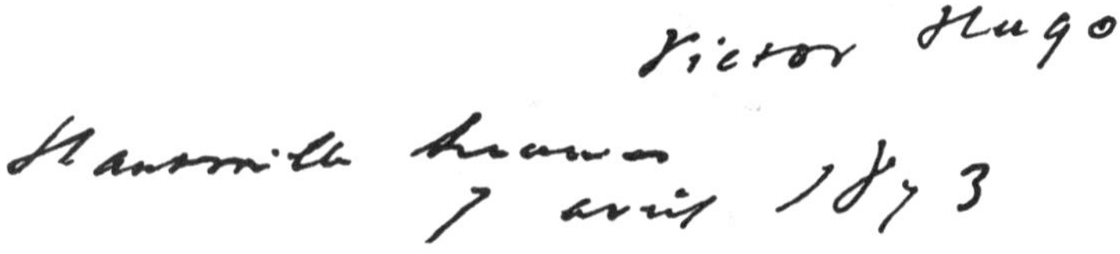

Fig. 257. — Écriture relativement fine de Victor Hugo

elles sont bien taillées, et des mains lourdes font des traits épais avec des plumes d'acier assez fines : au fond, c'est la pression, et non la plume, qui engendre l'épaisseur du trait avec toutes ses différences. Mais dans l'exemple des figures 256 et 257, représentant l'écriture de Victor Hugo, à quelques années d'intervalle, l'écart est tellement énorme, que seule la variété des plumes l'explique. A vrai dire, Victor Hugo renouvelait souvent

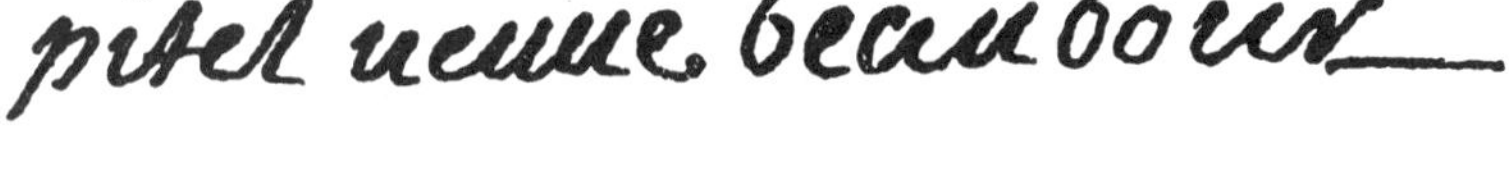

Fig. 258. — Écriture épaisse, très simple et simplifiée, sobre grande, 4 mm ; basse, cylindrique, arrondie, posée de Mme Beaubourg, de la Comédie-Française

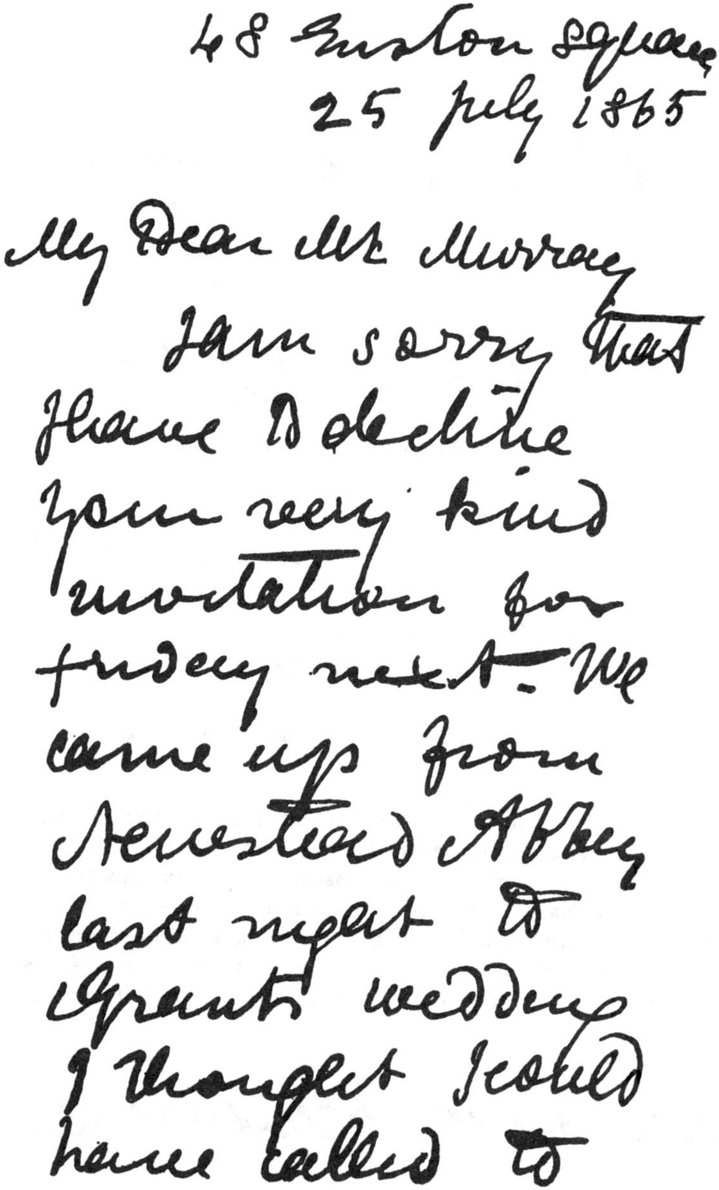

48 Euston Square
25 July 1865

My Dear Mr Murray
I am sorry that
I have to decline
your very kind
invitation for
friday next. We
came up from
Newstead Abbey
last night to
Grant's wedding
I thought I could
have called to

Fig. 259. — Écriture épaisse de Livingstone, dégagée, aisée, claire grande (2 à 5 mm) ; espacée, liée, simple, simplifiée, arrondie, accélérée

ses tracés ; il en avait un pour ses poèmes, un autre pour ses lettres d'amour, un autre encore pour sa correspondance courante (et c'est celui de la fig. 257) ; sans compter les variations dues à son caractère riche et véhément.

Les plumes d'oie favorisent singulièrement les écritures épaisses ; cependant, il n'est pas impossible de mesurer leur influence. Par exemple, fig. 258, dans l'écriture de Mme Beaubourg, célèbre artiste de la Comédie-Française, la pression est en parfait accord avec la forme ; c'est une écriture bien homogène, on se l'imagine mal autrement qu'elle n'est ; une plume d'acier n'y aurait pas changé grand-chose ; la scriptrice, avec son tempérament lymphatique, aurait vraisemblablement choisi une plume douce à becs larges.

Avec Livingstone (fig. 259), nous avons aussi un tracé très homogène, plus que nourri ; si son écriture épaisse n'est pas belle *à cause* de son épaisseur, elle s'harmonise cependant avec des qualités de vitalité merveilleuses étant, tout à la fois, grande, aisée, dégagée ; elle n'est pas admirable au point de vue du professeur d'écriture, elle l'est pour le graphologue.

L'ÉCRITURE ESPACÉE *(Genre Dimension)*

Synonymes : étendue, écartée. — Antonyme : serrée

Dans la calligraphie, la distance des interlignes est de quatre hauteurs de minuscule sans tête, et les mots doivent être séparés les uns des autres par l'espace d'une lettre. L'écriture espacée selon ces règles est un signe de clarté, d'ordre, de mesure. Un plus grand espacement accroît la clarté, l'ordre et la mesure. Mais les écritures bien lisibles et combinées sont seules aptes à profiter d'un renforcement de ces qualités ; les moyens intellectuels que révèle l'écriture combinée, et la tendance exprimée par l'écriture claire, s'accordent là pour fixer les termes d'une résultante améliorative dont le produit est un esprit limpide d'une très haute valeur.

Dans l'écriture des insignifiants, on observe souvent des lignes très espacées ; leur tracé enfantin avec de faibles marques d'énergie fournit l'interprétation d'incoordination et de débilité. (V. l'écriture limpide.)

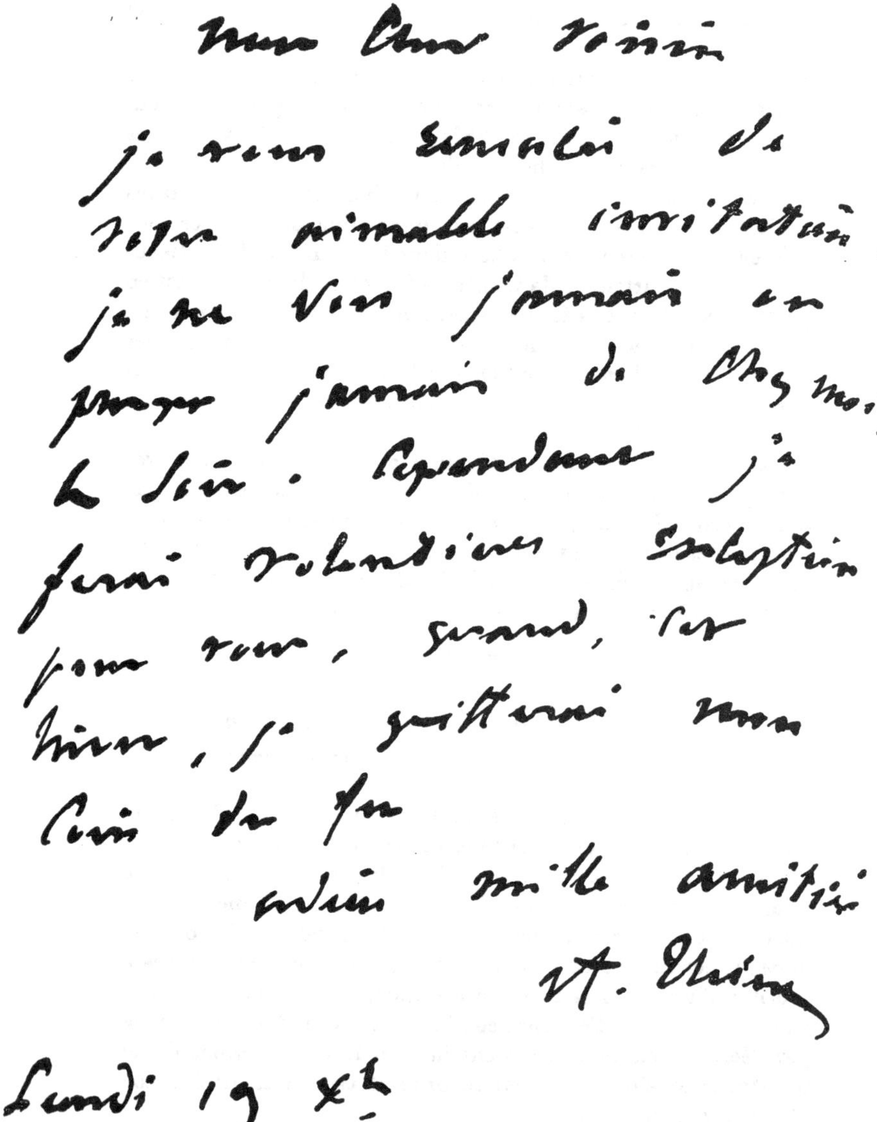
Mon cher voisin

je vous remercie de votre aimable invitation. je ne sors jamais en propre jamais de chez moi le soir. Cependant je ferai volontiers exception pour vous, quand, ce soir, je quitterai mon coin du feu

adieu mille amitiés

A. Thiers

Lundi 19 Xbre

Fig. 260. — Écriture espacée entre les lignes, entre les mots, entre les lettres épaisse, sobre, simple, simplifiée, rapide montante puis descendante aux fins de lignes, sautillante, d'Adolphe Thiers (V. fig. 509)

Associée à l'écriture vulgaire, imprécise, confuse ou désordonnée, l'écriture très espacée est un signe d'exagération, de gaspillage, de prodigalité, de relâchement du caractère.

Nous avons à considérer, dans notre étude, l'espacement des traits, des lettres, des lignes, les déliés entre les lettres ; l'arrangement de ces divers modes d'espacement détermine les tracés étalés, ou dilatés, quand ils dépassent les règles calligraphiques, et condensés ou serrés, s'ils ne les atteignent pas.

Dans l'écriture d'Adolphe Thiers (fig. 260), les espacements sont copieux dans tous les modes, sans être jamais exagérés ; aussi, malgré un tracé hâtif et épais, ce dernier dû à la plume d'oie auquel l'illustre écrivain et homme d'État est resté fidèle toute sa vie, l'écrit est d'une grande clarté.

Chez Jules Ferry (fig. 261), les distances entre les mots sont exagérées et inégales. Le relâchement évident pourrait être dû à la nature du texte, reproduit à contre-cœur[1].

L'exemple suivant (fig. 262), est exagérément espacé entre les lignes. Il y a de la prodigalité, de la dissipation et du relâchement dans cet excès.

L'ÉCRITURE ÉTALÉE *(Genre Dimension)*

Synonyme : élargie. — Antonyme : étrécie

Dans l'écriture étalée, les lettres sont non seulement très espacées dans les mots, mais surtout développées en largeur à leur base. Les majuscules se prêtent à l'étalement, notamment les *A*, *B*, *D*, *E*, *H*, *K*, *L*, *M*, *N*, *R*, *S*.

Les causes de ce signe sont très diverses ; d'une manière générale elles proviennent d'un état d'esprit satisfait de lui-même, aussi bien que d'un état physique favorable. Un certain abandon de soi, nonchalance, paresse, ou sensualité, se traduit à merveille par les mouvements expansifs, et quelques peu lâchés, de l'étalement. Il y a encore de la confiance et de l'imprudence dans l'épanchement des formes étalées ; si elles expriment de l'orgueil par le déploiement indiscret des gestes, elles proclament

1. L'écriture exagérément espacée est, le plus souvent, sinon toujours, une manifestation d'inhibition, de retenue ; il reste à en rechercher la cause. (A. L.)

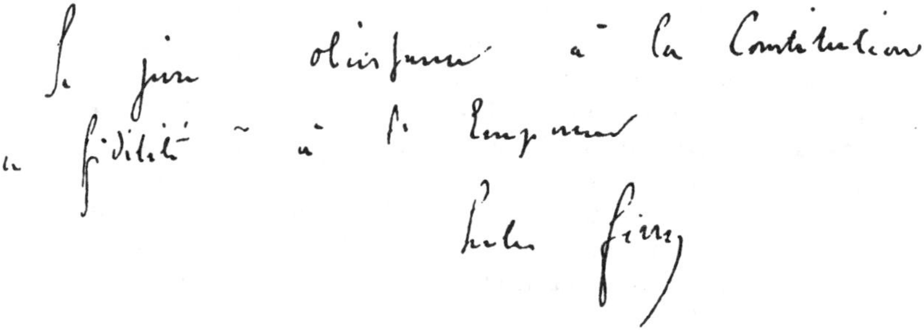

Fig. 261. — Écriture très espacée entre les mots, petite, 1 mm verticale, rapide, groupée (Jules Ferry)

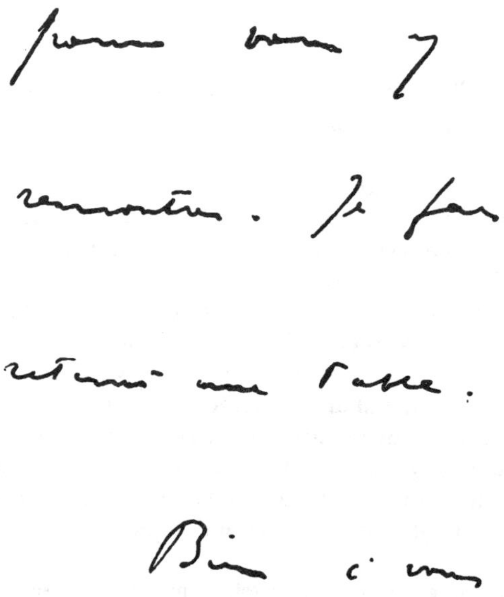

Fig. 262. — Écriture exagérément espacée entre les lignes

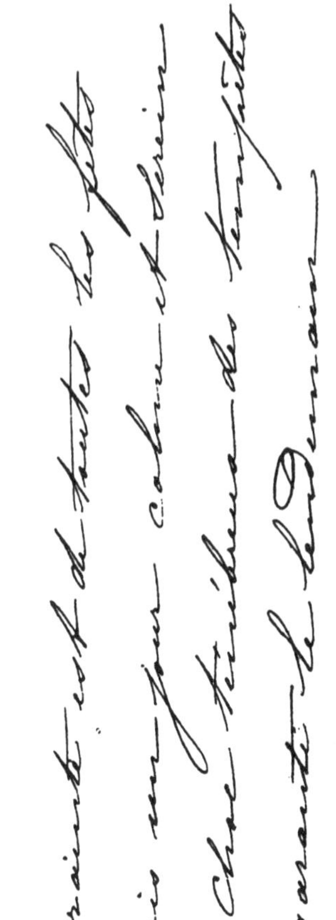

Fig. 263. — Écriture étalée, espacée, centrifuge, à volutes en spirales, surélevée, inclinée

Fig. 264. — Écriture étalée, grande (3 mm) ; arrondie, simple, simplifiée posée, exagérée (maj. pour min.), du peintre Carle Vanloo

Fig. 265. — Écriture étrécie de Marie-Louise de Gonzague, grande (4 à 6 mm) simple, simplifiée, liée, semi-arrondie, régulière, contenue, distinguée.

aussi, par leurs mouvements centrifuges, la générosité de l'être heureux, complaisant, charitable, dont le cœur est aisément apitoyé.

C'est une femme de la petite bourgeoisie parisienne, âgée d'une trentaine d'années, qui nous fournit l'exemple de la fig. 263, franchement étalé, espacé, centrifuge, à volutes, en spirales, surélevé, incliné. Elle était intelligente et charmante, généreuse jusqu'à l'imprudence, extrêmement vaniteuse et coquette, le type du caractère féminin séduisant, mais peu solide.

La très belle écriture de Carle Vanloo, l'illustre peintre niçois (fig. 264), étalée, grande (3 mm), arrondie, simple, simplifiée, posée, qui trahit son imagination féconde par deux majuscules en place de minuscules, est un bon exemple de l'état de plénitude, de divin rayonnement, dont procède l'écriture étalée chez les natures supérieures.

L'ÉCRITURE ÉTRÉCIE *(Genre Forme)*

Synonyme : serrée entre les lettres. — Antonyme : étalée

L'écriture étrécie est caractérisée par l'étroitesse de l'espace qui sépare les lettres et les parties de lettres, et semble gagner en hauteur ce qu'elle perd en largeur. Les ovales sont très réduits, en sorte que l'écriture apparaît maigre et disgracieuse.

Les causes de l'écriture étrécie sont multiples ; la timidité et la modestie sont les plus délicates ; leur entourage de simplicité, souvent aussi de douceur et de grâce, les révèlent. Mais l'étrécissement fusionne, par choix, surtout dans les écritures discordantes, avec tous les indices désagréables de la graphologie, en sorte qu'on le trouve fréquemment à la base des caractères aigris, dédaigneux, envieux, moqueurs, contrariants.

Il n'y a ni petitesse, ni aigreur, dans l'écriture étrécie de Marie-Louise de Gonzague (fig. 265) ; elle est grande (4 à 6 mm), simple, simplifiée, liée, semi-arrondie, régulière, contenue, distinguée. Le noble caractère était circonspect, réservé, tout à la fois digne et modeste.

Chaix d'Est-Ange, le célèbre magistrat jurisconsulte et

Fig. 266. — Écriture étrécie, sèche, gladiolée (5 à 2 mm) juxtaposée, simplifiée, montante, de Chaix d'Est-Ange

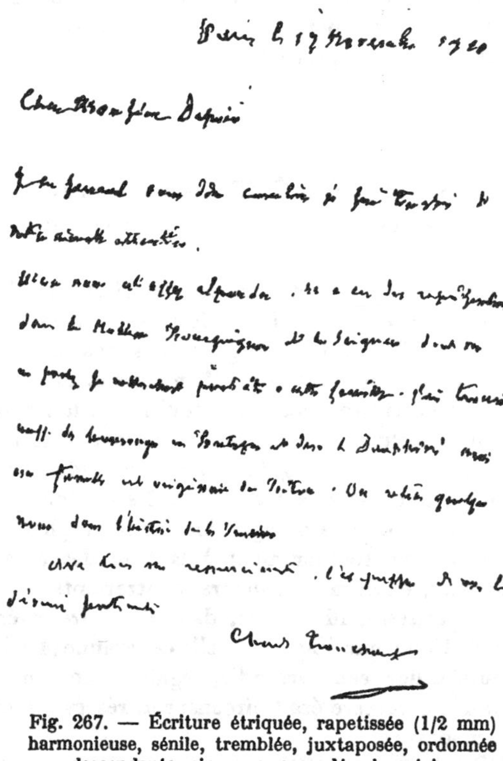

Fig. 267. — Écriture étriquée, rapetissée (1/2 mm) harmonieuse, sénile, tremblée, juxtaposée, ordonnée descendante, sinueuse, saccadée, imprécise

homme politique (fig. 266), a l'écriture étrécie, sèche, gladiolée (5 à 2 mm), juxtaposée, montante : prudent par tempérament, il avait renforcé ses qualités par l'effet de sa profession. Il était servi par une éloquence abondante, élégante et spirituelle, dit Larousse, mais dans toutes ses fonctions officielles, il se montra médiocre.

L'ÉCRITURE ÉTRIQUÉE *(Genre Forme)*

Synonymes : rétractée, atrophiée. — Antonymes : dilatée, aisée

L'écriture étriquée n'a pas une ampleur normale, les lettres qui la composent sont inégalement et incomplètement développées, avec une sorte de gêne et d'hésitation. Son caractère tout à la fois hésitant et mesquin empêche de la confondre avec les écritures basse, simplifiée ou étrécie. Elle a une vague parenté avec cette dernière, cependant l'écriture étrécie est uniquement comprimée dans ses largeurs ; l'aplatissement et l'allongement de ses ovales la caractérisent avec précision ; non seulement elle n'est pas nécessairement exiguë, mais on en voit beaucoup de très hautes et de très lancées, tandis que, dans l'écriture étriquée, la réduction de la vitesse, des dimensions, des formes et des mouvements donne aux écrits un air piteux très caractéristique.

Parmi les causes de l'écriture étriquée, l'affaiblissement dû à la veillesse vient en tête ; on en voit un exemple fig. 267, où tous les signes de la sénilité sont rassemblés. Il s'agit d'un homme de 80 ans, ayant occupé avec éclat une haute situation au Conseil d'État. Son écriture est défigurée par le tremblement et le rapetissement ; cependant, elle reste ordonnée et harmonieuse.

En dehors de la vieillesse, un grand nombre d'états maladifs réduisent l'énergie, pour un temps plus ou moins long, et produisent l'écriture étriquée. L'auteur de la fig. 268, qui est un homme de moins de 50 ans, nous en fournit un exemple. A vrai dire, il a toujours eu une écriture petite, imprécise, retouchée, sinueuse, révélatrice d'une nature tatillonne et inquiète, mais elle est devenue étriquée à la suite d'une longue maladie ; ici, l'état moral a suivi l'état physique, le caractère est devenu plus indécis, chagrin, perplexe.

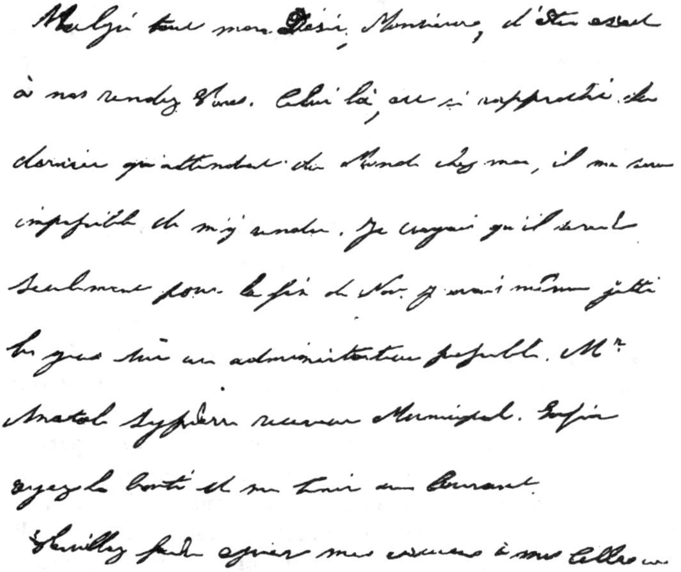

Fig. 268. — Écriture étriquée
très petite et inégale (1/2 à 2 mm) ; fine, sinueuse, retouchée
très imprécise, inclinée, accélérée, espacée entre les lignes

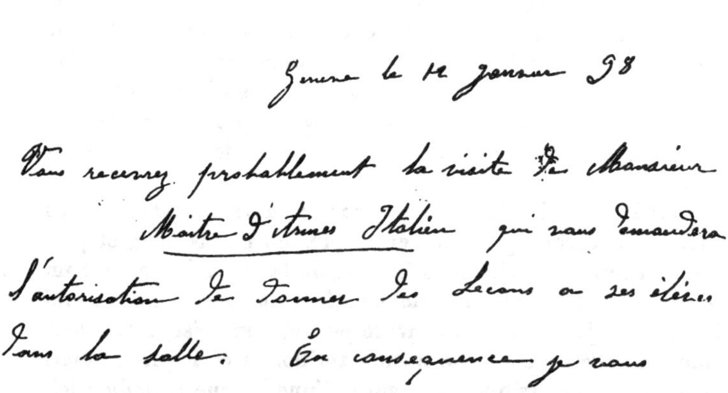

Fig. 269. — Écriture étriquée, petite (1 mm)
sinueuse, brisée, espacée, vulgaire

Chez des sujets jeunes, on rencontre aussi l'écriture étriquée ; elle correspond à des tempéraments débiles et, selon le milieu, à des caractères vétilleux, étroits, bornés. Il suffira de récrire, ou de calquer la première ligne de la fig. 269, pour avoir une idée précise des faiblesses, des hésitations, des mesquineries, des déchéances, qui s'attachent au geste étriqué.

On n'oubliera pas, en face d'un seul document, que des circonstances occasionnelles, indépendantes du caractère, peuvent rétracter l'écriture, principalement le froid et la grande fatigue.

L'ÉCRITURE EXAGÉRÉE[1] *(Genre Dimension)*

Synonymes : outrancière, sans mesure

Antonymes : simple, harmonieuse

L'écriture exagérée est celle qui dépasse, ou diminue, de façon excessive les formes, les dimensions ou les proportions normales établies par les règles de la calligraphie. L'exagération peut donc se manifester, en plus ou en moins, sous forme d'écriture trop grande ou trop petite, trop épaisse ou trop fine, trop espacée ou trop serrée, trop penchée ou trop renversée, trop lancée ou trop lente, etc.

Les majuscules à la place des minuscules, les points d'exclamation et les soulignements fréquents, les mots augmentant de hauteur, surtout en guise de soulignement, les lignes de plus en plus ascendantes, les lettres et les mots de plus en plus grands, sont des signes d'écriture exagérée faciles à observer et sûrs.

L'exagération résulte encore d'une association de qualités prédisposantes, comme l'ardeur, la fougue, l'emportement, l'excitation, l'exaltation, la précipitation, qui sont toujours prêtes à servir les excès. L'orgueil, par exemple, n'a besoin que d'une impulsion pour devenir exagéré.

Le dossier le plus intéressant d'une collection graphologique est celui de l'écriture exagérée, parce qu'il s'alimente à toutes les sources, et fournit des exemples particulièrement démonstratifs, grossis, par conséquent faciles à apprécier, de toutes les

1. Cf. La monographie de l'Exagération, dans les *Éléments de l'écriture des canailles*, p. 93 à 109.

Espèces d'écriture ; on s'en rendra compte en feuilletant notre tome de figures.

Dans la vie courante, les exagéreurs d'habitude, surtout quand l'orgueil exalte leur déséquilibre, se classent parmi les êtres les plus malfaisants, souvent en tête. Ils sont brouillons, déconcertants par leur versalité et leurs mensonges, couramment maladroits et gaffeurs, souvent batailleurs, vindicatifs et méchants, toujours excessifs et dangereux.

A la pensée de l'écriture exagérée, le graphologue se repré-

Fig. 270. — Signature exagérée, d'apparat, de Marie Stuart (22 mm) anguleuse, juxtaposée, lente, légère

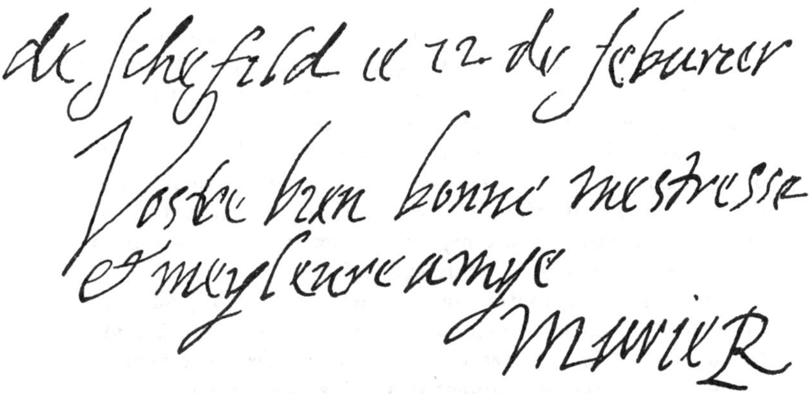

Fig. 271. — Écriture habituelle et courante de Marie Stuart semi-anguleuse, groupée, grande (4 à 5 mm) ; nourrie

Fig. 272. — Écriture exagérément mouvementée, emportée, lancée, compliquée liée, serrée, grande et saccadée (2 à 6 mm) gonflée en relief, aux jambages prolongés, de Mazeppa, hetman des Cosaques (1644-1709)

Fig. 273. — Écriture exagérée, inégale (10 à 15 mm) inharmonieuse et disgracieuse, étrécie, légère, plate, arrondie jointoyée, descendante, aux jambages prolongés

Fig. 274. — Signature d'apparat, légèrement gladiolée (10 à 12 mm) arrondie, calligraphiée, lente, nourrie, simple et simplifiée, liée

sente aussitôt un tracé très grand : c'est, en effet, un mode d'exagération, mais l'un des moins nuisibles, à moins qu'il ne soit avivé par de fâcheuses associations. D'ailleurs, une quantité de tracés démesurés ressortissent au mode d'écriture artificielle que nous avons appelé d'apparat. Les souverains, les chefs, les notaires, etc., tous ceux qui par leurs fonctions régnent sur le commun des mortels au moment de transcrire un texte important, ou de le signer, amplifient leurs gestes ; ils montrent, par là, qu'ils ont le sentiment de la gravité de leurs fonctions. Par exemple, nous voyons, fig. 270, une signature de Marie Stuart, mesurant 22 mm, tracée lentement, lettre par lettre, au bas d'un acte solennel. Mais c'est une simple exagération de circonstance, ce que démontre, fig. 271, la reproduction d'une lettre intime, mesurant seulement 4 à 5 mm ; elle se classe de ce fait dans les écritures grandes. C'est sur ce dernier document qu'on doit étudier le caractère de la Reine et non sur le premier qui est, sinon négligeable, très accessoire.

La sœur du grand Arnauld, abbesse de Port-Royal (fig. 274), consciente de son rôle important, nous donne aussi une signature calligraphiée, très lente. A part la dimension exagérée, de 10 12 mm, l'écriture ne présente aucune trace d'exagération. Il s'agit donc d'une signature d'apparat, l'ensemble du caractère n'est pas en cause.

Les vraies écritures exagérées, qui impliquent les appréciations de désordre, d'impulsivité violente, de déséquilibre, comportent *un développement excessif des mouvements*, plutôt que celui de la dimension en hauteur ; c'est dans les écrits de ce genre qu'il faut chercher les indicices de la plus dangereuse exagération. D'ailleurs, les petits et les grands excès se conjuguent souvent. Les exagéreurs étant sans mesure, ni discernement, surtout à leur propre sujet, ne parviennent pas à dissimuler leurs passions ; elles se révèlent de diverses et nombreuses façons, au grand profit des graphologues.

Nul n'hésitera à qualifier d'exagérée l'écriture de Mazeppa, le célèbre hetman des Cosaques (fig. 272) ; elle apparaît avec des mouvements très étendus, emportés, lancés, liés, serrés, gonflés, saccadés, aux jambages prolongés, tous mouvements qui sont beaucoup plus à considérer que la dimension des lettres. Mazeppa était un être redoutable, égoïste, cupide, exalté, sans scrupules, traître, et brave comme les fous qui n'ont peur de rien.

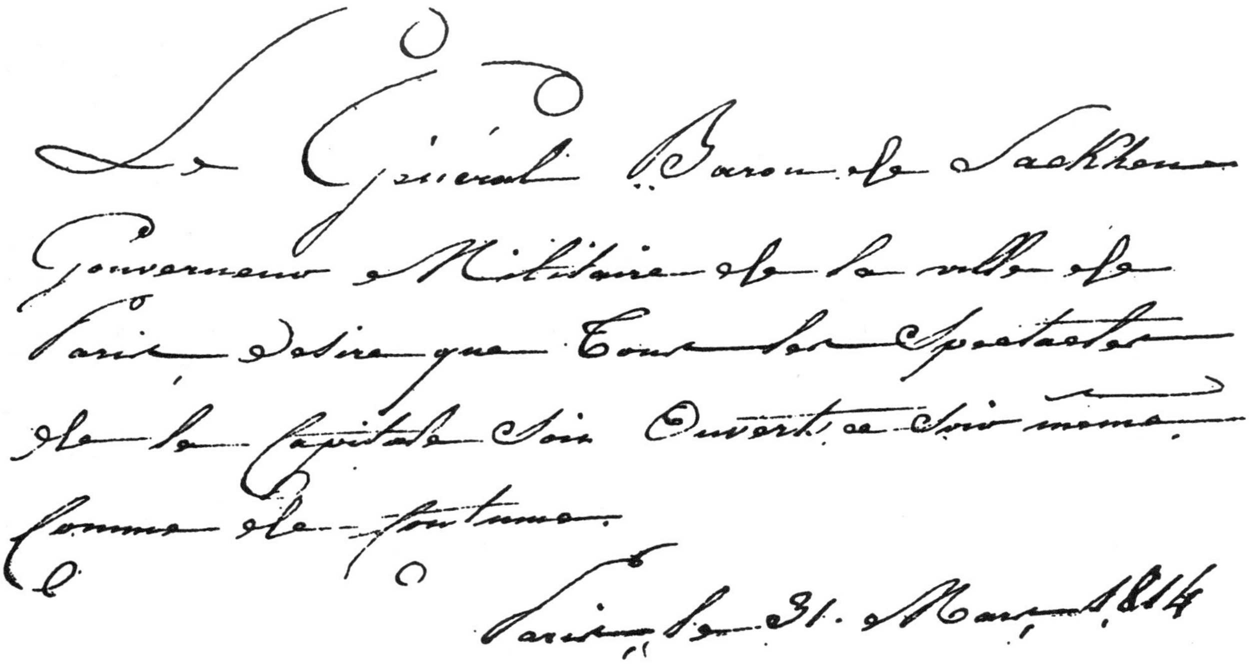
Le Général Baron de Sackhen
Gouverneur Militaire de la ville de
Paris désire que Tous les Spectacles
de la Capitale Soient Ouverts ce Soir même
Comme de Coutume.
Paris le 31. Mars 1814

Fig. 275. — Écriture très exagérée, très disproportionnée élancée, étalée, à volutes, anguleuse, petite (1 mm) ; majuscules pour minuscules, brisée

Voici, fig. 273, une autre écriture exagérée, inharmonieuse, disgracieuse, étrécie, légère, plate, arrondie, jointoyée. Ce sont des caractéristiques assez discordantes : pendant que les inégalités de dimension et de direction, avec l'écriture descendante et jointoyée, expriment l'instabilité, les dimensions excessives, 10 à 15 mm, sont associées à des jambages prolongés, soit deux

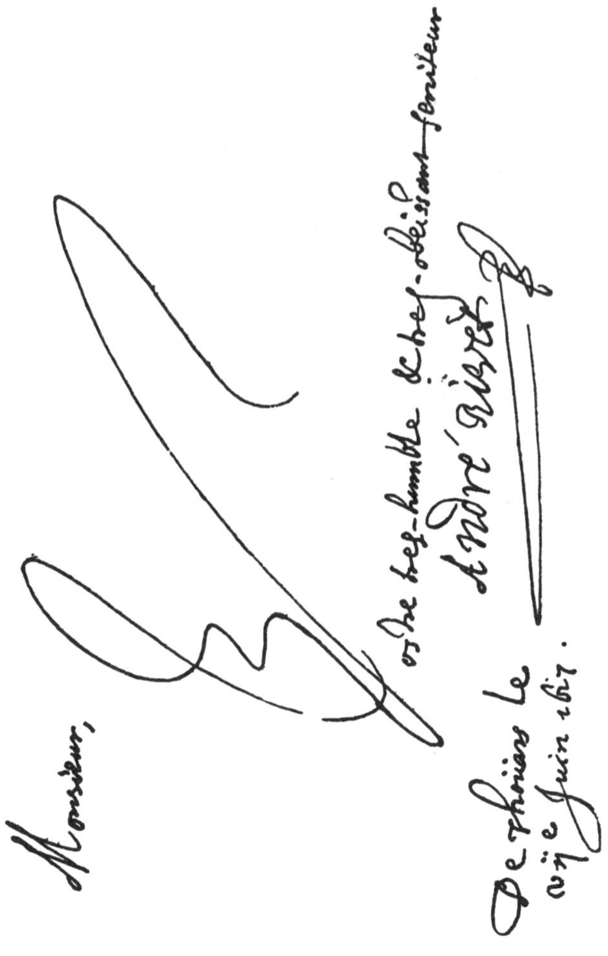

Fig. 276. — Écriture exagérée, très disproportionnée discordante et lancée, gonflée, mais simplifiée, posée, nourrie, ferme

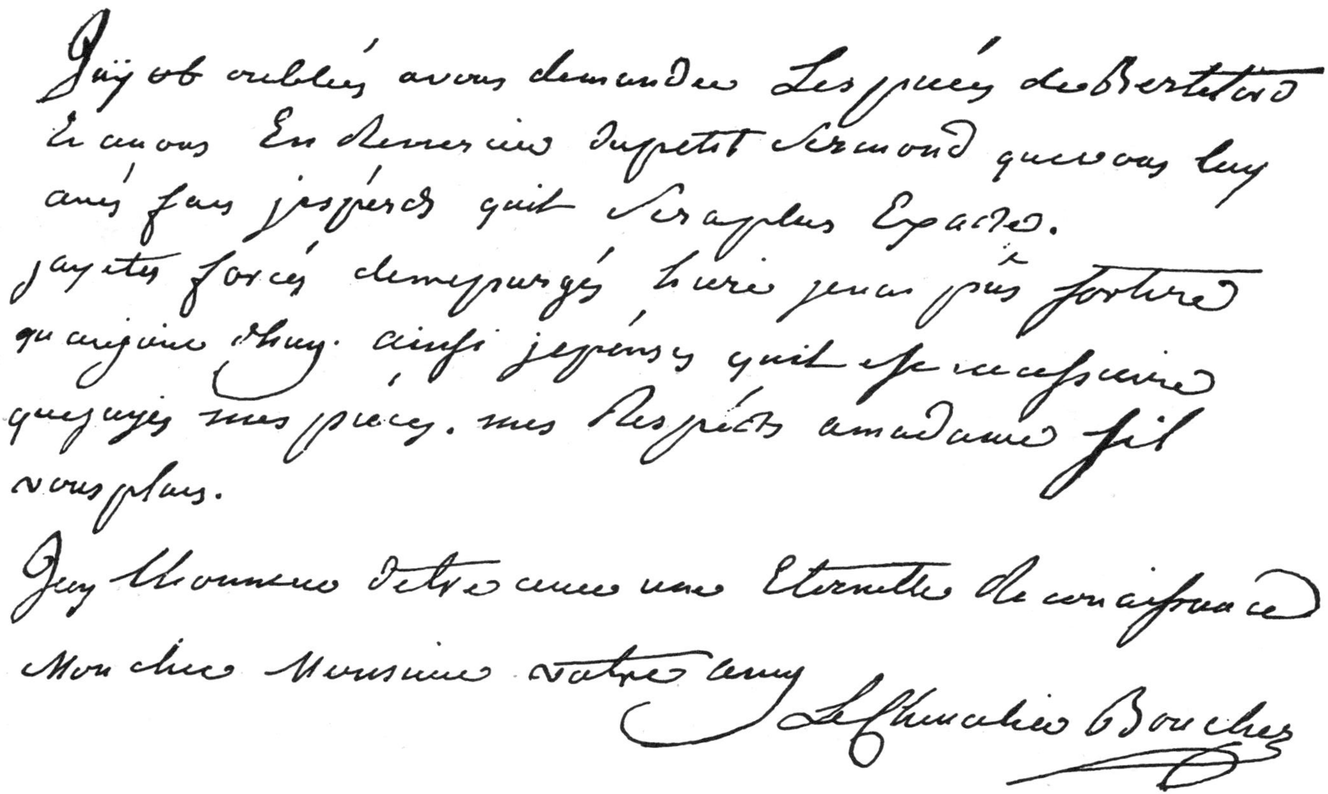

Fig. 277. — Écriture exagérée (majuscules pour minuscules) ; liée, simplifiée, nuancée, rapide, ordonnée de François Boucher, le peintre du roi Louis XV et de Mme de Pompadour (1703-1770)

signes d'exagération motrice. C'est l'écriture d'une femme nerveuse, au caractère fantasque et chagrin.

Les deux premières majuscules de la fig. 275 sont très lancées, disproportionnées et exagérées ; cependant, en tête d'un document officiel, on pourrait considérer ces deux majuscules, malgré leur outrance, comme originaires de l'écriture d'apparat. Malheureusement, le *P* élancé de *Paris*, 8 majuscules à la place de minuscules, et un tracé très lancé et étalé (voir l'accent circonflexe du mot *même*, l. 4), ne laissent aucun doute sur la turbulence et la sottise exaltée du scripteur. Ses majuscules brisées révèlent un malade[1].

Dans la fig. 276, nous nous trouvons de nouveau aux prises avec la signification d'un trait lancé, en discordance très nette avec le reste de l'écrit. Au XVIIe siècle, c'était la mode d'exagérer les majuscules initiales des formules de politesse, tant au début qu'à la fin des lettres missives ; la notion du tracé d'apparat peut être invoquée ici dans une certaine mesure, mais il reste que le mouvement du *V*, même d'apparat, est excessif ; c'est un malheureux éclat qui dénote une nature impulsive. Quelques lettres légèrement gonflées n'altèrent pas sensiblement cette belle écriture, par ailleurs simplifiée, posée, nourrie, ferme.

Le grand peintre François Boucher n'a qu'un seul signe d'exagération dans son écriture (fig. 277) : des majuscules en place de minuscules ; pour le reste, elle est liée, simplifiée, nuancée, rapide, ordonnée, c'est-à-dire très belle. Comment faut-il interpréter le signe en question ? En nous inspirant du milieu qui ne comporte aucun déséquilibre. C'est une marque de vive imagination. Cette interprétation est fréquemment applicable aux artistes, aux poètes, aux créateurs de tous les genres, dont l'imagination exubérante est, en quelque sorte, une noble qualité professionnelle, — à la condition qu'il n'y ait pas plus que chez François Boucher, de concomitances avec les mouvements immodérés et inharmonieux qui caractérisent l'exagération foncière.

Cette condition est-elle remplie dans l'écriture de Barr, fig. 278, poète et historien du XVIIIe siècle ? Certes non. Ses mouvements sont exagérément étendus, sa dimension très

1. Ce document a été signé par le général de Saklen, mais le texte est écrit pas un officier subalterne.

Fig. 278. — Signature exagérée, à mouvements étendus très lancée et compliquée, arrondie, grande (6 mm)

Fig. 279. — Signature exagérée, grossissante (6 à 10 mm) ; compliquée, désordonnée

grande, ses complications excessives et brouillonnes. La référence n'est pas avantageuse pour un historien. C'est un exagéré, un exalté, un faiseur, un brouillon, que l'art ne saurait couvrir.

La signature de Durant, de la Comédie-Française (fig. 279), est exagérée par sa dimension de 6 à 10 mm ; par le grossissement de plus en plus accentué des lettres, par le paraphe compliqué et brouillon, comme son caractère.

En étudiant l'écriture grossissante, nous indiquerons ses

Fig. 280. — Signature exagérée, compliquée, épaisse

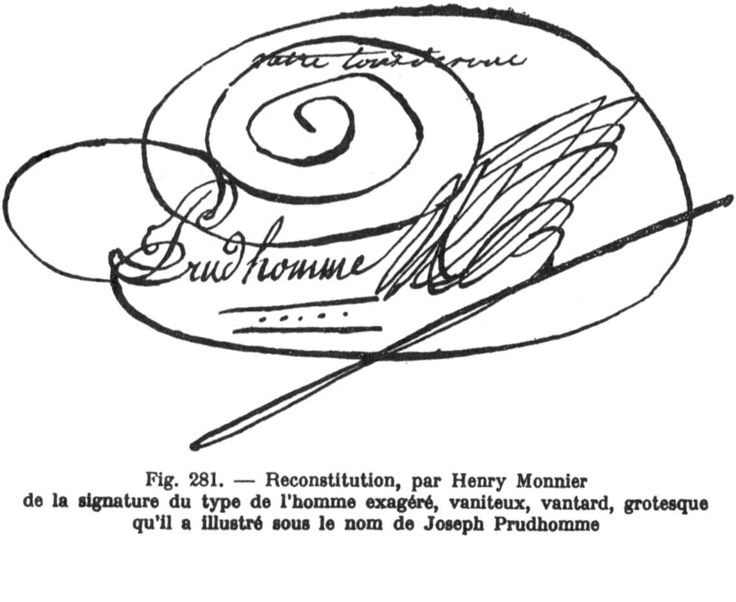

Fig. 281. — Reconstitution, par Henry Monnier
de la signature du type de l'homme exagéré, vaniteux, vantard, grotesque
qu'il a illustré sous le nom de Joseph Prudhomme

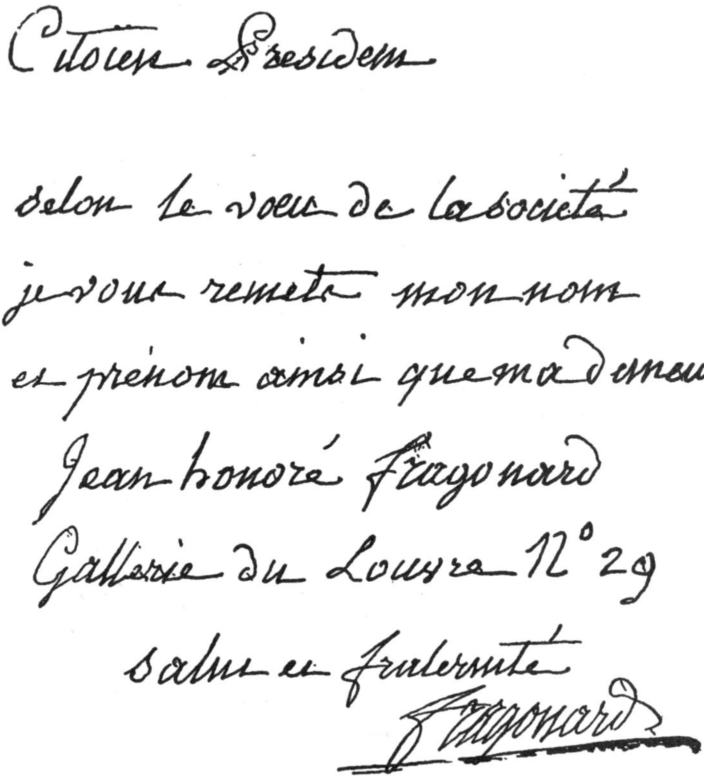

Citoien President

selon le voeu de la société
je vous remets mon nom
et prénom ainsi que ma demeure
Jean honoré Fragonard
Gallerie du Louvre N° 29
salut et fraternité
Fragonard

Fig. 282. — Écriture très ferme, résolue, nourrie, anguleuse combinée, claire, espacée, grande (2 à 6 mm) simplifiée, simple (minuscules pour majuscules), harmonieuse

Eug Delacroix

Fig. 283. — Signature très ferme, très résolue, nette, nourrie liée, arrondie, aisée, combinée, très grande (6 à 8 mm)

diverses interprétations ; elles vont de la candeur naïve à l'enthousiasme le plus irréfléchi, d'où il résulte que ses formes très accusées sont inconciliables avec l'écriture des gens très supérieurs.

Dans les caractères exagérés, il y a un type moins dangereux que les autres, assez sociable si l'on ménage ses susceptibilités : c'est celui de l'homme important. En voici un exemple très sincère et grotesque, fig. 280, signature épaisse et compliquée.

Henry Monnier, le célèbre humoriste, a fixé les traits de ce genre d'hommes dans une amusante création : son héros, Joseph Prudhomme, a été chargé de tous les ridicules du vaniteux, vantard et encombrant. A cette époque, la graphologie naissait seulement, mais par une prescience assez pénétrante, il faisait signer Monsieur Prudhomme comme dans la fig. 281, qui reproduit les tracés exagérément mouvementés, compliqués et boursouflés, que suggèrent l'orgueil et la sottise. La création d'Henry Monnier date de 1857, son Prudhomme était, en somme, assez pacifique. Aujourd'hui, en face de nos exagéreurs sans scrupules et frénétiques, on rit encore quelquefois, mais discrètement, par prudence.

L'ÉCRITURE FERME *(Genre Pression)*

Synonymes : nette, consistante
Antonymes : hésitante, chancelante, tremblée

Un tracé plus ou moins anguleux, net et résolu, constitue l'écriture ferme. Les mouvements hésitants, tremblés, agités, mous, instables, sont inconciliables avec elle.

C'est la marque d'un caractère énergique, réalisateur, sachant garder son sang-froid. Un bon chef doit avoir l'écriture ferme, — et aussi quelques autres qualités.

L'écriture de Fragonard (fig. 282), est très ferme, résolue, anguleuse ; sa pression et sa dimension assez grande, de 2 à 4 mm, augmentent l'impression de vitalité qu'elle produit.

La signature de Delacroix (fig. 283), est également très ferme, très résolue, nette, nourrie, liée, aisée, continue, très grande (6 à 8 mm). A l'opposé de l'écriture de Fragonard, elle est arrondie. On voit que l'angle n'est pas une condition néces-

Fig. 284. — Écriture de Michel de Cervantès, auteur de Don Quichotte de la Manche (1547-1616)
Très harmonieuse et élégante, aisée, combinée, lancée, mouvementée, résolue, nette, ferme, liée, rapide, massuée

Fig. 285. — Signature de dimension exagérée (10 mm), mais d'apparat, nette, ferme, posée distinguée, serrée par manque de place, signe favorable d'adaptation

saire dans la définition de la fermeté ; une courbe nette et résolue suffit, et présente même, souvent, plus de qualité.

Le rôle de la netteté et de la résolution apparaît prédominant dans l'écriture de Michel de Cervantès (fig. 284), elle est très bien combinée ; les angles et les courbes se succèdent harmonieusement et élégamment dans un mouvement aisé, rapide, résolu, parfois lancé et lié, mais jamais emporté. De là une fermeté remarquable par sa distinction et la maîtrise de soi qu'elle exprime, comme son auteur elle dépasse son époque.

La résolution est moins accusée dans la fig. 285 que dans les exemples précédents, mais la netteté n'est pas moindre. Quoique la dimension des lettres minuscules soit excessive, tous les mouvements sont posés et distingués, d'une dignité ferme. C'est évidemment une signature d'apparat.

La signature de Richard III (fig. 286), nous offre un nouvel aspect de l'écriture ferme : par la nature de ses angles, qui sont hargneux et associés à un tracé compliqué, posé, contourné, régressif, grand (4 à 5 mm), en relief, il révèle un caractère tout à la fois véhément et faux, dur et froidement méchant.

L'ÉCRITURE FILIFORME *(Genre Forme)*

Synonyme : fuyante. — Antonyme : claire

Les lignes de l'écriture filiforme ressemblent à un fil qui se déroule. Les lettres intérieures sont remplacées par un trait généralement ondulé ; les lettres extérieures, moins réduites, parfois agrandies, permettent cependant la lecture.

Les significations de l'écriture filiforme sont diverses, mais la raison commune à tous ses usages est la simplification. Celle-ci procure aux gens actifs, et momentanément très pressés, une grande économie de mouvements et de temps ; aux malades, ou aux paresseux, un effort moindre ; aux natures fausses et fuyantes, l'imprécision qu'elles recherchent.

Dans le premier cas, la comparaison de plusieurs documents renseigne le graphologue, parce que l'écriture filiforme, dans son heureuse application à une activité débordante, est occasionnelle. Alors elle est liée à des signes accessoires et supplémentaires de rapidité : liaisons, lancements, léger agrandissement.

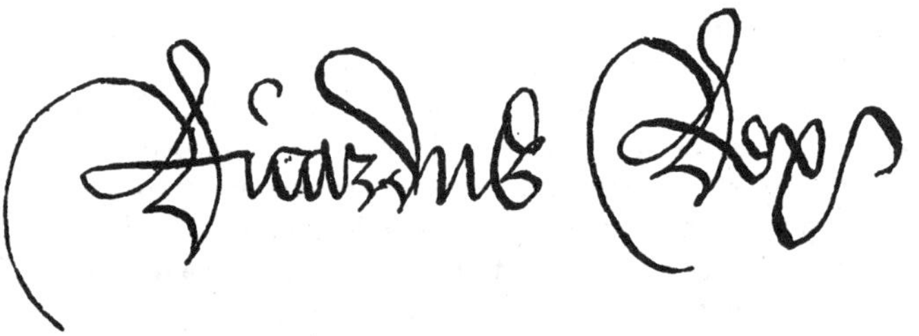

Fig. 286. — **Signature de Richard III, très ferme, très anguleuse, en relief grande (4 à 5 mm), compliquée, posée, contournée, régressive**

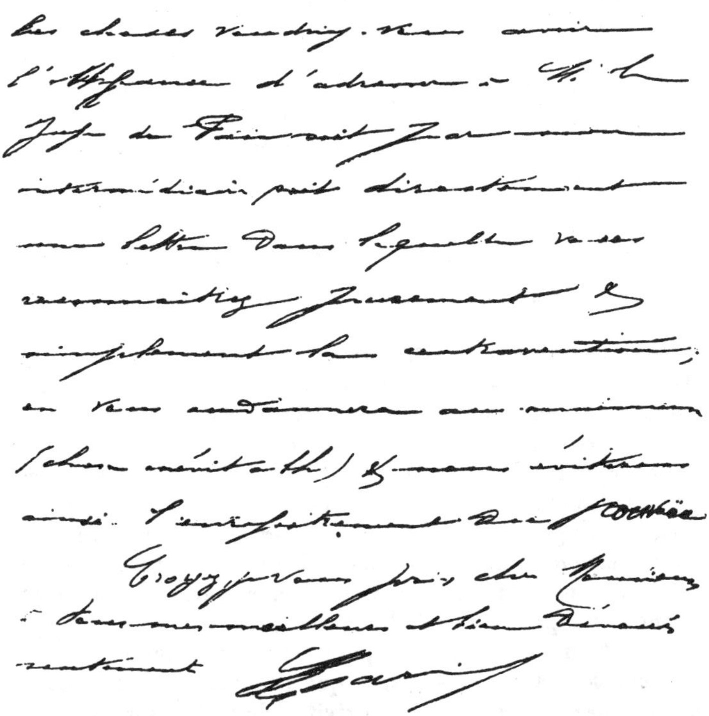

Fig. 287. — **Écriture filiforme et très petite, fine et légère simple, centrifuge, très rapide, inclinée (20°), espacée, étalée**

Fig. 288. — Écriture filiforme, très petite, automatique hampes et jambages prolongés et lancés, centrifuge, montante, rapide

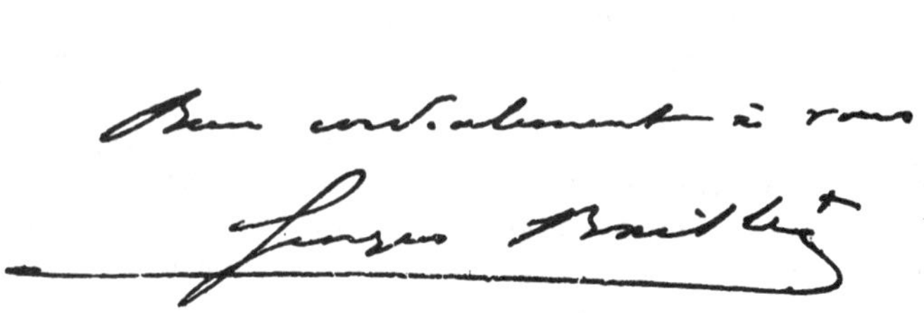

Fig. 289. — Écriture filiforme, petite, étalée, rapide

Chez les paresseux, elle se traîne molle et doublement inachevée ; sous leur plume, le tracé filiforme n'est qu'un mode de l'écriture lâchée. Chez les malades, elle ne se soutient pas et les lignes descendent bientôt de plus en plus. Enfin, les fourbes l'emploient normalement, sans utilité et même à contre-sens ; on voit par là qu'ils ne cherchent qu'à se dérober ; leur désir d'équivoque est pleinement satisfait par le caractère obscur, énigmatique, du tracé filiforme.

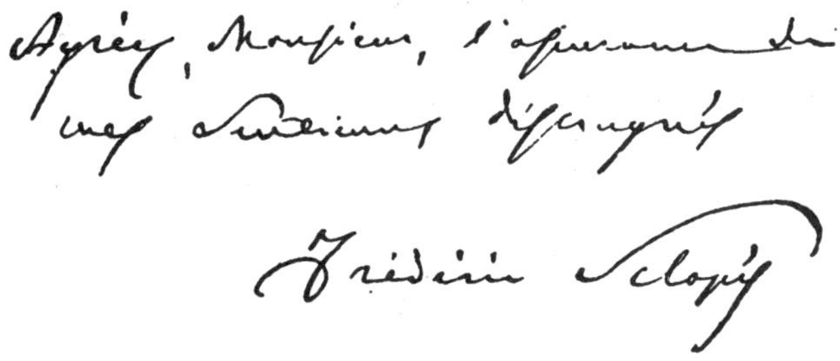

Fig. 290. — Écriture filiforme, petite, en guirlandes, rapide

L'exemple filiforme de la fig. 287, qui est de la main d'un homme, en dépit de son apparence très féminine, très petite, fine, légère, inclinée (à 20°), est en même temps très rapide, ce qui nous éclaire sur les causes : une activité vive, passionnée, impatiente. Aucune fausseté, mais de l'adresse, de l'habileté, de la souplesse. Le tracé centrifuge révèle le côté généreux de cette nature fine, ardente et délicate.

L'exemple suivant (fig. 288), est d'une femme ; il présente la rare particularité de l'association de menus angles automatiques, avec le tracé filiforme, qui est habituellement fusionné avec la courbe sinueuse comme la fig. 289. La signification de la fig. 288 est rendue claire par les hampes et les jambages prolongés et lancés. C'est aussi un caractère impatient, mais d'une ardeur exagérée qui le rend peu sociable. Au contraire, l'écriture filiforme et courbe de George Baillet, de la Comédie-Française, ne laisse aucun doute sur son activité et sa bonne grâce.

Il arrive assez souvent qu'à la fin d'une lettre missive, qui a nécessité une certaine attention, le scripteur relâche son effort en traçant la formule finale de politesse ; il est impatient de terminer et se hâte en empruntant les courbes faciles de l'écriture en guirlandes qui, tracées sans souci de précision, produisent les mots filiformes, comme dans la fig. 290. Nulle appréciation désagréable ne se déduit de ce signe occasionnel.

L'ÉCRITURE FINE *(Genre Pression)*

Synonymes : mince, ténue. — Antonymes : épaisse, nourrie

L'écriture fine est tout à la fois mince et plus ou moins menue. Par conséquent, une écriture grande n'est jamais fine, et une écriture avec des formes en relief accusées est également inconciliable avec l'écriture fine ; si elle était menue et appuyée, elle serait petite et nourrie, non pas fine. (V. l'écriture légère.)

L'écriture fine est, d'une manière générale, un résultat de la condensation des mouvements, dont les expressions sont nombreuses et variées. Elle répond à des causes profondes, comme un tempérament sans envergure, débile, délicat, timide, modeste, étroit, vétilleux, inquiet ; dans la vieillesse, etc. ; ou bien à des causes occasionnelles, comme la nécessité de faire tenir un texte copieux sur un format réduit ; de se servir d'une plume trop fine qui, pas sa fragilité, ne permet que des mouvements légers et peu développés ; de l'état de santé, surtout chez les épuisés ; du froid, des impressions morales inhibitoires, etc. Il n'est possible de préciser la véritable cause qu'en étudiant le milieu.

Le célèbre poète Arvers (fig. 291), avec son écriture fine, petite et légère, très simple, inégale de mouvements, liée, élancée, serrée dans les lignes, nous offre l'exemple d'un milieu influant très favorablement sur la signification de l'écriture fine dans le sens de délicatesse, modestie, parfois timidité, lorsque la fermeté du trait est insuffisante.

L'ÉCRITURE FLOUE *(Genre Pression)*

Synonyme : baveuse. — Antonyme : nette

L'écriture floue, par opposition à l'écriture nette, a des contours baveux, mal limités. Elle a pour cause un grave relâchement général, si elle est constante, et la fatigue ou une dépres-

sion passagère quand elle est occasionnelle. De telles différences d'origine et de conséquence incitent à la prudence en ne perdant pas de vue la définition précise : contours baveux, mal limités. Par exemple, on se méfiera de l'impression produite par une encre pâle ; elle est de nature à fausser la vérité. La pâleur de l'encre n'a aucun sens graphologique.

L'observation de l'écriture floue est devenue délicate depuis l'usage si répandu des porte-plume à réservoir, dont les plumes douces, et l'encre fluide, épaississent uniformément les traits. Il suffit, dans ces conditions, d'un papier légèrement humide, ou gaufré, ou peu collé, pour provoquer des bavures qui n'ont rien à voir avec le caractère du scripteur ; on éliminera donc soigneusement ces causes accidentelles.

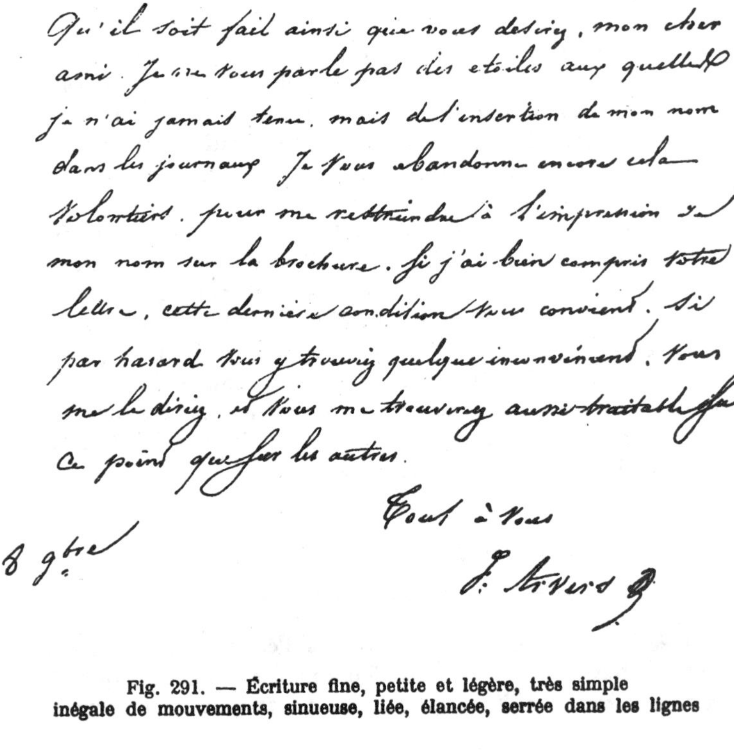

Qu'il soit fait ainsi que vous desirez, mon cher ami. Je ne vous parle pas des étoiles auxquelles je n'ai jamais tenu, mais de l'insertion de mon nom dans les journaux. Je vous abandonne encore cela volontiers, pour me restreindre à l'impression de mon nom sur la brochure. Si j'ai bien compris votre lettre, cette dernière condition vous convient. Si par hasard vous y trouviez quelque inconvénient, vous me le direz, et vous me trouverez aussi traitable sur ce point que sur les autres.

Tout à vous

8 9bre

F. Arvers

Fig. 291. — Écriture fine, petite et légère, très simple inégale de mouvements, sinueuse, liée, élancée, serrée dans les lignes

Il n'est pas de signe graphologique qui nous ait valu tant de demandes d'éclaircissement ; on sait qu'il est malaisé d'en donner des exemples dans un livre imprimé, parce que l'uniformité de l'encrage et de la pression égale dans les tirages typographiques atténuent beaucoup l'impression du flou des exemples manuscrits. Toutefois, nous donnons un exemple, fig. 292, qui, par son intensité, éclaircira tous les doutes. D'ailleurs, en écrivant sur un papier buvard, puis sur un bon papier collé, et en comparant avec une loupe les deux résultats, on obtiendra une démonstration très satisfaisante.

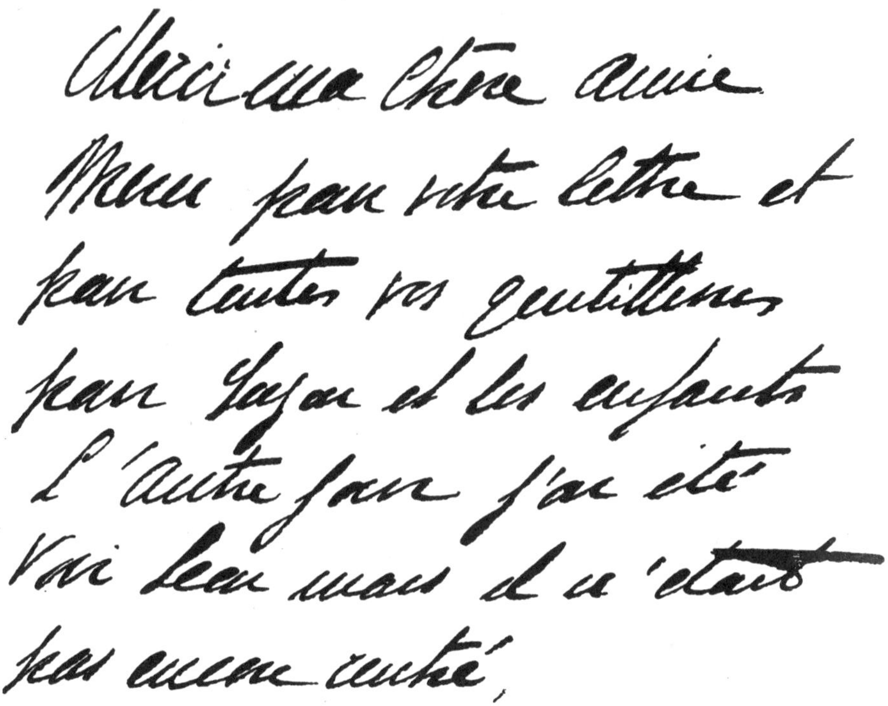

Fig. 292. — Écriture floue, baveuse, boueuse, grande et saccadée (1 1/2 à 7 mm), très sinueuse, en guirlandes. posée, proportionnée

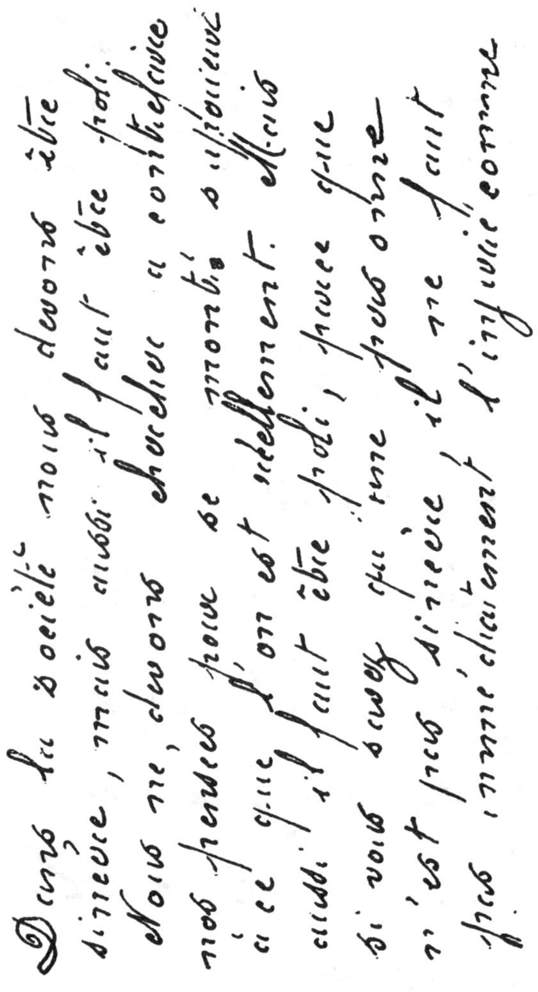

Fig. 293. — Écriture fragmentée, lente, inorganisée, sinueuse espacée entre les lettres, les mots et les lignes

L'ÉCRITURE FRAGMENTÉE *(Genre Continuité)*

Synonyme : hachée. — Antonyme : liée

L'écriture fragmentée est celle dont les lettres juxtaposées sont divisées en deux et même trois ou quatre fragments. On l'observe chez les cardiaques, dans diverses affections nerveuses ou respiratoires, enfin chez les arriérés.

Indépendamment de ses origines pathologiques, l'écriture fragmentée peut provenir d'une grande hésitation, de la fatigue. Elle apparaît très souvent dans la décrépitude. Son principal résultat est une extrême lenteur. Il est inutile de souligner les conséquences de la privation d'une activité normale.

L'écriture fragmentée de la fig. 293 exprime une indolence considérable ; elle est inorganisée et automatique. On voit, ligne 7, au mot *personne*, et ligne 9, au mot *immédiatement*, qu'il y a une discordance dans l'ordre des mouvements ; les espacements ne répondent à aucune logique ; le scripteur trace des lettres, mais il n'imagine pas le sens des mots d'une certaine longueur ; nous avons dû nous contenter de la copie des neuf lignes que nous reproduisons car il était visiblement fatigué par l'effort qu'il avait fourni. En analysant la dernière ligne, lettre par lettre, et autant que possible à la loupe, on verra toutes les défaillances du tracé ; le dernier mot est chancelant et suspendu. L'homme est un solide ouvrier agricole mais un débile mental.

Tout différent est le cas suivant, fig. 294 ; il se rapporte à un soldat anglais, gazé, gravement atteint, de la grande guerre. Toutes les lettres sont à la fois brisées et fragmentées. L'oppression du malade est telle qu'il doit renoncer à la continuité de ses mouvements, même sous leur forme réduite et hachée. Alors il s'arrête en reposant la plume sur le papier ; de là des points où il n'en faut pas qui nous permettent de compter ses reprises. A part cela, l'écriture est très ordonnée et proportionnée, sobre, simple, cylindrique, rigide ; en raccordant ses mouvements avec un crayon finement taillé on met en évidence ses qualités foncières, harmonieuses et élégantes.

Voici, pour faciliter les appréciations du lecteur, le texte des premières lignes :

« *My dear Friend,*

« *Nothing I am sure could surprise you more than a few words from one whose affection born of our long friendship seems to*

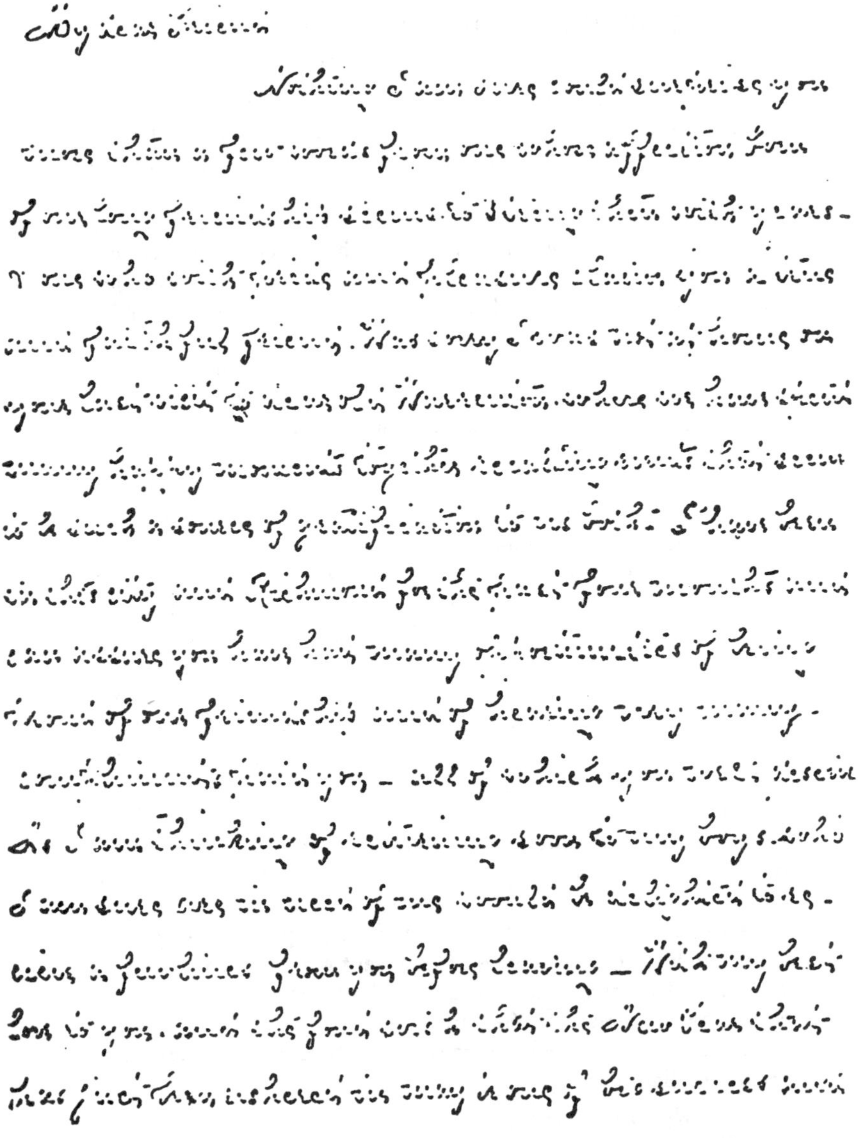

Fig. 294. — Écriture très brisée et fragmentée, très lente, très inhibée
Voir la traduction dans la monographie de l'écriture fragmentée

strengthen with years — and one who with pride ans pleasure claim you a true and faithful friend. Was sorry I was not at home on your last visit to dear old Warrenton, where we have spent many happy moments together recalling events that seem to be such a source of gratification to us both. » Etc.

N. B. — Cette écriture est la seule qui, à notre connaissance, présente des symptômes pathologiques de cette nature, avec une telle constance, presque stéréotypée. (A. L.)

L'ÉCRITURE FUSELÉE *(Genre Pression)*

Antonyme : cylindrique

Elle contient des renflements en forme de fuseaux. C'est, dit Pierre Humbert, une écriture symbolisée par une quenouille.

Le fuselage est un mode caractéristique de l'écriture spasmodique (v. ce mot) ; il dérive du spasme qui procède des instincts, d'où les significations de gourmandise, de sensualité, d'autant plus valables que l'écriture est grossière, épaisse. Nous en donnons un exemple fig. 295. Son étude gagnera à ne pas être disjointe des autres mouvements spasmodiques que nous essayerons de coordonner.

L'ÉCRITURE GLADIOLÉE *(Genre Continuité)*

Synonyme : relâchée. — Antonyme : grossissante

Ce terme, dû à Michon, désigne les mots qui vont en diminuant de hauteur. Mais il s'applique aussi aux lignes et aux pages, Michon lui donnait la signification de finesse, ruse, fausseté, dissimulation, aptitude à pénétrer les autres et à ne pas se laisser deviner soi-même[1]. Exceptionnellement, car la polémique n'est pas le but de cet ouvrage, nous soulignerons cette erreur parce qu'elle est très fâcheuse et très répandue.

Nos lecteurs n'auront pas de peine à rencontrer des écritures gladiolées chez des personnes dépourvues de finesse, de péné-

1. *Méthode*, p. 181, et *Système*, p. 242.

tration et de dissimulation : il suffit d'observer celle de gens tout à la fois débiles et grossiers ; la documentation est inépuisable. En effet, l'écriture gladiolée est une des marques capitales de la débilité, de la fatigue, de l'épuisement ; on la voit apparaître après un surmenage chez des gens robustes et disparaître quand ils sont reposés ; elle est constante chez la plupart des

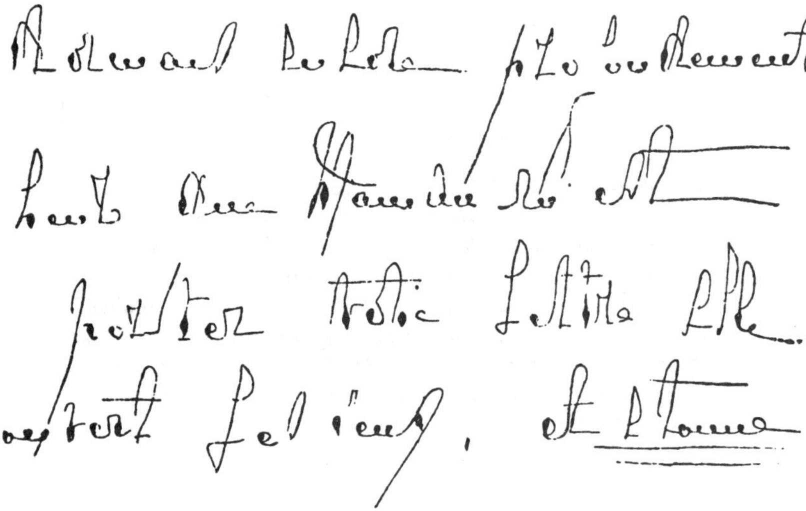

Fig. 295. — Écriture fuselée, excessivement légère, très saccadée aux jambages prolongés, très brisée, surélevée, lente

Fig. 296. — Signature gladiolée et paraphe étalé et renflé

débiles congénitaux qui manquent de persévérance et n'achèvent pas ce qu'ils ont commencé.

Parfois, la cause est la précipitation : les gens qui se hâtent font l'économie intelligente de quelques mouvements ou diminuent leur amplitude, quand ils ont esquissé la forme des mots. De toutes manières, dans l'écriture gladiolée on diminue son effort, on s'abandonne plus ou moins, tandis que dans son antonyme, l'écriture grossissante, on le renforce.

Chez les grands débiles, à chaque page, à chaque ligne, à chaque mot et, si le mot est divisé, à chaque reprise, le début est un trait lancé, ce que l'on voit à son agrandissement. L'effort est visible : c'est un sursaut d'énergie. Mais aussitôt la dimension des lettres s'abaisse, l'effort ne se soutient pas. L'écrit tout entier proclame la défaite sans cesse renouvelée du scripteur. Il n'y a là aucune finesse, ruse ou dissimulation, mais une lutte évidente contre la lassitude, l'accablement.

L'interprétation de l'écriture gladiolée comporte une part de sensibilité à cause de l'inégalité qui est attachée à son tracé, l'écriture inégale étant le signe essentiel de l'émotivité. C'est apparemment la raison pour laquelle l'erreur de Michon a duré tant d'années. La sensibilité maladive donne en effet quelques avantages sur les natures épaisses[1]. Mais, encore une fois, les lourdauds et les grossiers ont l'écriture gladiolée quand ils sont épuisés, et les gens très actifs, pressés, impatients[2], utilisent le gladiolement comme mode d'abréviation. La finesse n'a rien à voir dans tout cela, ni la dissimulation ou la fausseté, quoique ses mouvements semblent amorcer des expressions imprécises, énigmatiques, inachevées. Mais c'est autre chose. On doit se montrer particulièrement prudent chaque fois que la droiture est en cause, et c'est le moins que la faiblesse ne soit pas confondue avec le vice.

La signature de la fig. 296, si nettement gladiolée, représente l'exemple intense de l'Espèce. Dans la fig. 297, c'est la ligne entière qui exprime une diminution d'énergie : l'effort qui ne se

1. Cf. *Les Éléments de l'écriture des canailles*, monographie de la débilité, p. 177 à 250.

2. Le rôle de l'impatience est particulièrement visible dans l'impression des formules de politesse qui terminent les lettres missives ; c'est une corvée au cours de laquelle on fait des économies de mouvements, on n'a pas de finesse d'esprit pour cela, mais on est impatient d'achever la missive.

soutient pas, le premier mouvement plein d'ardeur et de promesses, mais ruiné par le manque de persévérance. Il en est de même dans la signature de Billaud-Varenne (fig. 298), dont le relâchement cesse à l'occasion du paraphe ; il n'était apparemment dû qu'à un peu de laisser-aller, en face d'un nom de 14 lettres. Mais dans la fig. 299, l'effort du début est un feu de paille vite modéré, celui d'un homme de 70 ans, tout à la fois bouillant et caduc, à l'esprit encore jeune, mais aux forces fléchissantes. Chez Louis, cardinal de Guise (fig. 300), il en est de même, il promet plus qu'il ne tient et entreprend avec fougue

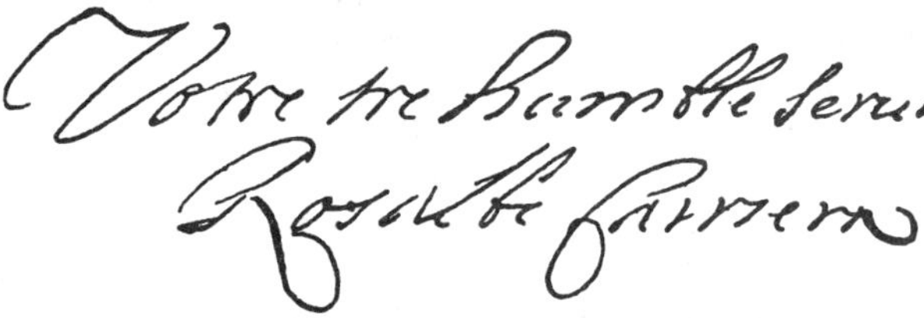

Fig. 297. — Écriture de Rosalba Carrièra
célèbre pastelliste vénitienne ; ligne gladiolée

Fig. 298. — Signature de plus en plus gladiolée

Fig. 299. — Texte de plus en plus gladiolé chez un vieillard

Fig. 300. — Signature très grande de Louis, cardinal de Guise de plus en plus gladiolée

Fig. 301. — Écriture gonflée, étalée, disproportionnée très vulgaire et inharmonieuse

Fig. 302. — Signature gonflée, exagérée (9 mm), paraphe gonflé et renflé

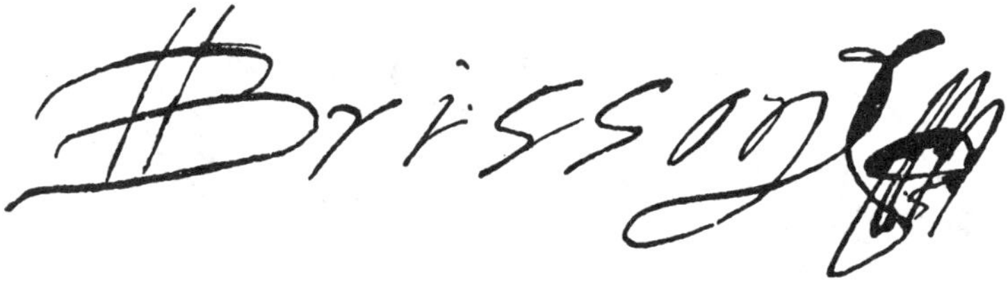

Fig. 303. — Signature gonflée, très grande (6 à 8 mm) juxtaposée, étalée, anguleuse, compliquée, centripète

Fig. 304. — Signature gonflée, très surélevée, exagéré très grande (6 à 8 mm), centrifuge, à volutes

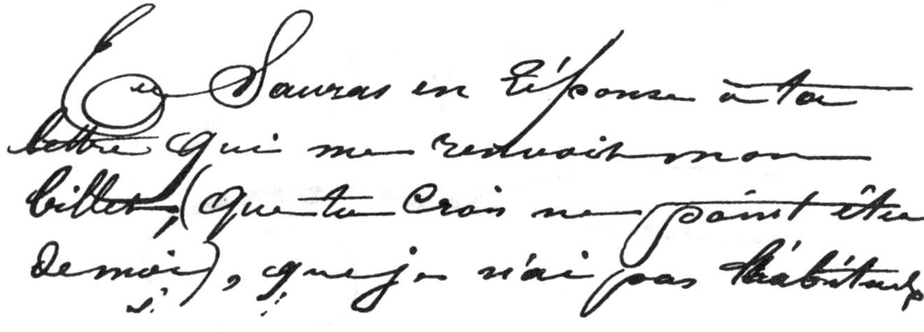

Fig. 305. — Écriture gonflée, surélevée, étalée, exagérée lancée, en spirales, en coup de sabre, liée et accélérée

des desseins hardis pour la réussite desquels il lui manque la continuité nécessaire. C'est pourquoi l'écriture gladiolée, qui est un des signes les plus caractéristiques de l'épuisement, est si fréquente chez les vieillards ; chez eux, la tête reste souvent bonne, alors que leurs faibles forces les trahissent pitoyablement.

L'ÉCRITURE GONFLÉE *(Genre Forme)*

Synonymes : enflée, grossie. — Antonyme : étrécie

C'est l'exagération des grandes courbes, des panses et des ovales. La cause est une expansion de l'être dans un mouvement centripète.

On rencontre ce signe principalement chez les sanguins orgueilleux, contents d'eux-mêmes. « Leur exubérance vitale, dit le Dr Paul Carton[1], les pousse à allonger les traits, élargir et arrondir l'écriture, amplifier les boucles, retourner les finales en un geste d'accaparement, enrouler les hampes, hypertrophier les majuscules, accomplir des tracés compliqués, exagérés, ornés et inutiles. En effet, le besoin de gesticuler, de circuler, de bavarder, d'étaler leur importance, de parler d'eux-mêmes, d'accaparer l'attention, d'exhiber leur physique, de répandre leurs idées est, chez eux, au premier plan. »

La fig. 301 nous montre le signe dans son milieu le plus favorable à son développement, avec l'écriture étalée, disproportionnée, très vulgaire et inharmonieuse, mais le plus défavorable psychologiquement, puisque tous les termes de la définition nourrissent la disposition vaniteuse du caractère.

Il en est de même dans la signature du général Verne (fig. 302), exagérée, avec des minuscules de 9 mm. Il est curieux de voir le paraphe lui-même gonflé et renflé.

La signature de Brisson, ancien président à mortier du Parlement de Paris (1531-1591), fig. 303, gonflée, très grande, anguleuse, juxtaposée, étalée, compliquée, centripète, nous le montre ostentateur, important, pontife peu commode, d'une susceptibilité énorme. Il semble qu'on le voit présider.

Dufouilloux (fig. 304), gentilhomme poitevin, célèbre écri-

1. *Diagnostic et conduite des tempéraments*, p. 87.

Fig. 306. — Signature très gracieuse, élégante, légère, à volutes gladiolée dans la ligne

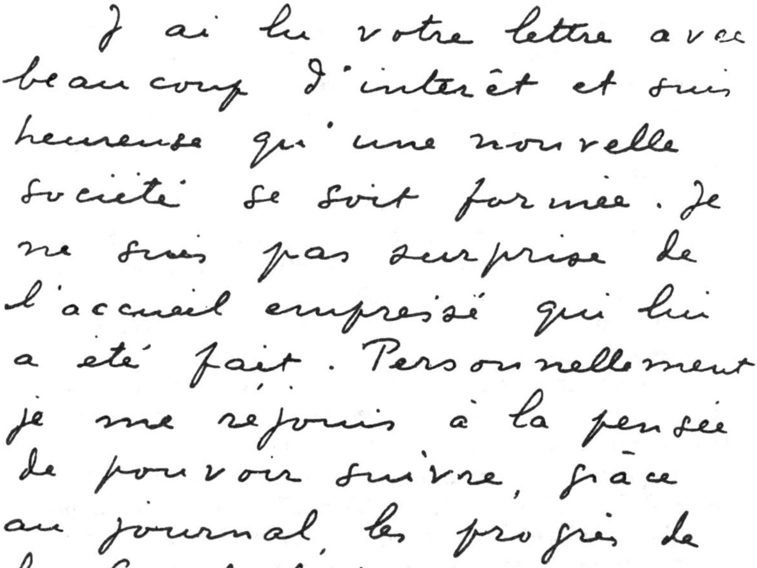

J'ai lu votre lettre avec beaucoup d'intérêt et suis heureuse qu'une nouvelle société se soit formée. Je ne suis pas surprise de l'accueil empressé qui lui a été fait. Personnellement je me réjouis à la pensée de pouvoir suivre, grâce au journal, les progrès de la Graphologie.

Fig. 307. — Écriture gracieuse, arrondie, très simple, claire sobre, accélérée, simplifiée, groupée, harmonieuse

vain cynégétique, est évidemment très rempli de lui-même ; son orgueil est exagéré, mais il a l'écriture centrifuge et à volutes, deux indices de sociabilité. On lui pardonnait aisément son travers par égard pour sa bonne grâce.

L'écriture de la fig. 305 nous montre l'aspect de la vanité gonflée chez un médiocre ; l'exagération du personnage le rend grotesque et inadaptable.

L'ÉCRITURE GRACIEUSE *(Genre Forme)*

Synonymes : agréable, harmonieuse
Antonymes : disgracieuse, déplaisante

Une écriture est gracieuse lorsque ses courbes harmonieuses, sa simplicité et sa clarté la rendent agréable à voir. Il y a aussi des écritures anguleuses dont la simplicité, la modération, l'ordre, la distinction, produisent la grâce ; mais l'aspect gracieux ressort bien plus spontanément avec la douceur de la courbe qu'avec la fermeté de l'angle.

L'écriture gracieuse est un signe de douceur, de bienveillance, de charme. Son harmonie est avide de combinaisons avec les qualités les plus aimables et les plus rares. Pour peu qu'une écriture gracieuse soit en même temps simplifiée et progressive, elle répond aux plus hautes qualités de sociabilité et, souvent, d'art.

Les courbes jouent un rôle considérable dans l'expression gracieuse, et les volutes, qui sont une amplification des courbes, la favorisent à un haut degré. Dans la signature de Rubens (fig. 306), elles revêtent un caractère d'élégance très plaisant. Toutefois, nombre d'écritures portent le cachet de la grâce par le seul attrait de la simplicité, de la douceur, de l'harmonie. C'est le cas de l'exemple 307 qui, sous un aspect modeste, dégage un charme discret.

Dans la fig. 308, les formes lancées, harmonieuses, simples, d'une clarté limpide, soulèvent l'admiration. Les volutes sont modérées. L'ensemble est d'une rare distinction.

Le graveur italien François Pinaresi (fig. 309), allie la fougue à la grâce ; la clarté, la simplicité, l'élégance des formes et la résolution des mouvements forment dans son écriture un ensemble fort agréable.

Fig. 308. — Signature gracieuse et harmonieuse, claire, lancée à volutes, grande (3 à 4 mm), cylindrique, groupée, inclinée

Fig. 309. — Signature gracieuse, simple, ferme, résolue, nourrie très claire, grande (3 à 4 mm) ; paraphe flou

---

L'ÉCRITURE GRANDE *(Genre Dimension)*

Synonymes : étendue, haute, ample. — Antonyme : petite

Une écriture est grande quand elle dépasse, pour les minuscules intérieures, les dimensions moyennes de 1 mm 1/2 à 2 mm 1/2 indiquées par l'art calligraphique. Les dimensions de 2 mm 1/2 à 4 mm sont grandes ; de 4 à 6 mm très grandes. Au delà, ce sont des écritures exagérées (voyez ce mot). La hauteur proportionnelle des hampes, des jambages, et celle des majuscules, est de 4 mm 1/2 avec des minuscules intérieures de 2 mm, et seulement de 6 mm avec des minuscules de 3 mm.

Quand les variations de dimension sont notables, l'écriture se définit d'après le caractère de l'inégalité qu'elle manifeste : gladiolée, grossissante, saccadée, surélevée, exagérée, etc. On obtient alors des formules de définition comme celles-ci : écr. grande et inégale, 4 à 7 mm ; écr. grande et saccadée, 2 à 6 mm ;

écr. grande et grossissante, 3 à 5 mm ; écr. grande et gladiolée, 7 à 2 mm, etc. On en trouvera maints exemples dans nos illustrations.

La signification de l'écriture grande est de celles qu'il faut réviser ; chez les enfants et les ignorants elle résulte d'un effort d'application pour vaincre les résistances musculaires. Sa cause principale, chez l'adulte, est l'exubérance. Il y a toujours de la vigueur, plus ou moins, disions-nous dans les *Éléments* (p. 238) chez les gens à l'écriture grande. Les neurasthéniques n'ont pas l'écriture grande, ni les vrais débiles. Mais il y a des tempéraments plus excités ou révoltés que déficitaires qui ont l'écriture grande.

« L'amplitude de l'écriture, dit de son côté le Dr Paul Carton[1], correspond à un déplacement d'énergie en surface. Si elle est très développée, elle indique un grand besoin de dépenser ses forces en manifestations extérieures, gesticulations, bavardages, représentations, voyages. Cette sorte d'ivresse du mouvement aérien caractérise le tempérament sanguin. »

Que l'exubérance se conjugue aisément avec l'orgueil, on le conçoit sans peine ; les orgueilleux sont souvent remuants et autoritaires, mais on alla trop loin en interprétant l'écriture grande comme un signe exclusif d'orgueil. Par surcroît, à la faveur d'une seconde confusion, entre les dimensions grandes et excessives, l'expérience semble justifier cette fausse interprétation. En effet, les tracés exagérés s'associent éperdument avec les formes de l'orgueil. Mais en ce qui concerne l'écriture simplement grande, il ne faut pas confondre les qualités associées : une affinité entre deux caractéristiques ne change rien à la définition primitive des composants.

Cependant, l'écriture grande est une manifestation concomitante possible de l'orgueil ; elle révèle une force que l'orgueil exploite, aussi bien que tous les modes de grande vitalité, y compris leurs exagérations. Dans la signature plus grande que le texte, par exemple, la cause d'orgueil est indiscutable[2]. Mais le résultat n'est pas strictement lié à l'écriture grande ; au contraire, nous en sortons pour entrer dans le domaine de l'écriture agrandie, ou soulignée, qui est occasionnelle et comporte

1. *Diagnostic et conduite des tempéraments, loc. cit.*, p. 66.
2. A condition qu'il y ait *discordance*.

les mêmes rapports et déductions avec l'écriture petite qu'avec l'écriture grande.

L'écriture grande, de 2 1/2 à 5 ou 6 mm, au maximum, est donc un signe d'expansion, d'imagination, de vitalité, de véhémence. Sa qualité formelle d'expansion la rend apte à jouer un rôle très actif dans toutes les résultantes. Les plus remarquables sont : *l'exaltation*, produite par son association avec les signes du désordre ; *la nervosité*, avec les signes de la sensibilité ; *l'emballement*, avec les signes de l'ardeur, surtout chez les médiocres qui n'ont pas su se forger des freins ; enfin son fusionnement avec les signes de la simplicité et de la clarté entraîne les significations de *dignité*, de *franchise*, de *loyauté*, de *cordialité*.

Fig. 310. — Signature de Newton, grande (4 mm)

Les mouvements étendus favorisent plus l'imagination que l'attention. D'après nos recherches dans des milliers de dossiers d'élèves des classes primaires ou secondaires, l'élite se distingue par la dimension réduite des tracés ; on trouve l'écriture de 1 à 2 mm, et ordonnée, chez les premiers de chaque classe, et l'écriture de 2 à 3 mm, et désordonnée, chez les derniers ; telle est la règle générale.

Les écritures petite, condensée, rapetissée, sont incontestablement des signes d'attention ; au contraire, le développement des formes graphiques au delà des nécessités calligraphiques, est un indice de dissipation et de lenteur relative[1]. Beaucoup de grands seigneurs ont de grandes écritures ; chez les penseurs c'est le contraire, sauf dans le cas d'écrits à main posée, dans un souci de parfaite lisibilité. C'est ainsi que nous possédons de très beaux autographes de poètes célèbres avec des minuscules de 3 à 6 mm. Cependant, les grands mouvements, chez les

1. Voir l'Écriture rapide.

hommes éminents, ne sont pas la raison de leur talent ; ils ont plutôt du talent malgré leur tempérament qui les porte à s'extérioriser avec une amplitude anormale.

Dans une importante collection d'autographes, nous avons observé que la catégorie la mieux fournie en écritures grandes, ou très grandes, est celle des danseuses. Puis viennent les poètes qui aiment la lisibilité des écritures d'apparat. (Voir l'Écriture carrée.)

D'autre part, nous avons eu entre les mains un important dossier d'écritures d'anciens élèves de l'École Normale supérieure ; presque toutes avaient des minuscules de 1/2 à 2 mm, et pas une seule fois la dimension de 3 mm n'était dépassée.

Mais notre observation la plus curieuse a été faite sur des autographes d'hommes supérieurs à un intervalle éloigné. A mesure que le talent et l'attention se développent, l'écriture se condense.

Il est vrai qu'une autre cause est concomitante : il y a, dans la jeunesse, surtout chez les sanguins, une période d'effervescence pendant laquelle on voit grand et on écrit grand. Mais chez les gens inférieurs, l'effervescence nourrit les passions et non l'esprit ; elle est accompagnée de manifestations d'indiscipline, de violence, de désordre, d'instabilité, etc., étrangères à l'homme supérieur.

Que faut-il penser des grandes écritures du XVIIe et du XVIIIe siècle ? Rien de plus que ce que nous venons de dire. Les plumes d'oie favorisaient peut-être l'écriture grande lorsqu'elles étaient mal taillées, mais souvenons-nous que Pascal, Nicole, Spinoza, Diderot, Laplace, Lalande, et bien d'autres, avaient des écritures petites ou très petites.

Dans les gracieuses signatures des fig. 308 et 309 nous avons observé des écritures grandes de 3 à 4 mm ; celle de Newton, fig. 310, a 4 mm.

Les signatures de Molière, fig. 311, ont 4 mm, elles sont grandes et d'une admirable harmonie.

L'écriture de Scarron, fig. 312, est grande avec 4 mm, mais sa signature est très grande avec 6.

La signature de François Viete, fig. 313, mathématicien français, un des rénovateurs de l'algèbre (1540-1603), est très grande, avec 5 à 6 mm.

Enfin l'écriture de la fig. 314 est très grande avec une

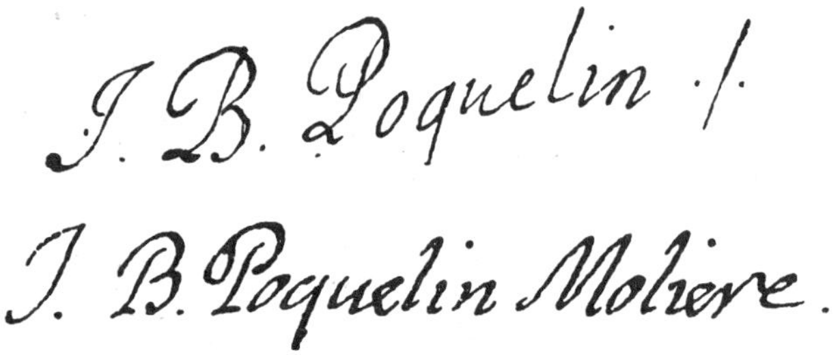

Fig. 311. — Signatures de Molière, grandes (4 mm)

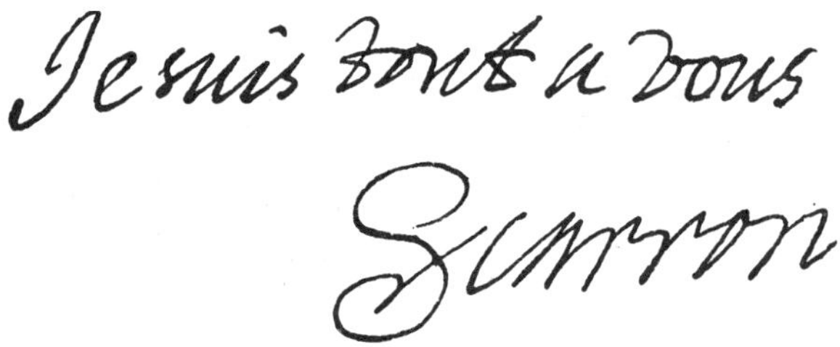

Fig. 312. — Écriture de Scarron, grande (4 mm)
et signature très grande (6 mm)

Fig. 313. — Signature de François Viete, très grande (5 à 6 mm)

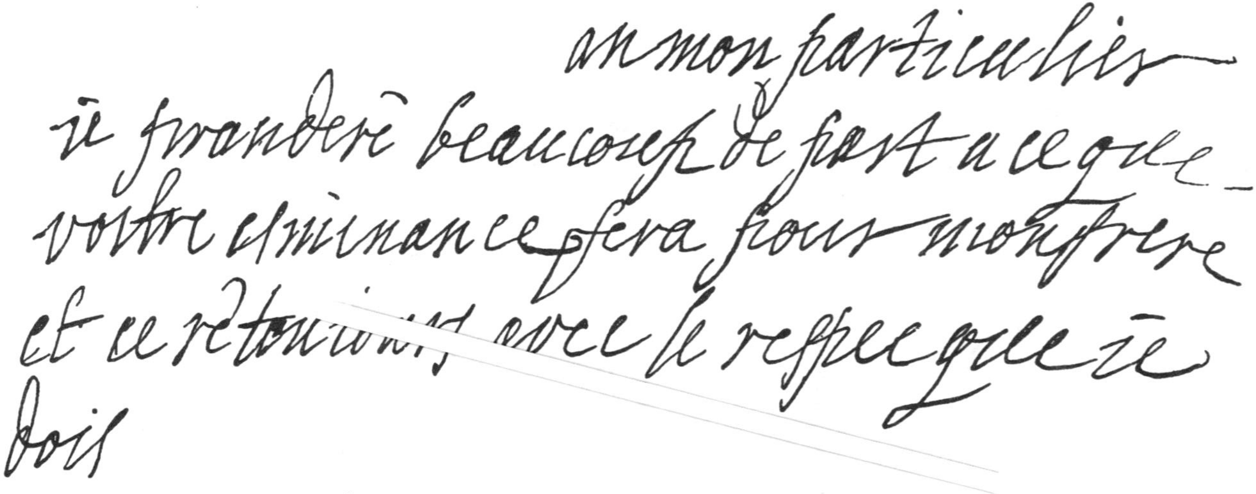

Fig. 314. — Écriture très grande (5 à 6 mm), avec quelques saccades aux *i* et aux *s* qui atteignent (8 et 12 mm)

Fig. 315. — Écriture grossière, très grande, saccadée et inorganisée de la maréchale Lefebvre, duchesse de Dantzig ancienne blanchisseuse, dite Mme Sans-Gêne

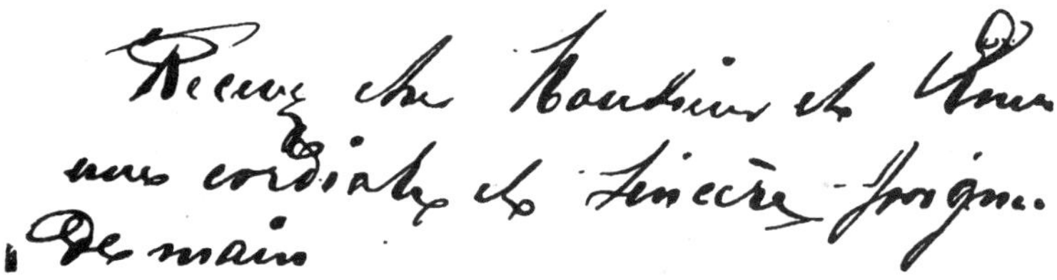

Fig. 316. — Écriture grossière, disgracieuse, épaisse centripète, saccadée, discordante, surélevée

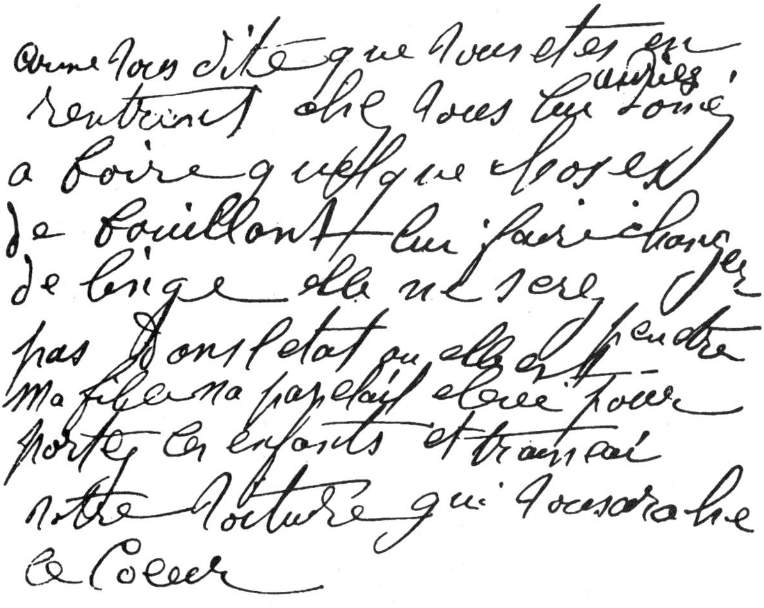

Fig. 317. — Écriture grossière, inorganisée, saccadée désordonnée, emportée, inégale dans tous les genres exagérée, enchevêtrée, très disgracieuse

moyenne de 6 mm. Au-dessus, nous le répétons, nous entrons dans l'écriture exagérée.

Nous ne dissimulerons pas que nos mesures comportent une part d'arbitraire, cependant nous les avons mises en rapport avec les dimensions de la calligraphie ; il nous a semblé qu'il était excessif de les dépasser du triple et, en l'absence de toute règle, notre définition rendra des services.

L'ÉCRITURE GROSSIÈRE[1] *(Genre Forme)*

Synonymes : vulgaire, commune

Antonymes : élégante, gracieuse, distinguée

L'écriture grossière est lourde et lente, exagérée souvent, mais toujours plus ou moins informe et disgracieuse. C'est la marque des gens brutaux, sans éducation.

Les gens grossiers peuvent être de bons travailleurs, des hommes utiles et honorables, mais ils sont plus exposés aux revers de la vie que les autres hommes. Si la faiblesse de leurs ressources intellectuelles et morales s'accompagne de quelque désordre, confusion, exagération, orgueil ou intempérance, on n'a nulle difficulté à entrevoir l'abîme de misère qui leur est réservé et dont il leur sera impossible de sortir. C'est là le secret de la mauvaise fortune de la plupart des malheureux. Au fond, la grossièreté ne comporte qu'une rudesse par défaut d'éducation ; ses complications, par affinité avec de mauvais instincts, sont autrement redoutables : un homme intelligent, mais grossier, surtout s'il est doué d'une énergie fougueuse, a le moyen d'être beaucoup plus malfaisant qu'une simple brute.

La signature de la fig. 315, grossière, très grande, saccadée, juxtaposée, lente, retouchée, inorganisée, provient d'une ancienne blanchisseuse devenue duchesse de Dantzig par son mariage avec le maréchal Lefebvre ; elle est populaire sous le sobriquet de Mme Sans-Gêne. Il lui est bien difficile de cacher ses origines !

L'écriture de la fig. 316 est plus courante ; cependant elle appartient à la même catégorie grossière par son épaisseur, sa

1. Cf. *Les Éléments*, la Grossièreté, p. 55 à 63.

disgrâce, ses saccades, sa surélévation et la discontinuité choquante de tous ses mouvements : chevauchante en descendant.

Le mouvement lancé, emporté, désordonné, est ce qui frappe le plus au premier abord dans la fig. 317, mais tout se réduit dans des formes et des allures grossières, très disgracieuses et inquiétantes par leur violence.

A tout prendre, on préférera l'écriture lourde, lente, arrondie, gladiolée, négligée, tremblée, franchement grossière et inorganisée de la fig. 318 ; son auteur est plus sociable.

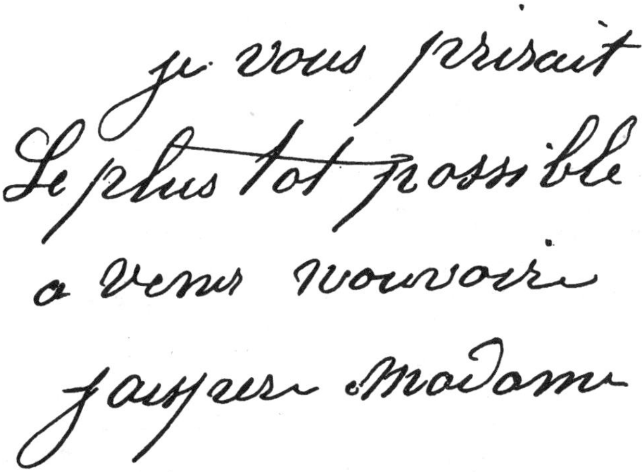

Fig. 318. — Écriture grossière, inorganisée, lourde, lente arrondie, gladiolée (4 à 1 mm), négligée, tremblée

---

L'ÉCRITURE GROSSISSANTE *(Genre Continuité)*

Antonyme : gladiolée. — Synonyme : amplifiée

Dans l'écriture grossissante, les traits, les mots, les lignes et les pages vont en augmentant de dimension.

C'est un des signes les plus anciens de la graphologie. Son interprétation a été bien orientée par Michon, dès le début : ouverture d'âme, franchise, naïveté, penchant à dire toute sa

pensée. Quelquefois cette franchise est extrême et va à la rudesse, devenant blessante. (*Méthode*, p. 180.)

Nous avons indiqué, p. 38, la cause initiale de l'écriture grossissante : l'effort considérable d'application de l'enfant qui, pour ne pas manquer le but, dépense plus de force qu'il n'est besoin. Ce grossissement progressif est très caractéristique de l'écriture enfantine, mais il persiste chez les adultes qui se donnent entiè-

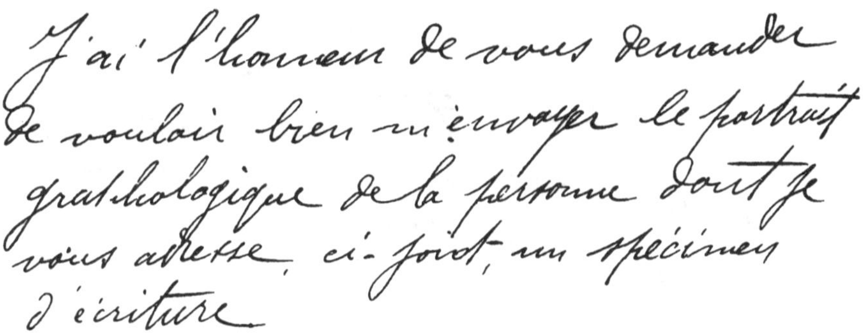
J'ai l'honneur de vous demander de vouloir bien m'envoyer le portrait graphologique de la personne dont je vous adresse, ci-joint, un spécimen d'écriture

Fig. 319. — Écriture grossissante, inorganisée, à reprises surélevée, gonflée, descendante, inégale de dimension et de direction

rement à ce qu'ils font, avec la ferveur candide des enfants. Cependant, on ne rencontre jamais l'écriture *très* grossissante chez les hommes de grande valeur.

Dans les écritures d'enfants, la maladresse et la bonne foi dans l'effort paraissent être les interprétations les plus sûres ; dans celles d'adultes le sens dépend de l'harmonie ou de l'inharmonie. Chez les gens vulgaires c'est la crédulité, l'imprudence, l'emportement, l'enthousiasme saugrenu ; chez les gens supérieurs on observe encore une confiance dans autrui trop facile à surprendre.

L'exagération est le terme qui précise le mieux le sens de l'écriture grossissante, dans ses formes bien accusées ; il explique une forme de mensonge de l'enfant par l'effet d'une imagination passionnée, et l'emballement des adultes. Quels que soient l'âge et la valeur d'un individu, l'écriture grossissante, à des degrés

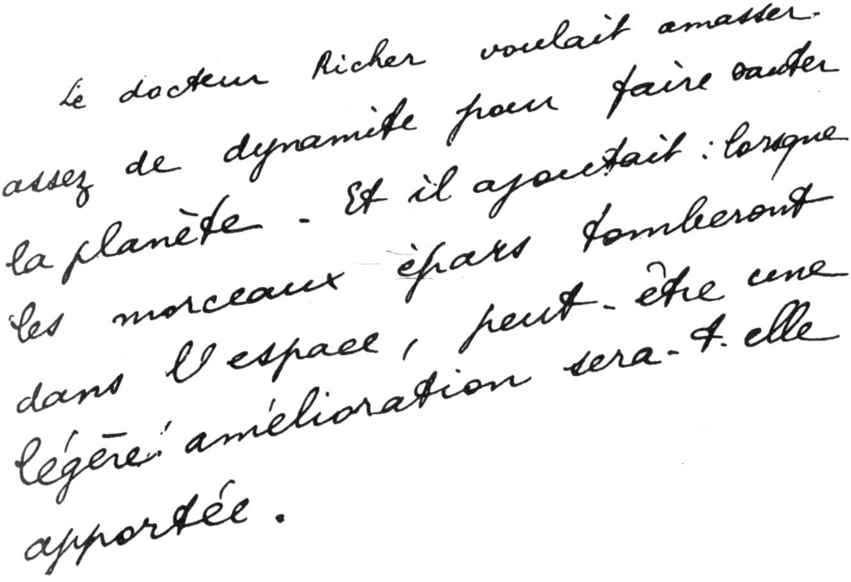

Fig. 320. — Écriture grossissante et de plus en plus grande montante à 7° accélérée

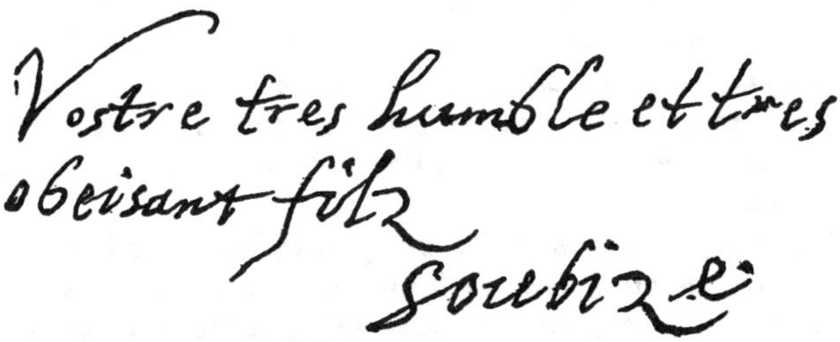

Fig. 321. — Écriture de plus en plus grossissante et grande simplifiée, juxtaposée, lente, épaisse

divers, révèle toujours une tendance à l'exagération dans le premier mouvement de l'action. Certes, il ne manque pas d'hommes sages avec des écritures un peu grossissantes ; Lavater en est un exemple ; mais ceux-là ont des freins et corrigent dans un second mouvement l'impulsion du premier, en ce qu'il a de trop ardent.

L'écriture grossissante, chez l'adulte, indique une prédominance du tempérament sanguin.

Les reprises de l'écriture de la fig. 319, à *honneur*, à *bien*, au *g* de *graphologique*, au *t* d'*écriture*, au *j* et au *n* de *joint*, qu'on observera clairement à la loupe, indiquent un tracé pathologique ; il est confirmé par l'écriture grossissante et, malheureusement aussi, accélérée, descendante, surélevée, gonflée. Dans ce milieu défavorable, tout à la fois pauvre et tourmenté, les mouvements de l'écriture grossissante révèlent une ardeur inconsidérée, préparant bien des imprudences et de dures leçons.

Dans la fig. 320, nous observons un double grossissement, celui des mots, en petit nombre, mais celui de toute l'écriture, très accentué : partant de 1 mm, la dimension des minuscules, à la 7e ligne, est de 3 mm. Certes, l'écriture est correcte et courante, bien organisée, mais c'est trop qu'étant deux fois grossissante elle soit encore assez rapide et montante ; voilà bien le type de l'homme d'autant plus facile à tromper qu'il s'emballe tout seul.

L'écriture de Charles de Rohan, prince de Soubise (fig. 321), Maréchal de France, est la plus grossissante que nous ayons découverte parmi les gens de qualité[1]. Ce n'était pas un grand homme, mais chez les militaires, en ce temps-là, l'imprudence et l'enthousiasme conduisaient parfois au succès. Aujourd'hui, on demande plus aux mathématiques qu'au courage personnel. Néanmoins, Larousse dit que Soubise était un général médiocre, mais un courtisan souple et adroit. En effet, chez les courtisans, l'exagération est habile.

1. En dehors de celle de Venizelos. Cf. *Graphologie*, n° 2, avril 1935, p. 10. (A. L.)

L'ÉCRITURE GROUPÉE *(Genre Continuité)*

Synonyme : syllabique. — Antonymes : liée, juxtaposée

C'est l'écriture dont les lettres ne sont ni liées entre elles, ni complètement séparées les unes des autres, mais disjointes par groupes en nombre variable.

Pour bien comprendre la catégorie des écritures liée, groupée, juxtaposée, fragmentée, pointillée, il faut oublier tout ce qui a été dit par Michon à son sujet, et l'envisager au double point de vue de la continuité des mouvements dont elle ressort et de l'inhibition qui l'affecte. En particulier, l'écriture groupée représente une discontinuité plus ou moins grande selon le nombre des séparations de lettres dans les mots, séparation que chacun multiplie ou restreint selon les besoins et les modes de son activité. Le signe est en rapport avec la faculté d'adaptation intellectuelle de celui qui écrit, et témoigne de la qualité de son pouvoir d'arrêter ou de transformer ses mouvements, c'est-à-dire de la sensibilité de son inhibition. Au scripteur qui emploie l'écriture groupée, appartiennent la souplesse, l'habileté, l'art des réalisations intelligentes ; c'est la marque de l'aptitude à varier, qualité des plus précieuses.

Il y a des groupements stupides, qui ne répondent à aucune inhibition profitable ; ils révèlent l'écriture inorganisée (v. ce mot). D'autres sont amusants à analyser tant ils démontrent un art ingénieux de discerner les tracés les plus avantageux et de les combiner en vue d'un rendement de vitesse satisfaisant. Le rapport entre les moyens employés et l'intelligence du scripteur n'est pas douteux. En revivant toutes les liaisons, séparations et reprises, comme nous avons indiqué de le faire (en suivant le tracé avec une pointe mousse comme si on voulait le récrire), c'est le fonctionnement même de l'intelligence que l'on fait revivre en soi. L'un, se recueillant au moment d'agir, trace la majuscule du début de sa phrase et s'arrête : si courte qu'ait été l'inhibition, elle brise l'emballement. D'autres paraissent être des *auditifs*, car leurs tracés sont groupés par syllabes, comme s'ils scandaient intérieurement leurs mots ; d'autres encore, natures vives, très spontanées, utilisent des petits groupements, au tracé très rapide, si caractéristiques que nous en avons fait l'espèce sautillante (v. ce mot).

Toutes les variétés de l'écriture groupée sont intéressantes et révèlent une pensée déliée, mais la palme appartient sans aucun doute à ceux qui tirent parti de toutes les sortes de liaisons et de séparations avec le plus de discernement et d'adresse. (Voir l'Écriture combinée.)

Chaque arrêt de la plume, au cours d'un mot, occasionne une perte de temps ; par conséquent plus les séparations sont nombreuses, plus on se rapproche de l'écriture lente. Toutefois, nous verrons plus loin que l'écriture rapide résulte de causes diverses.

Calligraphiquement, les mots doivent être écrits sans levée de plume. Mais les moyens du scripteur, c'est-à-dire sa nervosité, sa respiration et sa circulation, conditionnent l'amplitude et la continuité de ses mouvements. Le rythme calligraphique, par exemple, est profondément troublé par les battements désordonnés du cœur ; la main est alors soulevée à chaque pulsation, davantage encore à chaque respiration ; de là des arrêts légers comme dans l'écriture brisée. De là aussi le tracé instable des grands nerveux qui se manifeste, entre autres signes, par des séparations de lettres, à moins qu'une énergie fougueuse les porte à l'extrême opposé : la liaison de tous les mots dans la ligne.

Étant donné le rythme moyen des séparations de lettres, on peut mesurer, au cours des années, par le nombre croissant des séparations, l'augmentation de tension artérielle et la diminution de l'activité générale. En tout cas, les vieillards ont une écriture plus disjointe que dans leur jeunesse[1].

Dans l'écriture de Delauney, archéologue français (1752-1831), fig. 322, on trouvera tous les exemples possibles de groupement ; il n'y a qu'un très petit nombre de mots courts qui sont tracés sans levée de plume. D'autre part, aucun mot n'est composé de lettres juxtaposées ; on n'aperçoit pas davantage les combinaisons originales, personnelles et favorables de l'écriture combinée. Quelques finales centripètes retardent un élan trop souvent brisé par les séparations de lettres. En somme, ce n'est pas une écriture lente, ni rapide, mais retenue dans son mouvement, posée, avec environ 150 lettres à la minute.

1. Cf. *Les Éléments*, p. 207 et suiv. *L'Age et le sexe*, p. 9.

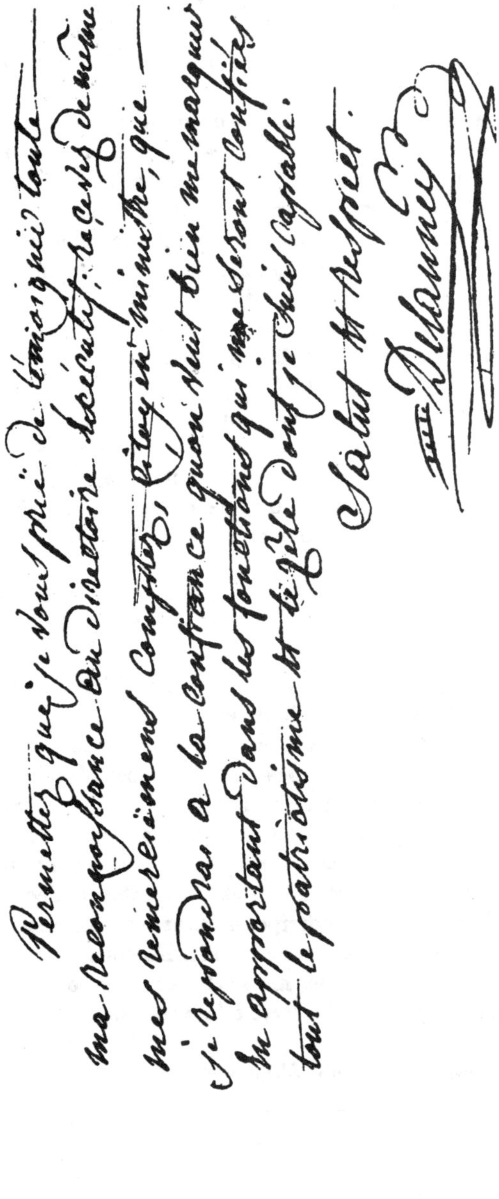
Permettez que je vous prie de témoigner toute
ma reconnaissance au directoire exécutif; recevez de même
mes remerciemens, citoyen ministre, que
je répondrai à la confiance qu'on veut bien me marquer
en apportant dans les fonctions qui me seront confiées
tout le patriotisme et le zèle dont je suis capable.
Salut et respect.

Fig. 322. — Écriture groupée, saccadée, inégale (1 à 4 mm) centripète, lente

L'ÉCRITURE EN GUIRLANDES *(Genre Forme)*

Synonymes : en festons, enroulée. — Antonyme : anguleuse

L'écriture en guirlandes est une invention de M. Joseph Depoin, l'ancien et regretté président de la Société de Graphologie de Paris ; elle définit avec une agréable précision un mode de l'écriture arrondie obtenue par la forme très courbe et concave des lettres intérieures de l'alphabet. C'est ainsi que le mot *recommander* (fig. 323), devient *ruouuuaudei*, les *n*, les *m* et parfois les autres lettres qui s'y prêtent, étant réduites à une succession de *u* ou de *i*.

L'écriture en guirlandes découle d'un mouvement doux, sinueux, aisé, d'où sa signification de douceur et de souplesse. D'autre part, son tracé facile favorise la rapidité.

Dans notre exemple, fig. 323, l'écriture est anguleuse au sommet des lettres : nous avons indiqué, en étudiant l'écriture anguleuse, que l'angle est le pivot naturel du trait descendant. Son emploi donne plus de rapidité que celui de la courbe enroulée, telle qu'on la voit dans la fig. 324, dont l'inconvénient est de déformer les lettres plus que l'angle au sommet.

L'ÉCRITURE HÉSITANTE *(Genre Continuité)*

Synonymes : indécise, irrésolue. — Antonyme : résolue

L'écriture hésitante manque d'assurance et de décision. Elle varie dans ses manifestations selon les causes qui la provoquent, mais à la base des mouvements hésitants il y a toujours un ralentissement de l'activité, une inhibition plus ou moins durable qui altère la systématisation de l'écriture. Il s'ensuit une diminution de la vitesse et de l'amplitude des mouvements graphiques, c'est-à-dire une écriture ralentie, réduite, retouchée ou de direction inégale.

Toute irrésolution provoque une allure régressive, de la discontinuité, du tremblement, des complications, des retouches et surtout des inégalités. On observe alors du vacillement, de la mobilité et de l'incertitude dans des tracés élémentaires qui n'en comportent pas : telle la barre du *t* qui, au lieu d'être droite, prend l'aspect d'un bâton tordu et d'épaisseur inégale. Le trait chancelle et tremblote, comme la main qui l'a produit ; les jambages droits ne sont pas arrêtés, ils s'achèvent en une pointe ou en une courbe ; la ligne est sinueuse ; la forme des lettres est imprécise ; la vitesse est plus ou moins faible, mais surtout iné-

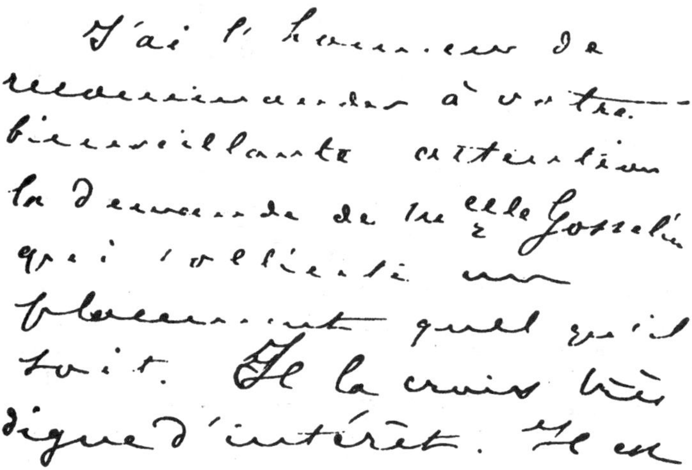
J'ai l'honneur de recommander à votre bienveillante attention la demande de Melle Gosselin qui sollicite un placement quel qu'il soit. Je la crois très digne d'intérêt. Je en

Fig. 323. — Écriture en guirlandes, juxtaposée, gladiolée (2 à 1/2 mm) agrandie en guise de soulignement, descendante à 5°

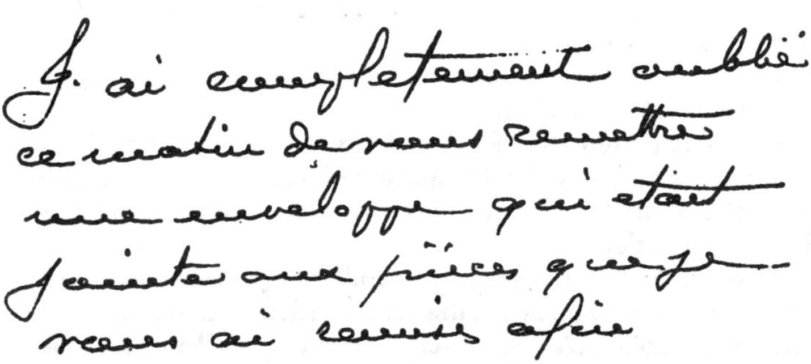
J'ai complètement oublié ce matin de vous remettre une enveloppe qui était jointe aux pièces que je vous ai remis afin

Fig. 324. — Écriture en guirlandes, bouillonnante très accélérée, horizontale, nuancée, gonflée

gale. En dernière analyse, c'est *l'inégalité et l'inhibition indécises*, s'attachant aux modes les plus variés, qui sont les marques les plus caractéristiques de l'écriture hésitante.

Par un enchaînement progressif, le ralentissement de l'activité conduit à l'inhibition profonde, à l'arrêt brusque et au laisser-aller de l'écriture lâchée, mais alors l'hésitation n'est plus qu'un des attributs d'une énergie dégradée.

L'hésitation systématique est une infirmité[1]. Au contraire, l'hésitation occasionnelle est un choix ; elle vient toujours d'en haut, des vertus supérieures : réflexion, sagesse. Le mode graphologique par lequel l'hésitation dans le choix s'exprime le mieux est l'écriture sinueuse.

L'écriture de Marie-Antoinette, dont nous avons déjà donné un autographe p. 214, fig. 191, nous offre encore (fig. 325), l'occasion d'un bon exemple. Cette malheureuse reine, à l'âme simple et droite, mais débile, collectionne dans son écriture les marques de l'irrésolution. Tiraillée entre ses impulsions (écr. grossissante), sa grande émotivité (écr. très inégale), et les insuffisances de son énergie (écr. très lente, juxtaposée, sinueuse, molle), dénuée de tout esprit critique (écr. d'une simplicité élémentaire), elle est vouée à l'hésitation perpétuelle ; l'anxiété en résulte. Maladroite, imprudente, trop mobile, elle ne sort de son indécision que pour se nourrir de chimères. Sur un fond commun d'hésitation, ses écrits, d'un document à l'autre, trahissent surtout son émotivité, d'où des changements de train fréquents (dont le post-scriptum de la lettre que nous reproduisons est un exemple), des différences continuelles de direction, d'inclinaison, de dimension, d'espacement. La seule étude de ses barres de *t*, dans les figures 191 et 325, nous fait pénétrer dans tous les sentiments qui l'animent : il en est qui barrent la lettre en arrière, d'autres au milieu, d'autres encore en avant ; plusieurs sont d'un mouvement inquiet, incertain, comme dans les mots *cette* et *étroit* ; leur dimension est très variable.

L'hésitation produit un mouvement si expressif qu'il se produit dans les plus brèves occasions. Par exemple, voici, fig. 326, la signature de Léopold Delisle, l'ancien directeur de la Bibliothèque nationale, qui n'était pas, d'habitude, un homme hési-

1. Analogue au bégaiement dans le langage parlé. Il est possible que les causes soient de même origine. (A. L.)

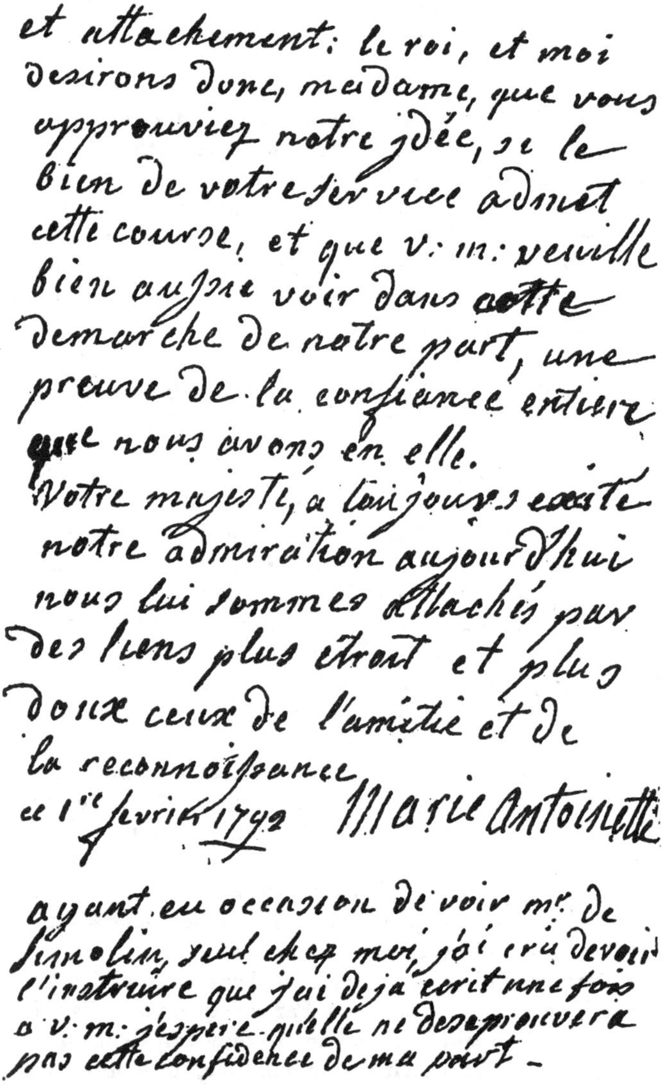
et attachement: le roi, et moi
desirons donc, madame, que vous
approuviez notre idée, si le
bien de votre service admet
cette course, et que v: m: veuille
bien aussi voir dans cette
demarche de notre part, une
preuve de la confiance entiere
que nous avons en elle.
Votre majesté, a toujours excité
notre admiration aujourd'hui
nous lui sommes attachés par
des liens plus étroit et plus
doux ceux de l'amitié et de
la reconnoissance
ce 1er fevrier 1792 Marie Antoinette

ayant eu occasion de voir mr de
Simolin, seul chez moi, j'ai cru devoir
l'instruire que j'ai deja ecrit une fois
a v: m: j'espere qu'elle ne desaprouvera
pas cette confidence de ma part —

Fig. 325. — Écriture hésitante, sinueuse, juxtaposée, lente claire, simple, molle, grossissante très inégale de direction et de dimension, avec changements de train

tant. Quelle idée a traversé son esprit en traçant son paraphe ? A-t-il oublié quelque chose dans sa lettre ? Regrette-t-il une partie de sa communication ? Nous voyons seulement, à son trait sinueux et ralenti, qu'il a éprouvé, en signant, un mouvement d'hésitation. Un correspondant avisé peut quelquefois tirer parti du fait : par comparaison avec des documents antérieurs

Fig. 326. — Paraphe hésitant

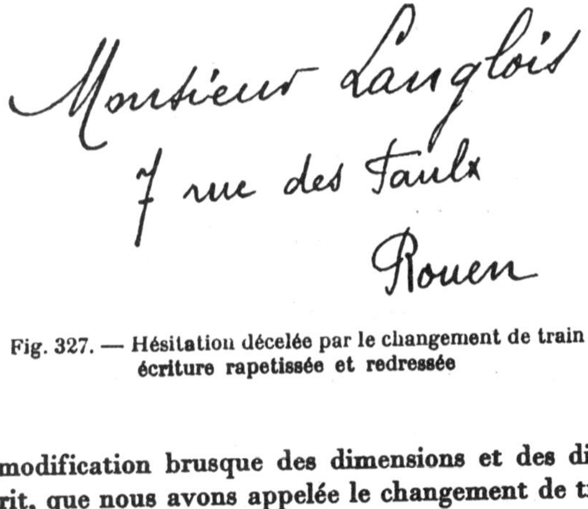

Fig. 327. — Hésitation décelée par le changement de train écriture rapetissée et redressée

La modification brusque des dimensions et des directions d'un écrit, que nous avons appelée le changement de train, est due à une nouvelle orientation de la pensée, très souvent comme conséquence d'une hésitation. Nous l'observons fig. 327, dans une adresse tracée sous nos yeux par une jeune dame. Elle écrit couramment le nom du destinataire, puis reste court, ne se souvenant plus exactement du numéro de l'immeuble. Après avoir consulté son livre d'adresses, elle reprend son travail. Mais son hésitation première se trahit par une inhibition et un changement de train : l'écriture est rapetissée et son inclinaison diminuée d'environ 20°.

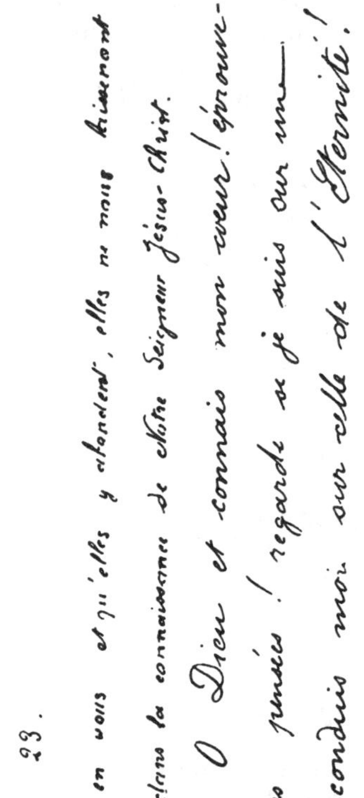

Fig. 328. — Écriture hésitante, juxtaposée et fragmentée, rapetissée, lente inhibée. Après la citation, tracé spontané rétabli

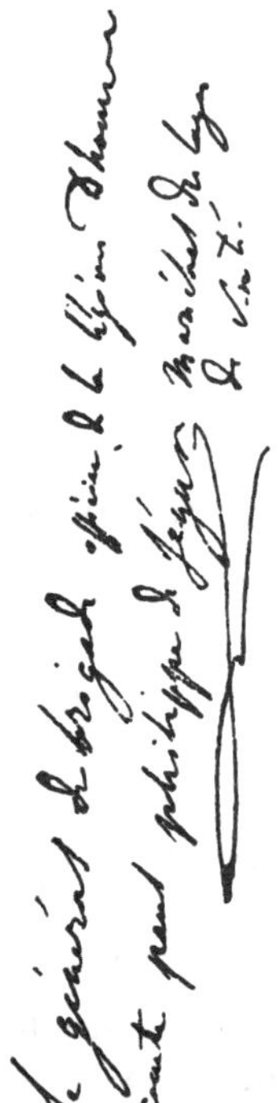

Fig. 329. — Écriture hésitante révélée par le rapetissement le changement d'inclinaison et de rapidité, soit changement de train

Dans l'exemple suivant, fig. 328, l'hésitation et l'inhibition sont encore associées. Un enfant doit copier une citation dans un recueil imprimé en très petits caractères ; il hésite, ralentit son tracé afin de concentrer son attention et, la citation achevée, reprend son mouvement normal. Enfin, au dernier mot, nouveau changement de train qui s'explique par le plaisir d'avoir achevé son devoir, car l'écriture n'est plus réduite, mais dilatée. Chaque fois qu'on rencontre des changements de train, on peut en déduire une grande impressionnabilité et, selon les cas, de la versalité, de l'hésitation ; ce n'est pas là qu'on rencontre les caractères solides.

En écrivant le texte de la fig. 329 qui, en deux lignes, comporte quatre changements de train, on se rendra compte du caractère irrésolu, hésitant, mesquin, du scripteur ; son écriture très inégale en est une des manifestations.

Au résumé, quand l'émotivité domine trop un caractère, c'est au détriment de la stabilité, du sang-froid, de la sûreté. Les natures foncièrement hésitantes déçoivent souvent et sont parfois traîtresses, par faiblesse de caractère.

L'ÉCRITURE HOMOGÈNE *(Genre Continuité)*

Synonyme : systématisée

Antonymes : protéiforme, hétérogène

L'écriture homogène représente l'unification des mouvements dans un style personnel, sans tenir compte de la valeur des qualités. Elle n'a pas le caractère de l'harmonie qui est l'accord agréable de qualités supérieures ; toutefois, c'est un bon signe d'équilibre et de constance.

Il est très important d'apprendre à reconnaître dans les écritures l'expression de l'homogénéité ; on réduit ainsi l'une des difficultés les plus sérieuses de la graphologie pratique, c'est-à-dire l'*appréciation de la valeur stable d'un document.* La règle d'une documentation copieuse, qui permet d'obtenir les meilleurs résultats, n'est pas souvent d'une application possible, mais en déterminant le degré de constance des mouvements graphiques, on se garantit contre bien des méprises. Le seul fait d'y songer

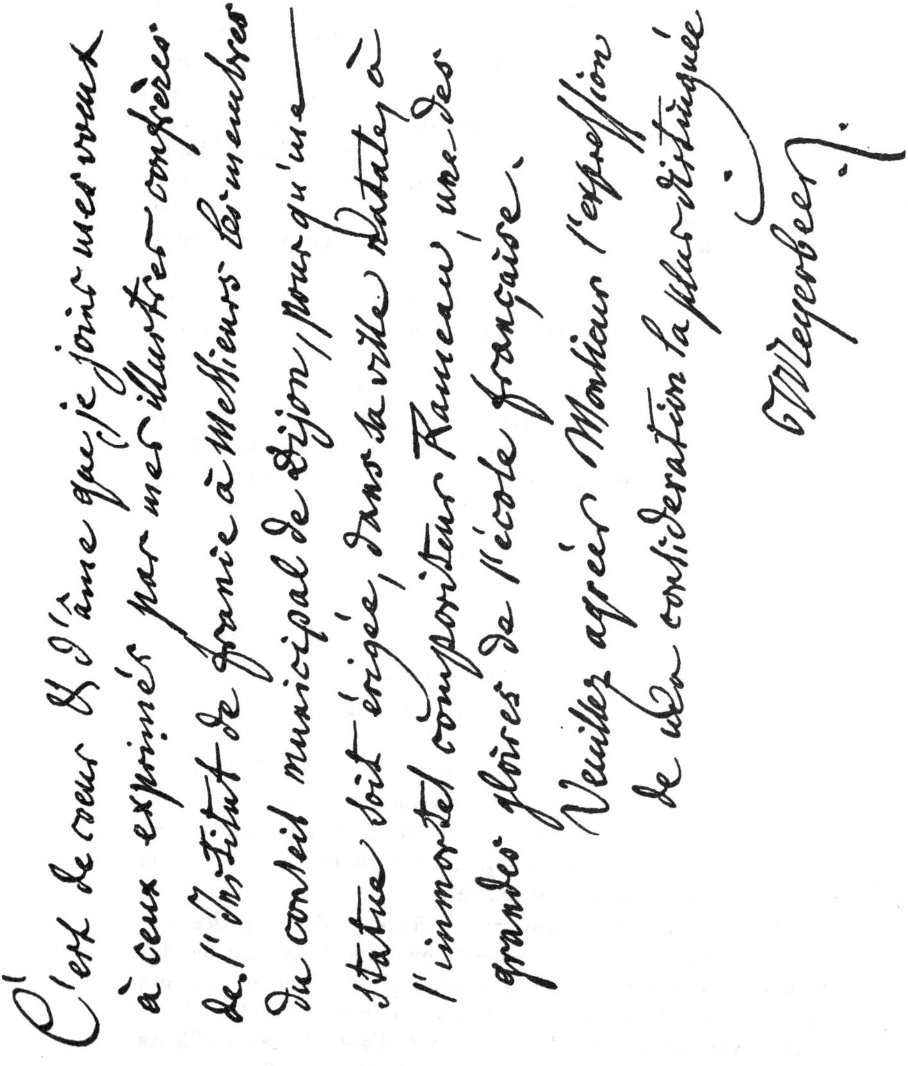

C'est de cœur & d'âme que je joins mes vœux
à ceux exprimés par mes illustres confrères
de l'Institut de France à Messieurs les membres
du conseil municipal de Dijon, pour qu'une
statue soit érigée, dans la ville natale, à
l'immortel compositeur Rameau, une des
grandes gloires de l'école française.
Veuillez agréer Monsieur l'expression
de ma considération la plus distinguée
G Meyerbeer.

Fig. 330. — Écriture homogène, limpide, espacée, ferme, nourrie posée, grande (4 mm), inutilement barrée, centrifuge

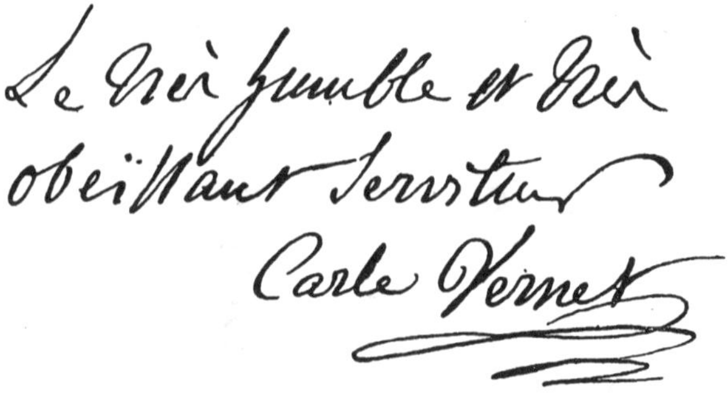

Fig. 331. — Écriture homogène, combinée, harmonieuse, aisée, liée accélérée, nourrie, claire, saccadée, gladiolée (6 à 2 mm)

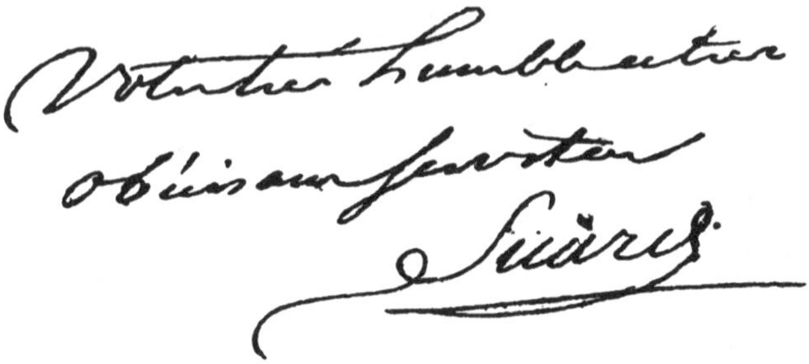

Fig. 332. — Écriture homogène, exagérément liée, rapide inclinée à 35°, sinueuse et gladiolée, étalée

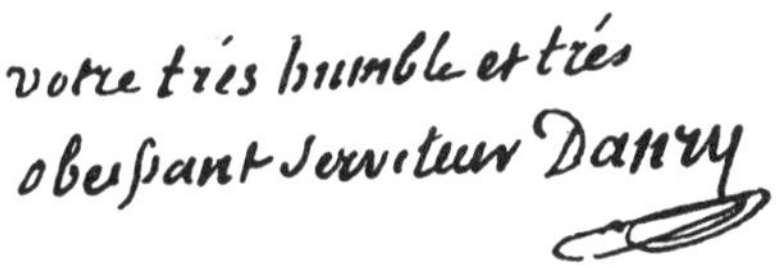

Fig. 333. — Écriture de Latude, homogène, juxtaposée, nourrie sobre, serrée dans les lignes, claire, simplifiée, inhibée, lente

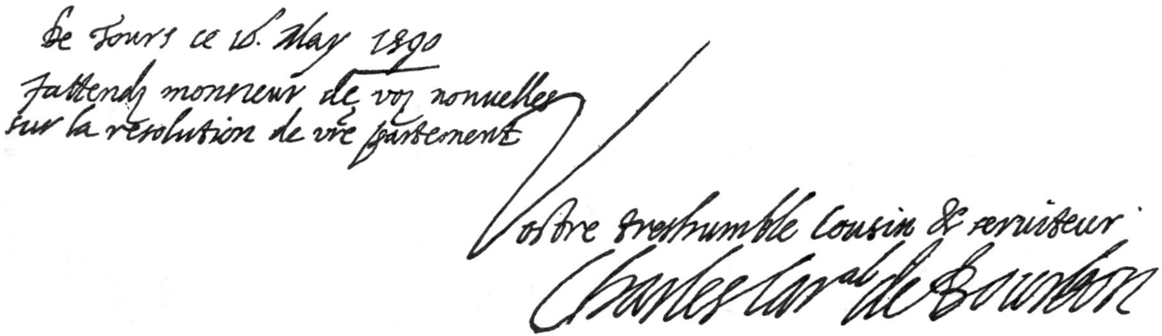

Fig. 334. — Écriture homogène du Cardinal Charles de Bourbon, inclinée à 40° grande ou très grande, serrée, liée, simplifiée, contenue, rigide et régulière, étrécie semi-anguleuse, horizontale

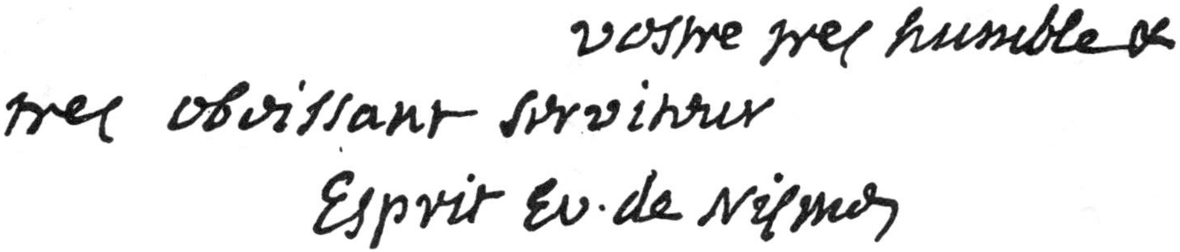

Fig. 335. — Écriture homogène, grande (3 à 5 mm), admirablement simple, majuscules jambages et hampes basses ; combinée, aisée, contenue, limpide arrondie ou semi-anguleuse, calme, nourrie

éveille la prudence et fortifie le savoir. Exerçons-nous donc à reconnaître les écritures homogènes, comme on devra, d'autre part, apprendre à déceler dans un court document les traces d'une dangereuse hétérogénéité.

L'écriture de Meyerbeer (fig. 330), grande, ferme, nourrie, espacée, centrifuge, limpide et posée, est de celles qu'on reconnaît aisément, du premier coup d'œil, entre mille ; elle comporte des lettres inutilement barrées qui achèvent de la rendre bien individuelle.

La formule graphique de Carle Vernet (fig. 331) est aussi de celles qui frappent par leur vigoureuse systématisation ; combinée, harmonieuse, aisée, liée, accélérée, nourrie, claire, saccadée et nettement gladiolée, elle ne laisse aucune place à l'hypothèse qu'elle puisse s'altérer sensiblement d'un document à un autre, tant elle est homogène.

Suard, de l'Académie française (fig. 332), a une écriture exagérément liée, rapide, inclinée, sinueuse, gladiolée, étalée, avec une physionomie inoubliable : elle n'est pas belle, mais ses caractéristiques s'accordent bien ; elle est homogène.

L'écriture de Latude[1] (fig. 333), est juxtaposée, nourrie, sobre, serrée dans les lignes, claire, simplifiée, inhibée, lente ; tous ces traits s'accordent si bien qu'on ne voit pas comment le scripteur pourrait écrire autrement. Les émotions n'ont pas beaucoup de prise sur un tel agencement de qualités, assez froides, et les modifications occasionnelles qu'il est capable d'enregistrer n'arriveront jamais à le dissoudre.

Le cardinal Charles de Bourbon (fig. 334), nous offre encore l'image d'une forte cohésion de qualités personnelles ; son écriture inclinée à 40°, grande ou très grande, serrée, liée, simplifiée, contenue, rigide et régulière, étrécie, semi-anguleuse, horizontale, a une allure très originale. Comparons-la à celle de Danry, figure précédente : à la seule idée que l'un puisse, sans le vouloir, et même en le voulant, emprunter l'écriture de l'autre, on éclate de rire.

Enfin, l'écriture de Fléchier (fig. 335), évêque de Nîmes, le célèbre orateur sacré, n'est pas moins homogène et originale que les précédentes ; grande, aisée, combinée, contenue, d'une clarté et d'une simplicité admirables, arrondie ou semi-anguleuse,

1. Danry était le nom sous lequel Latude avait été écroué à la Bastille.

calme, nourrie, avec la particularité des majuscules, des jambages et des hampes basses, elle pourrait ne pas comporter de signature, tant elle est homogène et caractéristique.

L'ÉCRITURE HORIZONTALE *(Genre Direction)*

L'écriture horizontale suit la ligne d'horizon et forme un angle droit avec une ligne verticale partant de sa base.

C'est une Espèce d'écriture calligraphique ; les qualités qu'elle représente, à ce titre, ne sont cependant pas à dédaigner. Elle indique une nature paisible, ni déprimée, ni excitée : tranquillité, indifférence ou ataraxie chez les uns ; sérénité, recueillement, nature posée chez les autres, selon l'orientation fournie par l'inharmonie ou l'harmonie de l'écriture et les indices concomitants de l'activité.

Les figures 147 à 153 sont des exemples classiques d'écriture horizontale.

L'ÉCRITURE IMPERSONNELLE *(Genre Forme)*

Synonymes : insignifiante, banale, insipide

Antonymes : originale, caractéristique

L'écriture impersonnelle semble ne s'appliquer à personne en propre tant elle est dépourvue de mouvements caractéristiques. Cependant, les écritures franchement impersonnelles sont rares. Rappelons qu'aucun caractère ne ressemble à un autre et n'imitons pas les graphologues qui, devant une écriture dont le secret leur échappe, croient se tirer habilement d'affaire en la taxant de banalité, ce qui les dispense de l'étudier. Les gens qu'ils estiment trop facilement banaux leur réservent des surprises de toutes sortes.

Les formes non évoluées de l'écriture, enfantines ou simplistes, dont le tracé calligraphique persistant chez les adultes est le meilleur exemple, fournissent tout le contingent des vraies écritures impersonnelles.

C'est un signe d'arrêt de développement et, dans ses formes accentuées, de débilité mentale.

La fig. 336 reproduit une écriture impersonnelle, sous la dominance calligraphique la plus banale, posée, calme, simple, claire, ordonnée, correctement espacée, horizontale, cylindrique, toutes qualités fades, négatives, parce qu'elles sont inexpressives, sans force et sans vie. Chez un adolescent, il ne faut pas s'en effrayer ; on peut même se réjouir en constatant l'ordre et la docilité que comportent l'écriture simplement impersonnelle, l'avenir n'est pas compromis et c'est assez pour autoriser des espoirs de perfectionnement. Mais le manque de caractère, chez les adultes, stérilise les efforts d'autrui et ruine les espérances que caressait l'individu lui-même. Sur un sol ingrat, la récolte est toujours maigre.

L'ÉCRITURE IMPRÉCISE *(Genre Forme)*

Synonyme : énigmatique. — Antonyme : limpide

La suppression de lettres dans les mots, ou l'imperfection de leur forme, qui trouble la lisibilité, caractérise l'écriture imprécise.

Le sens de l'écriture imprécise n'est jamais favorable ; il marque, pour le moins, la précipitation ou l'impatience occasionnelles. L'homme actif lui-même, dont la pensée rapide se heurte à une représentation écrite trop lente, à son gré, manque d'ordre et de sagesse quand il emploie des tracés trop imprécis ; il risque, par l'effet de sa précipitation, de ne pouvoir se relire. A quoi lui aura servi l'économie de quelques instants s'il perd tout le fruit de son travail ? Il reste l'esclave de sa nature.

L'imprécision des mouvements se manifeste avec toute son expression péjorative dans l'agitation, le laisser-aller, la nonchalance, et surtout la mauvaise foi, comme chez les gens fuyants qui ont volontairement un médiocre souci de clarté. L'équivoque admirablement représentée par l'écriture très imprécise est le refuge des gens malhonnêtes. Avant d'interpréter ainsi une écriture imprécise, le graphologue contrôlera son observation en recherchant des signes concomitants de fausseté, si l'écriture est artificielle, confuse, compliquée, déguisée, floue, désordonnée, inachevée, lâchée, régressive, etc. C'est d'une élémentaire prudence. La comparaison de plusieurs documents

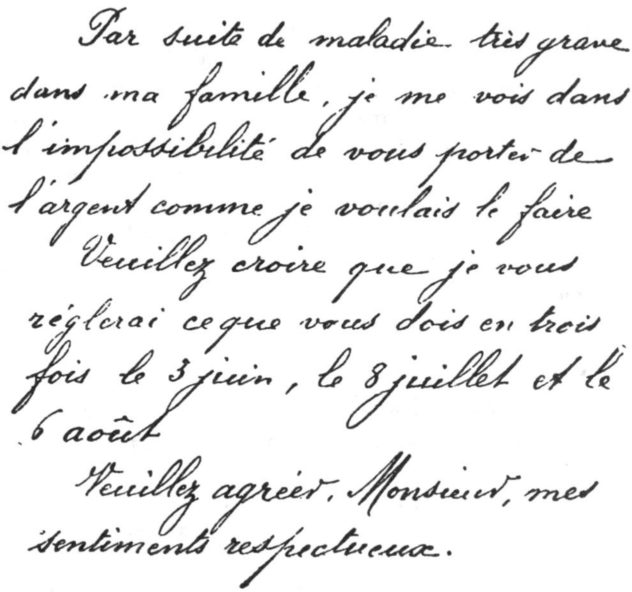

Par suite de maladie très grave dans ma famille, je me vois dans l'impossibilité de vous porter de l'argent comme je voulais le faire

Veuillez croire que je vous réglerai ce que vous dois en trois fois le 3 juin, le 8 juillet et le 6 août

Veuillez agréer, Monsieur, mes sentiments respectueux.

Fig. 336. — Écriture impersonnelle, posée, calme, simple claire, ordonnée, correctement espacée, horizontale cylindrique sous la dominance calligraphique

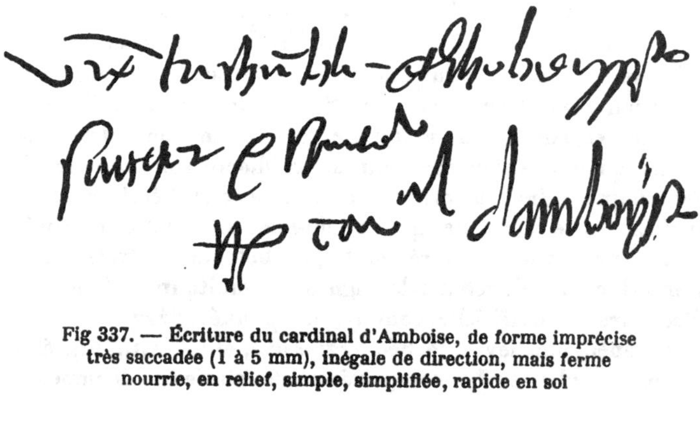

Fig 337. — Écriture du cardinal d'Amboise, de forme imprécise très saccadée (1 à 5 mm), inégale de direction, mais ferme nourrie, en relief, simple, simplifiée, rapide en soi

écartera l'éventualité possible d'un tracé accidentel ou pathologique. Dans toutes les maladies nerveuses, les écritures sont imprécises : la cause, ici plus évidemment qu'ailleurs, domine les appréciations.

L'écriture du cardinal d'Amboise (fig. 337), le grand ministre de Louis XII, est tellement saccadée qu'il en résulte l'imprécision des formes. Ce n'était pas un homme calme. Cependant, son tracé ferme, nourri, en relief, simple, simplifié, rapide en soi, n'autorise aucune autre signification qu'une précipitation probablement occasionnelle.

Au contraire, dans la fig. 338, tout concourt à rendre l'écri-

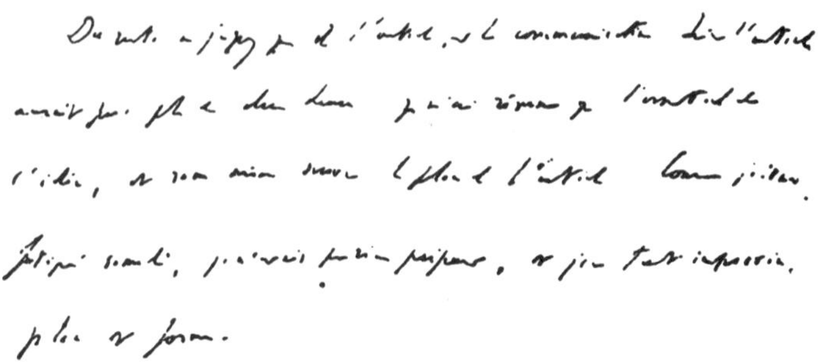

Fig. 338. — Écriture imprécise, très petite et fine (1/4 à 1/2 mm) sinueuse, simplifiée, inachevée, espacée, accélérée

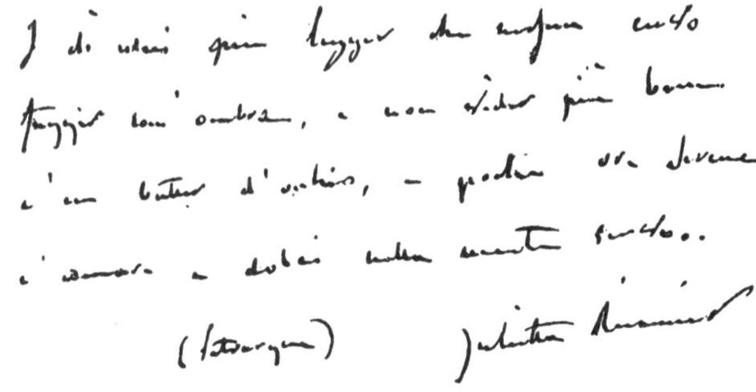

Fig. 339. — **Écriture imprécise de Juliette Récamier, très petite (1/2 mm) sinueuse, inhibée, simple, simplifiée, espacée, verticale, horizontale, élancée**

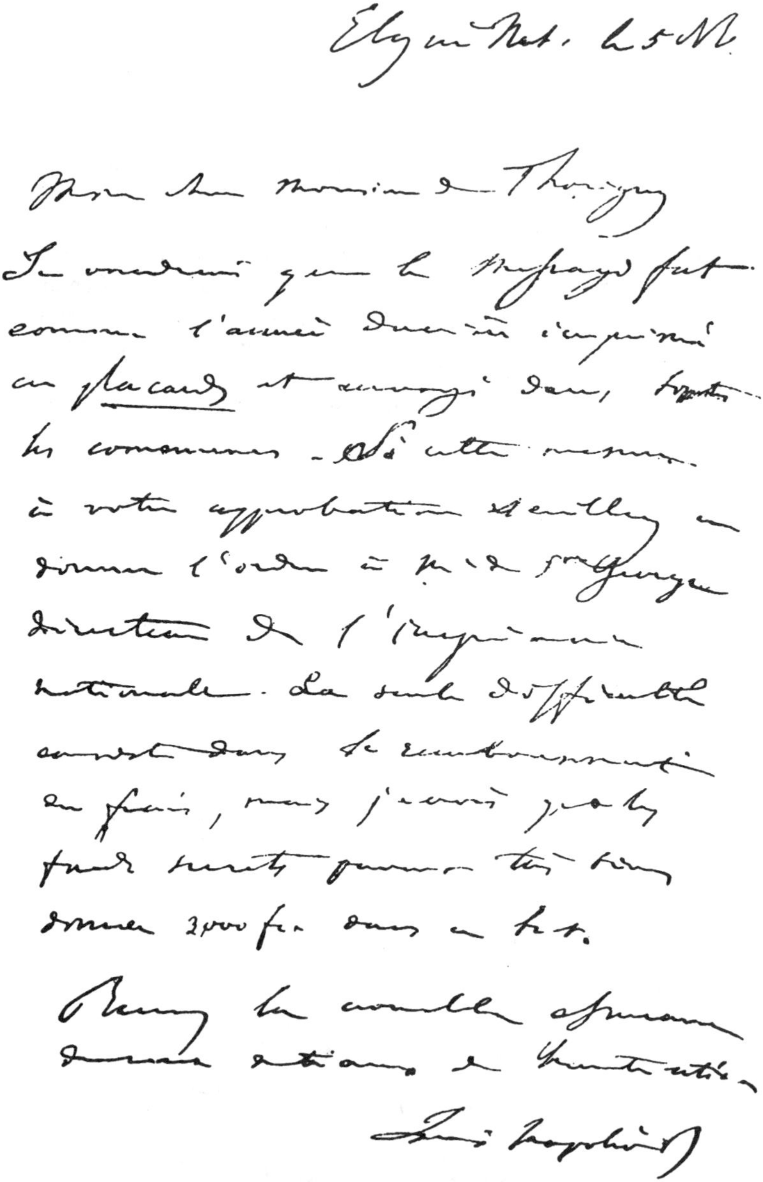
Élysée Nat. le 5 N.

Mon cher Monsieur de Thorigny

Je voudrais que le message fut comme l'année dernière imprimé en placard et envoyé dans toutes les communes. Si cette mesure a votre approbation veuillez en donner l'ordre à M. de St Georges directeur de l'imprimerie nationale. La seule difficulté consiste dans le remboursement des frais, mais j'avais pris sur les fonds secrets [illegible] donner 2000 fr dans ce but.

Recevez la nouvelle assurance de mes sentiments de haute estime.

Louis Napoléon

Fig. 340. — Écriture imprécise de Napoléon III
lancée, précipitée, petite (1 mm), sinueuse, filiforme, légère liée, simple, simplifiée, descendante

ture aussi imprécise que possible ; elle est lilliputienne, très fine, sinueuse, inachevée. Dans ces conditions, son espacement grand entre les lignes, mais très inégal entre les mots, ne parvient pas à corriger l'impression de brouillamini qu'elle produit. C'est un homme instruit (écr. simplifiée et rapide), mais un petit esprit, ergoteur et déprimé (écr. descendante).

L'imprécision de l'écriture de Juliette Récamier (fig. 339), s'explique par les qualités qui l'accompagnent : son instinct affiné la rendait habile sans effort; nul besoin d'intriguer quand on a, comme elle, une adresse naturelle (écr. très simple, espacée, sinueuse), et exercée (écr. inhibée et simplifiée) ; sa puissance d'inhibition toujours éveillée la garantissait contre tout écart de langage ou de conduite. Elle avait un grand discernement et peu de passions (écr. verticale, horizontale).

Chez Napoléon III (fig. 340), l'imprécision de l'écriture est consacrée par plusieurs causes convergentes qu'on retrouve dans tous ses autographes, à des degrés divers. Elle manque de relief et de retenue ; c'est l'élan précipité qui la caractérise, d'où le tracé sinueux et filiforme dont la prédominance affecte fâcheusement l'esprit et le caractère. On le voit, tout à la fois, imprudent et fuyant, qualités d'un arriviste sans génie.

L'ÉCRITURE INACHEVÉE[1] *(Genre Continuité)*

Synonyme : tronquée. — Antonymes : achevée, intégrale

L'écriture inachevée est caractérisée par le tracé incomplet, délaissé, des mots, des lettres, des parties de lettres, des accents, des barres du *t*.

Les tracés volontairement abrégés et simplifiés qui montrent des économies voulues de mouvements dans un but de rapidité, sont un aspect avantageux de l'écriture inachevée.

Au contraire, les relâchements, les suspensions, les renoncements systématiques associés à l'écriture posée ou ralentie, encore mieux si elle est lente, sont le fait des gens qui laissent avorter leurs mouvements par débilité, paresse, rouerie ou

1. *Cf. Les Éléments*, p. 197.

négligence. C'est donc la rapidité ou la lenteur qui est la pierre de touche du sens de l'écriture inachevée.

On doit surveiller les rapports de l'écriture inachevée avec l'écriture inhibée ; l'une éclaire l'autre. L'écriture inhibée, qui se manifeste par l'arrêt brusque des mouvements, les laisse très

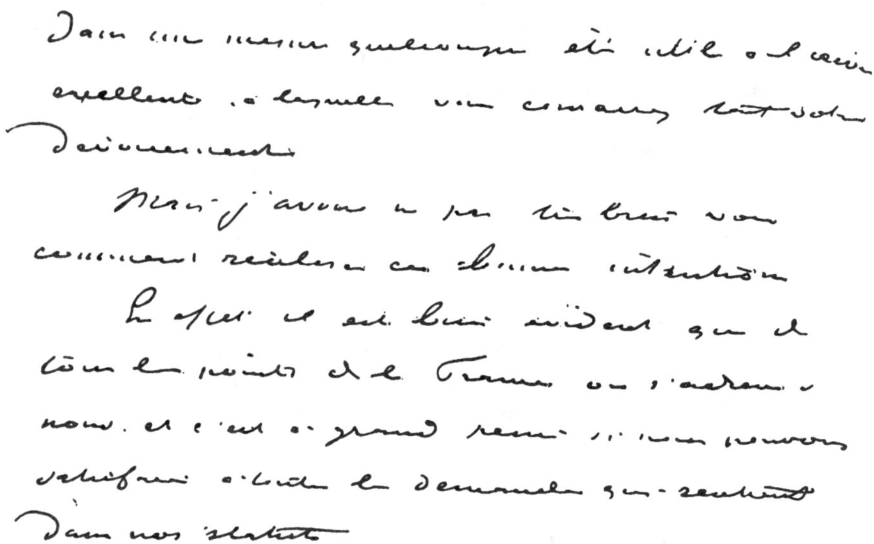

Fig. 341. — Écriture inachevée, inhibée, imprécise, sautillante et rapide petite et basse, espacée, gladiolée, fine, légère, plate

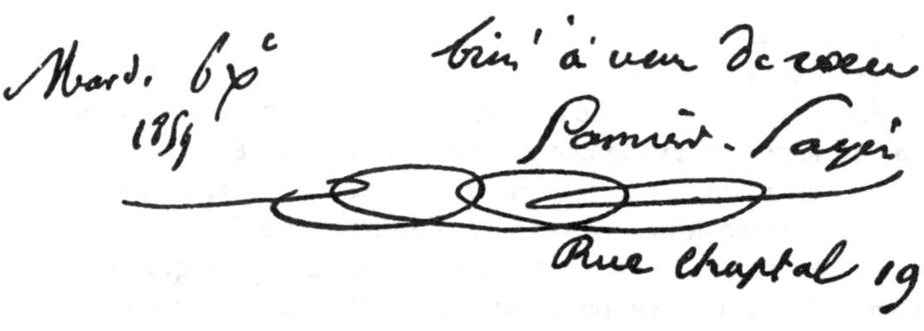

Fig. 342. — Fragment d'écriture inachevée par impatience dans la formule de politesse

souvent inachevés ; dans ce cas, elle est un mode de ce dernier signe. Mais le rôle de l'inhibition est beaucoup plus étendu ; il s'applique à tous les tracés achevés et même prolongés. Si son concours à l'écriture inachevée n'est pas réduit à une concomitance passagère, les deux espèces rentrent l'une dans l'autre pour exprimer indiscutablement la débilité. L'écriture de la fig. 341 ne laisse aucun doute à ce sujet ; elle est en même temps inachevée, inhibée, imprécise. L'inhibition est confirmée par les tracés petit, bas, gladiolé, auxquels on peut ajouter fin, léger,

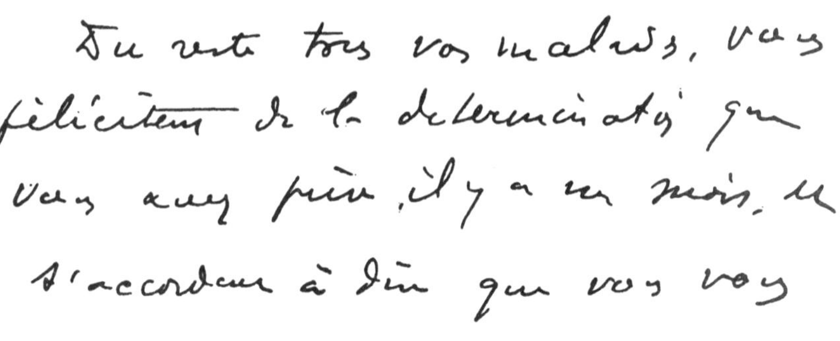
Du reste tous vos malades, vous félicitent de la détermination que vous avez prise, il y a un mois, et s'accordent à dire que vous vous

Fig. 343. — Écriture inachevée, simple, simplifiée groupée, nuancée, rapide

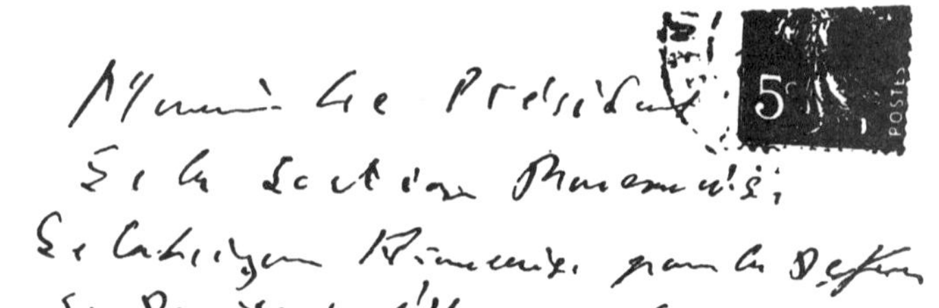
Monsieur le Président de la Section Rouennaise de la Ligue Française pour la Défense des Droits de l'Homme et du Citoyen Hôtel de la Dépêche de Rouen et de Normandie Rouen

Fig. 344. — Écriture inachevée, imprécise, saccadée, sautillante négligée, précipitée, discordante

plat. L'ensemble est négligé et lâché. Le scripteur est entreprenant (écr. sautillante et rapide), mais inconsistant ; tout croule derrière lui.

L'examen attentif de la fig. 342 révèle la cause du tracé inachevé de la formule de politesse qu'elle contient : l'impatience qui saisit le scripteur actif en face d'une formule de politesse. Le fait est fréquent et n'autorise nullement le graphologue à parler d'écriture inachevée devant une telle manifestation fragmentaire et occasionnelle. On voit sur le côté gauche de notre

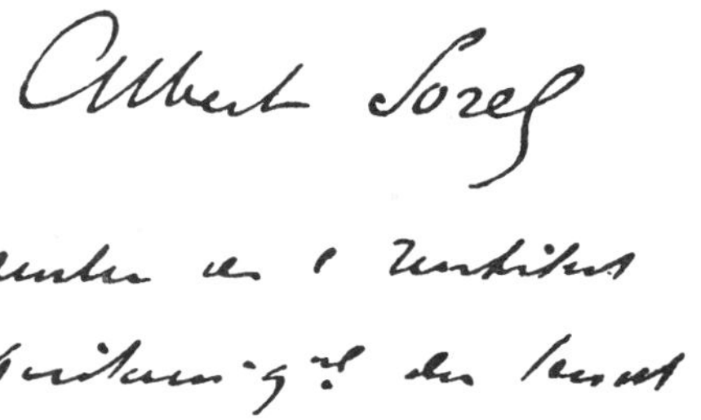

Fig. 345. — Écriture occasionnellement achevée, négligée imprécise, lâchée par lassitude

exemple, et sous la signature, un tracé ferme, clair, nourri, c'est celui-là qui définit vraisemblablement l'écriture.

Dans la fig. 343, l'écriture est inachevée, mais simple, simplifiée, groupée, nuancée, rapide. L'inachèvement des mots nous apparaît comme une simplification née du besoin de rapidité.

Le cas de la fig. 344 est moins clair ; l'écriture est imprécise, saccadée, négligée, précipitée, discordante. Si le scripteur était pressé, ne pouvait-il pas abréger les termes de son adresse, au lieu de déformer, de tronquer, de négliger son écriture jusqu'à la rendre confuse ? Viser la précision et récolter le désordre, voilà bien un des coups du tempérament nerveux jusqu'à l'agitation.

Albert Sorel, l'éminent historien (fig. 345), nous montre un autre aspect de l'écriture inachevée : à la fin d'une lettre écrite et signée clairement, se trouvant dans l'obligation de faire valoir ses titres à son correspondant, il le fait avec répugnance ; sa belle écriture devient imprécise, négligée, lâchée, il s'abandonne par modestie et lassitude. C'est une écriture occasionnellement inachevée par un relâchement que le texte explique.

L'ÉCRITURE INCLINÉE *(Genre Direction)*

Synonyme : penchée. — Antonymes : verticale, renversée

L'écriture inclinée est penchée de droite à gauche en descendant. L'angle ainsi formé avec le plan horizontal est d'environ 54° quand on applique les règles de la calligraphie dite anglaise.

Ce signe a beaucoup perdu de son importance depuis que de nouvelles méthodes enseignent un tracé vertical. Rappelons que les signes concomitants de la calligraphie n'ont jamais une grande importance psychologique ; *ils répondent seulement aux qualités de la calligraphie*, estimables, mais dépourvues d'originalité, de puissance et de sensibilité.

Une marque de l'écriture n'est sérieusement révélatrice du caractère qu'en raison des modifications que nous apportons à l'expression calligraphique qui nous a été enseignée. Il devient bien difficile aujourd'hui d'interpréter les écritures verticales, ou bien inclinées à 54°, puisqu'elles sont devenues calligraphiques toutes les deux. Nous croyons, et c'est le résultat d'observations bien confirmées, que l'écriture inclinée révèle un caractère plus doux, *plus féminin* que l'écriture verticale ; mais quand est-on sûr qu'elle exprime une attitude choisie ? L'hésitation nous dicte notre devoir ; nous abandonnerons les peu significatives interprétations des écritures verticale et inclinée lorsqu'elles se présenteront avec une intensité moyenne. Par contre, les écritures renversée, redressée et très inclinée échappent à notre critique ; ce sont des dérogations certaines à l'enseignement de la calligraphie et l'on peut en obtenir des déductions valables.

Michon considérait l'écriture inclinée comme le signe exclusif de la sensibilité. Elle ne peut pas l'être ; son défaut de souplesse lui interdit un rôle aussi étendu. C'est l'écriture inégale, avec ses modes variés et puissants, qui est le grand indice de la sensibilité[1]. *L'inégalité dans l'inclinaison* se rattache donc seule aux vrais signes de la sensibilité.

L'écriture très inclinée signifie féminité quand elle est en même temps légère ; d'une manière générale, elle dit la passion

1. Cf. *L'Écriture et le caractère*, 11e éd. Monographie de l'écriture inégale, p. 221.

et la sensualité. On s'en convaincra en regardant écrire les personnes qui l'emploient ; elles mettent à leur tracé une attention passionnée qu'on retrouve dans tout ce qu'elles font. Leur attitude est couchée, contractée, crispée ; quelques-unes serrent les lèvres, s'acharnent, et leurs écritures, très souvent monotones, traduisent la passion tenace, aveugle, avec des moyens bornés. Que nous voilà loin de la sensibilité productrice de sentiments variés et nuancés !

Fig. 346. — Signature inclinée à 22 et 30°

Fig. 347. — Signature inclinée à 35°

Toutefois, la sensibilité et la passion coexistent fréquemment ; ce sont deux états différents qui se manifestent dans l'écriture par des signes différents.

L'observation des autres qualités de l'écriture permet de préciser de quelle espèce de passion il s'agit ; avec une écriture courbe et légère, c'est tendresse ; avec une écriture épaisse, c'est sensualité ; l'écriture molle indique la prédominance lymphatique, et l'écriture spasmodique le déchaînement sensuel. Mais bien plus souvent encore c'est l'indice de la passion volontaire, d'une application persévérante allant jusqu'à l'obstination irréductible.

Le moins qu'on puisse dire d'une écriture très inclinée c'est qu'elle marque l'abandon de l'attitude roide.

Voici quelques tracés inclinés dans lesquels on peut, sans hésiter, tenir compte de la signification graphologique : la signature de Mlle Reichenberg, de la Comédie-Française (fig. 346), inclinée à 22 et 30° ; la signature de John Franklin (fig. 347), l'amiral et explorateur anglais, incliné à 35° ; la signature du général français de Wimpfen, défenseur de Thionville, en 1792 (fig. 348), inclinée à 35° ; l'écriture du grand génie allemand Wolfgang Gœthe (fig. 349), fortement et inégalement inclinée, de 25 à 38° ; enfin, celle de Lamartine (fig. 350), inévitable en France dans un chapitre comme celui-là, tant elle est familière

Fig. 348. — Signature inclinée à 35°

aux lettres, dont la forte inclinaison varie très peu autour de 35°. On ne refusera à aucun de ces hommes une nature passionnée. A la page 160, fig. 140, à propos de l'écriture bouillonnante, nous avons donné l'écriture du Grand Condé, inclinée à 30°, chez lequel la passion dominait tout le caractère.

Au reste, l'écriture inclinée n'est pas le seul signe graphologique de la passion, elle n'en est même pas un signe qualitatif, et l'état d'esprit passionné se révèle avec infiniment plus de souplesse et d'intensité dans tous les modes de l'exagération. Faisons fi des petits signes pour exprimer la fièvre, l'enivrement, le déchaînement des passions ; nous sommes-là dans le domaine de l'exagération, des sentiments excessifs, parmi lesquels un seul semble présider aux autres : l'*emportement*, avec sa violence, sa frénésie et son aveuglement.

Fig. 349. — Écriture de Gœthe, inclinée de 25 à 38°

Fig. 350. — Écriture de Lamartine, inclinée de 33 à 37°

L'ÉCRITURE INÉGALE[1] *(Genre Continuité)*

Synonyme : variée. — Antonyme : égale

Tous les tracés d'une même personne sont plus ou moins inégaux : les écritures calligraphiques, automatiques ou monotones, qui, à première vue, nous apparaissent parfaitement régulières, sont cependant inégales en quelques-unes de leurs parties et d'un document à l'autre. L'automatisme absolu n'appartient pas à la machine humaine[2].

Quand une inégalité s'organise, se généralise, se systématise, si singulier que soit le mode d'expression obtenu, celui-ci définit l'écriture au lieu et place de l'inégalité. Par exemple, *un* mot grossissant (dont les lettres vont en augmentant de hauteur) représente une inégalité de dimension ; c'est bien ainsi qu'il convient de l'apprécier. Mais s'il y a beaucoup de mots grossissants, si cette inégalité, au lieu d'être isolée, est systématisée, l'expression d'écriture grossissante définit le graphisme avec plus de précision que celle, plus vague, d'écriture inégale. En d'autres termes, et c'est un principe général de notre méthode qui trouve ici son application : quand un mode d'expression devient intense, son titre se substitue toujours dans la définition à l'Espèce dont il dérive, sans cesser, malgré les transformations verbales de sa valeur graphologique, de participer aux qualités de son origine. Ces observations sont nécessaires au sujet d'un signe qui s'exprime par tant de formations que le terme d'écriture inégale ne signifie parfois rien, dans une définition, si l'on ne précise pas le caractère particulier de l'inégalité qu'il représente.

⁂

L'écriture inégale est le signe qualificatif de la sensibilité, de l'émotivité. Sous ses formes bien accusées elle indique une prédominance du tempérament nerveux. Son observation est extrêmement importante puisqu'elle affecte tous les autres signes

1. Cf. *L'Écriture et le caractère*, 11e éd. Monographie de l'écriture inégale.

2. Dans une expertise en écritures, nous avons pu affirmer sans réserve que 16 signatures apposées sur des billets à ordre étaient fausses parce qu'elles révélaient une identité absolue. En effet, elles avaient été reproduites par des procédés lithographiques.

graphologiques et qu'elle représente une qualité fondamentale du caractère.

Toute inégalité de tracé révèle une émotion. Plus les inégalités sont petites et répétées, plus les émotions qui leur correspondent sont qualitatives.

En bas de l'échelle, les variations des tracés à grand étalage, représentent l'élément quantitatif en exprimant bruyamment des sentiments superficiels ; au sommet, l'écriture saccadée, élément qualitatif[1], aux brusques et continuelles inégalités, reflète une sensibilité sans cesse agitante, profonde, douloureuse, qui tourmente, épuise et consume le pauvre grand émotif. Entre les deux, l'écriture nuancée, aux inégalités constantes, mais discrètes, sans agitation, tient le juste milieu et, si aucune exagération par ailleurs ne vient contrarier son harmonie, elle décèle, chez celui qui la possède, tout à la fois de l'esprit, du cœur et la joie de vivre.

L'écriture, par les occasions continuelles et inévitables qu'elle offre d'inscrire les moindres inégalités de tracés, c'est-à-dire les moindres émotions, est le meilleur des dynamomètres enregistreurs. Tous les médecins devraient apprendre à s'en servir[2]. Plus tard, on fera de grands travaux sur l'écriture inégale. Les 43 pages que nous lui avons consacrées dans *L'écriture et le caractère*, ainsi que les présentes, ne sont que des introductions.

***

Les inégalités de dimension s'observent sous des aspects si variés, nombreux et aisés à découvrir, qu'elles semblent, à elles seules, mais bien à tort, représenter l'écriture inégale. Les lettres sont, tour à tour, petites ou grandes, larges ou étroites, légères ou épaisses ; l'irrégularité est tantôt capricieuse, chaque lettre revêtant une dimension imprévue, tantôt rythmée, l'inégalité se reproduisant dans les mêmes conditions de tracé, elle

1. Lorsqu'il n'y a ni exagération, ni discordance. (A. L.)

2. Nous avons raconté, dans *Les Éléments*, qu'une de nos élèves, maman avisée, devinait tout ce que faisait son fils, retenu loin d'elle par ses études. Son écriture était-elle rapetissée, retouchée, raturée : « Il est trop fatigué, disait-elle, et je crains quelque désordre. »

Un jour que l'écriture de son enfant était rapetissée, avec des saccades inaccoutumées et quelques fins de mots plongeants : « Je vais le rejoindre, s'écria-t-elle, il est malade. » Et c'était vrai.

affecte encore une seule lettre, ou bien un groupe de lettres comme dans les écritures gladiolées ou grossissantes. Non seulement les lettres vont en augmentant ou en diminuant de hauteur dans les mots, mais les mots peuvent être de plus en plus grands, ou de plus en plus petits, dans une même ligne, dans une même page, d'une page à l'autre ou d'un document à un autre. L'inégalité atteint parfois les majuscules et non les minuscules, les barres du *t*, les accents, les soulignements, et non les lettres ; enfin, elle se manifeste par de subites discordances dans tous les genres, l'interprétation est alors péjorative.

Voilà d'excellents indices de sensibilité quand ils s'associent et sont répétés, mais leur valeur est très fortement majorée par leur conjugaison avec les inégalités de forme, de vitesse, de pression, de continuité, d'ordonnance, et surtout de direction.

Les inégalités de direction, très nombreuses aussi, révèlent plus particulièrement la sensibilité intellectuelle, l'aptitude à envisager les choses sous des aspects différents, l'imagination vive, l'esprit souple, à facettes. Les lettres verticales, ou inclinées, puis redressées, et les lignes sinueuses, sont les modes les plus qualificatifs. Mais les variations dans la direction montante ou descendante des lignes ont une importance à peine moindre.

Les inégalités de vitesse se réduisent au ralentissement ou à l'accélération successifs ; elle témoignent d'une sensibilité ardente au service d'un esprit souple, prompt à saisir les occasions propices d'agir, en avançant ou en freinant.

Les inégalités de pression, avec des traits épais, pâteux, renflés, en relief, nourris, nets, associés à d'autres plats, légers, fins, grêles, flous, expriment les variations de la vitalité, des appétits sensuels, de la tension musculaire, et, par conséquent, le retentissement des émotions sur la santé.

Les inégalités de forme indiquent une nature sensible et trop changeante ; associées à l'écriture lente ou ralentie, ce qui implique des variations calculées, elles ont un rapport étroit avec la fausseté.

Les inégalités de continuité, qui permettent, par le nombre des arrêts, de mesurer le trouble apporté par les effets de la sensibilité, réduisent l'activité au profit de l'inhibition.

Enfin, *les inégalités d'ordonnance* disent les émotions passagères, le sans-gêne, la mobilité, la négligence, un médiocre souci d'ordre et de discipline.

Voici, fig. 351, l'écriture du grand statuaire, Jean-Antoine Houdon, inégale dans tous les genres de mouvements ; sa définition riche est entièrement au profit de sa sensibilité et de son imagination, qui sont tourmentées comme son graphisme.

Crillon (fig. 352), le vaillant capitaine et ami de Henri IV, a une écriture tout à fait remarquable par ses inégalités. Elle est très amusante à suivre avec une pointe mousse comme si on voulait la récrire ; on revit alors ses gestes mouvementés, d'une

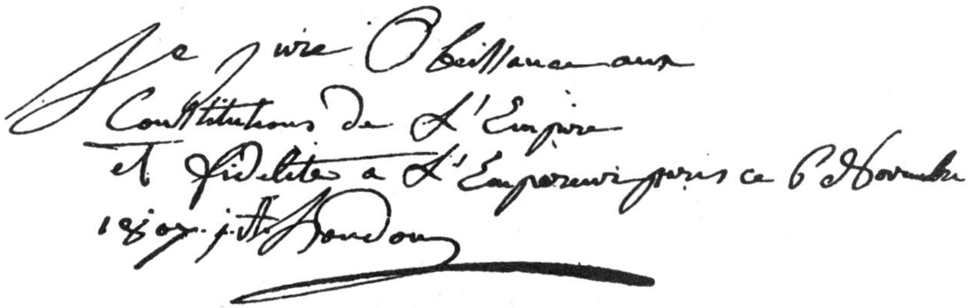
Je jure obeissance aux
Constitutions de l'Empire
et fidelites a l'Empereur paris ce 6 Novembre
1807. J. A. Houdon

Fig. 351. — Écriture de Houdon, inégale de dimensions
(saccadée et gladiolée de 1/2 à 4 mm)
d'espacement, de direction (sinueuse et descendante), de forme, de vitesse
Minuscules pour majuscules et majuscules pour minuscules, gonflée

expression toujours noble ; il est extrêmement impressionnable, mais sans détours. Dans le mot *Sire*, au début, il met tout son respect, toute sa dignité ; mais à mesure qu'il écrit, il s'abandonne avec une charmante spontanéité, comme on parle à un ami. Notre exemple date de quelques années avant sa mort, survenue à 73 ans.

L'abbé Claude Boyer (fig. 353), bon prédicateur et pauvre poète, a une écriture inégale dans tous les Genres ; il a grand' peine à se contenir et ne parvient pas à se fixer dans une attitude. C'est un grand émotif, impulsif, instable, exaspéré pour peu de chose, toujours bouillant et excessif.

La tenue de l'écriture du marquis de Condorcet (fig. 354), est incomparablement meilleure. Lui aussi est un grand émotif, mais il a des freins, les inégalités profondes de son écriture sont contenues dans les limites qui n'altèrent pas son harmonie ; elle

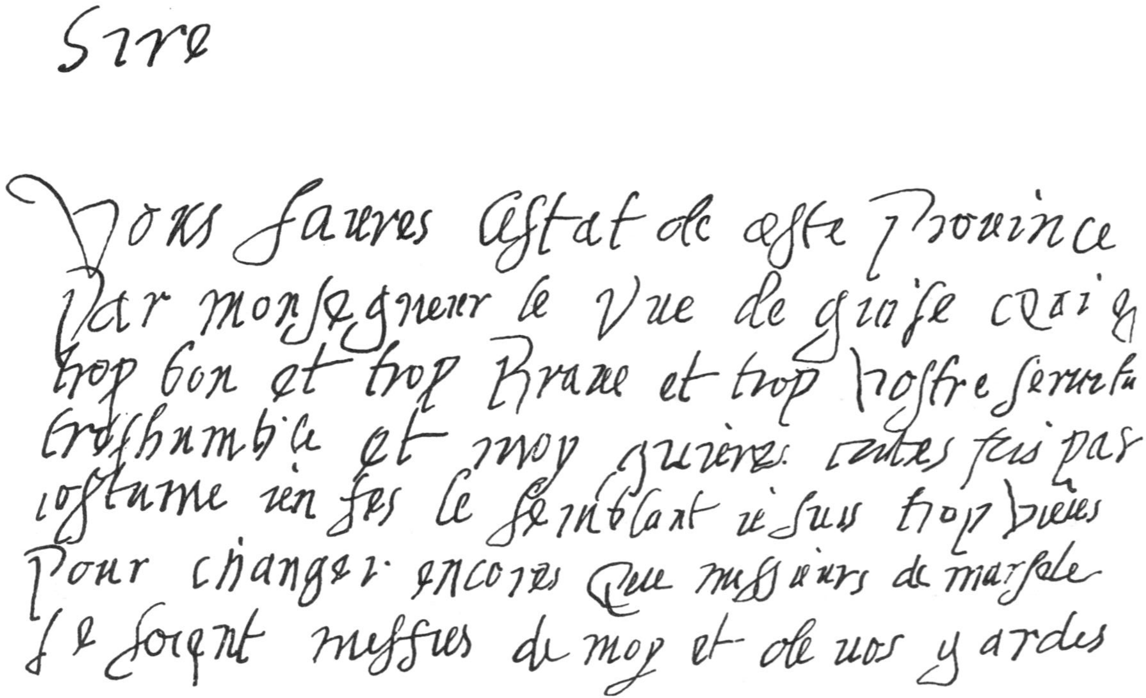

Fig. 352. — Écriture de Crillon, inégale de dimension et de moins en moins grande, gladiolée (5 à 2 mm) saccadée (10 à 2 mm), de renversée à 95° à inclinée à 60°, espacée entre les lignes de 8 à 3 mm, et entre les mots de 9 à 2 mm, ferme et résolue dans le mot *Sire* hésitante et rapetissée, lignes 5 et 6 ; sinueuse. Lancée dans son premier mouvement mais pratiquement lente par le fait de la juxtaposition des lettres

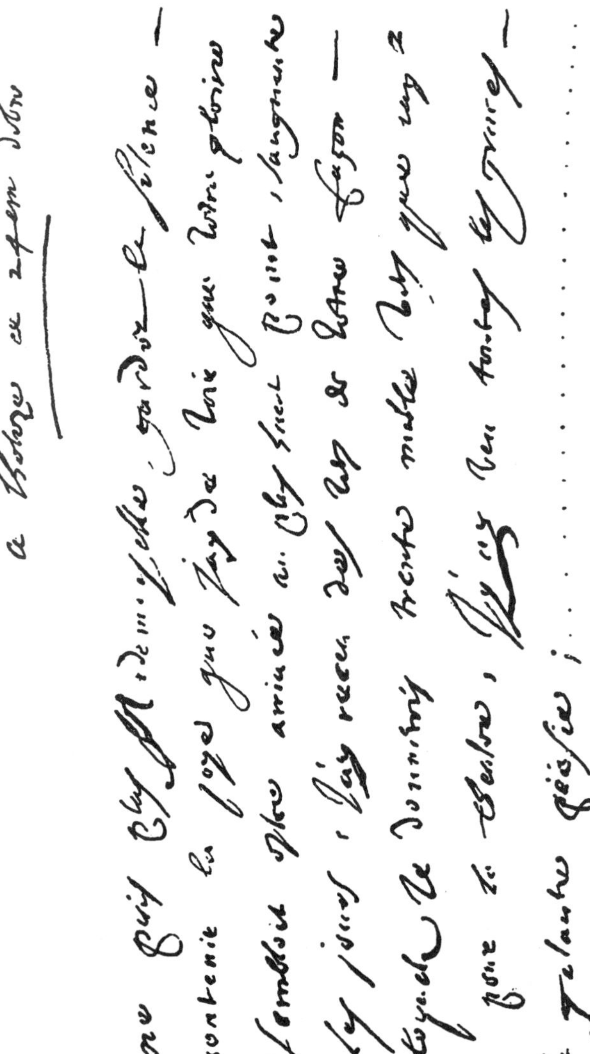

Fig. 353. — Écriture de l'abbé Claude Boyer, très inégale dans tous les genres

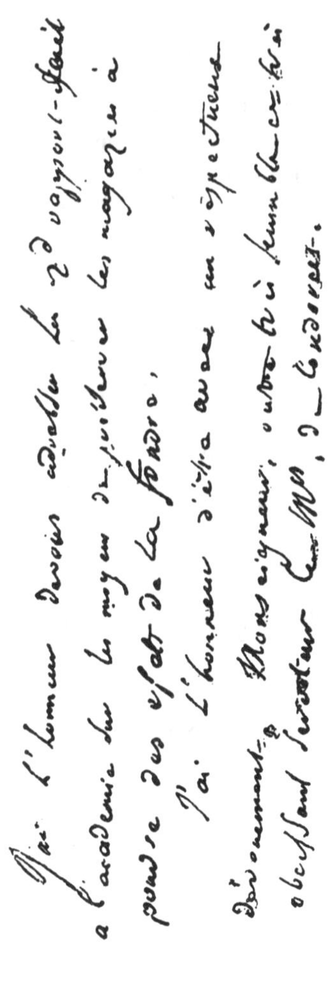

Fig. 354. — Écriture de Condorcet, petite, sobre, claire, simplifiée, simple, posée mais remplie de petites inégalités, indice d'une profonde sensibilité

Fig. 355. — Écriture du peintre Natoire, inégale de dimension, de direction, de vitesse. Centripète

est petite, sobre, claire, simplifiée, simple, posée, ce qui est une très belle définition.

L'éminent peintre Natoire (fig. 355), a une écriture inégale de dimension, de direction, de vitesse, heureuses constatations dans un tempérament d'artiste. Mais elle est centripète, d'où nous inférons que sa sensibilité nourrissait son imagination plutôt que son cœur.

Enfin, dans la fig. 356, nous voyons l'écriture trés inégale, bouillonnante, agitée, saccadée, tordue, d'un jeune étudiant. Il est fort intelligent, avec un esprit vif, à facettes, mais l'excès de son impressionnabilité rend sa nature douloureuse. Il est de ces

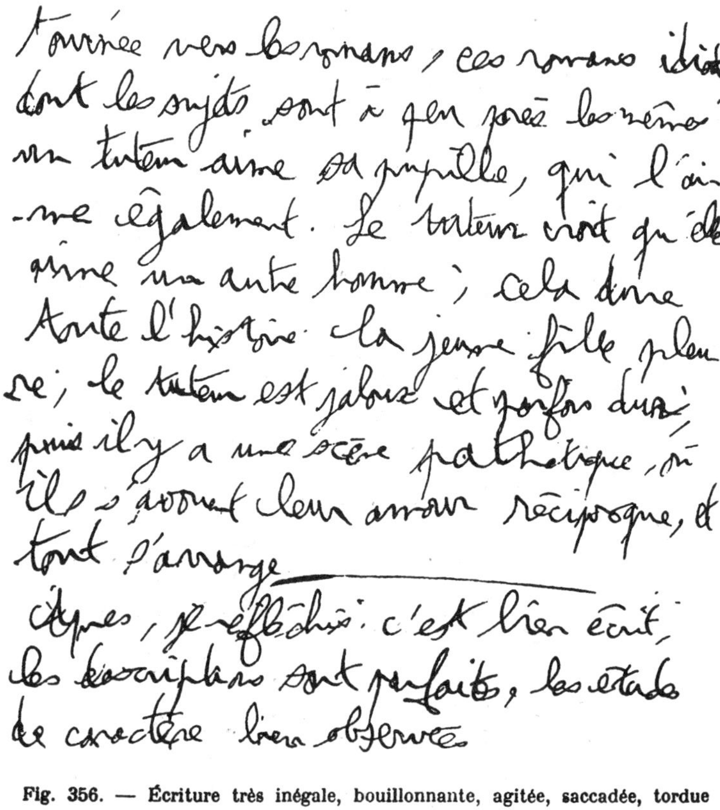
tournée vers les romans, ces romans idiots dont les sujets sont à peu près les mêmes : un tuteur aime sa pupille, qui l'aime également. Le tuteur croit qu'elle aime un autre homme ; cela donne toute l'histoire. La jeune fille pleure ; le tuteur est jaloux et parfois dur ; puis il y a une scène pathétique, où ils s'avouent leur amour réciproque, et tout s'arrange.
Après, je réfléchis : c'est bien écrit, les descriptions sont parfaites, les études de caractère bien observées

Fig. 356. — Écriture très inégale, bouillonnante, agitée, saccadée, tordue

grands nerveux inquiets, impatients, prompts à s'alarmer, recherchant le bonheur dans des expressions intenses qui, précisément, lui sont nuisibles. Mais notre sujet n'est pas orgueilleux, il évite ainsi les plus dangereux déséquilibres. Toutefois son système nerveux est malade.

L'ÉCRITURE INFORME *(Genre Forme)*

Synonyme : difforme. — Antonyme : correcte

Une écriture est informe quand son aspect régulier est défiguré par l'extrême imprécision des formes, ce qui la rend indéchiffrable, et lui donne, selon les cas, une expression laide, rude ou tourmentée. On la rencontre à tous les degrés de l'échelle sociale : chez les inférieurs elle est liée à la maladresse, à la grossièreté ; chez les supérieurs à une activité brutale et déchaînée. Dans le premier cas, elle exprime le manque d'éducation d'un esprit confus ; dans le second, le souci exclusif d'une grande rapidité de tracé. Pascal et Napoléon, par exemple, ont des écritures informes, illisibles, disgracieuses, mais très rapides. Chez beaucoup d'écrivains, qui en éprouvent quelque honte, les brouillons sont d'une écriture informe ; ils seront sans doute flattés d'apprendre que c'est pour le même motif que Pascal et Napoléon. Mais l'écriture informe n'est jamais justifiée. Un de nos bons amis a fait l'expérience qu'il est dangereux de sacrifier la clarté à la rapidité. Ayant fait un beau travail, que nous ne préciserons pas par discrétion, il ne parvint pas à en donner une copie, quelques jours après, tant l'écriture était déformée.

Une extrême sensibilité, liée à diverses maladies nerveuses, produit aussi l'écriture informe.

Gaston de Foix, le neveu de Louis XII (fig. 357), a l'écriture informe. C'était un illustre capitaine, d'une bravoure extraordinaire ; à 22 ans, il était à la tête de l'armée française ; à 23 ans, il se faisait tuer à Ravenne. Il maniait mieux l'épée que la plume.

Les enfants grossiers, mal élevés, les arriérés, ont l'écriture informe. Dès le premier âge, les fâcheuses hérédités se manifestent avec évidence, comme on le voit dans la fig. 358. Mais la maladresse est difficile à guérir chez ceux dont on entreprend l'éducation. La pression d'une main lourde, qui correspond plus

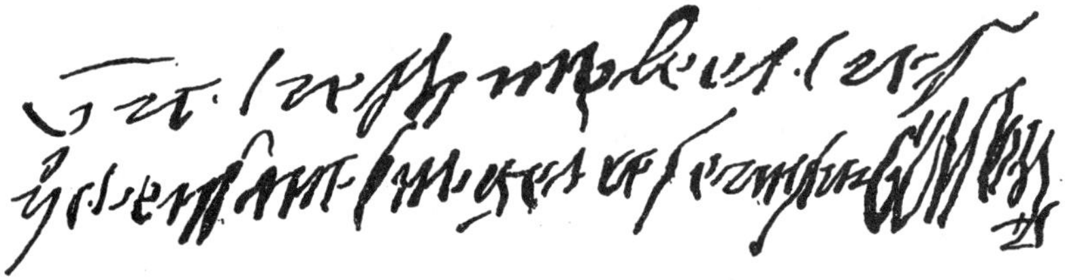

Fig. 357. — Écriture de Gaston de Foix, informe et saccadée, tordue

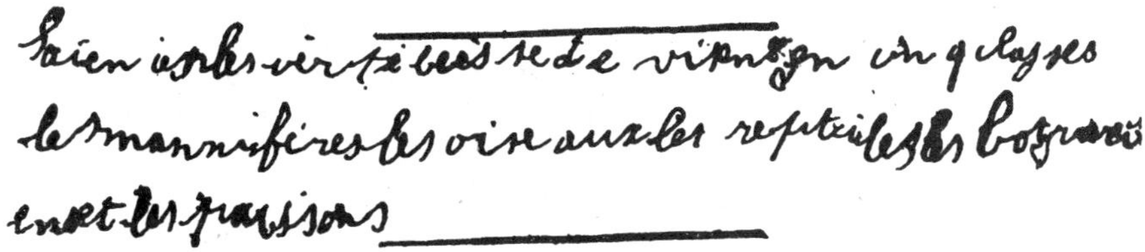

Fig. 358. — Écriture d'un garçon de 10 ans, informe, saccadée désordonnée, serrée, lente

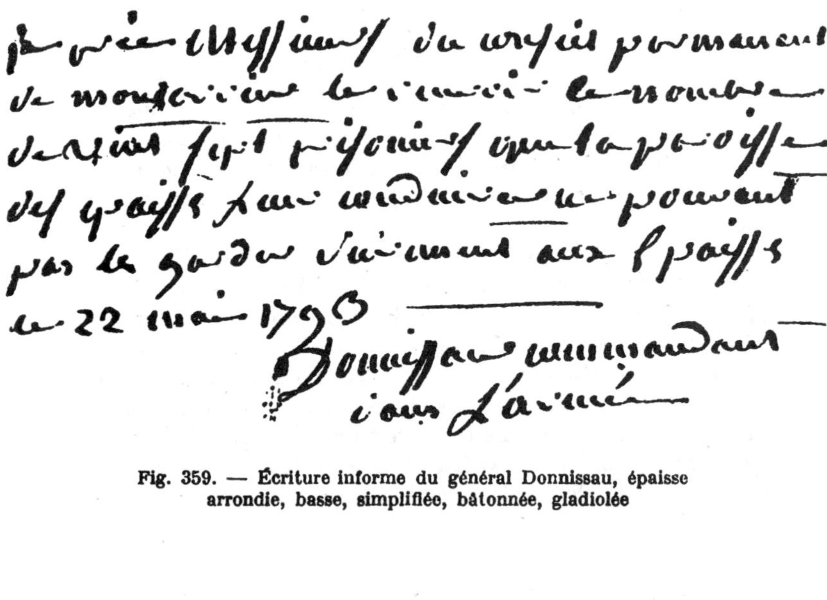

Fig. 359. — Écriture informe du général Donnissau, épaisse arrondie, basse, simplifiée, bâtonnée, gladiolée

ou moins à un esprit lourd, n'empêche pas une certaine culture ; le graphisme conserve néanmoins le stigmate des origines du scripteur. C'est le cas de la fig. 359, informe, épaisse, arrondie, basse, simplifiée jusqu'au bâtonnement, et gladiolée.

L'ÉCRITURE INHIBÉE *(Genre Continuité)*

Synonymes : ralentie, suspendue, rapetissée

Antonymes : accélérée, dynamogéniée

L'écriture inhibée se manifeste par une diminution, ou un arrêt, plus ou moins brusque, des mouvements[1]. Elle partage, avec son antonyme, l'écriture dynamogéniée, et son associée, l'écriture inégale, le privilège d'affecter tous les modes d'expression de l'écriture. Ces trois grandes espèces qualitatives doivent être inséparables dans la pensée du graphologue ; leur importance est énorme, avec une action souple et continue. On s'est rendu maître de la plus grande difficulté de la graphologie quand on les a bien comprises dans leurs réactions infiniment variées qui sont à l'unisson de l'infinie variété des réactions du caractère. C'est là que le jugement s'exerce avec pénétration, et non dans l'application bornée des indications d'un tableau de signes graphologiques.

Il y a donc beaucoup de signes d'inhibition ; chacun a pour effet, avec des modalités très diverses, de ménager, de contenir ou de supprimer l'activité. Il ne faudrait pas en déduire que l'écriture inhibée soit détestable, purement négative, seulement propre à nous renseigner sur les débiles. Au contraire, les faits d'inhibition sont les plus élevés dans l'échelle de nos actions et de nos réactions, puisqu'ils impliquent la faculté de contenir, de diriger ou de supprimer telle ou telle de nos tendances. Il faut y voir le meilleur signe de la supériorité sur les bavards, les inconséquents, les exaltés, les imprévoyants, etc. L'éducation pourrait se définir un ensemble de faits d'inhibition.

1. Rappelons la définition de Brown-Séquard : sont inhibitoires les irritations nerveuses qui, plus ou moins instantanément, pour une durée plus ou moins longue, dans des parties nerveuses ou contractiles plus ou moins distantes du lieu de l'irritation, font plus ou moins disparaître une puissance ou une fonction.

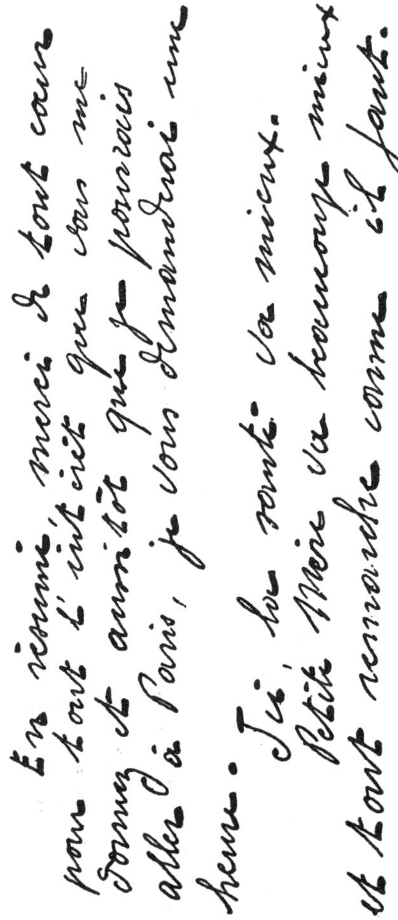
En résumé, merci de tout cœur
pour tout l'intérêt que vous me
donnez et aussitôt que je pourrais
aller à Paris, je vous demanderai une
heure. Ici, la santé va mieux.
Petite Marie va beaucoup mieux
et tout remarche comme il faut.

Fig. 360. — Écriture inhibée, spasmodique, en massue, claire, lente

Fig. 361. — Écriture de Benvenuto Cellini, inhibée, simplifiée, retenue, contenue

Mais l'inhibition doit être un moyen de maîtrise, non un asservissement. Il est aussi fâcheux d'en avoir trop que pas assez. Dans le premier cas, on devient un aboulique, et dans le second un instable. L'inhibition bien adaptée est une admirable puissance de sagesse, nous permettant de réagir contre nos impulsions, et nous apprenant à supporter les petits défauts d'autrui, ce qui nous fait habituellement pardonner les nôtres.

A un certain degré d'intensité, l'inhibition accompagne un grand nombre d'états pathologiques ; dans ce domaine, nul autre signe ne peut lui disputer le titre du plus grand témoin de la dépression.

Nous étudierons à leur place alphabétique diverses manifestations caractéristiques de l'écriture inhibée qui parviennent parfois à s'imposer comme dominantes graphiques, telles les écritures hésitante, inachevée, ponctuée, massuée, ralentie, rapetissée, renversée, retouchée, sobre, suspendue, pour ne citer que les principales ; mais chaque variété de l'inhibition, dans l'écriture, ne représente qu'une particularité du caractère inhibé. Cela veut dire qu'on se retient d'une chose et pas d'une autre. Autrement dit, une Espèce d'inhibition ne constitue pas une écriture inhibée ; celle-ci résulte de la conjugaison de plusieurs signes de l'inhibition et de leur influence réciproque. C'est ainsi que les asthéniques collectionnent les marques variées du resserrement, du rapetissement et des réductions dont l'ensemble définit leur misère. Nous allons en donner des exemples.

La jeune fille qui a tracé la fig. 360, est, par sa nature, poussée à l'exagération ; elle a la main lourde au propre et au figuré. Elle fait jouer l'inhibition avec rudesse ; ses réactions provoquent des arrêts brusques, épais, et massués. Ce n'est pas beau, mais on se sauve comme on peut.

Benvenuto Gellini (fig. 361), infiniment plus cultivé que l'exemple précédent, manifeste son pouvoir d'arrêt en réduisant ses mouvements. Son écriture est simplifiée, retenue, contenue, plus que sobre. Un mot nettement grossissant dans ce texte trop court pourrait bien indiquer le mouvement d'exagération foncier contre lequel il réagit au moyen de l'inhibition.

Dans la fig. 362, l'inhibition se manifeste avec intensité par des modes variés : en premier lieu par la lenteur qui affecte ordinairement les formes inhibitoires graves, pathologiques ; ensuite par l'écriture renversée qui est une réaction évidente. On voit

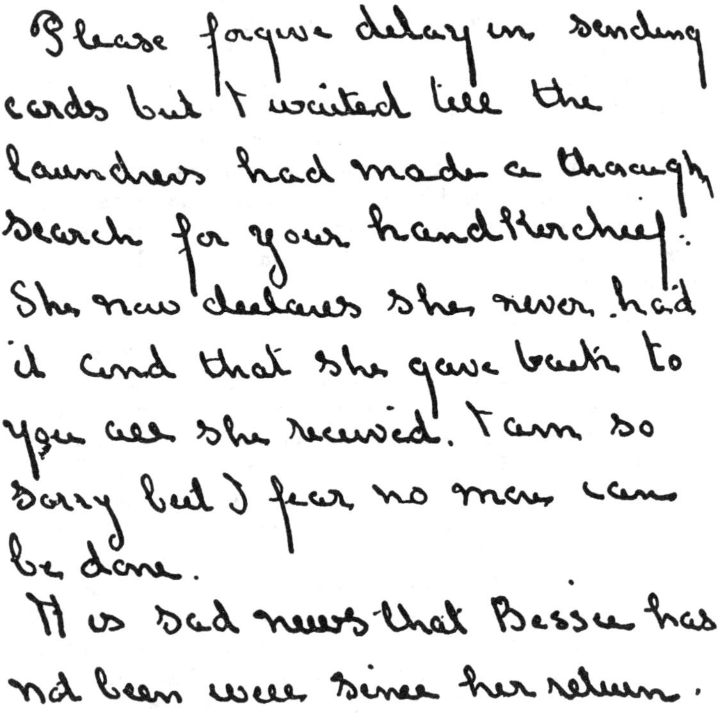
Please forgive delay in sending
cards but I waited till the
laundress had made a thorough
search for your handkerchief.
She now declares she never had
it and that she gave back to
you all she received. I am so
sorry but I fear no more can
be done.
It is sad news that Bessie has
not been well since her return.

Fig. 362. — Écriture inhibée, très retenue, renversée, lente
Barres de t figurées par un point

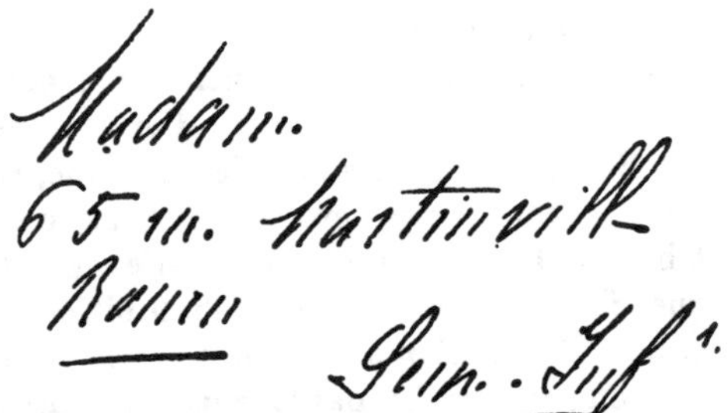
Madam
65 r. Martinvill
Rouen
Sein. Inf.

Fig. 363. — Écriture gladiolée, brusquement inhibée

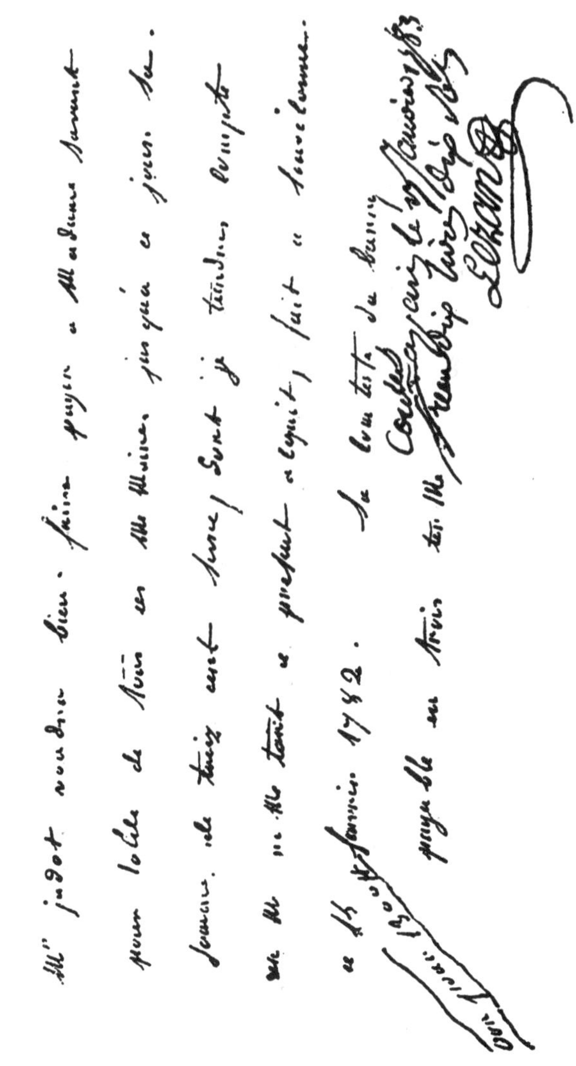

Fig. 364. — Écriture de la comtesse du Barry, très inhibée, petite, trop espacée, relâchée retenue, contenue, simplifiée, lente

Fig. 365. — Écriture très inhibée (voir à la loupe en haut et à la base de chaque trait le mouvement maladif d'inhibition), juxtaposée, serrée dans les lignes, monotone inclinée à 40°, surélevée, à rebours, lente

aussi que les barres du *t* sont parfois figurées par un simple point. Enfin, les finales des lettres sont toutes arrêtées dans leur développement avec assez d'insistance pour laisser la trace d'un recul de la plume : il est marqué trois fois dans le mot *had*, à la fin de la ligne 5. Dans cet exemple, les sources de la vie sont atteintes, l'activité réduite à peu de chose.

L'exemple suivant, fig. 363, représente une écriture dont les commencements ont une tendance lancée ; mais la scriptrice est une débile, ses lettres se juxtaposent, leur étendue se réduit et, brusquement son activité s'écroule, la dernière lettre des mots est indiquée par un point. C'est exactement le tableau de ce qui se passe dans sa vie ; elle projette et entreprend avec facilité, mais abandonne les réalisations tout d'un coup.

La Du Barry (fig. 364), à la fin de sa vie aventureuse, était inquiète et profondément déprimée par le spectacle des événements qui, d'ailleurs, l'ont conduite à l'échafaud. Son écriture est un exemple saisissant de l'anéantissement qui accompagne une inhibition issue des peines morales. L'être est littéralement abattu ; les mouvements sont rapetissés, réduits, ralentis, amollis, relâchés.

C'est un indice de constitution paranoïaque[1] qui nous est révélé par le mode d'inhibition de la fig. 365. L'écriture est extrêmement inhibée ; en haut et à la base de chaque trait, on discerne nettement, à la loupe, le mouvement continuel d'inhibition qui fait de lui un malade, un anxieux, un inadaptable, ce dernier trait étant confirmé par l'écriture lente, monotone et à rebours. Le scripteur est un débile, anxieux, tâtillon, ergoteur qui proteste toujours contre quelqu'un ou quelque chose. Son insuffisance mentale associée à son caractère orgueilleux et contrariant le rend insociable.

C'est encore un débile, un timide et un anxieux qui nous fournit l'exemple de la fig. 366. Son écriture est très fortement inhibée, serrée dans les lignes et dans les mots, juxtaposée, épaisse, lente, retouchée, sinueuse. Le caractère est privé de ressources, mesquin, chagrin, malheureux. L'excès de son inhibition tarit les sources de son activité.

Nous n'avons vu dans les exemples précédents que des cas

1. On consultera très utilement sur ce sujet le livre du Dr GENIL-PERRIN, médecin-chef des Asiles de la Seine : *Les Paranoïaques*, 1 vol. de la « Bibl. de Neurologie et Psychiatrie », Norbert Maloine, édit. à Paris.

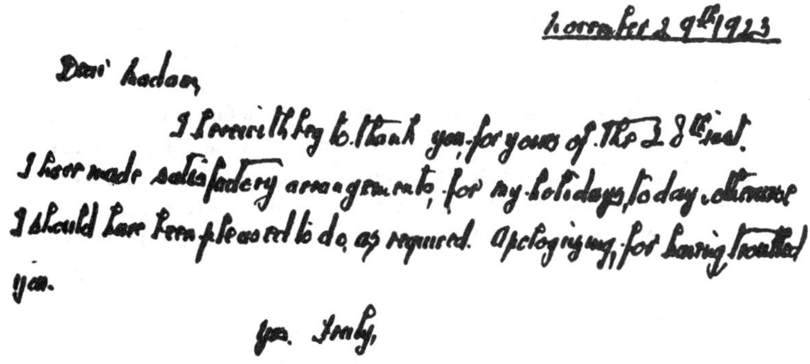
November 29th/1923

Dear Madam,

I herewith beg to thank you for yours of the 28th inst. I have made satisfactory arrangements for my holidays today, otherwise I should have been pleased to do as required. Apologizing for having troubled you.

Yours truly,

Fig. 366. — Écriture très inhibée, serrée dans les lignes et dans les mots juxtaposée, épaisse, lente, hésitante, retouchée, sinueuse

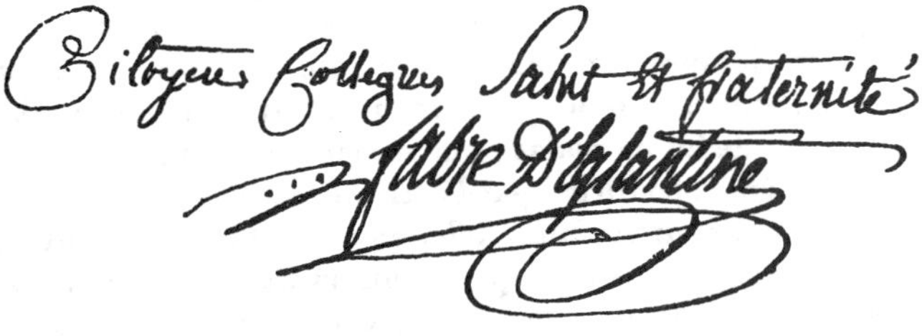

Fig. 367. — Écriture de Fabre d'Églantine, gonflée, à volutes, nourrie

Fig. 368. — Du même, avec une écriture maigre, légère, étrécie, serrée

désastreux d'inhibition ; nous observons, à propos des écritures ralentie, retenue, serrée, sobre, retouchée, ses formes les plus utiles et bienfaisantes.

L'ÉCRITURE INSTABLE *(Genre Continuité)*

Synonymes : changeante, variable, mobile

Antonyme : régulière

Une écriture est instable lorsque sa systématisation est trop facilement et profondément modifiée par des causes diverses et, en dernière analyse, par les effets d'une susceptibilité excessive à toutes les influences passagères.

Un changement exceptionnel d'allures ne constitue pas l'écriture instable. Par exemple, la colère, la fatigue, un grand chagrin, altèrent accidentellement les mouvements graphiques. C'est tout à la fois, la facilité, la fréquence et l'étendue des changements qui constituent l'écriture instable. On l'observe non seulement d'un document à l'autre, mais dans un même document, principalement dans ce que nous avons appelé le *changement de train*, lorsque l'écriture varie brusquement dans ses directions, ses formes, sa vitesse, ou sa continuité, sans cause apparente et sans l'utile raison des soulignements. (V. écr. soulignée.)

L'instabilité de l'écriture révèle la mobilité et la fragilité de l'attention et des sentiments. Les instables sont des dissipés, des versatiles, des girouettes ; leur variabilité et leur faiblesse les portent naturellement vers le mensonge et l'infidélité. Ils sont voués à de sérieux avatars. D'ailleurs, lorsque l'instabilité prédomine dans le caractère, on doit l'étudier au point de vue pathologique. En particulier, les enfants très instables forment une catégorie d'arriérés. Leurs insuffisances sont celles que nous venons de dire : mobilité et fragilité de l'attention et des sentiments, mais grossies, envahissantes, dissolvantes, rendant les pauvres petits malades insociables, parce qu'ils manquent de pouvoir d'inhibition et son incapables de se soumettre à aucune discipline.

Prenons l'exemple de Fabre d'Églantine (fig. 367). Son écriture est gonflée, à volutes, nourrie. Dans la fig. 368, elle devient

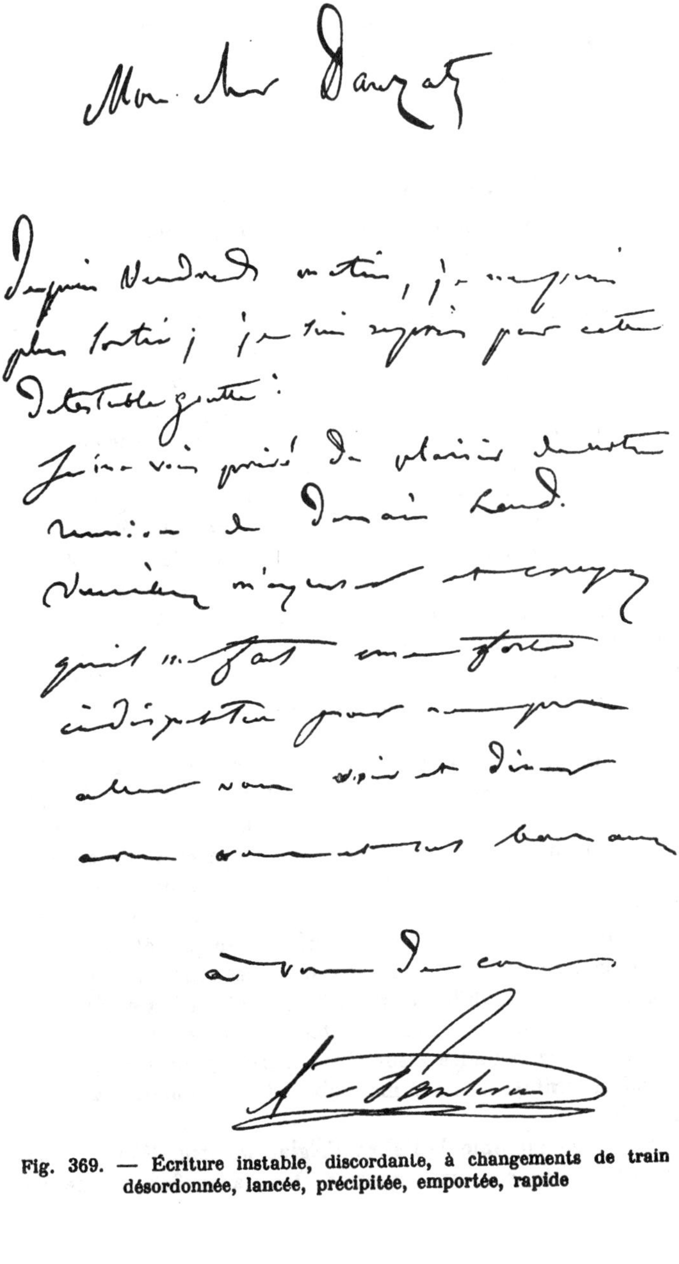

Mon cher Dauzat

Depuis Vendredi matin, je ne suis plus sorti ; je suis repris par cette détestable goutte :

Je me vois privé du plaisir de notre réunion de Dimanche.

Veuillez m'excuser et croyez qu'il me faut une forte indisposition pour me priver aller vous voir et dîner avec [illegible] [illegible]

à vous de cœur

[illegible]

Fig. 369. — Écriture instable, discordante, à changements de train désordonnée, lancée, précipitée, emportée, rapide

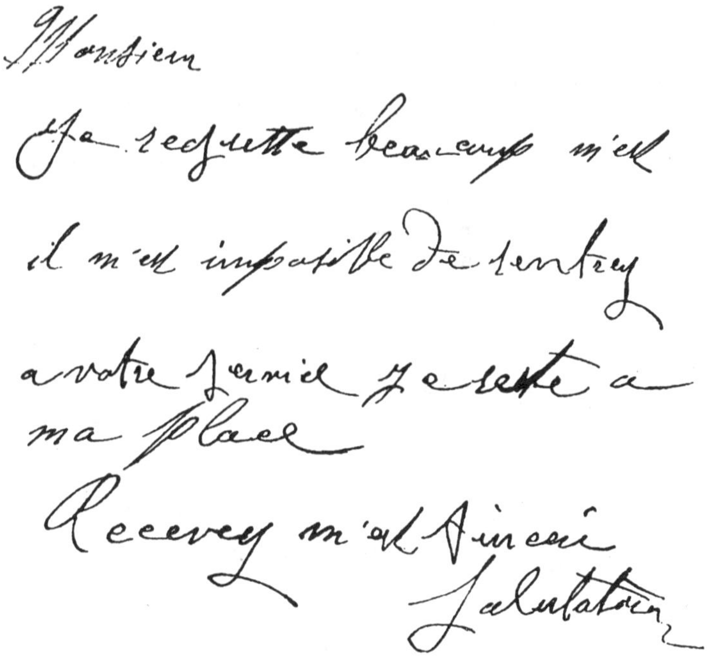
Monsieur
Je regrette beaucoup mais il m'est impossible de rentrer a votre service je reste a ma place
Recevez mes sincères salutations

Fig. 370. — Écriture instable, à changements de train très vulgaire et inharmonieuse, discordante, gonflée, exagérée

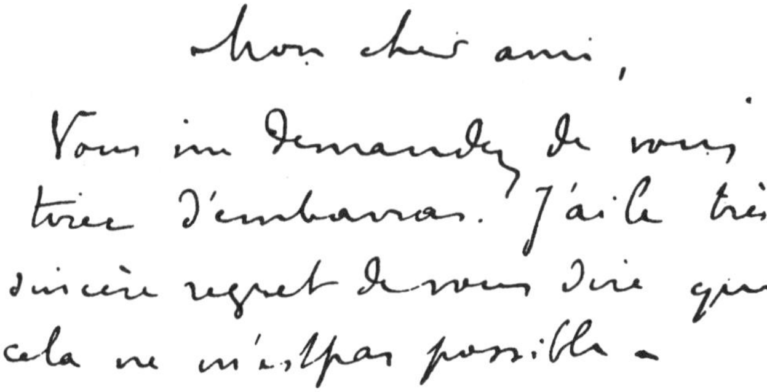
Mon cher ami,
Vous me demandez de vous tirer d'embarras. J'ai le très sincère regret de vous dire que cela ne m'est pas possible.

Fig. 371. — Écriture de N., nourrie, liée, rapide, harmonieuse maigre, légère, étrécie, serrée. Avis aux graphologues qui s'exercent sur un seul document ! Pourtant, il ne s'agit pas ici, à proprement parler, d'instabilité ; si nous faisons abstraction de la pression, les deux signatures ont les mêmes formes, les mêmes mouvements ; il est fort probable qu'une différence de plume est la cause de la différence du tracé. L'instabilité ne consiste pas dans une simple inégalité comme celle-là, si apparente qu'elle soit, mais dans des changements d'allures radicales et répétées. C'est ce que nous rencontrons dans la fig. 369, qui témoigne d'une instabilité peu commune. Homme très intelligent et

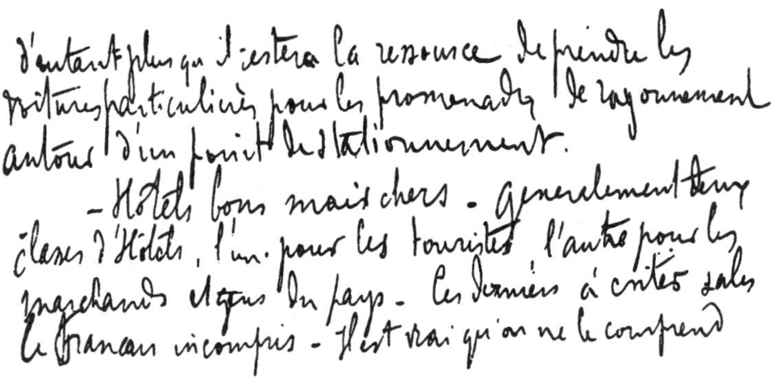

Fig. 372. — Écriture de N., maigre, serrée, très inégale de dimension et de direction, redressée, saccadée, retouchée

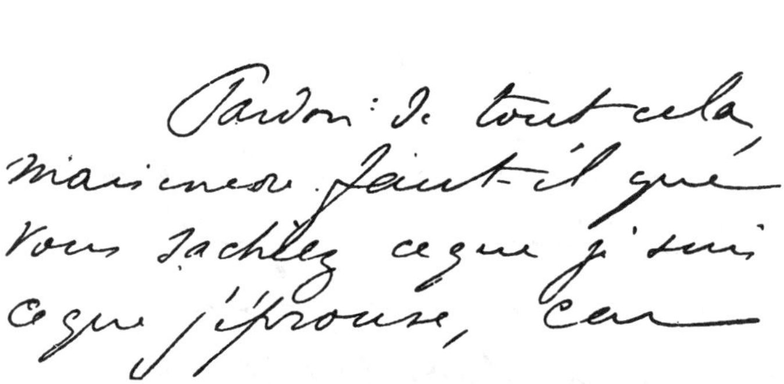

Fig. 373. — Écriture de N., légère, inclinée à 40° tour à tour centrifuge ou suspendue, gladiolée, dilatée

connu, sa spontanéité entraînante lui attire de nombreuses sympathies, mais personne n'a encore vanté son esprit de mesure et de continuité.

Dans la fig. 370, le déséquilibre qui résulte de l'instabilité est aggravé par la vulgarité. Ici, le mal est sans remède, le pauvre scripteur est voué, sans nulle gloire, aux pires aventures. C'est un homme de rien que guette l'asile ou la prison.

Les exemples d'instabilité aussi frappants sur un seul document sont assez rares et peu dangereux puisque leur défaut éclate aux yeux les moins clairvoyants. Il n'en est pas de même avec les instables par débilité ou fausseté qui, grâce à la surveillance qu'ils exercent sur eux-mêmes, parviennent à inspirer confiance, et trahissent tout le monde. Les six autographes, de la figure 371 à 376, sont de la même personne, et tracés dans l'intervalle d'une seule année ; ce n'est pas du tout un homme déséquilibré, mais cultivé, intelligent et faux. Nous aurions pu quintupler le nombre des variétés de son écriture, car dans un

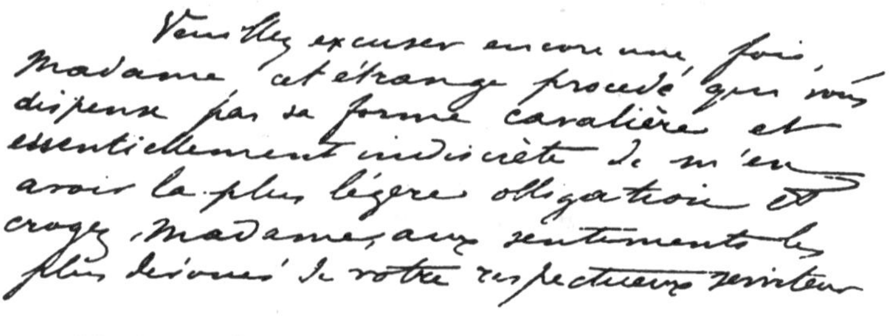

Fig. 374. — Écriture de N., petite et inégale, légère, accélérée inclinée à 45°, montante à 5°

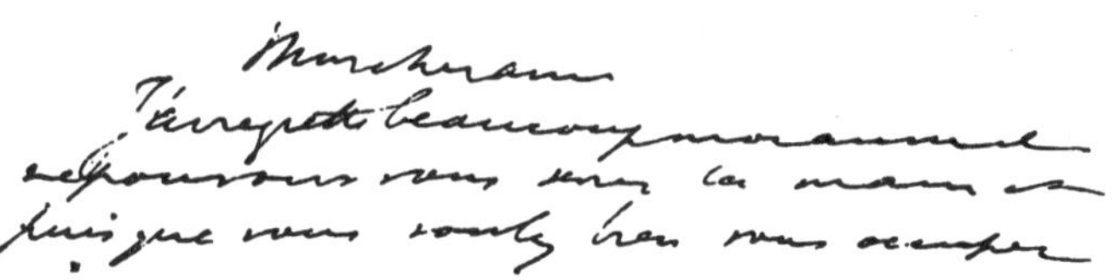

Fig. 375. — Écriture de N., très petite, 1/2 à 1 mm, liée, sinueuse énigmatique, à tendance filiforme, rapide, inclinée à 40°

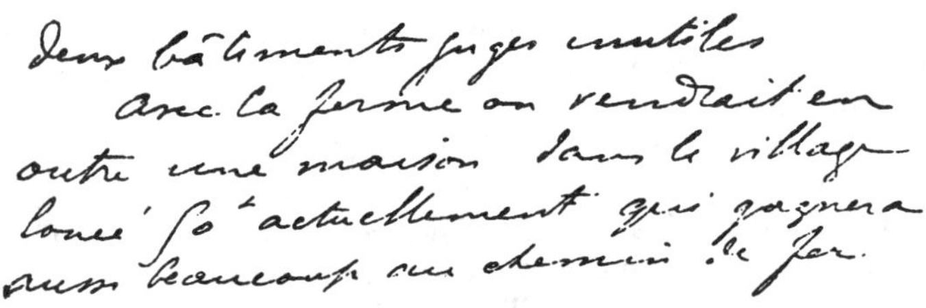

Fig. 376. — Écriture de N., petite et inégale, de 1 à 2 mm accélérée, montante à 8°

dossier d'une centaine de pages de ses manuscrits embrassant une dizaine d'années, nous nous demandions fréquemment si telle ou telle de ces pages lui appartenait réellement. Cette variabilité, qui ne se découvre qu'à l'aide d'une documentation malaisée à réunir, désigne les fourbes, qu'il faut des années pour démasquer, tant ils savent adroitement dissimuler leur jeu. On observera que le point capital commun à ces six spécimens d'écriture est l'énergie faible ; dans le premier, qui semble manifester plus de vigueur, les barres de *t* manquent ou bien sont lamentables. L'association de l'instabilité et de la faiblesse compromet la franchise et ruine le caractère.

L'ÉCRITURE JOINTOYÉE *(Genre Forme)*

Synonymes : fermée, concentrée. — Antonyme : ouverte

On doit cette heureuse expression à Pierre Humbert. Il compare l'écriture jointoyée à une maison hermétiquement close.

« Le jointoiement du graphisme », dit-il, « consiste dans l'oblitération des espaces en blanc qui trancheraient au milieu du texte ».

Il se manifeste d'abord par le bouclement des panses des lettres *a, d', g, o, q*, qui ne sont jamais franchement ouvertes au sommet.

Tantôt l'ovale se boucle à gauche ou par-dessous, en conservant ou non une petite ouverture, tantôt il se ferme entièrement à droite.

Dans ce dernier cas, le trait de départ prend quelquefois naissance à proximité ou même au-dessous de la ligne de base, et se trouve recouvert par la plume, lorsqu'elle achève son parcours.

D'autres fois, l'ovale est tracé à l'envers, dans le sens des aiguilles d'une montre.

Enfin, l'ovale peut encore être entr'ouvert au sommet, mais avec de petits œilletons qui referment en tout ou partie cette ouverture.

A ces mouvements s'ajoutent l'étrécissement exagéré des *o* ; la prolongation des finales à la fin des lignes ; l'addition d'un point après la signature ; l'apposition d'un petit tiret entre deux lettres, ou à la suite d'un point ; les fausses liaisons des lettres, dissimulant des levées de plume ; les paraphes enchevêtrés en forme de toile d'araignée, bref tous les petits traits qui ont pour but de restreindre ou d'enclore les blancs du papier dans le cours du texte.

Il manque à cette définition très étudiée la tendance à serrer l'écriture. L'enveloppement de la signature par le paraphe et les barres inutiles, signalées depuis le Dr Paul Carton, si saisissantes dans leur forme, dans leur signification et dans leur fréquente dominance, que nous les avons étudiées à part (V. l'écriture inutilement barrée), rentrent aussi dans le cadre de notre étude.

Les mouvements de l'écriture jointoyée sont inhibés ou centripètes ; ils expriment la réserve, la prudence, l'égoïsme. Cependant ils ont quelquefois pour cause une réaction salutaire contre l'élan inconsidéré d'un caractère trop extériorisé. Ne parvenant pas à se maîtriser, le scripteur, averti par l'instinct de conservation, se retient d'agir, se concentre, comme on le voit dans la figure 377. En suivant attentivement ce tracé avec une pointe mousse, particulièrement lig. 1, au mot *fini ;* lig. 2, à *commence ;* lig. 3, à *angine ;* lig. 5, à *retard* et *écrire*, on se rendra compte de la misère de cette nature tout à la fois véhémente, passionnée, hésitante et anxieuse, tiraillée entre des sentiments opposés, finalement débile, malgré le plastron de ses angles.

Il y a encore une grande part de réaction dans la fig. 378 : c'est l'écriture saccadée et surélevée d'un exalté orgueilleux, méfiant, jaloux, envieux, inadaptable, qui s'efforce de contenir sa nature effervescente ; il n'y parvient que par la compression systématique de ses manifestations extérieures ; tâche ardue,

pénible, d'où son écriture sort monotone, jointoyée, avec des ovales fermés, les phrases terminées par un trait prolongé, barrée inutilement, condensée. C'est un exemple de constitution paranoïaque.

Le prince de Tarente, duc de La Trémoille (fig. 379), a l'écriture jointoyée. C'était un homme fort avisé mais d'une franchise douteuse. Des écrits sont condensés, les blancs oblitérés à la fin des lignes par un trait (lig. 1 et 2), ou par une succession de petits points qui suivent celui de la fin de la phrase, plus gros.

Saint-Amand (fig. 380), barre inutilement ses lettres, oblitère les blancs, serre les mots dans les lignes et met un point après la signature. C'est un robuste sanguin qui essaie de se modérer.

Le caporal Borrel (fig. 381), a un premier petit paraphe en toile d'araignée qui se développe dans un mouvement enveloppant tout le nom qui participe de l'écriture gonflée.

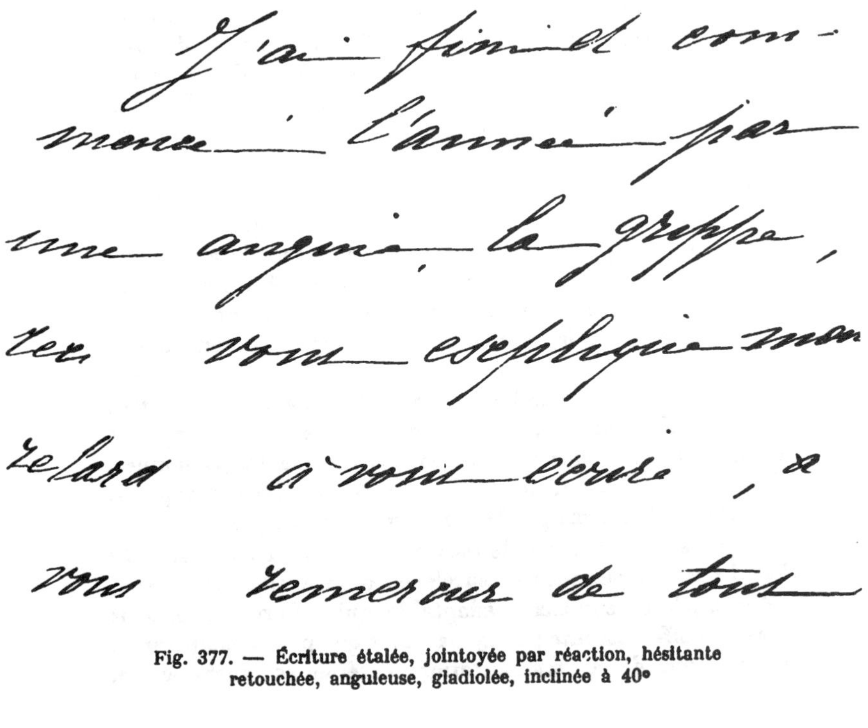

Fig. 377. — Écriture étalée, jointoyée par réaction, hésitante retouchée, anguleuse, gladiolée, inclinée à 40°

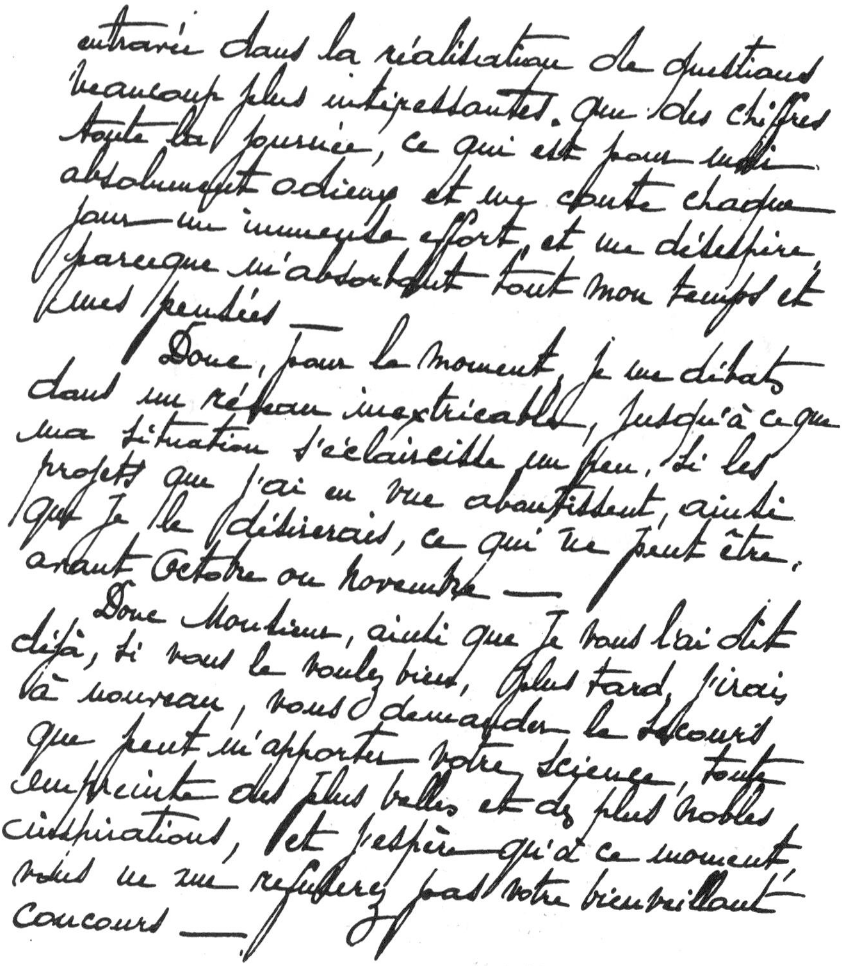
contrarié dans la réalisation de questions
beaucoup plus intéressantes que des chiffres
toute la journée, ce qui est pour moi
absolument odieux et me coûte chaque
jour un immense effort, et me désespère,
parceque m'absorbent tout mon temps et
mes pensées —
Donc, pour le moment, je me débats
dans un réseau inextricable, jusqu'à ce que
ma situation s'éclaircisse un peu, si les
projets que j'ai en vue aboutissent, ainsi
que je le désirerais, ce qui ne peut être
avant Octobre ou Novembre —
Donc Monsieur, ainsi que je vous l'ai dit
déjà, si vous le voulez bien, plus tard, j'irai
à nouveau, vous demander le secours
que peut m'apporter votre Science, toute
empreinte des plus belles et des plus nobles
inspirations, et j'espère qu'à ce moment
vous ne me refuserez pas votre bienveillant
concours —

Fig. 378. — Écriture saccadée, aux jambages prolongés, monotone très jointoyée, barrée inutilement, les *t* barrés deux fois les phrases terminées par un trait prolongé, le texte condensé

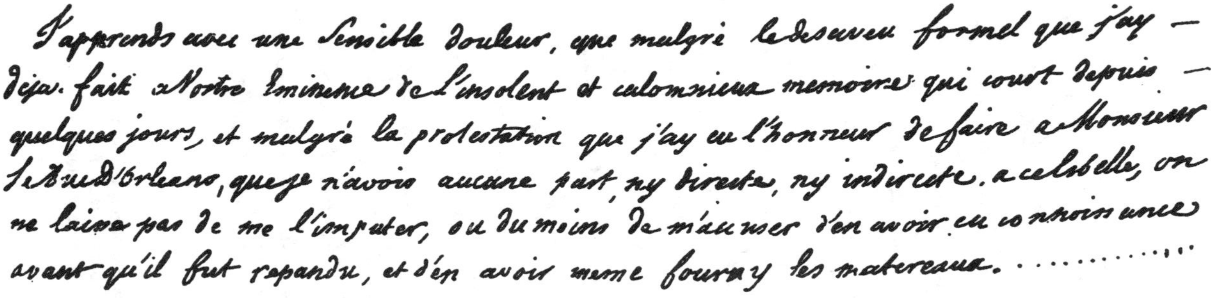

Fig 379. — Écriture jointoyée, oblitération des blancs à la fin des lignes par un trait ou une succession de points, ovales des lettres presque tous fermés

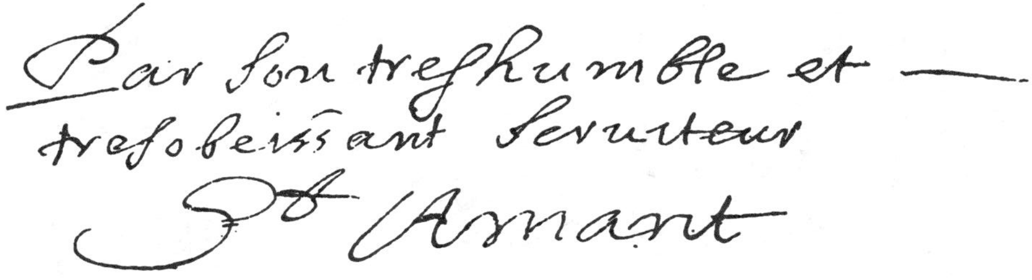

Fig. 380. — Écriture jointoyée, barrée inutilement, oblitération des blancs mots serrés dans les lignes, ponctuation après la signature

Fig. 381. — Signature jointoyée petit paraphe en toile d'araignée et grand paraphe enveloppant le nom

Fig. 382. — Signature jointoyée paraphe enveloppant

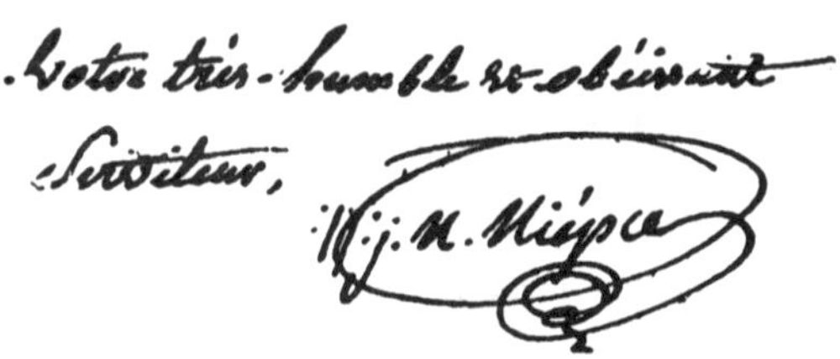

Fig. 383. — Signature jointoyée paraphe enveloppant agrémenté de barres et de points

Ferrière (fig. 382), est bien amusant avec son paraphe jointoyé et orné. C'est un homme paisible, prudent et satisfait de lui,

Nicéphore Niepce, l'inventeur de la photographie (fig. 383). agrémente son paraphe enveloppant et en tire-bouchon de barres et de points, autres signes de jointoiement en même temps que de complication. Il est charitable de ne pas juger ce célèbre chimiste sur le mauvais côté de sa signature ; c'était un homme prudent, sage, posé, ce que dit fort bien l'écriture.

L'ÉCRITURE JUXTAPOSÉE *(Genre Continuité)*

Synonyme : discontinue. — Antonyme : liée

L'écriture juxtaposée est représentée par les lettres séparées dans les mots. Son interprétation d'intuitivité, par l'abbé Michon, a connu une grande vogue ; la nôtre, qu'elle est causée

Fig. 384. — Lettres et paraphes juxtaposés : lenteur

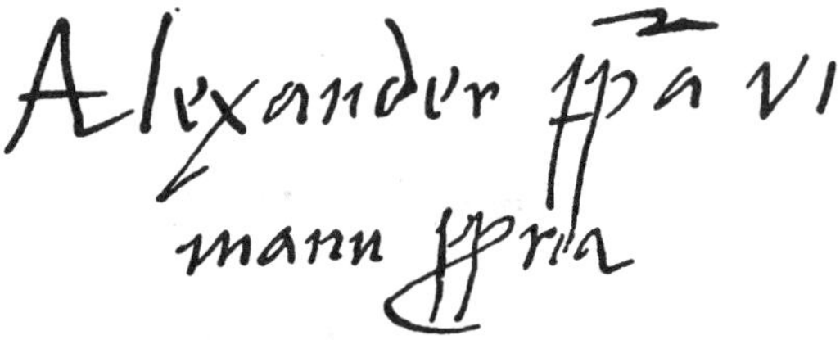

Fig. 385. — Écriture juxtaposée, retouchée, grande et ferme souci de clarté

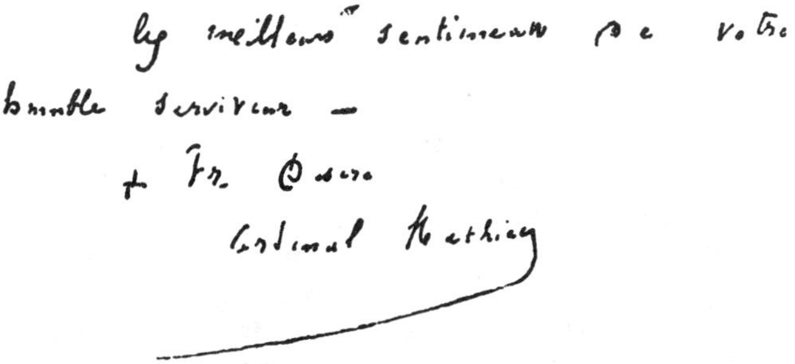

Fig. 386. — Écriture juxtaposée, inhibée, rapetissée : caducité

Fig. 387. — Signature juxtaposée de Talleyrand, informe descendante : décrépitude

par la maladresse chez les enfants ou les ignorants, et qu'elle est fonction d'une attention recueillie, ou d'une activité diminuée chez les adultes cultivés, a été mal agréée parce qu'elle renversait une illusion agréable ; on est toujours heureux de s'entendre dire qu'on a une profonde intuition, surtout quand ce n'est pas vrai. Aucune de nos assertions n'a subi une pareille défaveur ; nous ne comptons plus les protestations qu'elle nous a values. Un de nos vieux lecteurs, entre autres, fit le voyage de Paris à Rouen pour discuter avec nous les rapports de l'écriture juxtaposée avec la rapidité du tracé ; il nous apportait un énorme manuscrit de ses œuvres pour nous persuader qu'il écrivait très vite. Il démontrait seulement qu'il écrivait beaucoup. Les hommes sur le déclin aiment à se vanter, peut-être plus pour s'étourdir eux-mêmes que pour égarer autrui. Mais M. X... dut se résigner : soumis à l'épreuve d'une dictée chronométrée, il obtint, en s'efforçant d'aller vite, le résultat de 96 lettres à la minute, qui est celui d'une incontestable lenteur, comme on le verra dans notre chapitre sur *l'écriture rapide*.

Par sa discontinuité, l'écriture juxtaposée relève toujours de l'inhibition. Quelle que soit la vivacité du mouvement qui la produit, le résultat est une lenteur plus ou moins accusée parce que, profiterait-on de la circonstance heureuse d'un tracé simplifié, *la rapidité du tracé en soi* qui en résulte, ne compense pas le temps perdu par l'arrêt entre chaque lettre. De là vient l'illusion d'une grande vitesse chez beaucoup de personnes vives, comme celle dont nous venons de parler, qui ont l'écriture juxtaposée. Mais le contrôle ne leur est pas favorable ; leur écriture la plus rapide n'atteint pas le rendement de 150 lettres à la minute qui est celui de la simple accélération chez un sujet doué d'une activité moyenne ; elle est souvent très en deça.

L'écriture juxtaposée est un indice de réflexion quand elle est occasionnelle ; d'ordre quand on l'emploie à souligner, à préciser la forme des lettres ; d'activité ralentie ou de débilité quand elle est habituelle ; d'usure quand elle est accompagnée de tremblement.

On observera que l'écriture juxtaposée n'est pas combinée. Pourquoi n'enregistre-t-elle pas les signes d'une activité aisée, d'une bonne association des images et d'une attention supérieure ? C'est parce qu'elle est un signe d'amoindrissement des facultés. Chez un homme jeune, elle révèle un apathique, un

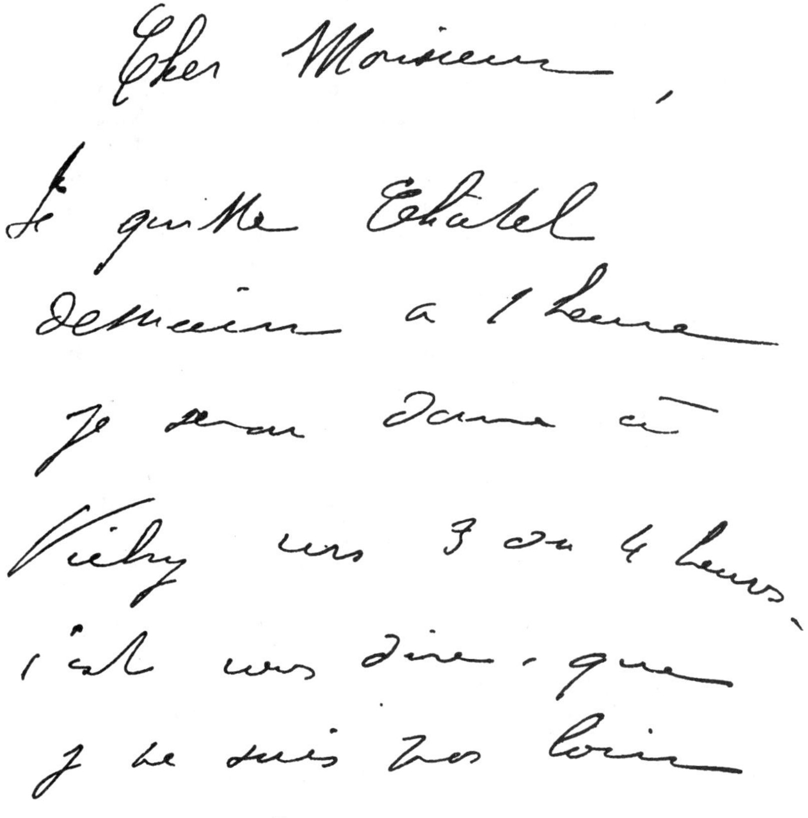
Cher Monsieur,
Je quitte Châtel
demain à 1 heure
je serai donc à
Vichy vers 3 ou 4 heures.
c'est vous dire que
je ne suis pas loin
du plaisir de
vous revoir

Fig. 388. — Écriture lâchée d'un malade découragé (Phtisie pulmonaire)

malade, ou bien un arriéré. Mais chez les enfants qui apprennent à écrire, elle est la conséquence de leur ignorance, de leur inhabileté à imaginer les mots. Nous en avons donné un exemple à propos de l'écriture inorganisée, page 10, fig. 12.

La signature de Jardon (fig. 384), est composée de lettres juxtaposées. Le paraphe lui-même est formé avec six reprises. L'espacement considérable entre les lettres majore l'interprétation de lenteur.

Le pape Alexandre VI (fig. 385), a l'écriture juxtaposée et retouchée, mais très ferme et limpide. Il nous apparaît probable que cette signature est volontairement ralentie en vue du tracé le plus clair.

Chez le cardinal Mathieu, au contraire (fig. 386), la caducité nous semble indiscutable, à cause de son écriture rythmée, inhibée, rapetissée.

Enfin, la signature juxtaposée, informe et descendante de Talleyrand (fig. 387), à 83 ans, exprime la décrépitude.

L'ÉCRITURE LACHÉE *(Genre Vitesse)*

Synonyme : languissante. — Antonymes : ferme, résolue

L'écriture lâchée se reconnaît au tracé traînant, ralenti et sans tenue. Le relief manque, la direction est incertaine, surtout dans le prolongement de la finale des mots ; la ponctuation est négligée, les fins de lignes sont descendantes, parfois même plongeantes ; les espacements sont excessifs et inharmonieux. Ce sont les allures de l'être qui s'abandonne et n'observe plus de discipline, d'où les significations de marasme, de dépression, de nonchalance, de désordre, de dilapidation et, dans les formes intenses, de déchéance profonde.

Le laisser-aller de l'écriture lâchée et la mollesse de la forme qui la caractérise se conjuguent très activement avec les signes du désordre, de la paresse, de toutes les passions basses ; aussi, doit-on considérer cette sorte d'écriture comme l'une des plus détestables de la graphologie. Les pires de ses combinaisons apparaissent avec l'orgueil (écriture surélevée), et avec les ten-

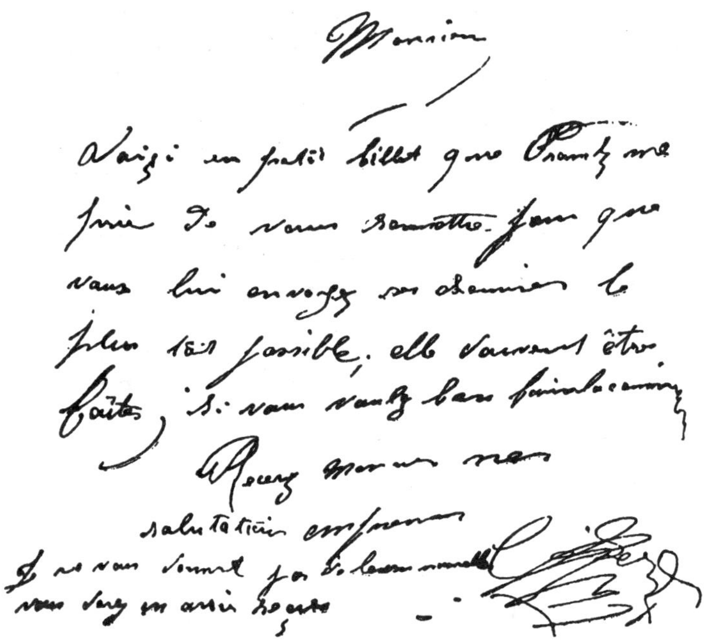

Fig. 389. — Écriture lâchée, inorganisée, vulgaire, désordonnée négligée, imprécise, instable, discordante d'un homme de rien

Fig. 390. — Quatre exemples de mouvements lancés à la faveur des majuscules

dances impulsives (écriture lancée) ; les déséquilibrés et les délinquants nous en offrent d'abondants exemples.

L'interprétation sinistre de l'écriture lâchée ne s'applique pas à une dépression accidentelle, fût-elle grave. En lui-même, l'abattement est un revers, non un vice. Si de cruelles mésaventures frappent inévitablement les êtres dégradés, elles ne sont pas toujours évitées aux plus honnêtes gens. Nul n'est sûrement à l'abri des grandes défaites sociales, ni des maladies graves qui compromettent notre activité et notre jugement. Mais une documentation satisfaisante permet au graphologue de ne pas confondre les simples déprimés, les malades, et les gens de rien.

Notre exemple (fig. 388), est celui d'un tuberculeux épuisé. Il ne s'applique plus à écrire correctement et ne se soucie pas de mettre les accents ; sa plume se traîne sur le papier, chevauchant en descendant, imprécise dans ses mouvements, avec des espacements inégaux et excessifs, image saisissante du découragement.

Dans la fig. 389, ce qui domine est le désordre, la négligence, dans un milieu grossier. Le tracé est instable et discordant. Il n'apparaît pas que le relâchement de l'écriture soit attribuable à une maladie, sauf peut-être à une maladie mentale. En réalité, quoique très nerveux il se porte fort bien : c'est un paresseux, un ivrogne, un homme de rien.

L'ÉCRITURE LANCÉE *(Genre Vitesse)*

Synonyme : jetée. — Antonyme : retenue

Les traits lancés sont le produit d'une impulsion qui comporte une exagération du tracé en étendue, dans un sursaut de rapidité.

L'observation des mouvements lancés n'offre aucune difficulté, tout au moins dans leurs grandes expressions, parce qu'ils sautent aux yeux. Mais leur interprétation est parfois délicate.

Voici, fig. 390, de[illegible]ts pris dans quatre écritures différentes, dont la première lettre est lancée. Le fait est assez frappant pour n'échapper à personne. Cependant, un examen attentif décèle une grande différence entre les mouvements dans leur forme et leur continuité.

Dans A, après la cabriole du trait de départ, l'écriture se poursuit paisiblement ; le C, non relié au *r*, révèle que l'élan du début a été immédiatement brisé ; il tombe à plat ; le *r* est retouché, nouvel arrêt ; l'accent sur l'*é* se place à gauche de la lettre et prend l'allure d'une reculade ; le *p*, terminé par un trait plein et ponctué, est un signe de lymphatisme, comme le précédent. Il s'agit d'une homme inactif et inconstant qui se lance parfois assez sottement.

B, au contraire, après le lancement primitif, conserve son élan. Son caractère est ardent, bouillonnant.

C, après un début exagéré, se cantonne dans une allure modérée.

Enfin, D, dans le *N* de Nantes, après un premier mouvement lancé, bientôt suivi d'un autre beaucoup plus impulsif, n'a pas épuisé son impétuosité ; le reste du mot, par son allure rapide, saccadée, avec la barre du *t* jetée en avant, confirme la révélation d'un caractère violent et passionné.

Le tracé lancé n'est pas essentiellement attaché aux majuscules ; très souvent, abandonnant les occasions favorables que celles-ci fournissent à son expression, le lancement s'accroche aux minuscules, à une seule d'entre elles, à un accent, à une barre de *t*, avec de curieux modes spécialisés. Mais que cela ne trompe pas le lecteur sur la portée du signe : l'écriture lancée est une caractéristique générale, une des plus grandes espèces qualitatives de la graphologie parce qu'elle s'exprime avec infiniment de souplesse.

L'écriture lancée, chez les gens supérieurs, veut dire spontanéité, effusion, expansion, et surtout impulsion. Chez les inférieurs, c'est toujours le signe d'un jugement inconsidéré, d'imprudence, de légèreté, de sottise, d'aveuglement et, dans ses manifestations intenses, de brutalité.

Il y a des impulsions inoffensives et discrètes (nous en donnons un exemple fig. 393) ; mais plus elles sont naïves, plus elles sont dangereuses pour le scripteur, parce que les funestes conséquences de la précipitation se développent sans obstacles : un honnête homme trop confiant qui s'emballe connaît bientôt le fond des déceptions.

Les impulsions exagérées, violentes, précipitées, emportées, sont les plus nombreuses. Comme on perd le contrôle de ses actes, dans l'exagération, la colère, la violence, la précipitation et l'emportement, l'écriture trop lancée s'annonce comme un des plus détestables indices de la graphologie. Cependant, un élan peut être opportun et avantageux, ou tardif, ou maladroit. Il en est de surveillés, de trompeurs, d'agressifs, de mystiques ; l'écriture enregistre tous ces mouvements avec une infinie variété de nuances. Nous allons en donner quelques exemples.

Beaucoup d'individus sont toujours prêts à s'emballer ; leur premier mouvement est enthousiaste, ardent, mais ils en restent là. Leur zèle s'enflamme et s'éteint à une minute d'intervalle. C'est chez eux qu'on observe des signes d'écriture lancée au début des phrases, comme chez A, dans la fig. 390. Ce sont des étourdis sans consistance[1].

Certaines natures ont besoin de se dégeler pour agir, aussi leurs impulsions n'apparaissent-elles que dans leur second mouvement. D'autres, plus difficiles à émouvoir, ne se compromettent que dans leurs derniers mouvements ; ils se défendent pendant un certain temps contre l'imprudence puis, tout à coup, alors qu'on les croyait sauvés, ils s'abandonnent par lassitude, ou bien vaincus par l'attrait du risque qui, finalement, leur est apparu et les a séduits en réveillant le côté aventureux et leur caractère. Mais il y a une multitude de cas.

Voici l'écriture d'un homme assez commun et bouillant (fig. 391), et qui, cependant, accueille posément, pour commencer, les gens et leurs propositions. Avec un peu de persévérance et d'adresse on en fait ce que l'on veut. L'allure du début de ses mots est toujours réservée tandis que plusieurs de ses finales et de ses barres de *t* sont excessives. Nous attirons l'attention sur le *p* d'*interruption*, ligne 6, et sur le trait en retour régressif des mots *rétablir*, lig. 5 ; *viendra*, lig. 6 ; *déranger*, lig. 7 ; et *elle*, lig. 9.

1. Dans l'écriture de cette sorte de gens, débiles ou hésitants, qui ont besoin de rammasser leurs forces pour commencer à agir, le lancement au début d'un écrit n'est parfois que partiellement sur le papier. La plume tourbillonne deux ou trois fois avant de se poser. C'est Condorcet qui, dans son rapport sur le système sténographique de Coulon de Thévenot a, le premier, attiré l'attention sur les mouvements dont il ne reste pas de trace sur le papier. Mais il en reste toujours assez dans l'écriture ordinaire pour reconstituer le tout. Ces mouvements sont assez insignifiants pour le graphologue ; le sens de l'effort pitoyable du débile est facile à déduire des caractères généraux de l'écriture. Il n'en est pas de même dans la sténographie où les mouvements inutiles non inscrits sont un obstacle radical aux grandes vitesses. Les bons sténographes les évitent soigneusement ; plus ils vont vite, moins ils amplifient leurs mouvements.

Ce sont des indices d'écriture lancée, mal interprétés jusqu'ici. Les mouvements régressifs, comme tous les autres, sont soumis à la loi du milieu dans lequel ils se trouvent, et à la subordination des concomitances quand elles sont assez puissantes pour s'imposer. Qu'un trait soit régressif ou progressif, s'il est forte-

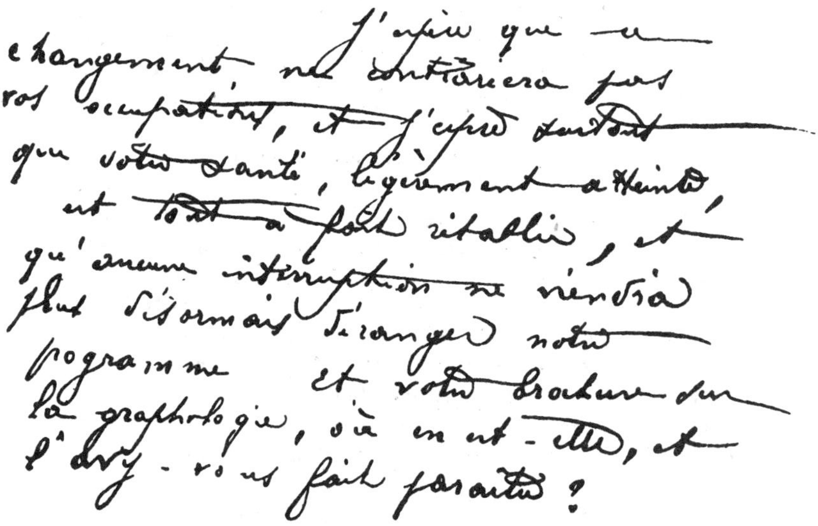
J'espère que ce changement ne contrariera pas vos occupations, et j'espère surtout que votre santé, légèrement atteinte, est tout à fait rétablie, et qu'aucune interruption ne viendra plus désormais déranger votre programme et votre brochure sur la graphologie, où en est-elle, et l'avez-vous fait paraître ?

Fig. 391. — Écriture commune, tour à tour grossissante et gladiolée lancée dans le second ou le troisième mouvement inhibée, lente, descendante, un peu lâchée

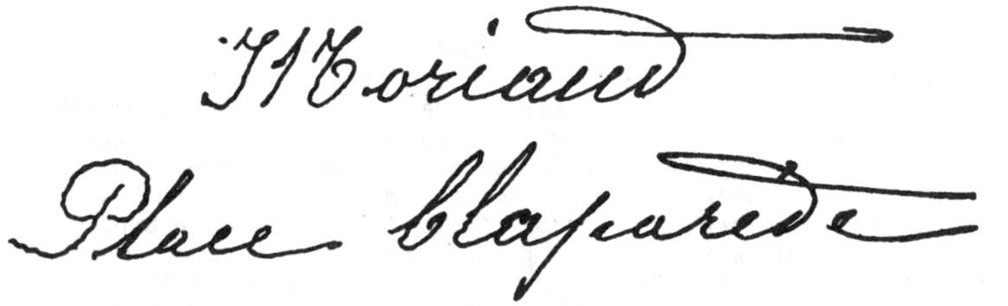
Moriaud
Place Claparède

Fig. 392. — Écriture tremblée, lente et lancée à la fin par réaction de détente

ment lancé, il est avant tout un mouvement lancé, et souvent rien que cela[1].

L'examen de la fig. 392 va justifier notre interprétation. C'est un fragment d'adresse écrit par un vieillard qui tremble beaucoup ; il s'applique afin d'éviter des saccades. Mais quand il est sur le point de terminer, il s'abandonne à une réaction de détente. A la faveur de la vitesse accrue, le tremblement disparaît.

Il y a beaucoup de traits lancés à la fin des lignes qui ne sont que des détentes, — cependant d'imprudentes impulsions, — surtout chez les malades et les débiles ! L'étude du milieu graphologique fournit une judicieuse interprétation. Dans diverses intoxications, lorsque la main, secouée par les tremblements, devient rebelle à un tracé posé, correct, c'est à l'aide de l'écriture très lancée, comme dans l'exemple précédent, que le scripteur parvient à éviter l'incoordination ; dans tous ces cas, il réagit comme il peut et nous repoussons les données de l'ancienne graphologie qui confond tous les traits régressifs en leur donnant uniformément le sens d'égoïsme. Dans la fig. 393, il y a un mouvement régressif lancé à de nombreuses finales, et lig. 4 et 6 où, à l'occasion de l'accent de la préposition *à*, le lancement est très caractéristique. Il n'y a là rien qui dise l'égoïsme. Cela veut dire que cet homme fin (écr. petite), prudent (écr. sobre et imprécise), et passionné (écr. inclinée de 30 à 35°), se laisse aller, au cours de sa vie, à des vivacités discrètes que sa valeur générale rend peu dangereuses.

La fig. 394 représente une écriture lancée à tous propos et dans toutes les directions. On remarquera spécialement les barres de *t* montantes et jetées, les finales de *souvenir* et *jolie*, lig. 2 ; de *maman*, lig. 6 ; elles sont franchement impulsives. L'intensité des modes de cette écriture lancée ne témoigne pas d'un caractère docile, sociable, mais brusque, emporté, querelleur. C'était un homme de talent, malheureusement aussi un alcoolique.

Dans l'exemple suivant (fig. 395), l'agitation est moindre, mais la résolution brutale qui se traduit par des finales projetées en avant et en haut, et l'orgueil (écr. surélevée) fournissent une résultante menaçante. C'est un personnage redoutable, batailleur, agressif, provocant.

1. Voir à propos de l'écriture acérée une observation du même genre.

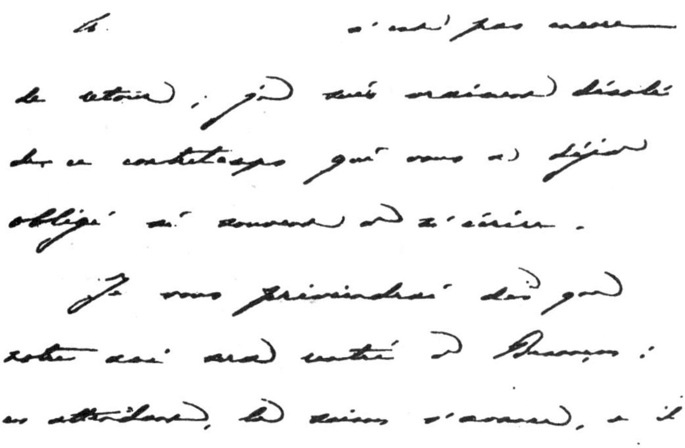

Fig. 393. — Écriture petite, inclinée de 30 à 35°, sobre élancée et imprécise, accélérée, lancée à la fin des mots, pochée

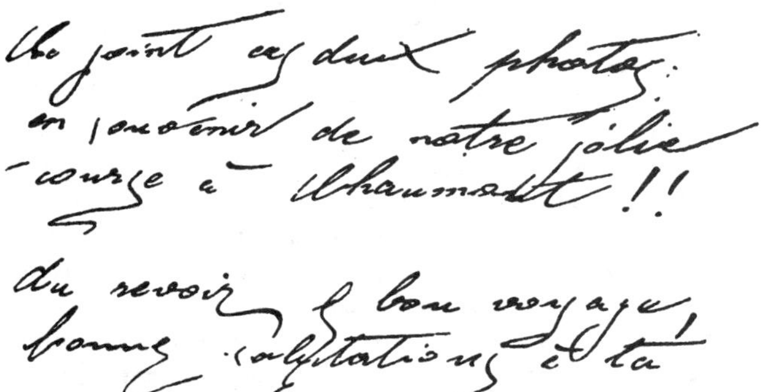

Fig. 394. — Écriture lancée dans toutes les directions caractère brusque, emporté, querelleur

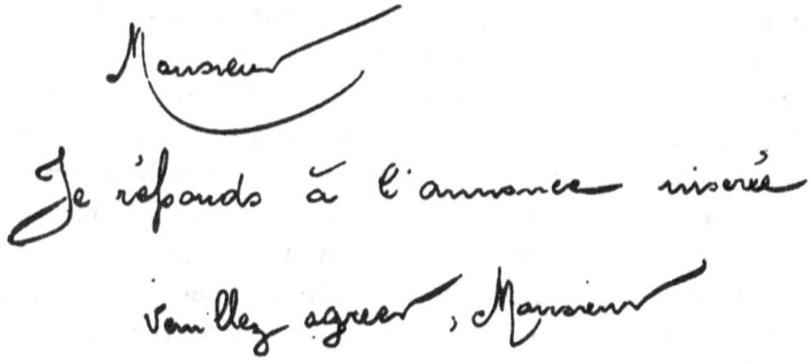

Fig. 395. — Écriture lancée en avant, d'un personnage batailleur agressif, provocant

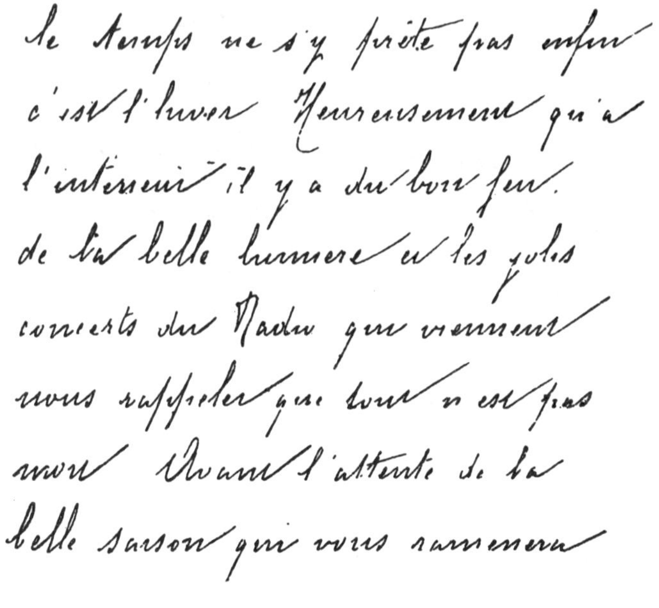

Fig. 396. — Écriture d'un débile, lente, légère, plate, monotone inhibée, lancée à la fin des mots par réaction de détente

La forme lancée en avant et en haut est nécessairement vive, mais pas toujours brutale ; dans la fig. 396, où la débilité ne fait aucun doute (écr. lente, légère, plate, monotone, inhibée), beaucoup de mots se terminent par un trait de cette sorte, très léger. Il s'agit d'une femme douée de sentiments délicats et généreux, mais très faible de caractère, et sujette à d'irrésistibles impulsions sous la forme d'accès de vivacité, réactions de détente.

Il y a une forme mystique de l'écriture lancée que nous avons étudiée, et dont nous avons fait un des indices les plus importants de l'imagination : c'est le développement des traits en hauteur, comme dans l'enroulement des *d* de la fig. 397, ou dans les finales de la fig. 398. Ses causes, très diverses, se résu-

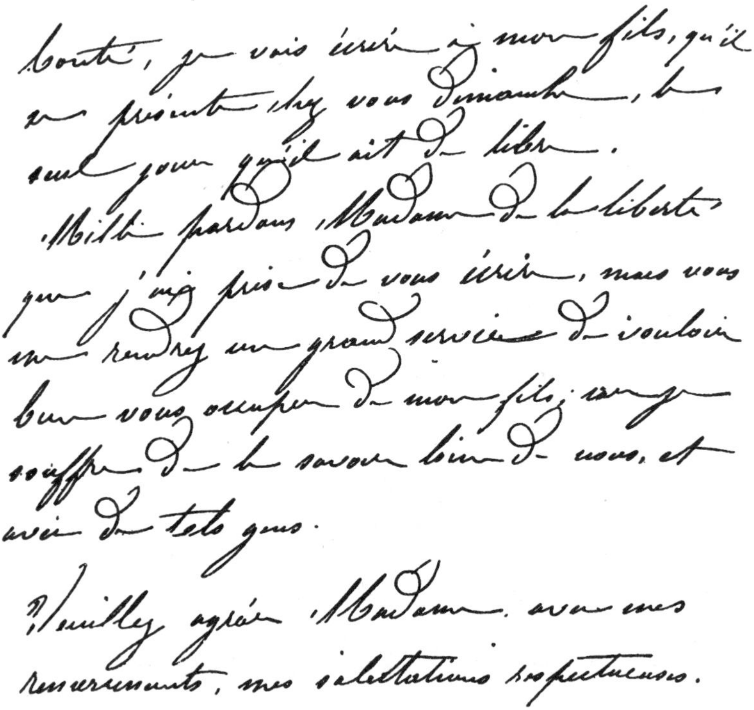
bonté, je vais écrire à mon fils, qu'il se présente chez vous Dimanche, le seul jour qu'il ait de libre.
Mille pardons, Madame, de la liberté que j'ai prise de vous écrire, mais vous me rendrez un grand service de vouloir bien vous occuper de mon fils ; car je souffre de le savoir loin de vous, et avec de tels gens.
Veuillez agréer, Madame, avec mes remerciements, mes salutations respectueuses.

Fig. 397. — Écriture légère, brisée, nuancée lancée et élancée à la faveur du mouvement du *a*

ment en un élan plus ou moins mystique. Selon le milieu, c'est l'excitation d'une imagination très vive, ou bien la tendance au rêve, aux hautes aspirations, aux mirages de l'utopie, à l'illuminisme. Chez les gens inférieurs, c'est une marque de déséquilibre : le cabanon guette les gens de rien qui veulent escalader le ciel.

Dans l'exemple 397, il ne s'agit ni d'une femme vulgaire, ni d'une femme supérieure ; l'intensité des mouvements lancés, et leur association avec de nombreuses lettres brisées, donnent cependant quelques inquiétudes sur son état. Renseignements

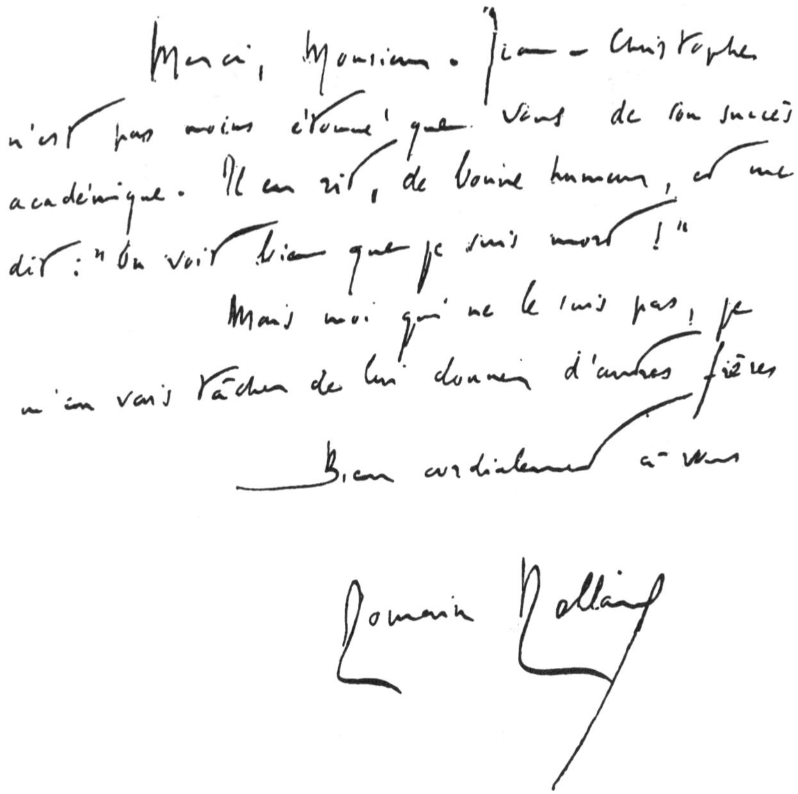
Merci, Monsieur. Jean-Christophe n'est pas moins étonné que vous de son succès académique. Il en rit, de bonne humeur, et me dit : "On voit bien que je suis mort !"

Mais moi qui ne le suis pas, je m'en vais tâcher de lui donner d'autres frères.

Bien cordialement à vous

Romain Rolland

Fig. 398. — Écriture très nuancée, petite, surélevée, simplifiée rapide, sautillante, très lancée et élancée à la faveur des barres du *t*

pris, c'est une femme mystique, exaltée, comme la graphologie l'indique.

M. Romain Rolland, dans la fig. 398, nous révèle par ses traits lancés sa nature combative et son ardente imagination.

Une des formes les plus curieuses de l'écriture lancée est le prolongement sinueux de tracés dont la spontanéité reste sur-

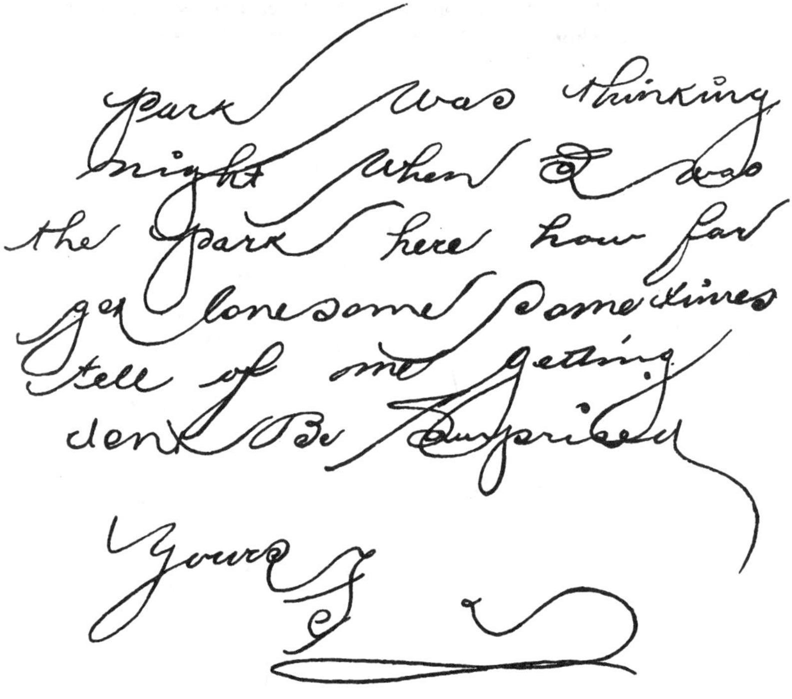

Fig. 399. — Écriture lancée et contenue, sinueuse, compliquée, gonflée, liée

Fig. 400. — Écriture lancée dans un tracé renversé, saccadé, contenu

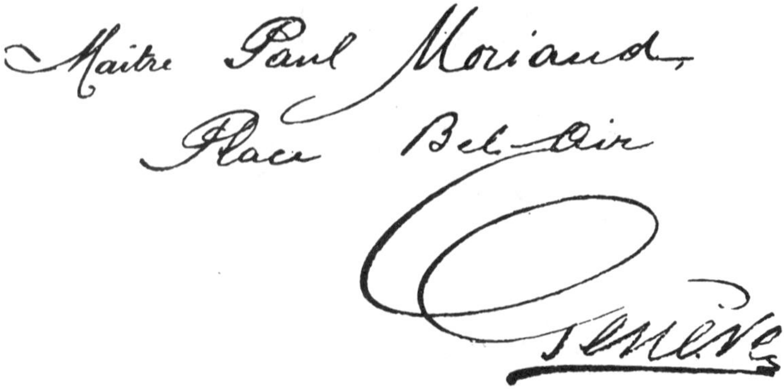

Fig. 401. — Écriture lancée dans un milieu vulgaire exagéré, gonflé, jointoyé

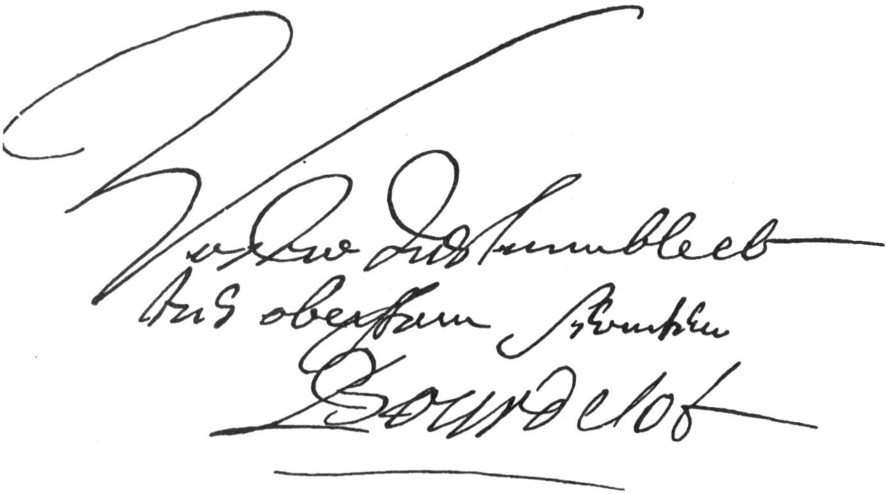

Fig. 402. — Écriture très lancée, élancée, emportée, liée précipitée, exagérée, étalée, soulignée, surélevée

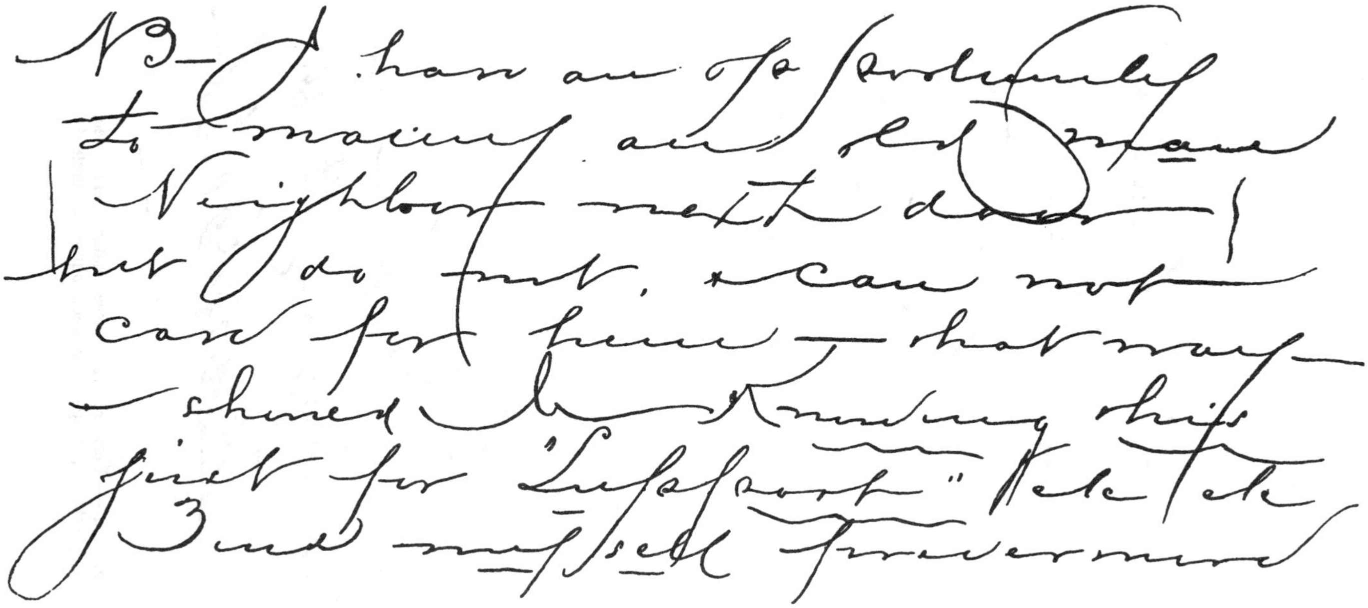

Fig. 403. — Écriture lancée, exagérée, gonflée, étalée : sottise et vanité monumentale

veillée. La fig. 399 en donne un parfait exemple. Nous proposons de considérer ce signe comme celui de l'intrigue. Il participe de la complication, de la sinuosité et de l'impulsion, association de qualités nettement défavorables. On fera bien de ne pas confier ses intérêts à des gens si souples et artificieux[1].

La fig. 400 exprime un mouvement d'intrigue qui prépare son effort de loin, dans un but qui ne paraît pas être de sincérité, de clarté, de simplicité. Dans la fig. 401, le signe est dans son milieu impulsif, exagéré, encore plus vulgaire que le précédent. On observera le prolongement sinueux du second *M*, signe de l'intrigue, et le tracé vulgaire, gonflé, lancé et exagéré du *G*. Le scripteur est un délinquant récidiviste du vol.

C'est presque une récapitulation des marques de l'écriture lancée que nous offre, fig. 402, Bourdelot, érudit français du XVIIe siècle, maître des Requêtes au Parlement de Paris, magistrat d'autant plus redoutable qu'il était très orgueilleux (écriture surélevée, étalée, soulignée et gonflée), ardent (écr. montante), sans mesure (écr. exagérée), violemment impulsif (écr. liée, élancée, précipitée, emportée).

Enfin, voici, fig. 403, une écriture lancée, engageante par une certaine grâce. Mais elle ne gagne pas à l'analyse, celle-ci ne révélant que des impulsions et des exagérations continuelles ; une énergie faible qui ne se soutient que par l'élan, une vanité monumentale s'exprimant par des tracés gonflés, surélevés et étalés. C'est évidemment l'écriture d'un homme faiseur et remuant, frivole et inconsidéré qui a atteint le plus haut degré de l'intrigue.

L'ÉCRITURE EN LAZZO *(Genre Forme)*

Antonyme : rigide

Elle est constituée par un trait lancé, horizontal, revenant sur lui-même ; le plus souvent, le trait s'infléchit d'abord à gauche.

Le lazzo trouve la meilleure occasion de s'inscrire dans le

1. Cette écriture est typiquement américaine du Nord et particulièrement excessive dans ses complications. Cf. *Cours supérieur*, André Lecerf, *loc. cit.*, p. 132 (écritures américaines). (A. L.)

Fig. 404. — Paraphe en lazzo

Fig. 405. — Paraphe étalé et épais en lazzo

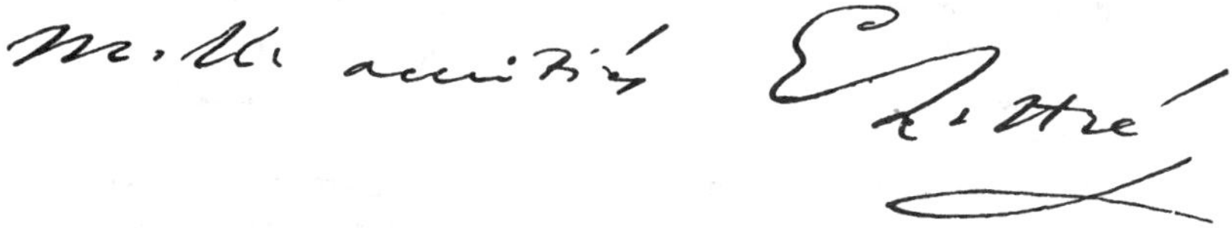

Fig. 406. — Paraphe mesuré en lazzo

Fig. 407. — Signature lancée, très rapide, double paraphe en lazzo

paraphe où son mouvement peut se développer librement. C'est là seulement que l'abbé Michon l'avait observé. En réalité, il se manifeste à la faveur de nombreux autres tracés[1].

Voici l'heureuse interprétation de l'abbé Michon[2] pour le lazzo léger dans le paraphe des jeunes filles : « Coquetterie, désir d'être remarquée, de produire de l'effet, d'être aimée, d'attirer à

1. *Les Éléments, loc. cit.*, p. 89.
2. MICHON, *Méthode*, p. 198.

soi, habileté à jeter le petit filet. Si le lazzo est très compliqué, nous avons les intrigantes. »

Est-il nécessaire que le lazzo soit compliqué pour signifier l'intrigue ? Il en est de ce signe comme de tous les autres ; il est fonction du milieu dans lequel il se produit. D'une manière générale, l'écriture en lazzo, manifestée par des indices répétés, révèle des menées ambitieuses, des passions qui, pour se satisfaire, ne redoutent pas les manigances et les cabales.

Il y a une étroite parenté entre l'écriture en lazzo et les modes de l'écriture lancée qui consistent dans l'allongement des tracés initiaux, ou le prolongement des traits terminaux. Ce sont tous des mouvements calculés dont l'évolution seule est différente. La fig. 399, qui représente les trois signes conjugués dans la même écriture, avec l'aggravation de la sinuosité, est démonstrative au plus haut point.

L'écriture en lazzo, dans ses formes intenses et répétées, ne mérite pas une meilleure interprétation que les allongements et les prolongements de l'écriture lancée et surveillée ; c'est toujours l'expression inquiète, méfiante et sournoise des imposteurs.

Voici, fig. 404, l'innocent paraphe en lazzo que les jeunes filles de nos jours abandonnent de plus en plus.

Virginie Dejazet (fig. 405), manque de réserve dans son geste lourd ; il n'y a pas, à notre connaissance, de jeune fille qui signe ainsi. Littré (fig. 406), qui n'était pas beau, nous semble dix fois plus séduisant qu'elle, tout au moins au point de vue moral.

Blanche Pierson (fig. 407), avec son écriture lancée, très rapide, exagérément inclinée à 27° (passion), nous donne deux variétés de lazzo au-dessus et au-dessous de la signature : ses mouvements devaient être irrésistibles !

Munié Pacha (fig. 408), a l'écriture mouvementée et dilatée ; il redouble le lazzo qui souligne son nom.

Le paraphe en lazzo de Me B. D. (fig. 409), avec son amplitude exagérée, peu rapide, est très féminin. Nous avons montré ailleurs que si l'homme utilise souvent le paraphe en lazzo, celui des femmes se distingue par son tracé plus posé (activité moyenne), arrondi (douceur), étalé (générosité, charité, vanité). Mais cet indice graphologique, si fréquent au XIXe siècle, se raréfie et change de caractère. Quand les femmes feront tous les métiers de l'homme, en négligeant les devoirs que leur assigne la nature, leurs tracés enregistreront leurs allures garçonnières

Fig. 408. — Paraphe en lazzo, dilaté et redoublé

Fig. 409. — Paraphe en lazzo, irrésolu, variété très dilatée

et il faudra remanier la nomenclature des signes graphologiques de la mentalité féminine, comme cela est déjà nécessaire depuis la grande guerre[1]. La tendance n'a fait qu'augmenter depuis la seconde guerre mondiale. (A. L.)

Louis Blanc (fig. 410), prolonge son lazzo. Ce mouvement résolu est beaucoup plus fréquent chez les hommes que chez les femmes.

Pongerville (fig. 411), dilate son lazzo pour faire un nid à son titre de membre de l'Académie française. Inoffensive vanité.

L'ÉCRITURE LÉGÈRE *(Genre Pression)*

Synonyme : aérienne. — Antonymes : pesante, épaisse

Un tracé faiblement appuyé est la marque de l'écriture légère. Quand elle est en même temps petite, on l'appelle fine. L'écriture légère est habituellement associée à l'écriture plate, mais elle n'est pas incompatible avec un certain relief des pleins, ou les renforcements des tracés spasmodiques. Nous en avons donné deux très beaux exemples, fig. 131, et fig. 162. Dans les écritures calligraphiques, notamment dans la cursive de Reverdy (fig. 150), la légèreté se combine avec le relief des pleins.

Une faible pression répond à un tempérament peu résistant ; dans l'épuisement, elle est la règle, à moins que le malade, pour assurer ses mouvements, n'écrase la plume sur le papier. On doit voir avant tout dans l'écriture légère un indice de fragilité ; en second lieu seulement, de délicatesse. Celle-ci trouve rarement dans la faiblesse les conditions favorables à sa haute expression. En principe, la débilité affaiblit la portée de toutes les combinaisons où elle est mêlée ; cependant, une écriture à la fois légère nette et harmonieuse, comporte une expression supérieure de la délicatesse.

Avec des tracés mous, négligés, lâchés et flous, l'écriture légère dit uniquement la débilité, le laisser-aller, l'inconsistance.

L'écriture du général Rambaud (fig. 125), est très légère et grande ; celle de Louis XVI (fig. 182), est très légère sans être fine, puisqu'elle est inégale, mais sans saccade, avec une

1. Cf. *L'Age et le sexe*, p. 40.

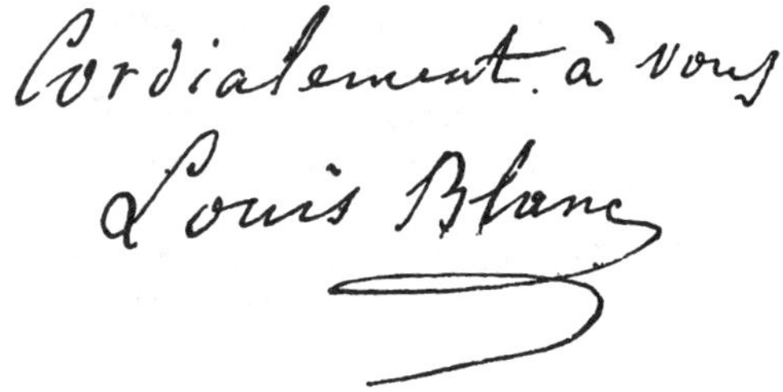

Fig. 410. — Paraphe en lazzo prolongé

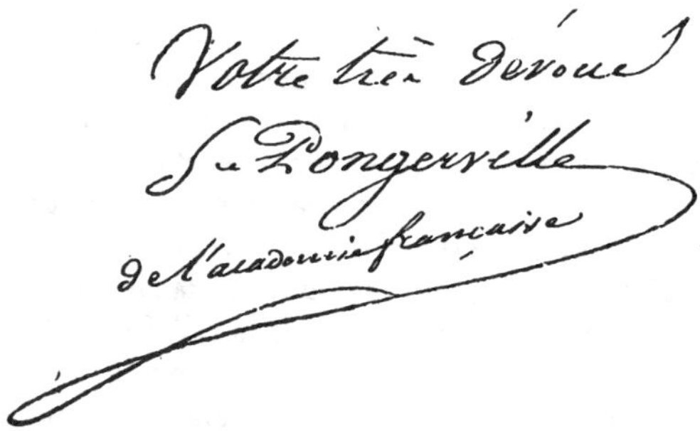

Fig. 411. — Paraphe en lazzo très étalé combiné avec le soulignement

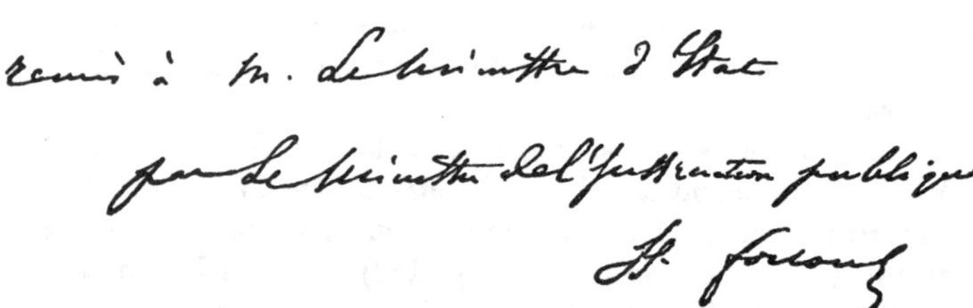

Fig. 412. — Écriture légère, liée, gladiolée, étriquée

dimension moyenne de 1 1/2 mm. Ces deux exemples offrent l'intérêt particulier d'avoir été tracés avec une plume d'oie. On exagère lorsqu'on attribue exclusivement les écritures lourdes du XVIIIe siècle, et celles de la première moitié du XIXe à l'usage de la plume d'oie ; ces dernières, parfois mal taillées, faussaient occasionnellement l'épaisseur des traits, mais de tous temps, et avec tous les instruments, les mains légères ont produit les écritures légères, alors que les mains lourdes, avec des plumes fines, sont impuissantes à faire preuve de délicatesse et de légèreté.

Nous donnons l'écriture de Fortoul (fig. 412), comme légère. Elle est aussi gladiolée, étriquée, liée, imprécise ; milieu assez médiocre. Celle de Turgot (fig. 413), est plus régulièrement légère. Quelles riches et délicates qualités elle révèle ! C'est l'une des plus belles écritures reproduites dans notre œuvre, parfaitement harmonieuse, distinguée, limpide, simple, simplifiée, élégante, groupée, posée, cylindrique, nuancée, semi-courbe.

L'ÉCRITURE LENTE *(Genre Vitesse)*

Synonyme : indolente. — Antonyme : rapide

Un tracé lent est celui qui ne produit pas cent lettres, environ, à la minute. C'est le résultat moyen d'expériences décrites dans les *Éléments* (p. 207 à 219).

Les principales origines de la lenteur sont :

La faiblesse, écriture tordue, gladiolée, lâchée ;

La mollesse, écriture trop arrondie, négligée, sans relief ;

L'ignorance, écriture inorganisée et mal orthographiée ;

La complication, écriture chargée de traits inutiles ;

L'excessive étendue des tracés, écriture trop grande, trop dilatée ;

Toutes les inhibitions non dirigées, écriture juxtaposée, fragmentée, retouchée, régressive, hésitante ;

Une pression forte, écriture épaisse, pâteuse, boueuse, spasmodique.

Il n'y a pas lieu de s'étendre ici sur les quatre premières causes de la lenteur, leur signalement vaut une définition. Au contraire, l'action de l'inhibition et des discontinuités qui en

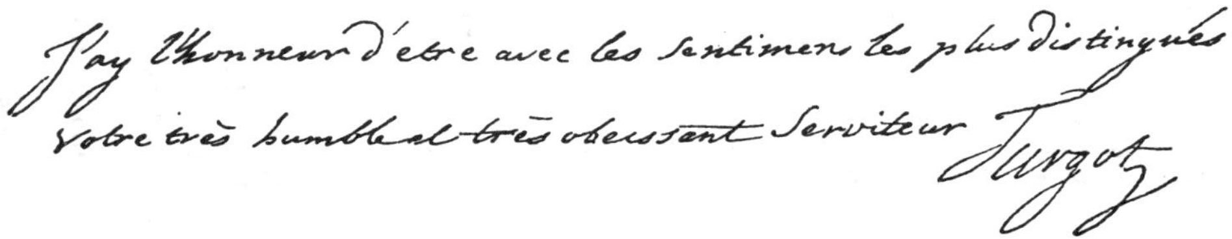

Fig. 413. — Noble écriture de Turgot, harmonieuse, distinguée, limpide, simple simplifiée, élégante, groupée, posée, cylindrique, nuancée, semi-courbe

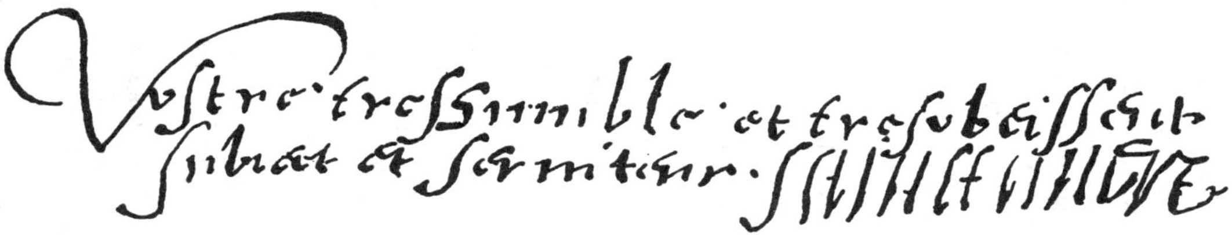

Fig. 414. — Écriture du maréchal de Saint-André, harmonieuse, simple simplifiée, arrondie, mais lente parce qu'elle est épaisse, juxtaposée, saccadée

dérivent a été méconnue jusqu'ici et leur rôle doit être précisé.

Chez les vieillards, où les mouvements sont beaucoup plus lents que chez les jeunes gens, le principal mode d'expression de la lenteur dans l'écriture est la juxtaposition des lettres. Chaque arrêt, entre les lettres, retarde l'écriture ; il ne sert de rien de tracer vivement chaque lettre si l'arrêt entre chacune d'elles prend autant de temps que leur tracé. Le fait a été rendu indiscutable par des expériences faciles à renouveler. Les vieillards ont d'ailleurs presque toujours plusieurs signes de lenteur qui marquent le degré de réduction de leur activité. Leur écriture est plus légère[1], négligée, tremblée, etc. Quant on voit des écritures de vieillards très appuyées cela ne veut pas dire qu'ils ont beaucoup de forces, mais que pour comprimer leurs tremblements, ils écrasent la plume sur le papier. Le relief est très rare dans l'écriture des vieillards parce que pour bien marquer la différence entre les pleins et les déliés il faut une souplesse de mouvements qu'ils n'ont plus. Parfois, pour éviter le tremblement, ils se servent des allures lancées, comme font instinctivement les alcooliques ; mais après l'éclat du lancement, survient une forte inhibition qui ramène leurs résultats au niveau de l'écriture lente.

La discontinuité de l'écriture retouchée produit les mêmes effets que l'écriture juxtaposée, pour la même cause. Certaines de ces écritures comportent des dizaines de retouches par page : ce sont des dizaines d'arrêts qui entravent le jeu naturel de l'activité. La rapidité est inséparable de la continuité ; c'est pour cette raison que l'écriture liée favorise l'écriture rapide et que les écritures juxtaposée et retouchée s'y opposent.

On sait bien que si un train s'arrête tous les 500 mètres, quelle que soit sa vitesse absolue, il n'ira pas aussi rapidement à son but terminal que s'il y allait directement. Puisque la vitesse est liée aux divers modes de la continuité, la lenteur est une conséquence inévitable de la discontinuité.

La lenteur est une infirmité déplorable dans la jeunesse, ses causes sont toutes des infériorités diverses. L'inactivité qu'elle révèle restreint considérablement les possibilités de perfectibilité ; elle compromet tout l'avenir.

Chez les vieillards, ce n'est qu'un effet de l'âge ; on voit la

1. Ou plus épaisse, selon le tempérament de chacun. (A. L.)

lenteur s'établir peu à peu. D'abord, c'est la simple modération de l'activité, puis un déclin plus prononcé, enfin la déchéance et la décrépitude. A ces derniers stades, on peut voir dans l'écriture toute la collection des signes de la lenteur.

Nous ne parlerons de l'écriture lente des paralysés que pour les plaindre ; leur impuissance à aller vite n'a pas de rapport avec leur caractère, mais elle contribue à l'aigrir.

Les natures lentes sont, le plus souvent, douces, modestes, résignées ; elles désarment la critique par leur passivité, mais leurs défauts sont terriblement majorés quand elles sont récalcitrantes (écr. à rebours), ou vaniteuses (écr. surélevée). Elles ont alors des accès de brutalité, un entêtement invincible, ou un caractère hargneux. Quel enfer quand on dépend de telles gens !

Le maréchal de Saint-André (fig. 414) a l'écriture très lente.

Fig. 415. — Signature de René d'Anjou, lente exagérée de dimension, juxtaposée, épaisse

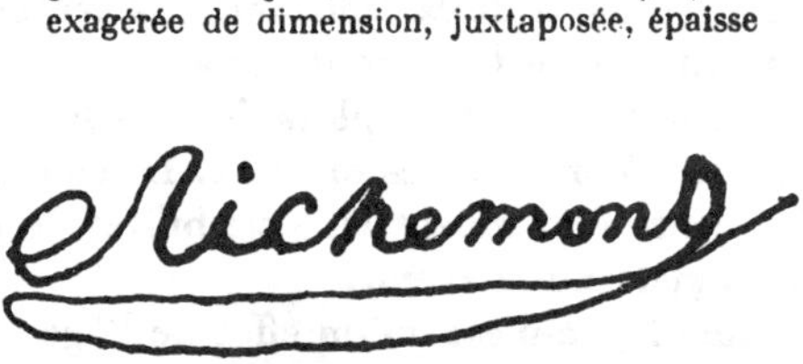

Fig. 416. — Signature molle, hésitante, épaisse, lente

On en découvrira les causes en la calquant ; il y en a trois : la juxtaposition des lettres, le tracé calligraphié, la pression forte. Tous les mouvements lourds s'opposent à la rapidité. Nos lecteurs peuvent s'en assurer en écrivant quelques lignes avec le contrôle d'une montre à secondes et en répétant l'exercice avec une pression double.

La signature de René d'Anjou, duc de Nemours (fig. 515), a été tracée lentement. Pourquoi ? La même épreuve du calque en fera ressortir les raisons : la dimension excessive des lettres, leur juxtaposition, leur épaisseur. Le paraphe est d'un mouvement plus accéléré parce qu'il est formé de courbes lancées, mais leur dimension ruine le résultat.

Richemont, dont nous donnons la signature (fig. 416) était un aventurier, de son vrai nom Louis-Hector Hébert. C'est un des faux Louis XVII. Chez lui, la lenteur est causée par l'épaissur des traits, la mollesse, l'hésitation. Celle-ci, peu apparente dans l'écriture à cause de l'écrasement de la plume, est indiscutable dans la paraphe. On trouvera d'abondants exemples d'écriture lente dans les Espèces citées au début de cet article.

L'ÉCRITURE LIÉE *(Genre Continuité)*

Synonyme : continue. — Antonymes : juxtaposée, discontinue

D'après les règles de l'art calligraphique, les mots doivent être tracés en évitant soigneusement les levées de plume. L'écriture dont les lettres sont liées seulement dans les mots est donc, sur ce point, une écriture calligraphique. Les liaisons ont une valeur d'interprétation d'autant plus spéciale qu'elles s'écartent du type calligraphique par l'irrégularité, l'imprévu, l'étendue ou la profusion. Par conséquent, les accents, les barres du *t* ou les hampes des lettres reliées à la lettre suivante, ou au mot suivant, ainsi que les mots reliés entre eux, sont les caractéristiques graphologiques les plus importantes de cette espèce d'écriture.

Il n'y a pas de meilleur signe de continuité que les liaisons ; elles influent considérablement sur la vitesse. Plus l'écriture est discontinue, plus elle est lente ; plus elle est liée, plus elle est rapide, dans des conditions égales de milieu. Quand on écrit tout d'une traite, sans arrêt, on fait l'économie du temps de la durée

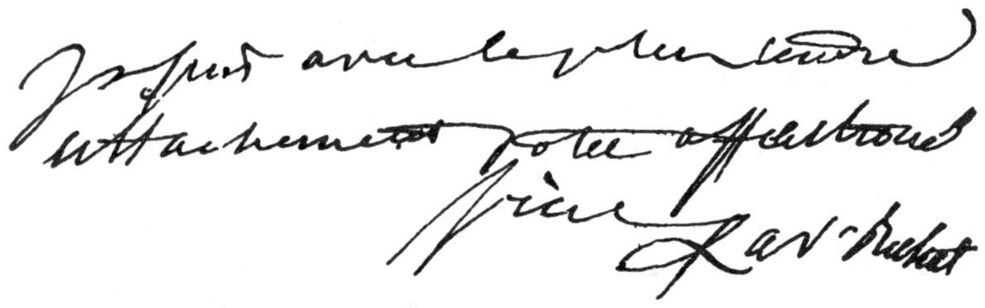

Fig. 417. — Écriture de Xavier Bichat
très liée par précipitation occasionnelle

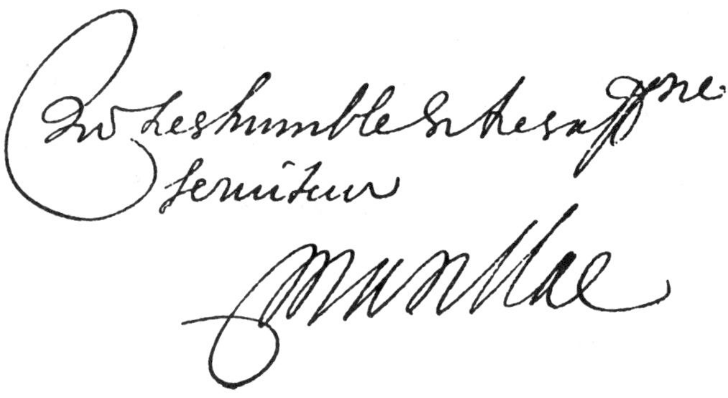

Fig. 418. — Écriture de Louis de Marcillac, très lancée, exagérément liée

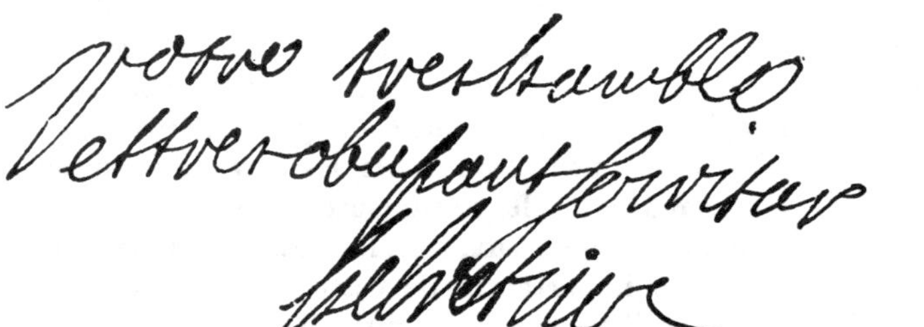

Fig. 419. — Écriture du philosophe Helvétius, très grande
mouvementée, exagérément liée

des intervalles, avec l'avantage éventuel du lancement qui, dans les écritures non liées, est continuellement brisé.

L'écriture liée favorise les combinaisons originales du tracé ; elle est un signe de culture, de mémoire, de bonne association des idées. Toutefois, la recherche exclusive de la vitesse nuit aux combinaisons ; elle en empêche la production. A un point donné, la vitesse n'est qu'emportement et fait perdre le sens de la mesure et du discernement. Par exemple, l'écriture habituelle entièrement liée n'est que la claire manifestation d'une nature brouillonne, fougueuse, excessive, déséquilibrée, selon les cas.

Dans la fig. 417, Xavier Bichat nous offre un bon exemple d'écriture très liée par l'effet d'une précipitation occasionnelle ; que le lecteur se reporte à la page 196, fig. 173, où est reproduite son écriture qualitativement liée, il se rendra compte de la différence des mouvements. Le grand Bichat est tout entier dans la fig. 173, avec l'expression mesurée de toutes les richesses de son caractère ; la figure 417 le montre sous un aspect trop particulier, en quoi le document est médiocre : il apporte au graphologue un complément de preuve de son activité et précise jusqu'où elle peut aller, mais jamais un graphologue expérimenté ne voudrait faire un portrait graphologique sur ces quelques mots évidemment précipités.

Le maréchal Louis de Marcillac (fig. 418), a une écriture très lancée et exagérément liée. Le mot *Votre* est représenté par une combinaison de tracés tout à fait arbitraire ; quand la manière de combiner affecte à ce point la lisibilité, elle répond à des qualités outrancières. Au reste, cet écrit n'a pas même l'excuse de la précipitation ; ses liaisons surabondantes et superflues décèlent son côté vain.

Les mêmes observations s'appliquent à l'écriture du philosophe Helvétius (fig. 419). Il utilise les plus grands moyens pour de modestes buts : nous voyons là une marque de véhémence et d'exagération que confirme l'écriture très grande et mouvementée.

On trouvera, figures 36, 37, 38, 39, 40, 41, 42, etc., l'écriture liée normalement, associée aux qualités de haute supériorité, qu'elle rehausse toujours quand elle est judicieusement employée.

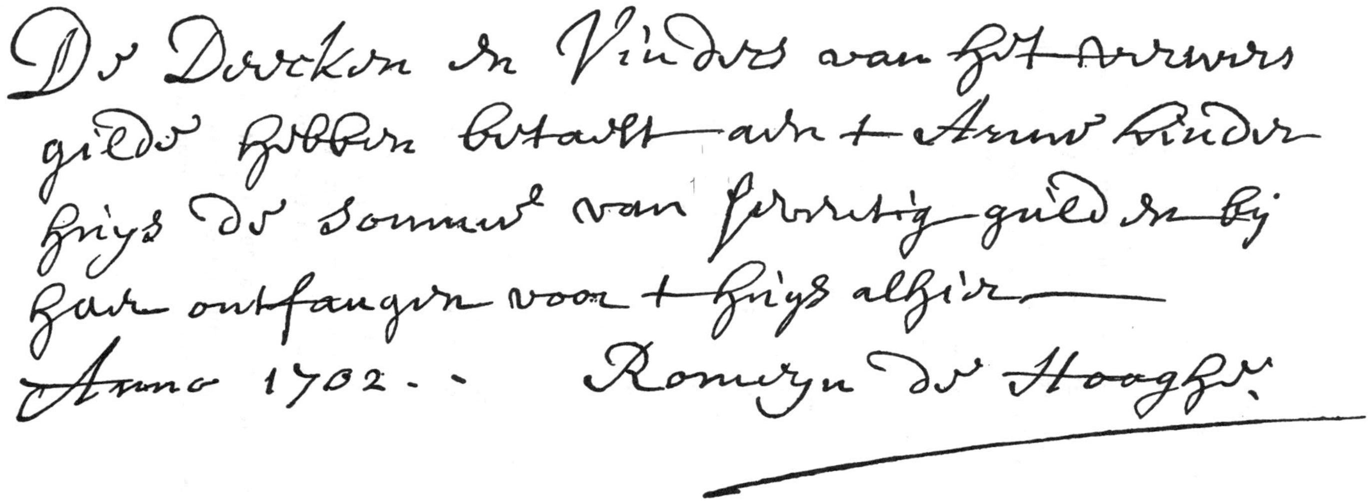
De Decken en Vinders van het Verwers
gilde hebben betaelt aen t Armen kinder
huys de somme van veertig gulden bij
haer ontfangen voor t huys alhier
Anno 1702 - - Romeyn de Hooghe.

Fig. 420. — Écriture limpide, bien espacée, ordonnée, lisible, aisée simple, nuancée, centrifuge, harmonieuse

L'ÉCRITURE LIMPIDE *(Genre Forme)*

Synonyme : absolument claire
Antonymes : confuse, informe

La limpidité est la marque de la plus grande clarté. Alors qu'il suffit, pour qu'une écriture soit claire, que sa lisibilité soit bien assurée, de larges espacements et une ordonnance harmonieuse sont nécessaires à la limpidité.

La clarté parfaite se prête à des interprétations variées, selon le milieu. Il en est une amusante et inattendue : c'est l'insignifiance. Mais chez les insignifiants, les espacements sont excessifs et non proportionnels aux dimensions du format ou de l'écriture ; les simplifications de tracé manquent ; les formes sont enfantines ; la vitesse est celle de l'écriture posée, sinon lente, tous signes d'intelligence très modeste. Cependant, la limpidité de ce tracé chétif révèle la simplicité, la sincérité, la candeur, en somme de belles qualités morales. Et voilà un caractère pauvre sérieusement amendé !

Chez les grands supérieurs, l'harmonie des formes et des proportions, l'originalité des combinaisons du tracé, la pression ferme, la vitesse accélérée ou rapide, ne laissent aucun doute sur le sens d'une lisibilité accrue par des espacements accentués : c'est la marque d'un esprit lumineux et d'un caractère noble.

Les meilleurs modèles de l'écriture limpide sont dans les formes calligraphiques (fig. 149 à 152), mais ils représentent d'humbles vertus quand ils reproduisent servilement ces formes. C'est l'activité du tracé, ainsi que la qualité de ses simplifications, qui sont les révélateurs d'un caractère supérieur. Par exemple, l'écriture de la figure 380 est évidemment limpide, mais fortement inhibée, ponctuée à chaque lettre, donc très lente ; sa limpidité n'exerce son action que sur une mentalité indigente. Au contraire, dans l'écriture très nuancée, espacée, aisée, simple, centrifuge, harmonieuse, de Hooghe, l'illustre peintre hollandais (fig. 420), la limpidité apparaît comme la consécration suprême de ses hautes qualités.

Dans le cas où l'on n'aurait qu'une signature comme document, on ne risque rien, si elle est harmonieuse, ferme, nette, parfaitement lisible et dépourvue de complications, comme le grand chansonnier Béranger (fig. 421), de lui attribuer

Fig. 421. — Signature limpide

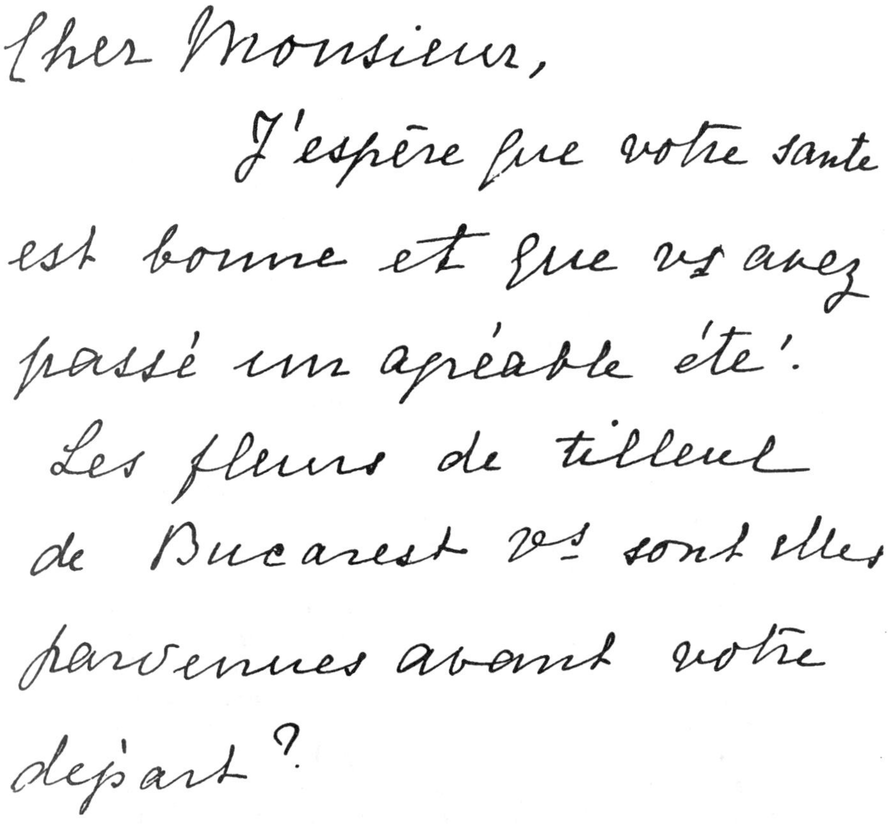
Cher Monsieur,
J'espère que votre sante
est bonne et que vs avez
passé un agréable été !
Les fleurs de tilleul
de Bucarest vs sont elles
parvenues avant votre
départ ?

Fig. 422. — Écriture limpide, harmonieuse, espacée, posée, simple abrégée, progressive, semi-anguleuse, légèrement gladiolée

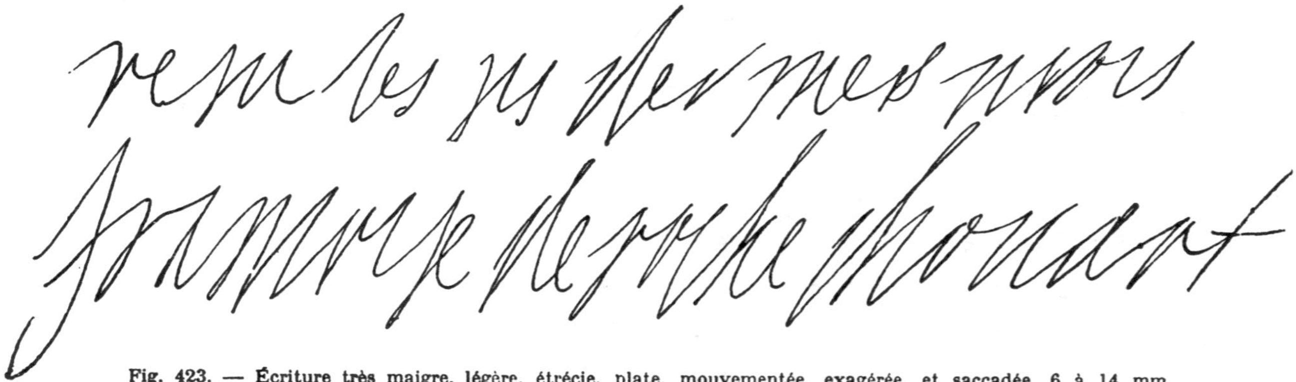

Fig. 423. — Écriture très maigre, légère, étrécie, plate, mouvementée, exagérée, et saccadée, 6 à 14 mm semi-anguleuse, cependant simplifiée

les qualités éminentes de la limpidité. De toutes les manifestations restreintes de l'écriture, une signature limpide et accélérée est peut-être la plus favorable.

Les caractères sûrs, affermis dans la droiture, n'ont aucun trait fuyant dans leurs écrits. La princesse C. de B. (fig. 422) en est un bel exemple : tout est limpide dans son écriture harmonieuse, espacée, posée, simple, abrégée, progressive, semi-anguleuse, légèrement gladiolée. On cherche souvent la grâce dans les fioritures ; la voilà dans la distinction et la sérénité.

L'ÉCRITURE MAIGRE *(Genre Pression)*

Synonymes : mince, grêle, émaciée, sèche

Antonymes : nourrie, épaisse, dilatée

L'écriture maigre est allongée, légère, plate, souvent étrécie. Son aspect général est sec. L'interprétation de l'écriture maigre est délicate parce qu'elle est avide des combinaisons les plus variables d'où résultent des considérations très différentes ; d'une manière générale, elle indique un tempérament nerveux,

Fig. 424. — Écriture maigre, sèche, très grande, gladiolée, 9 à 4 mm juxtaposée, étrécie, espacée, proportionnée

un caractère difficile, grincheux, excité ou débile, en somme peu sociable.

L'angle accentue son aigreur, l'hésitation sa disposition chagrine, l'enchevêtrement son exaltation motrice, la chute des lignes sa maussaderie, la surélévation son allure dédaigneuse, la résolution son intransigeance, la négligence sa débilité, etc. On voit que son rôle, dans les combinaisons de signes, est constamment péjoratif.

L'écriture de Françoise de Rochechouart, marquise de Montespan, une des maîtresses de Louis XIV (fig. 423), est très maigre, légère, étrécie, plate, exagérée de dimension et saccadée (6 à 14 mm), cependant simplifiée, semi-anguleuse. L'ensemble est assez rebutant. L'histoire confirme qu'elle avait le cœur sec et un caractère détestable.

Malgré son harmonie relative, la figure 424 apparaît également désagréable : maigre, très grande, gladiolée, de 9 à 5 mm, juxtaposée, étrécie, espacée, elle est proportionnée, d'allure aristocratique, mais les mesquineries, les faiblesses de l'écriture étrécie, jointes à la lenteur décelée par le tracé juxtaposé, ne peuvent être rachetées.

L'ÉCRITURE MALPROPRE *(Genre Ordonnance)*

Synonymes : tachée, souillée. — Antonymes : propre, soignée

L'un des modes les plus apparents du désordre est la malpropreté ; il n'est pas nécessairement lié aux mouvements exagérés, discordants, enchevêtrés, etc., mais il accompagne presque toujours quelques-uns des signes de la débilité mentale. A l'école, dans les petites classes, on observe souvent des devoirs tachés d'encre, ou de marques de mains sales ; chez certains élèves c'est une maladresse passagère sans importance ; l'éducation développera le soin. Mais la maladresse constante est une tare profonde d'arriéré. Nous en avons donné un exemple saisissant (fig. 20 et 21), à propos d'un enfant dont tous les devoirs, sans exception, étaient sales. De tels sujets, étant incapables de suivre les progrès de leurs camarades, sont éliminés des écoles dès l'âge de 10 ou 12 ans ; mais il reste toujours dans les classes suivantes quelques élèves très négligents qui, à leur tour,

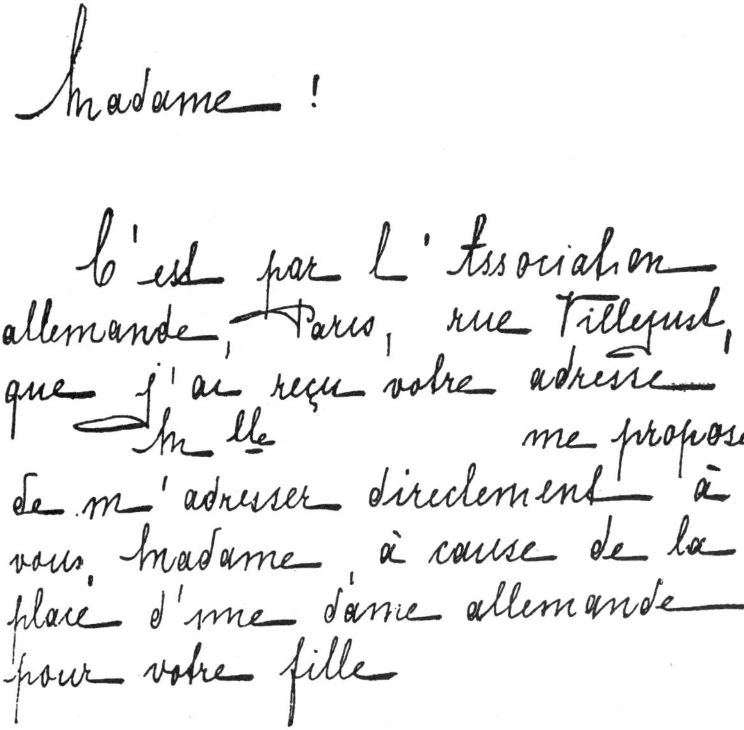

Madame !

C'est par l'Association allemande, Paris, rue Villejust, que j'ai reçu votre adresse. Mlle me propose de m'adresser directement à vous, Madame, à cause de la place d'une dame allemande pour votre fille

Fig. 425. — Écriture massuée, inhibée, lente, hésitante suspendue, étrécie, grossissante

Salut et Considération

Fig. 426. — Écriture nourrie, résolue, gladiolée, signature en massue

disparaissent rapidement. L'avenir est sombre pour les jeunes gens qui ne parviennent pas à développer chez eux l'ordre, et sa qualité élémentaire, la propreté.

C'est chez les aliénés que l'on observe la proportion la plus forte d'écritures sales ; chez les gâteux et à une certaine période de la paralysie générale, c'est la règle. Puisque la malpropreté habituelle souligne les pires déchéances, on peut la considérer comme un vice tragique.

L'ÉCRITURE MASSUÉE *(Genre Pression)*

Synonyme : épaissie. — Antonymes : acérée, gladiolée

Les finales de lettres ou de mots qui s'épanouissent brusquement en s'élargissant, caractérisent l'écriture massuée, qui reproduit la forme d'une massue. Par la brutalité de l'arrêt, c'est une variété très significative des mouvements inhibés. La force du coup de frein se mesure à l'épaisseur de la massue, et le refrènement fréquent témoigne du bouillonnement constant des passions que l'on cherche à refréner. Le caractère des gens qui ont l'écriture massuée est tout à la fois violent, déplaisant, et malheureux par la contrainte qu'ils s'infligent afin d'obtenir un certain équilibre dans leur conduite. Indice de faiblesse et d'asservissement, l'écriture systématiquement massuée se conjugue naturellement avec tous les signes de la débilité ; il est habituel qu'elle soit confirmée dans ce sens par d'autres indications : dans la fig. 425, la misère du caractère est rendue indiscutable par la lenteur, l'étrécissement, le curieux tracé suspendu des *d*.

Quand la massue n'apparaît que dans la signature, elle échappe aux appréciations péjoratives ; sa présence isolée témoigne seulement d'un sérieux pouvoir d'inhibition. Par exemple, fig. 426, l'écriture de Chappe d'Auteroche, astronome français, nourrie et résolue, dénote un milieu de qualités solides. Si le gladiolement apparaît, c'est que Chappe commence ses mots avec des lettres de 4 mm ; il voit trop grand pour commencer et diminue son effort. Un renoncement explicable n'est pas débilité. Au reste, il ne s'agit ici que d'une formule de politesse dont le tracé enregistre souvent un sentiment de laisser-aller.

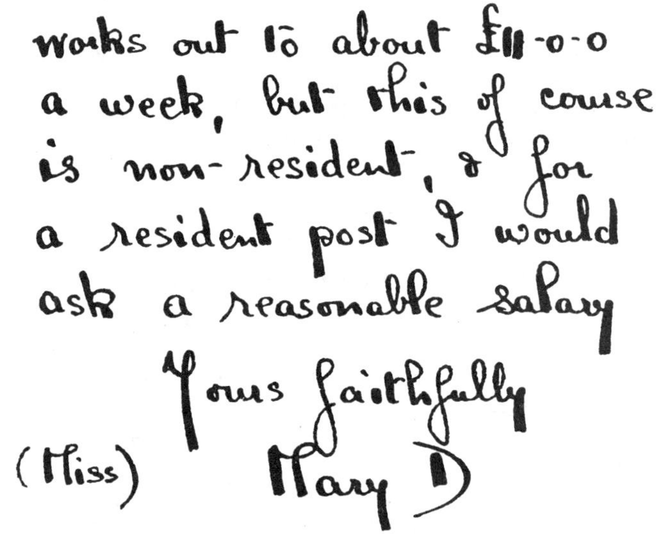

Fig. 427. — Écriture exagérément massuée, lourde, arrondie renversée, en relief, limpide, mais juxtaposée, lente, monotone

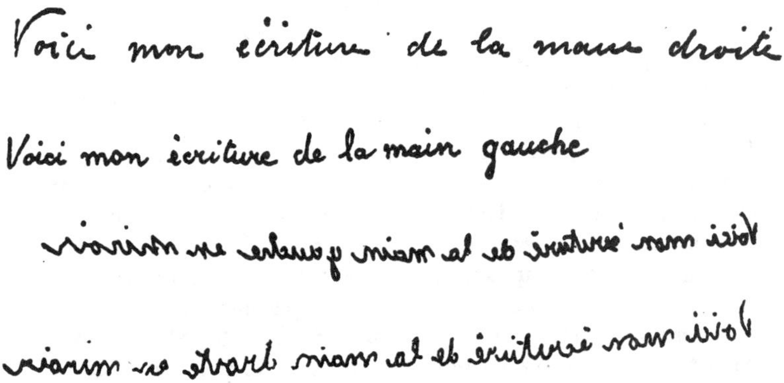

Fig. 428. — Écritures en miroir

Dans la fig. 427, l'inhibition la plus fâcheuse est évidente. L'écriture est exagérément massuée, lourde, lente, monotone, renversée ; sans doute, elle est limpide, mais sans le concours de l'activité, la clarté ne révèle que l'impuissance d'une nature souvent honnête, mais pauvre de moyens intellectuels. Les discordances et les inhibitions gâtent le tout.

L'ÉCRITURE EN MIROIR *(Genre Forme)*

Synonyme : renversée. — Antonyme : de gauche à droite

Chez les hémiplégiques droits on rencontre souvent un trouble particulier de l'écriture que Buchwald, en 1878, désigna sous le nom d'*écriture en miroir*[1]. C'est une écriture complètement renversée, comme celle qui est tracée sur la pierre lithographique. On la lit par transparence. Le Dr Erlenmeyer[2] émit l'opinion que l'écriture en miroir était un fait pathologique correspondant à une lésion cérébrale. Son mémoire erroné eut l'avantage de provoquer un solide travail de notre maître, Karl Vogt, professeur à l'Université de Genève, qui fut publié en France[3]. Il démontra que l'écriture en miroir est l'écriture normale de la main gauche. Le mode d'écriture n'a pu être déterminé par aucune raison physiologique ; il a été transmis héréditairement par l'habitude et conservé par nécessité conventionnelle. La prédominance de la main droite est donc un fait d'éducation, peut-être favorisé, selon Gratiolet, par le développement plus précoce de l'hémisphère gauche du cerveau.

Le Dr Martial Durand[4] conclut, à la suite d'expérience, qu'il serait tout aussi faux, dans un cas d'aphasie avec écriture en miroir, d'y voir soit un simple fait normal, soit un phénomène absolument pathologique. « L'écriture en miroir est l'écriture physiologique pour la main gauche ; mais dans bien des cas, il

1. Buchwald, Spiegelschrift bei Hirnkranken (*Berl. Klin. Wochens chrift*, n° 1, p. 6, 7 janvier 1878).
2. Erlenmeyer, *L'Écriture, traits fondamentaux de sa physiologie et de sa pathologie.*
3. Karl Vogt, L'écriture considérée au point de vue physiologique (*Revue scientifique*, 1880, n° 52).
4. Dr Martial Durand, *Journal de Médecine de Bordeaux* (décembre 1881).

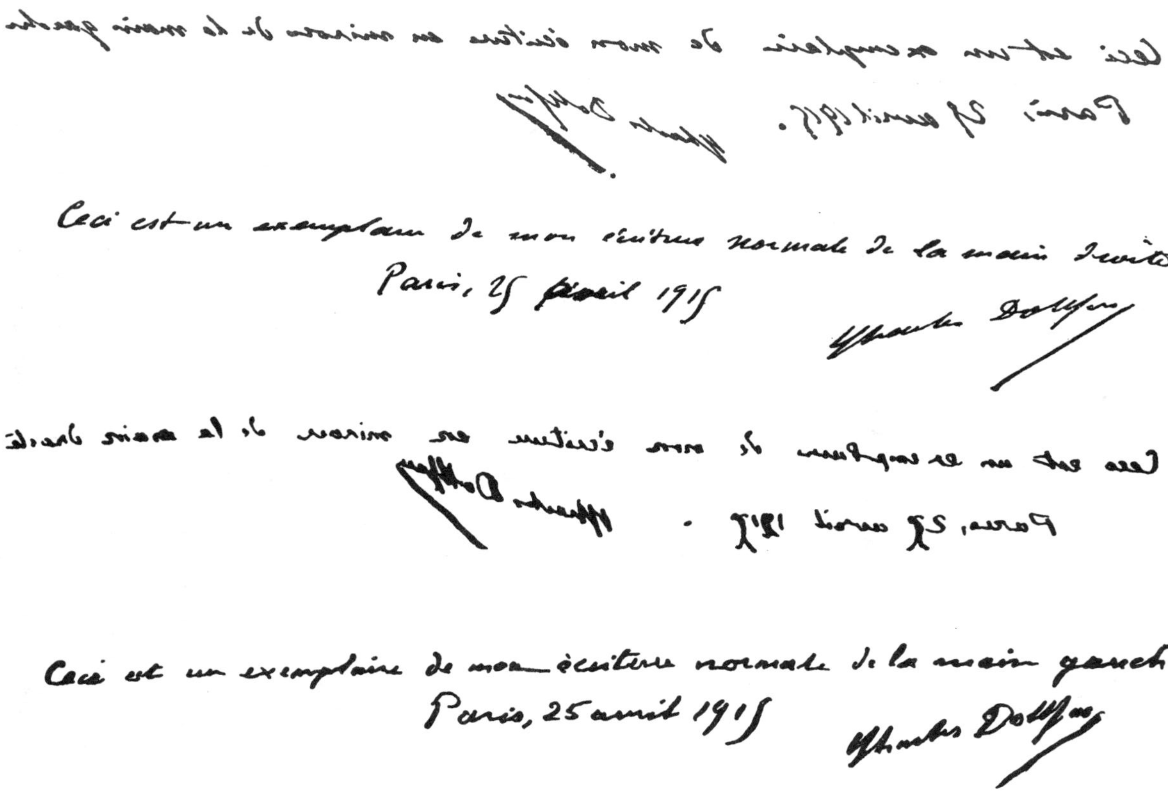

Fig. 429. — Écritures en miroir

lui faut le secours d'un fait pathologique pour lui permettre de se manifester. »

Tel est encore aujourd'hui l'état de la question.

L'écriture en miroir est une variété pathologique de l'écriture à rebours. Le Dr Durand a précisé qu'elle est produite par les mêmes contractions musculaires que l'écriture ordinaire.

Les documents que nous produisons (fig. 428 et 429), sont dus à des scripteurs non exercés ; ils démontrent, sans qu'il soit besoin d'argumenter, que le graphologue peut interpréter les écritures en miroir au même titre que les autres[1].

L'ÉCRITURE MOLLE *(Genre Pression)*

Synonyme : inconsistante. — Antonymes : rigide, ferme, rapide

On reconnaît l'écriture molle à ses courbes accusées jointes à un tracé lent.

L'écriture molle se prête à une multitude de combinaisons ; les plus habituelles et les plus fâcheuses tout à la fois, sont avec les tracés lâchés, monotones, pâteux et flous.

L'écriture molle annonce la dominance du tempérament lymphatique ; elle signifie lourdeur, inactivité, paresse, indifférence. Cette énumération dit assez que la mollesse est une qualité négative ; toutefois, si elle est associée à un esprit droit elle fournit des caractères sociables, doux, patients et fidèles.

Les défauts les plus redoutables chez les gens mous sont le laisser-aller et l'entêtement. Le laisser-aller résulte de l'écriture molle avec les écritures lâchée ou négligée ; il conduit très loin les gens mous parce qu'ils n'ont pas le moyen de se redresser. Tout dépend de leurs qualités foncières. D'une part ils se perfectionnent difficilement, d'autre part, avec de mauvais exemples, ils dégénèrent très vite. Heureux les pauvres mollasses qui sont protégés dans un milieu honorable ; ils vivent paisiblement sans se douter des déchéances qui les guettent !

Tous les gens mous sont entêtés ; la faiblesse de leur énergie les porte naturellement à dire non à tout ce qu'on leur propose

1. Certains enfants, droitiers, tracent instinctivement l'écriture en miroir. Tous les cas observés avaient une hérédité très chargée. (A. L.)

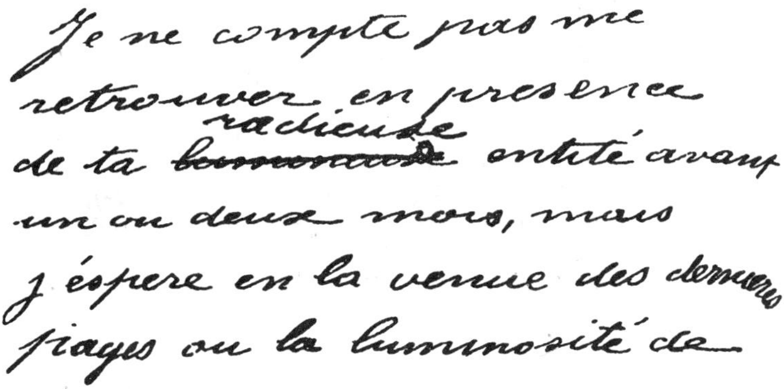

Fig. 430. — Écriture molle, arrondie, lente, négligée, simple inconsistante, pâteuse, vulgaire

pour peu que cela les entraîne à accepter un rôle actif. Si l'on insiste, on voit se dérouler des scènes imprévues : le placide apparemment malléable révèle une force de résistance inouïe ; tous les efforts pour le convaincre se brisent contre son opiniâtreté ; pour dire non il met en jeu des qualités puissantes de résolution que nul ne soupçonnait. Chez les moins intelligents, les résistances deviennent irréductibles ; nulle raison ne les touche, ils sont absurdes. Ils fournissent, en particulier, des exemples extraordinaires de susceptibilité et de bouderie quand leur amour-propre est en jeu.

On se doute du retentissement d'un tel état d'esprit sur les

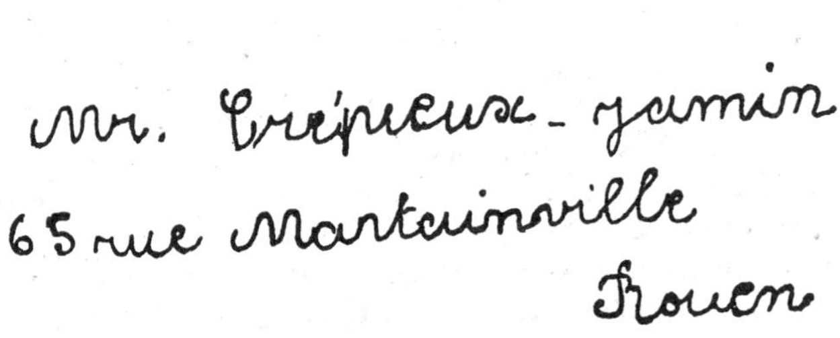

Fig. 431. — Écriture molle, très grossissante arrondie, à reprises, lente, basse

passions : quand un être mou et peu intelligent s'égare, il va au fond de l'erreur et de la stupidité.

L'écriture anguleuse est l'antonyme de l'écriture molle. Cependant, il n'est pas rare de rencontrer quelques angles aigus dans cette dernière, immuablement fixés à la base des *t* et des *v*, qui expriment dans les écritures anguleuses l'entêtement et l'aigreur. Cette malheureuse conjonction dont nous donnons un exemple fig. 473, produit un caractère très déficitaire, contradictoire et hargneux. N'est-ce pas beaucoup pour une seule personne ? Se rendant insupportable aux autres, la scriptrice, une jeune fille de 20 ans, ne trouve pas le bonheur sur son chemin. Les dernières lignes de notre exemple en font foi. Mais la guigne n'a rien à faire ici ; avec plus de bonne volonté, les difficultés de sa vie disparaîtraient.

La fig. 430 reproduit l'écriture molle, grasse et négligée d'un garçon de 25 ans. Il est insouciant, nonchalant et désordonné. Le courage lui manque pour mettre les accents. Quoiqu'il ne soit pas sot, il a échoué dans une situation tout à fait subalterne.

La jeune fille de 19 ans qui a tracé l'écriture molle, très grossissante, arrondie, à reprises, lente, basse, de la fig. 431, est heureuse parce qu'elle n'a presque rien à faire et aucune responsabilité. Elle a neuf ans d'âge de culture graphique et de développement intellectuel. Son plus grand bonheur est de dormir. Tous les gens mous ne sont pas aussi innocents. Elle devrait aller vivre en Nouvelle-Calédonie où l'idéal de la vie, d'ailleurs réalisé par les jeunes filles canaques, est de *minger*, *chinter* et *réposer*.

L'ÉCRITURE MONOTONE *(Genre Continuité)*

Synonymes : uniforme, sans vie, automatique

Antonymes : variée, nuancée, inégale

La monotonie de l'écriture consiste dans le manque de diversité dans les tracés. Elle est occasionnellement causée par la copie de documents, surtout s'ils n'ont aucun intérêt pour le copiste, ou pour le découragement et l'ennui passagers. L'énoncé de la cause dit assez la faible signification que cela mérite. Mais l'écriture habituellement monotone révèle un état d'apathie,

d'indolence, d'ataraxie, de relâchement, de stupeur, selon les cas, qui est incompatible avec une physiologie normale. En effet, on l'observe couramment dans les maladies mentales que caractérise une diminution plus ou moins profonde de l'attention, de la sensibilité ou de la volonté, dans l'idiotie, l'imbécillité, la

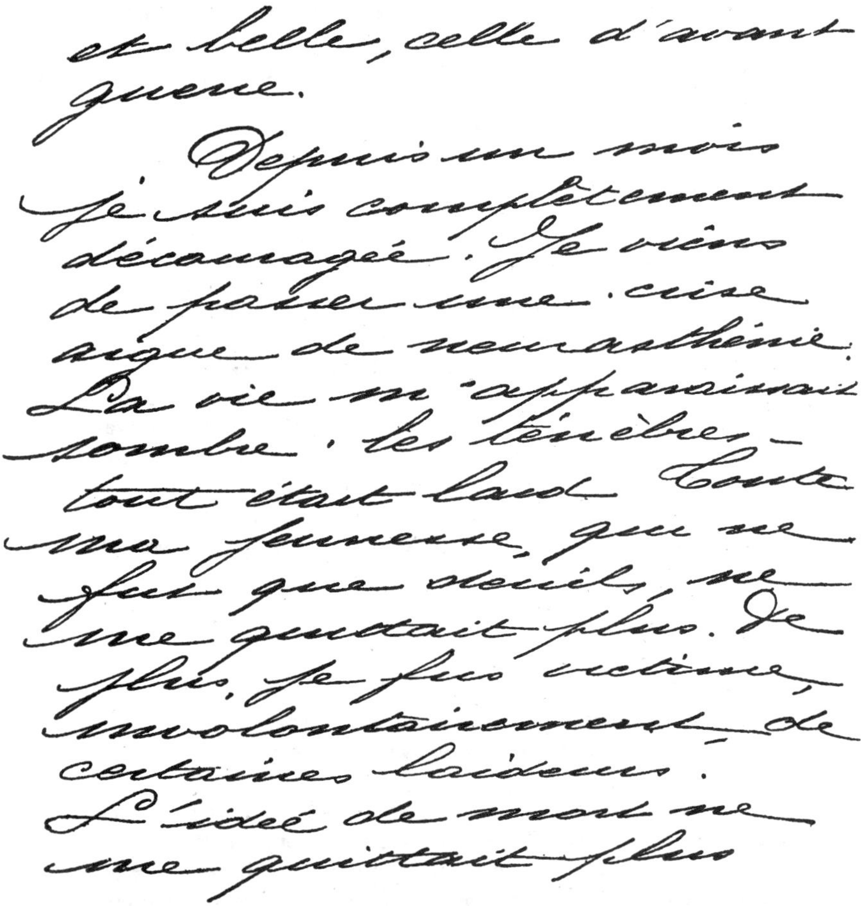
et belle, celle d'avant guerre.
Depuis un mois je suis complètement découragée. Je viens de passer une crise aiguë de neurasthénie. La vie m'apparaissait sombre, les ténèbres, tout était laid. Toute ma jeunesse, qui ne fut que deuils, ne me quittait plus. De plus, je fus victime, involontairement, de certaines laideurs. L'idée de mort ne me quittait plus

Fig. 432. — Écriture monotone, automatique, grande gladiolée (4 à 2 mm), lancée au début des lignes inclinée à 26°, centrifuge

démence précoce, la paranoïa, les états mélancoliques, les asthénies et les neurasthénies, l'automatisme mental, l'épilepsie, etc. Nous devons nous borner à ces indications dont le développement ne saurait rentrer dans le cadre de notre ouvrage. Mais le graphologue peut, sans danger, anticiper sur le résultat des études futures, en appréciant l'écriture habituellement monotone comme dénotant un déficit psychique. Vie et monotonie s'opposent comme la joie à l'ennui[1].

Le Dr Rogues de Fursac, dans son beau livre sur les *Écrits et les dessins dans les maladies nerveuses et mentales*[2], observe que, chez les mélancoliques, « la forme des lignes est souvent droite, quelquefois ondulée ; leur direction généralement horizontale, rarement descendante, comme on serait en droit de le supposer, si les lois de la graphologie étaient applicables aux écrits pathologiques ». Mais la graphologie n'est pas en défaut. La grande dépression, à un certain degré, paralyse les expressions motrices jusqu'à ne permettre que la répétition des mêmes lettres (stéréotypie), et même rend impossible toute expression graphique chez les cyclothymiques, dans la période ultime de dépression. Dans ces cas-là, l'écriture monotone, forcément réduite dans ses expressions, inscrit les réactions de ce qui subsiste à la surface de la personnalité. En d'autres termes, nos interprétations sont modifiées par les causes indifférence ou stupeur ; dans ces états, la sensibilité du malade étant obnubilée, on ne peut pas reprocher à la graphologie de ne pas révéler des sentiments et des images qui sont effacés chez le scripteur[3].

Voici, fig. 432, l'écriture monotone d'une neurasthénique âgée de 40 ans environ. Le texte de son écrit est significatif ; la régularité automatique du tracé ne l'est pas moins.

Dans la fig. 433, la monotonie est due à une inhibition systématique ; la scriptrice la renforce volontairement ; elle joue une partie dangereuse. Quand on rétrécit ses horizons sous le masque de la prudence, en étouffant tout allure spontanée, le caractère

1. Cf. *Cours supérieur de graphologie*, André Lecerf, *loc cit.*, p. 136 et suiv.

2. P. 220, Masson & Cie, édit. à Paris.

3. Depuis Rogues de Fursac, la graphologie s'est appliquée aux écritures des malades mentaux : cf. Dr Streletzki, *Dict. Encyclop.*, E. Quillet, 1938, et A. Lecerf.

ne tarde pas à tourner à l'aigre. L'écriture est compassée, contrainte, affectée ; c'est une femme du monde qui se croit bien élevée ; mais elle est sans esprit, terne, ennuyeuse.

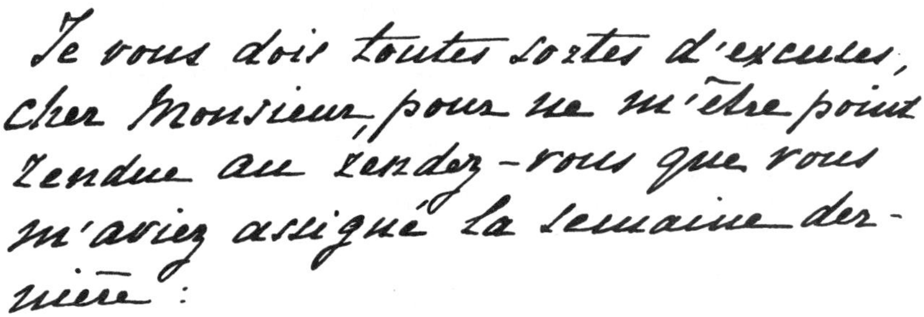

Fig. 433. — Écriture monotone, inhibée, plate, gladiolée, lente contrainte, anguleuse, horizontale, sobre, retenue

L'ÉCRITURE MONTANTE *(Genre Direction)*

Synonyme : ascendante. — Antonyme : descendante

Une écriture est montante quand elle perd son horizontalité pour s'élever de gauche à droite.

Il y a une cause accidentelle de la direction ascendante de l'écriture : le papier mal placé. Mais le graphologue expérimenté voit, à la discordance des mouvements (par exemple dans l'association des tracés lents et de la direction très montante), qu'il est besoin de comparer le document à un ou deux autres. Ce contrôle est d'ailleurs utile dans tous les cas, parce que la cause normale de l'écriture montante, la dynamogénie, est soumise à des influences très variables et fugitives. D'une heure à l'autre certaines natures sensitives passent par les sentiments les plus divers, dont l'action sur la direction des lignes de l'écriture est à surveiller, à vérifier. La réaction délicate de l'écriture, devant les moindres émotions, n'est pas un obstacle à la graphologie ; au contraire, son expression fixée avec ses nuances est un précieux indice pour le graphologue, à la condition qu'il sache assez bien son métier pour se méfier d'un seul document, surtout quand il s'agit des expressions les plus instables du caractère : la tristesse et la joie, inconsistantes par définition.

Une écriture légèrement et habituellement montante dit l'optimisme, l'amour de la vie, l'entrain, la bonne humeur, une activité régulière, l'esprit d'initiative. Au-dessus de 8 à 10°, nous entrons dans le domaine de l'écriture lancée ; les significations

Fig. 434. — Signature très montante (40°), surélevée, étalée soulignée, posée, disproportionnée

d'effervescence, d'ardeur, d'ambition, d'enthousiasme, de passion, d'excitation, sont à choisir selon le milieu et le degré. Mais au delà de 14 à 15° l'équilibre du caractère est compromis ; on entre dans l'exagération ; les significations d'orgueil excessif, d'agitation frénétique, d'emballement, d'emportement, sont à envisager.

Il faut cependant modérer ses appréciations quand on n'a sous les yeux qu'une signature : il est parfois malaisé de démêler le sentiment qui a fait naître le mouvement outrancier d'une signature montante à 20, 30 ou 40°. Cependant, il résulte de nos observations sur des feuilles de présence, dans des grandes admi-

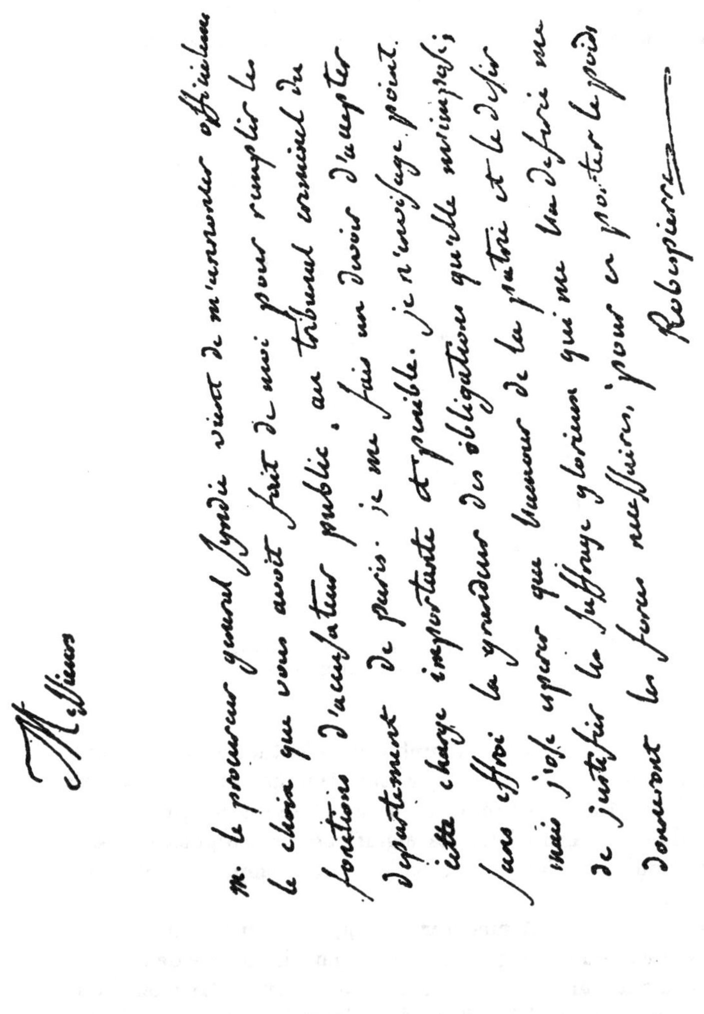

Messieurs

M. le procureur general syndic vient de m'annoncer officiellement le choix que vous avez fait de moi pour remplir les fonctions d'accusateur public au tribunal criminel du departement de paris. je me fais un devoir d'accepter cette charge importante et penible. je n'envisage point sans effroi la grandeur des obligations qu'elle m'impose; mais j'ose esperer que l'amour de la patrie et le desir de justifier les suffrages glorieux qui me l'ont deferé me donneront les forces necessaires pour en porter le poids.

Robespierre

Fig. 435. — Écriture de plus en plus montante (2 à 5°, à la fois saccadée et très contenue simple, simplifiée, posée, ordonnée, barrée inutilement

nistrations, que les signatures très montantes qu'elles portent, en majorité, sont seulement un effet de précipitation et de négligence inconsidérée, si bien que les feuilles sont parfois remplies de taches, d'un aspect répugnant. Sur les feuilles de contrôle des coureurs à pied, ou à bicyclette, les signatures sont invariablement montantes autour de 15°, très rapides et inachevées, exprimant ainsi l'excitation qui accompagne les grands efforts physiques, et l'insouciance des formes. Dans tous ces cas, le papier mal placé joue un rôle considérable ; les signatures sont jetées, plutôt que données, sans aucun souci d'ordre.

Notre exemple d'écriture emportée, fig. 247, montante de 22 à 25° selon les lignes, se passe de commentaires ; son agitation est insolite.

La signature exagérément montante de la fig. 434, à 40°, est placée au bas d'un acte, ce qui en atténue le sens, mais elle est immodérément surélevée, soulignée, étalée ; ce n'est pas l'effet d'une surprise, car elle est presque posée. Il est impossible d'orienter la signification d'une telle signature vers une paisible modestie.

L'écriture de Robespierre, dans la fig. 435, est simple, simplifiée, ordonnée, compassée, retenue. Le document est probablement une copie. Les saccades fixées aux *s* minuscules, et la direction nettement ascendante, 2 à 5°, trahissent une impassibilité de façade. Robespierre est très satisfait de sa nomination. le *M* de *Messieurs*, barré inutilement, révèle aussi l'aptitude à se contenir, en dépit d'un tempérament bouillant de sanguin. Le caractère est actif, ardent, ambitieux, doué d'une grande puissance d'inhibition, en dernière analyse, froidement résolu.

L'ÉCRITURE MOUVEMENTÉE *(Genre Vitesse)*

Synonyme : animée. — Antonymes : contenue, retenue

L'écriture mouvementée, du genre vitesse, est caractérisée par la prestesse et la mobilité du tracé qui soulignent toutes ses expressions. L'écueil de la grande animation est l'agitation.

Entre deux écritures également rapides, la plus sobre l'emporte toujours, comme qualité, sur la plus mouvementée. Toutefois, quand l'écriture mouvementée n'est pas associée à la

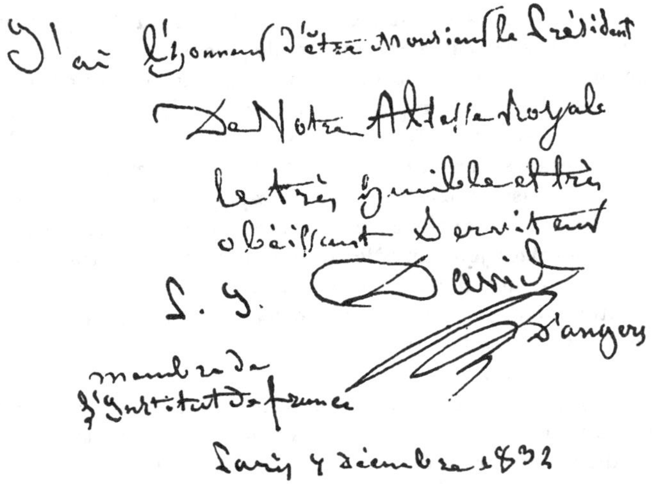

Fig. 436. — Écriture très mouvementée, inégale de dimension nuancée, saccadée, accélérée, légèrement renversée

complication, ou à l'exagération, elle est un très bon signe d'activité. Sa plus grande valeur réside dans ses modes discrets, et la plus qualitative de ses expressions correspond à des inégalités générales fréquentes et mesurées, notamment dans le changement de direction des lettres, qui est tout à la fois un excellent signe d'imagination et d'activité.

Les tracés progressifs (tendance à diriger tous les mouvements vers la droite) ; les liaisons imprévues pour faciliter la

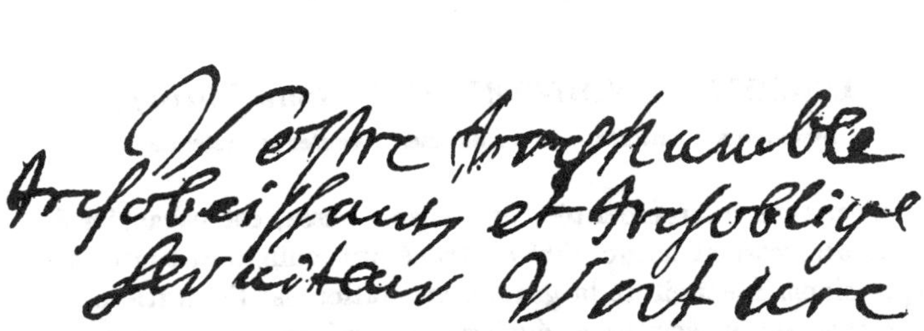

Fig. 437. — Écriture mouvementée, grande, liée, simple simplifiée, aisée, rapide, arrondie, nourrie, serrée

vitesse ; les lignes ascendantes ; enfin, un lancement modéré, concourent à donner à l'écriture mouvementée toute sa valeur.

On ne confondra pas l'écriture mouvementée avec celle à grands mouvements étendus qui appartient, selon les cas, au genre *Forme* ou au genre *Dimension*[1].

L'écriture du statuaire David d'Angers (fig. 436) est très mouvementée, très inégale de dimension, nuancée, saccadée ; elle exprime une vie intense, une imagination féconde, une activité fébrile, mais ordonnée.

Vincent Voiture (fig. 437) a l'écriture mouvementée, avec une amplitude de 2 à 4 mm pour les lettres intérieures, mais assez basse pour les lettres extérieures ; elle est vraiment belle par son animation mesurée, aisée ; grâce à ses liaisons, à sa simplicité, à ses simplifications, elle parvient sans peine à la rapidité. Sa dimension est compensée par une condensation générale des espacements. Enfin, le tracé nourri et arrondi témoigne d'une sociabilité parfaite. On comprend que Voiture ait fait les délices de la Cour et de la ville.

Voici une écriture mouvementée féminine (fig. 438). Elle est de la comtesse de Brégy.

Cette grande dame ne ménage pas les mouvements de sa plume ; elle suit sans contrainte ceux de son imagination. Tous les signes de son écriture concourent à nourrir sa véhémence : l'inégalité des dimensions, la direction ascendante, à 10°, les liaisons et les simplifications qui déterminent la rapidité du tracé. C'était une personnalité très remuante, enthousiaste et de grande franchise.

L'écriture de Napoléon Ier (fig. 89 et fig. 444), est avant tout riche de mouvements ; elle en parcourt toute la gamme active ; cependant, si c'est un exemple très démonstratif de l'Espèce qui nous occupe, il a quelque chose d'excessif qui le classe avec plus de précision dans les écritures agitées, précipitées, négligées, mais les résultantes donnent la haute supériorité.

C'est encore un magnifique exemple d'écriture mouvementée que celui de Fermat (fig. 445), avec tous les attributs d'une activité dévorante, associée à une puissance intellectuelle

1. Ces différences qui pourraient paraître spécieuses, sont indispensables pour pouvoir marquer les différences et les nuances si nombreuses du caractère humain. (A. L.)

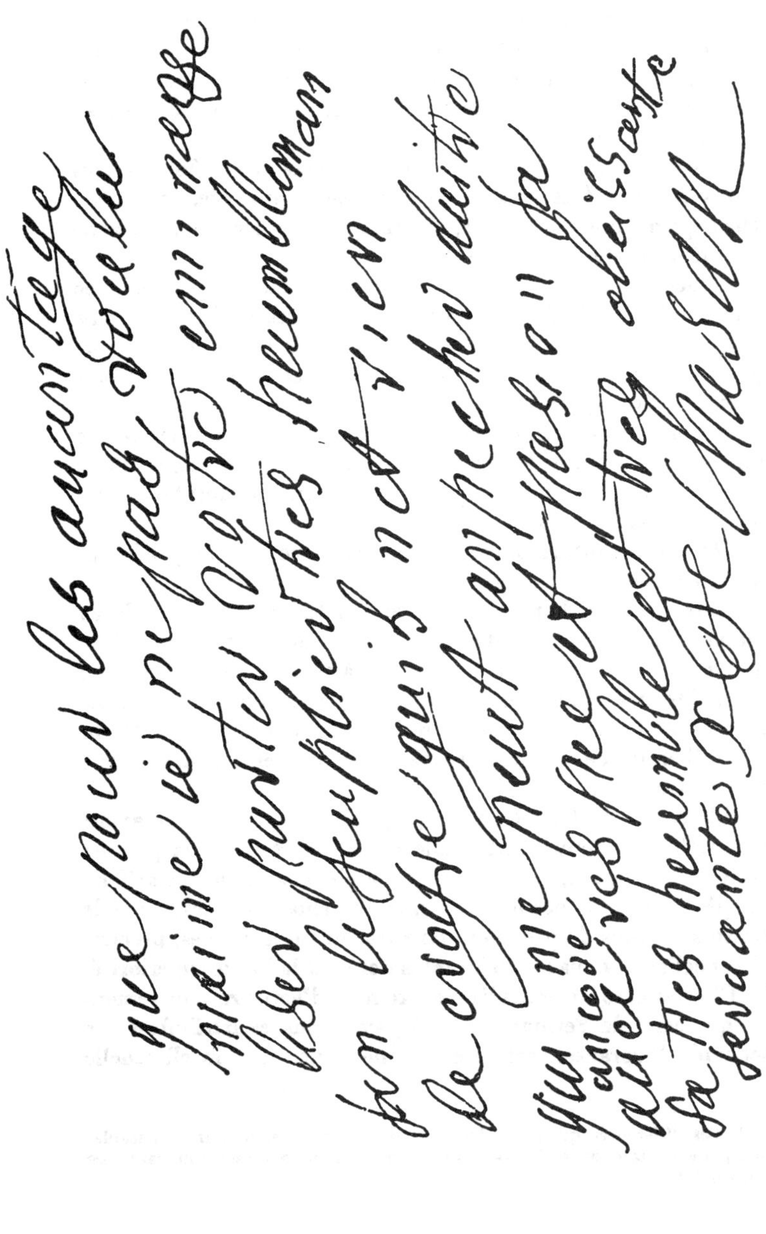

Fig. 438. — Écriture mouvementée, grande et très inégale de dimension et de direction, claire, liée, simplifiée rapide, montante, plongeante à la fin des lignes faute de place

incomparable. Mais tant de fougue entraîne aussi à la négligence de tout ce qui n'est pas l'objet de la passion du moment, et c'est sous cet aspect que nous étudierons l'écriture de Fermat.

L'ÉCRITURE A GRANDS MOUVEMENTS ÉTENDUS

(Genre Dimension ou Forme)

Synonyme : largement développée
Antonymes : étrécie, étriquée, petite

L'écriture à grands mouvements étendus est celle qui majore, plus ou moins, les dimensions, et les mouvements normaux. Son observation est particulièrement aisée dans les majuscules et les finales. Elle exprime le besoin d'une extériorisation continuelle, comme chez les sanguins.

Il faut distinguer entre les grands mouvements inharmonieux ou harmonieux ; les premiers sont du Genre Dimension et les autres du Genre Forme ; nous allons l'expliquer.

Les grands mouvements inharmonieux et lancés représentent les gestes préférés des faiseurs d'embarras, gens médiocres qui ne veulent pas être oubliés, et sont la soupape de sûreté des véhéments de toutes les catégories d'inférieurs. Comme ces grandes manifestations impulsives s'agrémentent habituellement de complications et d'inhibitions, ils ne réalisent qu'une petite vitesse de tracé, malgré les évolutions bouillonnantes de la plume. Nous en avons un très bel exemple dans la fig. 250, écriture d'un bavard insupportable, à l'imagination déchaînée.

L'extension et la complication d'un geste ne favorisent pas sa rapidité, quelle que soit son animation apparente ; c'est pourquoi les grands mouvements inharmonieux, même lancés, n'ont qu'un rapport illusoire avec le Genre Vitesse. Le sanguin vulgaire ne cherche qu'à se répandre, il agit avec de grands gestes pour le plaisir d'agir et son écriture dit seulement son effervescence ; elle ressort au Genre Dimension.

Les grands mouvements harmonieux ont un sens et une valeur très différents ; ils ne répondent pas au désir d'augmenter la vitesse, comme dans l'écriture mouvementée, ni aux grands étalages de gestes, impulsifs et sans grâce de l'écriture aux

Fig. 439. — Écriture à grands mouvements, grande, saccadée aux jambages prolongés surélevée, arrondie, gonflée, très nourrie

grands mouvements étendus des inférieurs ; ils visent parfois, avec leurs courbes élégantes et développées, comme dans les volutes, à l'agrément de la forme, à sa représentation le plus esthétique. C'est un signe d'imagination créatrice et parfois de sentiment du beau qu'on rencontre assez souvent dans l'écriture des grands artistes.

Le cardinal de Boisy, légat du pape (fig. 439), a une écriture à grand mouvements courbes et aux jambages gonflés et prolongés. Son imagination et son orgueil vont de pair, l'un soutenant l'autre. C'est un sanguin qui s'extériorise avec passion et bonhomie. Il n'est pas fin et ne vise pas à l'être, mais sa culture

Fig. 440. — Signature mouvementée à froid
liée, compliquée, combinée, surélevée, gonflée, étalée

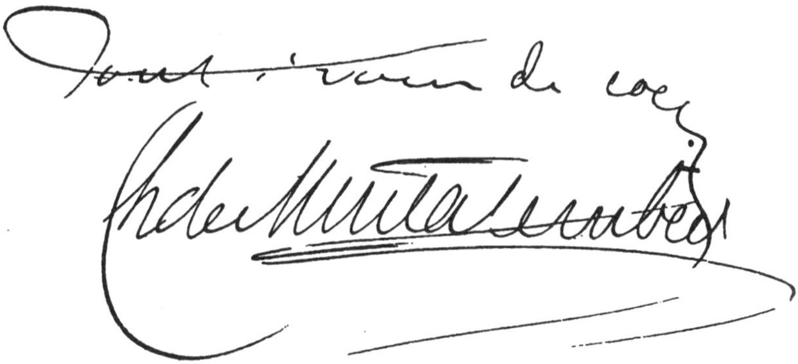

Fig. 441. — Écriture à grands mouvements étendus
très rapide, lancée, arrondie, sinueuse

Fig. 442. — Signature et paraphe surélevés, à grands mouvements exagérés et lents

est solide et il faut compter avec lui, qu'il soit ami ou adversaire, car il ne se présente pas à l'approbation d'autrui, il s'impose énergiquement, avec des gestes amples et impératifs.

Tout autre est l'abbé de Louvois, de l'Académie française, dont l'écriture (fig. 440) est à grands mouvements étendus. Les dimensions relatives de ses traits sont intéressantes à noter : en dehors de ses exercices aériens, il est assez froid. L'écriture est liée, compliquée, combinée, surélevée, gonflée, étalée. C'est un habile homme, machinateur d'intrigues, poussé par son ambition, servi par une imagination vive et souple.

Les grands mouvements étendus sont si expressifs de la vitalité du caractère qu'ils dessinent, pour ainsi dire, la personnalité. Par exemple, le comte Ch. de Montalembert, avec son écriture harmonieuse, à grands mouvements, très lancée, arrondie, sinueuse, nous apparaît, en une minute, tel que l'histoire de sa vie le représente : très en dehors, aimant à se mettre en avant, débordant d'activité et d'imagination. Mais ses grands mouvements brisent ses élans ; il gesticule trop (fig. 441).

Entre deux hommes de mérite, le moins puissant est toujours celui qui se répand le plus en gestes et en paroles.

Le duc d'Albe (fig. 442), possède une signature très surélevée, à grands mouvements étendus, avec un paraphe également surélevé, d'un développement exagéré et lent. L'orgueil, l'exagération et la lenteur, voilà une association inquiétante. Il aurait été impossible de prédire, mais on ne sera pas étonné d'apprendre que le duc d'Albe, général des armées de Charles Quint, s'est rendu tristement célèbre par ses violences et ses cruautés dans les Pays-Bas (angles supérieurs, lancement vers le bas).

Les grands mouvements étendus et inharmonieux de la fig. 443, exagérés, gonflés, surélevés, étalés et centripètes, sont pratiquement lents ; ils expriment une fatuité peu commune, un esprit lourd et grotesque. Sans doute, ce caractère a de la culture et un certain ordre, mais l'exagération et l'orgueil, à ce degré, sont des désordres que rien ne rachète.

Fig. 443. — Écriture à grands mouvements étendus et lents, inharmonieuse, exagérée, gonflée surélevée, étalée, centripète, lourde

L'ÉCRITURE NATURELLE *(Genre Forme)*

Antonyme : déguisée

> Le savant professeur d'Upsal, M. Bergman, écrivait à M. de Morvan, dans les derniers temps de sa vie : « Ne faites grâce à aucune dénomination impropre. Ceux qui savent déjà entendront toujours ; ceux qui ne savent pas entendront plutôt. »
>
> LAVOISIER,
> *Traité de chimie*, t. I, p. 26.

Une écriture est naturelle quand elle répond sincèrement aux qualités foncières on acquises du scripteur.

On en fait habituellement grand cas, comme d'une vertu rare. Ce n'est pas notre avis. Nous allons montrer qu'elle est répandue partout et sans titres de noblesse.

L'antonyme de l'écriture naturelle est l'écriture déguisée qui est éminemment circonstancielle et inusitée. On ne l'observe guère qu'à l'occasion de lettres anonymes et dans une très faible proportion du nombre de celles-ci. C'est qu'il n'est pas facile de transformer, de déguiser son écriture ; la plupart de ceux qui le tentent échouent ; les procédés puérils qu'ils emploient ne changent presque rien, pour un observateur expérimenté, à l'expression générale de leur écriture.

Examinons cependant le cas d'un homme qui se crée une écriture de toutes pièces pour la substituer durablement à la précédente. Il choisit des formes et des mouvements qui ne lui déplaisent pas trop, sans quoi ils lui deviendraient bientôt insupportables. A son insu, il les agence dans le cadre de ses qualités foncières. S'il persiste à employer le système qu'il a créé, il démontre la justesse de notre observation : l'invention qu'il a réalisée révèle ses tendances ; il les a satisfaites. Et si des maladresses ou des excès se sont glissés dans sa systématisation, qu'en advient-il ? Il rejette les uns et s'adapte aux autres ; peu à peu il se conforme aux tracés qu'il a choisis en rapport avec ses goûts et ses possibilités ; l'accord s'est établi entre le caractère et ses modes d'expression. Dans tous les cas, quel que soit le degré d'adaptation, l'écriture est devenue naturelle dans son ensemble, après avoir été choisie et modifiée.

Les mêmes faits se produisent dans le cas des écritures conventionnelles. Au début, à l'école, elles sont un déguisement imposé, une contrainte indiscutable. Mais en très peu de temps, ces écritures se modifient ; les scripteurs échappent à cette contrainte sans qu'aucune puissance ne parvienne à les en empêcher, et d'une façon si générale que, bien avant la fin des années d'étude, aucune de ces écritures ne ressemble à une autre. Il reste cependant des traces de leur commune origine, et ces traces elles-mêmes, qui sont différentes dans chaque écriture, en qualité et en quantité, représentent légitimement un côté naturel du caractère. Là aussi, les enfants se sont adaptés ; leur choix s'est exercé en repoussant ou en atténuant, selon leurs tendances, les formes qu'on leur a imposées. Les traits du caractère acquis sont donc aussi naturels que les traits du caractère foncier. On peut quelquefois les distinguer, mais en dernière analyse, s'ils diffèrent de valeur, ils ne représentent jamais une fausseté, encore moins un déguisement.

L'écriture naturelle est universelle. Appartenant à tout le monde, elle ne différencie personne. Dans son expression la plus pure, comme première *grande dominante* du caractère, par exemple, quelle est sa valeur ? Est-elle admirable ? Nous n'hésitons pas à dire que non. Elle est, au contraire, antisociale et pleine de dangers pour le scripteur lui-même. Le naturel, dans sa plus complète expression, est la qualité des primitifs, des inaptes et des niais. Si nous jetons un coup d'œil sur une collection d'autographes de gens tarés, que voyons-nous ? Ils n'ont que trop de naturel ; leurs instincts non disciplinés les ont faits ce qu'ils sont. L'homme civilisé, au contraire, corrige son naturel ; il doit sa supériorité à l'inhibition qui réprime ses mouvements par trop naturels, en bridant ses instincts. L'éducation n'est pas autre chose qu'une culture de l'âme, attentive à détruire les mauvaises herbes qui sont naturelles, pour avantager les bonnes qui ne sont pas des produits artificiels pour avoir reçu quelques soins. Il y a donc des artifices louables et sincères ; si l'on en découvre de mensongers dans l'écriture, ils ne compromettent que les qualités qu'ils représentent. C'est tout au plus un rideau de tulle sur une partie du caractère.

En somme, tout ce qui exprime la nature actuelle du caractère est naturel, le bon comme le mauvais, et le terme d'écriture naturelle peut disparaître sans inconvénient de notre classification. Mais après s'en être servi pendant si longtemps, il fallait donner les motifs de sa suppression.

Cependant, pour tenir compte de ce que chacun cherche à exprimer ou bien à comprendre avec ce mot vague, nous proposons de lui substituer la dénomination d'écriture spontanée, et mieux encore, si l'on vise la plus haute qualité, celle *d'écriture aisée*, ce terme exprime l'harmonie avenante d'un caractère bien évolué, développé sans tiraillements, sans contrainte, sans crispations, sans discordances ; il dit bien mieux la coordination non affectée du caractère que le terme d'écriture naturelle, s'appliquant à tout, et que les grossiers et les sots peuvent revendiquer à plus juste titre que les gens supérieurs.

Après ces explications, on comprendra que nous ne donnions pas d'exemple d'écriture naturelle. Sauf l'écriture déguisée de la fig. 203, toutes les écritures reproduites dans cet ouvrage sont naturelles. Pourquoi trouvez-vous celle-ci naturelle ? Parce qu'elle est simple ? Alors dites qu'elle est simple. Et pourquoi celle-là parce qu'elle est claire ? Bornez-vous à dire qu'elle est claire, etc. Mais, d'une écriture compliquée, par exemple, ne dites pas qu'elle est nécessairement artificielle, ce serait calomnier, dans bien des cas, de très braves gens qui, avec la plus grande sincérité, ne savent pas voir simple ce qui est simple. La complication cesse d'être innocente quand elle est voulue, affectée, systématisée, et nous revenons alors à l'écriture déguisée.

L'ÉCRITURE NÉGLIGÉE *(Genre Ordonnance)*

Synonyme : relâchée. — Antonymes : soignée, appliquée

L'écriture négligée manque de soin. Ses causes principales sont l'inattention, ou l'attention accaparée au profit d'une idée obsédante : l'indifférence, la paresse, la nécessité d'agir très vite.

La négligence se manifeste par des infractions aux règles de la calligraphie, c'est-à-dire par du relâchement dans la précision et la correction des formes. L'omission des accents et des barres du *t*, de tous les signes qui favorisent la lecture et la compréhension d'un écrit, compte parmi les meilleurs indices de la négligence ; elle est d'une observation aisée. Mais leur importance est déterminée par la répétition des déficits et l'association de ces derniers avec d'autres marques de négligence. La graphologie des petits signes non répétés est une dérision. Beaucoup

Fig. 444. — Écriture de Napoléon Ier, négligée par précipitation et agitation, descendante

d'hommes distingués simplifient leur écriture à outrance, les barres de *t* et les accents s'éclipsent devant la préoccupation du scripteur qui est d'exprimer sa pensée bien plus que de respecter les règles de la calligraphie.

L'écriture de Napoléon Ier (fig. 444 et fig. 89) est un modèle de négligence, et ce grand homme ferait ici une triste figure, sans la synthèse graphologique qui rétablit les valeurs proportionnelles ; dans le cas présent, la négligence s'efface devant une activité débordante et une intuition profonde. Napoléon avait un esprit de décision qui dépasse la compréhension du graphologue voué à un tableau des signes, et son orgueil, qui a fini par tout gâter, a cependant exalté, à un moment donné, la puissance de son génie[1].

La même observation s'applique à la personnalité et à l'écriture de Pierre de Fermat (fig. 445), célèbre mathématicien français que Pascal considérait comme le premier homme du monde : il a inventé le calcul différentiel et partagé avec Pascal, d'après Laplace, l'honneur de la découverte du calcul des probabilités (Larousse). De Fermat était si indifférent à tout, quand il était plongé dans ses calculs, qu'il négligea d'écrire ses découvertes et ses démonstrations. Son écriture, calligraphiquement laide, est animée d'un mouvement superbe et intense. Voici sa riche définition : négligée dans les formes, mais très mouvementée, lancée, précipitée, montante, très inégale de dimension, saccadée, liée, abrégée, simplifiée, semi anguleuse, là encore nous voyons le génie.

Et voici, fig. 446, l'écriture très négligée, traînante, sinueuse, lâchée, informe, d'un garçon de 16 ans ; il est dépourvu d'attention, paresseux, réalisant ainsi l'exemple parfait du négligent, dénué de toute qualité supérieure.

L'ÉCRITURE NETTE *(Genre Pression)*

Synonyme : précise. — Antonymes : floue, boueuse

Une écriture est nette quand ses contours sont sans bavures. Un tracé plus ou moins résolu élève sa qualité.

L'écriture hésitante n'est pas l'antonyme de l'écriture nette ;

1. Les autographes du lieutenant Napoléon Bonaparte étaient soignés et lisibles parce que son génie ne s'était point encore fait jour.

Fig. 445. — Écriture négligée dans ses formes, très mouvementée, lancée, précipitée, montante très inégale de dimension, saccadée, liée, abrégée, simplifiée, semi-anguleuse

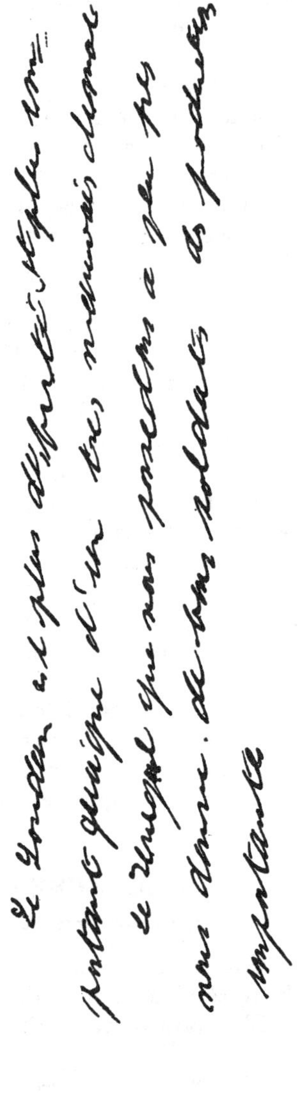

Fig. 446. — Écriture négligée par paresse, inorganisée, lâchée, saccadée, automatique, sinueuse, imprécise

sans doute, par ses reprises et sa lenteur, elle diminue la netteté, mais ce sont les tracés flous et confus qui sont les meilleurs antonymes des tracés nets.

La netteté provient aussi, pour une part, de la constance dans la direction de chacun des traits ; par exemple, le tremblement, qui affecte la direction, altère la continuité du trait et son impression de netteté.

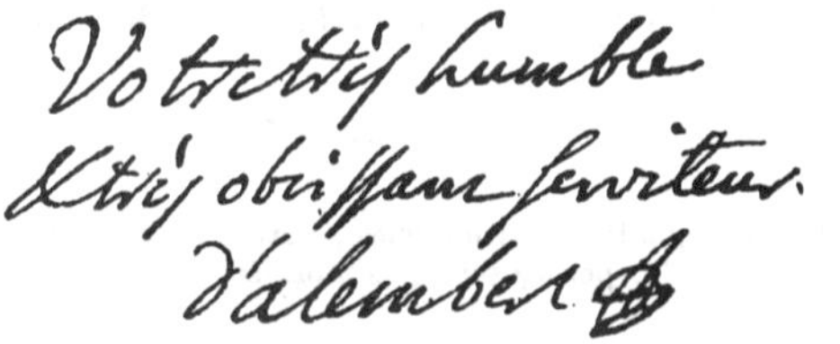

Fig. 447. — Écriture nette, claire, harmonieuse, homogène, liée simplifiée, aisée, combinée, rapide, inclinée, montante

Fig. 449. — Signature nette, claire, verticale simple et simplifiée, posée, jointoyée

La netteté du graphisme est une brillante qualité ; elle exige la précision et la fermeté des mouvements ; elle est intimement associée à la propreté, à la clarté, au relief ; peu d'Espèces ont une influence aussi avantageuse.

L'écriture de d'Alembert (fig. 447), offre un bon exemple de netteté ; elle est claire, harmonieuse, liée, simplifiée, aisée, combinée, rapide, inclinée, montante. Cet exemple est particulièrement saisissant ; il démontre qu'il suffit parfois d'un document de quelques lignes pour déterminer la valeur d'un caractère vraiment noble. Et parfois moins encore ! La signature de Rabelais[1] (fig. 448), nette, claire, verticale, simple et simpli-

1. L'une des plus *nettes* qui soient, malgré la plume d'oie à laquelle on a trop souvent et injustement imputé l'imprécision du trait.

fiée, posée, jointoyée, ne laisse aucun doute sur la haute supériorité du grand écrivain. Et à la seule vue de la signature de Backhuyzen (fig. 449), le célèbre peintre de marines de l'École hollandaise (1631-1709), la définition s'établit sans effort, tant les qualités sont précises ; elle est harmonieuse, nette, ferme,

Fig. 449. — Signature harmonieuse, nette, ferme, calligraphiée nourrie, posée, serrée, simplifiée, élégante

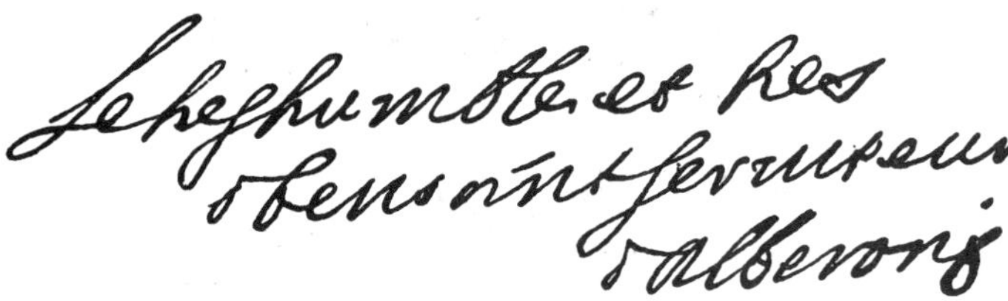

Fig. 450. — Écriture nourrie, liée, aisée, grande arrondie, simple, montante

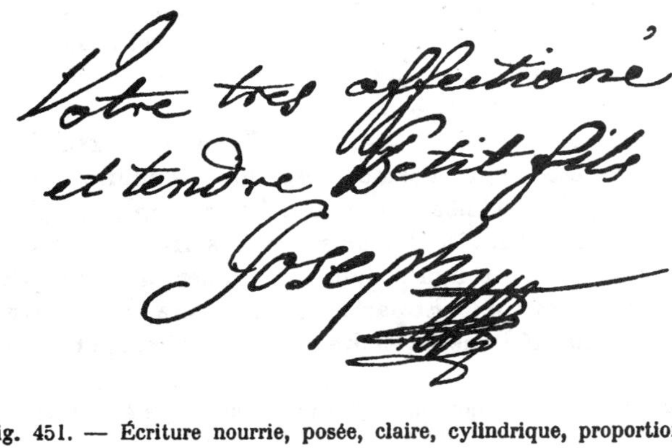

Fig. 451. — Écriture nourrie, posée, claire, cylindrique, proportionnée

nourrie, posée, serrée, simplifiée, élégante, calligraphiée. Mais quelle calligraphie !

Dans cette figure, comme dans les précédentes, la netteté rehausse toutes les autres caractéristiques ; pour apprécier son rôle considérable, imaginons que nos trois exemples soient d'une écriture baveuse : l'admiration s'écroulerait.

L'ÉCRITURE NOURRIE *(Genre Pression)*

Antonymes : maigre, légère

Un tracé, bien alimenté d'encre, avec des pleins d'environ 1/2 mm, constitue l'écriture nourrie. Le débit d'encre dépend avant tout de la pression exercée sur la plume ; les mains lourdes écrasent les plumes fines, les mains légères obtiennent des traits fins avec des plumes à gros bec ; cependant, l'influence de la plume est incontestable et doit être vérifiée par la comparaison de plusieurs documents. Nous ne supportons pas longtemps une plume qui ne s'accorde pas avec le degré de pression fixé par notre état organique, mais chacun n'a pas toujours en poche le stylographe de son choix.

L'écriture nourrie dénote une vitalité enviable ; à égale distance entre les tracés trop ténus des faibles et ceux trop épais des sensuels ou des malades, elle réalise un bon équilibre physiologique. Quant à son influence sur le caractère, elle est entièrement subordonnée au milieu ; mais c'est quelque chose que d'avoir pour soi un sérieux élément d'équilibre et de santé.

Le cardinal et ministre d'Espagne Alberoni (fig. 450) a une écriture nourrie, liée, aisée, grande, arrondie, simple, montante : une excellente définition ; grâce aux qualités qu'elle représente, simple fils de jardinier, il s'éleva aux plus hautes situations par sa souplesse adulatrice et sa verve spirituelle.

Joseph, le frère aîné de Napoléon Ier (fig. 451), a également une écriture nourrie, posée, claire, ordonnée, cylindrique, proportionnée, doucement inclinée, molle. Ce dernier trait gâte tout. Il ne rappela en rien son frère, et sa carrière a été des plus ternes.

L'ÉCRITURE NUANCÉE *(Genre Continuité)*

Synonymes : variée, inégale

Antonymes : monotone, automatique

Quand nous eûmes signalé l'Espèce saccadée, aux inégalités brusques, en la différenciant des petites et nombreuses inégalités qui sont la marque la plus qualitative de l'écriture inégale[1], Pierre Humbert nous proposa, pour ces dernières, l'expression

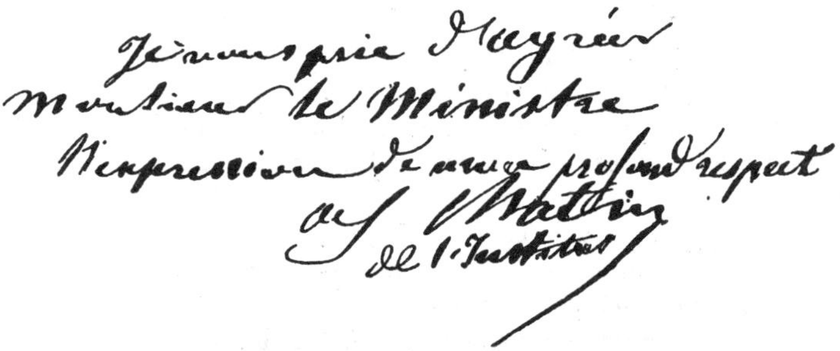

Fig. 452. — Écriture nuancée, en relief, lourde, montante centrifuge, arrondie, cylindrique, basse, serrée

très heureuse d'écriture nuancée[2]. « L'écriture paraît vibrer, dit-il, sous l'ardente vitalité de la plume. Elle se distingue par l'inégalité du calibre, de l'espacement et de l'inclinaison des lettres et des mots. Toutefois, le tracé reste régulier dans son mouvement d'ensemble, en ce sens que les inégalités se reproduisent dans le graphisme sous un rythme plus ou moins étendu. »

L'écriture nuancée révèle une organisation apte à ressentir des émotions nombreuses et mesurées. Les variations intellectuelles et morales produites par l'impressionnabilité du scripteur sont captées par le geste écrit dans leurs moindres détails, en rapport d'intensité avec les sentiments qui l'animent. C'est ainsi que la froideur momentanée, chez un émotif, s'exprime par une écriture régulière, sinon automatique, dans l'éventualité

1. *L'Écriture et le caractère*, 11e éd., p. 221.
2. *Théorie de l'expertise*, p. 24.

d'une copie de documents dépourvus d'intérêt, alors qu'une émotion vive fait tressauter sa plume et, débordant l'expression des simples nuances du sentiment, produit les saccades de la crainte, de l'irritation ou de la colère, selon les cas.

L'écriture nuancée est le plus parfait des indices de la sensibilité, bien supérieur à celui des inégalités à grand étalage.

Dans les variations d'une phrase à l'autre de cette Espèce d'écriture, un graphologue expérimenté lit, comme dans un livre ouvert, la pensée du scripteur.

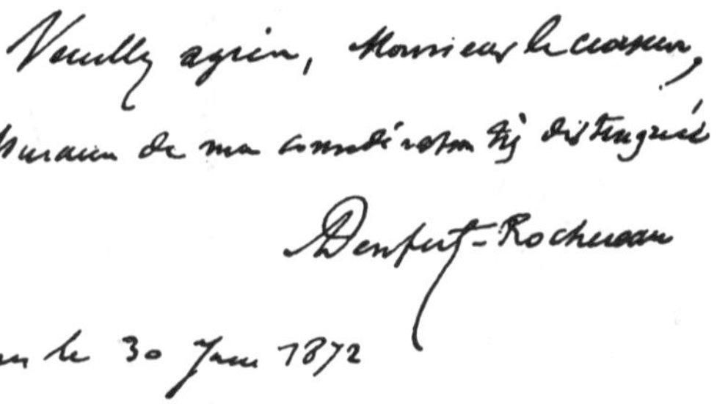

Fig. 453. — Écriture nuancée, très simple, petite, alerte, sobre légère, plate, imprécise, sinueuse, gladiolée, espacée

Adolphe Chatin, le grand botaniste français qui avait la main lourde, au propre et au figuré, était cependant un émotif ; il gagnait à être connu et possédait des trésors de sensibilité[1]. Son écriture (fig. 452) est expressive à un haut degré ; en analysant ses inégalités si variées, on découvre que la formule de politesse qu'il emploie n'est pas froide, mais sincère et vivante.

Le colonel Denfert-Rochereau est nerveux et impatient, tout au moins dans le fragment que nous reproduisons fig. 453 ; cependant, son écriture nuancée, très simple, petite, alerte, imprécise, gladiolée, sinueuse, se prête aux expressions délicates de la pensée ; son esprit est pénétrant.

Avec l'illustre graveur Gravelot (fig. 454), et Charrier de La Roche évêque de Versailles (fig. 455), nous observons les inéga-

1. Très inégale dans tous les *Genres*, remarquer l'élancement de l' « r » de « Monsieur » et la finesse du trait. (A. L.)

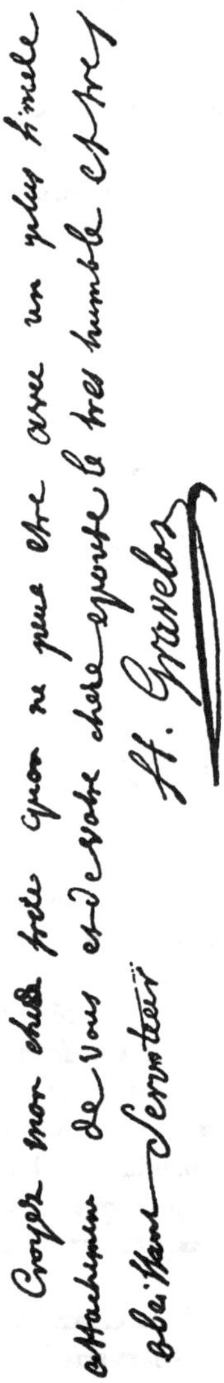

Fig. 454. — Écriture très nuancée, simple, liée, accélérée, très sobre, arrondie

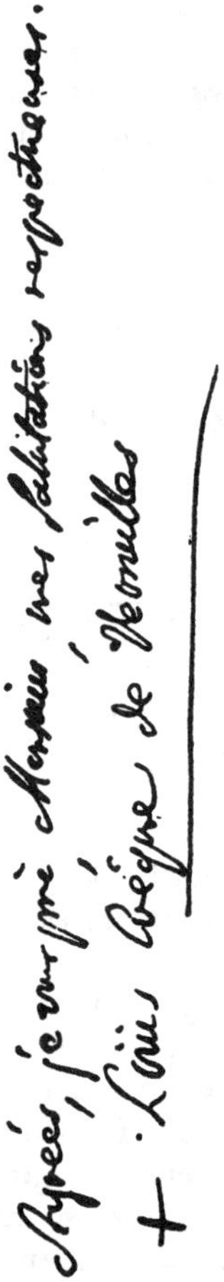

Fig. 455. — Écriture très nuancée, simple, simplifiée, proportionnée, accélérée, retenue

lités les plus caractéristiques de l'écriture nuancée ; ces deux exemples sont très expressifs, sans que la moindre exagération les sépare. On les étudiera minutieusement, car chaque lettre, chez eux, a son mouvement propre, avec des dimensions et des directions sans cesse modifiées.

L'écriture de Louis Pasteur (fig. 456) donne lieu à une riche définition, dans laquelle l'Espèce nuancée, marque de sensibilité profonde, joue un rôle capital dans un milieu de qualités aussi nobles que discrètes. Son écriture est très nuancée, sobre, simple, simplifiée, liée, combinée, ordonnée, proportionnée, verticale, groupée, accélérée : c'est une écriture NOBLE.

L'ÉCRITURE ORDONNÉE *(Genre Ordonnance)*

Synonyme : agencée. — Antonymes : désordonnée, confuse

Une écriture ordonnée est celle qui possède une clarté, un arrangement, un classement convenables, en vue d'assurer la lisibilité, avec une présentation bienséante. Des lettres assez bien formées pour éviter toute équivoque et assez grandes pour ne pas retarder la lecture ; des alinéas, des marges, des espacements selon les règles calligraphiques ; les accents et les barres du *t* à leur place ; des tracés simples enfin, des proportions harmonieuses, voilà les principaux indices graphologiques de l'ordre, qualité qui est peut-être la plus nécessaire puisqu'elle est à la base de toutes les autres. Sans cette amie de la raison, tout se fait mal ou rien ne se fait. Elle semble mettre les choses à notre portée pour nous aider à comprendre les rapports qui les unissent. Sans l'ordre, notre mémoire, mal tenue, serait pareille au sac à main de certaines femmes où la houppe et le bâton de rouge, les clés, la monnaie, se joignent aux photos des êtres chers, au mouchoir, aux bonbons. Tout ce que nous avons, mêlé dans une confusion décourageante, nous deviendrait inutile.

L'ordre préside à la fortune des États comme à celle des particuliers. Dans le simple arrangement que rêve un employé consciencieux ou la plus modeste maîtresse de maison, il y a déjà une touchante bonne volonté, du goût et de la grâce. Dans ses manifestations élevées, l'ordre, toujours, donne la main à l'harmonie.

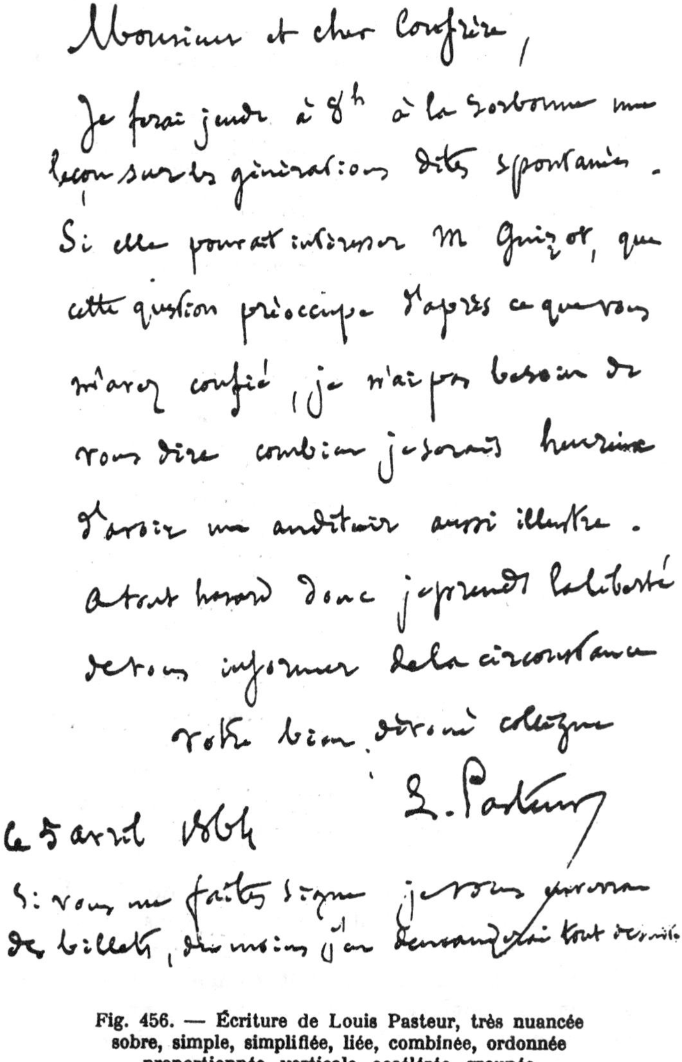
Monsieur et cher Confrère,

Je ferai jeudi à 8h à la Sorbonne une leçon sur les générations dites spontanées. Si elle pouvait intéresser M Guizot, que cette question préoccupe d'après ce que vous m'avez confié, je n'ai pas besoin de vous dire combien je serais heureux d'avoir un auditeur aussi illustre. A tout hasard donc je prends la liberté de vous informer de la circonstance.

Votre bien dévoué collègue

L. Pasteur

le 5 avril 1864

Si vous me faites signe je vous enverrai des billets, du moins j'en demanderai tout de suite.

Fig. 456. — Écriture de Louis Pasteur, très nuancée sobre, simple, simplifiée, liée, combinée, ordonnée proportionnée, verticale, accélérée, groupée

Les adresses des lettres missives sont une occasion particulière pour déceler l'ordre ; il s'agit là uniquement de donner des indications claires et précises, en vue de faciliter le classement et la distribution des correspondances. Un esprit mal fait ne sait qu'inventer pour compliquer la besogne : des noms illisibles, des abréviations contrariantes, des indications dispersées, des omissions plus ou moins graves, des erreurs de toutes sortes qui, chaque année, font mettre au rebut, en France, près de deux millions de plis. Un homme ordonné triomphe par une adresse lisible, claire, correcte, en adoptant tout simplement le modèle d'agencement fourni par l'Administration des postes.

L'emploi habituel de l'écriture précipitée, aussi bien dans les adresses des lettres missives que dans ces lettres elles-mêmes, est un signe sûr d'esprit brouillon. Mais l'écriture habituellement

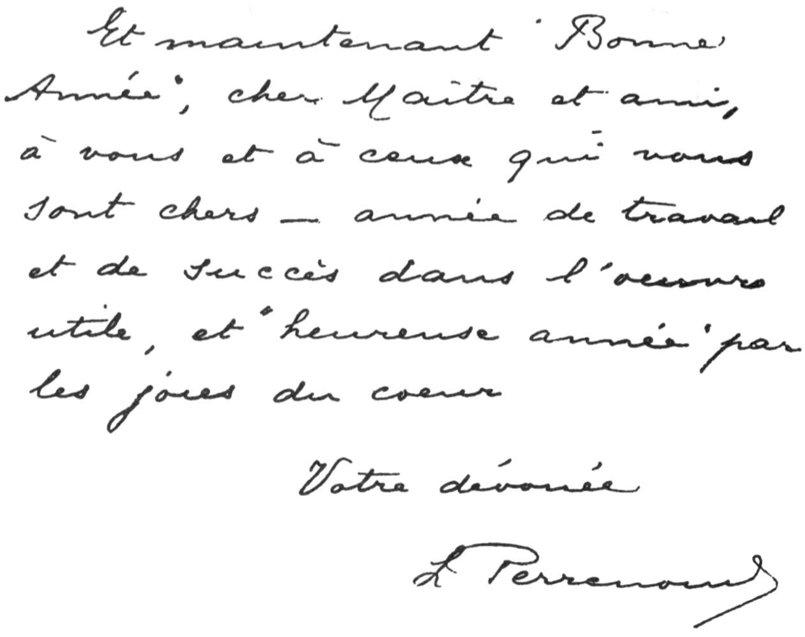
Et maintenant "Bonne Année", cher Maître et ami, à vous et à ceux qui vous sont chers — année de travail et de succès dans l'oeuvre utile, et "heureuse année" par les joies du coeur

Votre dévouée

L. Perrenoud

Fig. 457. — Écriture harmonieuse, ordonnée bien proportionnée, très claire, d'un mouvement aisé accéléré, sobre, simple, légère, arrondie, gracieuse

Fig. 458. — Écriture ornée, calligraphiée, exagérée, arrondie, gonflée, surélevée, compliquée, mouvementée en spirales, de Bakhusen, célèbre peintre de marines, graveur et calligraphe

posée n'est pas nécessairement un signe d'ordre : ce sont les tracés ralentis ou agrandis à propos qui, par le relief et le soin qu'ils apportent à la forme, témoignent le mieux d'un souci d'ordre.

Notre exemple (fig. 457) est harmonieux, bien proportionné, très clair, d'un mouvement aisé, accéléré, sobre, simple, toutes conditions excellentes de l'écriture ordonnée. Celle-ci est, en plus, légère, arrondie, gracieuse. La scriptrice est justement réputée pour ses éminentes qualités d'ordre et la savante organisation qu'elle applique à une entreprise délicate.

L'ÉCRITURE ORNÉE *(Genre Forme)*

Synonymes : enjolivée, décorée. — Antonyme : simple

Une écriture est ornée quand elle s'agrémente de fioritures.

La fioriture est une complication qui prend toutes sortes d'aspects, par conséquent riche d'interprétations variées, très conditionnées par le milieu : la légèreté, la futilité, le badinage, l'enjouement, la puérilité, la sottise, la vantardise, la parade, l'ostentation, la fatuité, sont les principales. Mais, au fond, ce sont là des variations sottes, ridicules, ou gracieuses sur le thème de la vanité, thème indubitable, avec un indice complémentaire qui varie d'une écriture ornée à une autre, et que le graphologue détermine plus ou moins habilement selon ses aptitudes psychologiques. Par cet exemple, on voit pourquoi la graphologie est, tout à la fois, une science et un art. Sans la science, la base manque ; sans l'art, la détermination finale est imprécise. Il faut partir des généralisations de la science, ensuite, avec l'intuition psychologique et le concours de l'expérience, établir le sens de chaque cas particulier[1].

Les ornements sont bannis des règles de la calligraphie, mais les calligraphes les affectionnent souvent : il semble qu'une application intense, en vue d'obtenir de belles formes, exalte la vanité. Telle est, en effet, la cause de l'écriture ornée.

La fig. 458 est l'écriture ornée d'un célèbre peintre de marines, graveur et calligraphe, Bakhusen, qui donna des leçons

1. On nous a parfois reproché de prôner une méthode trop cartésienne. Nous affirmons, une fois de plus, que, sans l'intuition éclairée, la Méthode est insuffisante. (A. L.)

d'écriture à Pierre le Grand ; elle est calligraphiée, exagérée, arrondie, gonflée, surélevée, compliquée, mouvementée, en spirales. Le tracé n'est pas sans grâce, mais le scripteur est grotesque par son exagération et sa sotte vanité que précisent très bien ses complications saugrenues, comme celles des 1 de 1691.

Dans la signature et le paraphe, le moi s'épanouit ; ce sont des occasions prédestinées de l'écriture ornée, comme de tous les

Fig. 459. — Écriture ornée, soignée, calligraphiée, en guirlandes, surélevée disproportionnée, grande, gladiolée

Fig. 460. — Écriture ornée, compliquée, surélevée, d'une prétention affectée

autres signes d'orgueil. Ainsi, le grand peintre Girodet-Trioson (fig. 459) soigne son écriture ; elle est calligraphiée, ornée de lettres élégantes et compliquées, malheureusement surélevées, avec un paraphe en guirlandes. Cette espèce de paraphe est un des bons modes de l'écriture ornée ; en général, il est posément tracé, avec le souci de courbes bien formées. On en voit aussi qui manquent leur but, comme dans la fig. 342, représentant l'écriture assez rapide de Garnier-Pagès. Le scripteur est pressé, il ne fait pas la moindre économie de mouvements dans son paraphe compliqué ; il y perd la grâce qu'il voudrait manifester et se montre brouillon.

Chez Marc Duval, peintre, dessinateur et graveur (fig. 460), l'ornementation est bien prétentieuse. A son insu, le scripteur, dans l'éclat vaniteux qu'il nous offre, nous livre le fond de son âme, vaine, affectée, prétentieuse.

Signalons quelques autres exemples d'écritures ornées, répandus dans cet ouvrage. L'écriture ornée, affectée, disproportionnée, inharmonieuse de la fig. 63 nous révèle sans peine un caractère pauvre, un faiseur d'embarras infatué de sa personne. Dans la fig. 109, l'écriture est lourdement ornée, recherchée, vulgaire : c'est un homme du commun, très poseur. Avec le général Rambeaud (fig. 125), les enjolivements ralentissent le mouvement de l'écriture ; ils sont futiles, discrets, enjoués, cependant peu conciliables avec le caractère d'un chef d'état-major de l'armée.

Les fig. 127, 128 et 129 sont tout à la fois ornées, recherchées, étranges ; elles se confondent avec la bizarrerie et semblent indiquer que cette manière d'être est, le plus souvent, un artifice de la vanité.

Enfin, dans l'écriture caduque de Thorwaldsen, on voit subsister au-dessus de sa signature deux accents en forme de *s* (fig. 166).

L'ÉCRITURE BIEN (OU MAL) ORTHOGRAPHIÉE

(Genre Forme)

Synonyme : correcte. — Antonyme : incorrecte

Les fautes d'orthographe altèrent la forme correcte des mots ; elles sont, par conséquent, des indices graphologiques justifiés ;

c'est à tort que les graphologues ne leur ont, jusqu'ici, accordé aucune considération.

La principale cause des fautes d'orthographe est l'ignorance et, quand elles persistent en dépit d'une culture prolongée, c'est la marque d'une attention, d'une imagination, ou d'une mémoire défectueuses. Toutes trois, en effet, sont en jeu dans la représentation correcte des mots. Une attention vigilante s'impose afin de coordonner la forme et l'expression ; un bon fonctionnement de l'imagination nous permet de reproduire le dessin des mots ; la mémoire rend stables les acquisitions de l'attention et de l'imagination.

Ayant eu la facilité de consulter de très importants dossiers scolaires, nous avons été impressionné par un parallélisme remarquable entre le résultat de la culture en général et les progrès en orthographe. On se montre indulgent, dans un public frivole, pour les fautes de cette sorte, jusqu'à mépriser la recherche de la correction et même, dans certaines écoles, on affecte de ne pas y attacher une grande importance. Cependant, entre les premiers de chaque classe, et les derniers, le résultat constant est une impitoyable condamnation de cette faiblesse, car le groupe des premiers en orthographe est toujours à la tête en tout. Quelques rares succès individuels chez les derniers, dans des branches accessoires : musique, dessin, gymnastique, n'infirment pas notre proposition. Et ce que l'on ne voit pas, même exceptionnellement, c'est le premier en orthographe être insuffisant dans l'ensemble des autres branches de l'enseignement.

Une bonne orthographe est donc un intéressant critérium d'aptitudes intellectuelles. Mais on s'en servira avec discernement parce que tout l'esprit n'est pas là, et, d'autre part, l'incorrection orthographique est produite par des causes différentes.

La plus lourde des fautes d'orthographe est le non-sens. Tracer des mots avec des lettres fausses qui altèrent l'expression au point de la rendre incompréhensible et vaine, comme on le voit dans les fig. 10, 11, 21, 23, 24, 25, 29, c'est l'effet excusable de l'ignorance chez les tout petits, mais plus tard, après l'âge de 9 ans environ, cela révèle les plus profondes insuffisances : de la niaiserie à l'idiotie. Nous n'y insisterons pas, ayant traité cette question à propos de l'écriture inorganisée.

Entre 12 et 14 ans, les fautes graves, ou nombreuses, doivent disparaître chez un sujet bien équilibré.

Chez les hommes surmenés, ou absorbés par une idée fixe, l'attention est mise en défaut sauf en ce qui concerne l'unique sujet de leurs préoccupations. Leurs fautes d'orthographe, à ce moment-là, ne révèlent qu'un manque accidentel de contrôle.

Dans beaucoup de maladies et dans la vieillesse, la mémoire subit des défaillances que l'orthographe enregistre. Dans la paralysie générale, par exemple, l'écriture mal orthographiée, qui apparaît chez un homme cultivé, est un symptôme précurseur de la maladie (fig. 52, 53, et 54). Toute fatigue excessive, l'abus du travail ou du plaisir, les veilles prolongées, les exagérations alimentaires, les intoxications par l'alcool, le tabac, etc., déterminent des crises plus ou moins graves et durables d'agraphie partielle qui retentissent directement sur le correction des écrits.

La fig. 461 représente l'écriture bien organisée d'une femme d'environ 50 ans. Peu de mois après avoir écrit ces lignes, à la suite de perquisitions opérées chez elle par la justice, elle eut de grands troubles nerveux et perdit sa capacité de lecture. Elle écrivait comme on le voit dans la fig. 462, mais avec des fautes d'orthographe qu'elle ne faisait pas avant son accident, en ne parvenant que très péniblement à épeler les mots qu'elle traçait. La comparaison avec l'écriture normale éclaire promptement sur le caractère pathologique des fautes d'orthographe ; les mots : *ici avec tous les malheurs*, sont défigurés, tremblés, et tranchent avec ceux qui suivent. Ce cas d'aphasie, que nous avons personnellement observé, synthétise tous les autres[1].

On doit donc juger les fautes d'après la cause qui les détermine, et l'on voit que ce n'est pas toujours l'ignorance, ou le manque d'application. Cela dit, il ne faudrait pas exagérer l'importance de l'écriture bien orthographiée ; elle est un bon indice de culture moyenne, un attribut essentiel de l'écriture organisée ; elle marque simplement une étape du développement de l'intelligence.

L'étude des fautes est bien plus riche en indications utiles que celle de la correction des écrits. Par exemple, il est très intéressant de noter les fautes des autodidactes, parce que chez eux

1. Les cas d'aphasie et d'agraphie sont très complexes : cf. travaux des Prs Tanon et Trabaud, H. Claude, etc. *(Aphasies de Wernicke et aphasies dissociées.)* (A. L.)

se recrutent un grand nombre de paranoïaques. Ces fautes sont très particulières ; l'autodidacte n'est pas un vulgaire ignorant ; il sait parfois assez de choses pour faire illusion et s'imposer à la foule, mais son savoir comporte des lacunes caractéristiques. Par exemple, il pérore sur le système du monde, mais son ortho-

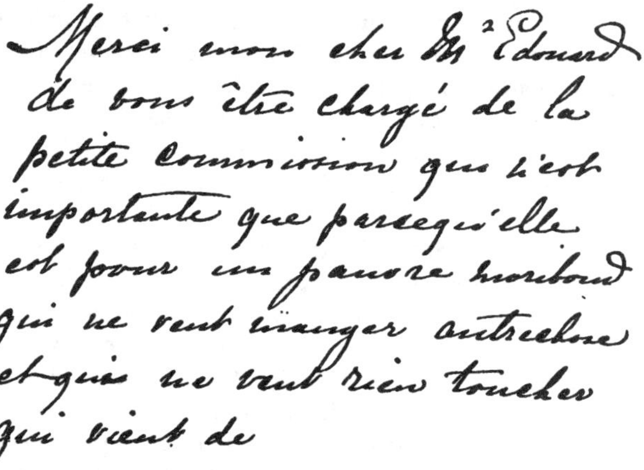

Fig. 461. — Écriture bien orthographiée

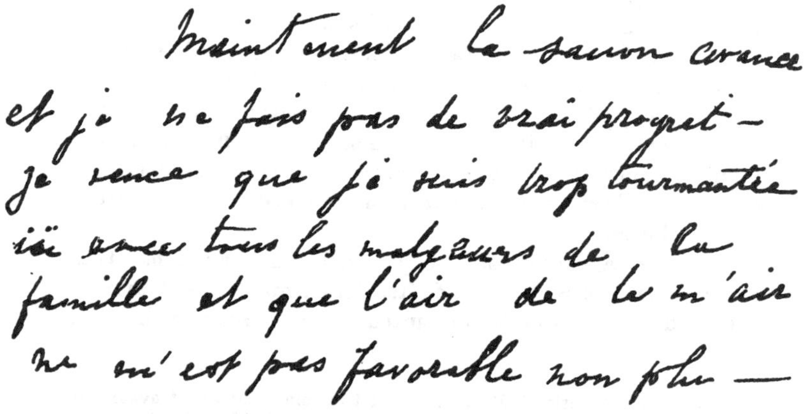

Fig. 462. — La même personne après une attaque d'aphasie

graphe ne tient pas compte de la différence entre le futur et le conditionnel. On reconnaît l'autodidacte à son ignorance choquante de certaines règles élémentaires.

« L'autodidactisme, dit le Dr Génil-Perrin[1], est très fréquent chez les paranoïaques et s'explique bien par leurs tendances spéciales : par orgueil, ils veulent acquérir une instruction qui leur permettra d'élever leur personnalité ; par réserve méfiante autant que par nécessité, ils poursuivent leurs études tout seuls, désireux de se rendre compte de tout par eux-mêmes ; par fausseté de jugement, ils absorbent sans discrimination toute cette pâture intellectuelle que leur offrent les éditions à bon marché ou les bibliothèques populaires ; et leur inadaptabilité se réconforte à cette évasion du réel qui les conduit dans les domaines inconnus de la pensée.

« L'autodidactisme, entendu dans un certain sens, est presque un symptôme de mentalité paranoïaque.

« Ce n'est évidemment pas le cas pour des sujets moyens, de médiocre talent et de bonne volonté, qui, privés de direction, s'élèvent au-dessus de leur milieu d'origine, enrichissant leur bagage intellectuel avec pertinence et prudence, en vue de leur perfectionnement technique.

« On ne vise pas non plus l'homme cultivé qui, ayant appris à apprendre, à le droit d'alimenter son dilettantisme. Mais c'est presque toujours un paranoïaque, l'autodidacte type, celui qui, sans aucune préparation, s'embarque présomptueux et seul, à la conquête de la science.

« Le paranoïaque autodidacte n'est pas un spécimen rare, mais un type courant, dont la physionomie générale est maintenant bien facile à résumer.

Et le Dr Génil-Perrin précise une fois de plus les tendances paranoïaques : l'orgueil, la méfiance, la fausseté du jugement par inadaptabilité, l'esprit de revendication ou de persécution.

Nous nous bornerons ici, en attendant mieux, à attirer l'attention du lecteur sur les fautes d'accents que l'on trouve dans les écrits des autodidactes : ponctuation très fautive, accents graves en place d'accents aigus, et vice versa, abus ou usage incorrect des points d'interrogation ou d'exclamation. Mais l'incorrection la plus caractéristique est peut-être l'emploi

1. *Les Paranoïaques, loc. cit.*, p. 312.

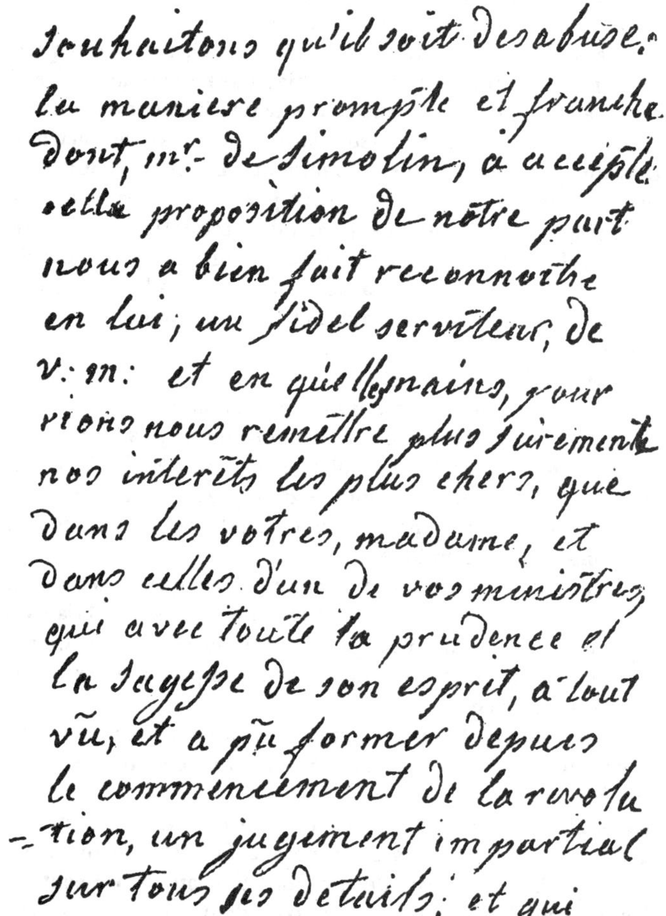
souhaitons qu'il soit desabusé.
la maniere prompte et franche
dont mr.- de simolin, a accepté
cette proposition de notre part
nous a bien fait reconnoitre
en lui; un fidel serviteur, de
v: m: et en quelles mains, pour
rions nous remettre plus surement
nos interets les plus chers, que
dans les votres, madame, et
dans celles d'un de vos ministres,
qui avec toute la prudence et
la sagesse de son esprit, a tout
vû, et a pû former depuis
le commencement de la revolu
-tion, un jugement impartial
sur tous ses details; et qui
nous a montré personnellement
dans toutes les occasions interet

Fig. 463. — Écriture mal orthographiée de la reine Marie-Antoinette

fautif de l'accent circonflexe, ou sa suppression quand il est nécessaire. Nous trouvons, dans nos collections d'écritures d'autodidactes et de paranoïaques, *thême, haîssable, dâte, thêse, vèpres, sedâtive, hôstile, gêrant, râre, douziême.* Mais la plus fréquente occasion de faute d'accent est l'*u* ; nous avons de nombreux exemples de *eû, vû, pû, dûr.*

Nous parlons ici de l'accent circonflexe dont la formation est indiscutable, et non du tracé traînant d'un point qui s'étale plus ou moins horizontalement, ressemblant parfois à un accent grave ou circonflexe, simple signe de relâchement.

Dans la correspondance de J.-J. Rousseau, qui est à la fois un autodidacte et un exemple classique de constitution paranoïaque, les fautes sont très nombreuses ; il écrit *ètre* pour *être, nôtre manière, sistême, prêmier, rêligion, mêttre, à couvert du soupson, vû, vous demandés,* etc.

Joséphine Duchesnois (fig. 206) fait la faute *eû,* dans la ligne 3. Elle écrit aussi, dans le même exemple, *ce* pour *se, théatre, boulvard.*

La reine Marie-Antoinette (fig. 463), qui n'était ni une autodidacte, ni une paranoïaque, mais une débile peu intelligente, écrit *votre* pour *vôtre, vû, pû, interet,* etc. ; fig. 325, elle écrit encore *des liens plus étroit.* Mais son cas est un peu à part : en interprétant les fautes d'orthographe, on doit tenir compte de la qualité d'étranger du scripteur, de son éducation première.

Les mêmes fautes chez un individu dont la culture a été poussée, ou chez un autodidacte, ne comportent pas non plus les mêmes appréciations. Le premier, tout en ayant l'esprit meublé, est plus ou moins inattentif ; le second manque d'instruction, ce qui ne veut pas dire qu'il est inintelligent.

Enfin, voici (fig. 464) l'écriture d'un grand homme dont le métier était de dessiner, non d'écrire. En dépit des fautes d'orthographe qu'elle contient, elle est claire, simple, simplifiée, nuancée, proportionnée, nourrie, c'est-à-dire très belle. Que les cancres ne triomphent pas ici : Einsen avait du génie ; il n'en faut pas tant pour balancer les effets d'une éducation négligée[1].

1. Il faut tenir compte aussi qu'au XVIIIe siècle peu de personnes, même cultivées, présentaient une orthographe correcte. (A. L.)

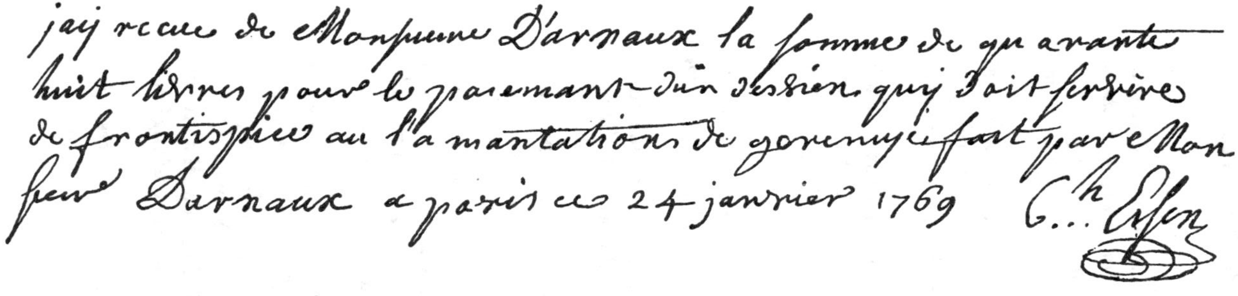

Fig. 464. — Écriture mal orthographiée d'un grand artiste peintre, mais combinée, nuancée simple, simplifiée, bien proportionnée

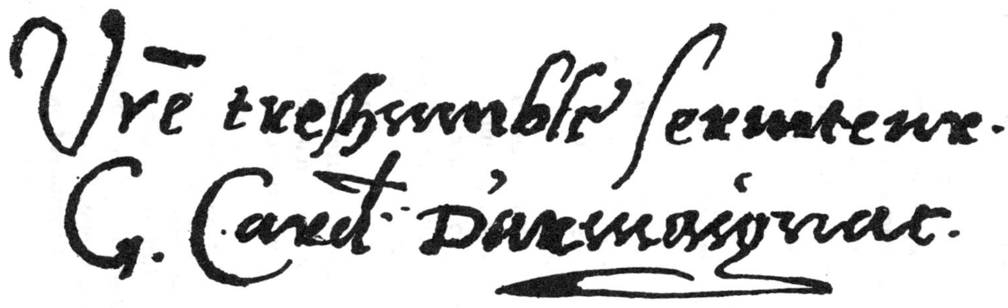

Fig. 465. — Écriture du comte d'Armagnac, pâteuse, très grande, 5 mm, juxtaposée simplifiée, lente, tordue, cylindrique

L'ÉCRITURE PATEUSE *(Genre Pression)*

Synonymes : grasse. lourde. — Antonyme : légère

Une écriture appuyée lourdement est pâteuse. Alors qu'une écriture épaisse peut comporter du relief et une vitesse sinon grande, accélérée, l'écriture pâteuse, molle et grasse, détruit le relief et reste vouée à la lenteur. Toute écriture pâteuse est d'autant plus lente qu'elle est plus grande. La légèreté de la main est nécessaire pour assurer la souplesse des mouvements,

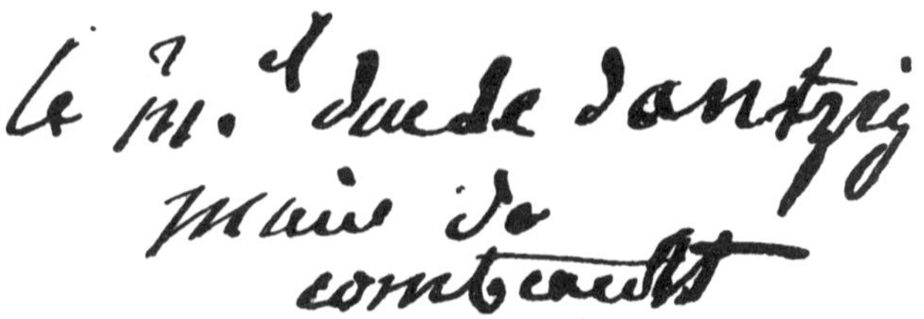

Fig. 466. — Écriture du maréchal Lefebvre pâteuse, grande, simple, semi-anguleuse

et l'insistance de la pression n'est autre chose qu'un fait d'inhibition ; le lecteur s'en convaincra en expérimentant sur lui-même, comme nous l'indiquons au sujet de l'écriture rapide.

Les significations de l'écriture pâteuse dépendent de ses causes. On décèlera d'abord, par la comparaison de plusieurs documents, celles qui sont relatives à la plume, à l'encre, au papier ; on envisagera le cas d'un mauvais état de santé, en tenant compte de l'âge. Les états congestifs ont pour effet d'empâter les écritures ; les alcooliques, en particulier, ont souvent l'écriture empâtée. Dans les formes graves de l'asthénie, les lettres sont pochées, pâteuses, boueuses. La grossièreté, la gourmandise, la basse sensualité, sont de significations possibles ; on les établit par les données du milieu. Essayons de les déterminer dans l'écriture du comte d'Armagnac (fig. 465). Elle est pâteuse, très grande, 5 mm, juxtaposée, trois causes de lenteur qui ne s'associent que trop étroitement ; quelques traits sont simplifiés, avec une assez belle allure, d'autres sont compliqués, comme le *g d'Armagnac*, auquel s'accroche, semble-t-il, un paraphe anticipé ; les majuscules sont disproportionnées ; enfin, les minuscules sont tordues et tremblées, les mots cylindriques. L'ensemble n'est pas brillant. On ne risque rien de dire que l'instinct prédominait chez ce personnage alourdi, vieilli, dégénéré.

L'écriture du maréchal Lefebvre (fig. 466) est grande, semi-anguleuse, remarquable par sa simplicité ; cependant pâteuse. Il n'est pas douteux qu'il était très supérieur à sa femme dont

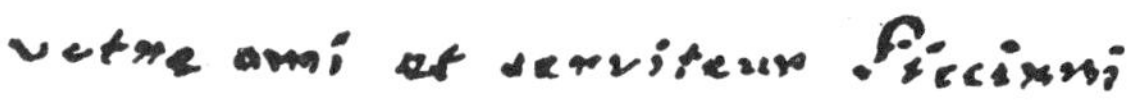

Fig. 467. — Écriture de Piccini, pâteuse, juxtaposée, lente inhibée, régulière, basse, cylindrique, harmonieuse

nous avons donné l'écriture inorganisée et grossière (fig. 315), mais entre les deux époux, il y avait conformité de goûts. Lui aussi était sans gêne, avec des instincts développés.

Dans l'écriture de Piccini, l'émule de Gluck (fig. 467), très pâteuse, juxtaposée, lente, inhibée, régulière, basse, cylindrique, il faut voir l'effet de l'âge ; il se confinait dans des mouvements très réduits, parce qu'il était très usé quoiqu'il n'eût pas 70 ans ; son tracé pâteux n'est que l'un de ses indices de décrépitude. Malgré tout, l'ensemble de son écriture reste harmonieux.

L'ÉCRITURE PETITE *(Genre Dimension)*

Synonymes : menue, ténue. — Antonymes : grande, haute

Une écriture est petite quand elle est au-dessous de la dimension moyenne 1 1/2 à 2 mm indiquée par l'art calligraphique. Un corps d'écriture de 1 mm est fin ; 3/4 de millimètre est très fin. La hauteur proportionnelle des boucles et des majuscules est d'environ 2 mm 1/2 pour les minuscules de 1 mm, et 4 mm 1/2 pour les minuscules de 2 mm.

Les significations de l'écriture petite dépendent de ses causes ; elles sont multiples et d'origines très dissemblables : la myopie est une des plus fréquentes ; le froid, la fatigue, les chagrins, tous les états dépressifs et inhibitoires, sont des causes occasionnelles, et parfois permanentes. L'écriture se rapetisse habituellement à mesure qu'on vieillit, ce qui semble indiquer que les grands tracés sont l'expression d'une vie plus intense que les petits.

Dans *L'écriture et le caractère*, nous avons noté la finesse, la mesquinerie, l'étroitesse d'esprit, la gaîté, la ruse, la minutie, comme des significations possibles, souvent heureuses. Tout en confirmant nos appréciations, nous considérons aujourd'hui qu'elles sont d'un intérêt trop limité ; nous leur préférons, comme moyen d'orientation, l'idée que l'écriture petite favorise la vitesse et la concentration des mouvements ; elle est, par là, un indice d'activité et d'attention, c'est-à-dire de supériorité. On peut s'appuyer solidement sur cette notion fondamentale pour rechercher et nuancer les significations selon le milieu. Il y a cependant une réserve à faire au sujet des écritures exagérément petites ; c'est là que la dominance des causes de la myopie et de la désorganisation de l'écriture par la vieillesse ou la maladie doit être invoquée. L'extrême réduction des mouvements révèle une diminution de vitalité, pour le moins une grande fatigue, elle est anormale.

Notre interprétation conditionnelle de minutie a été si bien agréée par quelques auteurs qu'ils en ont fait l'unique signification de l'écriture petite. Nous ne voyons pas pourquoi la mesquinerie lui serait inférieure, ni comment la minutie pourrait jouer a propos des petites formes étriquées ou étrécies qui imposent les acceptions d'ergoterie et de tâtillonnage.

D'ailleurs, les causes de la diminution de l'amplitude des mouvements sont nombreuses et plus ou moins durables. Où voit-on le minutieux dans l'éventualité où l'écriture petite est le résultat d'une débilité foncière ? Un débile ne saurait avoir la puissance d'attention que nécessite l'exercice de la minutie. Même en ramassant ses forces sous la protection de l'écriture petite, le débile reste un faible ; nous ne voyons pas par quel mécanisme il deviendrait nécessairement minutieux, car il n'y a pas de corrélation entre l'écriture petite, très conditionnée, produit d'influences très variées, dérivant du Genre Dimension, et la minutie, qualité foncière et stable du Genre Ordonnance. C'est pourquoi il y a un nombre beaucoup plus faible de minutieux que de gens à l'écriture petite.

La minutie peut résulter de quelques combinaisons avec l'écriture petite, mais quand on voudra en découvrir les aspects francs, on étudiera les écritures ordonnées, soignées, jointoyées.

Le poète Armand Sylvestre (fig. 468) a une écriture de 1 mm, très sobre, groupée, simple, simplifiée, nuancée, accélérée, imprécise. Il était intelligent et habile, sans grand caractère.

Champfleury (fig. 469), charmant conteur et critique d'art, a une écriture très petite, 1/3 de mm, très imprécise, redressée,

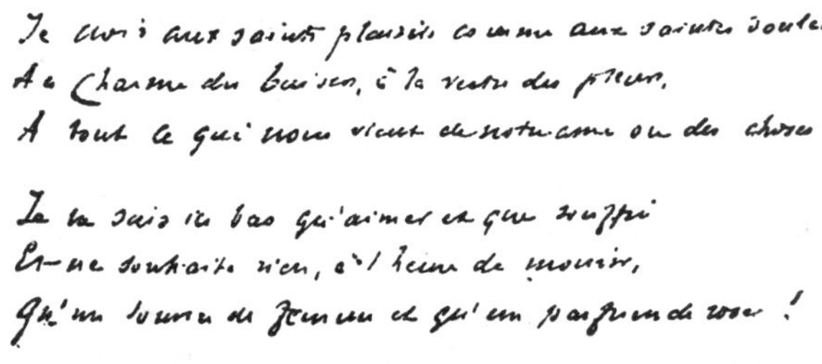

Fig. 468. — Écriture d'Armand Sylvestre
petite, 1 mm, très sobre, groupée, simple, simplifiée, nuancée
accélérée, imprécise

descendante, concave, espacée, rapide, renflée. C'était un esprit fin, pénétrant, un dessinateur fignolant. Il était très myope.

L'écriture de la fig. 470 est très petite, 1/2 mm, très sobre, sinueuse, nette, nuancée, très claire, espacée, harmonieuse. Elle provient d'un célèbre chirurgien américain, homme de très haute taille et d'une belle carrure. Qu'en pensent les graphologues qui s'obstinent à rechercher le physique dans l'écriture ? Nous avons démontré ailleurs que l'acte d'écrire ne dépend pas de notre constitution physique, mais de nos gestes[1].

L'ÉCRITURE PLATE *(Genre Pression)*

Synonyme : fruste. — Antonyme : en relief

Une écriture est plate quand elle ne révèle pas de différence entre les pleins et les déliés.

1. *L'Age et le sexe dans l'écriture*, p. 31.

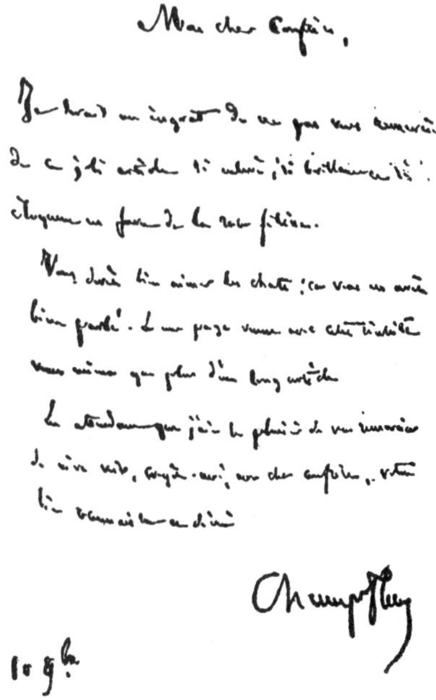

Fig. 469. — Écriture très petite, 1/3 de millimètre très imprécise, redressée, descendante, concave, espacée rapide, renflée

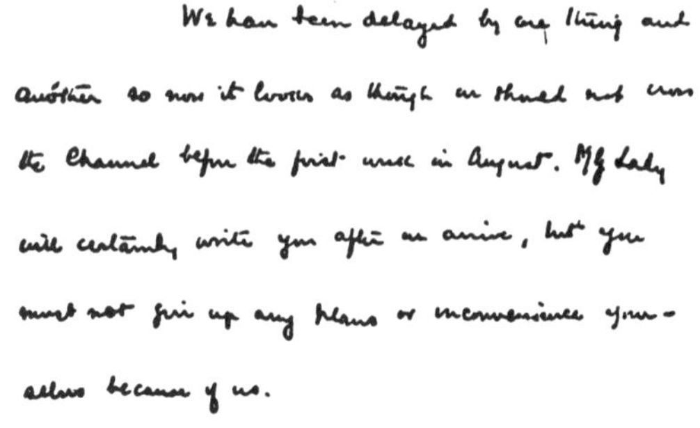
We have been delayed by one thing and another so now it looks as though we shall not cross the Channel before the first week in August. My lady will certainly write you after we arrive, but you must not give up any plans or inconvenience yourselves because of us.

Fig. 470. — Écriture très petite, 1/2 mm, sinueuse, nette nuancée, très claire et espacée, d'un homme de très haute taille

Fig. 471. — Écriture plate (sans relief), mouvementée, inclinée, aux jambages prolongés lancée, rapide, groupée

Fig. 472. — Écriture plate, grande, 4 mm, très simple (signature sans paraphe et plus petite que le texte) très simplifiée, centrifuge inclinée à 35°, posée, basse, médiocrement combinée et groupée, légèrement descendante

Il y a des tracés plats de tous les calibres, mais ils sont particulièrement fréquents dans les écritures légères. Le nivellement des traits, quand il n'est pas dû à une plume défectueuse, ou simplement trop douce, comme sont beaucoup de plumes en or des stylographes, nous semble provenir tantôt d'une main lourde et paresseuse, tantôt d'une main débile et trop légère. Dans les écritures rapides, le relief disparaît parce que la légèreté et la souplesse de la main sont les conditions requises pour dépasser les vitesses moyennes.

La signification de l'écriture plate est souvent délicate à fixer ; l'observation du milieu sert de guide. Dans tous les cas, il est imprudent de conclure au sujet d'un signe aussi mobile quand on ne possède qu'un seul document.

Nous voyons (fig. 471), dans l'écriture du maréchal Jourdan, que son relief est réduit à presque rien. Mais son tracé est mouvementé, lancé, rapide, aux jambages prolongés ; nous croyons que l'écriture plate est ici l'effet de la vitesse.

Dans l'exemple suivant (fig. 472), qui reproduit l'écriture du duc d'Hamilton, maréchal de France, le frère de l'auteur des *Mémoires du comte de Gramont*, une certaine fatigue et l'effet de l'âge, environ 70 ans, peuvent être mis en cause. L'écriture est très distinguée, d'une noble simplicité, avec une signature plus petite que le texte, chose rare, et sans paraphe, très simplifiée, centrifuge, inclinée à 35°. Cependant elle est plutôt posée que rapide, médiocrement groupée et combinée, basse, légèrement descendante. La signification de dépression nous semble s'imposer.

Nous avons un bon exemple d'écriture plate, due à la dépression, dans la fig. 473. Ici, le relâchement est incontestable ; nous en apprécierons la cause profonde dans le chapitre suivant, à propos de l'écriture plongeante.

L'ÉCRITURE PLONGEANTE *(Genre Direction)*

Synonyme : tombante. — Antonyme : grimpante

Une écriture dont les lignes s'abaissent brusquement, soit dans les mots, soit dans les lignes, et souvent de plus en plus en donnant l'impression d'une chute, est plongeante.

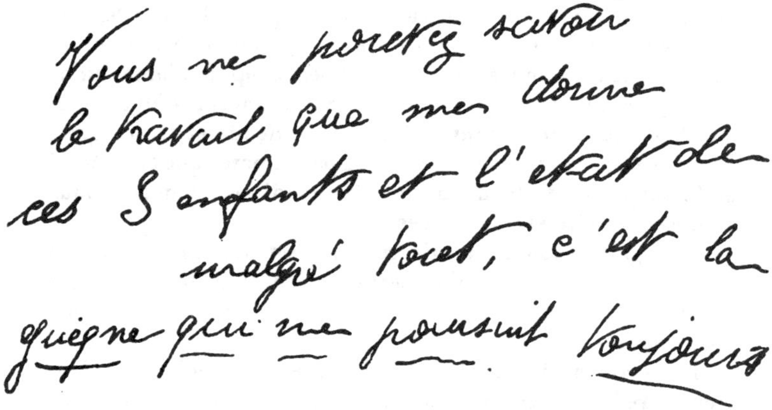

Fig. 473. — Écriture plongeante, très inégale de dimensions grossissante, saccadée, plate, molle, sinueuse, hésitante

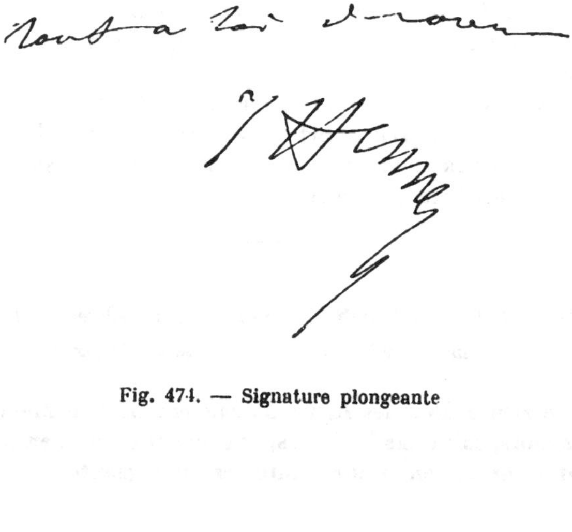

Fig. 474. — Signature plongeante

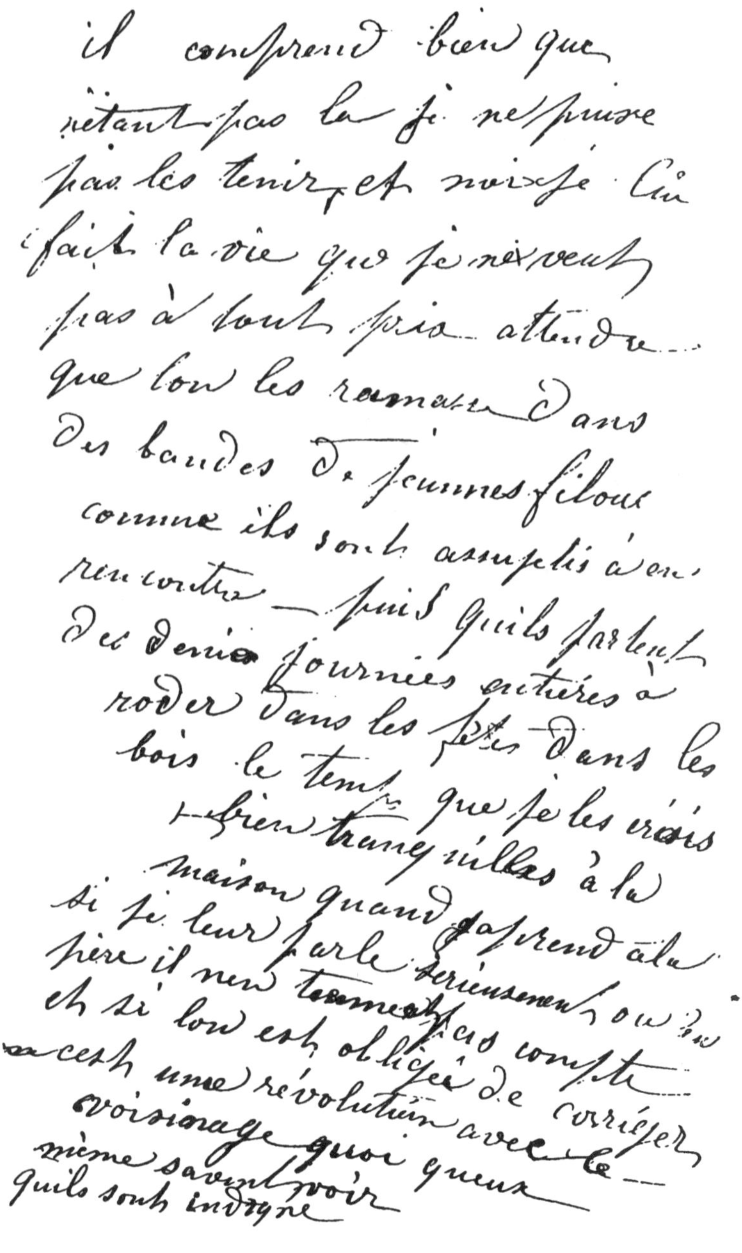
il comprend bien que
n'étant pas là je ne puisse
pas les tenir, et voixse lu
fait la vie que je ne veut
pas à tout prix attendre...
que lon les ramasse dans
des bandes de jeunnes filous
comme ils sont assujetis à en
rencontrer — puis quils partent
des dernières journées entières à
roder dans les fêtes dans les
bois le temps
bien tranquilles que je les crois
à la maison quand
si je leur parle j'apprend à la
père il nen tourmente sérieusement ou
et si lon est obligé de compte
c'est une révolution avec le
voisinage quoi que eux corriger
même savent voir
quils sont indigne

Fig. 475. — Écriture de plus en plus descendante, finalement plongeante

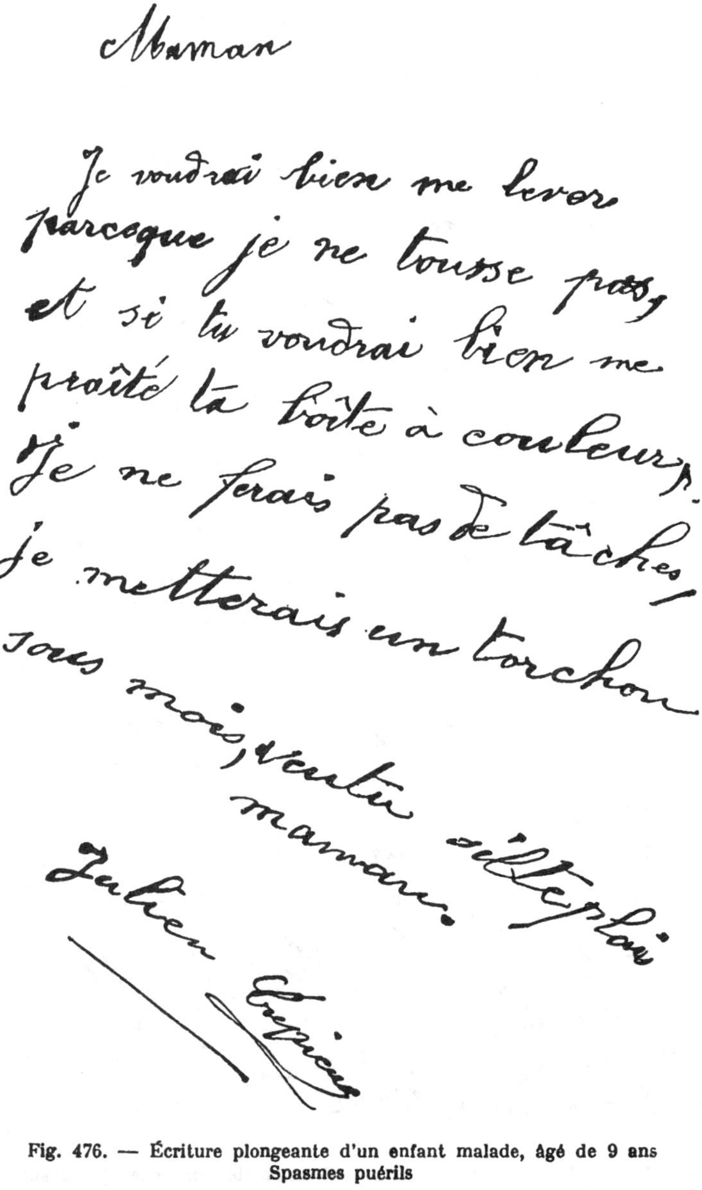
Maman

Je voudrai bien me lever
parceque je ne tousse pas,
et si tu voudrai bien me
praîté ta boîte à couleurs.
Je ne ferais pas de tâches,
je metterais un torchon
sous mois, veustu
maman. s'iltesplai
Julien

Fig. 476. — Écriture plongeante d'un enfant malade, âgé de 9 ans
Spasmes puérils

Les causes habituelles de l'écriture plongeante sont le découragement, le désespoir. Dans toute action à contre-cœur, les muscles se relâchent ; c'est ce qui détermine dans l'écriture, à l'occasion de l'angoisse, l'abandon de la ligne horizontale et sa chute. Mais ce n'est là qu'une des manifestations de la peine ; certaines natures expriment autrement leurs émotions douloureuses, par le tremblement, l'agitation, la réduction des mouvements ou leur suspension, enfin, par tous les modes d'inhibition.

L'écriture plongeante de la fig. 473 est très expressive et le texte de l'écrit ne l'est pas moins. La scriptrice, découragée, accuse la malchance ; mais ses insuffisances seules causent ses déboires. Que le lecteur observe son tracé très inégal, grossissant, saccadé, plat, mou, sinueux, dont les irrésolutions apparaissent clairement dans les soulignements de la dernière ligne. Tous les traits de notre définition s'accordent pour exprimer la débilité mentale.

La signature du peintre Henner, fig. 474[1], est toujours descendante, souvent plongeante ; il était mélancolique et voyait tout flou. Quand il avait exprimé sa pensée, il signait avec l'insouciance d'un désabusé.

Dans la fig. 475, il s'agit d'une pauvre femme dont le cœur est meurtri à cause de la mauvaise conduite de ses enfants. A mesure qu'elle dit ses angoisses, l'écriture s'abaisse et, finalement, plonge à 15°.

L'exemple suivant, fig. 476, est encore plus expressif. Un de mes fils, âgé de 9 ans, était astreint à garder le lit à cause d'une forte bronchite. Son inaction prolongée lui était très pénible ; il suppliait sa maman de lui donner sa boîte de couleurs qui lui avait déjà été refusée parce qu'il s'en servait avec négligence. Son désarroi et sa tristesse, si profondément marqués dans l'écriture, toucha irrésistiblement nos cœurs ; il reçut l'objet de ses vœux.

L'écriture plongeante à la fin des lignes est généralement due au manque de place et à la répugnance du scripteur pour faire un report à la ligne suivante. Le grand peintre d'histoire Jean-Paul Laurens nous en offre un exemple certain dans la fig. 477. Il n'y a là qu'un relâchement dans la tenue, une petite négligence.

1. La signature d'Hitler plongeait de la même façon. Il y a toujours un déséquilibre moral à l'origine de ces signatures. Le reste du graphisme en précise les modalités. (A. L.)

Les fins de lignes se prêtent cependant à exprimer la dépression. C'est la terminaison d'un effort qui a duré suffisamment pour fatiguer un débile. Quand toutes les fins de lignes sont tombantes, même si le manque de place est indiscutable, nous en déduirons la fatigue ou l'inquiétude, selon les cas.

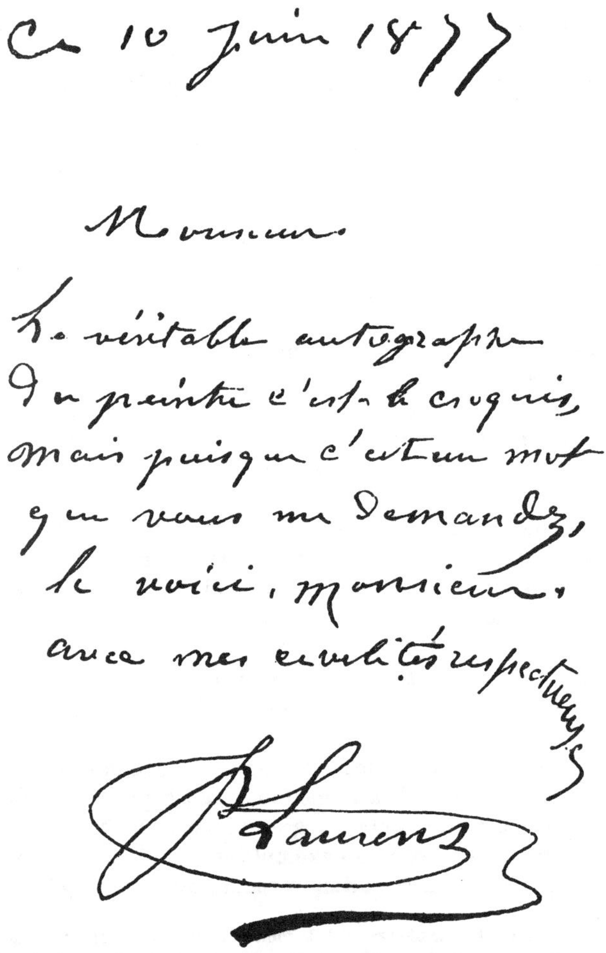

Le 10 Juin 1877

Monsieur

Le véritable autographe du peintre c'est le croquis, mais puisque c'est un mot que vous me demandez, le voici, monsieur, avec mes civilités respectueuses

J. P. Laurens

Fig. 477. — Écriture de Jean-Paul Laurens. Finale plongeante faute de place

L'ÉCRITURE POCHÉE *(Genre Pression)*

Synonyme : empâtée. — Antonyme : légère

L'écriture pochée est caractérisée par l'encrage complet du corps des ovales des lettres, particulièrement des *a*, *e*, *o* minuscules. Cet épaississement est dû à une plume trop douce, à une encre trop fluide, à une mauvaise tenue de la plume, ou bien encore à une paresse de la main qui s'oppose à la claire forma-

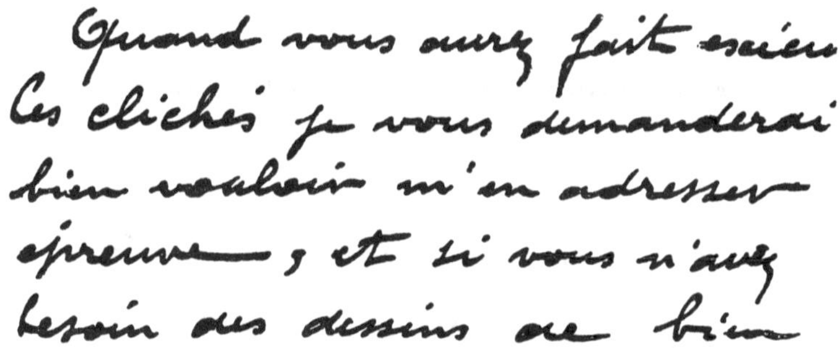

Fig. 478. — Écriture pochée, épaisse, cependant claire espacée, simple, centrifuge, proportionnée, accélérée

tion des ovales dans une écriture étrécie (fig. 292), ou trop petite (fig. 393).

Quand l'écriture pochée s'associe aux tracés épais, boueux, flous, son interprétation se confond avec celle de ces Espèces. Mais on la rencontre dans des écritures légères où elle détonne ; elle est due, comme dans les autres cas, à un état congestif, à l'hypertension artérielle accidentelle ou constante qui, en produisant un engorgement des centres nerveux, enlève, l'aisance des mouvements.

Est-il nécessaire de dire que deux ou trois lettres pochées dans une page ne constituent pas une écriture pochée ? On doit les considérer comme un accident de plume.

Notre exemple de la fig. 478 d'une écriture épaisse, pochée, cependant claire, espacée, simple, centrifuge, proportionnée, accélérée, provient d'un homme intelligent, simple et bon, mais gourmand, sensuel, coutumier de plaisanteries un peu lourdes.

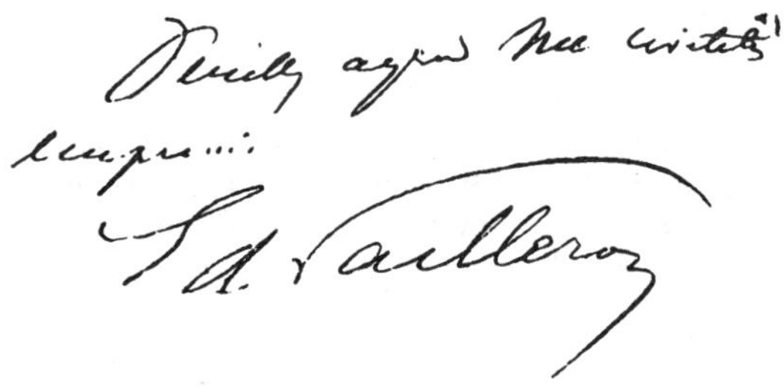

Fig. 479. — Écriture très rapide, lancée, gladiolée, pointillée

Fig. 480. — Écriture gladiolée et pointillée, lancée, juxtaposée fragmentée, petite, rapide en soi

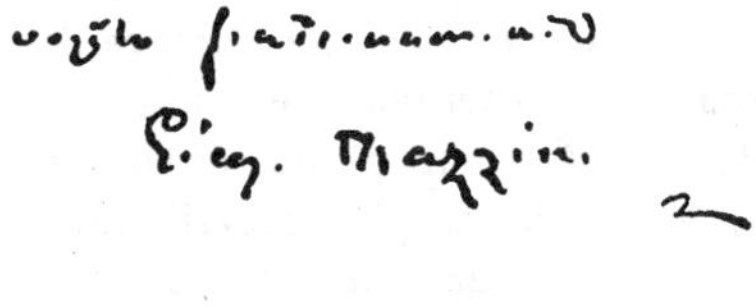

Fig. 481. — Écriture pointillée, petite, juxtaposée, simple, inhibée, lente

L'ÉCRITURE POINTILLÉE *(Genre Continuité)*

Nous avons donné le nom d'écriture pointillée à celle qui est formée de lettres juxtaposées réduites à la forme élémentaire d'un point. Une si grande réduction des mouvements ne comporte guère que deux causes : une grande précipitation ou la débilité qui, toutes deux, s'opposent à la formation correcte des lettres par défaut d'association et de combinaison des états mentaux. Le rôle du pointillement apparaît clairement dans les écrits des gens épuisés, notamment dans la décrépitude dont nous donnerons des exemples à propos de l'écriture rythmée.

Il est curieux d'observer l'expression du pointillement dans l'écriture d'Édouard Pailleron (fig. 479). Son mouvement est lancé, très rapide, en se servant du gladiolement comme mode de rapidité parce qu'il diminue l'amplitude des mouvements concurremment avec les abréviations de la finale de chaque mot. A la fin, l'effort du scripteur est épuisé, peut-être aussi sa patience. Mais l'impatience est cousine de la faiblesse.

Dans la fig. 480, l'écriture est également gladiolée et pointillée, très lente parce que juxtaposée et fragmentée. Le premier trait de chaque mot est faiblement lancé, assez rapide en soi ; cependant, le résultat est une lenteur accentuée par suite du défaut de continuité.

Chez Guiseppe Mazzini, le patriote italien (fig. 481), l'écriture est pointillée, petite, juxtaposée, finalement très lente. Il n'était pas très âgé, 58 ans, mais très usé.

L'ÉCRITURE PONCTUÉE DANS LES LETTRES
(Genre Continuité)

Synonyme : spasmodique. — Antonyme : plate

Nous avons signalé en 1923[1], un mode d'inhibition consistant dans un arrêt si prononcé de la plume qu'il en résulte un point plus ou moins épais : c'est l'écriture ponctuée dans les lettres. Son origine fixe sa signification générale, réactions lourdes, discontinuité, ralentissement grave dans l'activité.

1. *Les Éléments*, p. 201 et 264.

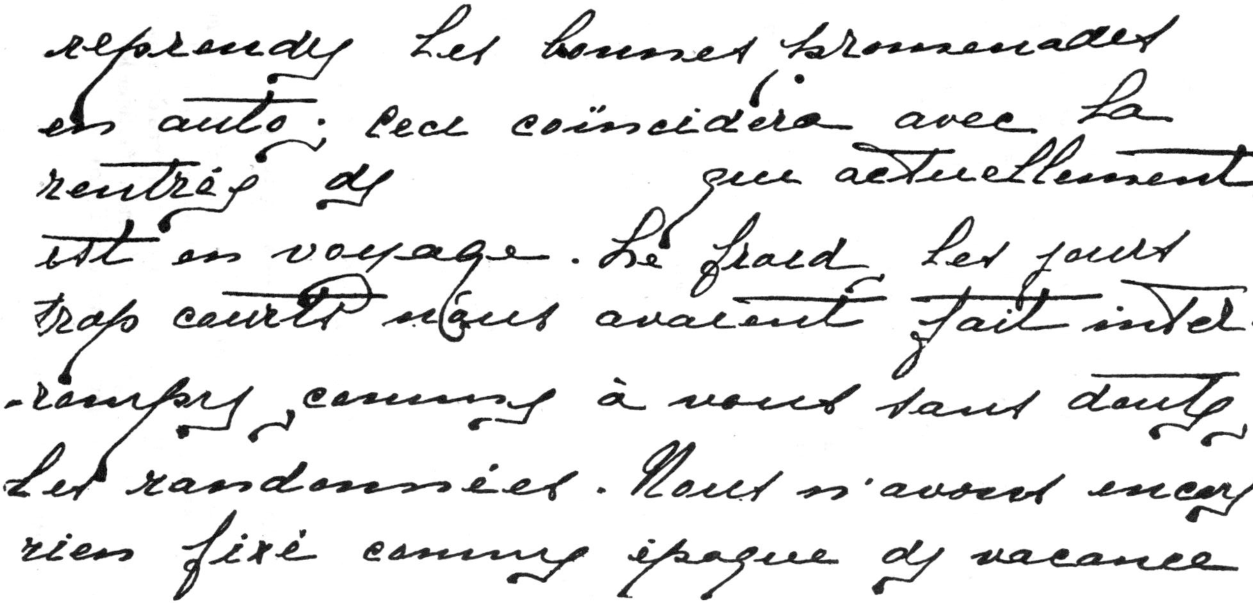

Fig. 482. — Écriture ponctuée, inhibée, régressive, compliquée, bizarre, monotone, grossissante, molle, lente

On trouve le tracé ponctué aussi bien au début d'un mot qu'au milieu ou à la fin. Dans le premier cas, c'est la marque d'une hésitation ; dans le second, d'un caractère lent, inactif, paresseux, maladroit, qui ne sait pas enchaîner ses actes ; dans le troisième, d'une nature molle, sans ressort. D'ailleurs, dans tous les cas, l'écriture ponctuée dans les lettres est un signe de lourdeur et d'instincts matériels développés.

Notre exemple de la fig. 482, ponctué, inhibé, régressif, compliqué, monotone, grossissant, mou et lent, révèle un tempérament lymphatique sous sa forme la plus négative. Il s'y ajoute un élément étrange de complication : beaucoup de mots

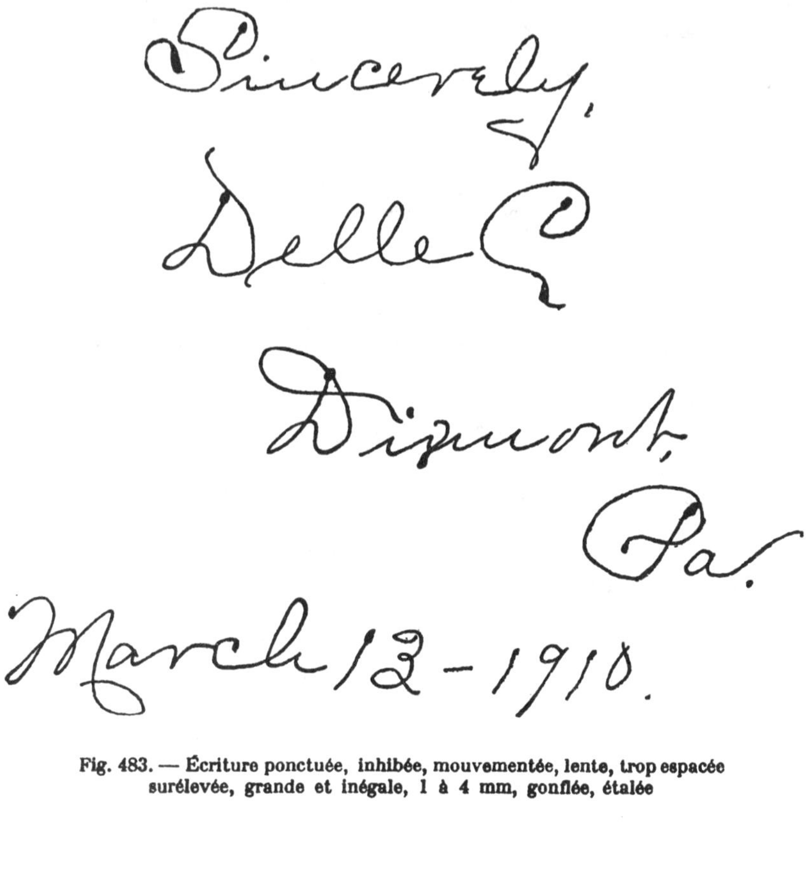

Fig. 483. — Écriture ponctuée, inhibée, mouvementée, lente, trop espacée surélevée, grande et inégale, 1 à 4 mm, gonflée, étalée

sont terminés par un trait régressif et lourdement ponctué ; les virgules elles-mêmes reproduisent ce trait. C'est l'écriture d'un paresseux, ergoteur et insociable.

Nous voyons, dans la fig. 483 un personnage ballotté entre les manifestations discordantes de son tempérament ; il gesticule comme un sanguin et ponctue ses lettres comme un lymphatique ; c'est l'eau et le feu. Son écriture est tout à la fois lente et

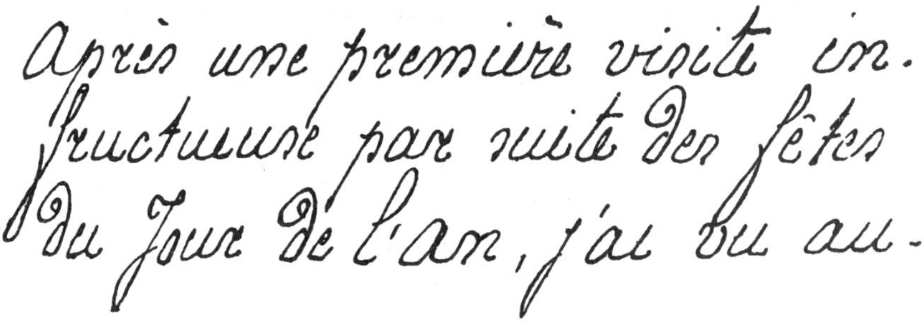

Fig. 484. — Écriture ponctuée, très inhibée, très lente contrainte, régressive, juxtaposée monotone, grande, 3 mm, en spirales, aux jambages prolongés

lancée, inhibée et mouvementée, trop espacée, surélevée, gonflée, étalée. Il n'y a que son orgueil qui soit stable. Finalement, c'est un rêve vain, un faiseur d'embarras, entreprenant, mais en carence perpétuelle, par discordance.

L'exemple de la fig. 484 n'est pas moins curieux : la plupart des lettres sont discrètement ponctuées, ce qui rend l'écriture entière contrainte, et retarde beaucoup son mouvement. Les lettres sont d'ailleurs juxtaposées. L'examen à la loupe permet de voir les raccords entre des lettres qui semblent liées. A l'extrême lenteur s'ajoute la monotonie. L'allure est solennelle, avec des jambages prolongés et des *d* en spirales. Les marques d'une inhibition profonde dominent toutes les manifestations de cette écriture. Chacun juge ce scripteur étrange ; ce n'est pas encore un vésanique, il n'est que candidat.

L'ÉCRITURE PONCTUÉE INUTILEMENT

(Genre Continuité et Ordonnance)

Nous devons à une communication personnelle du Dr Paul Hélot, de Rouen, la première explication des points où il n'en faut pas. Il nous écrivait[1] :

« Voyez un homme oppressé dans un escalier : il monte quelques marches, puis s'arrête et prend un point d'appui. Il repart pour s'arrêter de nouveau, et ses forces trahissent parfois son courage, son pied a du mal à atteindre la marche et vient buter à côté de la place où il devait se poser. Dans l'écriture, l'oppressé se repose en appuyant sa plume sur le papier, comme il ferait avec une canne en marchant. Voilà pourquoi vous n'avez jamais rencontré que des points anormaux et non pas des virgules. Quant à la présence du signe chez les cardiaques, elle s'explique très bien, parce que les cardiaques sont oppressés. En résumé, les points ou les petits traits irréguliers qui sont épars dans l'interligne et dans le voisinage des barres du *t*, en général d'un trait ayant nécessité un effort, veulent dire gêne de la respiration. Les gros points paraissent appartenir aux gens obèses, et les petits traits et les points très fins aux asthmatiques.

« Notez encore les points anormaux placés au commencement des phrases et des mots ; ils ne concernent pas la pathologie et signifient hésitation, conception difficile, réflexion. »

Ces considérations nous ont permis d'intéressants développements dans notre synthèse de l'écriture inorganisée.

La signification des points où il n'en faut pas est variable selon leur situation, leur épaisseur, et surtout leur nombre. Quelques rares points avant les mots signifient hésitation occasionnelle, réflexion ; au cours du tracé des mots, ou après, on peut envisager les troubles de la respiration. Dans l'écriture des enfants de 6 ans, comme dans la fig. 14, où chaque mot est suivi d'un point, c'est l'indice du besoin de repos. L'enfant n'a pas assez d'attention pour associer dans un effort soutenu le tracé d'une phrase entière. A 10 ans, la même faiblesse d'attention en fait un arriéré ; plus tard, c'est le fait des grands débiles mentaux. Les étourdis, qui commencent leurs phrases sans

1. Cf. *L'Écriture et le caractère*, 11e éd., p. 271.

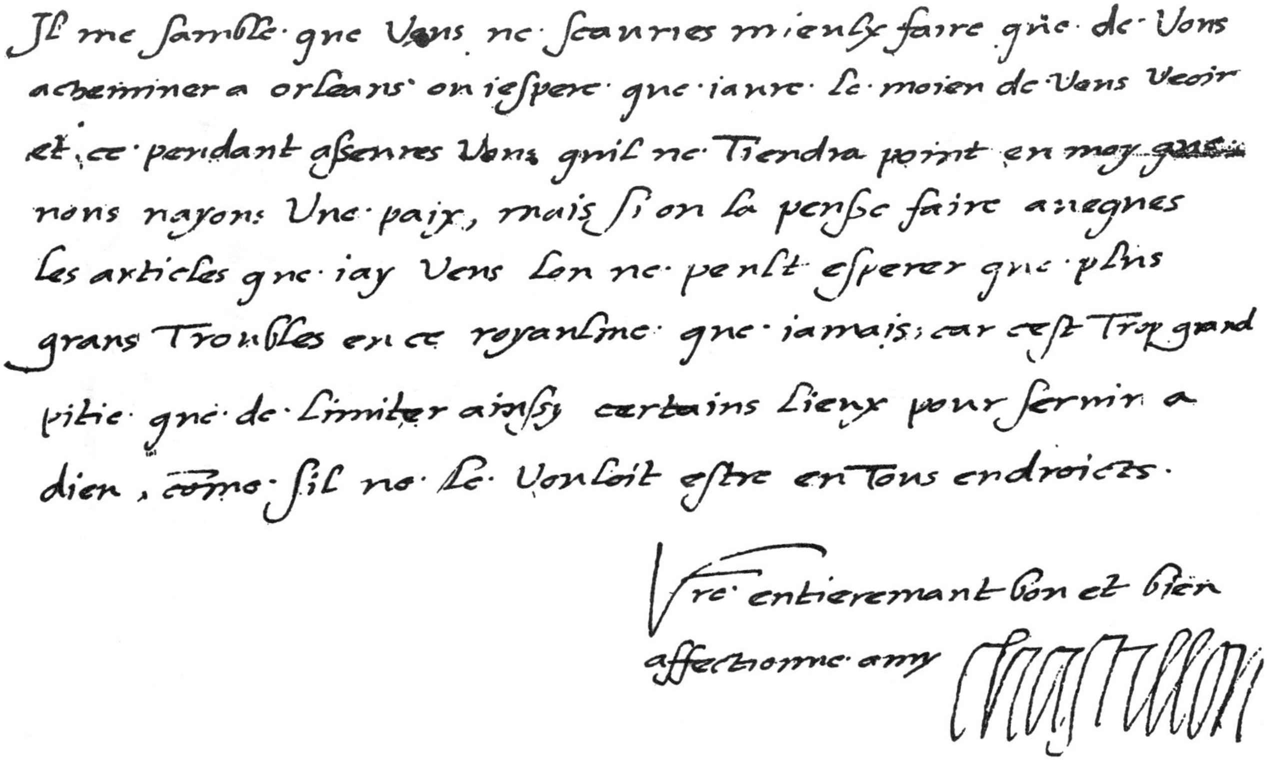
Il me samble que vous ne scauries mieulx faire que de vous
acheminer a orleans on iespere que iaure le moien de vous veoir
et ce pendant asseures vous quil ne tiendra point en moy que
nous nayons une paix, mais si on la pense faire auecques
les articles que iay veus lon ne peult esperer que plus
grans troubles en ce royaulme que iamais; car cest trop grand
pitie que de limiter ainsy certains lieux pour servir a
dieu, come sil ne le vouloit estre en tous endroictz.

Vre entieremant bon et bien
affectionne amy Chastillon

Fig. 485. — Écriture inutilement ponctuée de l'Amiral de Coligny, distinguée, harmonieuse, limpide, soignée ralentie, simple, simplifiée, juxtaposée, élégante, cylindrique

savoir comment les achever, reposent la plume sur le papier en attendant la salutaire inspiration. Enfin, parmi les accidents de plume que nous avons relevés dans notre écriture, il y avait plusieurs gros points dont l'origine était une courte interruption dans notre travail, occasionnée par un visiteur importun ; la plume était restée mobile sur le papier. Il ne faut donc pas se hâter de dire qu'un homme est hésitant, inattentif, ou obèse, parce que son écriture contient quelques points où il n'en faut pas.

Comment faut-il interpréter les nombreux points inutiles de l'écriture de Gaspard de Chastillon, comte de Coligny, amiral de France, assassiné lors de la Saint-Barthélemy ? (fig. 485).

D'un côté, l'écriture est très harmonieuse, simplifiée, calligraphiée, ferme, ordonnée ; d'un autre côté, elle est juxtaposée et semée de points inutiles. Voyons si l'âge explique ces deux signes de lenteur : la lettre est datée du 16 mars 1562, il avait donc 45 ans. L'âge est hors de cause et la fermeté du tracé confirme cette conclusion. L'importance de sa communication (il s'agit de l'édit de pacification dit *Édit d'Amboise*, qui permettait le libre exercice de la religion réformée et qui fut promulgué trois jours après) fit faire à l'amiral un brouillon dont nous avons sous les yeux la soigneuse copie. Les repos de l'écriture inutilement ponctués s'expliquent ; il ne s'agit là que d'un tracé volontairement ralenti, très posé et calligraphié.

L'ÉCRITURE POSÉE *(Genre Vitesse)*

Synonyme : appliquée. — Antonyme : emportée

Une écriture est posée quand elle est tracée avec application sans mouvements lancés, en parvenant à une vitesse d'environ 130 lettres à la minute. Elle n'est parfois qu'une écriture ralentie, ce que l'on précise aisément par la comparaison avec plusieurs spécimens de l'écriture habituelle.

Quoique l'écriture posée soit préférable à son antonyme, l'écriture emportée, elle est, en soi, une pauvre vertu et une vertu de pauvre, dernier témoin de l'écriture inorganisée. Elle évoque le spectacle d'enfants tranquilles parce qu'ils manquent de vie. En effet, son usage permanent et associé à des formes graphi-

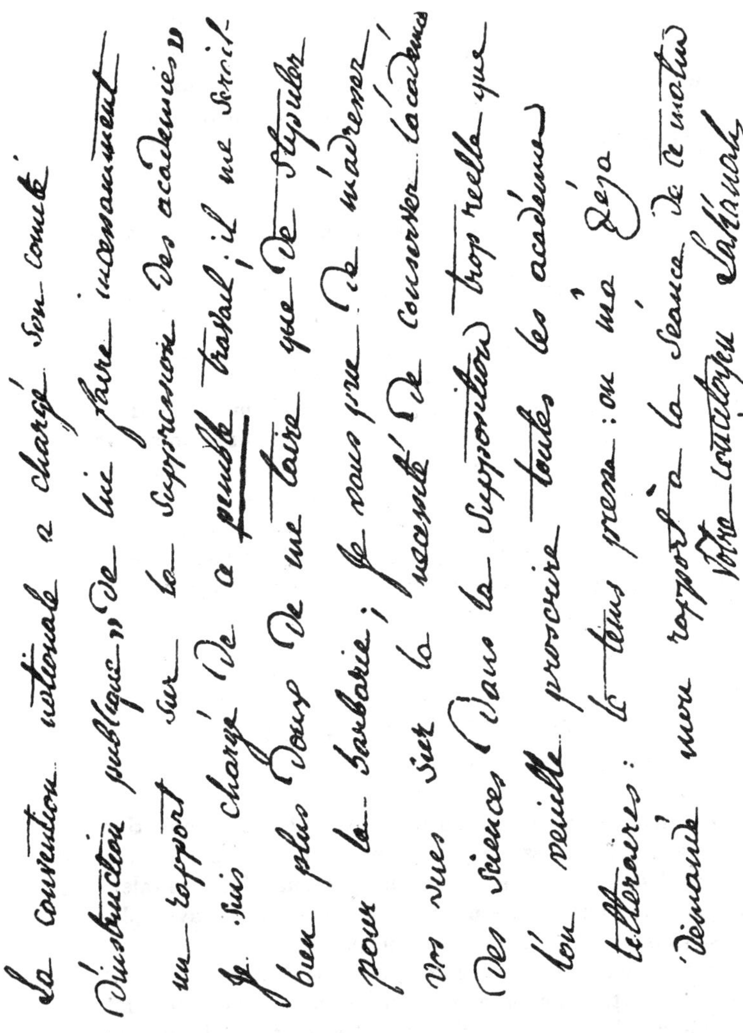
La convention nationale a chargé son comité
d'instruction publique » de lui faire incessamment
un rapport sur la suppression des académies »
je suis chargé de ce pénible travail ; il me serait
bien plus doux de me taire que de stipuler
pour la barbarie ; je vous prie de m'adresser
vos vues sur la nécessité de conserver les académies
des sciences dans la supposition trop réelle que
l'on veuille proscrire toutes les académies
littéraires : le tems presse : on m'a déja
demandé mon rapport à la séance de ce matin
Votre concitoyen Lakanal

Fig. 486. — Écriture très posée, harmonieuse, très claire, espacée, simple, simplifiée, nourrie centrifuge, semi-anguleuse, de Lakanal (V. fig. 499)

ques élémentaires indique le calme, la docilité, mais un esprit lent, endormi, ennuyeux, une énergie sans ressort, un caractère habitudinaire, dépourvu de ressources supérieures. Associée aux tracés mous, l'écriture posée révèle un tempérament foncièrement lymphatique, un très faible esprit d'entreprise, avec un caractère doux, sociable, mais négatif. C'est là que l'on observe les entêtements les plus irréductibles.

Toutes ces appréciations sont transformées et subitement ennoblies, lorsque l'écriture posée apparaît comme un mode occasionnel et fait place, en temps opportun, à des allures plus décidées ; alors, elle se pare des qualités de réflexion, de sagesse, de maîtrise de soi, comme nous le verrons à propos de l'écriture ralentie.

Enfin, le graphologue obtient la plus haute révélation de la valeur des tracés posés, en observant leurs associations avec les écritures combinée et simplifiée qui fournissent la preuve d'une activité intellectuelle tout à la fois grande, constante, réfléchie, adaptée aux buts que l'on se propose.

Dans une atmosphère d'inquiétudes et de passions, Lakanal, auquel la Convention avait demandé un rapport sur un projet de suppression des Académies, écrivait à l'un de ses collègues la lettre que nous reproduisons (fig. 486). Son écriture est très posée, il reste calme et digne en face des événements : il avait la maîtrise de soi. Mais aussi son écriture est harmonieuse, très claire, espacée, simple, simplifiée, nourrie, centrifuge, semi-anguleuse ; magnifique définition graphique qui caractérise un caractère noble.

L'écriture du pape Léon X, Jean de Médicis, le grand protecteur des arts et des lettres, qui a donné son nom à son époque (fig. 487), est harmonieuse, posée, juxtaposée, typographique, abrégée, simplifiée, ordonnée, claire, nourrie. Son cas rappelle celui de l'amiral de Coligny (fig. 485), dont nous venons de parler au chapitre précédent. Est-ce une écriture lente ? Évidemment, puisqu'elle est tout à la fois posée et juxtaposée. Mais la cause n'est pas l'âge ; il n'avait que 41 ans. Il écrivait une lettre importante au duc de Milan, au sujet de leur secrétaire et précisait clairement sa pensée. Son écriture doit être définie ***volontairement ralentie***, quoique nous manquions d'éléments de comparaison.

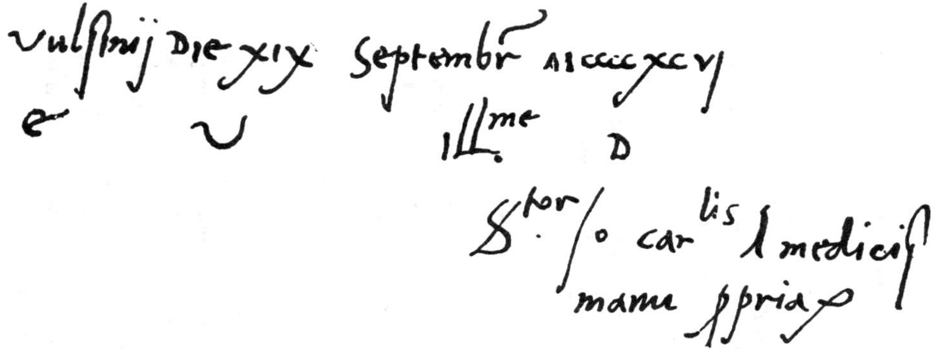

Fig. 487. — Écriture harmonieuse, posée, juxtaposée, typographique, abrégée, simplifiée, ordonnée claire, nourrie, de Jean de Médicis, élu pape sous le nom de Léon X

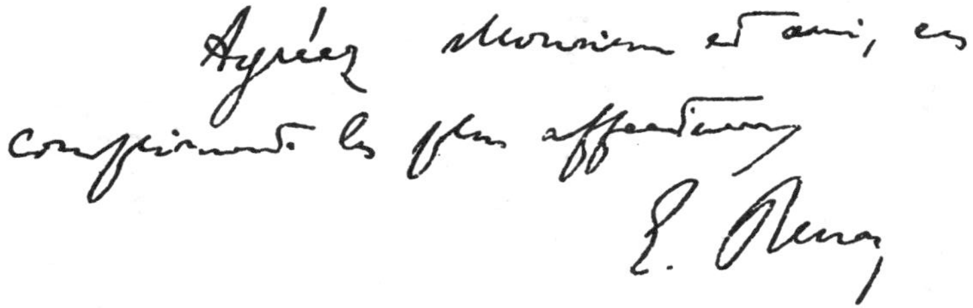

Fig. 488. — Écriture occasionnellement précipitée de Renan
Voir son écriture normale fig. 172

Fig. 489. — Écriture du P. Joseph, **précipitée**, abrégée, **inachevée**, lancée, liée, nuancée, **imprécise**

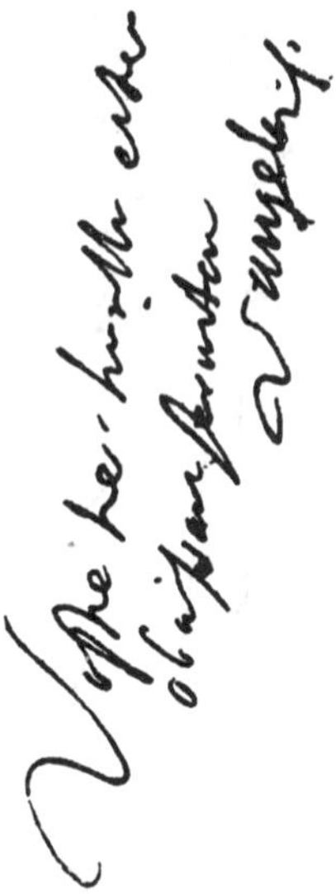

Fig. 490. — **Écriture de Vaugelas, précipitée, combinée,** simple **simplifiée, inachevée, sinueuse, nuancée**

Fig. 491. — Écriture précipitée, gladiolée, abrégée, inachevée, imprécise, négligée, simplifiée du célèbre peintre Ary Scheffer

L'ÉCRITURE PRÉCIPITÉE (*Genre Vitesse*)

Synonyme : jetée. — Antonymes : ralentie, lente, posée

L'écriture précipitée exprime la plus grande vitesse d'un scripteur. Elle a un certain rapport avec l'écriture emportée ; toutefois, ses origines sont différentes ; l'écriture emportée marque l'impulsion foncière, l'écriture précipitée la hâte occasionnelle. Dans l'écriture emportée, le scripteur étale ses passions, sa violence et parfois sa méchanceté ; dans l'écriture précipitée, il expose les ressources ultimes de son activité.

Nous voyons, dans la figure 488, l'écriture de Renan, dans une occasion où il était obligé de forcer son allure habituelle. Que l'on compare à cet exemple son tracé normal, fig. 172 ; on observera que dans l'expression de sa grande vitesse, Renan utilise, comme moyen, le gladiolement qui est une réduction de mouvements, et les liaisons des barres du *t* qui font corps avec la lettre. C'est peu, mais Renan n'a jamais passé pour être doué d'une grande activité ; il triomphait dans la modération.

Le Clerc du Tremblay, dit le Père Joseph, capucin et diplomate, surnommé l'Éminence grise, à cause de l'influence qu'il exerçait sur Richelieu (fig. 489), est riche dans ses expressions de rapidité ; il utilise le lancement, les abréviations, l'inachèvement les liaisons, l'imprécision. Les ressources de son esprit s'adaptent merveilleusement à son activité. C'était un homme fort ingénieux (rapide et mouvementée, sinueuse).

Vaugelas, l'illustre grammairien (fig. 490), se montre, dans la précipitation, d'une habileté charmante ; son écriture est combinée, simple, simplifiée, inachevée, sinueuse, nuancée ; on admire l'aisance et la souplesse avec laquelle son écriture court sur le papier.

Enfin, Ary Scheffer (fig. 491), utilise les modes de rapidité les plus variés : le lancement, le gladiolement l'inachèvement, l'imprécision, la négligence des détails, le relâchement, avec une tendance au tracé filiforme. Mais, à un certain degré, la précipitation n'est plus efficace et donne le spectacle du désordre. Trop simplifier nuit à la clarté. La vitesse la plus qualitative est celle qui respecte la lisibilité, et s'emploie à propos. Nous en avons un excellent exemple fig. 187, concernant un homme intelligent et d'une grande activité. Il écrit toujours si précipitamment que ses communications sont énigmatiques ; il sème des contrariétés et des déceptions chez tous ses correspondants. N'est-ce pas là de l'inadaptation et du désordre ?

L'ÉCRITURE PROGRESSIVE *(Genre Direction)*

Synonyme : dextrogyre, ou de droite
Antonyme : sinistrogyre, ou de gauche

On doit l'origine de cette étude à M. le Dr J. Héricourt. Il a appelé l'attention des savants, dans le *Bulletin de la Société de Psychologie physiologique*, de 1887, sur le caractère différentiel des écritures qui consiste dans la tendance à diriger les traits de l'écriture vers la gauche ou vers la droite. « La direction de notre écriture étant de gauche à droite, dit-il, il est clair que les écritures sinistrogyres, tendant vers la gauche, doivent être des écritures lentes, retardées. Les mouvements dextrogyres, vers la droite, au contraire, en faisant courir les lettres dans le sens même de la ligne, sont surtout des auxiliaires des pensées rapides et ont leur raison d'être dans l'activité même de l'idéation. »

L'expérience a montré le bien-fondé de cette observation qui va être complétée.

Pierre Humbert a proposé les expressions de progressive et régressive, préférables à celles du Dr J. Héricourt.

⁂

L'écriture progressive est celle dont tous les tracés, par tous les moyens compatibles avec la plus grande économie de mouvements, sont dirigés vers la droite.

Le remplacement d'un trait qui doit se diriger à gauche par un trait qui va à droite est très caractéristique de l'écriture progressive. Pierre Humbert notait encore la réduction des mouvements dirigés calligraphiquement sur la gauche ou vers le bas, et l'amplification des mouvements opposés.

Alors que l'action de l'écriture centrifuge est réduite aux significations engendrées par les finales vers la droite, l'écriture progressive développe sa tendance à l'aide de tous les genres de mouvements. Elle vise constamment à la progression la plus intelligente et la plus rapide de tous les tracés, utilisant tour à tour les moyens les plus divers selon les possibilités de l'écrivain et selon les occasions. De là son aptitude à déceler l'intelligence, tout en participant aux belles qualités de sociabilité de l'écriture centrifuge qu'elle absorbe. Mais, contrairement à ce qui se passe pour l'écriture centrifuge, aucune exagération ne s'accorde avec l'écriture progressive ; elle a un antonyme, non un revers. Voilà un premier attribut très sûr. L'écriture progressive est la synthèse des écritures arrondie, centrifuge, combinée, liée, accélérée, simple, simplifiée, sobre, dans leurs manifestations les plus heureuses. Tous ces concours choisis consacrent sa valeur. Il suffit qu'elle participe à une combinaison de signes pour que les perspectives du caractère soient embellies, rehaussées. Le Dr J. Héricourt a bien pressenti les rapports entre l'écriture progressive et l'intelligence, mais nous pouvons aller plus loin : c'est le signe même de la compréhension. Il est composé de tous les éléments favorables à l'esprit : l'activité, l'imagination, l'attention, la faculté d'adaptation, la clarté.

Toutefois, les qualités de l'écriture progressive, rarement réunies, sont limitées par d'autres incompatibles avec son développement intégral, l'activité par la débilité, l'altruisme par l'orgueil, l'intelligence par le manque de mesure, etc.

Les écritures lancée et montante, dans leurs manifestations trop ardentes, trompent souvent l'observateur qui les confond avec les marques de l'écriture progressive ; elles favorisent l'agitation et non l'admirable allure progressive pleine de mesure et de discernement. Par exemple, les marges de gauche qui vont en augmentant dans les pages sont un signe d'écriture progressive, mais son excès n'est qu'un indice péjoratif de l'écriture lancée ; on le rencontre, sous les formes les plus accentuées, dans l'écriture de beaucoup de sots et chez les emballés et les négligents qui placent leur papier de travers.

Il en est de même des accents et des barres de *t* placés en avant des lettres. Cet excellent petit signe d'écriture progressive, quand il est modéré, c'est-à-dire placé à 3 ou 4 mm de la lettre, n'est plus, s'il en est distant de 20 mm qu'un indice pitoyable de précipitation et d'imprudence. Entre les deux il y a un recours en grâce pour ceux qui, s'étant forgé des freins, parviennent à discipliner leurs impulsions. Mais cela n'a rien à voir avec l'écriture progressive ; ce sont les petits comptes débiteurs de l'écriture lancée.

Une écriture très montante n'est pas non plus progressive ; au-dessus de 10°, elle est lancée, à 16 ou 20° elle est exagérée.

L'écriture du duc de Nivernois (fig. 492), est progressive et harmonieuse ; tous ses tracés concourent à faciliter les mouvements de l'écriture ; elle est liée, ordonnée, sobre, simplifiée,

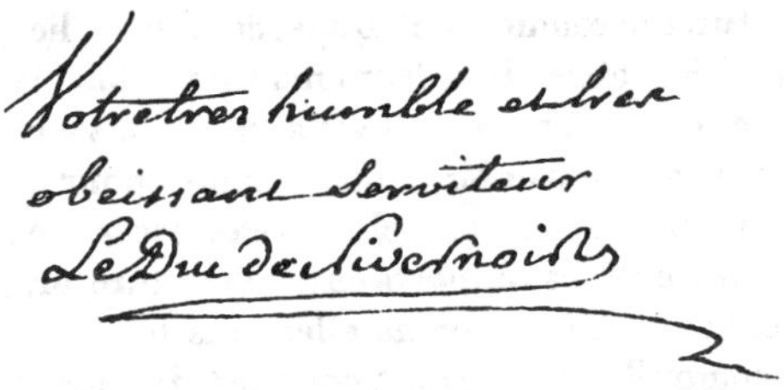

Fig. 492. — Écriture progressive, harmonieuse, liée, sobre simplifiée, accélérée, petite, grossissante

accélérée, petite, grossissante. Elle révèle un caractère actif, plein de mesure et de discernement.

Le cardinal de Richelieu (fig. 493), a une écriture franchement progressive ; tous ses tracés convergent vers la droite, et même quelques-uns de ceux qui, normalement, devraient s'incliner vers la gauche, par exemple, les *q*. En suivant attentivement son tracé avec une pointe mousse, on se rendra compte de la richesse de ses combinaisons, de la souplesse et de l'activité précise de sa plume. Ses traits sont sobres et liés, nuancés et accélérés, souvent retouchés à la lettre *e*. Il est enthousiaste (majuscules pour minuscules), mais sans jamais compromettre sa maîtrise de soi. C'est un esprit très judicieux, un caractère d'une grande richesse.

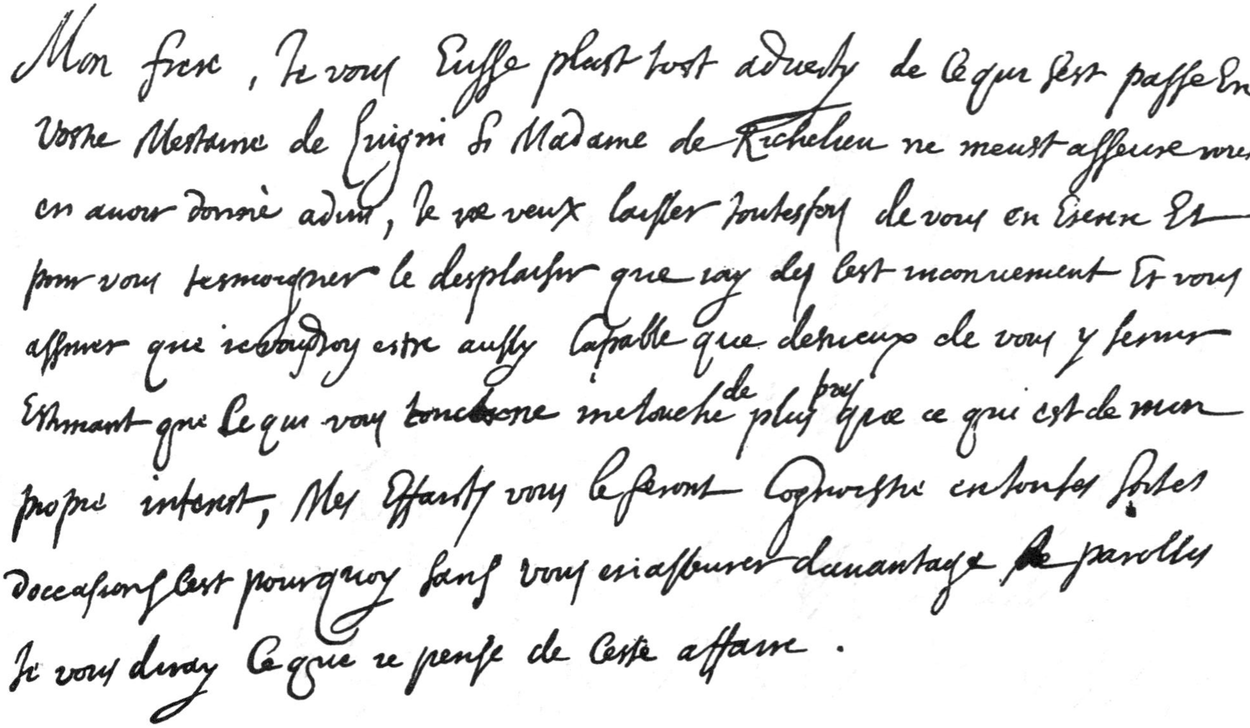
Mon frere, Je vous eusse plustost advertty de ce qui s'est passé en
vostre Mestairie de Luigni si Madame de Richelieu ne m'eust asseuré vous
en avoir donné advis, Je ne veux laisser toutesfois de vous en escrire Et
pour vous tesmoigner le desplaisir que j'ay de cest inconvenient Et vous
asseurer que je voudrois estre aussy capable que desireux de vous y servir
Estimant que ce qui vous touche me touche de plus pres que ce qui est de mon
propre interest, Mes effets vous le feront cognoistre en toutes sortes
d'occasions C'est pourquoy sans vous en asseurer davantage de parolles
Je vous diray ce que je pense de ceste affaire.

Fig. 493. — Écriture du cardinal de Richelieu, progressive, combinée, très nuancée, sobre, liée, retouchée (aux *e*) accélérée, avec des majuscules pour minuscules, de plus en plus montante

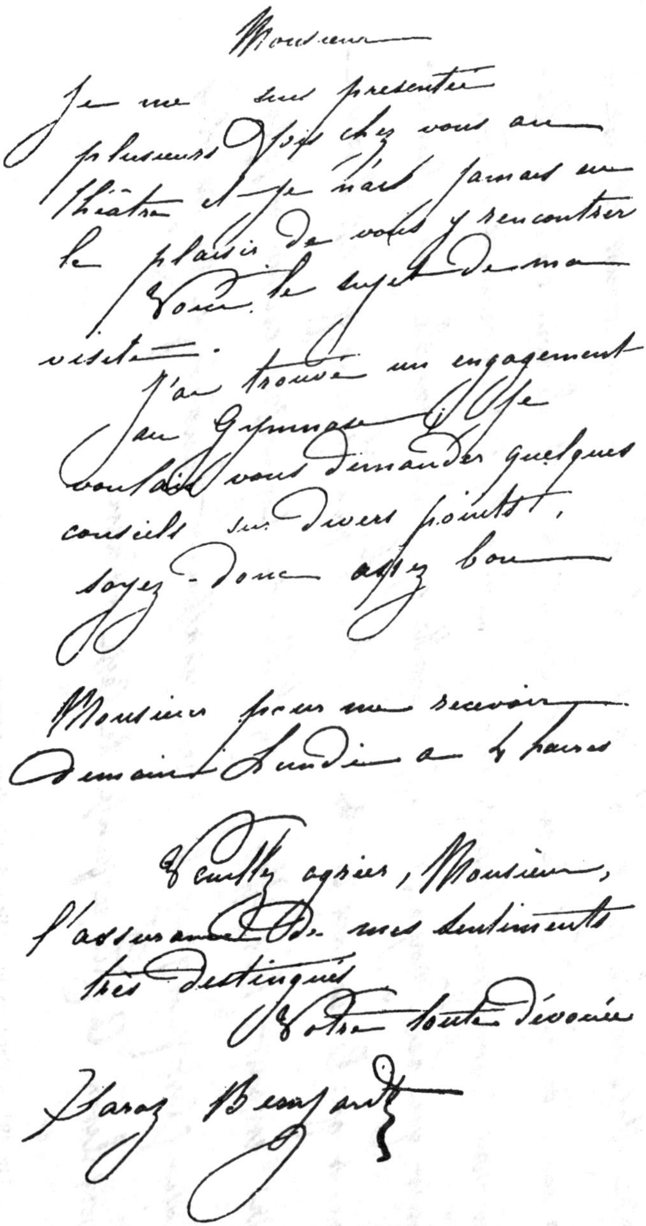
Monsieur
Je me suis presentée
plusieurs fois chez vous au
théâtre et je n'ai jamais eu
le plaisir de vous y rencontrer
Voici le sujet de ma
visite : j'ai trouvé un engagement
au Gymnase et je
voulais vous demander quelques
conseils sur divers points,
soyez donc assez bon
Monsieur pour me recevoir
demain Lundi à 4 heures
Veuillez agréer, Monsieur,
l'assurance de mes sentiments
très distingués
Votre toute dévouée
Sarah Bernhardt

Fig. 494. — Écriture de Sarah Bernhardt, jeune fille aux jambages prolongés, vulgaire, gonflée, surélevée lancée, centrifuge, exagérée, négligée

L'ÉCRITURE PROLONGÉE EN BAS OU EN HAUT

(Genre Dimension)

Synonymes : surélevée, centripète. — Antonyme : basse

Le prolongement des jambages est une des causes de l'écriture enchevêtrée ; cependant, la confusion qui en résulte n'est qu'une conséquence accessoire d'une raison plus profonde que le désordre de l'enchevêtrement : la suractivité motrice. On la rencontre chez les gens qui ne tiennent pas en place, grands matcheurs, remuant sans nécessité, pour le plaisir de remuer, aimanr les voyages, la chasse, et tout ce qui est de nature à satisfaire leur besoin de changer de place. L'écriture prolongée en bas s'observe dans tous les cadres sociaux, mais sa fréquence chez les comptables est curieuse à observer. Est-ce un effet d'imitation entre professionnels ? Nous croyons plutôt que ces hommes, astreints à un travail sédentaire et ennuyeux, sont hantés par l'idée des mouvements qu'ils voudraient exécuter ; ils rêvent, tout éveillés, aux randonnées qui leur sont interdites. Il y a, d'ailleurs, des comptables qui voyagent beaucoup ; ceux qui sont chargés de tenir les livres de diverses maisons parfois très éloignées les unes des autres. Sarah Bernhardt était bien connue pour son goût des déplacements. Notre exemple (fig. 494) représente son écriture de jeune fille ; elle n'est pas belle, vulgaire, prolongée en bas et gonflée, mais son sens esthétique se modifia beaucoup par la suite. Par contre, sa suractivité ne s'est jamais démentie, non plus que son orgueil.

Le Dr Paul Carton rapprocha très heureusement des jambages prolongés les exagérations en hauteur de certaines minuscules[1], surtout les *s*, qui expriment l'exaltation du caractère. Il y a, en effet, une concomitance remarquable entre les deux signes ; elle existe dans l'écriture de Sarah Bernhardt, et beaucoup plus marquée dans la figure 495 qui représente l'écriture d'un curé. C'est un homme très dévoué, remuant, exalté, tout à fait dans son rôle préféré en courant partout afin de recueillir des fonds pour remplacer le vieil orgue de son église.

Le prolongement des hampes est beaucoup plus rare que celui des jambages ; il s'applique à un genre de mouvements opposé à

1. *Diagnostic et conduite des tempéraments*, p. 68 et 69.

Fig. 495. — Écriture aux jambages prolongés, enchevêtrée, gladiolée, juxtaposée, résolue, exagérée plus mouvementée que rapide, cependant rapide en soi et monotone d'inclinaison

Fig. 496. — Écriture aux hampes prolongées d'un enfant de 9 ans

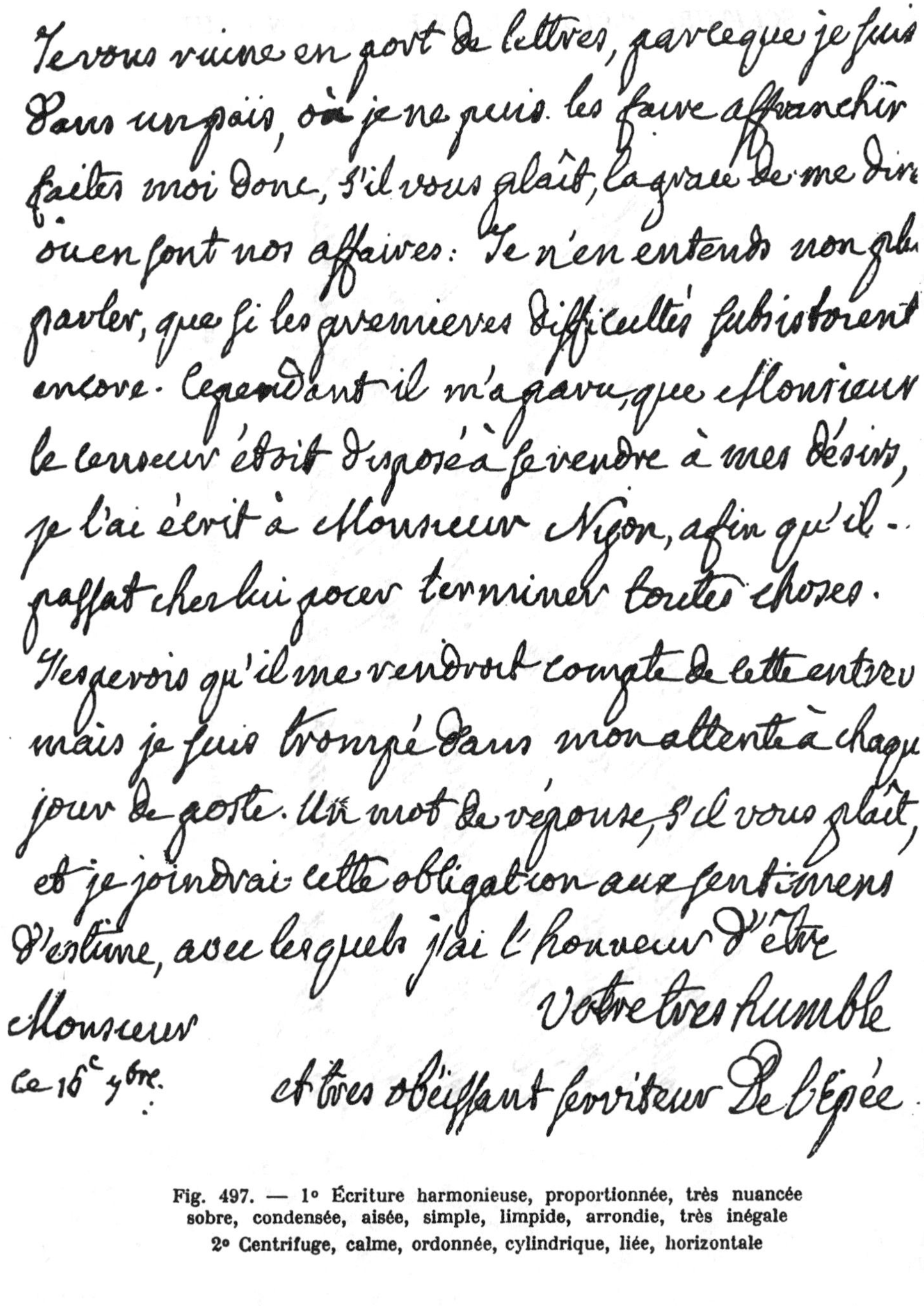

Je vous ruine en port de lettres, parceque je suis
dans un païs, où je ne puis les faire affranchir
faites moi donc, s'il vous plaît, la grace de me dire
où en sont nos affaires: Je n'en entends non plus
parler, que si les premieres difficultés subsistoient
encore. Cependant il m'a paru, que Monsieur
le censeur étoit disposé à se rendre à mes désirs,
je l'ai écrit à Monsieur Nyon, afin qu'il
passat chez lui pour terminer toutes choses.
J'esperois qu'il me rendroit compte de cette entrevu
mais je suis trompé dans mon attente à chaque
jour de poste. Un mot de réponse, s'il vous plaît,
et je joindrai cette obligation aux sentimens
d'estime, avec lesquels j'ai l'honneur d'être
Monsieur
Votre très humble
ce 16e 7bre.
et très obéissant serviteur De l'Epée

Fig. 497. — 1° Écriture harmonieuse, proportionnée, très nuancée sobre, condensée, aisée, simple, limpide, arrondie, très inégale
2° Centrifuge, calme, ordonnée, cylindrique, liée, horizontale

ces derniers, c'est-à-dire à une activité psychique plus ou moins exagérée. Chez l'auteur de la fig. 496, un garçon de 9 ans, on constate du déséquilibre ; en réalité son hérédité est chargée. Les divers scripteurs à hampes prolongées que nous avons directement observés, sont tous des exaltés. Dans le délire mystique, c'est plutôt la finale des mots qui s'envole, ou spécialement la hampe du *d*.

Il y a des écritures dont les hampes et les jambages sont prolongés. La fig. 288 en est un exemple. C'est une femme douée d'une imagination ardente ; elle n'est pas folle, mais ses exagérations la rendent insociable.

On trouvera un second exemple de prolongements généralisés dans la fig. 251. C'est un des teneurs de livres dont nous parlions en commençant. Nous savons, de science sûre, que c'est un détraqué.

L'ÉCRITURE PROPORTIONNÉE *(Genre Dimension)*

Synonymes : équilibrée, balancée
Antonymes : discordante, disparate

La proportion des tracés, dans un écrit, est la principale condition de l'harmonie ; elle est étroitement associée à l'ordre et à la clarté.

La calligraphie fixe les proportions, toutefois leur stricte réalisation produirait une écriture assez terne ; les petites inégalités de dimension, loin de détruire l'harmonie, lui apportent un élément vital. Jamais l'uniformité ne réhausse la qualité des mouvements. Cependant l'inégalité ne doit pas être excessive.

Cet ouvrage contient un bon nombre d'écritures harmonieuses ; on verra dans chacun le rôle variable, mais sans cesse avantageux, des proportions bien observées. La valeur de ce signe est sûre. Alors que des disproportions choquantes proviennent parfois d'un accident de plume, l'écriture proportionnée, même occasionnelle, répond à une qualité indiscutable, plus ou moins précieuse selon sa stabilité.

L'écriture de l'abbé de l'Épée (1712-1789), ce grand bienfaiteur des sourds-muets (fig. 497) est bien proportionnée, ce qui exalte la valeur de ses autres qualités. Nos lecteurs éprou-

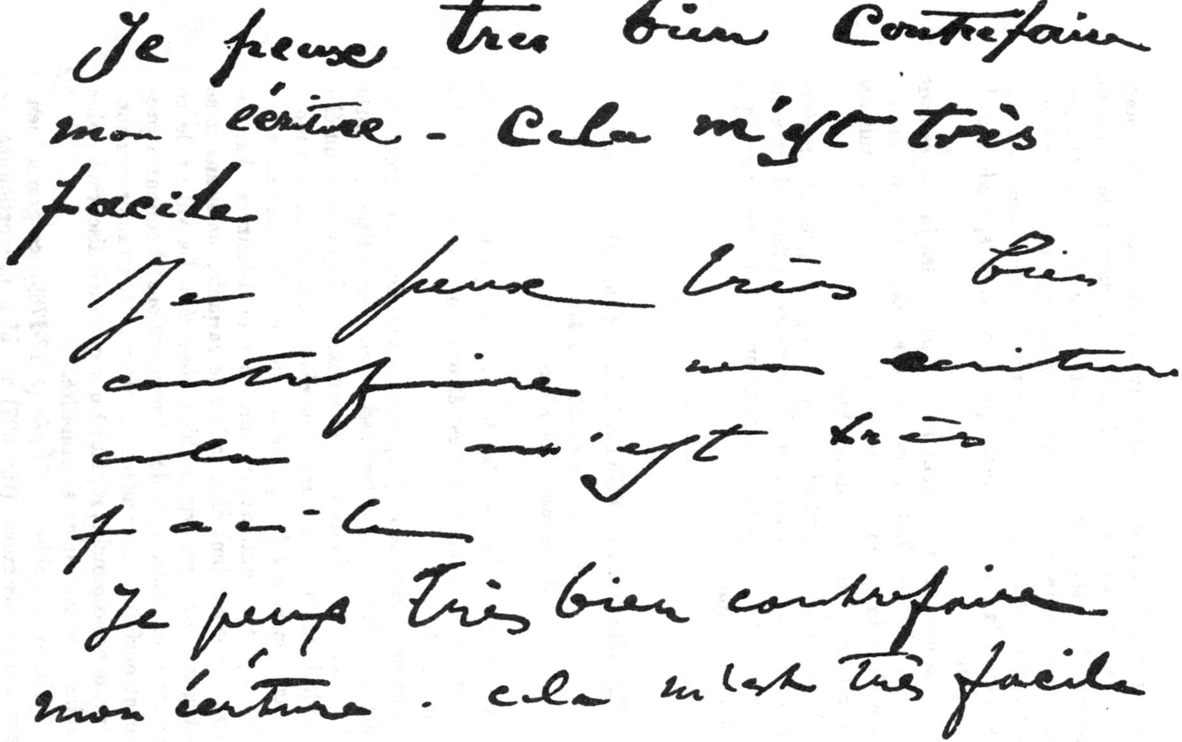

Fig. 498. — Écriture protéiforme. Trois spécimens écrits spontanément et sans arrêt moins différents que ne l'imagine le scripteur

veront une vraie joie du cœur à pénétrer, par l'intermédiaire de l'écriture, dans cette belle âme, si noble, pure et sereine. La définition de notre exemple est d'une richesse exceptionnelle, avec un minimum de quinze dominantes dont pas une ne restreint la valeur d'une autre. Au premier plan, l'écriture harmonieuse, proportionnée, très nuancée, sobre, condensée, aisée, simple, limpide, arrondie ; au second plan, centrifuge, calme, ordonnée, cylindrique, liée, horizontale, très inégale[1].

L'ÉCRITURE PROTÉIFORME *(Genre Continuité)*

Synonyme : instable. — Antonyme : constante

L'écriture protéiforme est celle qui change souvent et profondément de forme. Par son inconstance, elle dénote une attention fragile et un caractère léger, dissipé, dont les sentiments de fidélité sont très altérables.

Nous avons vu, à propos de l'écriture instable, les méfaits de la discontinuité des tracés : ils sont majorés dans l'écriture protéiforme. Les significations ne sont pas les mêmes chez l'enfant ou chez l'adulte ; le premier subit les effets d'une attention et d'une énergie fortement déficitaires ; la cause de sa mobilité n'est pas équivoque : c'est un débile mental qui n'a pas encore appris à feindre[2]. Quant à l'adulte débile, l'expérience de la vie lui suggère des moyens de tromper pour esquiver les disciplines jugées trop pénibles ; son écriture protéiforme montre qu'il a cultivé ses aptitudes à l'hypocrisie. Plus il est intelligent, plus il a perfectionné sa duplicité. L'écriture protéiforme n'est pas la cause, mais l'effet de cette disposition d'esprit ; elle trahit la mentalité du faible devenu fourbe — ou de l'hyperémotif.

Un jeune homme se flattait de changer à volonté son écriture. De fait, il écrivit devant nous, sans une hésitation, les trois exemples de la fig. 498. Ils ne sont pas aussi différents que le

1. Pour bien comprendre toute la haute qualité de cette écriture, il faut faire la résultante de toutes les composantes et la comparer aux écritures de la même époque. (A. L.)

2. A moins que ce ne soit un grand émotif cyclothymique, sans débilité mentale, mais chez lequel la constitution hyperémotive est largement prédominante. (A. L.)

croyait l'auteur qui prétendait à une dissimulation complète. Il suffit de comparer les mots *bien* et *m'est*, pour être sûr du contraire. Les changements sont en surface, témoignant d'un effort visiblement exagéré. Cette espèce d'écriture n'est pas dangereuse ; elle représente un déguisement de la même nature que celui qu'on observe dans beaucoup de lettres anonymes. Ce n'est

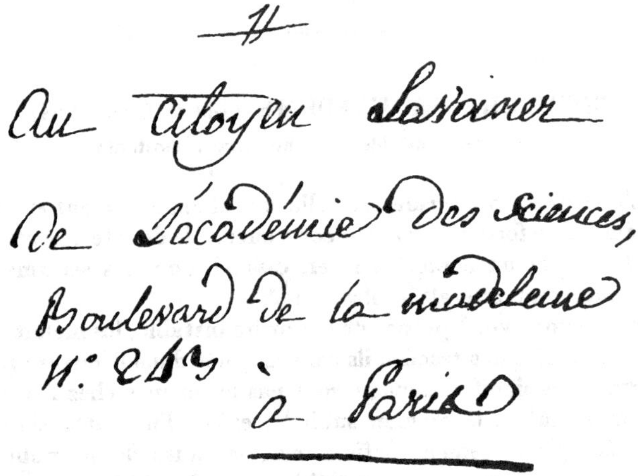
Au Citoyen Lavoisier
de l'académie des sciences,
Boulevard de la madeleine
n° 243 à Paris

Fig. 499. — Écriture ralentie et agrandie
suscription de la lettre de Lakanal reproduite *supra* (fig. 486)

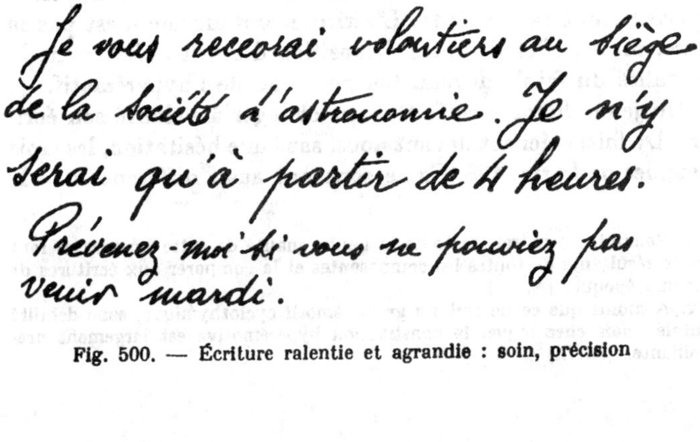
Je vous recevrai volontiers au siège
de la société d'astronomie. Je n'y
serai qu'à partir de 4 heures.
Prévenez-moi si vous ne pouvez pas
venir mardi.

Fig. 500. — Écriture ralentie et agrandie : soin, précision

pas là le caractère de l'écriture protéiforme qui est l'expression d'une variabilité dont l'origine est constitutionnelle. En dernière analyse, elle est spontanée, en dépit des dispositions versatiles et infidèles du scripteur.

Notre exemple des figures 371 à 376 donne une idée plus exacte de l'écriture protéiforme que les déguisements de la fig. 498.

L'ÉCRITURE RALENTIE *(Genre Vitesse)*

Synonyme : retardée. — Antonymes : accélérée, précipitée

Les causes du ralentissement de l'activité sont nombreuses. Il y a peu d'exemples meilleurs pour démontrer l'erreur sur laquelle reposent les tableaux graphologiques où chaque signe reçoit une seule interprétation. Voici les principales causes, entre lesquelles il n'est pas toujours aisé de choisir : les faits si variés d'inhibition, l'hésitation, une perte de mémoire, un surcroît d'attention, de réflexion, de soin, de prudence, la fatigue, la maladie, l'action du froid, des dérangements inopinés, une position incommode, le mauvais état de l'encre, de la plume, du papier, etc.

L'expression du ralentissement se confond quelquefois avec celle du soulignement. Par exemple, nous avons publié (fig. 486), une lettre émouvante de Lakanal à Lavoisier ; voici (fig. 499) la suscription de cette lettre. Par mesure d'ordre, le grand savant s'applique ; son tracé est agrandi et ralenti.

Dans la fig. 500, où un employé de bureau accepte un rendez-vous, il précise à son correspondant qu'il ne doit venir qu'après 4 heures ; son écriture prend une allure calligraphique, elle passe de 2 à 3 mm, elle est visiblement ralentie.

Lorsque le rapetissement est causé par le froid ou l'inhibition, il s'accompagne d'un ralentissement significatif.

Nous avons donné trois exemples très démonstratifs d'écritures ralenties, le premier (fig. 328), est relatif à la juxtaposition occasionnelle des lettres ; le second est à propos de l'écriture inutilement ponctuée de l'amiral de Coligny (fig. 485) ; le troisième, à propos de l'écriture posée (fig. 487). Nous y renvoyons le lecteur ; il verra comment des écritures

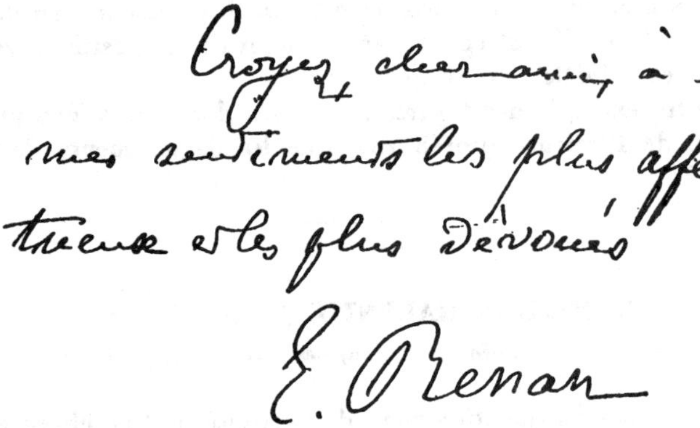

Fig. 501. — Écriture habituelle de Renan, très simple et claire

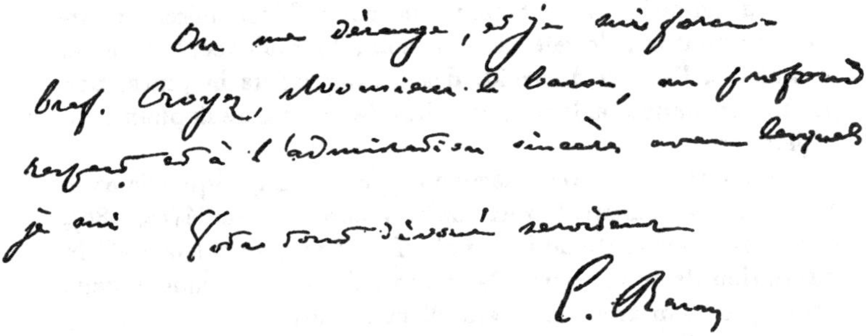

Fig. 502. — Écriture rapetissée de Renan
concentration des mouvements en vue d'une plus grande rapidité

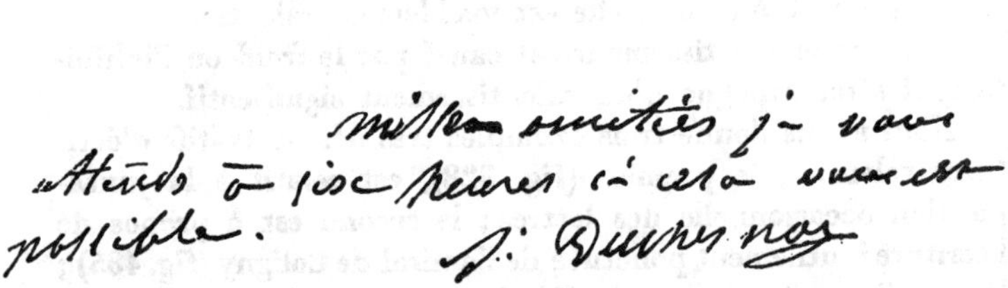

Fig. 503. — Écriture rapetissée de Mlle Duchesnois

contenant des signes certains d'activité peuvent comprendre aussi des indices non moins certains de lenteur. Il n'y a là qu'un petit problème facile, posé au discernement du graphologue.

Enfin, voici la règle d'interprétation : *Toutes les causes de ralentissement sont occasionnelles, parce qu'une écriture toujours ralentie serait simplement lente. L'emploi occasionnel des signes de lenteur, écritures compliquée, épaisse, très grande, inhibée, hésitante, juxtaposée, molle, ornée, etc., révèle le ralentissement.*

L'ÉCRITURE RAPETISSÉE *(Genre Dimension)*

Synonyme : réduite. — Antonymes : agrandie, dilatée

Une écriture est rapetissée quand ses dimensions normales sont occasionnellement diminuées.

Les principales causes du rapetissement sont : toutes les dépressions, les maladies, le chagrin, le vieillissement, l'action du froid. Les débiles réduisent leurs mouvements ; on pourrait mesurer leurs forces d'après le temps qu'ils mettent à résister au rapetissement de leurs tracés. L'épuisement se voit parfois à la fin de chaque ligne, ou de chaque page, ou lors de la terminaison de l'écrit. Mais on ne confondra pas le rapetissement qui tient à la nécessité de faire tenir un texte dans un format imposé, avec les causes de dépression ; ce n'est là qu'un effet d'adaptation, donc de souplesse d'esprit.

Une autre cause de l'écriture rapetissée, méconnue jusqu'ici, est le besoin de diminuer l'amplitude des mouvements pour obtenir une plus grande vitesse ; nous en avons fait la démonstration ailleurs[1].

Examinons l'écriture normale, posée, de Renan (fig. 501), mesurant 1 à 2 mm, à côté d'une autre (fig. 502), de 1/2 à 1 mm. Quelle est la cause d'une si grande différence ? Le texte de la fig. 502 l'indique : *On me dérange, et je suis forcément bref.* L'écriture est rapetissée, lancée, montante, inachevée, quatre bonnes conditions pour aller vite.

Mlle Duchesnois (fig. 206) écrit au citoyen Mahero afin

1. *Les Éléments*, p. 207 à 220.

d'obtenir une recommandation pour entrer, comme élève, au théâtre de la République. Son écriture posée, très inégale, varie de 1 1/2 à 3 mm. Vingt-cinq ans après, elle écrit le petit billet de la fig. 503 ; son tracé est toujours très inégal, mais d'une dimension moitié moindre. Ici, le rapetissement tient à deux causes : à l'âge (on vieillit vite au théâtre ; elle est morte à 58 ans) et au besoin de donner une prompte réponse. Elle est visiblement agitée.

Nous avons vu l'écriture de Jean de La Fontaine (fig. 154) très nuancée, de 1 1/2 à 3 mm. En voici un autre exemple, fig. 504, toujours très nuancé, mais réduit de 1 à 1/2 mm. Le

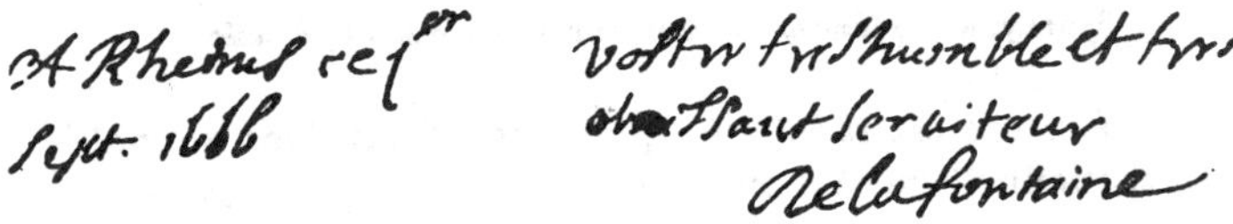
A Rheims ce 1er
sept. 1686
votre tres humble et tres
obeissant serviteur
Delafontaine

Fig. 504. — Écriture apparemment rapetissée de Jean de La Fontaine
La comparer avec l'exemple 154, qui est une écriture d'apparat

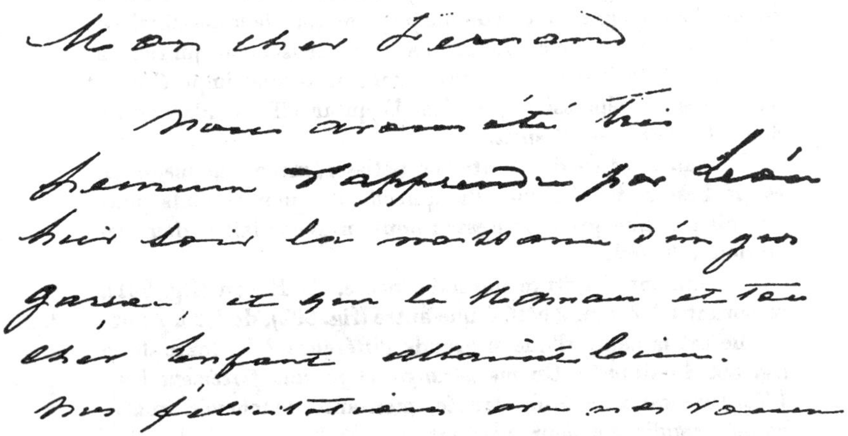
Mon cher Fernand
Nous avons été très
heureux d'apprendre par Léon
hier soir la naissance d'un gros
garçon, et que la maman et ton
cher enfant allaient bien.
Nos félicitations avec nos voeux
les plus [illegible].

Fig. 505. — Écriture progressivement rapetissée : vieillesse et fatigue

rapetissement n'est qu'apparent, la cause est facile à déceler : la fig. 154 est la copie d'une poésie, une écriture d'apparat ; celle de la fig. 504, qui est de la même époque, est l'écriture normale, dans laquelle l'exaltation du poète est tombée. C'est l'écriture de la poésie qui était agrandie.

Enfin, dans la fig. 505, on voit une écriture accélérée, mais progressivement rapetissée. Le scripteur commence dans un mouvement lancé, avec une dimension qu'il ne peut pas conserver. Les derniers mots sont filiformes. C'est un homme âgé, toujours vif, mais fatigué.

L'ÉCRITURE RAPIDE *(Genre Vitesse)*

Synonyme : preste. — Antonyme : lente

L'écriture est rapide quand elle est obtenue sans précipitation à la vitesse de 180 lettres, environ, à la minute. C'est la moyenne d'expériences faites sur 100 personnes cultivées, écrivant le même texte.

L'écriture rapide, qui exprime l'activité grande, est un des meilleurs indices de la supériorité générale, mais elle n'est qualitative que si elle est tracée avec aisance et continuité, non dans le sursaut d'un mouvement de trouble.

Nous proposons, pour étudier la vitesse dans l'écriture, de répéter sur soi-même et avec ses amis, nos expériences chronométrées[1]. Elles consistent à écrire, avec le contrôle d'une bonne montre à secondes, une petite phrase, à des allures variées, pendant 15, 30 ou 60 secondes, au choix. Un assistant donne le signal du commencement de l'épreuve par un petit coup de doigt sur la table. Lorsque le nombre de secondes choisi est écoulé, il donne, par le même procédé, le signal de l'arrêt. La technique de notre système d'expérimentation est si simple qu'on la possède pleinement après un petit nombre de tentatives.

Le premier essai se rapporte à l'écriture lente. Il y a des scripteurs nerveux qui ont beaucoup de peine à écrire lentement ; ils s'emballent aussitôt : il ne faut pas s'en inquiéter. L'expé-

1. *Les Éléments ;* de l'écriture lente à l'écriture rapide. Ce chapitre contient neuf expériences avec commentaires détaillés.

rience entière, reproduite plusieurs fois, s'il le faut, impose sans tarder les rectifications justes, sans paroles inutiles.

La seconde épreuve est celle de l'écriture posée et, successivement des tracés accélérés, rapides, précipités, ce dernier mettant en jeu les ressources actives du scripteur à leur maximum d'intensité.

Une reprise de tout ou partie des épreuves permet de réviser les résultats obtenus, et achève l'initiation du scripteur qui, dès lors, n'aura plus de surprises à objecter dans une autre série d'expériences.

Les résultats de cent épreuves complètes, réalisées avec le

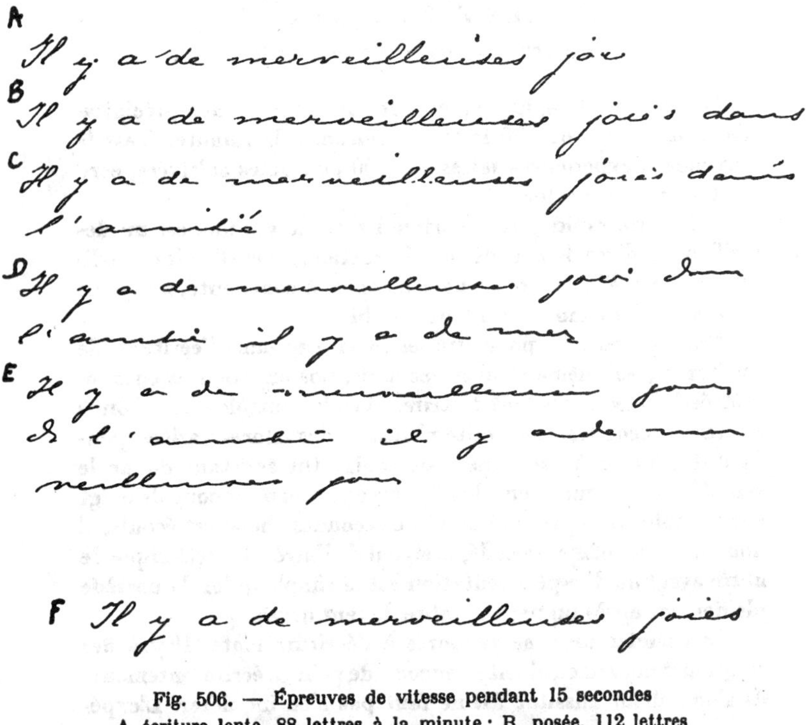

Fig. 506. — Épreuves de vitesse pendant 15 secondes
A, écriture lente, 88 lettres à la minute ; B, posée, 112 lettres
C, accélérée, 136 ; D, rapide, 176 ; E, précipitée, 200
Contrôle, F, retour à l'écriture lente, 96 ; posée, 114 ; accélérée, 148
rapide, 176 ; précipitée, 206

concours de personnalités très variées, mais à l'exclusion des gens qui nont pas atteint le degré de culture de l'écriture organisée, ont été les suivants : écriture lente de 80 à 120 lettres à la minute ; posée, 121 à 140 ; accélérée, 141 à 160 ; rapide, 161 à 190 ; précipitée, 191 et au-dessus. Ces chiffres sont évidemment révisables, mais ils fournissent une approximation assez efficace pour établir les conditions et les moyens de la vitesse dans l'écriture, en ruinant, chemin faisant, les illusions des agités et des vantards. En particulier, par la faiblesse ou l'inharmonie des résultats, on décèle les inadaptables. Au contraire, les succès révèlent des harmonies insoupçonnées.

Voici les résultats inharmonieux d'un inadaptable : lente, 65 ; posée, 114 ; accélérée, 122 ; rapide, 146 ; précipitée, 144. Au contrôle : lente, 75 ; posée, 98 ; accélérée, 102 ; rapide, 158 ; précipitée, 146. Il s'agit cependant d'un homme de mérite, dans sa spécialité, mais son écriture est agrémentée de complications, et il ne renonce à aucune.

Voici les résultats très harmonieux d'un jeune étudiant, dont chaque épreuve a duré une minute entière : lente, 96 ; posée, 138 ; accélérée, 162 ; rapide, 192 ; précipitée, 248.

Contrôle : lente, 100 ; posée, 140 ; accélérée, 165 ; rapide, 195 ; précipitée, 252.

Enfin, nous donnons (fig. 506), la reproduction d'une épreuve réalisant une moyenne honorable : lente, 88 ; posée, 112 ; accélérée, 136 ; rapide, 176 ; précipitée, 200.

Contrôle : lente, 96 ; posée, 114 ; accélérée, 148 ; rapide, 176 ; précipitée, 206. On voit ici que l'entraînement, chez une personne timide, redresse quelque peu les résultats ; ils changent à quelques minutes d'intervalle quand l'inexpérience est en cause, mais bientôt ils se rectifient, et deviennent stables.

Après quatre ou cinq essais on obtient un schéma assez précis de l'étendue et du rythme de l'activité du scripteur. Toutefois, ce schéma n'est pleinement valable que pour le moment de l'expérience ; il est seulement approximatif de la formule normale, et s'en écarte sensiblement si le sujet est inhibé par une cause quelconque, principalement un état maladif. D'ailleurs, il peut être intéressant de comparer la formule d'un malade avec une autre obtenue dans de bonnes conditions de santé.

Nous avons montré, à propos des tracés lents, posés, accélérés, sautillants, ou ralentis, par quels moyens l'activité se manifeste dans l'écriture. Déjà, une vitesse de 150 lettres à la minute nécessite des procédés complexes et des qualités mentales sérieuses. Pour aller plus loin les disciplines d'une bonne culture d'esprit deviennent indispensables. On ne s'étonnera pas de constater que tous les moyens d'aller vite sont des signes de culture d'esprit. Dès 1893, en annonçant notre découverte des signes de culture nous signalons cette importante concomitance[1].

Pour obtenir 180 lettres à la minute, il faut, avant tout, économiser les mouvements en les simplifiant, ou en supprimant tout ce qui peut l'être dans les formes calligraphiques, sans nuire à la lecture. Toutes les dimensions sont réduites, les prolongements des finales supprimés, les lettres extérieures prennent la forme d'un bâton, le mouvement général est lancé, toujours progressif, c'est-à-dire tendant à se diriger vers la droite. Enfin, l'écriture est plus ou moins liée. Il est impossible d'obtenir les grandes expressions de l'activité sans l'écriture liée. (Voyez ce mot.)

C'est une erreur de croire que l'écriture très mouvementée et agrandie crée de la vitesse. Ce sont les moyens qu'emploient les scripteurs affolés. L'écriture grande retarde le tracé. Il est vrai que l'écriture petite a besoin de se dilater un peu pour atteindre les vitesses extrêmes, mais le degré utile de l'augmentation d'amplitude est très vite atteint ; le principe qu'un petit mouvement est plus vite fait qu'un grand a été mis en évidence[2].

La sobriété des mouvements, leur simplification, leur dimension petite ou moyenne, leur liaison, sont les grands indices de l'écriture rapide ; du moins ce sont les bonnes conditions statiques de la rapidité ; les écritures progressive, lancée et mouvementée indiquent la réalisation dynamique de la vitesse.

Beaucoup de personnes apprécient mal la sensation de rapidité de l'écriture parce qu'elles confondent des ordres de choses différents. Par exemple, les scripteurs à l'écriture juxtaposée sont généralement convaincus qu'ils écrivent très vite ; la constatation expérimentale de leur mauvais résultat, chronomètre en mains, les trouble sans les convaincre. Ils n'ont pas tout à fait tort : nous distinguons plusieurs sortes de vitesses. Le ner-

1. Cf. *L'Écriture et le caractère*, 11ᵉ éd., p. 179.
2. *Les Éléments*, p. 207.

veux affaibli qui est devenu incapable de tracer lisiblement toutes les courbes combinées d'une écriture normale, reste un homme vif et il le prouve en jetant prestement ses traits sur le papier, l'un à côté de l'autre. Voilà bien une écriture simplifiée, elle ne se compose souvent que de bâtons ! La vitesse d'un tel tracé est réellement grande. Mais entre chaque lettre il y a un arrêt qui compromet le résultat pratique ; finalement ce tracé *rapide en soi* manque le but et se classe dans les écritures lentes à cause de l'inhibition intercurrente.

Les grandes écritures donnent lieu à une observation du même genre. Il tombe sous le sens commun que le tracé d'un mot, d'une dimension de 4 mm, dans le même temps qu'une autre personne avec des lettres de 2 mm, a une rapidité de mouvements double. Mais quand nous parlons d'écriture rapide, nous entendons tenir compte du résultat pratique, non de la vitesse absolue. Qu'arrivera-t-il si la personne qui écrit vite avec de grandes lettres les diminue de moitié ? Théoriquement, Elle devrait doubler sa vitesse pratique, mais elle se heurte à l'obstacle de la difficulté d'adaptation. La femme nerveuse qui trace des grandes lettres de 5 mm semble avoir besoin de cette dimension pour calmer ses nerfs et utiliser au mieux ses leviers ; si on la lui réduit de moitié, l'inhibition joue et bouleverse les prévisions. La voilà vouée à l'inutile rapidité !

En somme, les grandes écritures ne sont pas pratiquement rapides. Il faut rire du roi Louis-Philippe écrivant à un ami qu'il s'excuse d'écrire plus grand que d'habitude parce qu'il est pressé ; les trente mots oiseux qu'il consacre à ce sujet confirment son inaptitude générale à aller vite par les meilleurs moyens.

Examinons quelques écritures afin de découvrir leurs causes de rapidité. Celle de Paul Baudry (fig. 507), est simple, simplifiée, liée, lancée, avec des suppressions de lettres ; rien n'entrave ses mouvements ; c'est une écriture rapide à environ 210 lettres à la minute.

Edmond About (fig. 508) a l'écriture simplifiée, simple et liée ; il diminue l'amplitude de ses tracés grâce à leur petitesse et à la réduction de la forme des lettres, de là leur imprécision. Sa plume glisse sur le papier sans effort, alertement, à l'allure de 190 lettres à la minute.

Adolphe Thiers (fig. 260) a l'écriture simple, simplifiée,

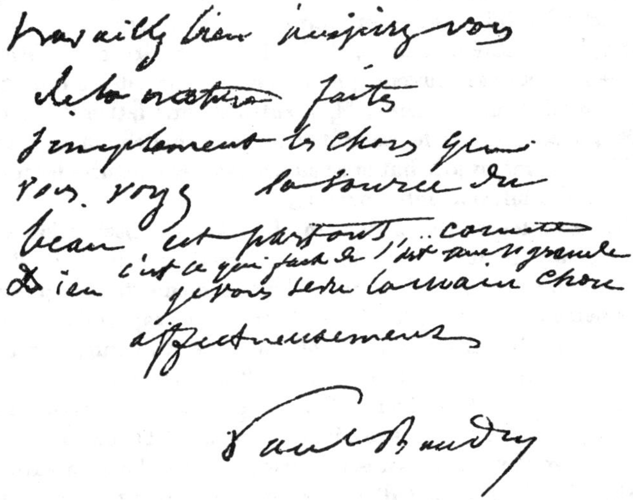

Fig. 507. — Écriture rapide de Paul Baudry, simple, simplifiée, liée, lancée

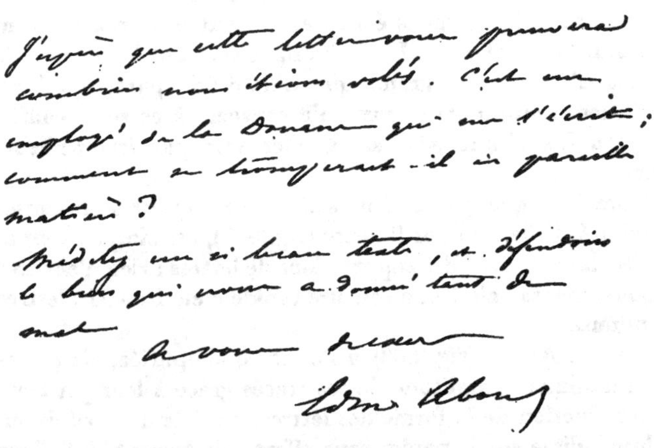

Fig. 508. — Écriture d'Edmond About, simple, simplifiée liée, petite, imprécise

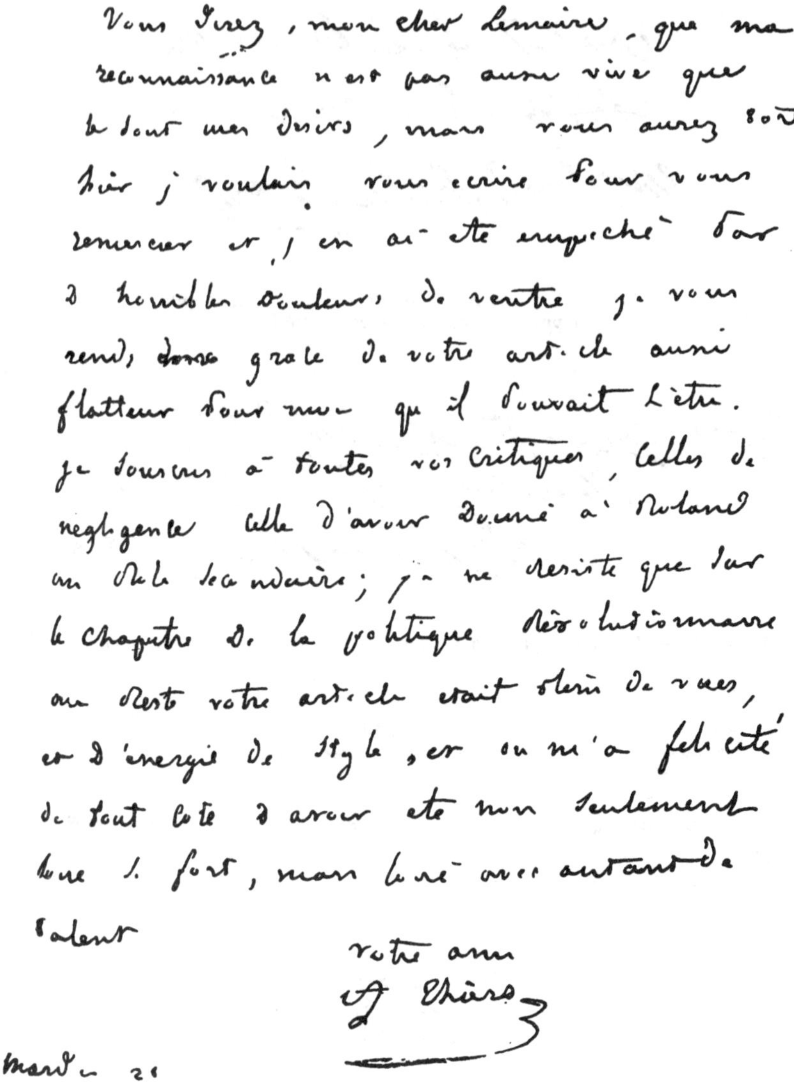

Vous direz, mon cher Lemaire, que ma
reconnaissance n'est pas aussi vive que
le sont mes desirs, mais vous aurez tort
hier j voulais vous ecrire pour vous
remercier et j en ai ete empeché par
d horribles douleurs de ventre je vous
rends ~~donc~~ grace de votre article aussi
flatteur pour moi qu il pouvait l'être.
je souscris à toutes vos Critiques, celles de
negligence celle d'avoir donné à Roland
un role secondaire; je ne resiste que sur
le chapitre de la politique révolutionnaire
au reste votre article etait plein de vues,
et d'energie de style, et on m'a felicité
de tout coté d avoir eté non seulement
bien si fort, mais bien avec autant de
talent

votre ami
A Thiers

mardi 21

Fig. 509. — Écriture rapide d'Adolphe Thiers
simple, simplifiée, combinée, rapetissée

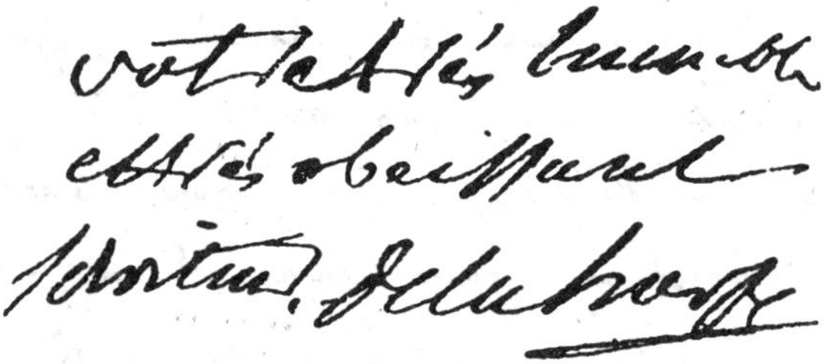

Fig. 510. — Écriture rapide de de Laharpe, liée, simple simplifiée, lancée, saccadée, imprécise

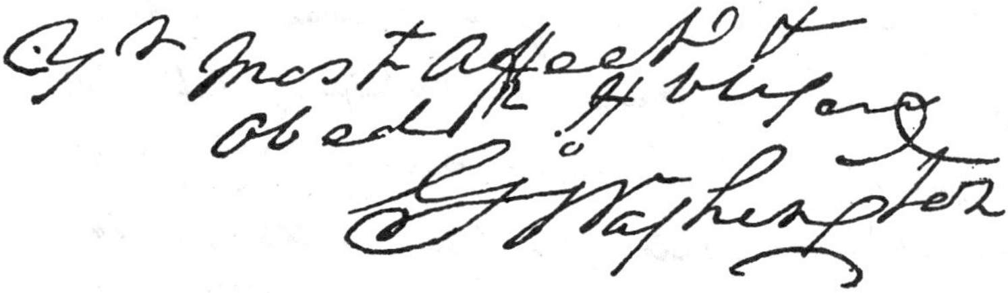

Fig. 511. — Écriture rapide de George Washington, très abrégée, lancée

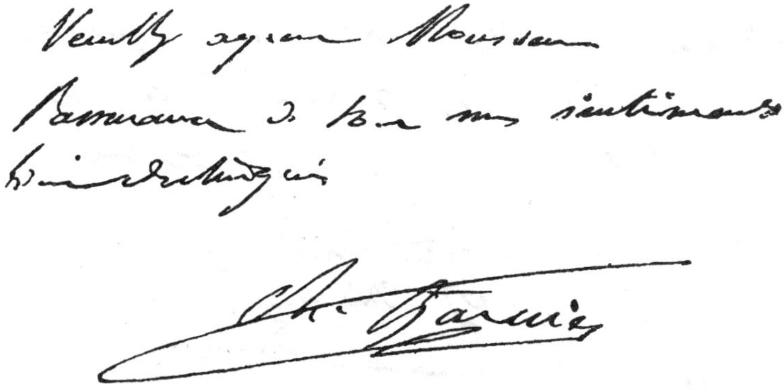

Fig. 512. — Écriture rapide de Ch. Garnier, très simplifiée simple, imprécise, gladiolée, inachevée, inclinée

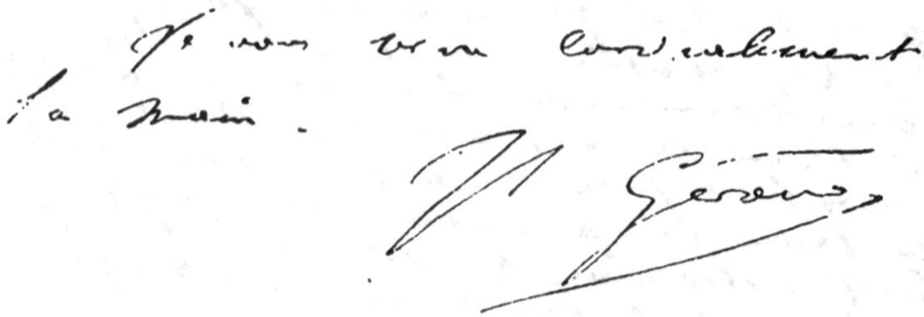

Fig. 513. — Écriture rapide de Jean-Louis Gérôme, lancée, simple simplifiée, petite, imprécise

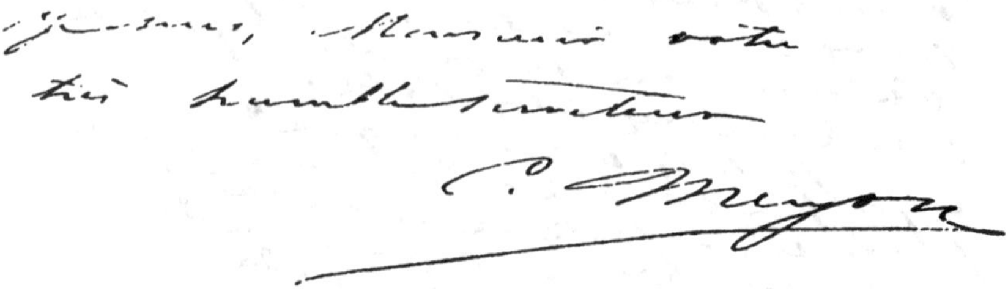

Fig. 514. — Écriture rapide de Charles Meryon, liée, lancée, simple simplifiée, petite, imprécise, très inclinée

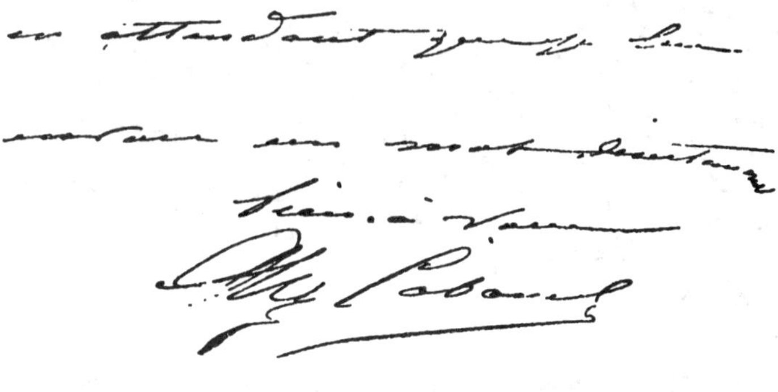

Fig. 515. — Écriture rapide d'Alexandre Cabanel, liée, lancée imprécise, petite, simple, très inclinée

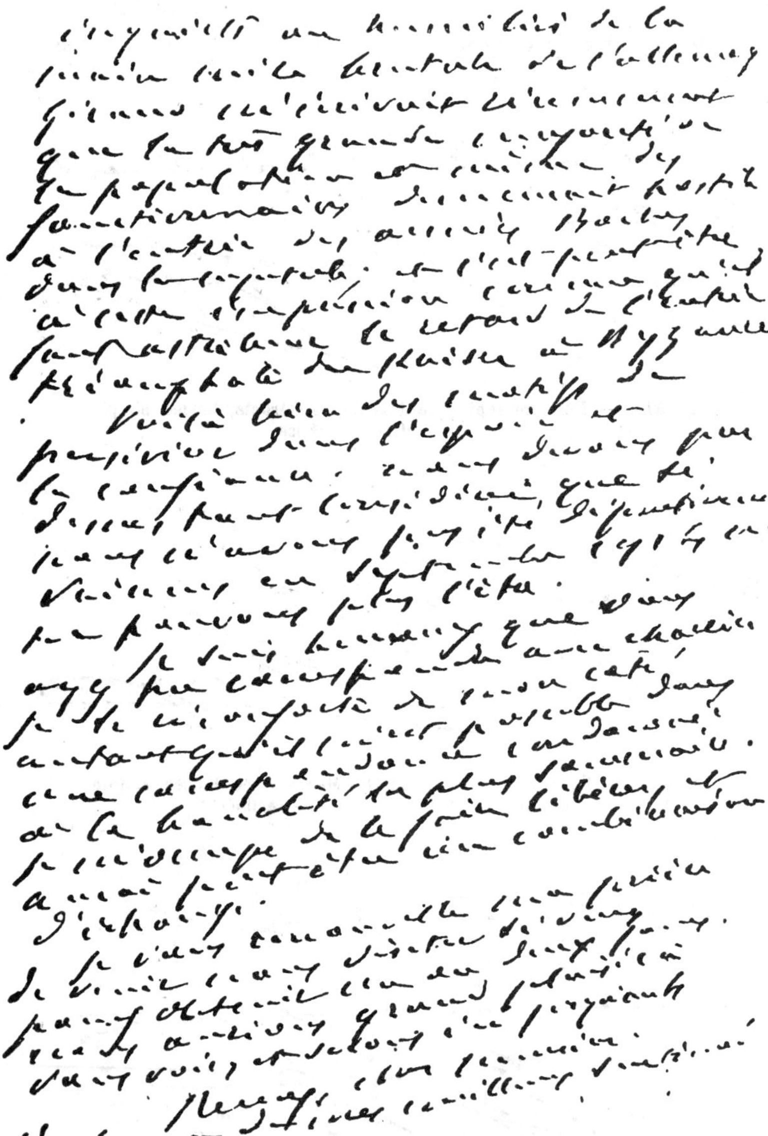

Fig. 516. — Écriture très rapide en soi, très simple et simplifiée centrifuge, montante, imprécise
La juxtaposition des lettres s'oppose aux résultats les meilleurs

groupée, sautillante, espacée, lancée, imprécise, semi-anguleuse. Comparons-la au bel exemple de la fig. 509, où l'écriture est rapetissée et semi-courbe, conditions favorables à l'accélération. Quelle est la plus rapide des deux ? Elles ont presque les mêmes qualités, la première est plus lancée, la seconde plus petite et mieux combinée. Ni l'une, ni l'autre n'est liée. Leurs avantages se compensent ; toutefois, la seconde l'emporte par le rapetissement et ses heureuses combinaisons, avec 190 lettres à la minute contre 180 à la première.

De Laharpe (fig. 510 a une écriture apparemment très rapide, parce qu'elle est très lancée, simplifiée, liée, gladiolée. Par le gladiolement, l'effort est diminué, mais l'exagération de quelques lettres nuit aux résultats que nous estimons à 180 lettres à la minute.

George Washington (fig. 511) emploie surtout les abréviations et le lancement. Ses simplifications sont mêlées à quelques complications. C'est du 160 lettres à la minute.

Charles Garnier (fig. 512) utilise, pour aller vite, les mouvements petits, gladiolés, inachevés, imprécis, inclinés. Il néglige quelques accents, mais s'appesantit trop sur d'autres. En l'absence de liaisons favorables, il atteint, sans grâce, peut-être 230 lettres à la minute.

Jean-Louis Gérome (fig. 513) a l'écriture lancée, simple, simplifiée, petite, imprécise ; il ne lui manque, pour être excessivement rapide, que d'être liée ; elle atteint vraisemblablement, dans notre exemple, 225 lettres à la minute.

Le grand aquaforiste Charles Meryon (fig. 514) se sert de tous les modes de rapidité. Son écriture est lancée, liée, simple, simplifiée, petite, imprécise, très inclinée ; il sait supprimer quelques points ; celui de *Monsieur* prend la forme d'un accent à cause du lancement qui s'oppose à l'inhibition attachée au point. Cet exemple est de grande classe, avec environ 250 lettres à la minute.

Chez Alexandre Cabanel (fig. 515), nous observons d'excellents moyens d'aller vite ; l'écriture est liée, lancée, imprécise, petite, simple, très inclinée, cependant médiocrement combinée. Le *d* de *attendant* et les inhibitions du *b* et des *v* la déprécient ; elle rentre dans la catégorie des 200 lettres à la minute.

Enfin, voici (fig. 516) une écriture très simple et très simplifiée, centrifuge, montante, imprécise ; tous ses traits sont lancés avec une rare prestesse. Mais il lui manque la continuité pour être classée parmi les plus habiles à réaliser les grandes vitesses : elle est seulement *très rapide en soi*, pour chacun de ses fragments. A l'épreuve chronométrée, on est étonné de constater un résultat effectif de 170 lettres seulement.

Récapitulons maintenant les signes de vitesse : avant tout, les liaisons extra-calligraphiques, les simplifications, la simplicité, la sobriété, le lancement, la direction centrifuge, l'inachèvement, le tracé filiforme, la suppression des accents et des barres de *t*, la petitesse, l'imprécision des formes, due à leur réduction. Ensuite, le gladiolement, les abréviations, le groupement bien combiné des lettres qui permet l'écriture sautillante, les tracés ascendants, inclinés[1], courbes, acérés.

L'ÉCRITURE A REBOURS *(Genre Direction)*

Synonymes : retournée, renversée. — Antonyme : progressive

Il y a des écritures dans lesquelles la direction des traits et la forme des lettres s'établit dans le sens contraire à l'enseignement calligraphique ; c'est ce que nous avons appelé l'écriture à rebours, renversée ou retournée. Ses expressions les plus saisissantes consistent dans le renversement accentué de tout le tracé à gauche, le jet à droite de finales qui doivent se terminer à gauche, ou bien la régression résolue à gauche de traits qui doivent se diriger à droite. C'est la marque d'un caractère contrariant, indiscipliné, plus ou moins inadaptable.

La hampe du *d*, jetée à droite, est une particularité de l'écriture à rebours qui mérite l'attention ; elle représente bien un mouvement d'indépendance, hargneux et provocant dans ses formes anguleuses et lancées. Son apparition coïncide avec l'âge de puberté ; nous avons mis le fait en évidence dans une publication antérieure[2] : après la seconde enfance, de 14 à 16 ans, la puberté révolutionne les caractères et le *d* redressé dont nous

1. M. Robert SAUDEK, dans son bel ouvrage : *Experiments with handwriting*, p. 79 et suiv., a signalé l'accroissement de l'obliquité dans les écritures très rapides, d'après Meyer de Berlin et McAllister de Yale.

2. *L'Age et le sexe dans l'écriture*, p. 21 et 22. Adyar à Paris, 1924.

donnons quelques exemples dans la fig. 517 s'épanouit dans l'écriture des jeunes gens mutins, impatients du joug.

Chez les adolescents, le goût de l'indépendance est issu de la résistance à la discipline ; l'opposition est un besoin, un exutoire ; on se soulève pour se dépenser, parfois pour se faire les griffes ; la résignation à cet âge semble insolite, elle se confond avec le malheur.

Il y a des *d* à rebours, plus ou moins vifs, anguleux, lancés ; il y en a aussi de très mous qui émanent de lymphatiques tout à la fois révolutionnaires et impuissants, perpétuellement grognons et négatifs. Quand la période d'effervescence est passée, les *d* retournés s'atténuent ou disparaissent ; ils deviennent rares dans l'âge mûr et la vieillesse. Les adultes, qui proclament en toute occasion leur indépendance, ne sont que des débiles révoltés. Il y a encore des personnages qui se prétendent indépendants afin de se donner les coudées franches pour trahir tout le monde. Mais ceux-là ressortissent à l'écriture centripète.

Faut-il dire que le *d* renversé n'est pas LE signe de l'indépendance, mais une de ses manifestations les plus médiocres ? La véritable indépendance est une maîtrise de soi dont les origines nobles n'ont rien de commun avec le petit mouvement revêche du *d* renversé des jeunes aspirants à l'émancipation.

Il n'y a guère plus de 80 ans que le *d* retourné est apparu dans les écritures : pendant la grande guerre, où l'éducation des enfants a subi un relâchement considérable, la proportion de ces *d* a, pour le moins, triplé. On voit que si les principes de la graphologie sont stables, ses applications évoluent[1]. On sera obligé, tous les vingt ou trente ans, de réviser quelques signes graphologiques, de les mettre en rapport, non seulement avec la nouvelle orientation des caractères, mais avec les nouvelles formes d'écritures inspirées par les conventions, les méthodes, les engouements, ainsi que pour les transformations des intermédiaires dont on se sert, plume, encre, papier[2].

Dans la fig. 518, le *t* devient l'occasion d'un mouvement lancé à rebours. Mais, dans l'exemple suivant (fig. 519), c'est la

1. C'est le cas pour le « d » avec hampe lancée à droite, par suite de l'évolution des méthodes graphiques. (A. L.)
2. *L'Age et le sexe dans l'écriture*, p. 40.

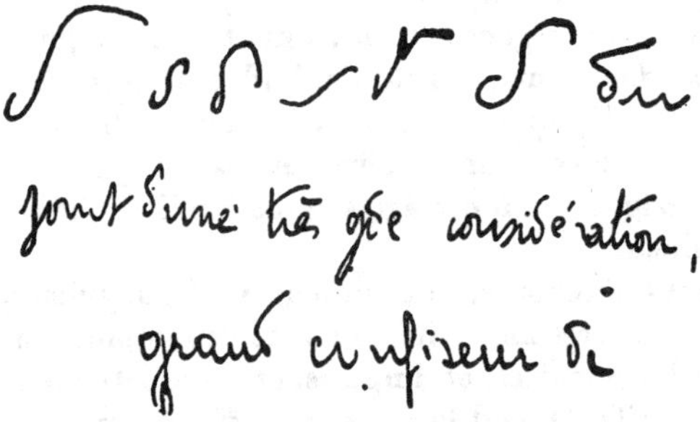

Fig. 517 — Les *d* à rebours

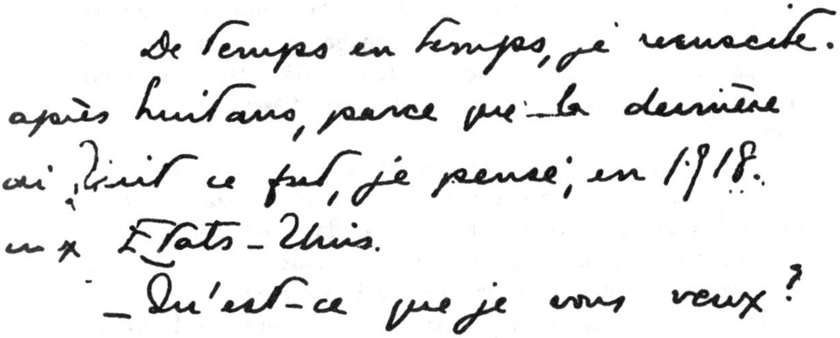

Fig. 518. — Les *t* à rebours

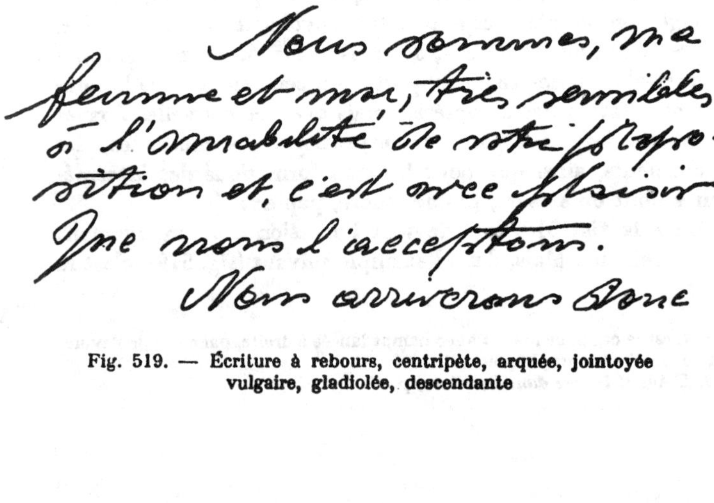

Fig. 519. — **Écriture à rebours, centripète, arquée, jointoyée vulgaire, gladiolée, descendante**

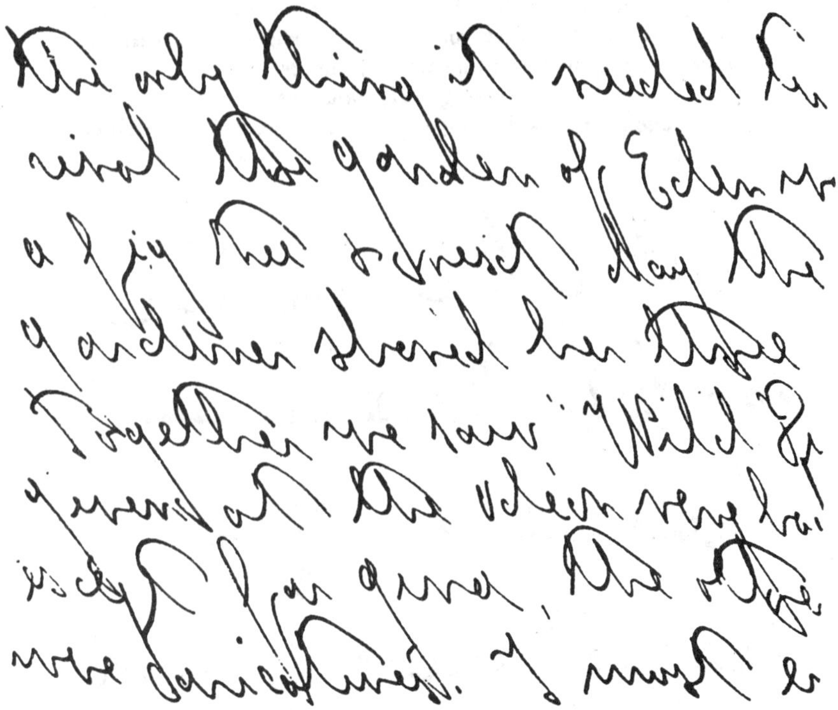

Fig. 520. — Écriture à rebours, renversée à 110°
les *t* barrés de droite à gauche, jambages prolongés, lancée

forme des lettres qui est rebutante, régressive, centripète, arquée, tout à la fois[1].

Dans l'écriture à rebours de la fig. 520, renversée à 120°, au

1. Le lecteur ne doit pas s'étonner de découvrir des Espèces qui se développent, sinon se forment, à l'aide de plusieurs autres, et d'autant plus que ces Espèces ont des affinités étroites. Nous disons alors qu'elles rentrent les unes dans les autres. Par exemple, l'écriture centrifuge rentre dans l'Espèce progressive, comme l'écriture à rebours rentre plus ou moins dans la régressive, la centripète, l'arquée, et la renversée. Chacune est nettement individualisée, mais elles n'échappent pas à l'influence des Espèces de la même famille ; quand elles s'associent, elles renforcent tantôt l'une, tantôt l'autre des composantes, jusqu'à donner une vie intense à des petites indications qui seraient privées de relief si elles étaient isolées, d'où la nécessité d'un grand nombre d'espèces. (A. L.)

jambages prolongés, et lancée, on observe les *t* barrés et arqués *de droite à gauche*. C'est un caractère exagéré, contrariant, aimant à se singulariser ; une tête à l'envers.

On voit les barres du *t* (fig. 521) dans des conditions encore plus étranges, formées d'avance par le prolongement excessif et

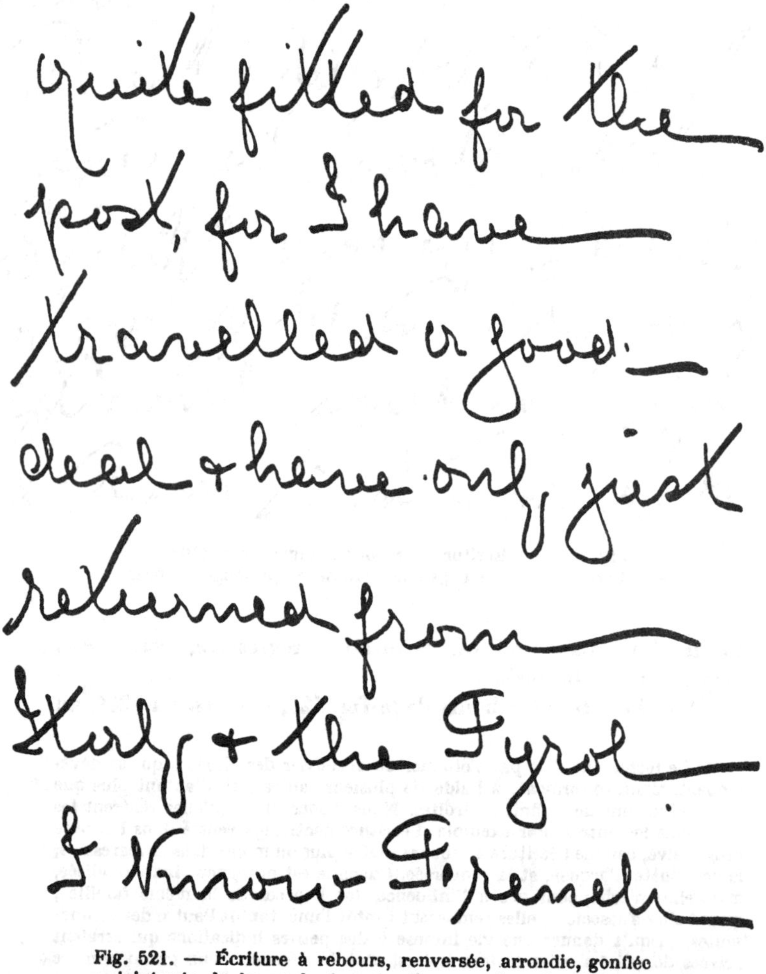

Fig. 521. — Écriture à rebours, renversée, arrondie, gonflée jointoyée, la barre du *t* posée d'avance, le *q* à rebours

brutal de la lettre précédente, s'élevant jusqu'à 70°. L'écriture est renversée, lancée, arrondie, molle, grande (3 à 5 mm), épaisse, gonflée, exagérément jointoyée par les finales de lignes. Cette écriture, avec les éléments discordants qu'elle renferme, nous semble réaliser pleinement le type du tempérament lymphatique-bilieux-sanguin-nerveux, dont le Dr Paul Carton nous parle en ces termes[1] : « La lenteur ou l'indolence dominent, puis une force qui confine à la virilité, puis des exagérations énormes dans le caractère, enfin une nervosité féminine. Il s'ensuit une série de contrastes de mollesse et d'activité, de placidité et d'exagération, de bonne volonté et d'opposition qui déconcertent. »

L'ÉCRITURE RECHERCHÉE *(Genre Forme)*

Synonymes : fantaisiste, maniérée, affectée

Antonyme : simple

L'allure solennelle et théâtrale, la fantaisie, tous les genres prétentieux et affectés, produisent l'écriture recherchée. C'est une marque de goût médiocre. Toutefois, il ne faut pas être trop sévère pour les fantaisies des artistes, souvent spirituelles. Nous ne visons ici que la trivialité ou l'étalage de la vanité. Par exemple, nous possédons des autographes dont le texte banal est encadré par des ornementations compliquées : c'est d'une vanité ridicule et recherchée. On en trouve très souvent dans les écrits des aliénés, ce qui n'est pas une bonne référence. Exaltation vaniteuse aussi que les autographes de certains écrivains qui, pour exprimer n'importe quoi, se servent, dans une même page, d'encres de diverses couleurs. Barbey d'Aurevilly est un exemple bien connu de cette affectation.

Naturellement, c'est à l'occasion des signatures et des paraphes, où l'idée du moi domine, que les prétentieux et les fantaisistes donnent libre cours à leurs manifestations recherchées. Dans ce domaine, le grotesque abonde. Nous en avons donné deux bons exemples, fig. 280 et 281.

Voici (fig. 522) l'écriture recherchée de Pélerin, le secrétaire

1. *Diagnostic et conduite des tempéraments*, *loc. cit.*, p. 154.

Fig. 522. — Écriture recherchée de Pélerin, secrétaire de Louis XI, et dessinateur

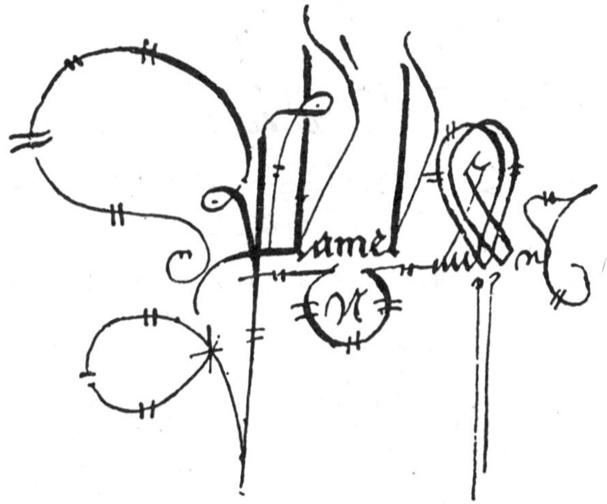

Fig. 523. — Écriture recherchée et ornée, d'origine calligraphique de Nicolas Flamel, écrivain juré de l'Université de Paris

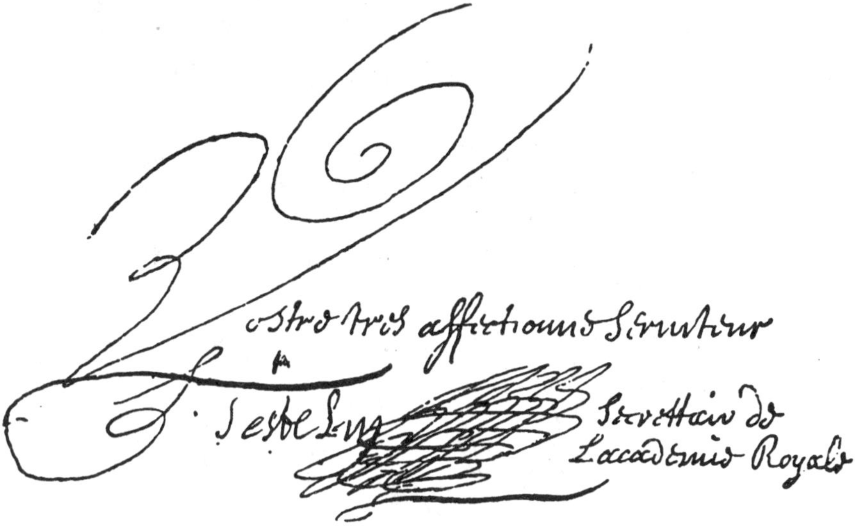

Fig. 524. — Écriture exagérée, compliquée, recherchée, de Testelin peintre et graveur du XVIe siècle

Fig. 525. — Écriture recherchée et ornée du sculpteur Pillon

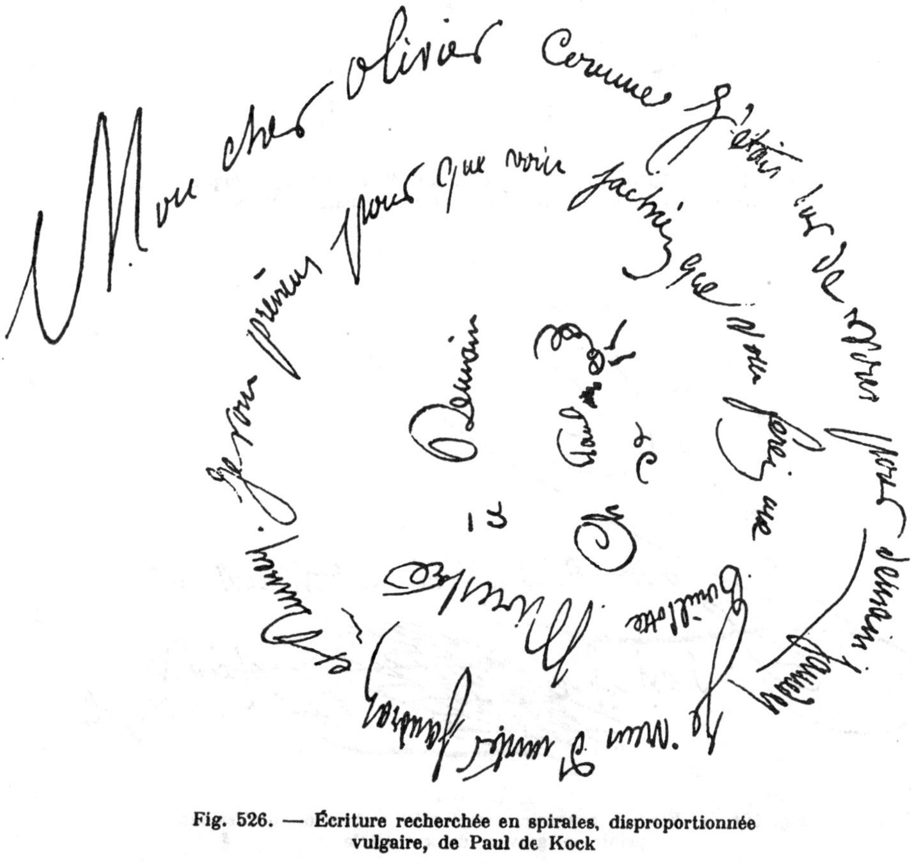

Fig. 526. — Écriture recherchée en spirales, disproportionnée vulgaire, de Paul de Kock

de Louis XI et de Commines, datée de 1470. A cette époque, il était assez rare de signer son nom en entier ; on n'en connaît qu'un petit nombre d'exemples avant le milieu du XIVe siècle. Henri II, en 1554, et le Parlement, en 1579, rendirent la signature obligatoire pour les personnes lettrées. Mais c'est surtout à partir du XVIIIe siècle que les signatures par le nom, avec ou sans paraphes, furent seules admises comme légalement valables. Dès lors, elles devinrent analogues à ce que nous entendons aujourd'hui par une signature. On s'explique l'affection qui présidait à la confection des anciennes signatures par l'imitation traditionnelle des seings manuels : ils offraient, par leurs complications, une garantie d'authenticité. On appréciera donc l'écriture de Pélerin en tenant compte de ce qui précède. Nous ajoutons que Pélerin était dessinateur.

Chez Nicolas Flamel (fig. 523), la recherche et l'ornementation sont d'origine calligraphique ; il n'était pas seulement secrétaire du duc de Berry, mais encore écrivain-juré de l'Université de Paris. Certes, il y a trop de surélévations dans ses tracés, mais il faut les considérer comme une curieuse et assez belle fantaisie professionnelle à une époque où la plupart des écritures étaient informes.

Deux cents ans après, Testelin, peintre et graveur français, un des fondateurs de l'Académie de peinture (fig. 524), nous fournit un exemple de la transformation du goût au XVIe siècle. Les grandes majuscules exagérées, les paraphes compliqués en toile d'araignée, voilà le modèle à la mode qui a survécu, en s'atténuant progressivement jusqu'à la fin du XIXe siècle. Car, avant la guerre mondiale, les paraphes en toile d'araignée étaient encore nombreux ; on en verra maints exemples dans cet ouvrage.

Les signatures recherchées contemporaines procédent de celle du grand artiste sculpteur Pillon (fig. 525). Des grandes majuscules, un gribouillis pour paraphe, parfois un dessin. Quelques peintres, sculpteurs, illustrateurs, agrémentent encore maintenant leurs épîtres de petits croquis, avec ou sans prétention. Dans tous les cas, c'est plus spirituel que l'écriture recherchée d'Eric Satie (fig. 113), ou que celles des fig. 128 et 129.

L'écrivain frivole et fantaisiste Paul de Kock (fig. 526) signe son nom avec la représentation puérile d'un coq, à la fin d'un billet écrit en spirale. Le graphisme de cet amuseur léger est vul-

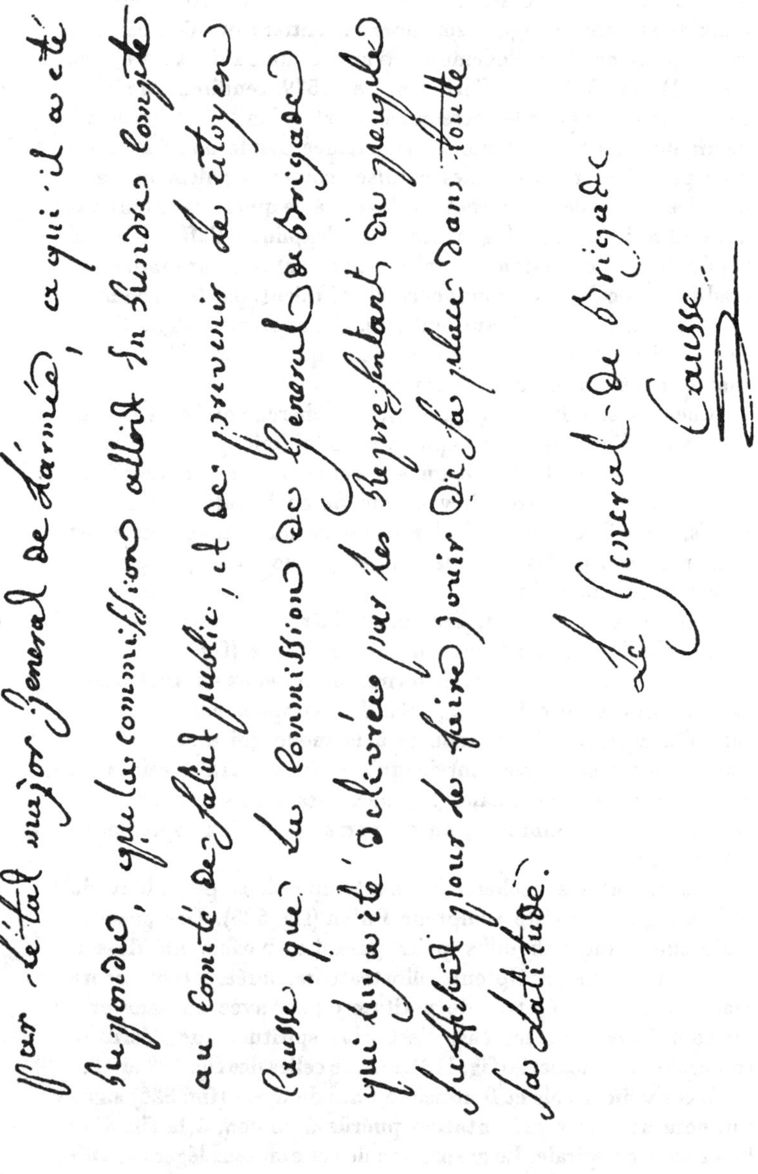
par l'état major général de l'armée, ce qui il a été
répondu, que la commission allait se rendre compte
au comité de salut public, et de prévenir le citoyen
Causse, que la commission de général de brigade
qui lui a été délivrée par les représentants du peuple
suffisait pour le faire jouir de sa place dans toute
sa latitude.
Le général de brigade
Causse.

Fig. 527. — Écriture redressée, saccadée, exagérée, juxtaposée, espacée, posée, nourrie

gaire, sa fantaisie saugrenue et recherchée. C'était cependant encore un peu de gaîté. Après avoir été longtemps l'expression de l'art fantaisiste, les écritures recherchées sont devenues, dans l'immense majorité, des manifestations vaniteuses s'ajoutant aux grandes Espèces de l'orgueil, renforçant les tracés surélevés, ornés et fioriturés, gonflés, étalés, arqués, à volutes, exagérés et très montants[1].

L'ÉCRITURE REDRESSÉE *(Genre Direction)*

Synonyme : ramenée vers la verticale
Antonyme : inclinée

Il y a deux modes d'écriture redressée ; le premier est occasionnel et se confond avec le soulignement : on redresse l'écriture afin d'attirer l'attention du lecteur par le contraste des directions. C'est le but des caractères imprimés en lettres italiques. Le second mode, habituel, réduit l'inclinaison à droite par une réaction d'intensité ; on se surveille, on se réserve, on hésite entre le geste de révolte de l'écriture à rebours et celui de l'écriture doucement inclinée ; il y a lutte entre les deux tendances. La fig. 527 est très expressive de cet état d'âme ; le général Causse est inquiet, il se tient sur ses gardes ; le texte de sa lettre dit pourquoi. La grande inégalité de son écriture confirme que l'inquiétude et l'anxiété règnent habituellement chez lui. L'inclinaison de ses lettres oscille entre 40 et 100°, notamment dans les mots l'*état*, *Salut*, *Représentants*, *suffisait*.

Il n'est pas nécessaire, pour qu'une écriture soit dite redressée, qu'elle change, d'un coup, de son inclinaison normale à la verticale. Un tracé à 40° qui passe momentanément à 50° est redressé ; celui de 90° qui passe à 100° est également redressé. C'est l'action de modifier la direction vers la gauche qui est l'indice du redressement.

1. Là encore la grande synthèse de l'Harmonie vient marquer le talent des écritures dessinées, ou, au contraire, la médiocrité prétentieuse des sots. (A. L.)

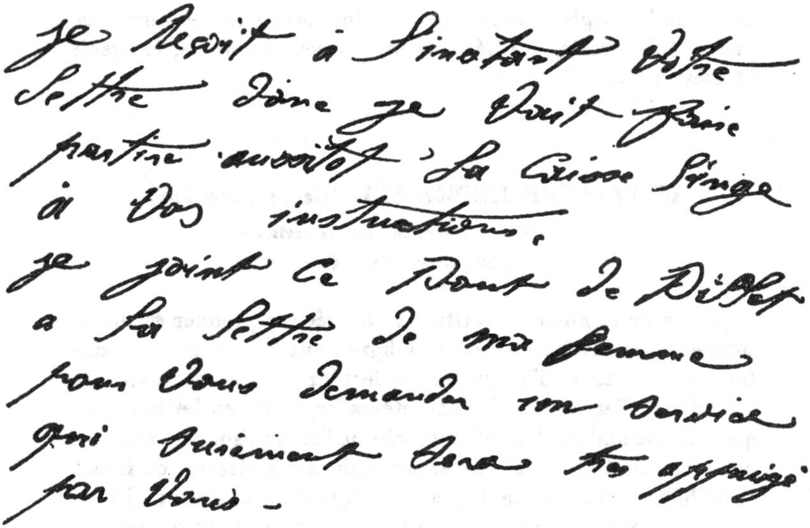
Je Reçoit à l'instant votre lettre donc je voit faire partire aussitot la Caisse linge à vos instructions.
Je joint ce bout de billet a la lettre de ma femme pour vous demander son service qui surement sera tres apprécié par vous -

Fig. 528. — Écriture très régressive (voir les *l* en forme de 5) très vulgaire, floue, grasse, pochée, surélevée, exagérée, lancée, descendante inclinée à 32°, gladiolée, inhibée, lente, négligée, inorthographiée

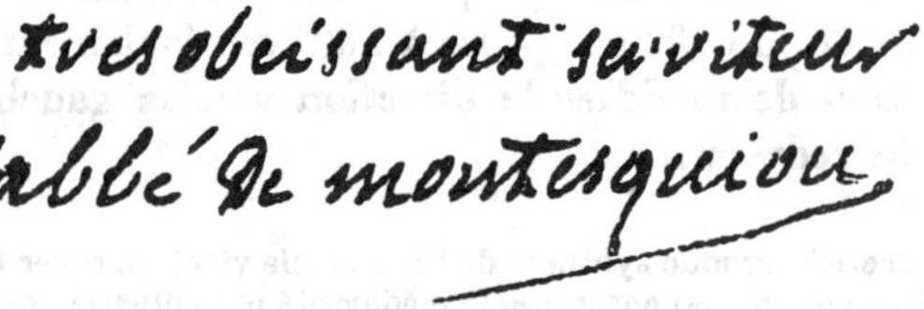
tres obeissant serviteur
L'abbé de montesquiou

Fig. 529. — Écriture régulière, limpide, proportionnée cylindrique, posée, simple et simplifiée plate, nourrie

L'ÉCRITURE RÉGRESSIVE *(Genre Direction)*

Synonyme : sinistrogyre. — Antonymes : dextrogyre, progressive

Une écriture est régressive quand elle se dirige dans le sens contraire de la marche du tracé calligraphique. Nous avons déjà étudié une Espèce très proche, l'écriture centripète, qui vise les mouvements terminaux des lettres ou des mots ; cependant, il y a des mouvements centripètes de détente, particulièrement dans l'écriture lancée, qui ne sauraient être qualifiés de régressifs. Par contre, si l'écriture régressive vise tous les mouvements qui, devant se diriger calligraphiquement vers la droite, se dirigent vers la gauche, les Espèces centripète, redressée, à rebours, renversée, sont susceptibles de contenir des gestes régressifs, elles sont aptes à fusionner avec l'objet de notre étude.

Les mouvements régressifs sont très vicieux ; ils s'opposent systématiquement aux éléments de l'intelligence, de la droiture et de l'activité ; ils entravent plus ou moins les réalisations de la spontanéité : à un certain degré, comme dans notre exemple (fig. 528), ils ne laissent rien debout de ce qui constitue la sincérité. Il est vrai que cet exemple est un assemblage de qualités très défavorables. On observera les *l* en forme de 5, et les *b* minuscules en forme de *p* majuscules. C'est un caractère crapuleux.

L'ÉCRITURE RÉGULIÈRE *(Genre Continuité)*

Synonymes : mesurée, ordonnée, stable
Antonymes : irrégulière, disparate, inégale

L'écriture régulière comporte une certaine harmonie avec de la continuité dans les formes et les mouvements. Si ces derniers sont rythmés, l'écriture est cependant régulière si le rythme se maintient.

La symétrie et l'uniformité sont des modes de régularité peu qualitatifs ; la monotonie l'est encore moins parce qu'elle implique une diminution de la vitalité et de la sensibilité.

L'écriture de l'abbé de Montesquiou (fig. 529) est évidemment régulière, avec des qualités idoines : limpide, proportionnée, cylindrique, posée, simple et simplifiée. De même, dans l'écriture de l'amiral de Coligny (fig. 485) la régularité doit tout à l'harmonie, la mesure, le soin, la simplicité, la clarté ; elle

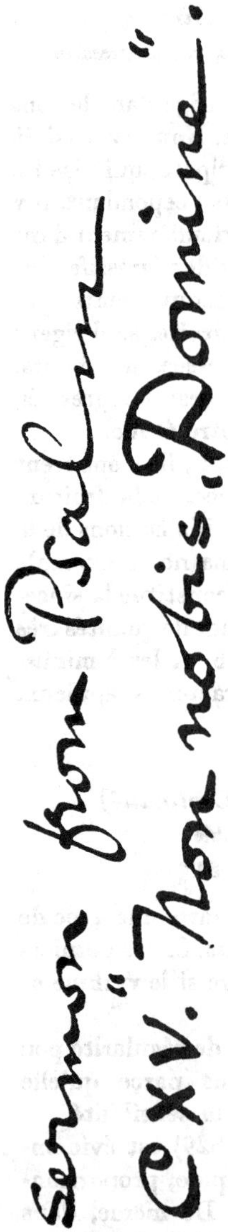

Fig. 530. — Écriture en relief ; contraste très net entre les pleins et les déliés

Fig. 531. — Écriture renflée du maréchal Augereau

exprime une belle discipline, une haute vertu. Au contraire, dans la fig. 484, la régularité provient de la monotonie dans un milieu lent, contraint, inhibé : elle exprime la pauvreté du caractère. Une fois de plus nous vérifions la loi des influences : les Espèces dominantes, interprétées selon leurs causes, forment le milieu ; le sens des Espèces secondaires est subordonné à ce milieu.

L'ÉCRITURE EN RELIEF *(Genre Pression)*

Synonyme : saillante. — Antonymes : floue, plate

L'écriture en relief naît du contraste entre les pleins et les déliés ; elle est à bords nets, sans bavures, et semble faire saillie. Les traits nourris favorisent le relief, cependant cette condition n'est pas nécessaire : quelle que soit l'épaisseur d'une écriture, elle est en relief si les contours sont nets, avec un contraste entre les pleins et les déliés ; elle est plate si ce contraste n'existe pas, et floue, si les contours sont baveux.

L'écriture en relief est un bon signe d'énergie foncière, d'équilibre physiologique, de vitalité. La maîtrise de soi résulte de ces qualités-là pour peu qu'elles soient associées à la modération. Toutefois, un relief trop accentué comporte le défaut des tracés épais : il ralentit les mouvements. Quand l'intensité de la pression domine, c'est au détriment de la vitesse. Dans un cas douteux, pour savoir si une écriture est rapide, il suffit de regarder au dos de la feuille ; si la pression a été assez forte pour gaufrer le papier, l'écriture est tout au plus accélérée.

La belle écriture du maréchal de Saint-André (fig. 414) est lente, parce que ses lettres sont juxtaposées, mais aussi à cause de sa forte pression. Plusieurs de ses minuscules sont fortement ponctuées ; la lourdeur dont elles témoignent abaisse singulièrement le niveau de l'activité du Maréchal, si noble que soit son caractère pour d'autres causes.

C'est une expression de puissance et de clarté limpide qui se dégage de la fig. 530, où le relief est fortement accentué. Mais l'écriture n'est pas très rapide. Pour que l'accélération soit sensible, le scripteur devra renoncer au grand relief qui est ici favorisé par l'attitude posée qu'il a prise dans un but de parfaite lisibilité.

L'ÉCRITURE RENFLÉE *(Genre Pression)*

Synonyme : épaissie. — Antonyme : amincie

Un trait est renflé lorsque son épaisseur est augmentée dans sa partie médiane. Sa cause est un spasme musculaire qui révèle la prédominance de l'instinct.

L'abbé Michon, dès le début de ses recherches, avait précisé, avec les seules ressources de l'empirisme, les significations prin-

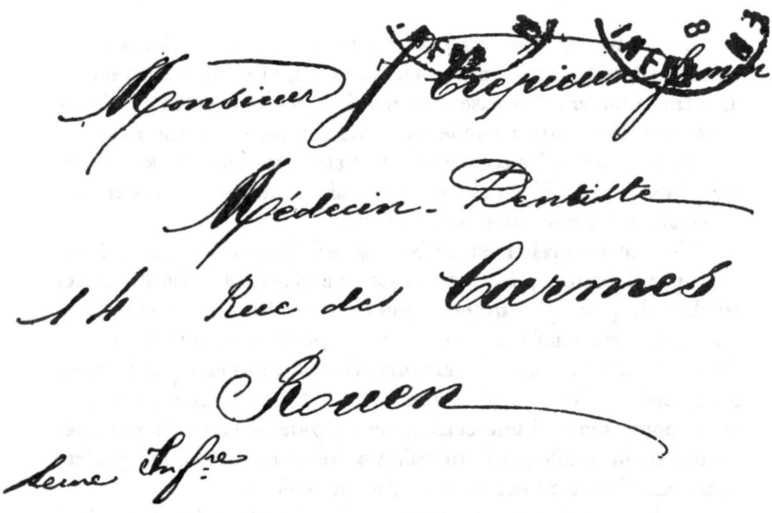

Fig. 532. — Écriture très renflée, fuselée, lente

Fig. 533. — Écriture renflée de Grandville
de la Comédie-Française

cipales de l'écriture renflée : « Les sensuels, les gourmands, les hommes enclins aux plaisirs des sens, ont l'écriture appuyée, aux jambages renflés, quelquefois pesante, pâteuse. Toute écriture où se trouve ce signe graphique très intense, fortement indiqué, nous donne la passion sensuelle. » *Abrégé du système*, p. 30.

Les fig. 532 et 533 ne laissent rien à désirer pour illustrer ces indications. Nous y reviendrons à propos de l'Espèce spasmodique.

L'ÉCRITURE RENVERSÉE *(Genre Direction)*

Synonyme : retournée. — Antonyme : inclinée

Une écriture inclinée sur la gauche au delà de 90° est renversée. Le renversement est un mode de l'Espèce à rebours, dont il est souvent le seul indice ; il est aussi parfois le signe occasionnel de l'écriture redressée. Enfin, quand l'allure contrainte s'ajoute à l'écriture renversée, cette dernière ressortit à l'Espèce artificielle.

L'apparente complexité de ces indications s'évanouit si l'on est bien documenté. On ne saurait trop insister sur ce point : *tous les signes graphologiques doivent subir le contrôle d'une documentation satisfaisante qui garantisse leur réalité et leur sincérité.*

La prudence s'impose avec une nécessité particulière au sujet des Espèces concernant la Direction. Alors que les unes sont occasionnelles, les autres sont le résultat de règles calligraphiques variables. Toutefois, il n'y a pas de méthode qui enseigne l'écriture renversée.

Les statistiques sont déconcertantes : dans une grande école du centre de la France, l'écriture verticale est enseignée à des élèves dociles ; la proportion des tracés verticaux, ou insensiblement renversés est, *grosso modo*, de 85 %. Ce sont les 15 % récalcitrants qui nous intéressent le plus : ils comportent une majorité d'écritures nettement reversées.

Dans un lycée du Nord-Ouest, où les élèves semblent avoir la liberté de choisir la direction de leurs tracés, sur 135 adolescents de 11 à 13 ans, 44 ont l'écriture renversée ; 30, redressée ; 17 verticale ; 42, inclinée. Nous n'osons rien en déduire. Il faudrait rechercher les causes, l'influence de l'imitation entre camarades,

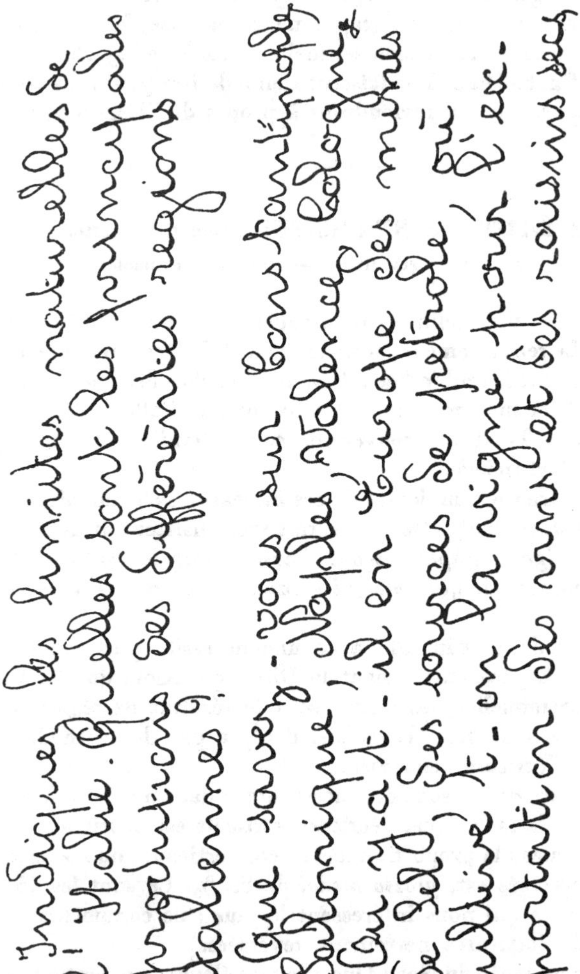

Fig. 534. — Écriture renversée, à rebours, très claire, arrondie, tordue, hésitante, lente

le goût des parents, celui des enfants, et voir, dix ans après, ce qu'il restera de tout cela. Cependant, après de nombreuses observations, l'écriture renversée, dont le mouvement est bien confirmé par ses associations, nous apparaît comme une protestation de la sensibilité contre l'attitude froide du tracé vertical, ou comme une marque d'insociabilité, si elle accompagne des tracés à rebours ; ou bien encore d'appréhension, de défiance, de suspicion, avec les formes sobres et anguleuses ; enfin comme un signe d'émotivité très contenue, refoulée, dans ses expressions constantes et régulières, au delà de 100°.

Notre exemple (fig. 534), dans lequel le renversement est associé avec le *d* retourné, est d'une fillette de 10 ans 1/2. Le fait est assez rare au-dessous de la quatorzième année, mais nous venons d'en découvrir plusieurs autres dans un milieu peu discipliné, ce qui confirme notre interprétation graphologique de résistance, de désobéissance, ou de rébellion.

C'est un homme de 30 ans (fig. 535) qui nous fournit l'exemple d'une nature très émotive, qui refoule ses sentiments. La sûreté de son caractère, son sentiment du devoir, de l'ordre, de la mesure en fait un sujet fort estimable. Mais il est méfiant, glacial, et son mutisme stérilise les sympathies qu'il mérite par ailleurs, c'est une écriture pathologique.

L'ÉCRITURE A REPRISES *(Genre Continuité)*

Synonymes : hésitante, inhibée. — Antonyme : liée

Un scripteur très inhabile, enfant ou adulte, éprouve parfois le besoin de se reposer entre le tracé des lettres ; il s'arrête un moment très court. Quand il repart, on constate un changement de direction très apparent, accompagné souvent d'une légère pression qui produit un point, ou un petit trait ressemblant à une retouche. Tels sont les signes de la reprise, dont les significations sont liées à la cause : inexpérience, difficulté de coordination des mouvements, lenteur, fatigue. On ne trouve de reprises que dans les écritures inorganisées ou pathologiques.

Notre exemple, qui provient d'un enfant arriéré de 9 ans (fig. 536), est semé de reprises aux formes variées et confuses. On trouverait difficilement un meilleur échantillon de tracé lent

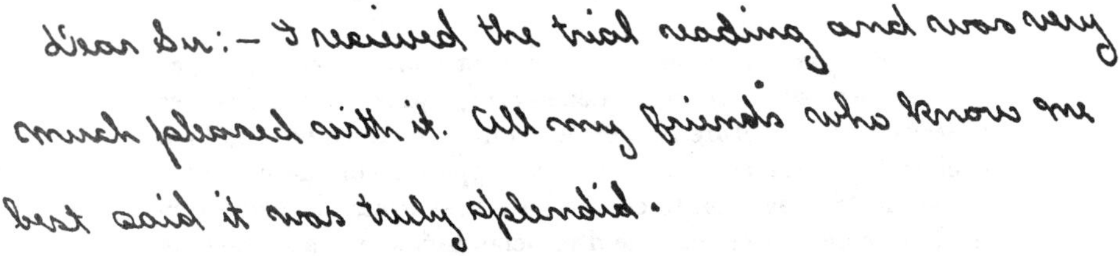
Dear Sir:— I received the trial reading and was very much pleased with it. All my friends who know me best said it was truly splendid.

Fig. 535. — Écriture renversée (125°), proportionnée, régulière, rigide, simple, espacée ordonnée, claire, retenue, cylindrique, plate, étrécie, montante

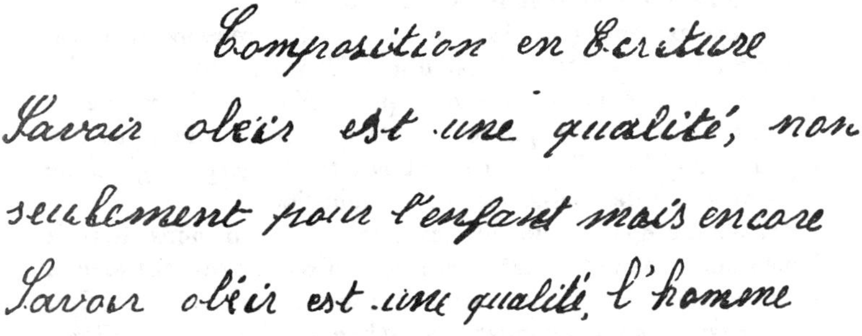
Composition en Écriture
Savoir obéir est une qualité, non seulement pour l'enfant mais encore
Savoir obéir est une qualité, l'homme

Fig. 536. — Écriture à reprises d'un enfant de 9 ans, hésitante très lente, avec de petites et continuelles inégalités

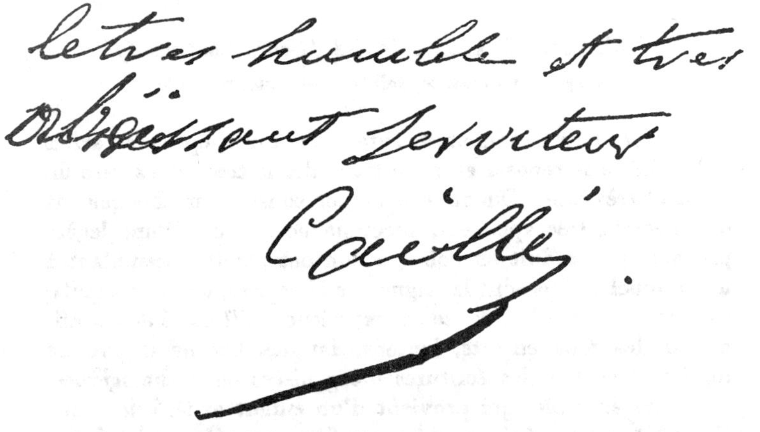
le très humble et très obéissant serviteur
Caillé.

Fig. 537. — Écriture résolue de René Caillé, dégagée, lancée, liée inégale, saccadée, inclinée à 35°, en guirlandes, nourrie

et hésitant : Que nos lecteurs ne perdent pas l'occasion de prendre une bonne leçon en le suivant fidèlement avec une pointe mousse pour se pénétrer de ses mouvements anormaux.

La fig. 13 est aussi un exemple très démonstratif de l'écriture à reprises, mais il émane d'une fillette de 7 ans ; à cet âge-là, les reprises sont normales. Au reste, elles se présentent sous un aspect différent, dégagé de toute confusion.

L'ÉCRITURE RÉSOLUE *(Genre Vitesse)*

Synonymes : décidée, déterminée, assurée

Antonymes : hésitante, lâchée

L'écriture résolue est le résultat d'un tracé ferme et dynamogénié (accélérée, montante), par opposition à la mollesse, à l'hésitation, au relâchement. Elle indique l'entrain, la décision, la hardiesse, la confiance en soi. Mais si l'orgueil s'en mêle, la présomption se montre (tracés surélevés et gonflés, ou ornés).

Quand l'écriture résolue est harmonieuse, affranchie de toute exagération, elle s'avère comme une puissante qualité de supériorité, propre aux conducteurs d'hommes, aux grands caractères.

L'explorateur René Caillé (fig. 537) était un de ces hommes d'action que rien ne rebute : son écriture est dégagée, liée, lancée, très résolue.

Les femmes ne sont pas moins résolues que les hommes, mais leur activité porte la marque de leur sexe, avec plus d'impulsion, d'enthousiasme. Mme Roland (fig. 538), avec son écriture dégagée, lancée, mouvementée, franchement résolue, en est un exemple incontestable. Il y a donc des résolutions froides et d'autres ardentes ; toutes ont l'avantage de secouer l'indifférence, de pousser à l'action. Il faut admirer les caractères décidés, quitte à refréner leurs écarts possibles. Dans tous les cas, on ne confondra pas l'agitation stérile et audacieuse des déséquilibrés, qui est une caricature, avec la fermeté constante et féconde du beau caractère résolu.

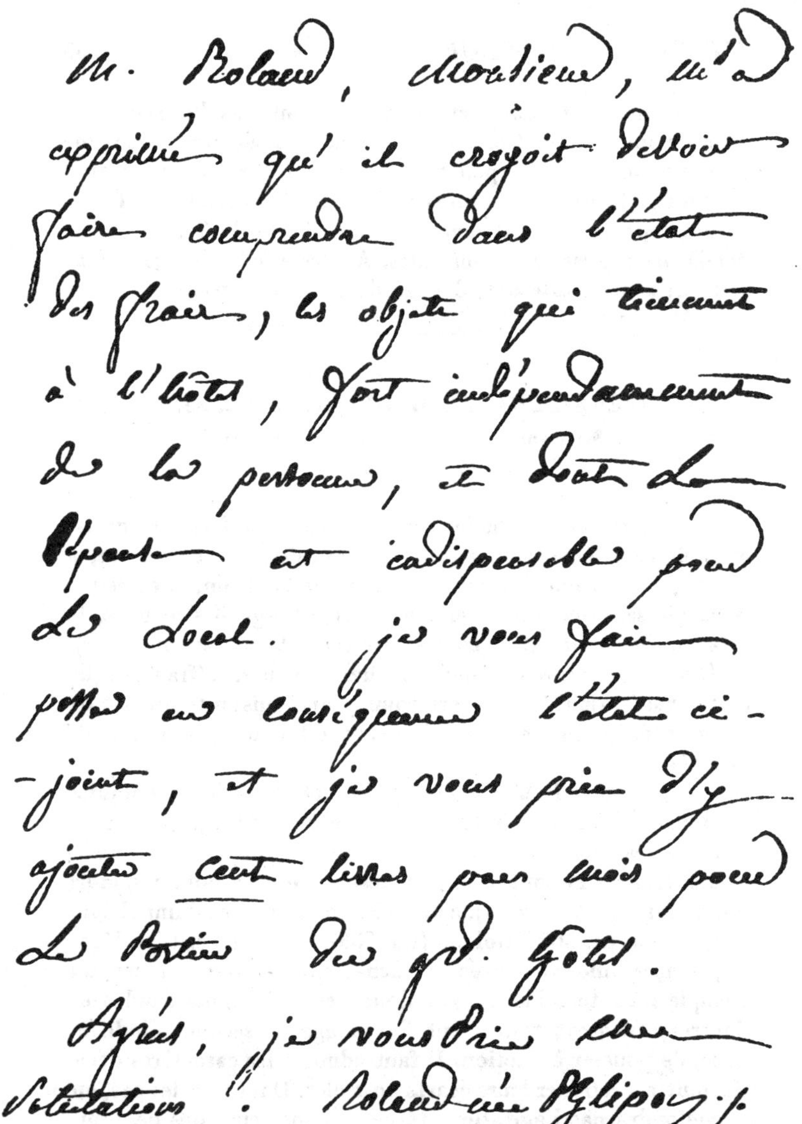
M. Roland, Monsieur, m'a appris qu'il croyoit devoir faire comprendre dans l'état des frais, les objets qui tiennent à l'hôtel, fort indépendamment de la personne, et dont la dépense est indispensable pour le local. je vous fais passer en conséquence l'état ci-joint, et je vous prie d'y ajouter cent livres par mois pour le portier du gd. hôtel.

Agréez, je vous prie, mes salutations !! Roland née Phlipon.

N°. c'est le concierge M. Perrier qui m'a fourni ces renseignements ! 9 7bre an 6.

Fig. 538. — Écriture résolue de Mme Roland, mouvementée très espacée, dégagée, lancée, saccadée, gladiolée

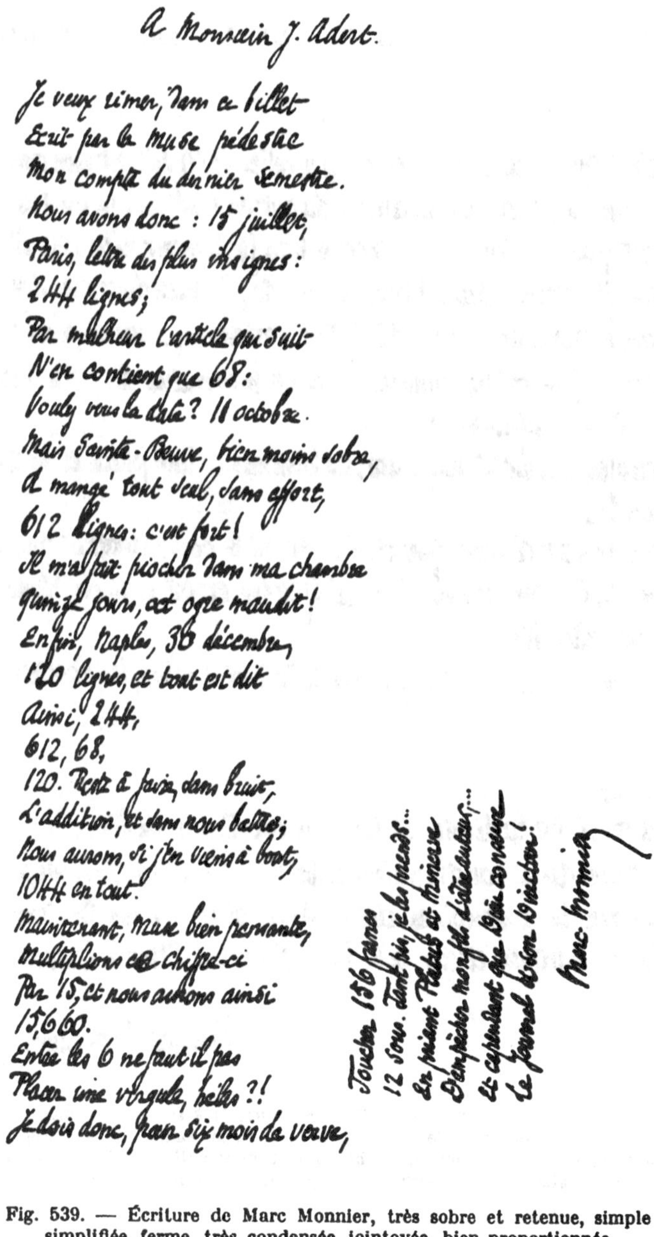
A Monsieur J. Adert.

Je veux rimer, dans ce billet
Ecrit par la muse pédestre
Mon compte du dernier semestre.
Nous avons donc : 15 juillet,
Paris, lettre des plus insignes :
244 lignes ;
Par malheur l'article qui suit
N'en contient que 68 :
Voulez vous la date ? 11 octobre.
Mais Sainte-Beuve, bien moins sobre,
A mangé tout seul, sans effort,
612 lignes : c'est fort !
Il m'a fait piocher dans ma chambre
Quinze jours, cet ogre maudit !
Enfin, Naples, 30 décembre,
120 lignes, et tout est dit
Ainsi, 244,
612, 68,
120. Reste à faire, sans bruit,
L'addition, et sans nous battre ;
Nous aurons, si j'en viens à bout,
1044 en tout.
Maintenant, muse bien pensante,
Multiplions ce chiffre-ci
Par 15, et nous aurons ainsi
15,660.
Entre les 6 ne faut-il pas
Placer une virgule, hélas ?!
Je dois donc, pour six mois de veuve,
Toucher 156 francs
12 sous. Tant pis, je les prends...
En priant Plutus et Minerve
D'empêcher mon fils d'être auteur,...
Et cependant que Dieu conserve
Le Journal de Genève !

Marc Monnier

Fig. 539. — Écriture de Marc Monnier, très sobre et retenue, simple simplifiée, ferme, très condensée, jointoyée, bien proportionnée groupée, ordonnée, étrécie, légèrement descendante et inclinée

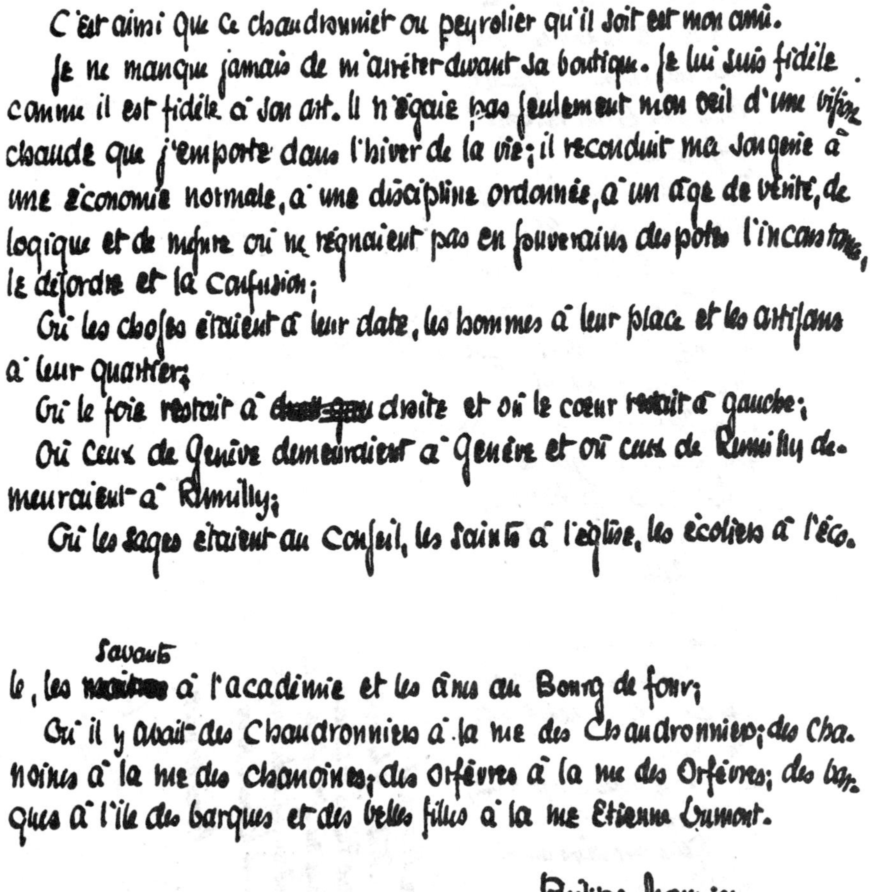

C'est ainsi que ce chaudronnier ou peyrolier qu'il soit est mon ami.
Je ne manque jamais de m'arrêter devant sa boutique. Je lui suis fidèle
comme il est fidèle à son art. Il n'égaie pas seulement mon oeil d'une vision
chaude que j'emporte dans l'hiver de la vie; il reconduit ma songerie à
une économie normale, à une discipline ordonnée, à un âge de vérité, de
logique et de mesure où ne régnaient pas en souverains des poètes l'inconstance,
le désordre et la confusion;
Où les choses étaient à leur date, les hommes à leur place et les artisans
à leur quartier;
Où le foie restait à ~~[illegible]~~ droite et où le coeur restait à gauche;
Où ceux de Genève demeuraient à Genève et où ceux de Rumilly de-
meuraient à Rumilly;
Où les sages étaient au Conseil, les saints à l'église, les écoliers à l'éco-
le, les ~~maîtres~~ savants à l'académie et les ânes au Bourg de four;
Où il y avait des Chaudronniers à la rue des Chaudronniers; des Cha-
noines à la rue des Chanoines; des Orfèvres à la rue des Orfèvres; des bar-
ques à l'île des barques et des belles filles à la rue Etienne Dumont.

Philippe Monnier.

Fig. 540. — Écriture de Philippe Monnier, très sobre et retenue inégale de continuité, lente, exceptionnellement simple et simplifiée jointoyée, ferme, très condensée, hampes et ponctuation basses, ordonnée nourrie, gladiolée, semi-arrondie, légèrement étrécie et descendante

L'ÉCRITURE RETENUE *(Genre Vitesse)*

Synonyme : contrôlée. — Antonymes : spontanée, lancée

L'écriture retenue résulte d'une tendance à refréner une expression qui pourrait entraîner trop loin ; ses mouvements, particulièrement dans les finales, sont volontairement arrêtés dans leurs expressions ; on le constate aux épaississements du tracé, aux renflements, aux massues, aux harpons, parfois à des inachèvements, ralentissements ou régressions. Le trait retenu est, en quelque sorte, *contrôlé.*

Il y a une grande différence entre la signification d'un trait retenu dans une écriture harmonieuse ou bien inharmonieuse. Chez l'homme intelligent, c'est l'inhibition consciente, souple, signe sûr de la maîtrise de soi, de la réflexion, de la sagesse ; chez l'être inférieur, c'est une manifestation négative ; il s'empêche d'agir par crainte de se compromettre, et dans le but de dissimuler son inaptitude à se comporter raisonnablement ; d'où son entêtement stupide. Mais il y a beaucoup de degrés et de nuances.

L'écriture de Marc Monnier (fig. 539), littérateur français des plus distingués, poète, auteur dramatique et journaliste, dont la brillante carrière se termina à Genève, comme professeur de littérature étrangère, puis recteur de l'Université, en 1885, frappe par son allure sobre et retenue ; sa définition est très riche et met en relief le fait que les éminentes qualités de Marc Monnier sont dominées et fortifiées par la condensation de ses mouvements, indice d'attention, de réflexion, de prudence, de discipline. Il a brillé dans des genres très différents, sans jamais se dissiper, parce que véritable artiste des lettres, il visait constamment à la perfection.

Philippe Monnier, son fils (fig. 540), lui ressemble par le talent et la grande droiture. Il est curieux d'observer les effets de l'hérédité dans les deux écritures ; leurs dominantes sont les mêmes : c'est par la retenue et la condensation des mouvements, dans un milieu exceptionnellement riche, qu'elles s'imposent avec une rare puissance[1].

1. Nous sommes redevables des deux clichés 539 et 540 à M. Chapuisat, l'aimable directeur du *Journal de Genève*, qui les a utilisés dans son ouvrage : *Un siècle de vie genevoise.*

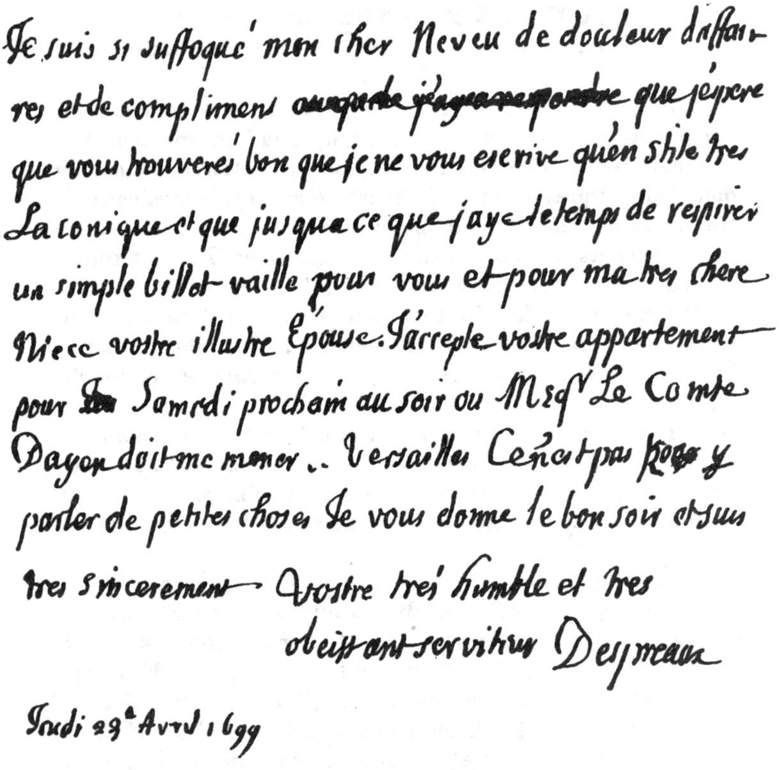

Je suis si suffoqué mon cher Neveu de douleur d'affai-
res et de complimens [illegible] que j'espere
que vous trouverez bon que je ne vous escrive qu'en stile tres
Laconique et que jusqu'a ce que j'aye le temps de respirer
un simple billet vaille pour vous et pour ma tres chere
Niece vostre illustre Epouse. J'accepte vostre appartement
pour [illegible] Samedi prochain au soir ou Mgr Le Comte
Dayen doit me mener a Versailles Ce n'est pas [illegible] y
parler de petites choses Je vous donne le bon soir et suis
tres sincerement Vostre tres humble et tres
obeissant serviteur Despreaux

Jeudi 23e Avril 1699

Fig. 541. — Écriture de Boileau-Despréaux, très sobre et retenue exceptionnellement simple et simplifiée, condensée, jointoyée bien proportionnée, ferme, nourrie, très inégale de continuité lente, cylindrique, légèrement descendante

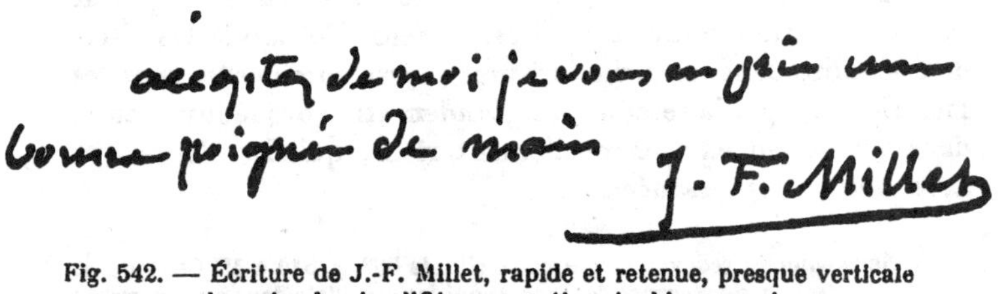

acceptez de moi je vous en prie une
bonne poignée de main J.-F. Millet

Fig. 542. — Écriture de J.-F. Millet, rapide et retenue, presque verticale sobre, simple, simplifiée, proportionnée, bien nourrie inégale de continuité

Le rapprochement des deux exemples précédents avec l'écriture de Boileau-Despréaux (fig. 541) confirme nos déductions sur la retenue des gestes dans un milieu harmonieux : il est l'indice d'une très haute valeur, d'un jugement solide, d'une conscience insigne. Cela concorde avec tout ce que l'on sait du caractère de Boileau. « Nul n'aima autant ses amis et ne fut aimé d'eux, écrivait Mme de Sévigné. Il désigna noblement à Louis XIV Molière comme le premier écrivain de son règne, vint en aide à Corneille malheureux et releva Racine de l'abattement où l'avait plongé l'échec d'*Athalie.* »

Le grand peintre Jean-François Millet (fig. 542) nous offre l'intéressante concomitance d'une écriture rapide et cependant contenue ; elle est très noble dans sa rudesse, presque verticale, sobre, simple, simplifiée, proportionnée, bien nourrie, inégale de continuité.

L'ÉCRITURE RETOUCHÉE *(Genre Continuité)*

Synonymes : amendée, corrigée

Antonymes : spontanée

Une écriture est retouchée quand elle comporte des *surcharges* sous forme d'additions de mots, de lettres, de parties de lettres et d'accents, ou bien des *suppressions* par raturages ou grattages.

L'homme qui traduit mal sa pensée, dans un premier jet, rature par pauvreté, fatigue ou difficulté intellectuelle, alors que celui qui retouche ses lettres est un simplificateur qui, après coup, rétablit les formes pour être mieux compris. Il y a aussi une troisième nuance chez celui qui gratte par honte, pudeur, propreté. L'un supprime, l'autre ajoute, le troisième nettoie ; tous éclaircissent, ou s'efforcent de le faire.

De toutes façons, les retouches sont le résultat d'une inhibition et ont une influence directe sur la rapidité du tracé. Si elles se reproduisent dix ou vingt fois par page, ce qui n'est pas rare, la continuité des mouvements est rompue, l'écriture ne peut pas être rapide, si vif que soit le mouvement absolu de chaque tracé : c'est alors un stigmate de débile et un mode de l'écriture inorganisée ou désorganisée, selon les cas.

La rapidité est inséparable de la continuité. Puisque l'écriture retouchée est, par définition, plus ou moins discontinue, elle comporte un ralentissement. Mais il y a plusieurs manières de retoucher. Le pauvre anxieux qui s'arrête à chaque instant pour rectifier la forme d'une lettre, ou une expression, est bien inférieur à l'homme dont la pensée jaillit spontanément et qui, après avoir achevé son écrit, corrige en se relisant, ce qui lui paraît défectueux. Un observateur superficiel les confond, mais l'examen du mouvement de l'écriture éclaire le graphologue. La retouche immédiate est décelée par des ruptures de tracé, concordantes avec la place des retouches, par de l'indécision et des saccades, tandis que dans la retouche générale et finale, l'écriture est résolument liée, ou goupée, selon les besoins de la continuité du rythme et non pas en accord avec les arrêts nécessaires pour les retouches. Dans chaque cas, la cadence est autre.

L'écriture retouchée avec discernement, quand les retouches sont faites après la terminaison de l'écrit, est donc un signe incontestable de méthode, de clarté, de recherche du mieux. Mais les retouches, au cours du tracé, sont fâcheusement inhibitoires et impliquent un ralentissement qui peut aller jusqu'à la lenteur. Elles témoignent d'un souci d'ordre mais d'un esprit sans envergure, qui se laisse détourner de son action principale par des riens, plus consciencieux qu'actif, plus minutieux qu'intelligent et, si les retouches sont très fréquentes, tatillon, indécis, hésitant, ergoteur, mesquin. La déplorable cause de l'écriture retouchée est bien vérifiée par le fait qu'elle accompagne la plupart des états dépressifs : dans l'aphasie et la paralysie générale, on l'observe avec sa plus grande intensité. Si l'orgueil, le désordre, ou l'hyperémotivité se manifestent en même temps que de nombreuses retouches, ces dernières acquièrent un sens néfaste : c'est une forme d'inhibition qui traverse à tout instant l'activité de l'individu, qui l'énerve, l'épuise, le détraque. Alors l'écriture retouchée s'avère comme l'effet d'une constitution maladive et c'est sous cet aspect qu'on doit l'envisager. Les psychiatres peuvent seuls, par l'observation directe, préciser s'il s'agit d'une constitution hyperémotive, cyclothymique, ou paranoïaque, mais ils trouveront dans l'écriture des éléments de diagnostic et de contrôle, sur lesquels nous nous proposons de publier bientôt une étude[1]. En attendant, voici quelques exemples.

1. Cf. *Cours supérieur*, André Lecerf, *loc. cit.*, et *Précis de graphologie*, Dr Stréletzki, Vigot, édit., Paris, 1943.

Nous avons déjà vu (fig. 209) l'écriture très retouchée d'un jeune homme de 16 ans, en même temps désordonnée, négligée, très inégale et saccadée ; c'est un type d'émotif anxieux, inconsistant, agité.

Voici (fig. 543) un autre exemple dans lequel l'écriture est lancée, apparemment rapide ; mais un examen attentif détruit cette illusion, surtout avec l'aide de la loupe. Les mouvements sont faibles, décousus, troublés. C'est un impulsif dont les élans sont sans cesse brisés, un pauvre anxieux aux gestes discordants. Le mot *elle*, ligne 3, est le plus caractéristique, avec quatre retouches.

Dans la fig. 544, les nombreuses retouches sont accompagnées de tracés très inégaux, agités, sinueux et saccadés, tous grands indices d'hyperémotivité, il est comme dans l'exemple précédent, tout à la fois hésitant et impulsif, cette discordance provoque son agitation. Dans la vie courante, il se montre irritable et insociable.

Plus pénible encore est l'état du scripteur de la fig. 545. En se reportant à ce que nous avons dit de l'écriture monotone, et en tenant compte des effets dissolvants des retouches excessives et bizarres, ainsi que de la réaction des tracés surélevés, on ne peut pas douter qu'on est ici en face d'un malade. En effet, Gustave P., ex-chef de service dans une grande administration, collectionne toutes les caractéristiques du paranoïaque ; il est d'un orgueil qui le rend insociable (écr. verticale, lente et surélevée), se plaint de tout le monde, se vante de mérites qu'il n'a jamais eus, fait état de ses qualités anciennes ruinées depuis longtemps ; jaloux, méfiant, passe son temps à éclaircir des complots imaginaires contre sa personne, ce qui lui fournit des occasions d'interprétations délirantes. Malheureusement son entourage, qu'il rebute et excède par son déséquilibre et la fausseté de son jugement, se fait un jeu de l'exciter contre l'un ou l'autre de ses subordonnés. Son administration a probablement évité un drame en le mettant à la retraite.

L'écriture retouchée n'est parfois qu'un effet de l'ignorance et des hésitations qui s'y attachent. La fig. 546, par son orthographe désastreuse, nous libère du doute à ce sujet. Nous traduisons le texte : « Seriez-vous assez aimable de venir chez moi pour placer un essaim. Je ne sais la saison. » Si cet écrit était dans une langue étrangère, interpréterait-on correctement ses

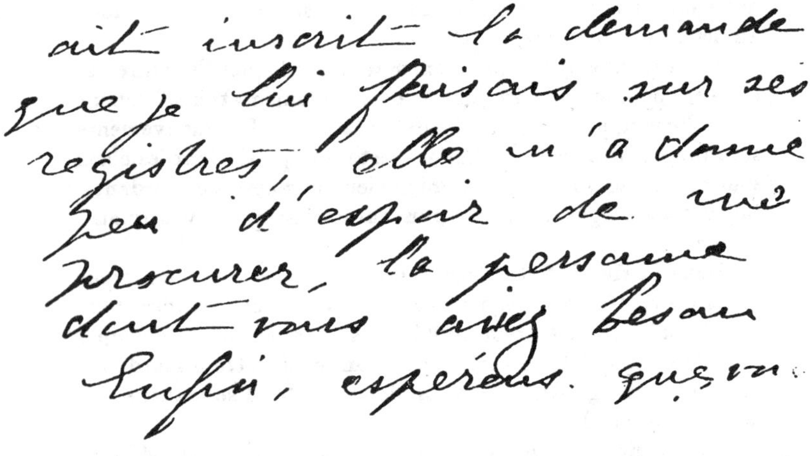

Fig. 543. — Écriture très retouchée, lancée, négligée, rapide en soi d'un malheureux impulsif et anxieux, dont les élans sont sans cesse brisés

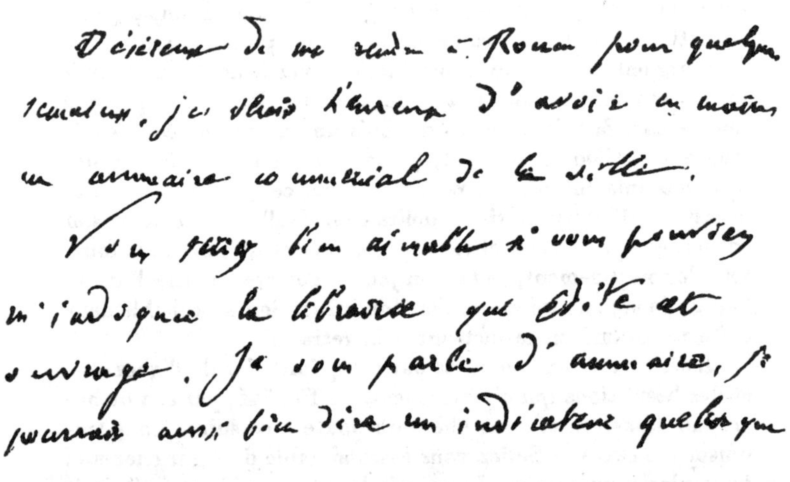

Fig. 544. — Écriture très retouchée, très inégale, sinueuse et saccadée très hésitante, d'un névrosé déprimé, agité, insociable

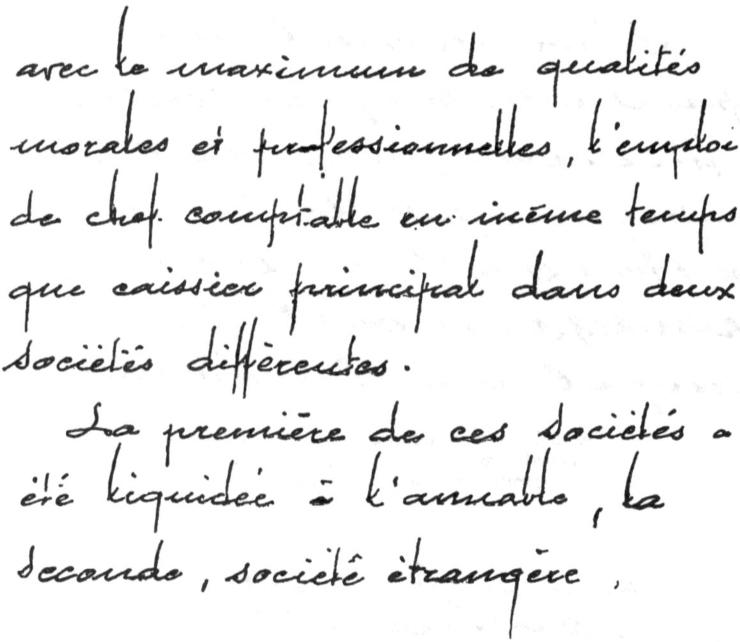

Fig. 545. — Écriture très retouchée, très lente, hésitante monotone, surélevée, verticale, d'un paranoïaque sauvage orgueilleux, méfiant, sans jugement, inadaptable

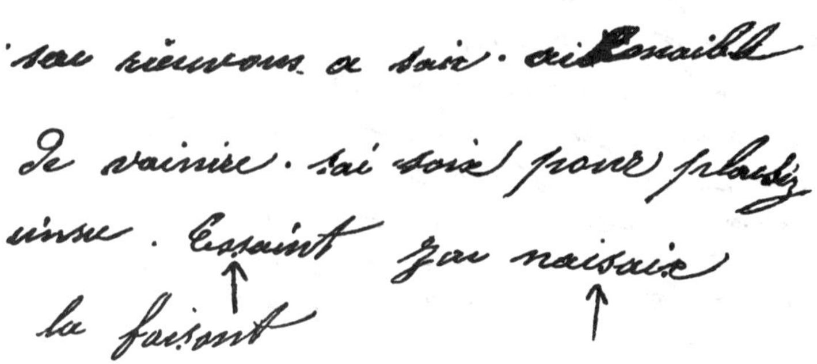

Fig. 546. — Écriture très retouchée d'un ignorant

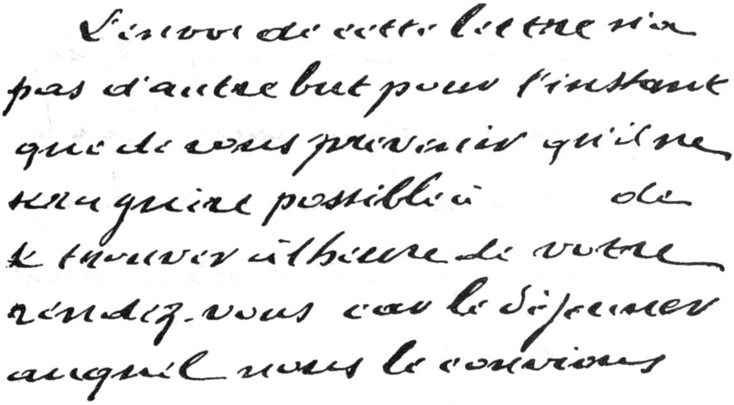

Fig. 547. — Écriture très retouchée, juxtaposée saccadée, nourrie, grossissante, d'un paranoïaque aigri, jaloux exalté, revendicateur et insociable

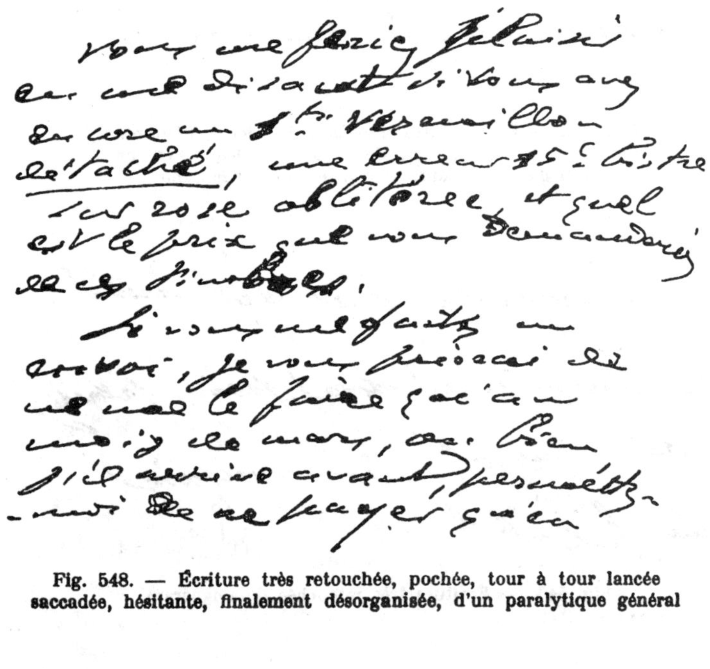

Fig. 548. — Écriture très retouchée, pochée, tour à tour lancée saccadée, hésitante, finalement désorganisée, d'un paralytique général

retouches et ses points où il n'en faut pas ? Nous nous bornons à signaler le cas aux hommes sages.

Voici encore (fig. 547) une singulière écriture retouchée ; les *l* et *b*, en majorité, sont pochés et retouchés, mauvaise combinaison de signes : les *e* et les *c* sont continuellement accompagnés d'un point qui a la prétention de reconstituer la forme de la lettre avortée. Mais le mouvement de retouche est devenu automatique et inopérant, à côté ou au-dessus de la lettre ; par la répétition incessante, la discontinuité de l'écriture, déjà grande à cause de la juxtaposition des lettres, devient exagérée ; elle est une gêne, une contrainte obsédante, d'autant plus que notre personnage est dépourvu d'énergie. (Voir ses misérables petites barres du *t*, à la fois courtes, fines, hésitantes.) Enfin, cette écriture est grossissante et saccadée, marques de superémotivité. On trouve une seule fois dans le fragment que nous reproduisons, mais souvent dans d'autres, le *d* retourné. Le médecin auquel nous sommes redevable de ce document nous a écrit : « L. a une hérédité chargée (suivent des détails que nous ne pouvons pas reproduire ici), c'est un aigri, jaloux, exalté, revendicateur et insociable. »

Enfin, voici, fig. 548, l'écriture très retouchée et pochée d'un paralytique général à la seconde période de la maladie, tour à tour hésitante, lancée, saccadée, finalement désorganisée. On la rapprochera profitablement de l'exemple 52, qui offre les mêmes caractères.

L'ÉCRITURE RIGIDE *(Genre Direction)*

Synonymes : ferme, anguleuse, verticale

Antonymes : sinueuse, molle

L'écriture rigide se distingue par l'inflexibilité de ses directions. Pour produire cette Espèce d'écriture, il faut que le bras suive le mouvement régulier de gauche à droite et que la flexion des doigts, ou le va-et-vient du poignet, s'arrêtent toujours au même point par rapport à la ligne tracée par le mouvement du bras. On se méfiera de cette contrainte volontaire dans cette Espèce où l'automatisme, s'il n'est pas maître incontesté, tend à le devenir. Nous pouvons considérer comme artificielles la plupart des écritures très rigides ; cependant, même dans ce cas, il ne faut pas se hâter de prononcer les gros mots de duplicité et de fausseté. Les fourbes n'emploient guère les formes nettes qui ne se prêtent pas à l'équivoque ; nous pouvons avoir confiance, sauf ratification par l'examen du milieu, dans le *oui* que contient

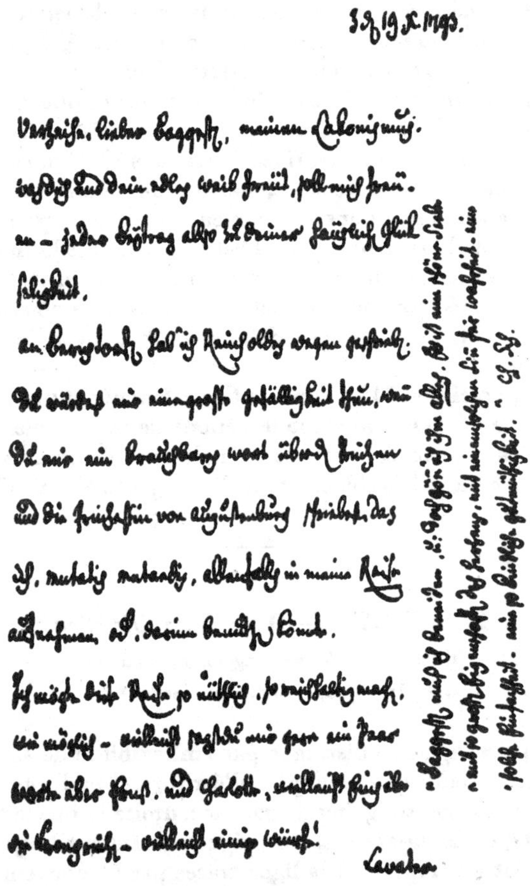

Fig. 549. — Écriture rigide de Lavater, petite, 1 mm verticale, serrée dans les mots et les lignes, espacée entre les lignes très posée, sobre, retenue, centripète, surélevée, arrondie

une écriture rigide. Et s'il contient un *non*, il est très clair que c'est non. Où est la fausseté là-dedans ?

La précision, la droiture, la force, sont donc des qualités probables de l'écriture rigide ; après quoi nous conviendrons que cette dernière exprime, avec une probabilité encore plus grande, la sévérité, la dureté, l'entêtement. Mais comme aucune écriture rigide n'est semblable à une autre, avant de se prononcer il faut rechercher les causes et interroger le milieu.

Le plus grave renforcement des appréciations péjoratives de l'écriture rigide résulte de son association avec les signes de l'orgueil ; l'atténuation la plus intéressante est due aux inégalités des dimensions et des directions, même faibles, pourvu qu'elles soient répétées, signes sûrs d'une sensibilité profonde derrière la façade des allures sévères. L'écriture de Lavater (fig. 549) nous en offre un exemple ; elle est rigide, régulière, petite, verticale, serrée dans les mots ; mais ses courbes et ses nombreuses petites inégalités de dimension ne laissent aucun doute sur la sociabilité du célèbre précurseur de la graphologie ; sa fermeté est d'ordre moral.

On se convaincra de l'importance secondaire de l'angle pour déterminer la rigidité d'une écriture, en analysant la fig. 567. Il s'agit bien d'un écrit très anguleux, mais il est tellement nuancé, saccadé, sinueux, qu'il ne saurait être défini rigide.

L'ÉCRITURE RONDE *(Genre Forme)*

Synonymes : en cercle, très courbe. — Antonyme : anguleuse

L'écriture ronde est le degré le plus accentué des tracés courbes, si bien que les ovales des lettres représentent des cercles. Deux causes la rendent plus fréquente chez les enfants que chez les adultes : elle représente une forme facile à concevoir et à imiter. Le tracé très arrondi nécessitant un moindre effort que l'angle est utilisé par les natures douces, molles, paresseuses, dont la caractéristique principale est d'adhérer sans protester à tout ce qu'on leur propose, sans se faire aucun scrupule de changer d'avis dès qu'on a tourné le dos. Cette insécurité de nature est fille de la faiblesse, mais aussi de l'égoïsme : le tracé rond est sinistrogyre. Les gens doux aiment avant tout leur

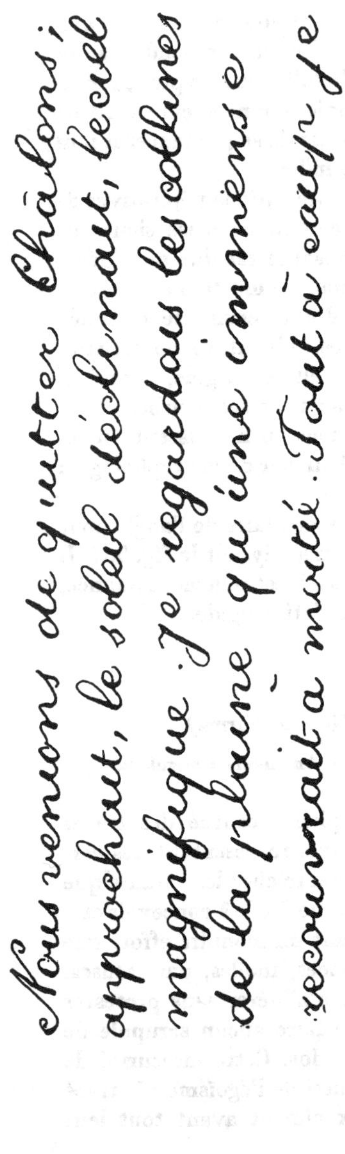

Fig. 550. — Écriture ronde et inorganisée, à reprises, lente, en relief, claire

Fig. 551. — Écriture ronde et gonflée de C. Jansénius

tranquillité ; ils se soucient peu de combattre, fût-ce pour la justice. Ils ont cependant des amis, parce qu'ils sont très adaptables, intelligents. A celui chez qui l'esprit et la sociabilité s'unissent, on accorde la sympathie sans examen ; mais, plus tard, on reconnaît qu'il tient rarement ses promesses.

L'avantage d'une bonne éducation est très marqué chez les scripteurs à l'écriture ronde ; à eux l'élégance dans la paresse et la sensualité ; avec la même écriture, les gens vulgaires, qui n'ont pas appris à se gouverner paraissent bien lourds et inconvenants à côté d'eux. Mais leurs penchants sont les mêmes.

C'est un gros garçon de 10 ans qui est l'auteur de la fig. 550. Il ne se fait pas de bile ; tout lui est indifférent hors son sommeil et son alimentation. Il est lent, traînard, cependant docile. Ses camarades ont observé son égoïsme.

Cornélius Jansénius (fig. 551) a l'écriture en lazzo et gonflée. C'était un homme doux, prudent et habile. Larousse constate qu'ayant fait une étude des doctrines de saint Augustin sur la question des rapports de la grâce avec la liberté humaine, en collaboration avec Duvergier de Hauranne, Jansénius consigna le résultat de leurs recherches dans un livre intitulé *Augustinus*, dont il confia la publication à trois autres amis, après avoir pris la précaution de protester par écrit de sa soumission au Saint-Siège. Il est vrai qu'au début du XVIIe siècle le courage coûtait cher (les boucles compliquées précisent son habileté).

Pierre Louys, poète délicat et sensuel (fig. 552), a l'écriture très ronde, limpide, simple, simplifiée, aisée, combinée ; sa hauteur, de 5 à 6 mm, se maintient difficilement ; d'une page à l'autre elle s'abaisse à 4 ou 3 mm, parfois brusquement, et les lignes descendent. Il y a là beaucoup d'instinct, encadré par des dons admirables de sensibilité, de souplesse, de grâce.

L'ÉCRITURE RYTHMÉE *(Genre Continuité)*

Synonymes : symétrique et cadencée. — Antonyme : régulière

Le rythme dans l'écriture est la distribution symétrique des mouvements forts ou faibles, petits ou grands, épais ou légers, etc., revenant périodiquement au cours d'un écrit. Les mouvements composés des écritures gladiolée, grossissante, concave, convexe, chevauchante, sont rythmés par définition. D'autres se prêtent à des rythmes plus variés, mais conditionnés ; par exemple : toutes les Espèces du Genre Vitesse.

Le rythme est court s'il s'applique à des mots ; il est long quand il s'étend au tracé symétrique des lignes ou des pages. Il

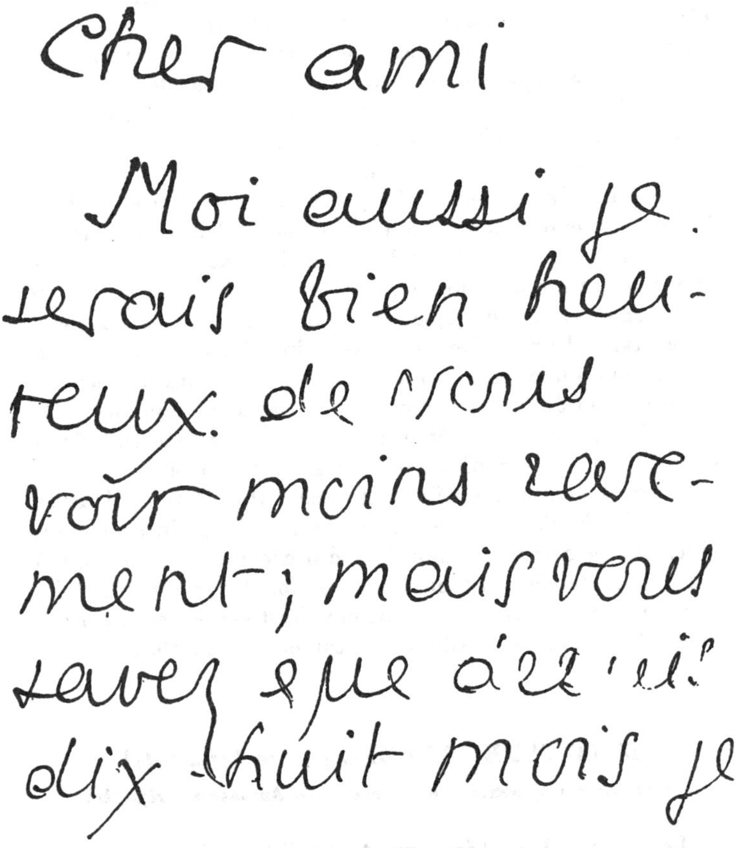
Cher ami

Moi aussi je
serais bien heu-
reux de vous
voir moins rare-
ment ; mais vous
savez que d'ici
dix-huit mois je

Fig. 552. — Écriture ronde de Pierre Louys, très grande, 5 mm limpide, simple, simplifiée, aisée, combinée de moins en moins grande au cours d'un écrit de plusieurs pages toujours un peu descendante, signature sans paraphe

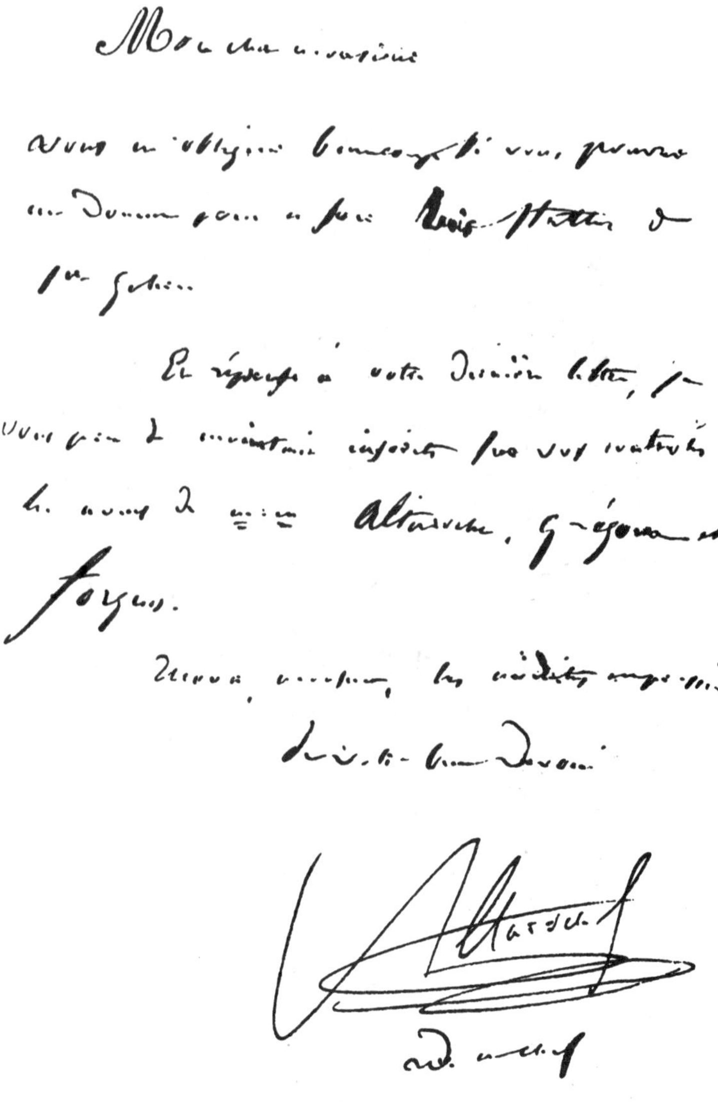

Fig. 553. — Écriture rythmée, juxtaposée et pointillée, très petite sinueuse, saccadée, descendante, retouchée, très désorganisée

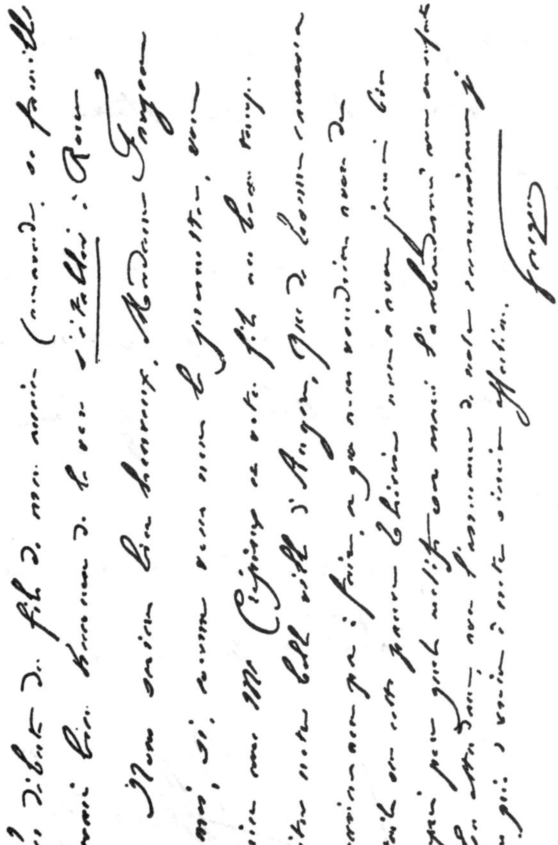

Fig. 554. — Écriture bien rythmée, de plus en plus petite, juxtaposée pointillée et condensée ; cependant ferme, ordonnée, simple et simplifiée

y a des rythmes qui se développent en s'accentuant, d'autres qui diminuent. Il y en a aussi de discordants : la fig. 217 en est un exemple saisissant. Les Espèces d'écriture du Genre Continuité donnent naissance à des rythmes très caractéristiques de la personnalité, d'où l'importance du système des liaisons. Enfin, on surveillera les rythmes relatifs à la pression, parce qu'ils se confondent parfois avec des accidents de plume. Nous avions un stylographe qui débitait l'encre irrégulièrement, de là un rythme très apparent dans l'épaisseur du tracé. Mais ce rythme était celui du stylographe, non pas le nôtre.

Beaucoup de causes influencent le rythme de l'écriture ; les significations sont variées comme les sentiments qui les créent. La colère, l'impatience, l'hésitation, la débilité, les dépressions, les troubles physiologiques ou pathologiques de la circulation et de la respiration sont parmi les causes les plus fréquentes.

La fig. 553 représente l'écriture d'un vieillard usé qui lutte contre la faiblesse. Le début de ses mots est lancé ; malgré cela il ne parvient pas toujours à les achever. Le moindre effort l'épuise ; s'il réussit à grouper quelques mots, la dimension des lettres s'abaisse brusquement et l'on observe le tracé pointillé. Le scripteur a ramassé toutes ses forces pour signer ; malgré un mouvement initial très lancé, il n'a pas évité la juxtaposition des lettres et les retouches. Les trois petits mots qui suivent sont informes.

Il y a beaucoup moins de désorganisation dans l'exemple suivant (fig. 554), où l'on suit ligne par ligne le rythme des mouvements et leur redressement périodique. Les directions restent assurées, le scripteur est maître de lui, mais les dimensions faiblissent. Cependant, le graphologue expérimenté n'aura pas de peine à deviner que la condensation de plus en plus marquée des espaces, dans les dernières lignes, est déterminée par le manque de place, en fin de page.

On remarquera le rythme des fig. 57 et 58, dû à la colère ; de la fig. 64, au désordre ; de la fig. 90, à l'impatience ; de la fig. 165, à l'inconsistance ; de la fig. 353, à l'incoordination des mouvements ; des fig. 369 et 370, à l'instabilité ; des fig. 562 à 565, au régime de l'activité, etc.

L'ÉCRITURE EN COUP DE SABRE *(Genre Forme)*

On remarque, principalement chez des militaires, des escrimeurs, ou simplement des gens d'esprit un peu batailleurs, des prolongements aux jambages qui, par leur forme et leur mouvement, font songer à un coup de sabre. Dans les paraphes, souvent ils se croisent en donnant l'image d'un engagement d'armes. Il est possible que ce tracé soit le rappel inconscient d'un geste

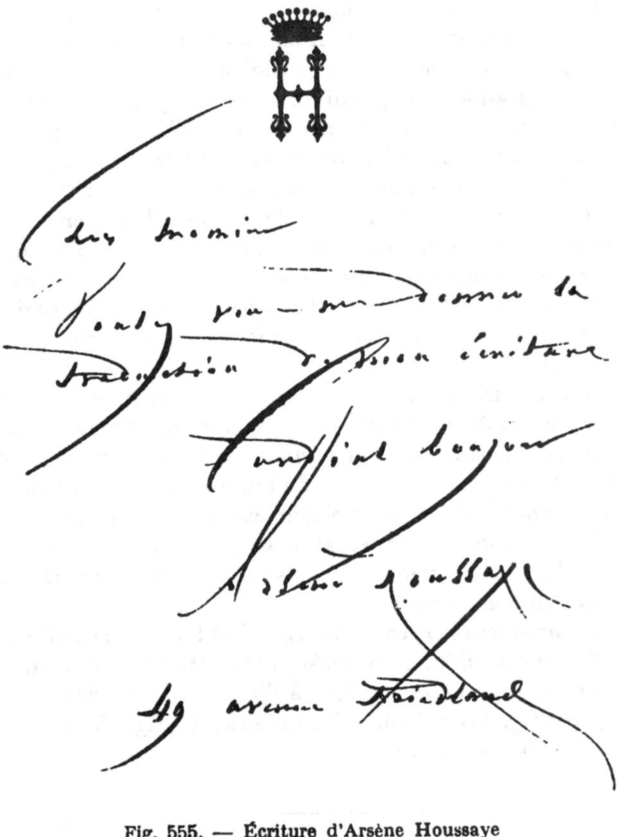
Cher monsieur
Voulez-vous me donner la
traduction
Cordial bonjour
Arsène Houssaye
49 avenue Friedland

Fig. 555. — Écriture d'Arsène Houssaye lancée et prolongée en coup de sabre

militaire impressionnant ; dans tous les cas, il est assez obsédant pour représenter une dominante graphique. Sa cause et ses concomitances (écriture lancée, mouvementée, aux jambages prolongés) fixent l'interprétation ; c'est la marque d'une nature vive, pétulante, combative, très extériorisée.

L'écriture d'Arsène Houssaye (fig. 555) en est un exemple parfait. On sait que cet écrivain très démonstratif, à 16 ans, était volontaire lors de la campagne d'Anvers, en 1831.

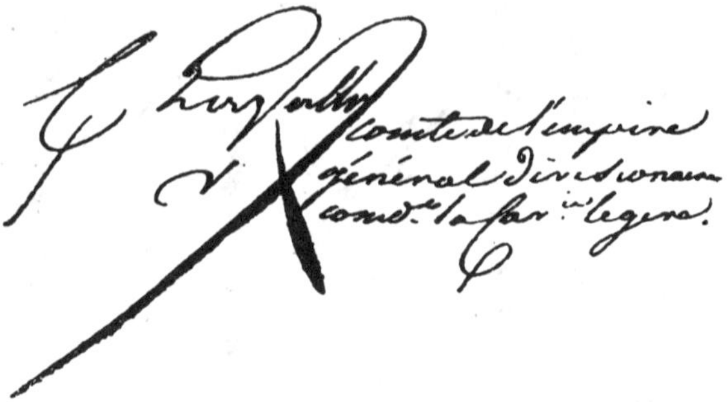

Fig. 556. — Écriture en coup de sabre

Les fig. 556 et 557, provenant d'officiers généraux, la première avec sa majuscule et son paraphe croisés ; la seconde avec ses *s* et *f* prolongés en coup de sabre, représentent deux autres aspects caractéristiques de cette Espèce d'écriture.

L'ÉCRITURE SACCADÉE *(Genre Continuité)*

Synonyme : trépidante. — Antonyme : calme

Les émotions, ou la fatigue, chez les nerveux, produisent des troubles vaso-moteurs, agitation, tressaillements, soubresauts, qui se répercutent dans l'écriture par des inégalités brusques de forme, de direction, et, surtout, de dimension. Nous avons appelé cette Espèce, aux oppositions continuelles, l'écriture saccadée. C'est un signe irrécusable d'hypersensibilité.

L'écriture saccadée n'est pas seulement occasionnelle et

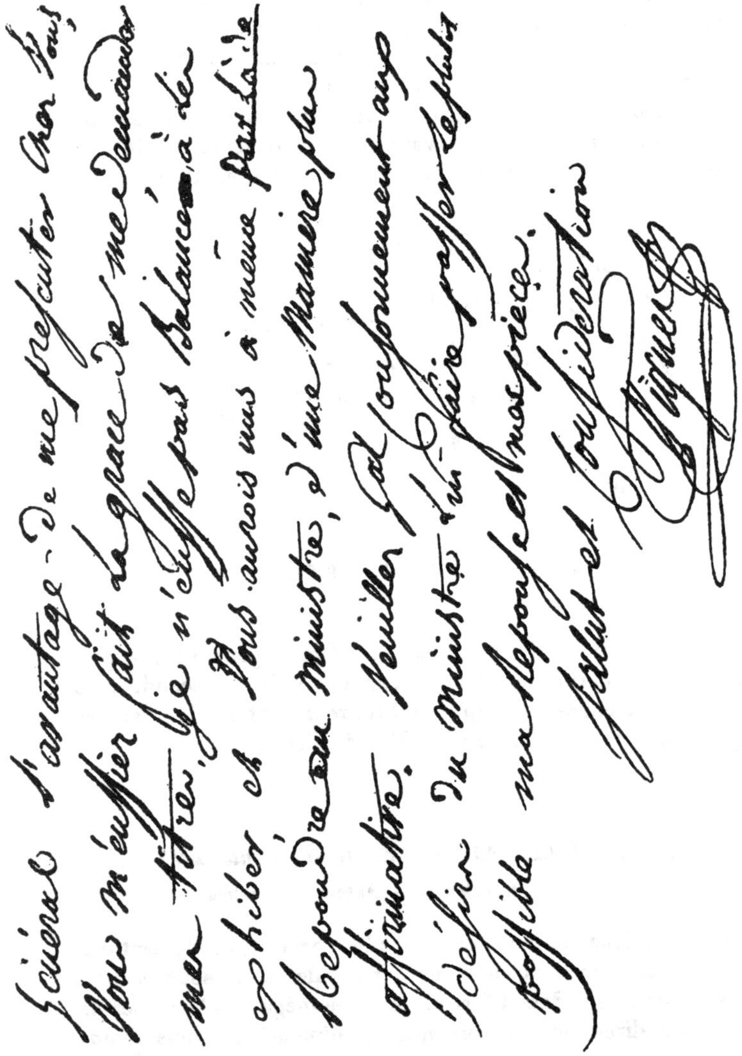

Fig. 557. — Écriture en coup de sabre, mouvementée, exagérée (majuscules pour minuscules), très inégale de mouvement et de dimension, liée paraphe mouvementé, compliqué et ponctué

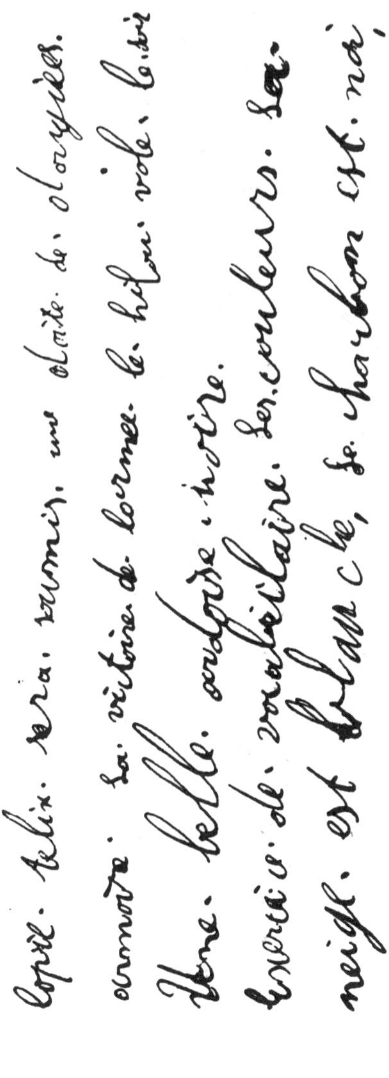

Fig. 588. — Écriture très saccadée, grossissante, sinueuse, instable, arrêts ponctués hampes prolongées. Enfant arriéré de 8 ans et demi

Fig. 559. — Écriture saccadée, lancée, rapide, de Léopold Robert

engendrée par un ébranlement imprévu, dépit, irritation, colère, etc., elle exprime aussi des états inhibitoires et pathologiques durables, notamment dans les intoxications, ou dans les maladies mentales et nerveuses. On voit alors tout le graphisme secoué par le rythme médullaire anormal, avec des chevauchements et des rebondissements, dont la fig. 558, qui est d'un enfant arriéré, fils d'alcoolique, donne une idée claire.

On s'attend à ce que l'écriture saccadée appelle des désordres excessifs ; mais les grands émotifs souffrent et se méfient

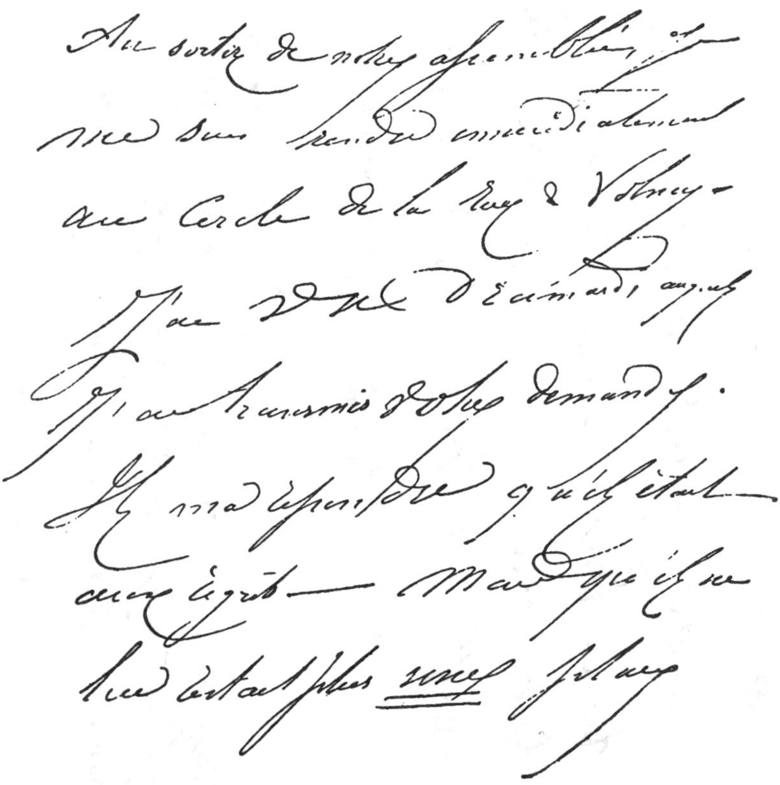

Fig. 560. — Écriture très saccadée, légère, exagérée, surélevée gladiolée, compliquée, accélérée, mouvementée aux finales prolongées, retouchée, inclinée à 37°

d'eux-mêmes ; ils refoulent leurs sentiments autant qu'ils peuvent et détournent ainsi le déséquilibre qui les guette. Quand les passions grondent chez eux, toute dissimulation est vaine ; leurs mains tremblent et rendent parfois difficile l'acte d'écrire. Mais alors l'inhibition intervient et ruine leurs impulsions.

Voici un écueil à éviter dans les appréciations : les petites saccades, dans les écritures très rapides, comme dans l'écriture de Léopold Robert (fig. 559), ne sont que des indices de hâte ; on les voit apparaître dans l'écriture des gens les plus calmes, chez Ernest Renan, par exemple (fig. 488). C'est dans l'écriture posée, ou simplement accélérée, que l'on peut tenir compte des saccades, à tous les degrés, et les interpréter à bon escient. Il n'y a pas d'erreur possible en face d'un autographe comme celui de la fig. 560, très saccadé ; toutes ses caractéristiques corroborent l'appréciation de superémotivité. C'est un nerveux, un impulsif enthousiaste et exagéré. Nombre de ses finales sont prolongées avec le même mouvement que dans un paraphe, mouvement impératif, que nous signalons ici pour la première fois, dans lequel la vanité s'épanouit et s'affirme avec l'insistance de l'aveuglement du sot.

Des exercices physiques, même modérés, produisent accidentellement et fugitivement l'écriture saccadée, mais les fatigues accentuées, de quelque nature qu'elles soient, ont une répercussion plus durable sur l'écriture. Nous en avons un exemple avec Calvin (fig. 561), dont l'état de surmenage a été la cause d'une mort prématurée ; son écriture, convulsivement tracée, fait apparaître l'aspect douloureux de la saccade : elle est agitée, désorganisée, non désordonnée ; ses proportions sont respectées, mais ses changements brusques de direction témoignent d'un état anxieux profond.

L'ÉCRITURE SAUTILLANTE *(Genre Continuité)*

synonymes : preste, sémillante, très inégale de continuité

Antonyme : calligraphiquement liée

Nous donnons le nom d'écriture sautillante à celle qui est formée de groupements de lettres variables et symétriques, en rapport avec les combinaisons que le scripteur juge les plus

favorables au développement de son activité. Elle procède par petits sauts d'un groupe à l'autre. C'est une écriture bien rythmée ; pour peu qu'elle soit lancée (elle l'est habituellement), elle permet des résultats rapides.

C'est un signe de nervosité, d'esprit vif et prompt, d'impétuosité. Les scripteurs de cette sorte sont expéditifs et entraînants ; avec eux, aussitôt dit, aussitôt fait. Il est remarquable

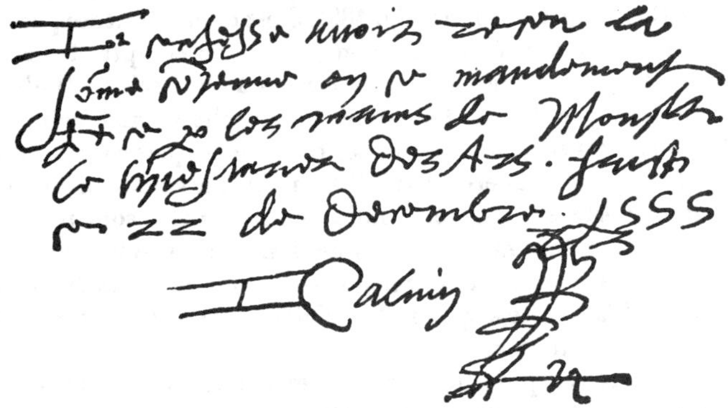

Fig. 561. — Écriture de Calvin, agitée, tourmentée, saccadée anguleuse, rapide, contenue

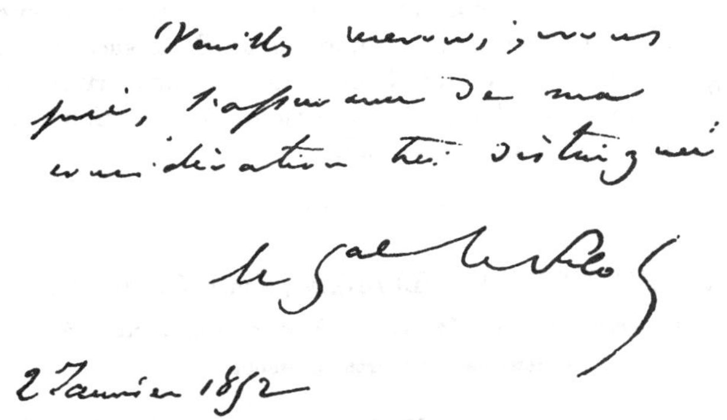

Fig. 562. — Écriture du général Le Flô
sautillante, rapide, petite, inclinée, liée, simple et simplifiée
Les séparations, dans les mots, sont conditionnées par les accents

que leur rythme les domine ; ils y conforment toutes leurs actions ; dans leur écriture ils écartent instinctivement tout ce qui peut le contrarier, c'est-à-dire les mouvements trop étendus, les complications, les exagérations, les traits régressifs. C'est le caractère bien systématisé de cette variété de l'écriture groupée qui nous a engagé à en faire une Espèce.

Le rythme de l'écriture sautillante est toujours plus ou moins conditionné par les accents ; cela éclate dans la fig. 562, surtout

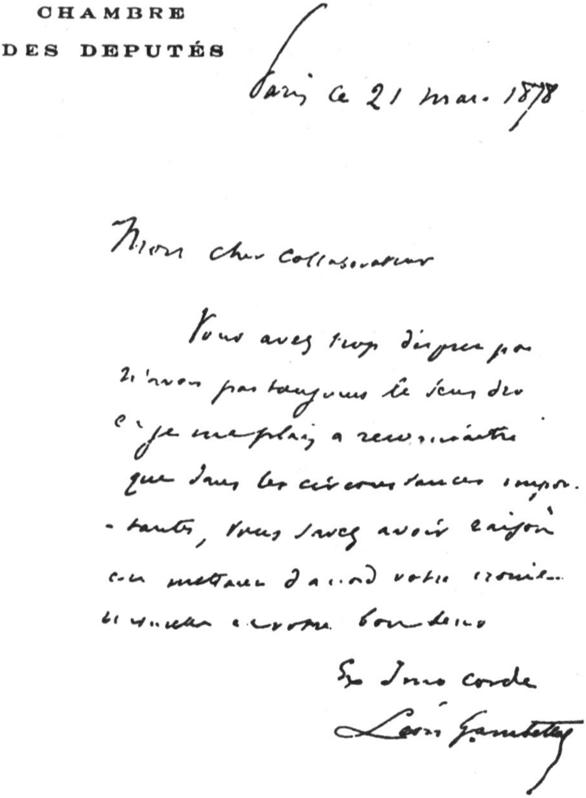

Fig. 563. — Écriture de Léon Gambetta
sautillante, rapide, petite, proportionnée, sobre, aisée
combinée, simple, simplifiée, liée

dans les mots *considération très distinguée.* Léon Gambetta (fig. 563) se rend beaucoup plus indépendant, en faveur de son rythme, en négligeant les accents ; ses groupements sont de toutes les sortes ; dans le mot *d'accord*, les lettres sont juxtaposées ; trois lignes plus haut, il lie trois mots. Les mouvements sont sobres, aisés, proportionnés, combinés dans le but d'obtenir, avec le moindre effort, le résultat le plus sûr et le plus rapide.

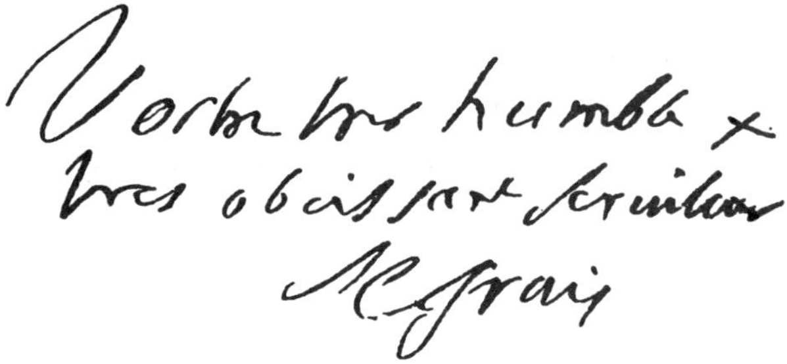

Fig. 564. — Écriture de Segrais, poète français secrétaire de Mme de La Fayette, très sautillante, groupée combinée, rapide, simple, simplifiée, saccadée

A cet effet, les lettres sont simplifiées, les dimensions réduites et l'écriture prend l'aspect sautillant.

Chez le poète Segrais (fig. 564), le rythme sautillant est encore plus marqué : après le repos d'une ou deux lettres isolées, il en trace plusieurs liées dans un mouvement lancé.

Après avoir étudié les exemples précédents, on pénétrera sans peine le système de l'écriture de Jules Favre (fig. 565), harmonieuse, proportionnée, sobre, combinée, simple, simplifiée, petite, remarquable aussi par son allure nuancée, courante et sautillante, c'est une caractéristique indéniable d'imagination et d'intuition.

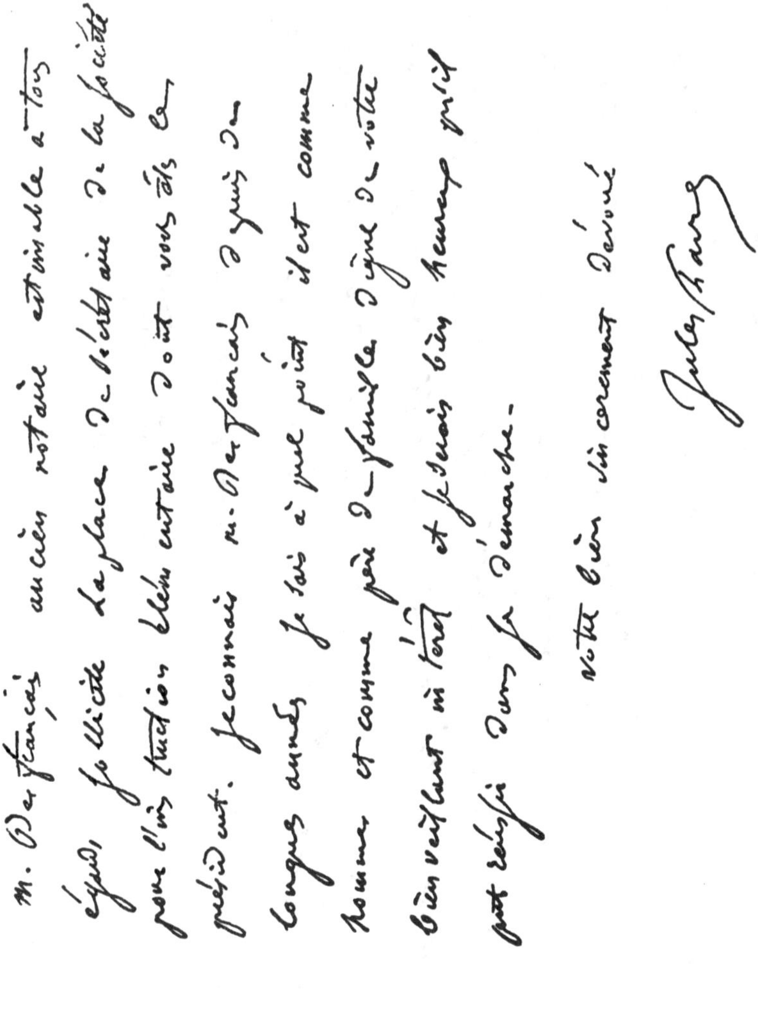

M. Desfrançais ancien notaire estimable à tous égards sollicite la place de secrétaire de la société pour l'instruction élémentaire dont vous êtes le président. Je connais M. Desfrançais depuis de longues années je sais à quel point il est comme homme et comme père de famille digne de votre bienveillant intérêt et je serais bien heureux qu'il pût réussir dans sa démarche.

votre bien sincèrement dévoué

Jules Favre

Fig. 565. — Écriture de Jules Favre
harmonieuse, proportionnée, sobre, combinée, très simple, simplifiée, petite
remarquable par son allure accélérée sans effort, nuancée, courante et sautillante

Fig. 566. — Écriture de la comtesse de Boufflers-Rouvrel
la célèbre amie de J.-J. Rousseau, sèche, imprécise, sans relief, semi-anguleuse
petite et inégale, 1 à 3 mm, convexe, chevauchante au montant
cependant proportionnée, simple, simplifiée, espacée entre les lignes, rapide, sautillante

L'ÉCRITURE SÈCHE *(Genre Pression)*

Synonymes : cassante

Antonymes : arrondie, nourrie

L'écriture sèche est plate, légère, *plus ou moins anguleuse* : ses dimensions sont variables. Elle est proche parente de l'Espèce maigre, également plate et légère, mais *allongée*, jamais petite, et conserve son caractère de maigreur combinée avec des courbes. Le manque de relief et la légèreté sont donc les seuls caractères communs aux deux Espèces. Toutes deux sont déplaisantes ; mais l'écriture sèche est plus raide, plus cassante que l'écriture maigre.

Parfois, les caractéristiques des deux Espèces se conjuguent. Par exemple : l'écriture de la fig. 423 est maigre ; celle de la fig. 424 est, tout à la fois, maigre et sèche. Il faut examiner aussi l'écriture de la duchesse de Montausier (fig. 570) ; elle est très grande, 5 à 7 mm, cependant elle n'est ni sèche, ni maigre, parce qu'elle est semi-arrondie, avec quelque relief. Les écritures sèches sont des indices de caractère acariâtre et souvent incompréhensif.

Voici maintenant (fig. 566) l'écriture de la comtesse de Boufflers-Rouvrel, la célèbre amie de J.-J. Rousseau, franchement sèche et pas maigre. Celle du duc Louis-François de Boufflers, maréchal de France (fig. 567), est également sèche sans être maigre. Chez ces deux personnages, le côté désagréable décelé par l'écriture sèche est rejeté au second plan par leurs brillantes qualités ; on en jugera par nos définitions.

Le milieu n'est pas tout, mais il colore tout, atténuant ou exaltant.

LES ÉCRITURES SEMI-ANGULEUSES OU SEMI-ARRONDIES *(Genre Forme)*

Nous avons vu, à propos des écritures anguleuse et arrondie, que leur prédominance donne lieu à des interprétations très conditionnées, sinon disparates. C'est que les systèmes des courbes exclusives et des angles exclusifs sont un dérèglement produit par des causes qui, à certains moments, se ressemblent

Fig. 567. — Écriture du duc Louis-François de Boufflers, maréchal de France sèche, anguleuse, très saccadée, 3 à 6 mm, simple, condensée, sinueuse, élancée

fort. Entre le paresseux qui recherche dans la courbe un procédé de moindre effort, et l'être stupide qui se réfugie dans l'automatisme commode des angles, il y a une affinité profonde : ce sont, parfois, deux débiles dans des réactions différentes. En bonne calligraphie, les angles et les courbes alternent ; leur place est marquée, dans un certain ordre, mais strictement appliqué c'est un ordre élémentaire. Si, dans l'intérêt supérieur de la vitesse, qui est fondamental, nous éprouvons le besoin de modifier le tracé calligraphique pour le mieux plier aux mouvements que sollicite notre caractère, quel procédé employer ? Il faut, avant tout, que les écarts avec la méthode calligraphique ne compromettent pas la clarté. L'intérêt de la vitesse ne doit pas être sacrifié au despotisme de la forme ; d'autre part, le scripteur doit respecter la forme dans la mesure nécessaire à la lisibilité.

C'est dans l'amortissement des angles, la réduction des courbes, et même leur substitution réciproque, que nous trouvons la meilleure solution du problème.

Une écriture est semi-anguleuse ou semi-arrondie quand elle échappe à la systématisation du tracé anguleux ou courbe, sans s'astreindre non plus rigoureusement aux règles de la calligraphie.

L'utilisation à propos, ingénieuse, originale, des angles et des courbes mêlés est un des signes de l'écriture combinée, indice d'esprit souple et d'activité féconde. Une légère prédominance des angles oriente le caractère vers la fermeté ; celle des courbes vers la douceur. Sur cette base précieuse, chacune des autres qualités du caractère produit des résultantes avantageuses. Mais une interprétation si favorable ne s'applique nullement aux écritures sans originalités, sans caractère, lentes, avec un mélange maladroit, ou discordant, d'angles et de courbes, de telle sorte que la rapidité de l'écriture n'en reçoit aucun secours.

Il suffit de jeter un coup d'œil sur une collection d'autographes de célébrités pour apprécier le rôle des tracés anguleux et arrondis *bien combinés* ; la presque totalité des gens de valeur les utilisent. Au contraire, dans les écritures mal organisées des gens vulgaires, courbes et angles se succèdent sans art, c'est le fonds qui manque dans un milieu inconsistant.

Louise de Marillac, dame Legras, fig. 568, première supérieure des Filles de la Charité (1591-1662), a l'écriture semi-anguleuse : c'est un caractère. Ses petites et nombreuses inéga-

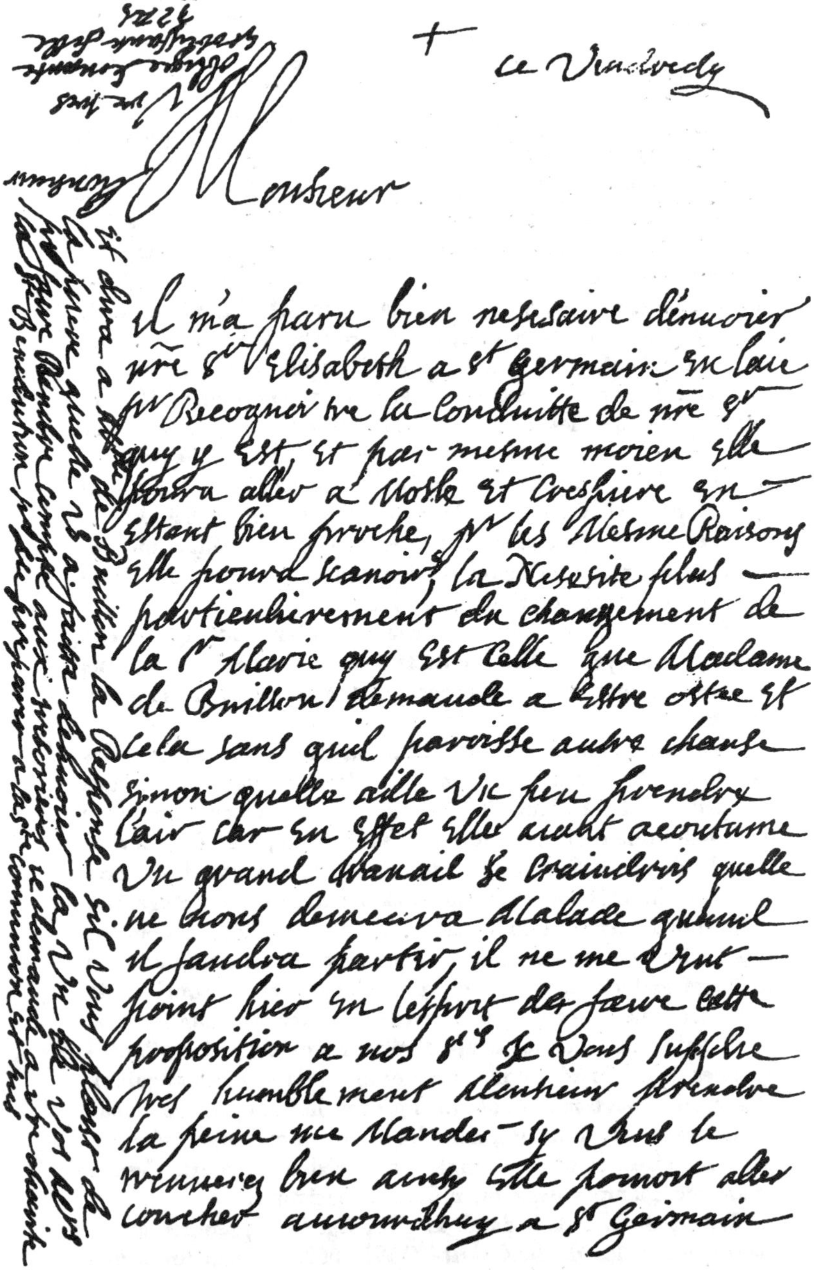

ce Vendredy

Monsieur

il m'a paru bien nesessaire d'enuoier nre Sr Elisabeth a St Germain en laie pr Recognoistre la conduitte de nre Sr quy y est et par mesme moien elle pourra aller a Motte et Crespiere en estant bien proche, pr les mesme Raisons elle pourra scauoir la Nesesite plus particulierement du changement de la Sr Marie quy est celle que Madame de Buillon demande a estre ostee et cela sans quil paroisse autre chause sinon quelle aille Vn peu prendre l'air car en effet elle auoit acoutume Vn grand trauail je craindrois quelle ne nous demeura Malade quand il faudra partir, il ne me Vint point hier en lesprit de faire cette proposition a nos Srs Je Vous supplie tres humblement Monsieur prendre la peine me Mander sy Vous le trouuerez bien ainsy elle pouroit aller coucher aujourdhuy a St Germain

Fig. 568. — Écriture de Mme Legras
première directrice des Sœurs de Saint-Vincent-de-Paul
semi-anguleuse, petites et nombreuses, inégalités, en particulier doucement et inégalement inclinée, quelques saccades, nourrie, centrifuge, condensée simple en dépit de la majuscule initiale, simplifiée, horizontale, cylindrique

lités de dimension et de direction expriment sa sensibilité profonde, quelques saccades trahissent même ses afflictions. En dépit de la majuscule initiale qui est un mouvement d'apparat, l'écriture est simple.

On voit par cet exemple combien on s'égare quand on accorde une trop grande faveur aux impressions esthétiques de

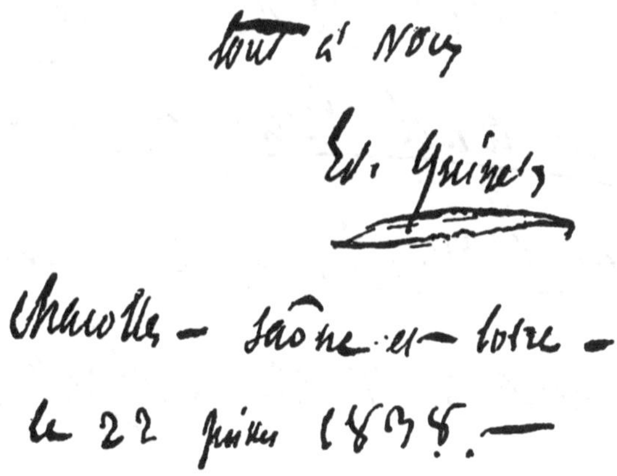

Fig. 569. — Écriture semi-anguleuse d'Edgar Quinet ferme, résolue, très nourrie

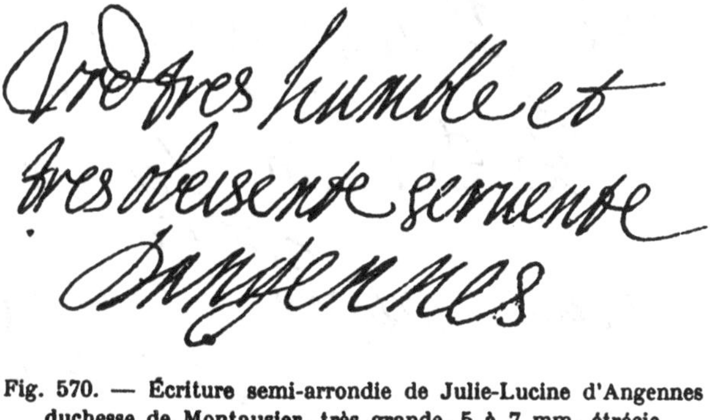

Fig. 570. — Écriture semi-arrondie de Julie-Lucine d'Angennes duchesse de Montausier, très grande, 5 à 7 mm, étrécie avec un léger relief suffisant pour éviter la sécheresse et la maigreur simple, claire, cylindrique, horizontale, liée, élégante

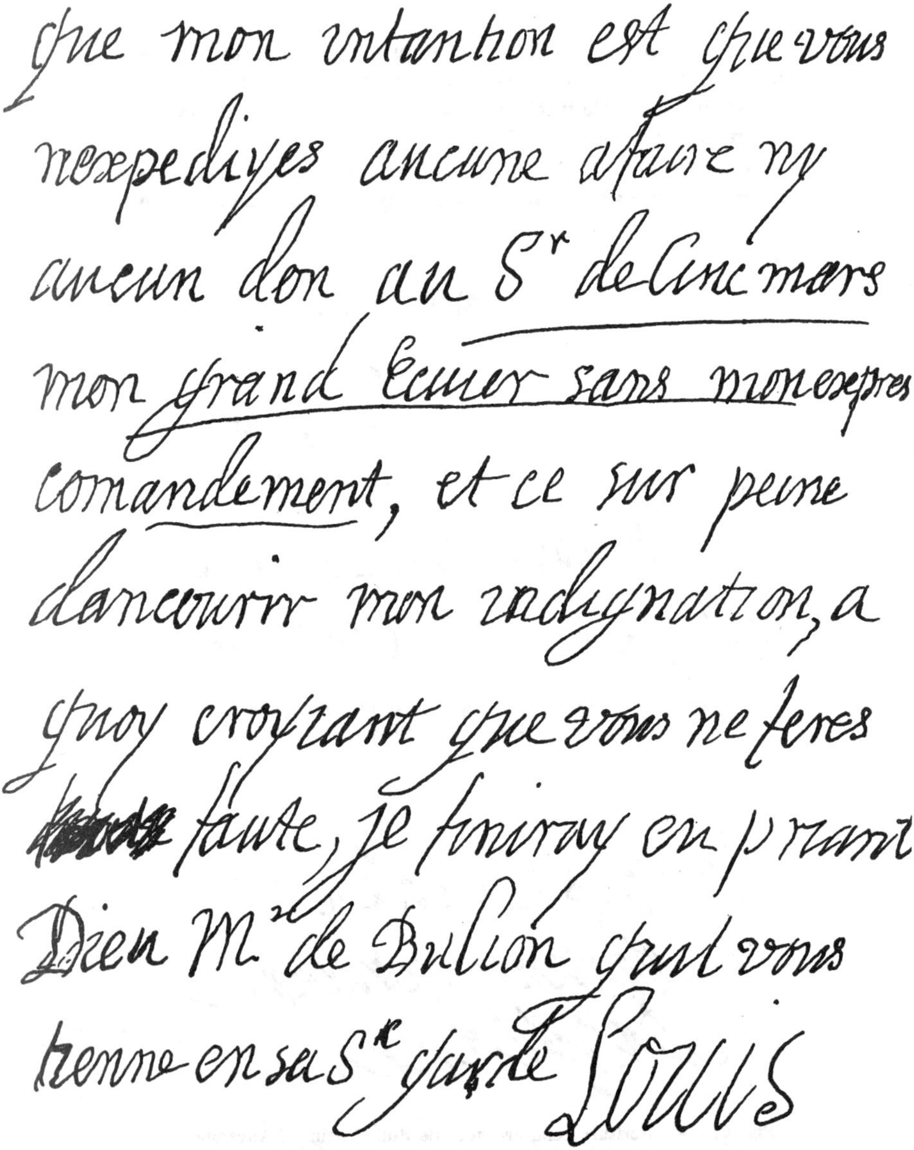
que mon intantion est que vous
nexpediyes aucune afaire ny
aucun don au Sr de Cinc mars
mon grand Ecuier sans mon expres
comandement, et ce sur peine
dancourir mon indygnation, a
quoy croyant que vous ne feres
faute, je finiray en priant
Dieu Mr de Bulion quil vous
tienne en sa Ste garde Louis

Fig. 571. — Écriture de Louis XIII, semi-courbe, grande inégale de dimension (3 à 6 mm), d'espacement et de direction tremblée, hésitante, lente, retouchée, désorganisée

l'écriture. Mme Legras n'a pas d'art ; à première vue, son écriture est médiocre ; à l'analyse, elle est sublime.

Edgar Quinet, qui est un très beau caractère (fig. 569) a l'écriture semi-anguleuse, ferme, résolue, très nourrie.

Voici maintenant l'écriture semi-arrondie de Julie-Lucine d'Angennes, duchesse de Montausier (fig. 570), très grande, 5 à 7 mm, élégante, étrécie, avec un léger relief suffisant pour éviter la définition de maigre ou sèche ; simple, claire, cylindrique, horizontale, liée ; elle a beaucoup de charme. C'est pour elle que le duc de Montausier fit composer le fameux recueil de vers connu sous le nom de *Guirlande de Julie.*

L'écriture de Louis XIII fait apparaître le revers de l'écriture semi-arrondie (fig. 571). Elle est grande, inégale de dimension (3 à 6 mm), d'espacement et de direction, tremblée, hésitante, lente, retouchée, désorganisée. C'est l'écriture d'un vieillard inintelligent et débile. Louis XIII n'avait cependant que 39 ans quand il a écrit ce pitoyable document. Il devait mourir sans gloire deux ans après, affublé du surnom de Juste... parce qu'il était né en septembre sous le signe de la Balance !

L'ÉCRITURE SERRÉE *(Genre Dimension)*

Synonymes : concentrée, tassée. — Antonymes : étalée, dilatée

La réduction des espacements enseignée par la calligraphie produit l'écriture serrée, qui est le mode le plus important de la condensation des mouvements. Ses causes les plus favorables sont : l'attention, l'ordre, la circonspection, grâce auxquelles la concentration des forces permet d'obtenir des résultats excellents. Mais l'égoïsme, l'intérêt étroit, la mesquinerie, la poltronnerie, restreignent aussi nos mouvements. Il convient donc d'interroger soigneusement les conditions du milieu dans lequel se développe l'écriture serrée.

Nous proposons l'écriture serrée, avec ses auxiliaires petite et sobre, comme un bon indice de mémoire. L'écriture trop dilatée, à grands mouvements étendus, est la marque d'une mémoire défaillante. Les gens qui ne sont à l'aise pour écrire que devant un papier de grand format, et qui remplissent une ligne de 20 cm avec 5 ou 6 mots, sont des dissipés, des superficiels,

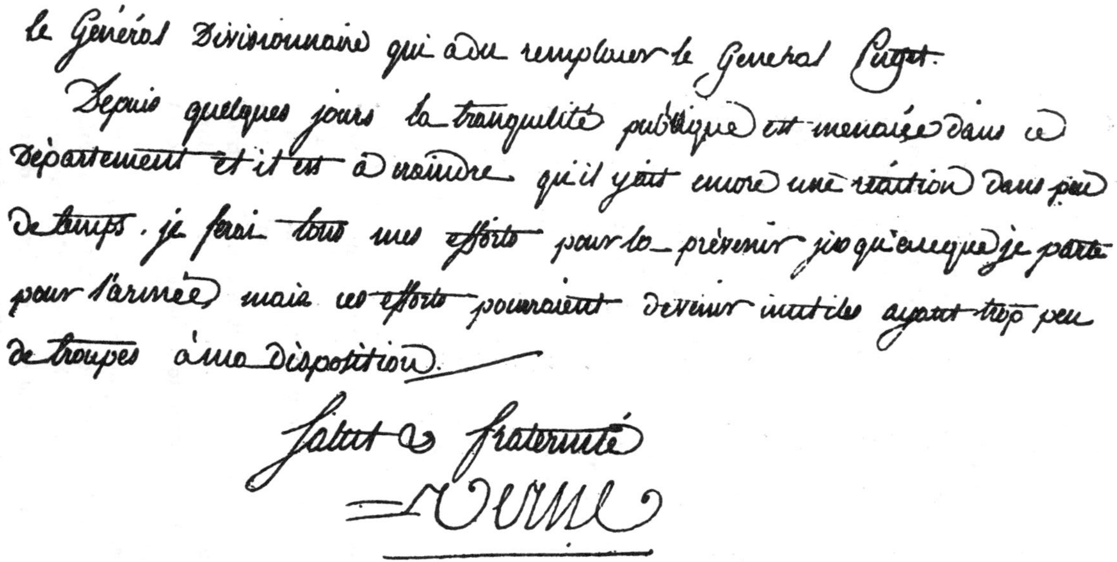
le Général Divisionnaire qui a du remplacer le General Puget.
Depuis quelques jours la tranquilité publique est menacée dans ce département et il est à craindre qu'il y ait encore une réaction dans peu de temps. je ferai tous mes efforts pour la prévenir jusqu'à ce que je parte pour l'armée mais ces efforts pourraient devenir inutiles ayant trop peu de troupes à ma disposition.

Salut & fraternité
Verne

Fig. 572. — Écriture du général Verne, serrée dans les mots, sobre et claire semi-anguleuse, cylindrique, horizontale, lancée, centripète, puis posée, retenue, monotone

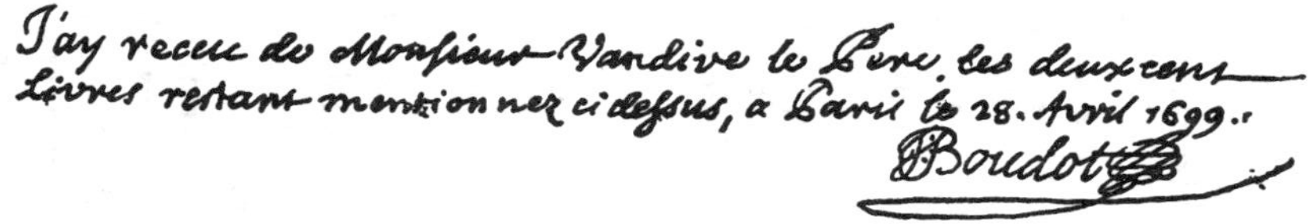
J'ay receu de Monsieur Vandive le Pere les deux cens Livres restant mentionnez ci dessus, a Paris le 28. Avril 1699.
Boudot

Fig. 573. — Écriture de Jean Ier Boudot, imprimeur du roi, érudit serrée, condensée, sobre, petite, arrondie, posée, claire, nourrie, basse, cylindrique

des oublieux. Nous reviendrons sur ce sujet dans une autre publication.

Il y a beaucoup de variétés d'écritures serrées ; tantôt la condensation du tracé se fait dans les mots, tantôt dans les lignes, tantôt encore dans les interlignes. Parfois, elle s'exerce jusque dans la forme des lettres, par l'étrécissement, ou dans la diminution ou la suppression des marges et le format réduit. Les avares font deux feuilles avec une, quand ce n'est pas quatre.

Toutes les variétés sont aisément expliquées quand on a bien saisi les deux faces de la question : dans les milieux nobles, une disposition à l'ordre, à la prudence ; dans les milieux vulgaires, une disposition à l'égoïsme, à l'étroitesse, à la parcimonie, à l'avarice.

L'écriture du général Verne (fig. 572) possède une particularité qui saute aux yeux : ses mots, bien séparés les uns des autres, forment un groupe compact de lettres liées, sobres, retenues, avec une régularité qui produit la monotonie. Son ordre est systématique, comme sa réserve ; son activité est posée, précise, clairvoyante ; il ne se dissipe pas. Nul doute qu'il n'ait une belle mémoire.

Jean Ier Boudot, le célèbre imprimeur et érudit (fig. 573), a une écriture serrée, condensée, sobre, petite, basse, posée, c'est-à-dire réduite dans tous ses mouvements. Mais comme elle est correcte, claire et harmonieuse dans sa concentration ! C'est un homme sage, réfléchi, attentif, soigneux, méticuleux. Ses tracés nourris et arrondis font découvrir l'homme doux, pacifique, type du savant sociable.

Charlotte de Prusse, sœur du grand Frédéric (fig. 574), nous montre un autre cas d'écriture très serrée dans tous ses modes d'expression ; elle est tellement retenue et inhibée, avec ses mouvements ralentis et ses finales courtes et ponctuées, qu'elle glace l'observateur. Elle était égoïste, avare, méfiante. Cependant elle gagnait à être connue car son écriture est, en même temps, claire, simple, avec une signature sans paraphe, proportionnée, arrondie, de plus en plus montante, avec des formes assez distinguées ; dans un milieu plaisant, elle s'animait et s'humanisait.

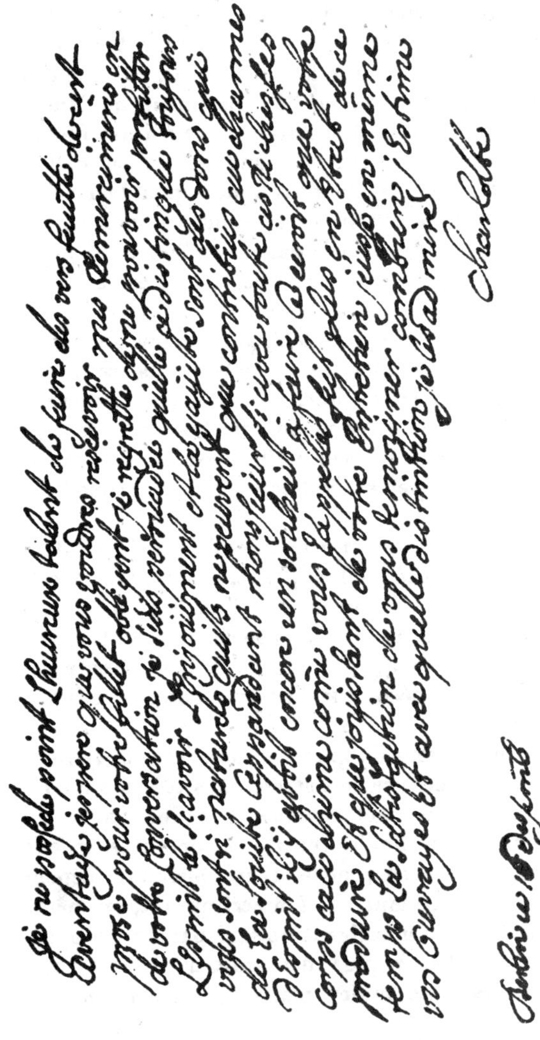

Fig. 574. — Écriture de Charlotte de Prusse, sœur du grand Frédéric serrée dans les mots, les lignes et les interlignes, très retenue inhibée avec finales ponctuées, très ralentie ; cependant distinguée, proportionnée claire, simple (signature sans paraphe), cylindrique, nourrie, arrondie, montante

L'ÉCRITURE SIMPLE *(Genre Forme)*

Synonyme : élémentaire. — Antonyme : compliquée

L'écriture simple est celle qui ne comporte pas de traits inutiles (fioritures, enroulements), ni de formes excentriques exagérées ou surélevées.

La signification de l'écriture simple est, en elle-même, négative ; son action ne se précise que dans les associations de signes. Elle est quelque chose comme le zéro en numération, sans intérêt quand il est seul, mais jouant un rôle d'autant plus considérable qu'il est précédé d'un plus grand nombre de valeurs positives. Les enfants, les arriérés, les insignifiants, ou ceux qui ont subi un arrêt du développement dont la conséquence est qu'ils gardent toute leur vie l'écriture et le caractère qu'ils avaient à 10 ou 12 ans, ont l'écriture simple et inorganisée. Une telle combinaison ne donne rien parce que c'est un groupement de deux zéros ; elle correspond à leur indigence d'esprit et nous permet de la déterminer. Mais aussitôt que la sensibilité et l'activité se dessinent dans un caractère, la simplicité oriente les résultantes graphologiques vers les significations de modestie, de sincérité, parce qu'elles se réalisent sur un plan de valeur. A mesure que nous gravissons les degrés de la supériorité, l'influence de l'écriture simple grandit. Son association avec les tracés clairs, spontanés, rapides, et surtout simplifiés et combinés, qui représentent d'éminentes qualités, entraîne les appréciations de franchise, de droiture, d'activité féconde, d'élévation. Il n'y a pas de signe graphologique ayant une plus grande vertu d'amendement ; son indice contrôle, précise et avantage toutes les dispositions du caractère. Quel meilleur exemple pourrions-nous donner de notre principe que la qualité d'un signe dépend du milieu où il se trouve ?

Un tracé simple, surtout quand il est posé et plus ou moins volontairement condensé, n'enregistre pas les passions avec toute leur ampleur. Faut-il renoncer à décrire les enthousiasmes et les orgueils des écritures simple, posée et condensée ? Non ; nous avons un moyen de vérifier si ces modes d'expression sont occasionnels ou normaux, c'est de les soumettre au contrôle de plusieurs documents et, plus aisément, de la signature.

Une signature sans surélévation et sans paraphe confirme la

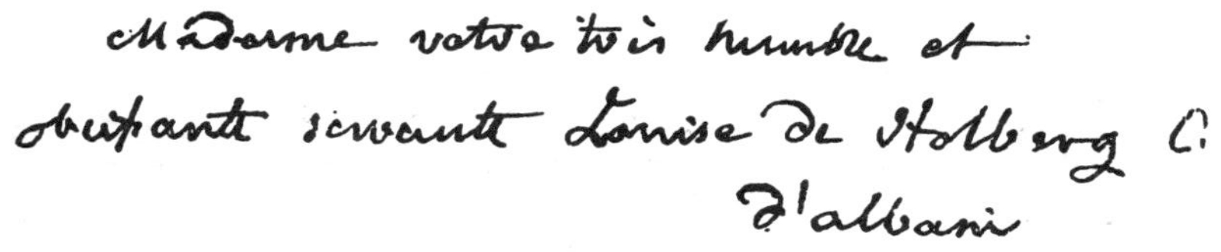

Fig. 575. — Écriture de la comtesse d'Albani, simple, simplifiée sans paraphe, avec une minuscule à son nom, espacée, nuancée

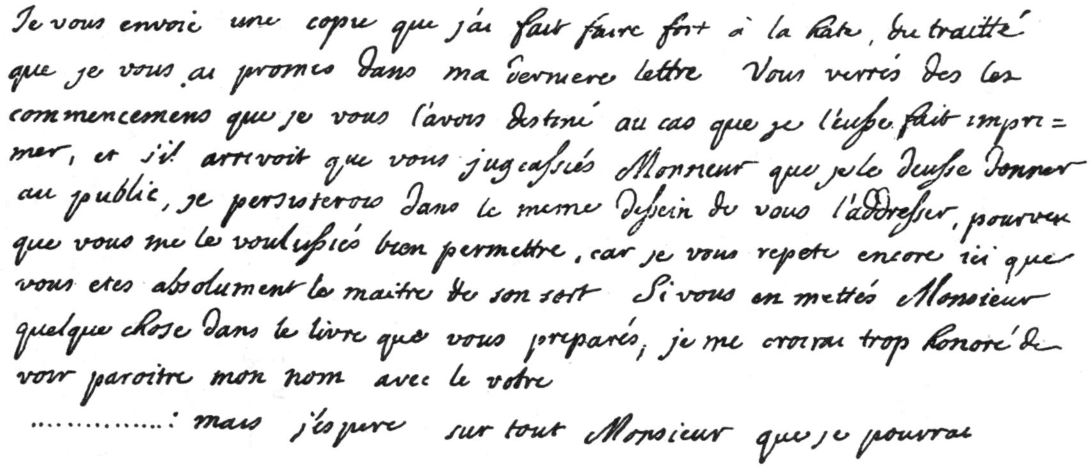

Fig. 576. — Écriture de Fatio de Duiller, très simple, harmonieuse, proportionnée, ordonnée régulière, limpide, nuancée, sobre, légère, plate, groupée, arrondie, sinueuse, cylindrique, descendante

Fig. 577. — Écriture de Louis Debidour, simple, simplifiée harmonieuse, sobre, nette, ordonnée, espacée, claire, nuancée, légère centrifuge, cylindrique, horizontale, régulière, en guirlandes, accélérée

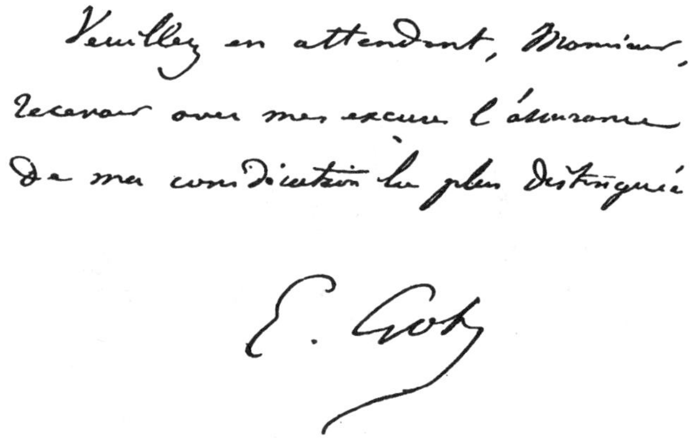
Veuillez en attendant, Monsieur,
recevoir avec mes excuses l'assurance
de ma considération la plus distinguée
E. Got

Fig. 578. — Écriture de E. Got, simple spontanée, petite, sinueuse, accélérée, liée, légèrement gladiolée

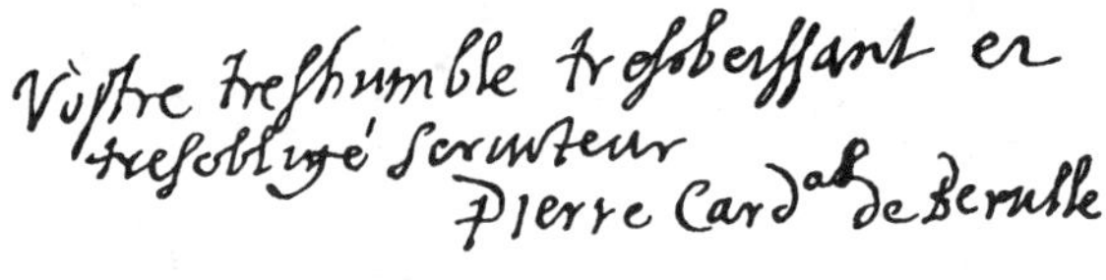
Vostre treshumble tresobeissant et
tresobligé serviteur
Pierre Card[al] de Berulle

Fig. 579. — Écriture du cardinal de Bérulle, simple (signature sans paraphe), harmonieuse, condensée, liée, posée nuancée, semi-arrondie

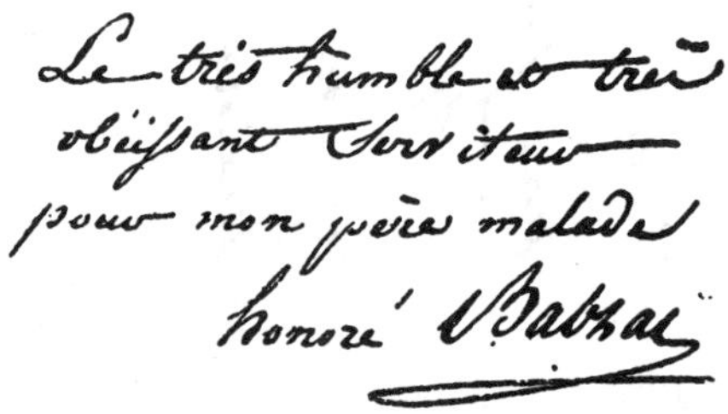
Le très humble et très
obéissant serviteur
pour mon père malade
Honoré Balzac

Fig. 580. — Écriture d'Honoré de Balzac, très simple, spontanée claire, centrifuge, condensée, groupée, posée, harmonieuse

simplicité. Au contraire, tout paraphe, quel qu'il soit, porte atteinte à la parfaite simplicité du scripteur.

Sans doute, il y a des paraphes d'allure discrète qui méritent notre respect. D'autres sont incontestablement nobles. Mais le paraphe est une affirmation du soi qui, même décente et justifiée, amoindrit la modestie. C'est quelquefois tant mieux, la délicieuse modestie n'étant pas, dans toutes les situations, la qualité la plus désirable.

Il semble qu'il est très possible de se soustraire au contrôle du paraphe. Mais les grotesques se complaisent dans le ridicule, les fantaisistes dans la fantaisie et les vaniteux dans l'expression de la vanité. Les graphologues n'ont pas à redouter la grève des sots, hélas ! et les poseurs poseront jusqu'à la fin des temps.

L'écriture de la comtesse d'Albani (fig. 575) n'est pas très esthétique, mais d'une charmante simplicité, sans paraphe, avec une minuscule à son nom : elle ne cherche ni à éblouir, ni à s'imposer ; c'est une de ces femmes délicieuses qu'on estime toujours plus à mesure qu'on les connaît mieux.

L'autographe du célèbre géomètre Fatio de Duiller (fig. 576), dont la seconde partie est reproduite plus loin (fig. 589), ne comporte aucune complication, et ses qualités harmonieuses d'ordre, de mesure, avec des courbes constantes et sobres, en font un modèle de tracé simple, dont l'expression est élevée, franche et bonne.

Le capitaine Louis Debidour, professeur agrégé d'histoire au lycée de Rouen, mort pour la France en 1917, a une écriture d'une belle simplicité (fig. 577). C'était un esprit très distingué, avec un caractère droit, délicat, d'une bonne grâce exquise.

Mais voici d'autres aspects de la précieuse qualité que nous étudions. L'illustre E. Got, de la Comédie-Française (fig. 578), a une écriture simple, très vivante, spontanée, petite, sinueuse, accélérée, liée, légèrement gladiolée, sacrifiant par ce dernier trait la régularité à la vitesse.

Le cardinal de Bérulle signe sans paraphe (fig. 579). Son écriture simple, harmonieuse, condensée, liée, posée, nuancée, semi-arrondie, proclame sa sagesse, son intelligence souple, son caractère noble, rehaussé par une parfaite aménité. Il était si modeste qu'il reçut seulement par soumission le chapeau de cardinal que lui offrait le pape. Il mérite la reconnaissance infinie des hommes cultivés pour avoir été le défenseur de Descartes.

Honoré de Balzac (fig. 580) a l'écriture simple, et cette constatation illumine son caractère : Balzac a été souvent incompris. Les critiques ne conçoivent guère la simplicité dans le génie ; ils s'exercent à démêler des écheveaux dont l'embrouillement est leur œuvre ; ils se complaisent dans des appréciations compliquées qui leur permettent de briller. D'ailleurs, les interprétations des critiques se ressentent du vice qui leur est familier ; les orgueilleux conçoivent mieux les mobiles de l'orgueil que ceux de la modestie, et les égoïstes voient partout la cause de l'intérêt

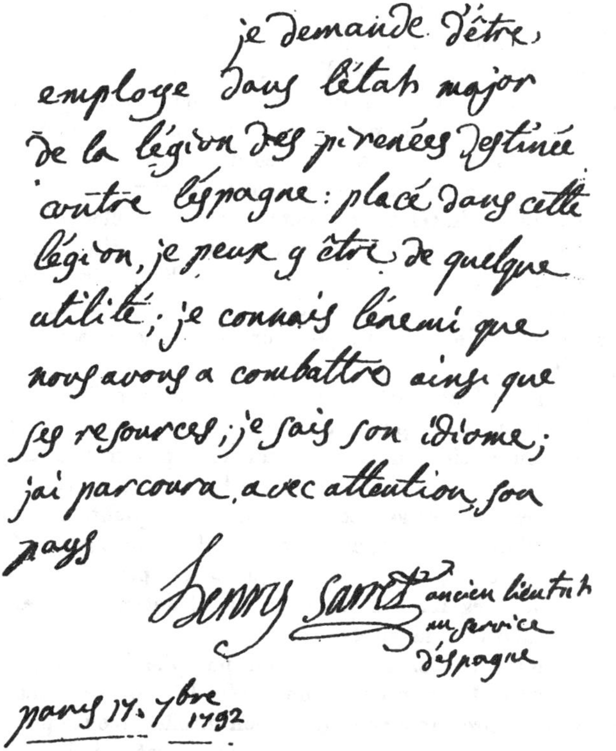
je demande d'être
employe dans l'état major
de la légion des pyrenées destinée
contre l'espagne : placé dans cette
légion, je peux y être de quelque
utilité ; je connais l'ennemi que
nous avons a combattre ainsi que
ses resources ; je sais son idiome ;
j'ai parcouru avec attention son
pays
Henry Sarret ancien lieutnt
au service
d'espagne
paris 17. 7bre 1792

Fig. 581. — Écriture d'Henry Sarret, très simple (minuscules pour majuscules), liée, arrondie, retenue, convexe grossissante, lente, saccadée

personnel ; ils parlent savamment de ce qu'ils connaissent bien. Mais, pour un esprit faux, voir simple ce qui est simple est aussi malaisé que parler clairement pour un esprit obscur. La modestie, l'humilité, la parfaite conscience d'un Balzac échappe à ces gens-là. Certes, Balzac savait ce qu'il valait, mais il n'a jamais rien sacrifié à l'orgueil.

Enfin, voici un bon exemple de simplicité ingénue, s'exprimant par des minuscules au lieu de majuscules (fig. 581). Henry Sarret est tout à la fois un timide (écr. simple, retenue, lente, arrondie), et un imprudent crédule (écr. grossissante et saccadée) ; c'est une victime de la simplicité alliée à l'enthousiasme.

L'ÉCRITURE SIMPLIFIÉE *(Genre Forme)*

Synonyme : réduite. — Antonyme : compliquée

L'écriture simplifiée se manifeste par des diminutions dans la forme des lettres et, quelque peu, dans la dimension. Par exemple, les boucles, les déliés courbes, le rattachement des déliés, les œilletons, les ovales sont plus ou moins réduits, parfois jusqu'à la forme d'un simple trait, même d'un point. Le remplacement des formes calligraphiques ordinaires par celles, plus brèves, de la typographie, est aussi un bon mode de simplification[1]. Mais les déformations, pour être intelligentes et concourir efficacement au but de la simplification, qui est d'obtenir un tracé rapide, doivent sauvegarder la lisibilité.

L'écriture simplifiée est le plus important des signes de culture d'esprit ; elle témoigne, tout à la fois, en faveur de l'activité du scripteur, de sa faculté d'adaptation et de son adresse la plume à la main.

Nous avons vu, dans l'écriture de Scribe (fig. 80), un exemple remarquable d'abréviation et de simplification. En voici un autre (fig. 582), peu intéressant comme qualité, parce qu'il est excessif, mais très favorable pour l'enseignement à cause même de ses défectuosités. Analysons-le.

Ligne 1, le *C* de *Cher* est inachevé, simplification malheureuse, car faute d'enchaînement avec la lettre suivante, il y a un

1. Cf. pour les détails : *L'Écriture et le caractère, loc. cit.*, p. 120 et suiv.

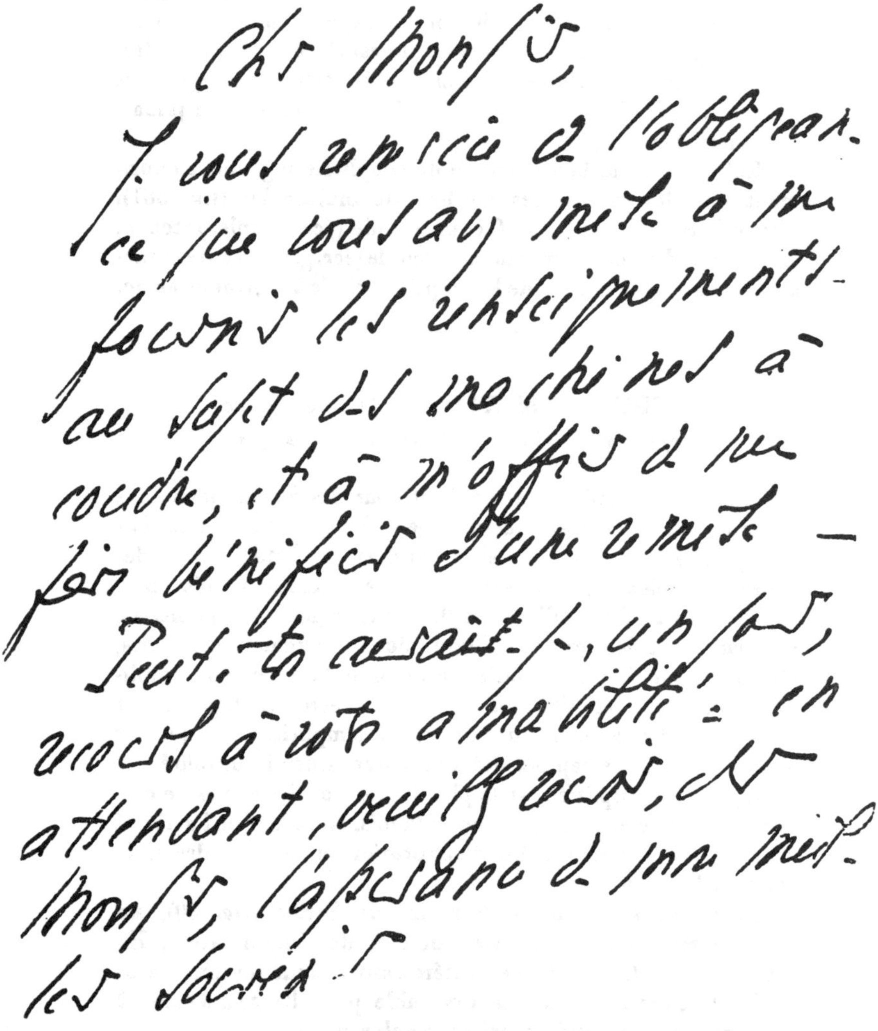

Fig. 582. — Écriture très simplifiée et abrégée, dilatée, grande et saccadée (1/2 à 6 mm), juxtaposée, inhibée, suspendue, surélevée, arrondie, nourrie rapide en soi, pratiquement ralentie à 160 lettres environ à la minute

arrêt plus nuisible à la vitesse que la légère simplification de la finale du *C* ne lui est propice ; la hampe du *h*, par contre, réduite à un bâton, est un excellent mode de simplification ; la lettre *e* est supprimée, c'est trop ; le *r*, pour les initiés, est de forme typographique, apparemment simplifiée ? Mais il est compliqué, étant formé de deux coups de plume au lieu d'un. La première hampe du *M* de *Monsieur*, réduite à la forme d'un bâton, n'est pas liée à la seconde ; le scripteur perd de ce côté ce qu'il avait gagné de l'autre ; il y a une troisième hampe bien inutile, petite complication choquante dans une écriture exagérément simplifiée ; le *s* est d'une forme très simple, mais sa surélévation s'oppose à la réduction des mouvements[1] ; la fin du mot comporte un *i* renversé suivi d'une courbe et d'un angle qui ont la prétention de représenter les lettres *eur*, abréviation et simplification audacieuses, très discutables parce qu'elles nuisent à la lisibilité.

Passons à la ligne 2 : le *J* de *Je* est trop grand ; son jambage est simplifié, mais il ne se relie pas à l'*e* qui est trop petit ; faire d'une lettre un point est excessif, surtout à côté d'une lettre de 26 mm ; le défaut de liaison fait ressortir la discordance, en même temps que l'arrêt brusque, inhibitoire, annule l'effet du *J* simplifié. La finale du mot *vous* donne lieu à une observation du même genre : l'*u* est séparé du *s* surélevé et finalement ponctué ; en face de cette inhibition, de l'agrandissement et du défaut de liaison, les simplifications n'ont plus aucune action. Le mot *remercie* est informe à cause de ses simplifications maladroites ; il est d'un tracé plus hésitant que rapide. Le mot *de* suggère les mêmes observations que *Je*. Le mot *l'obligeance* contient trois bonnes lettres simplifiées, mais sans grand résultat par suite du manque de liaison, etc.

Signalons cependant encore ligne 5, le mot *des* : la première lettre est bien simplifiée, la seconde est réduite à un trait, la troisième est très surélevée ; ce seul petit mot est juxtaposé, saccadé, discordant et, faute de liaison, ce tracé rapide en soi est effectivement très ralenti.

Dans toute cette page, le scripteur se heurte à de constantes

1. Les écritures petites, c'est-à-dire réduites, sont, par définition, plus favorables à la simplification que les grandes ; elles ne l'amorcent pas, seulement leur concours est actif.

inhibitions qui réduisent ses résultats à environ 160 lettres à la minute. On peut voir, dans les derniers mots de la ligne 10, que la tentative d'accélération qui se dessine produit du désordre.

Que le lecteur tente une analyse des belles écritures simplifiées des fig. 36 à 42 ; il n'aura pas de peine, s'il suit le texte avec

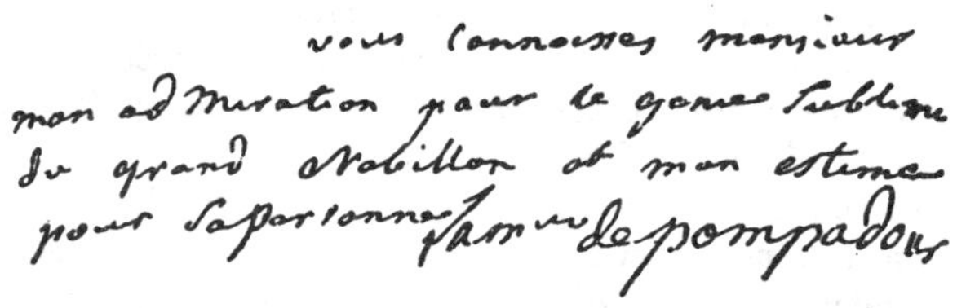
vous connoissez monsieur
mon admiration pour le genie sublime
du grand crebillon et mon estime
pour sa personne la m. de pompadour

Fig. 583. — Écriture de la marquise de Pompadour très sinueuse, petite, imprécise, saccadée, convexe, simple

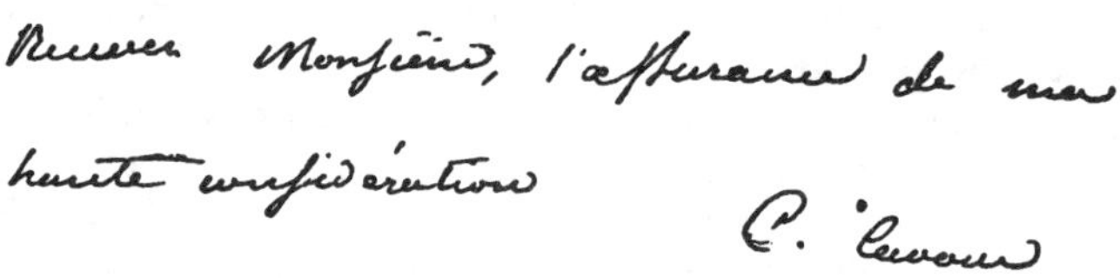
Recevez Monsieur, l'assurance de ma
haute considération
C. Cavour

Fig. 584. — Écriture de C. Cavour, sinueuse, simple, simplifiée basse, petite, saccadée, espacée, arrondie, rapide

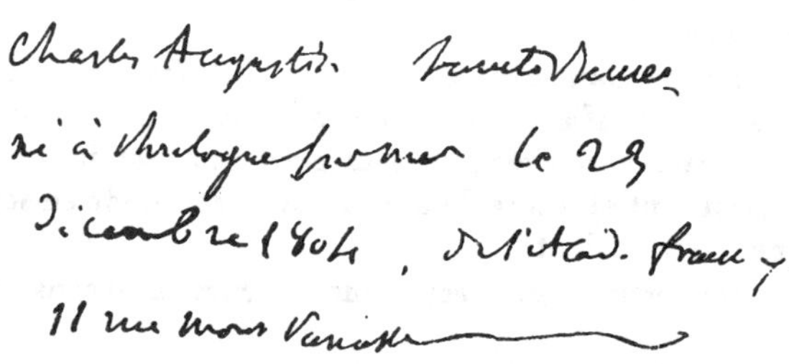
Charles Augustin Sainte Beuve
né à Boulogne sur mer le 23
décembre 1804, de l'Acad. franç.
11 rue mont Parnasse

Fig. 585. — Écriture de Sainte-Beuve, sinueuse, petite liée, espacée, saccadée, nourrie, rapide

une pointe mousse, comme s'il voulait le récrire, à se pénétrer des mouvements des scripteurs, de leur esprit, de leur rythme, de leur adresse, de leur activité. En agissant ainsi, ils substitueront aux affirmations risquées de l'empirisme, l'étude de la physiologie des mouvements et la recherche des causes, comme nous ne cessons de le recommander.

L'ÉCRITURE SINUEUSE *(Genre Direction)*

Synonyme : serpentine. — Autonyme : rectiligne

L'ondulation des lignes caractérise l'écriture sinueuse. Ses causes se rattachent toutes au relâchement dans la direction des mouvements et dérivent des émotions, de l'inquiétude, de l'inconsistance, de la faiblesse, parfois de la fatigue, *mais surtout de l'hésitation* sous toutes ses formes, parmi lesquelles le travail souple ou pénible de la pensée joue le plus beau rôle et le mensonge le plus fâcheux.

Rares sont les signes graphologiques aussi diversement motivés et se développant avec autant d'imprévu brusque dans des circonstances purement occasionnelles. La sauvegarde du graphologue est encore, et toujours, dans la confrontation de plusieurs documents. Mais cela ne suffirait pas si l'interprétation n'était pas orientée selon le milieu. Par exemple : la marquise de Pompadour a l'écriture toujours sinueuse (fig. 583), il ne s'agit donc pas là d'un accident. De plus, elle est petite et imprécise. La signification des trois indices concorde et permet de conclure à la souplesse et à la ruse.

Cavour (fig. 584), le grand ministre italien, a l'écriture sinueuse, petite et basse ; en même temps simple, simplifiée, espacée, rapide. Cette belle définition autorise à dire qu'il avait l'esprit souple, pénétrant, prudent. Et c'est le verdict de l'histoire.

Sainte-Beuve, dans la fig. 585, a l'écriture sinueuse. Mais la confrontation avec plusieurs autres documents confirme insuffisamment cette indication. Nous voyons donc dans notre exemple, qui est une fiche de renseignements, l'effet de l'insouciance et de la hâte, ce que semble indiquer plus particulièrement le trait final onduleux et lâché.

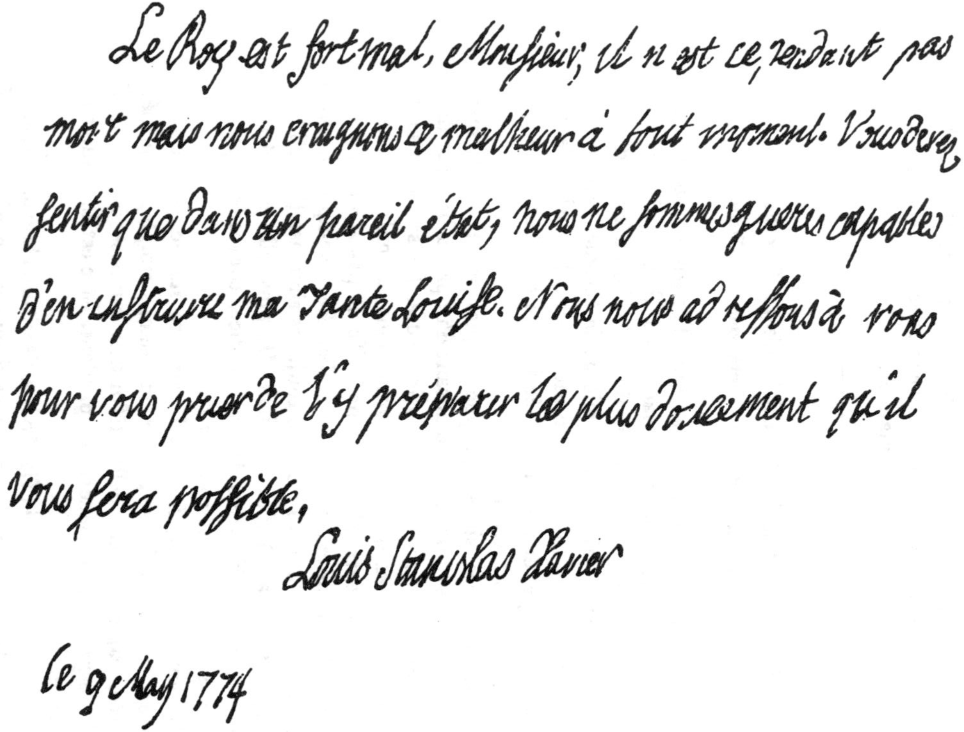

Le Roy est fort mal, Monsieur; il n'est cependant pas
mort mais nous craignons ce malheur à tout moment. Vous devez
sentir que dans un pareil état, nous ne sommes guères capables
d'en instruire ma Tante Louise. Nous nous adressons à vous
pour vous prier de l'y préparer le plus doucement qu'il
vous sera possible,

Louis Stanislas Xavier

Le 9 May 1774

Fig. 586. — Écriture du comte de Provence (Louis XVIII), très sinueuse serrée dans les lignes, espacée entre les lignes, anguleuse, étrécie grande, saccadée, simple, hésitante, lente

Le comte de Provence (fig. 586) a toujours l'écriture sinueuse et lente ; elle crie l'hésitation, la mesquinerie et l'inconsistance propice au mensonge. Sa vie n'est pas belle, remplie d'équivoques et de défaillances ; il serait facile d'illustrer par des faits les indications de la graphologie.

L'ÉCRITURE SOBRE *(Genre Dimension)*

Synonymes : modérée, contenue
Antonymes : mouvementée, amplifiée

Une écriture est sobre quand ses mouvements sont contenus dans des dimensions modérées.

C'est une des grandes Espèces qualitatives de la graphologie. Elle est le signe de la circonspection et de la mesure. La réserve de soi qu'elle confesse n'est pas entraînante, ses agréments sont sévères, mais c'est une haute qualité.

Associée aux traits harmonieux, elle exprime la maîtrise de soi, l'attention, la réflexion, la modération, la modestie.

Pour être moins efficace dans l'écriture des inférieurs, elle est cependant un élément de sagesse, de prudence, de bon sens.

La plupart des exagérations détruisent l'écriture sobre. Par exemple, une écriture très grande peut être contenue par ailleurs, retenue ou contrainte, mais elle n'est pas sobre. Il en est de même des disproportions notables qui reflètent toujours un côté excessif du caractère. Par exemple, le tracé de la fig. 582, quoique retenu et inhibé, n'est pas sobre ; il est trop dilaté en hauteur avec des saccades excessives.

L'écriture sobre a, pour les graphologues, un assez grave défaut qui tient à sa nature même : en réduisant les mouvements, elle limite le champ des observations. Il est aisé d'apprécier un être exubérant qui se raconte sans faire grâce d'un seul détail, tandis que l'homme réservé nous livre plutôt sa seconde nature, les particularités de son éducation et les apparences sous lesquelles il se complaît. Heureusement nous avons quelques bons moyens de contrôle : la diversité des documents et la signature qui, à elle seule, permet les plus fructueuses inductions[1].

1. Nous avons aussi la « Qualité du trait » et le « Milieu graphique ». Toutes les nuances ou particularités de l'écriture ont leur valeur. (A. L.)

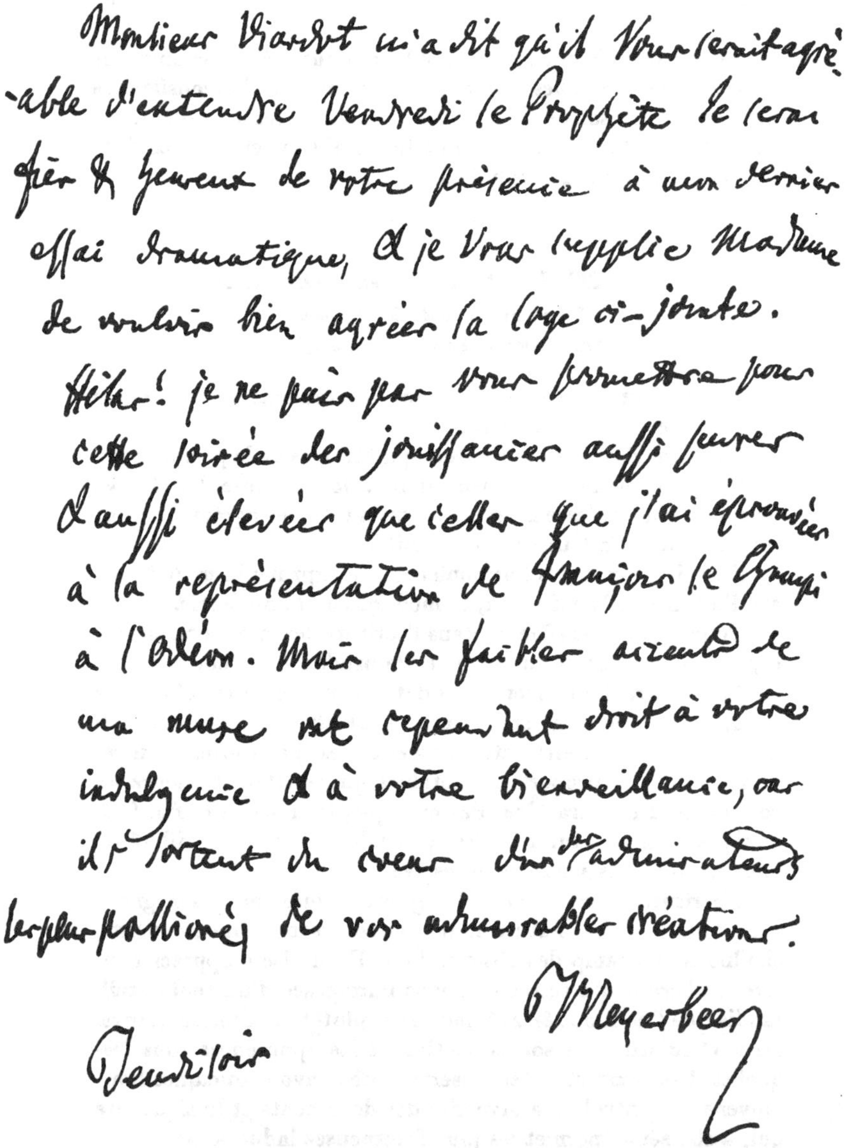
Monsieur Viardot m'a dit qu'il vous serait agré-
-able d'entendre Vendredi le Prophète. Je serai
fier & heureux de votre présence à mon dernier
essai dramatique, et je vous supplie Madame
de vouloir bien agréer la loge ci-jointe.

Hélas! je ne puis pas vous promettre pour
cette soirée des jouissances aussi pures
et aussi élevées que celles que j'ai éprouvées
à la représentation de François le Champi
à l'Odéon. Mais les faibles accents de
ma muse ont cependant droit à votre
indulgence et à votre bienveillance, car
ils sortent du cœur d'un des admirateurs
les plus passionnés de vos admirables créations.

Meyerbeer

Jeudi soir

Fig. 587. — **Écriture de Meyerbeer, sobre, nourrie, très inégale de direction et de dimension, saccadée, redressée, tourmentée, semi-anguleuse sinueuse, espacée, simplifiée, retouchée, groupée, accélérée**

L'écriture de Meyerbeer (fig. 587) est sobre dans un milieu tourmenté, saccadé, très inégal de direction et de dimension. Le grand musicien avait un robuste tempérament ; cependant, la maîtrise de lui-même était une victoire sur sa sensibilité profonde. La richesse de sa nature (écr. nourrie, semi-anguleuse, espacée, simplifiée, retouchée, groupée, accélérée) s'exprime par les qualités les plus solides, hautes et variées. On voit par là que l'écriture sobre peut dominer une vie intense et l'orienter vers la sagesse, et c'est considérable.

Voici (fig. 588) une écriture beaucoup plus paisible que la dernière ; elle est du poète allemand Klopstock ; en tête de ses dominantes, il convient de la préciser sobre, très calme et posée. Viennent ensuite les Espèces claire, simple, simplifiée, espacée, arrondie, très peu groupée. D'après cette définition, Klopstock avait un caractère élevé, très circonspect, de tout repos ; on distingue sans peine dans ces conclusions l'influence prépondérante de l'écriture sobre. Partout où elle est bien établie elle apaise, refrène, réagit ; chez Klopstock, elle refroidit.

L'ÉCRITURE SOIGNÉE *(Genre Ordonnance)*

Synonyme : appliquée. — Antonyme : négligée

L'écriture soignée ajoute à la correction calligraphique, qui assure la lisibilité, une application scrupuleuse étendue à tout ce qui concerne les écrits. Un soin minutieux ; un souci d'esthétique, c'est-à-dire un cadre de bon goût ; une disposition générale plus ou moins caractéristique, sans verser dans l'étrangeté ; la netteté du tracé ; la distinction des formes ; la surface utilisée ; la grandeur des marges et des interlignes ; le serrement ; le croisement des lignes ; les retouches de toutes sortes ; les soulignements ; la ponctuation ; l'orthographe, etc., tel est le domaine considérable de l'écriture soignée. Personne, à notre connaissance, n'a encore envisagé cette Espèce sous l'aspect synthétique. Arsène Aruss, en 1891, a parlé des enveloppes ; de Rochetal, en 1910, des marges, mais ces auteurs, en particularisant trop, ont fait une démonstration qu'ils ne cherchaient pas : celle de la puérilité des résultats quand on envi-

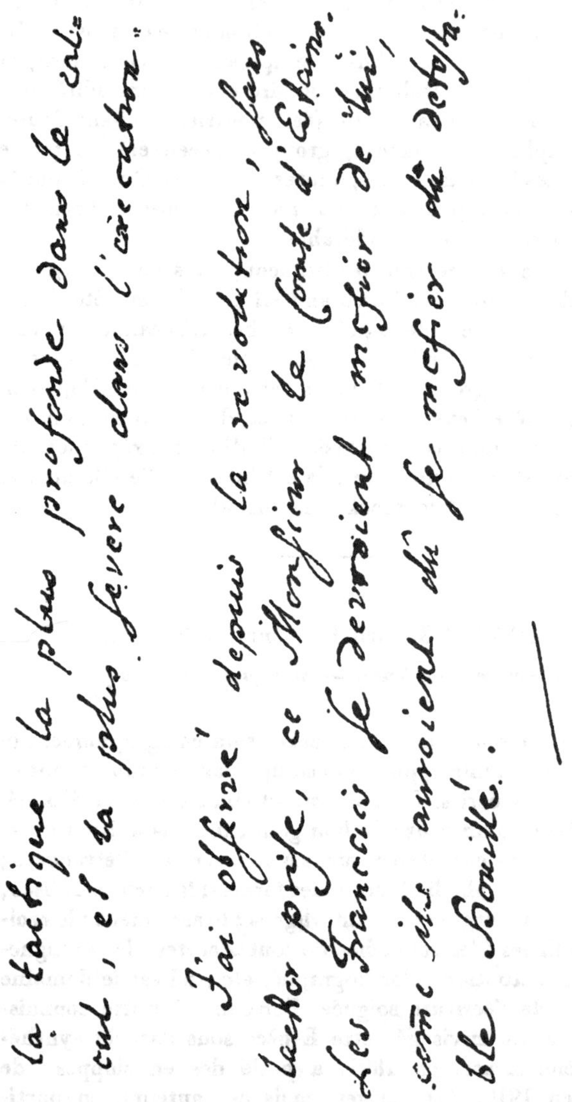

Fig. 588. — Écriture de Klopstock, sobre, irès calme et posée, claire simple, simplifiée, espacée, arrondie

sage les détails de l'écriture sans tenir compte de l'ensemble[1].

Il n'y a de graphologie sérieuse que celle qui procède des idées générales. Chaque signification doit être rapportée à sa cause et subir un redressement d'après l'influence du milieu. Tous les systèmes graphologiques fragmentaires conduisent à l'erreur s'ils ne sont pas le résultat d'une synthèse préalable. Le chapitre de la graphologie où il est le plus nécessaire de rappeler les principes d'une bonne interprétation, est précisément celui de l'écriture soignée, où le détail foisonne au point d'embrouiller le graphologue s'il le considère comme une entité indépendante. Il ne faut pas s'y tromper : l'interprétation d'un menu signe de l'écriture est tout ce qu'il y a de plus difficile. Aussitôt qu'on cherche à discerner le sens d'un détail, la méthode graphologique entière surgit et s'impose, sous peine d'erreur.

Il n'y a pas de dictionnaire des signes capable de se substituer au discernement du graphologue en donnant des solutions toutes prêtes à des problèmes dont le moindre défaut est d'être posés sous une forme fragile et variable. Dans les tracés réduits il y a souvent plus à négliger qu'à considérer ; seule la répétition des signes nous permet d'en tenir compte... si l'on réussit à les faire entrer dans le cadre d'une allure générale.

A vrai dire, l'étude si complexe et délicate de l'écriture soignée ne rencontre pas de grands obstacles pour les besoins restreints des études graphologiques courantes ; on a vite fait de différencier le soin de la négligence. Mais si l'on veut obtenir les ultimes révélations de l'ordre, les embarras commencent. Par exemple, la disposition des tracés semble n'avoir qu'une médiocre importance[2] : elle en a beaucoup dans l'écriture des aliénés ; elle en acquiert au plus haut degré quand on recourt à la graphologie pour la sélection des employés ou dans un but d'orientation professionnelle. Il y a là une utilisation féconde de la graphologie qui sollicite toute notre attention.

Sans entrer dans le détail fastidieux des signes de l'écriture soignée, qui nécessiterait une publication à part, les documents que nous possédons étant trop encombrants, voici les indications essentielles qui permettent aisément, à ceux de nos lec-

1. C'étaient, toutefois, des étapes utiles, qui ont aidé aux progrès de la Graphologie. Il nous est agréable de rendre à ces auteurs l'hommage qui leur est dû.

2. Cf. Rogues de FURSAC, Dr STRELETZKI, André LECERF, *loc. cit.*

teurs qui se sont pénétrés de notre méthode, d'apprécier le soin dans les écritures.

1° Les qualités de l'écriture calligraphique représentent le modèle rigoureux de l'ordre : nous en avons fait le point de départ de la graphologie. Toutefois, les qualités calligraphiques ne deviennent une réalité supérieure qu'à la condition de n'être pas une imitation servile et d'exprimer, par diverses modifications de mouvements, la personnalité du scripteur.

2° Les modifications apportées à l'écriture calligraphique, même avec un faible caractère de complication, de confusion, de grossièreté, paralysent les expressions supérieures du soin.

3° Toutes les exagérations sont opposées au soin ; cependant elles affectent cette qualité à des degrés infiniment variés. Par exemple, l'exagération des dimensions implique un déséquilibre moins grave que celle de la discordance des tracés, quoique la première soit plus apparente. Mais la dimension est une question d'amplitude, de leviers, d'extériorisation, dont l'importance n'est pas comparable à celle de l'inégalité des mouvements qui représente toute la gamme des sensibilités.

Autre exemple : l'exagération de la lenteur est déplorable puisque son résultat est négatif et produit le désordre par inertie ; cependant, les effets de la précipitation, de l'agitation, de l'emportement, sont beaucoup plus redoutables ; ils expriment parfois le plus haut degré du désordre.

4° L'écriture calligraphique, à elle seule, est insuffisante pour représenter les modes élevés de l'écriture soignée ; l'harmonie des mouvements s'accorde avec une foule de modifications au modèle ; la plus heureuse est la simplification des formes. Les espacements peuvent être augmentés, ou diminués, s'écartant ainsi des notions calligraphiques, mais elles acquièrent une noblesse, une élévation que la règle ne comporte pas, si le goût du beau inspire le scripteur.

5° La fantaisie sans art, qu'il s'agisse des formes ou des dispositions d'un écrit, est toujours l'indice d'un esprit désordonné.

C'est aussi une fantaisie sans art que d'écrire avec des encres et des papiers de couleur, ton sur ton, ou sur des papiers gaufrés qui déforment les lettres, ou encore avec des plumes qui produisent des tracés trop gras, boueux ou trop fins, microscopiques. Toute atteinte à la lisibilité est un manque de soin, un désordre.

6° Il ne faut pas accepter sans examen les allégations de l'homme qui accuse sa plume, son papier, son encre, des imperfections de ses écrits. Passe encore en voyage. Mais chez soi on a d'habitude la plume, le papier et l'encre qu'on a choisis.

7° La condensation des mouvements est plus féconde au point de vue de l'ordre et du soin que leur dilatation, parce que celle-ci tend à leur dispersion, c'est-à-dire au désordre. Il en résulte qu'à qualités égales (autant qu'on en peut juger), on préférera un employé à l'écriture petite ou serrée, à un autre à l'écriture grande ou très espacée.

8° Parmi les éléments de l'écriture, les signes de ponctuation, les accents, les barres du *t*, les soulignements, ont une importance capitale pour déceler le soin, parce que ce sont des tracés libres (par opposition aux tracés serfs, inéluctables, qui représentent la forme des lettres) ; on peut être lu sans eux[1]. Leur emploi judicieux représente donc un effort fréquent, sans équivoque, du désir de soigner son écriture. On pourrait peut-être le chiffrer légitimement, avec certaines précautions, en étant muni d'une documentation suffisante ; on prendrait pour base d'appréciation les fautes commises à propos de cent barres du *t* ou cent accents. A cet effet, les écritures occasionnellement rapides seraient inutilisables, parce que la suppression de tout ou partie des tracés libres est un moyen justifié de grande rapidité.

Dans tous les cas, l'usage correct et courant des signes de ponctuation, des accents, des barres du *t*, des soulignements, est un des témoignages graphologiques les plus sûrs du soin et de la clarté.

9° Dans le précieux document que représente l'enveloppe d'une lettre missive, il ne s'agit pas d'exprimer des sentiments affectueux : l'effort de l'expéditeur se concentre sur l'indication précise du nom et de la qualité du destinataire, de la rue, du numéro de sa maison, du nom de la ville qu'il habite, enfin du département ou du pays. Toutes les ressources de l'ordre trouvent ici le moyen de se déployer : précision des formes pour éviter les confusions de lettres ou de chiffres, emploi judicieux des majuscules, espacements convenables des lignes, ordre des indications, encadrement du texte, soulignements opportuns ;

1. Cf. *Les Éléments de l'écriture des canailles :* tracés serfs et tracés libres, p. 245.

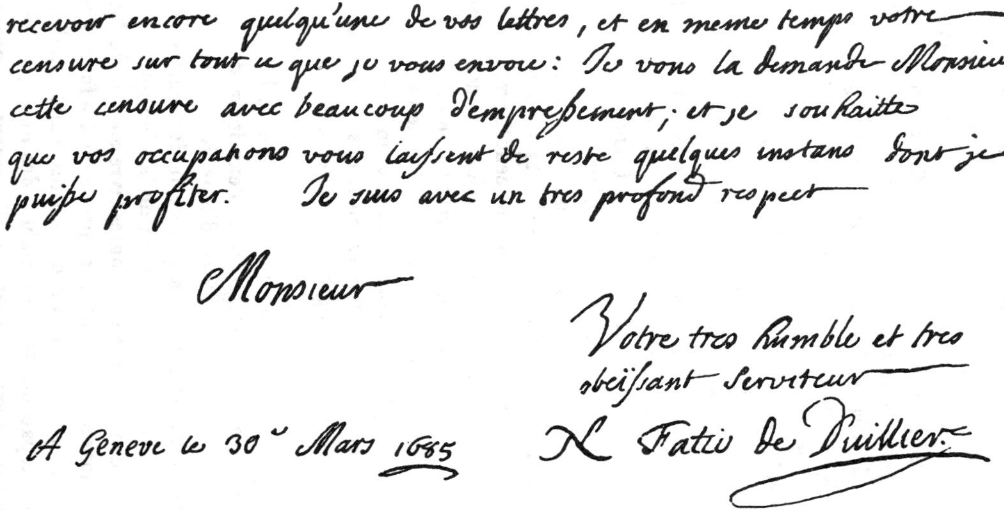
recevoir encore quelqu'une de vos lettres, et en meme temps votre censure sur tout ce que je vous envoie: Je vous la demande Monsieur cette censure avec beaucoup d'empressement; et je souhaitte que vos occupations vous laissent de reste quelques instans dont je puisse profiter. Je suis avec un tres profond respect

Monsieur

Votre tres humble et tres obeissant Serviteur

A Geneve le 30e Mars 1685

N. Fatio de Duillier.

Fig. 589. — Écriture soignée, ordonnée, très simple, harmonieuse, proportionnée (suite du texte de la fig. 576)

tout compte. Mais il y a une hiérarchie des signes ; qu'on se garde de confondre les valeurs. Considérons avant tout *la clarté, l'exactitude, le goût.* Le sens des menues différences de forme, de disposition, d'encadrement, etc., avec le modèle fourni par l'Administration des Postes n'a qu'une faible action sur les résultats d'un examen. Soyons soigneux, mais non vétilleux.

L'écriture de M. Bergson (fig. 231) est très soignée, d'une lisibilité parfaite, sans rien devoir à la calligraphie, avec des espacements harmonieux ; pas un accent n'est omis et ils sont à leur place.

L'arrangement et la lisibilité sont particulièrement louables dans l'écriture de Fatio de Duillier (fig. 589), mais il néglige assez souvent de mettre les points sur les *i*. Voilà comment on peut manquer de soin, tout en étant un homme d'ordre et de goût.

L'ÉCRITURE SOULIGNÉE *(Genre Ordonnance)*

Le soulignement a pour objet d'attirer l'attention du lecteur, de signaler, de préciser ou de faire valoir un texte.

Il y a plusieurs sortes de soulignement ; la plus habituelle consiste dans un trait sous le texte ; les enfants et les adultes puérils le disposent à l'aide d'une règle.

C'est aussi souligner un mot que de modifier la direction des lettres qui le composent en vue de former un contraste avec les mots voisins pour le mettre en relief ; les caractères imprimés en lettres italiques n'ont pas d'autre but.

L'agrandissement de l'écriture est encore un mode de soulignement ; il peut se borner à un mot, à la signature, ou s'étendre au texte entier. Par exemple, le commerçant qui affiche à sa porte un avis au public, en écriture très agrandie, fait du soulignement.

Les guillemets sont aptes à encadrer un texte pour le mettre en vedette ; ce n'est pas leur rôle grammatical, mais on le leur fait souvent jouer.

La répétition des points d'interrogation, ou d'exclamation, marque le renforcement de l'expression : c'est un soulignement.

Enfin, dans un écrit semé de mots tracés avec une ou plu-

Fig. 590. — Signature soulignée de Gilbert Romme épaisse, renforcée

Fig. 591. — Signature du grand poète François Malherbe soulignement par agrandissement du nom

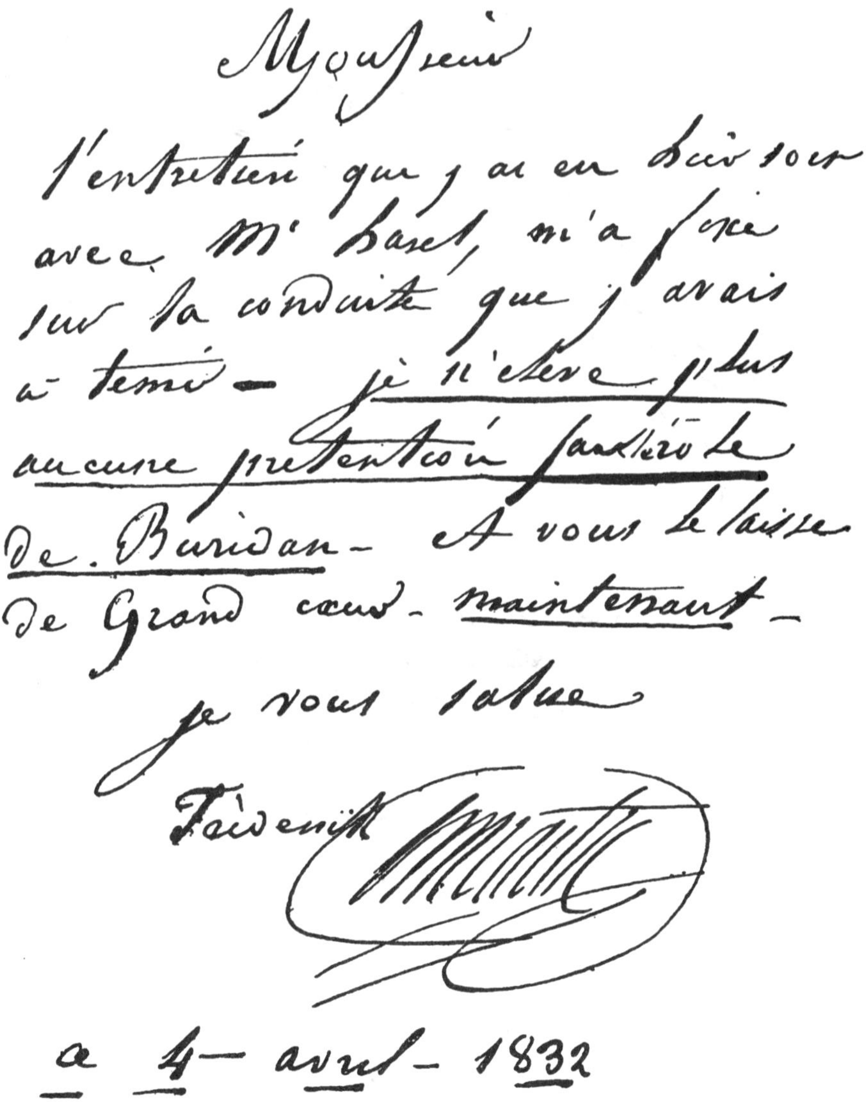

Monsieur

l'entretien que j'ai eu hier soir
avec Mr Harel, m'a fixé
sur la conduite que j'avais
à tenir — je n'élève plus
aucune prétention sur le rôle
de Buridan — je vous le laisse
de grand cœur — maintenant —
je vous salue

Frédérick

ce 4 avril 1832

Fig. 592. — Écriture de Frédérick Lemaître ; soulignements variés

Fig. 593. — Signature six fois soulignée de Michel de L'Hospital

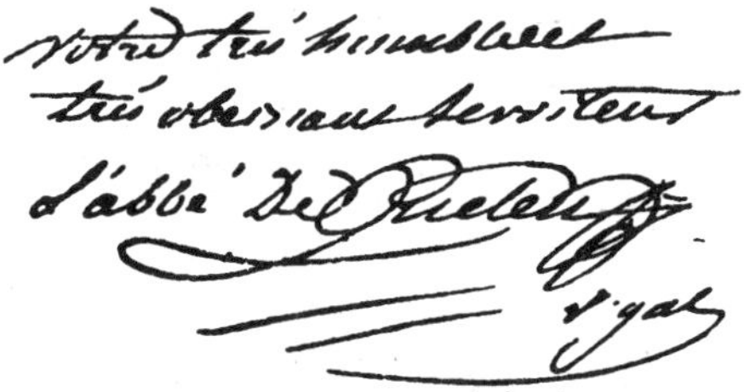

Fig. 594. — Signature de H. de Quélen archevêque de Paris

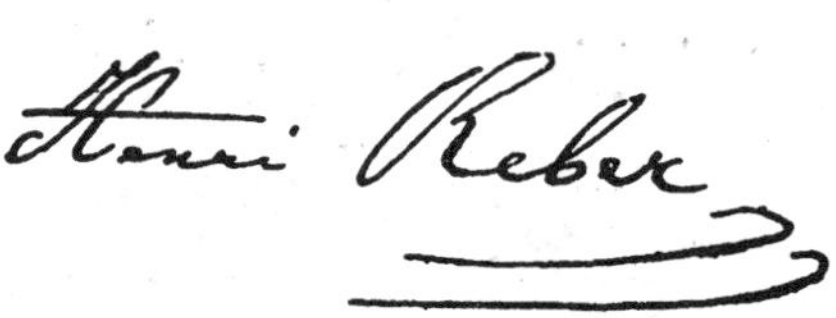

Fig. 595. — Signature doublement soulignée de H. Reber

sieurs sortes d'encres de couleur, nous voyons encore un mode de soulignement, qui n'est pas du meilleur goût.

Un soulignement au trait, *à propos*, apporte au texte de la vie, de la clarté, de la précision ; deux traits superposés révèlent de l'insistance ; un plus grand nombre de l'exaltation, de l'irritation, de l'emportement.

La fréquence des soulignements est un indice de véhémence ou d'excitation ; on l'observe chez les maniaques avec cette particularité que les mots sont manifestement soulignés au hasard.

La signature de Gilbert Romme (fig. 590), mathématicien et homme politique français, comporte un paraphe réduit à un soulignement épais, renforcé, qui reflète son assurance ; il s'impose en un mouvement violent.

Malherbe, l'illustre poète (fig. 591), souligne son nom en décuplant la dimension de ses lettres ; c'est-à-dire que tout son être tressaille d'orgueil et se dilate en écrivant son nom.

Dans le premier mot de la fig. 592, Frédérick Lemaître commence par un *M* à la finale anguleuse et procédant d'un geste impératif ; le *s* qui suit est violemment saccadé et surélevé. Le grand artiste était, à ce moment, de fort méchante humeur et il va le manifester encore par divers soulignements : le tiret épais de la 5e ligne ; les traits massués des lignes 5 à 8 ; ceux des quatre indications de la date. Ces accentuations sont expressives à un haut degré. Il met aussi son nom entre guillemets, après l'avoir souligné deux fois, selon son habitude.

Michel de L'Hospital, le grand homme d'État (fig. 593), souligne six fois sa signature avec des paraphes de 10 cm, terminés par des harpons. Il témoigne là d'une nervosité extraordinaire. C'est tout ce que l'on peut dire sur un document que nous n'avons pas contrôlé faute de pièces de comparaison.

L'abbé de Quélen, qui devint archevêque de Paris et membre de l'Académie française (fig. 594), ajoute à sa signature compliquée et deux fois paraphée, deux soulignements. Ces manifestations d'orgueil expliquent peut-être quelques-uns des déboires de sa vie publique.

Henri Reber (fig. 595), l'illustre compositeur de musique, souligne deux fois son nom en l'agrandissant par rapport au prénom et en le faisant suivre de deux traits terminés par un crochet : l'insistance de l'orgueil du nom que cela manifeste, gâte un peu ce que cette écriture a de noble.

Enfin, avec G. Garibaldi (fig. 596), le soulignement de la signature est intensifié par la ligne sinueuse ; c'est un aspect de l'amour-propre, avec une nuance de coquetterie.

Fig. 596. — Signature soulignée par un paraphe sinueux

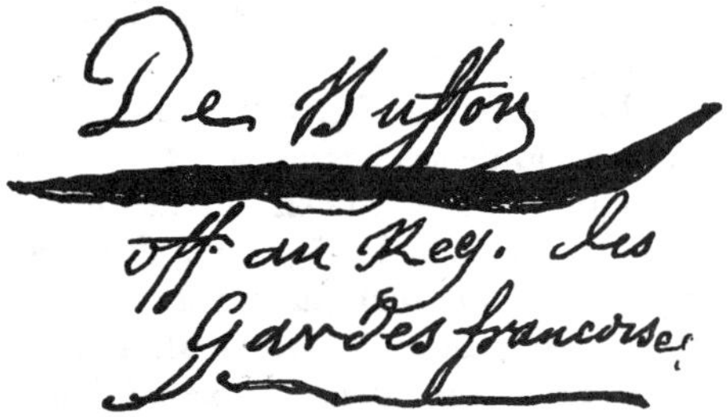

Fig. 597. — Signature du colonel de Buffon
avec deux paraphes se superposant

L'ÉCRITURE SPASMODIQUE *(Genre Pression)*

Dans des écritures modérément appuyées, souvent légères, on observe de subits épaississements ; nous en avons donné des exemples à propos des écritures fuselée, ponctuée, renflée. Nous proposons de rassembler ces diverses Espèces sous le titre de spasmodiques, qui précise leur cause.

Il y a de nombreuses catégories de spasmes ; celles qui nous intéressent ici se manifestent par des contractions musculaires consécutives à certains troubles fonctionnels des vaso-moteurs et des centres nerveux. Ils dérivent du grand sympathique qui commande, entre autres fonctions, à celles des organes de la vie végétative dont les mouvements appartiennent à la catégorie des réflexes inconscients. Cela confirme les interprétations de

gourmandise et de sensualité qui ont été données empiriquement aux tracés renflés ou fuselés.

Mais à côté de l'expression sensuelle, il y a le réflexe purement moteur et vigoureux qu'on observe chez les surexcités, sous la forme explosive, selon l'heureuse expression du Dr Paul Carton[1]. Il est relativement facile de distinguer les spasmes des sensuels des crispations nerveuses des volontaires, ces dernières s'exerçant de préférence sur les tracés libres : accents et barres du *t*.

Chez l'enfant, l'instinct sexuel est vague (la disposition physiologique manque) ; il est sous la dépendance des fonctions nutritives. Ses tracés renflés ne peuvent s'appliquer qu'à la gourmandise. Plus tard, l'instinct sexuel se développe et prédomine. Plus tard encore, la passion amoureuse, dont les éléments sont très complexes, prévaut, tout en englobant la gourmandise et l'instinct sexuel. C'est ici qu'intervient la question du milieu pour fixer le sens des signes graphologiques. Nombre d'adultes ne dépassent pas l'instinct et restent au seuil de l'amour, épris de perfection, qui nécessite un développement de l'être auquel les natures épaisses ne sauraient atteindre.

Mais à côté des gens brutaux, que les écritures grossières désignent, il y a les spasmodiques qui, à des degrés divers de développement intellectuel ou moral, sont affectés par des inclinations érotiques dont l'influence sur le caractère est considérable. Sans parler des manifestations intenses et répétées des tracés fuselés, on conçoit que leur constatation marquée même faiblement, dans l'écriture d'un jeune sujet, soit inquiétante. Mais il y a encore des spasmes d'une origine différente : ceux de l'écriture tordue, à laquelle nous consacrerons un chapitre.

Faut-il faire entrer la crampe des écrivains dans les spasmes, comme on le fait en médecine ? Nous ne le croyons pas : c'est une inhibition pathologique.

Les spasmes renflés et fuselés, dans l'écriture, ne sont pas soustraits à l'action de la volonté ; nous avons observé des scripteurs qui parvenaient à les supprimer, ou à les provoquer ; mais ils ne faisaient que supprimer, provoquer ou exagérer leurs fonctions. Par exemple : Eric Satie (fig. 113), dans l'écriture artificielle qu'il emploie habituellement, se sert des tracés ren-

1. *Conduite des tempéraments*, *loc. cit.*, p. 74.

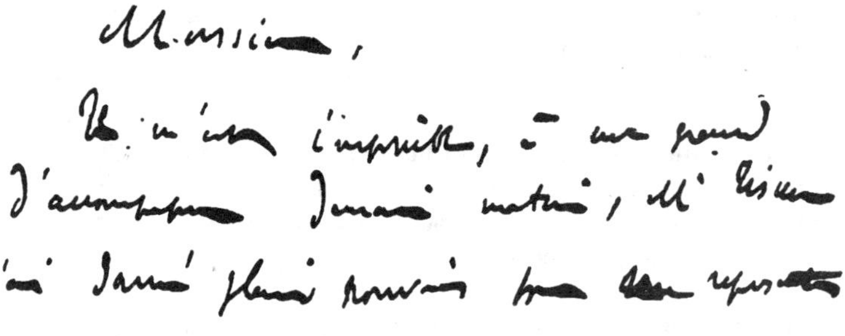

Fig. 598. — Écriture spasmodique, épaississements variés et rythmés

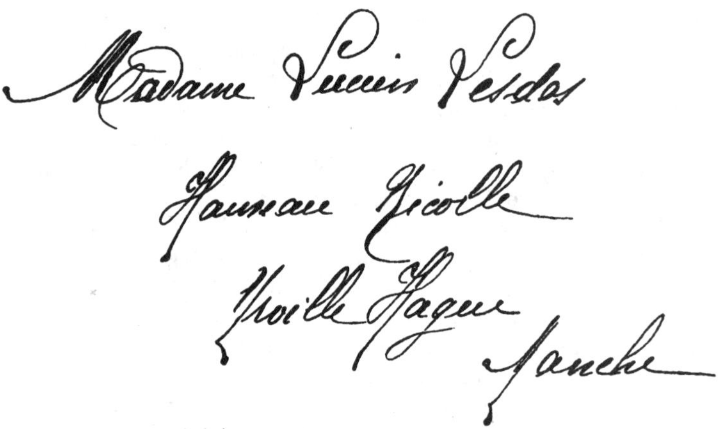

Fig. 599. — Écriture spasmodique, renflements, épaississements débuts ou finales des lettres lourdement ponctués

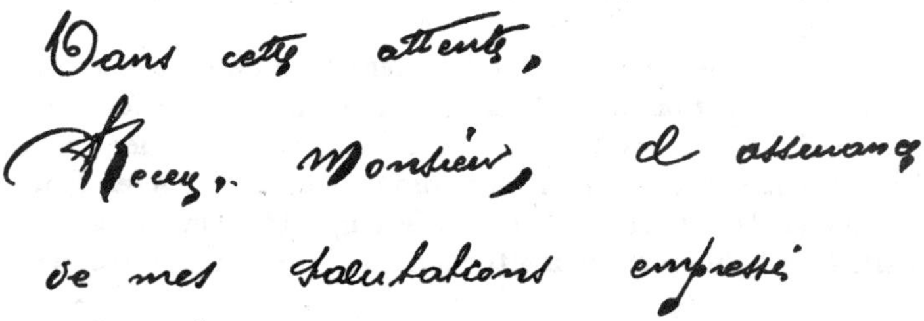

Fig. 600. — Écriture spasmodique, épaississements variés et rythmés

flés et fuselés ; toutefois, il ne les invente pas, ils rentrent dans ses moyens, dans sa physiologie ; il ne fait que les amplifier.

Ce que nous n'avons pas encore vu, c'est un individu non spasmodique créer de toutes pièces, dans une écriture courante, un tracé fuselé et rythmé. Comme nous interrogions une jeune femme au sujet de son écriture, tantôt fuselée, tantôt cylindrique,

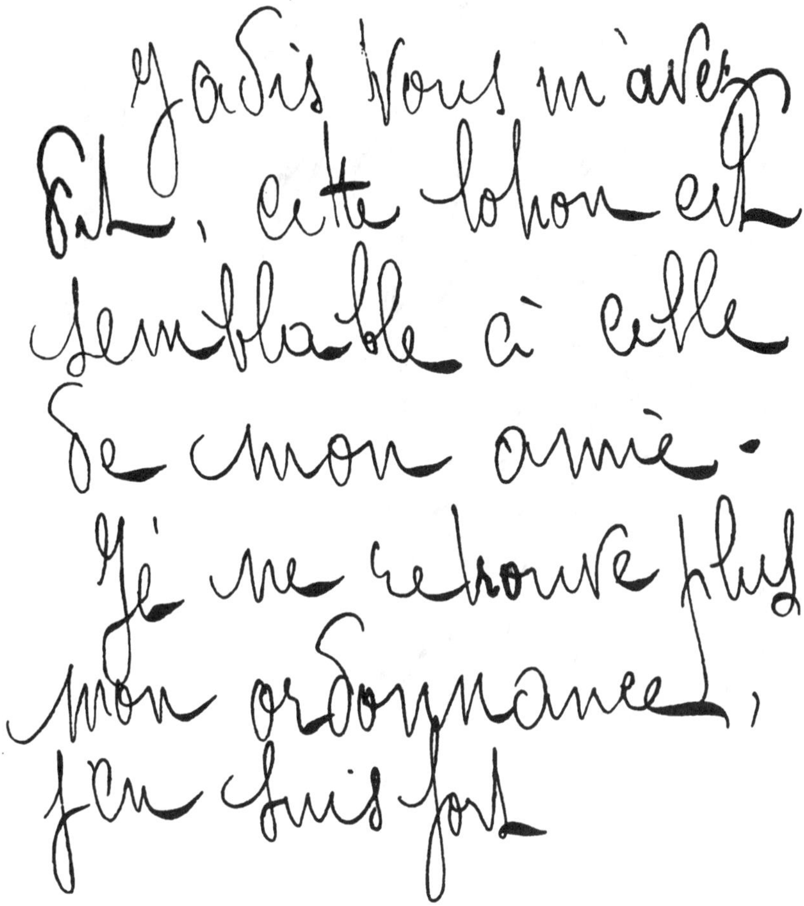

Fig. 601. — Écriture spasmodique, renflements et fuseaux épais

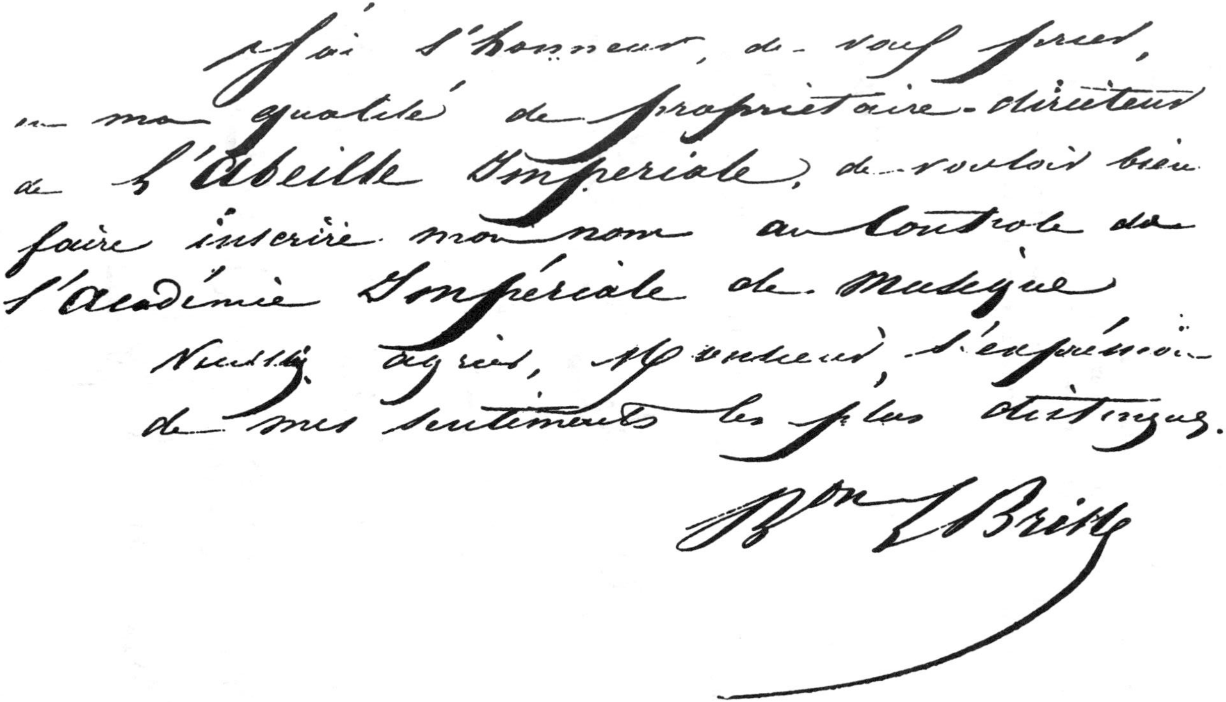
J'ai l'honneur de vous prier,
en ma qualité de propriétaire-directeur
de l'Abeille Impériale, de vouloir bien
faire inscrire mon nom au contrôle de
l'Académie Impériale de Musique.
Veuillez agréer, Monsieur, l'expression
de mes sentiments les plus distingués.
Bon L. Brisse

Fig. 602. — Écriture du baron Brisse, gastronome, spasmodique, renflée rythmée, en coup de sabre

elle nous fit cette confidence : « Mes deux écritures sont également sincères, mais elles sont tracées dans des conditions physiologiques différentes. »

Autre observation : Mlle X. avait une écriture tellement fuselée que les graphologues la recherchaient comme une grande curiosité. Après son mariage, tout fuselage disparut ; cependant elle a conservé la faculté de réveiller le mouvement spasmodique dans des écrits de commande. Tempérament calmé n'est pas mort.

Dans la fig. 598, le lecteur verra d'un coup d'œil les épaississements variés et périodiquement répétés de la contraction musculaire. La forme fuselée semble représenter le développement complet de cette contraction. Ici, elle se produit à la fin des mots ; dans la fig. 599, elle existe tantôt au début, tantôt à la fin, même épisodiquement comme dans la première hampe des deux *H*.

Les contractions, dans la fig. 600, sont encore variées et rythmées ; elles affectent la ponctuation, indice du réflexe brutal des surexcités.

Dans ses grandes formes, l'écriture spasmodique est toujours bien rythmée ; la fig. 601 en est un très bel exemple et montre le passage du tracé renflé au tracé fuselé. Il se peut qu'il n'y ait entre les deux manifestations qu'une différence d'intensité ; mais il est notable que le baron Brisse (fig. 602), gastronome célèbre, n'a jamais passé pour être autre chose qu'un grand gourmand.

On trouvera dans nos exemples un certain nombre d'écritures spasmodiques ; en voici la liste : fig. 128, excellent exemple ; fig. 130, ponctuée ; fig. 131, renflements ; fig. 142, spasmes d'origine cardiaque ; fig. 162, fuselages ; fig. 163, forme ponctuée inconstante ; fig. 176, formes frustes dans une écriture très vulgaire ; fig. 221, formes grossières ; fig. 222, formes frustes et rythmées ; fig. 225, formes légères ; fig. 295, magnifique exemple de fuselage ; fig. 359, formes épaisses à spasmes larvés ; fig. 360, formes ponctuées et massuées ; fig. 414, spasmes séniles ; fig. 452, spasmes séniles ; fig. 465, spasmes séniles ; fig. 476, spasmes puérils ; fig. 482, spasmes ponctués ; fig. 483, spasmes ponctués ; fig. 498, spasmes ponctués ; fig. 499, spasmes épisodiques ; fig. 532, très bel exemple de renflements et de fuseaux.

Fig. 603 — Écriture en spirale

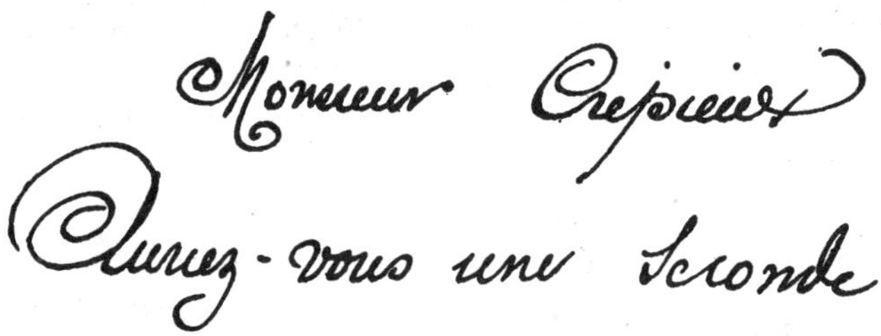

Fig. 604. — Écriture en spirale, inhibée, ponctuée

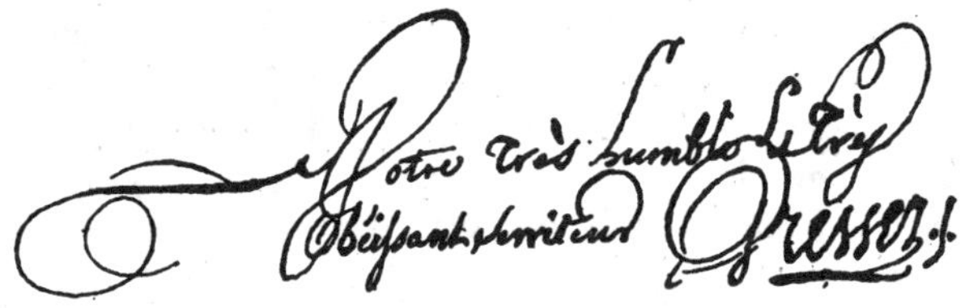

Fig. 605. — Écriture en spirale de Gresset, ornée, recherchée compliquée, surélevée, gonflée, lancée, ondulée

Fig. 606. — Signature en spirale de Saint-Hilaire compliquée, étalée, renflée

L'ÉCRITURE EN SPIRALE *(Genre Forme)*

Une spirale est une courbe qui fait plusieurs tours en partant d'un point dont elle s'écarte de plus en plus.

La spirale, dans l'écriture, aux enroulements toujours imparfaits, représente une complication, une fioriture ; elle dit la vanité.

La fig. 603, aux spirales multiples, grande, très mouvementée, provient d'une vieille fille exaltée, exagérée, qui s'admire ; elle est enfantine, d'une vanité ridicule. L'auteur de la fig. 604 est plus calme, ses mouvements centripètes expriment une certaine complaisance en soi ; le *A* est gonflé, l'égoïsme domine. Au reste, l'orgueil et l'égoïsme ont la même origine psychologique, mais pas toujours les mêmes expressions.

On est étonné en voyant (fig. 605) l'écriture de Gresset, le charmant auteur de *Vert-Vert*, aussi dépourvue de simplicité. Elle est en spirale, ornée, recherchée, compliquée, surélevée, gonflée, lancée, ondulée. Mais il faut se souvenir que les courbes légères, lancées et ondulées, représentent la souplesse d'esprit, la gaîté, l'enjouement. Cette interprétation, due à M. Eugène Schwiedland, de Vienne, qui nous l'avait transmise en 1885, pour notre *Traité pratique*, s'applique heureusement au malicieux poète. Le cas de Marco de Saint-Hilaire (fig. 606) est à peu près du même genre, avec plus d'affectation, d'étalement, de lourdeur : Gresset est comique, Saint-Hilaire est extravagant.

L'ÉCRITURE SPONTANÉE *(Genre Vitesse)*

Synonymes : libre, naturelle

Antonymes : contrainte, compliquée

Une écriture tracée dans un mouvement de complète sincérité est spontanée.

Une certaine activité et simplicité président aux mouvements spontanés, avec une tendance aux expressions progressives et dilatées. Toutefois, la vitesse de l'écriture sincère n'est pas nécessairement très grande ; elle est en rapport avec le rythme de la personnalité ; il suffit qu'elle soit affranchie de

toute contrainte. Les écritures très rapides disent plutôt la hâte que la spontanéité.

Les modes d'expression de l'écriture spontanée changent selon les tempéraments ; les sanguins, prompts à s'emballer, emploient l'espèce d'écriture que nous avons appelée lancée ; les nerveux ont l'écriture plus montante, plus inégale ou agitée que d'habitude ; les bilieux accélèrent leurs mouvements ; les lymphatiques glissent quelques inégalités dans leurs tracés monotones et les agrandissent. Mais il y a mille degrés et combinaisons.

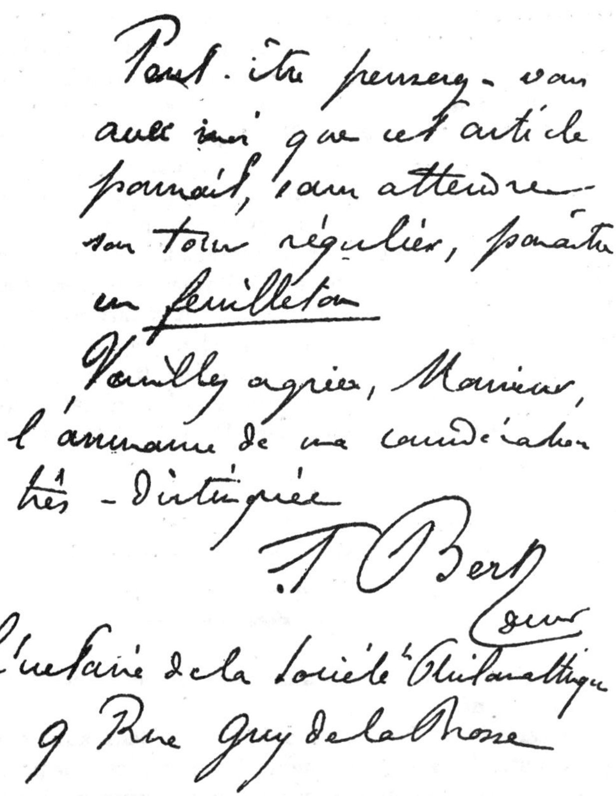
Peut-être penserez-vous avec moi que cet article pourrait, sans attendre son tour régulier, paraître en feuilleton.
Veuillez agréer, Monsieur, l'assurance de ma considération très-distinguée
P. Bert
Le Secrétaire de la Société Philomathique
9 Rue Guy de la Brosse

Fig. 607. — Écriture de Paul Bert, spontanée, accélérée simple, simplifiée, claire, centrifuge, ordonnée, harmonieuse

La spontanéité est belle par sa sincérité et par la confiance qu'elle témoigne en autrui, mais elle est quelquefois dangereuse par son manque de retenue ou d'à-propos. Aussi sa vertu la plus parfaite se trouve-t-elle dans les modes occasionnels, comme soulignement d'une émotion sincère, ce que l'on constate à la vitesse accrue, et à l'augmentation, si c'est possible, des tracés simples, progressifs, dilatés. On s'écarte des gens trop remuants

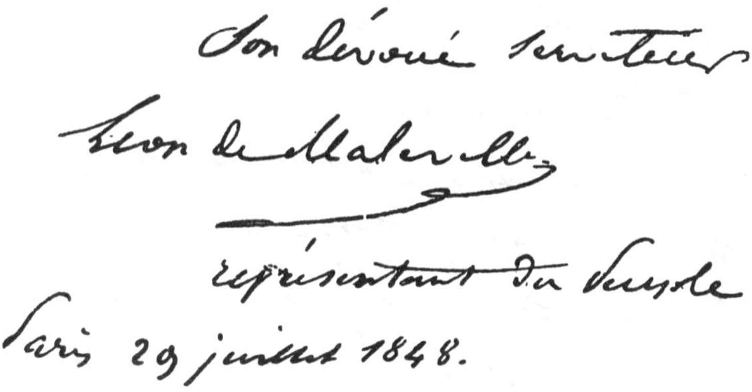

Fig. 608. — Écriture de Léon de Maleville, spontanée accélérée, lancée, étalée, simple

qui ne répriment pas leurs impulsions ; ce sont des étourdis, des bavards insupportables et compromettants ; leur spontanéité n'est que sottise.

On a vu, à propos de l'écriture lancée, ce qu'il faut penser des manifestations excessives ou continues de la spontanéité, et dans l'écriture aisée combien elle ennoblit le caractère et lui communique de charme lorsqu'elle est tempérée, c'est-à-dire mise à l'abri des grandes imprudences par une modeste circonspection.

L'écriture de Paul Bert (fig. 607) est accélérée, simple, simplifiée, claire, centrifuge, ordonnée, harmonieuse, d'une indiscutable et louable spontanéité. Léon de Maleville (fig. 608), avec plus de fougue, nous offre encore l'image de la sincérité raisonnable. Mais avec Louise Colet (fig. 609), quelques réserves

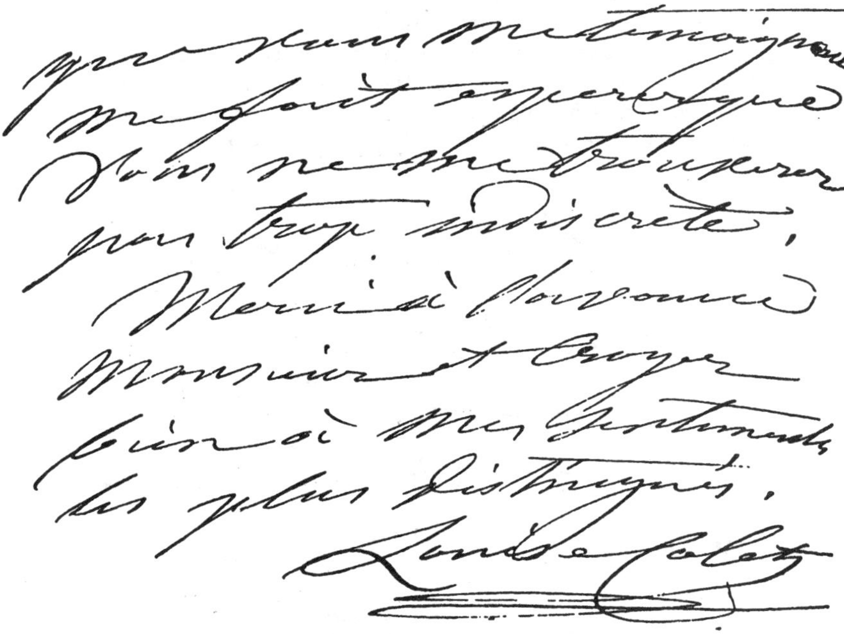

que vous me témoignez
me fait espérer que
vous ne me trouverez
pas trop indiscrète,
Merci à l'avance
Monsieur et croyez
bien à mes sentiments
les plus distingués.
Louise Colet

Fig. 609. — Écriture de Louise Colet, spontanée, lancée emportée, liée, rapide, inclinée de 30 à 35°, saccadée, surélevée aux jambages prolongés, semi-anguleuse, montante

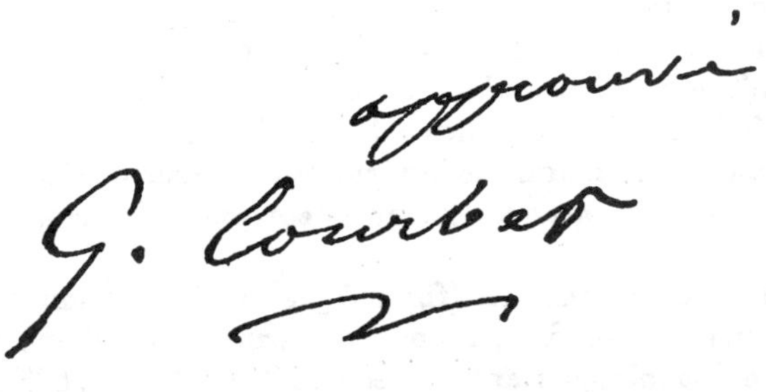

approuvé
G. Courbet

Fig. 610. — Écriture de Courbet, très spontanée, lancée montante, simple, simplifiée, centrifuge

s'imposent : la spontanéité de son écrit est dominée par la véhémence, la passion, l'emportement. Voilà une qualité bien ternie.

Le peintre Gustave Courbet (fig. 610) a l'écriture lancée, montante, simple, simplifiée, centrifuge. Sa vie est encore un exemple du danger d'une trop vive spontanéité ; quelques emballements l'ont perdu. Il ne suffit pas d'avoir une nature généreuse, le discernement nécessaire à l'action bienfaisante ne s'obtient pas sans modération.

L'ÉCRITURE STABLE *(Genre Continuité)*

Synonymes : égale à elle-même, consistante

Antonymes : instable, polymorphe

Une écriture est relativement et pratiquement stable quand une solide systématisation la met à l'abri des changements profonds déterminés par des causes médiocres.

S'il est vrai qu'aucune écriture n'est tout à fait stable, on en découvre de très instables, au point de mériter leur classement dans un dossier pathologique, et d'autres, à l'extrême opposé, monotones et stéréotypées, écritures mortes qui ne valent pas mieux ; entre les deux, c'est la vie normale qui se manifeste avec plus ou moins de puissance, de continuité, de mesure. Parmi cette dernière catégorie d'écritures, il en est de consistantes, de logiquement établies, que l'on peut appeler stables, par opposition à celles dont la variabilité déroute l'observateur.

La règle d'une bonne documentation en vue d'une étude graphologique, est de posséder au moins une lettre missive signée, avec son enveloppe, parce que cela comporte trois attitudes qui se contrôlent. Il est néanmoins de la plus haute importance, avant de commencer une analyse, de se rendre compte de la valeur de cette documentation qui peut être excellente si l'écriture est bien systématisée (c'est-à-dire relativement stable), ou très insuffisante si ses dominantes sont faibles ou contradictoires.

Mettre en relief un nouveau procédé synthétique d'appréciation des documents, dans lequel la prépondérance de la qualité sur la quantité sert de règle, voilà l'objet principal de ce petit chapitre.

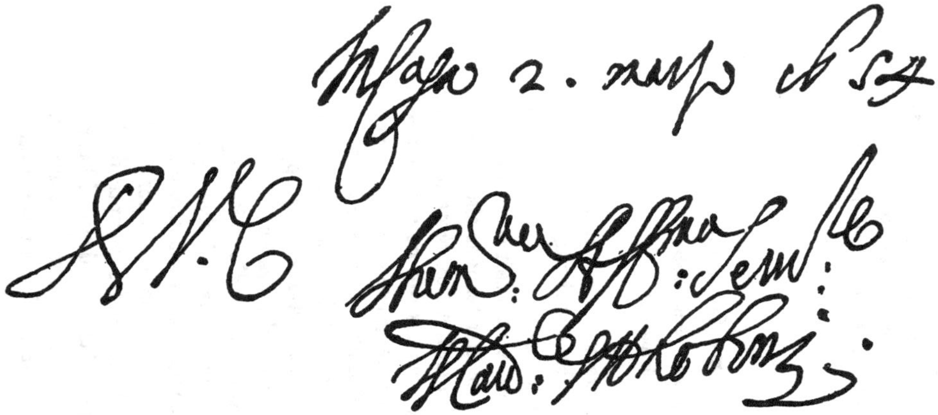

Fig. 611. — Écriture du pape Alexandre VIII, stable fortement systématisée, très mouvementée et liée avec de constantes inégalités de direction et de dimension 3 à 5 mm, combinée, rapide, dégagée, résolue, nourrie

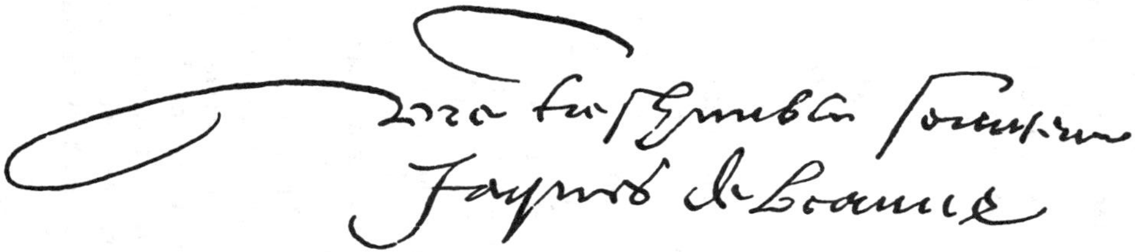

Fig. 612. — Écriture de Jacques de Beaune, stable élégamment systématisée, distinguée, mouvementée simple, simplifiée, rapide, inégale de direction et de dimension

En poussant à fond l'argument de l'instabilité du graphisme, on arrive à cette conclusion que les appréciations du graphologue sur une page d'écriture ne valent que pour déterminer le caractère au moment précis où cette page a été écrite. C'est une idée salutaire, mais qui stériliserait les applications de la graphologie si elle n'était pas amendée par cette autre, que les traits fondamentaux de l'écriture des gens qui ont un caractère bien défini, sont très rarement altérés par des causes occasionnelles

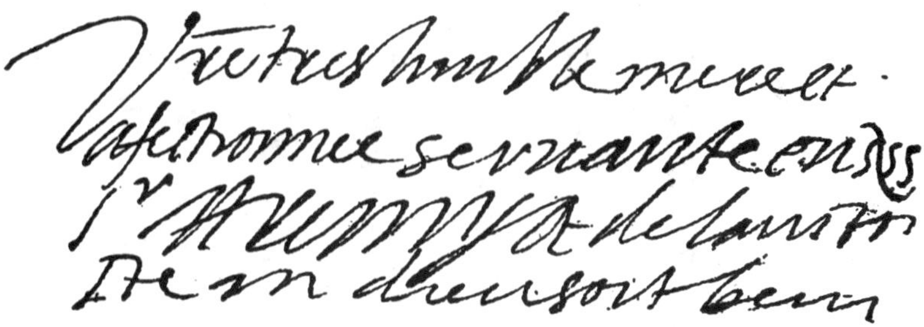

Fig. 613. — Écriture de sainte Chantal, stable, fortement systématisée grande et très inégale de dimension, 2 à 6 mm, serrée liée, simple, simplifiée, inclinée, semi-anguleuse, progressive

au point de défigurer leur manière d'être habituelle. A travers les lustres et même les dizaines d'années, les allures générales de leur écriture sont sensiblement les mêmes. Observez un amateur d'autographes tant soit peu expérimenté, encore mieux un Charavay ou un Bonnet ; ils n'ont pas besoin de chercher la signature afin d'identifier une pièce ; qu'un billet de Louis Pasteur (fig. 456) soit de 1845 ou de 1895, il leur suffit d'en voir quelques lignes pour nommer son auteur. Et cependant Pasteur était un nerveux, un émotif, mais son écriture était stable parce que les caractéristiques fondamentales de son caractère, elles aussi, étaient stables.

L'identification de l'écriture des personnages dont le caractère est tout d'une pièce, est encore plus rapide et à la portée du plus humble observateur. Par exemple, sur une page du Grand Condé (fig. 140), sans souci de la date, personne n'hésitera.

L'écriture du pape Alexandre VIII (fig. 611) n'est pas non

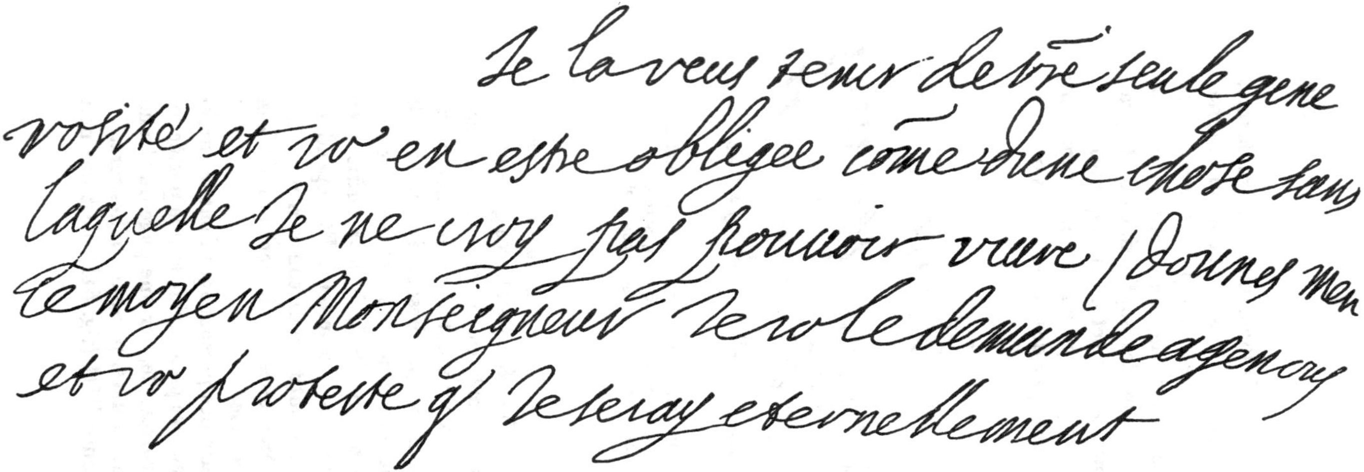

Fig. 614. — Écriture de la comtesse Maure, brillamment systématisée, stable, très harmonieuse, distinguée, élégante aisée, simple, légère, arrondie, liée, avec de nombreuses et petites inégalités de direction et de dimension

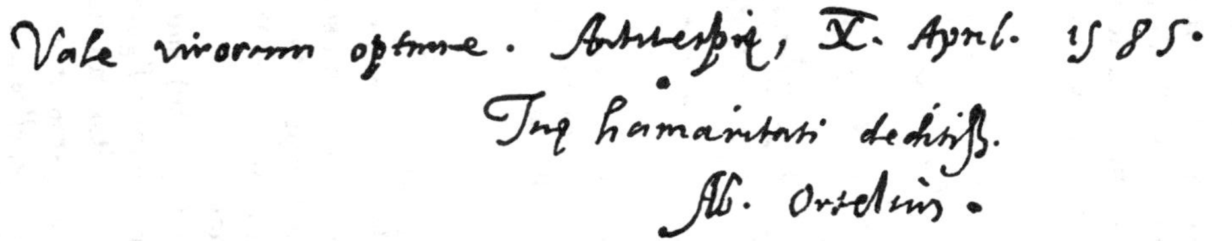

Fig. 615. — Écriture bien systématisée, stable, harmonieuse, petite, sobre, retenue posée, simple, simplifiée, espacée, groupée, ordonnée, d'Abraham Orselin

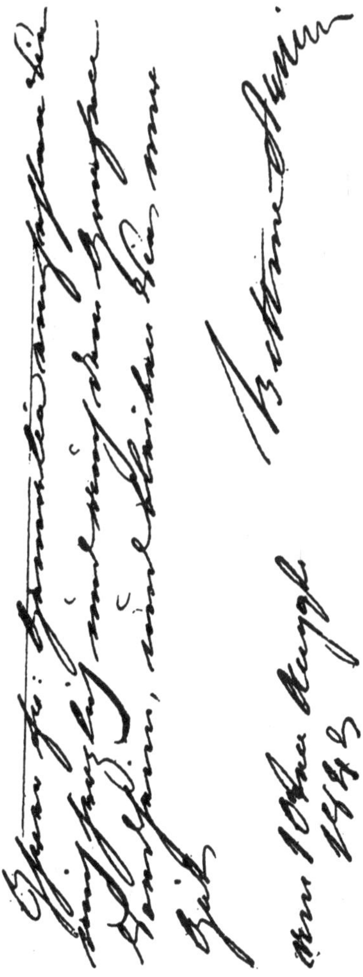

Fig. 616. — Écriture systématisée de Bettina Armim, proportionnée, imprécise, inclinée accélérée, mouvementée, **serrée**, cylindrique, pochée, **rigide**, **surélevée**

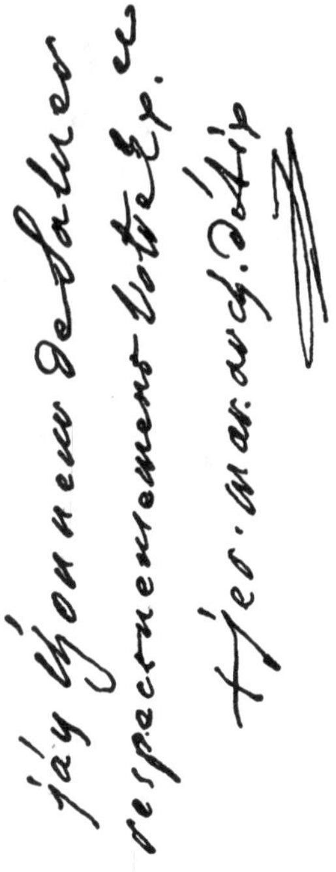

Fig. 617. — **Écriture bien systématisée** de Champion de Cicé **simple, simplifiée, claire, tour à tour retenue, posée ou sautillante petites et nombreuses inégalités de dimension et de continuité**

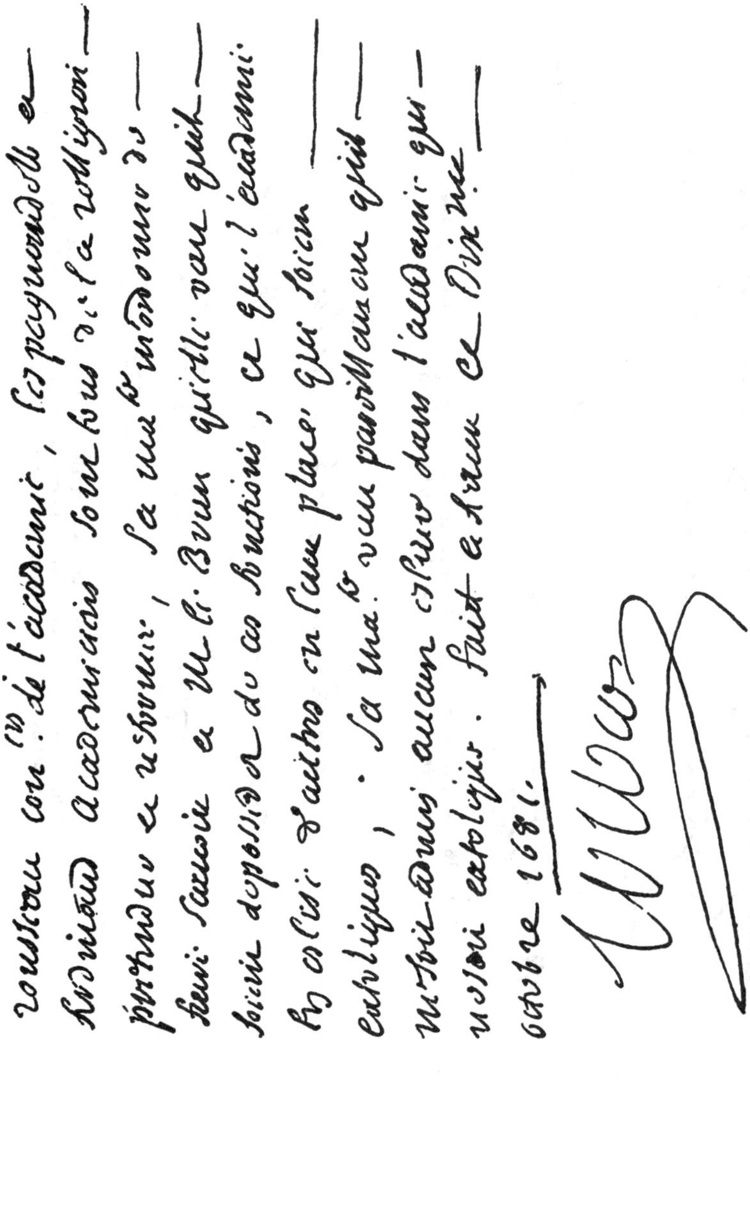

Fig. 618. — Écriture fortement systématisée de Colbert, le grand ministre de Louis XIV très sobre, posée, retenue, jointoyée, ordonnée, simple, simplifiée, inutilement ponctuée nombreuses inégalités de dimension, de direction et de continuité

plus facile à confondre avec d'autres ; elle est stable parce que fortement systématisée ; ses variations ne sauraient entamer son originalité.

Le surintendant Jacques de Beaune (fig. 612) a une manière d'écrire si personnelle qu'on la reconnaîtrait entre mille ; elle est stable par sa distinction, son mouvement élégant, sa rare simplicité ; ces qualités-là ne doivent jamais le quitter.

Sainte Chantal (fig. 613), avec son écriture serrée, inégale de dimension, de 2 à 6 mm, liée, simple, simplifiée, inclinée, semi-anguleuse, progressive, fait grande figure.

La page que nous donnons (fig. 614) de la comtesse Maure, l'amie de Pierre de Médicis, est un modèle de systématisation brillante. On peut bannir toute crainte de rencontrer jamais un de ses écrits où sa distinction l'ait abandonnée.

Le savant géographe Abraham Orselin, du XVIe siècle (fig. 615), a une écriture riche et très individualisée, en quoi elle est stable avec ses hautes qualités.

Bettina Arnim, la femme du poète von Arnim, l'ami de Gœthe, a une écriture difficile à oublier (fig. 616) ; elle est caractéristique par son mouvement passionné, rigide et serré. Ses qualités sont trop fortement agencées pour n'être pas stables.

L'écriture de l'archevêque d'Aix, Champion de Cicé (fig. 617), tout en étant nuancée par de délicates inégalités, est stable par sa simplicité, sa clarté, sa retenue.

Enfin, voici (fig. 618) l'écriture fortement systématisée de Colbert. Tout se tient et s'accorde rigoureusement dans ce tracé très sobre, posé, retenu, jointoyé, clair, ordonné, simple, simplifié et nuancé. Il n'y a là aucune place pour la dissipation, non plus que pour la grâce. Il ne cherche pas à plaire, mais à servir. Ses actions sont froides et calculées ; son discernement s'alimente à la circonspection et à la méfiance ; sa conduite est claire, il est sûr.

L'ÉCRITURE SURÉLEVÉE *(Genre Dimension)*

Synonyme : surhaussée. — Antonymes : basse, diminuée

L'écriture surélevée est celle qui accroît dans le sens de la hauteur les proportions calligraphiques des lettres à l'aide

1. Cf. *Les Éléments*, monographie de l'écriture surélevée, p. 155 et suiv.

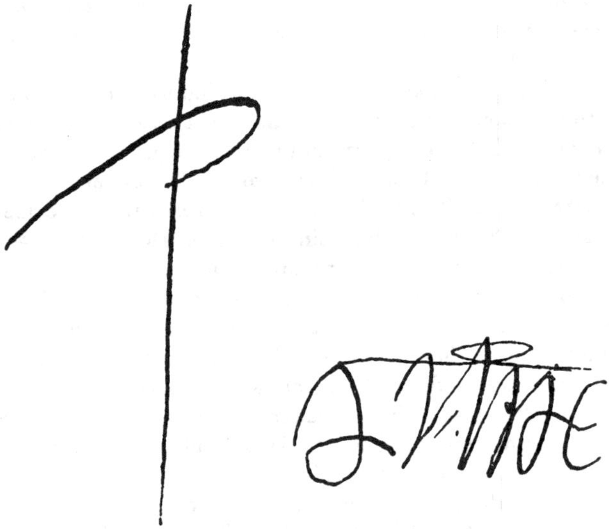

Fig. 619. — Signature très surélevée de Philibert le Beau

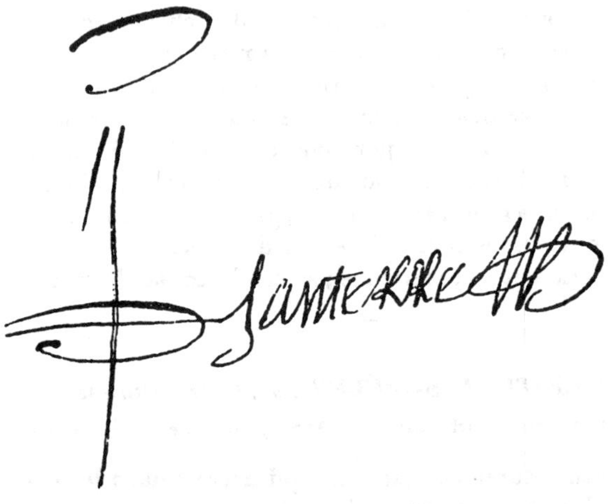

Fig. 620. — Signature de J.-B. Santerre
illustre peintre français d'histoire et de portraits, très surélevée

d'exhaussements ou de prolongements. Le soulignement de la signature, la signature plus haute que le texte, le paraphe placé au-dessus du nom, la barre du *t* au-dessus de la lettre, sont aussi des modes de surélévation.

Les lettres de l'alphabet se prêtent inégalement à la surélévation parce que l'effort qu'elle exige est plus ou moins favorisé par leur forme. C'est ainsi que les lettres extérieures (à hampes ou à jambages), dont le tracé amorce l'exhaussement, fournissent de meilleures occasions de surélévation que les lettres intérieures dont la faible étendue ne permet pas le lancement. Si la lettre *s* minuscule fait une remarquable exception, c'est précisément parce que son trait de départ se prête à une surélévation. Pour les *o* et les *a*, la fréquence de leur surélévation s'explique par l'effort très réduit nécessaire à leur amplification ; ils enregistrent, comme le *s*, les plus faibles manifestations de cette espèce de mouvement.

On sera parfois embarrassé pour déterminer si une forme plus ou moins étendue, ou anguleuse, est surélevée. Mais l'important, ici, n'est pas la décomposition des traits, c'est leur position réciproque, c'est le fait de surmonter, de dominer, d'être plus haut, et aussi d'être plus grand, par le prolongement des hampes *ou des jambages sans boucles*, ceux avec boucles provenant d'une autre cause. (Voir l'Espèce prolongée.)

Est-ce qu'un homme n'est pas aussi bien exhaussé par des échasses que par un haut couvre-chef ?

L'écriture surélevée marque le degré de l'amour-propre avec une précision saisissante. C'est le signe qualitatif de l'orgueil, sa manifestation fondamentale ; il trouve des occasions incessantes de s'inscrire. La surélévation se combine d'ailleurs couramment avec les autres aspects graphologiques de l'orgueil, les écritures ornée, arquée, gonflée, montante et étalée, elle les contrôle tous.

La signature de Philibert le Beau (fig. 619), avec sa majuscule exagérément surélevée et ses minuscules agrandies, nous permet de revivre le mouvement hautain de l'orgueilleux duc de Savoie : il se redresse, se met en évidence et commande.

Le peintre Santerre (fig. 620) ne se contente pas de surélever la majuscule de son prénom, il l'agrémente encore d'un panache. Après ces excès, il se borne à une écriture de 5 mm, qui semble modeste par comparaison. Mais alors la discordance éclate.

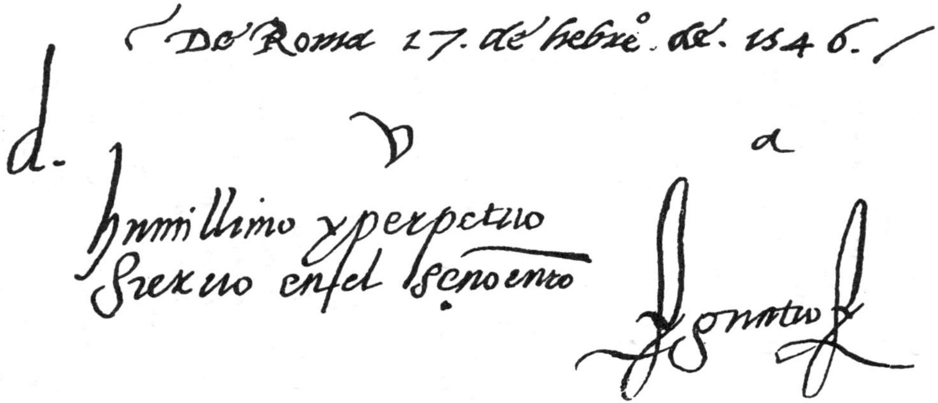

Fig. 621. — Écriture d'Ignace de Loyola, très surélevée, sobre, très retenue impassible, posée, jointoyée, simplifiée, nourrie

Fig. 622. — Signature de l'abbé de Rothelin, de l'Académie française surélevée, étalée, gonflée, liée, mouvementée, grande, arrondie

L'écriture d'Ignace de Loyola (fig. 621) est très surélevée ; toutefois, en observant la première ligne, consacrée à la date, nous soupçonnons le reste d'être un écrit d'apparat. De toutes façons, la signature n'est pas modeste. Les contradictions nous semblent avoir un sens très clair : l'orgueil est au fond du cœur et la tête impose l'humilité.

Avec l'abbé de Rothelin, de l'Académie française (fig. 622), il n'y a pas de mystère : son écriture est surélevée, étalée, gon-

Fig. 623. — Signature de Robertet, ministre français sous Charles VIII surélevée, élancée

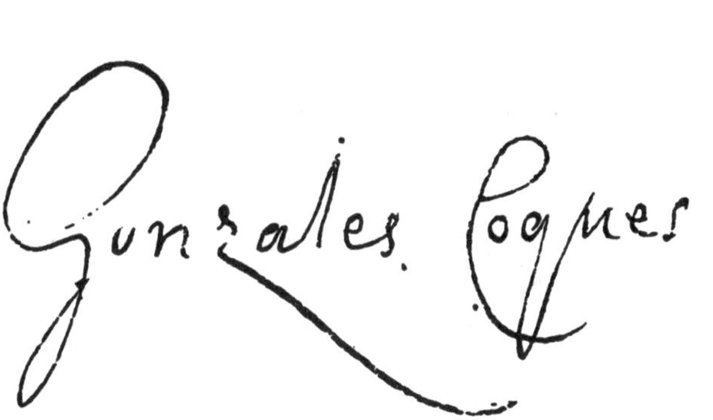

Fig. 624. — Signature de Gonzalès Coques, peintre belge de portraits surélevée, à volutes, gonflée, étalée, mais limpide et posée

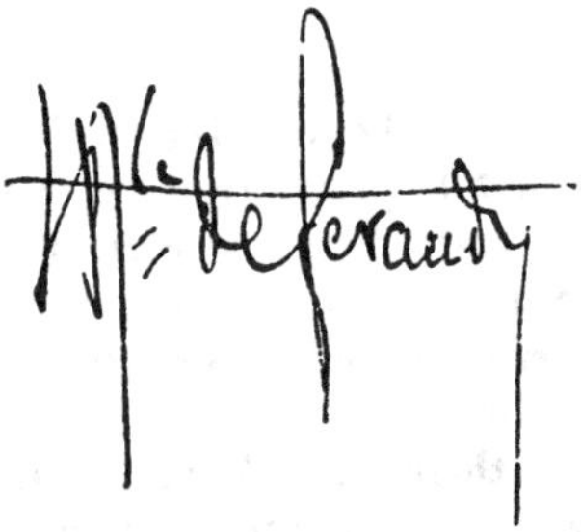

Fig. 625. — Signature de de Féraudy, avec quatre signes de surélévation

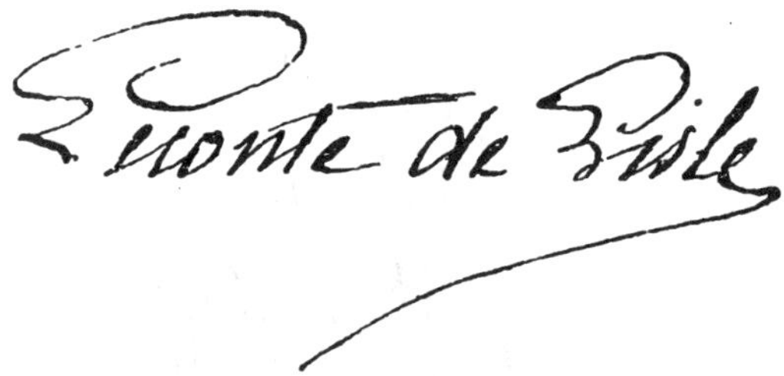

Fig. 626. — Signature de Leconte de Lisle
surélevée, gonflée, anguleuse, grande, posée, limpide, cylindrique

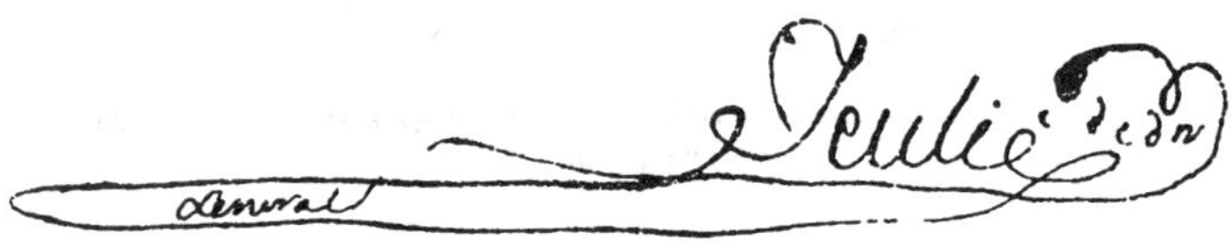

Fig. 627. — Signature de l'amiral Jeulie, compliquée, étalée
soulignée, surélevée, arrondie

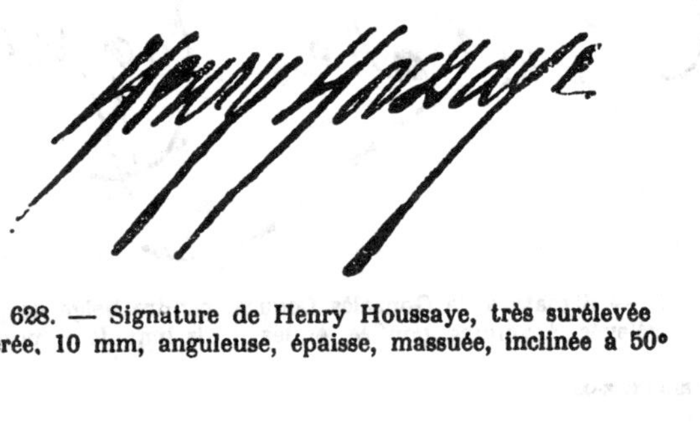

Fig. 628. — Signature de Henry Houssaye, très surélevée
exagérée, 10 mm, anguleuse, épaisse, massuée, inclinée à 50°

flée, mouvementée, grande, arrondie. C'est une personne démonstrative, une importance aimable et conciliante, à la condition qu'on feigne d'ignorer son orgueil.

Voici encore une surélévation excessive (fig. 623) dans la signature de Robertet, ministre de France sous Charles VIII. Il faut tenir compte de la situation des personnages officiels qui les incite aux tracés d'apparat. Même de nos jours, on n'attribuera pas le même sens à la signature exagérée d'un notaire, dans un contrat de mariage, par exemple qu'au même excès dans l'écriture d'un simple bourgeois. Au surplus, on aime assez à voir son notaire pénétré du caractère considérable de ses attributions.

On a considéré jusqu'ici, chez les graphologues, que la surélévation s'appliquait seulement aux tracés au-dessus de la ligne Mais une majuscule est parfois aussi surélevée par le développement de sa base que par l'élévation de sa hampe ; les deux mouvements donnent le même résultat ; ils concourent à agrandir l'écriture ; nous l'avons vu à propos de l'abbé de Rothelin (fig. 622) et nous l'observons encore dans l'écriture de Gonzalès Coques (fig. 624) qui nous fournit un exemple de surélévation par l'agrandissement du *G* de Gonzalès et par le prolongement du *z*, puis du *C* de Coques.

La signature du brillant sociétaire de la Comédie-Française, M. de Féraudy (fig. 625), est également surélevée par le prolongement des *M*, *f*, *y*. Le paraphe consistant en un trait au-dessus de la signature est un autre signe de surélévation, geste d'autoritarisme entièrement assimilable aux précédents.

La surélévation s'accentue par le renforcement, l'élargissement ou l'étalement de la base des lettres ; on le voit dans la signature de Leconte de Lisle (fig. 626), assez disgracieuse et tourmentée ; aussi dans la signature de l'amiral Jeulie (fig. 627) où la base du *J* est de 30 mm, tandis que le paraphe est un double soulignement étalé sur 96 mm, et sur le centre gauche duquel le doux et vaniteux marin a noté son titre.

La signature de Henry Houssaye (fig. 628) est encore un exemple tout à fait remarquable d'écriture agrandie, en dernière analyse surélevée, par l'amplification des jambages non bouclés. Le geste est celui du commandement autoritaire, quelque peu brutal ; il y a équivalence entre l'expression dominatrice des hampes surélevées et celle des jambages prolongés et non bouclés.

Fig. 629. — Écriture surélevée ; hampes et jambages

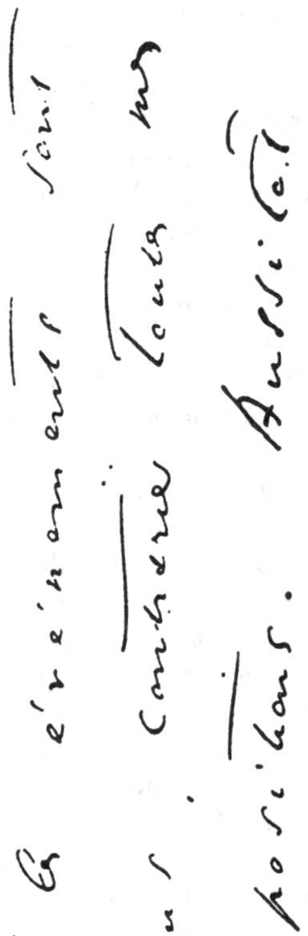

Fig. 630. — Écriture surélevée ; barres de *t* au-dessus de la lettre

Dans la fig. 629, les traits s'exagèrent en hauteur, tantôt au-dessus de la ligne, tantôt au-dessous. Mais le *p* mérite une mention particulière : n'est-il pas absurde de développer cette lettre par le haut ? C'est le fait des nerveux dont l'amour-propre est exaspéré. Ce signe participe autant de la saccade et de l'exagération que de la surélévation, ce qui explique pourquoi il dénote un caractère difficile à mener, irritable, prétentieux, sans mesure. La surélévation de l'*s*, comme dans le mot *soir*, lig. 5, et d'ailleurs tous les tracés surélevés et saccadés des minuscules, ont la même interprétation. Ce sont des signes malheureusement très communs ; on en trouvera maints exemples dans cet ouvrage.

Enfin, la fig. 630 montre la surélévation sous la forme la plus autoritaire : la barre du *t* au-dessus de la lettre. C'est un des plus anciens signes de la graphologie, dont la signification d'orgueil et d'esprit dominateur a été correctement fixée dès le début.

L'ÉCRITURE SUSPENDUE *(Genre Continuité)*

Synonymes : inhibée, inachevée, retenue

Antonymes : aisée, dégagée, spontanée

L'écriture suspendue offre la particularité de laisser en suspens le tracé de certaines lettres, presque toujours à la fin des mots. C'est un mode des Espèces inachevée et inhibée, réunies. Nous l'avons découvert en observant la mimique d'une femme très menteuse qui s'embrouillait dans ses tromperies et s'arrêtait brusquement de parler quand elle était sur le point de se compromettre. En nous reportant à son écriture, nous avons constaté que la plupart de ses *e* retraçaient le mouvement inhibitoire de son langage : leur finale restait suspendue.

S'il est vrai que l'interprétation de mensonge a été confirmée expérimentalement, sans défaillance, dans les manifestations intenses de l'Espèce, lorsque le milieu graphologique était mauvais, nous avons observé l'écriture suspendue chez des gens peu solides, s'alarmant pour de légers motifs. Une jeune dame nous a dit : « Je ne suis pas menteuse et n'ai pas de secrets pour mes parents ou mon mari, cependant les indiscrets me révoltent.

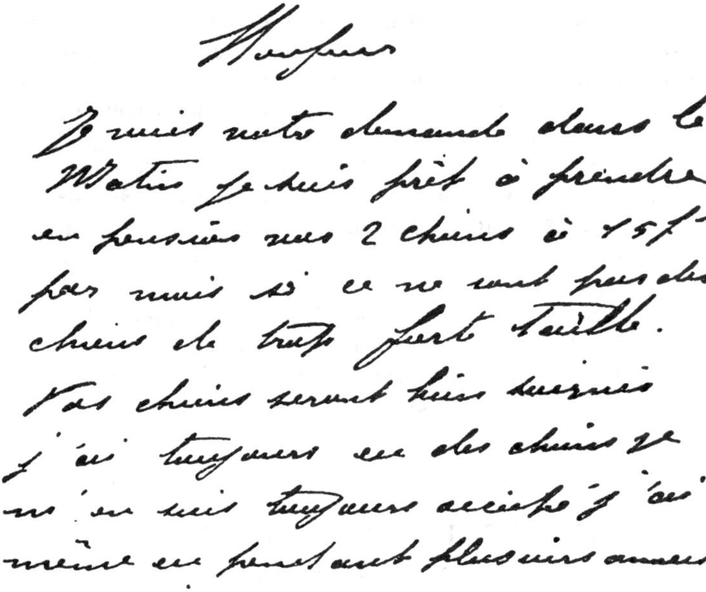

Monsieur

Je suis votre demande dans le
Matin je suis prêt à prendre
en pension mes 2 chiens à 15 fr
par mois si ce ne sont pas des
chiens de trop forte taille.
Nos chiens seront bien soignés
j'ai toujours eu des chiens je
ne m'en suis toujours occupé j'ai
même eu pendant plusieurs années

Fig. 631. — Écriture suspendue, vulgaire, sobre, négligée, grasse pochée, petite, surélevée, descendante
Le développement des finales est interrompu

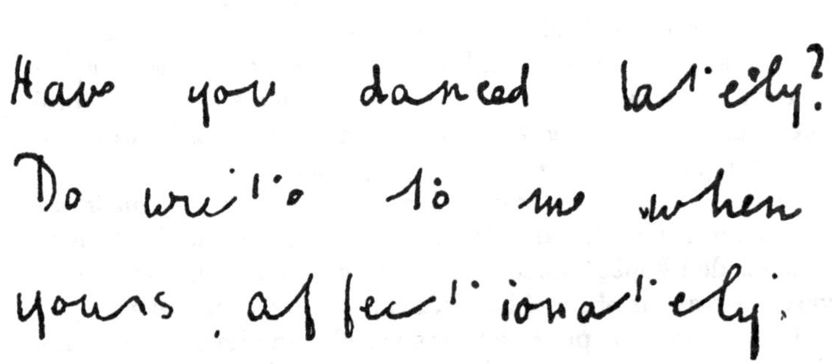

Have you danced lately?
Do write to me when
yours, affectionately.

Fig. 632. — **Écriture très inhibée et suspendue, simple simplifiée, espacée, claire, saccadée, étalée**

C'est peut-être mon sentiment de méfiance contre ces gens-là qui est marqué dans les mouvements de mon écriture. »

L'étude du milieu graphologique orientera les appréciations en partant du principe que les réserves les plus légitimes de la pudeur, de la prudence, de l'appréhension ou autres sentiments délicats, sont des causes fréquentes de l'écriture suspendue.

L'auteur de la fig. 631, en 9 lignes, accumule 21 finales suspendues. Son écriture vulgaire, sobre, négligée, grasse, pochée, petite, surélevée, descendante, compose un milieu défavorable. En réalité, c'est un menteur prétentieux.

Quoique la fig. 632 représente un mode intense de l'écriture suspendue, elle n'appartient cependant pas à une menteuse, mais à une malade qui est devenue extrêmement craintive et scrupuleuse. *Toutes* ses finales sont inhibées ; cela dépasse le fait du mensonge qui est plus ou moins occasionnel. On remarquera ses barres de *t* figurées par un point, signe d'inhibition et ses *t* complètement suspendus bien au-dessus de la ligne de base. L'indigence de mouvements décèle la pathologie.

L'ÉCRITURE TORDUE *(Genre Direction)*

Synonymes : contournée, infléchie. — Antonyme : droite

Dans l'écriture tordue, les tracés droits, selon la calligraphie, deviennent sinueux, et les inflexions des courbes sont exagérées parfois jusqu'à la difformité. Ce signe, que nous avons révélé le premier, en 1923[1], est causé par des troubles nerveux ou circulatoires, selon les cas et ne sont que la conséquence d'un état de débilité vitale, d'ordre général, passager ou définitif. « Nous voyons bien, ajoutions-nous en 1924[2], par les écritures tordue, hachée, fuselée, brisée, saccadée, avec des points où il n'en faut pas, que certains troubles de la circulation et de la respiration s'inscrivent dans les graphismes, mais nous entrons là souvent dans le domaine pathologique, et ce n'est pas sur l'indice de troubles qui, d'ailleurs, se produisent à tout âge, qu'on peut s'appuyer pour déterminer la loi de l'âge dans l'écriture. Par

1. *Les Éléments*, p. 239, 263, 272.
2. *L'Age et le sexe*, p. 23 et 24.

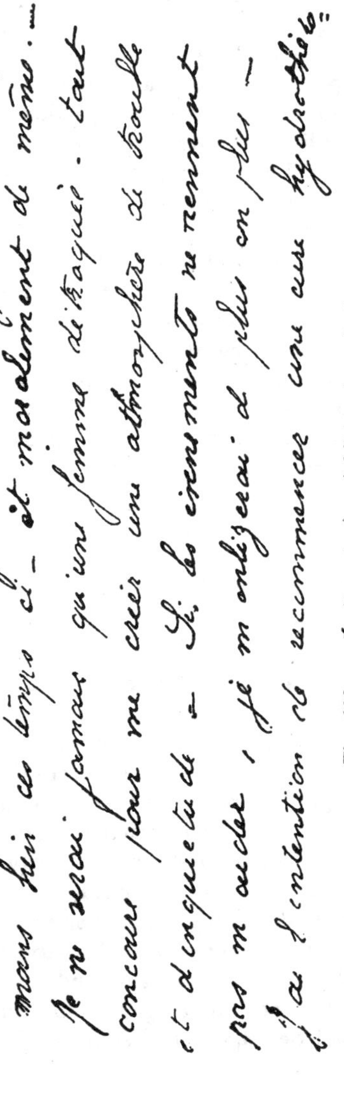

Fig. 633. — Écriture tordue, inhibée, chancelante hésitante, brisée, suspendue, inégale, grossissante, simple, lente. Femme de 35 ans

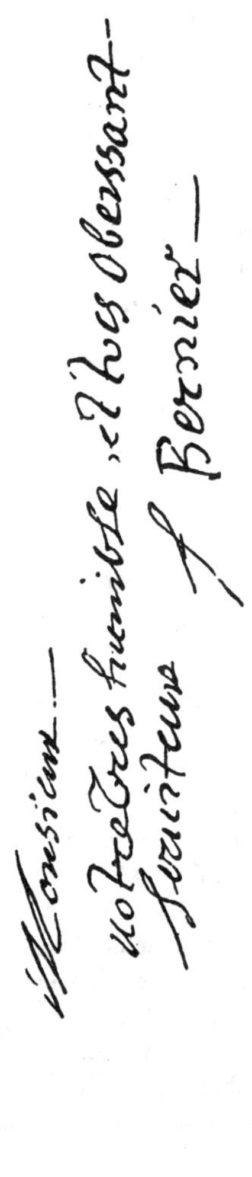

Fig. 634. — Écriture tordue de François Bernier à 52 ans

exemple, à l'époque de la puberté, les affections cardiaques sont fréquentes, parce que dans un laps de temps de courte durée, environ 15 mois, le cœur double à peu près de volume. De là des désordres connus sous le nom de pseudo-hypertrophie cardiaque de croissance. L'écriture tordue les révèle particulièrement bien et elle disparaît le plus souvent après la puberté. Tenons-nous enfin un signe sûr pour déterminer l'âge réel, ou tout au moins l'âge physiologique d'une écriture ? Non, car la puberté s'annonce à des âges assez différents, entre 10 et 16 ans, et ses manifestations varient d'intensité jusqu'à passer inaperçues. Voilà un moyen bien fragile pour fixer l'âge. »

Après avoir fait son profit de ces indications, en omettant volontairement d'en citer la source, M. le Dr Ghislain Houzel a émis l'idée que l'écriture tordue provient d'un déséquilibre des glandes endocriniennes provoqué par l'évolution ou l'involution de la glande génitale[1]. Cette théorie ne change rien à nos explications, puisque l'action des glandes endocrines, en dernière analyse, retentit sur le grand sympathique et produit les troubles de la circulation et l'angoisse que nous avons signalés. Mais pour soutenir sa thèse que la puberté et la ménopause sont les deux seules occasions de production de l'écriture tordue, M. Houzel dit que sa plus grande fréquence est dans l'enfance et *qu'on ne la rencontre plus chez l'adulte*. Ici, l'auteur se contredit ; cent lignes avant, il faisait intervenir l'écriture tordue à 25 ou 30 ans, chez la femme, puis à 48 ans environ chez l'homme, de nouveau à la cinquantaine chez le femme, à l'occasion de la ménopause. Or, l'écriture tordue *est de tous les âges* ; elle apparaît chez les gens sensibles et nerveux au cours des émotions, et dans la fatigue ; c'est pourquoi sa plus grande fréquence est dans l'enfance, lorsque l'organisme est surmené par la croissance, et dans la vieillesse, conjointement avec le tremblement, parce que le cœur des vieillards est affaibli.

Toute torsion est un geste d'incoordination et de fatigue ; elle apparaît comme un épisode plus ou moins prolongé, dans des occasions où la glande endocrine génitale n'a aucun rôle à jouer[2].

1. *La Graphologie scientifique*, n° 22, novembre 1928.

2. Lorsque les lettres tordues sont constantes et systématisées, à quelqu'âge que ce soit, c'est un signe pathologique important qui doit attirer l'attention du médecin. (A. L.)

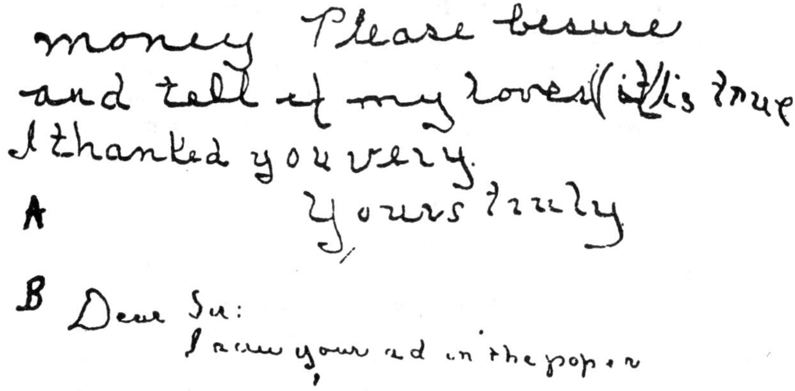

Fig. 635. — Écriture tordue d'une femme, en *A*, à 28 ans ; en *B*, à 34 ans

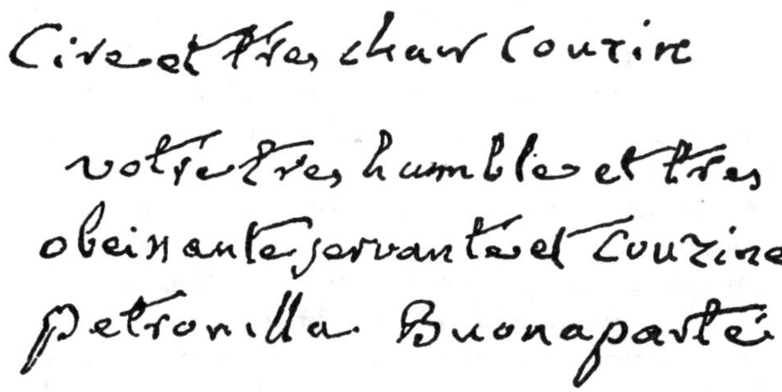

Fig. 636. — Écriture tordue d'une vieille femme

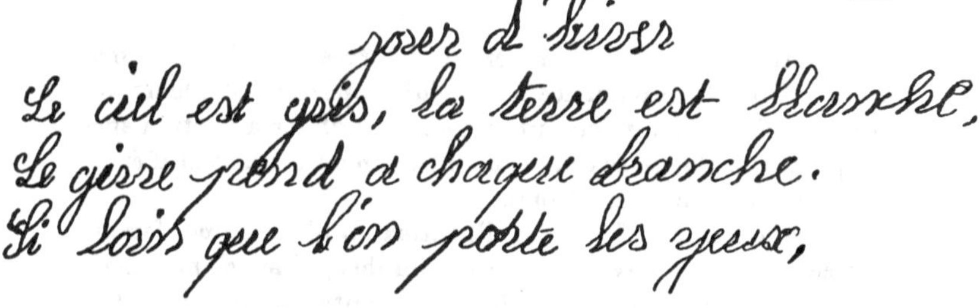

Fig. 637

Fig. 638

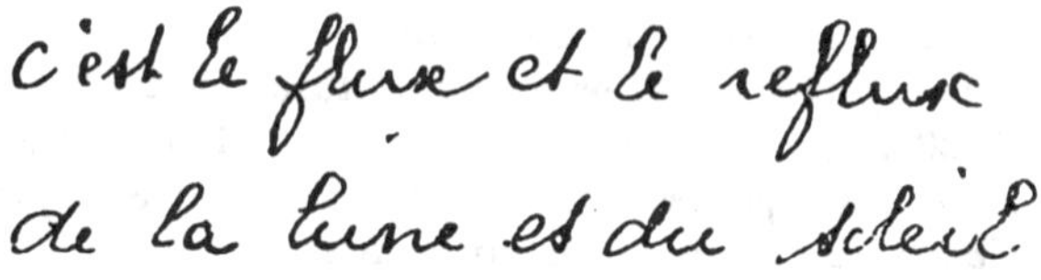

Fig. 639

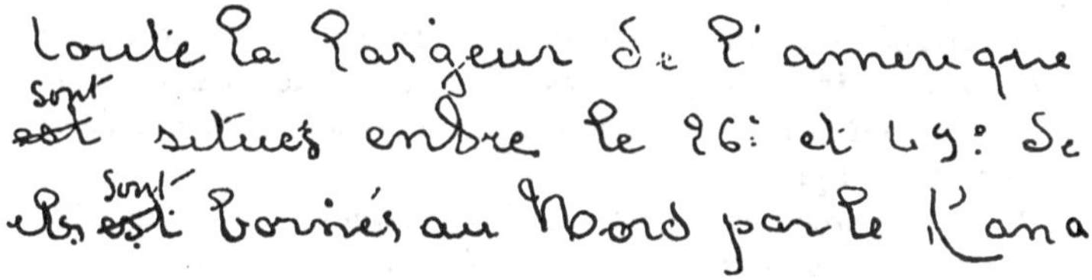

Fig. 640

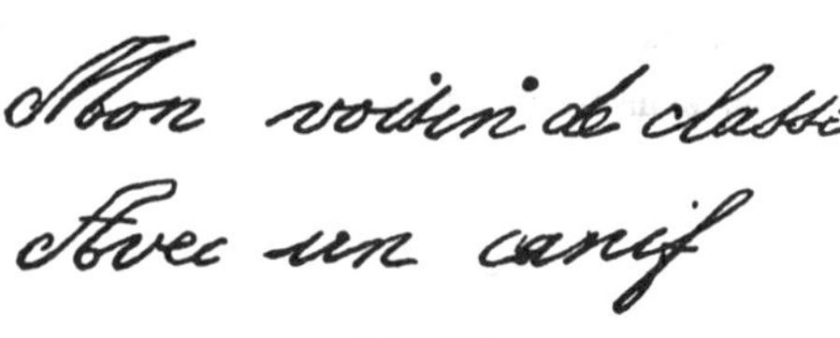

Fig. 641

Écritures tordues : 637, fille de 8 ans ; 638, garçon de 10 ans 639, garçon de 13 ans ; 640, fille de 16 ans ; 641, garçon de 11 ans

L'action des glandes endocrines est très complexe et mal définie. On a trop tendance à tout lui rapporter. D'ailleurs, les faits établissent ici qu'on aurait tort d'attribuer à l'action spécifique d'une glande ce qui est manifestement le résultat d'épuisements aux causes multiples.

Nous donnons (fig. 633) l'écriture tordue d'une femme mariée de 35 ans environ ; elle est inhibée, chancelante, hésitante, *brisée*, suspendue, inégale, grossissante, simple, lente. Les interruptions dans le tracé des lettres signalent une cardiaque débile.

Le philosophe et voyageur du XVIIe siècle François Bernier avait 52 ans seulement quand il a écrit le petit billet de la fig. 634. Son écriture est inégale dans tous les Genres de mouvements. C'est un grand émotif, secoué par la moindre contrariété, angoissé. Il était fatigué par ses longs voyages dans les pays les plus lointains ; son cœur le trahissait.

Dans la fig. 635, en A, on voit l'écriture très tordue d'une femme de 28 ans, cardiaque. En B, la même à 34 ans. La torsion reste accusée ; le rapetissement considérable montre les progrès de la débilité (indigence de mouvements).

L'exemple suivant (fig. 636) est l'écriture tordue d'une vieille femme, avec les modalités habituelles, tremblements, lenteur et saccades.

La fig. 637 est d'une fillette de 8 ans, fille d'alcoolique avéré ; et l'écriture suivante (fig. 638) est d'un garçon de 10 ans dont le père et la mère sont alcooliques. La déficience de ces deux enfants s'explique.

C'est un garçon de 13 ans, très émotif, qui a tracé la fig. 639; les torsions de son écriture disent la fatigue que subit son organisme à cause des modifications amenées par la puberté. Dans la fig. 640, c'est une jeune fille de 16 ans, nerveuse, délicate, très intelligente, pubère depuis deux ans. Enfin, la fig. 641 est d'un garçon de 11 ans, sensitif, toujours fatigué.

L'ÉCRITURE TREMBLÉE *(Genre Continuité)*

Synonyme : saccadée dans le trait

Antonyme : régulière dans le trait

La main agitée par des petits mouvements saccadés produit l'écriture tremblée. Ses causes sont très diverses : vacillement des objets qui nous entourent, le froid, la fatigue, la vieillesse, la peur, l'irritation, toutes les émotions. Dans la plupart des maladies nerveuses et des intoxications, on observe des tremblements ; ce serait sortir de notre plan que d'étudier ici les tremblements pathologiques ; on trouvera quelques indications à ce sujet dans *L'écriture et le caractère*, où nous parlons de l'aphasie, de la crampe des écrivains, de la paralysie agitante, de l'hystérie, de la chorée, de la paralysie générale[1].

Dans l'écriture normale, le tremblement apparaît à tous les âges, parce que ses causes mécaniques, ou physiologiques, sont de tous les âges ; toutefois, on le rencontre le plus souvent chez les enfants faibles ou craintifs, comme nous l'avons montré à propos de l'écriture inorganisée (fig. 15), et chez les vieillards dont le cœur et le système nerveux sont affaiblis. Comme ce sont les mêmes causes générales que celles de l'écriture tordue, il n'est pas étonnant de les voir associées. Dans la fig. 356, nous avons donné l'écriture tordue et tremblée d'un jeune étudiant de 16 ans, sujet fort intelligent, jouissant d'une bonne santé, mais avec une impressionnabilité vive, douloureuse. Dix ans après, il s'était développé physiquement sans rien présenter d'anormal et il avait encore la même écriture tordue et tremblée : pathologique.

L'écriture de Réaumur, le célèbre physicien (fig. 642), est un autre exemple de l'association du tremblement et de la torsion. Il avait alors 68 ans.

Isaac Newton, dans sa signature (fig. 643), alors qu'il avait 77 ans, dissimule le tremblement grâce à une forte pression de la plume sur le papier, mais au trait montant de l'*I* une forte saccade le trahit.

Olivier Cromwell, à 54 ans, avait une écriture très tremblée (fig. 644). Mais il avait eu une jeunesse des plus orageuses et une

1. Cf. Dr Streletzki, André Lecerf, *Cours supérieur*, *loc. cit.*

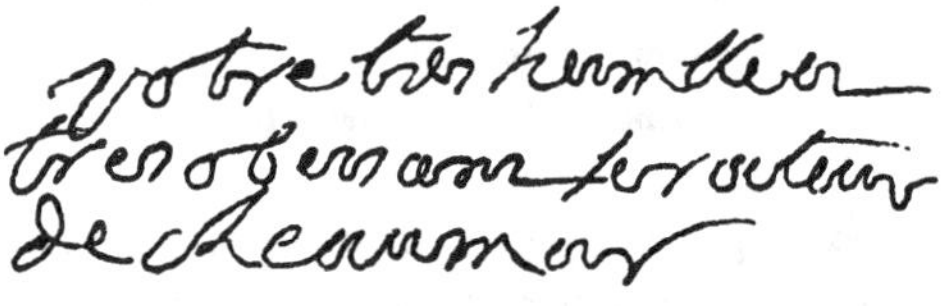

Fig. 642. — Écriture tremblée et tordue de Réaumur

Fig. 643. — Signature tremblée de Newton à 57 ans

Fig. 644. — Écriture tremblée d'Olivier Cromwell à 54 ans

Fig. 645. — Signature tremblée de Mélas à 76 ans

vie agitée. Son tremblement participe de l'écriture tordue.

Le général autrichien Mélas, à 76 ans (fig. 645), a un tremblement saccadé à oscillations très larges ; il était usé. Les tremblements physiologiques prennent les formes les plus diverses ; on a cru pouvoir les classer selon le nombre de leurs oscillations et la direction des angles, mais aucune règle n'a pu être valablement établie. Nous croyons que la solution du problème résultera non pas de la classification des effets, mais de l'étude approfondie des causes, qui sont d'une intense complexité. Les intoxications de toutes sortes, dont beaucoup ne sont pas soupçonnées, à elles seules, embrouillent considérablement la question ; celle-ci sera insoluble tant qu'on n'aura pas fait de nombreuses statistiques et observations, dont l'exquise délicatesse exigera le concours d'un maître.

L'ÉCRITURE TYPOGRAPHIQUE *(Genre Forme)*

L'écriture typographique est celle qui reproduit les caractères d'imprimerie. C'est un signe de culture, de goût, parfois de distinction. En effet, l'usage des caractères typographiques, et leurs combinaisons, supposent une culture assez profonde, résultat d'un long commerce avec les livres, au cours duquel l'image des formes imprimées s'est fixée, dans la mémoire, en s'imposant par ses qualités de clarté, de simplicité, de grâce. La prédilection des artistes instruits leur est assurée. Les écritures des plus grands maîtres de la Renaissance, notamment de Vanucci, dit le Pérugin, de Léonard de Vinci, de Michel-Ange, du Titien, de Raphaël Sanzio, de Jules Romains, etc., sont de magnifiques exemples d'écritures en caractères typographiques, très individualisés et combinés, que nous renonçons à reproduire à cause de leurs dimensions. Mais les érudits, les écrivains, les grands seigneurs cultivés, nous en fournissent aussi des spécimens distingués, parmi lesquels nous choisissons l'écriture de Borso d'Este, duc de Molène (fig. 646)[1]. On en trouvera d'autres

1. Il faut se méfier, à notre époque, de ces écritures qui sont une régression vers les graphismes du XVe siècle. De nos jours, elle sont « Artificielles ». (A. L.)

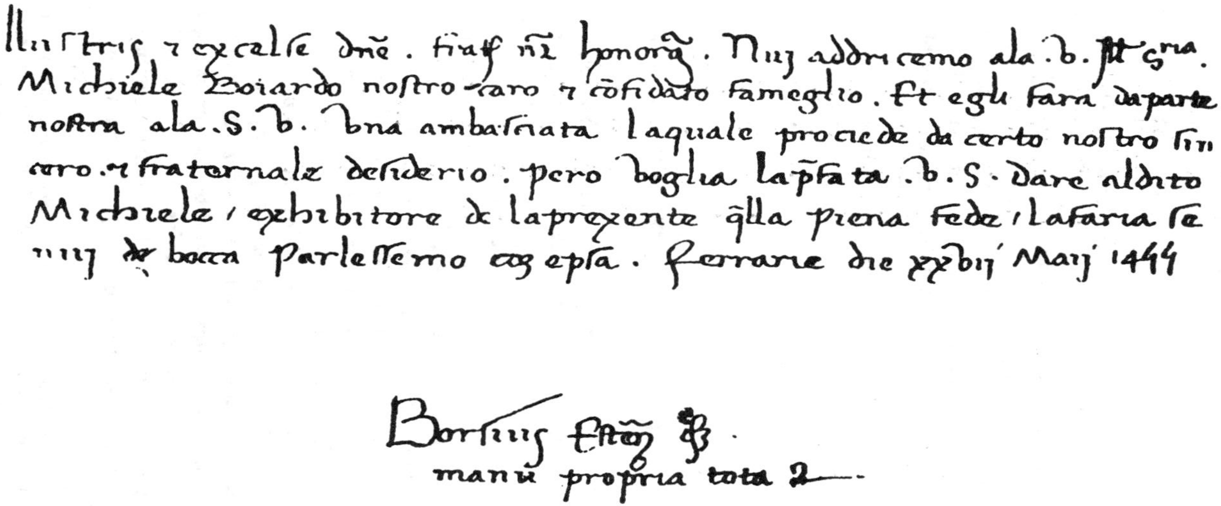

Illustris et excelse dñe. frater nr̃ honorã. Nuj addricemo ala .b. Ill. Sig.ria
Michiele Boiardo nostro caro et cõfidato fameglio. Et egli fara daparte
nostra ala .S. b. una ambasiata laquale prociede da certo nostro sin
cero et fraternale desiderio. pero boglia la pfata .b. S. dare aldito
Michiele exhibitore de la prezente qlla piena fede la faria se
nuj de bocca parlassemo cõ epsa. Ferrarie die xxvij Maij 1444

Borsius Estẽ
manu propria tota

Fig. 646. — Écriture typographique et carrée, limpide de Borso d'Este, duc de Modène

dans notre second volume ; nous nous bornons à signaler les belles écritures de Racine (fig. 70), de Jean Bologne (fig. 225), de Charles IX (fig. 230), de Henri Bergson (fig. 231), de Leibniz (fig. 234).

L'ÉCRITURE VERTICALE *(Genre Direction)*

Synonyme : droite. — Antonymes : redressée, inclinée

L'écriture verticale est perpendiculaire à la ligne d'horizon. Cette direction étant imposée par certaines calligraphies n'est, en principe, qu'une indication graphologique neutre. Toutefois, la question a plus d'une face : il y a des personnes qui ont reçu l'enseignement de l'écriture droite et qui l'ont transformée en écriture renversée ou inclinée ; d'autres ont fait le contraire, en rompant avec l'écriture inclinée pour adopter le tracé droit. Ce sont ces dérogations à l'enseignement du maître qu'il faut déceler, afin de leur donner une interprétation convenable. On y parvient quelquefois directement par l'examen de l'écriture, en observant les tendances de la direction et ses irrégularités, aussi en contrôlant des documents de plusieurs époques.

Nous croyons que l'écriture verticale a, par elle-même, une valeur de stabilité, de fermeté, de solidité ; elle la possède, dans tous les cas, y compris celui de l'enseignement calligraphique, lorsque sa direction est soutenue sans défaillance. Pour peu que le milieu l'indique, on ne risque rien d'accorder à celui qui l'emploie une certaine maîtrise et gravité. Mais par son allure, elle majore la froideur et les formes altières de l'orgueil.

Le diplomate et critique allemand Grimm (fig. 647) a une écriture invariablement droite ; elle répond à sa nature constante, digne, raisonnable.

L'ÉCRITURE A VOLUTES *(Genre Forme)*

On trouve dans les écritures modernes de grandes courbes lancées, partant des majuscules et ombrageant, ou soulignant le mot qui suit, c'est la volute. Dans un grand nombre de

documents, ces traits se développent uniquement à l'occasion des marques de déférence, lorsque le scripteur trace, avec emphase, le nom et les qualités de son correspondant, ou à la fin des écrits en se déclarant son très humble et très obéissant serviteur ; c'était la formule à la mode. L'exagération de la volute, aux XVIIe et XVIIIe siècles, dont les figures 402, 443, et 542, sont des exemples parfaits, a pour ainsi dire disparu dans les écritures contemporaines ; nous sommes aujourd'hui moins

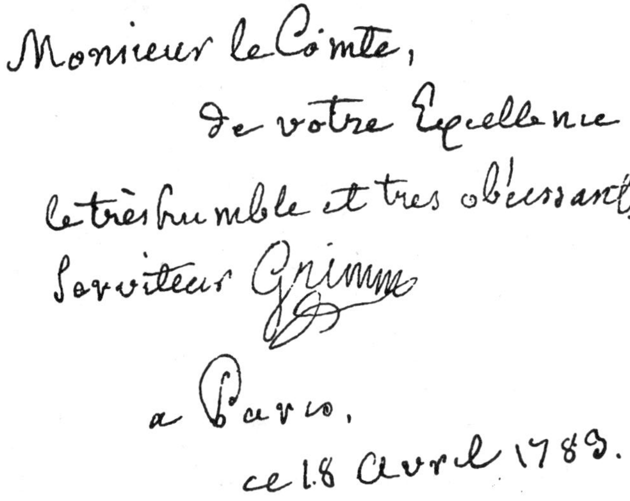
Monsieur le Comte,
de votre Excellence
le très humble et tres obéissant
serviteur Grimm
a Paris,
ce 18 avril 1783.

Fig. 647. — Écriture verticale de Grimm

Fig. 648. — Une volute de de Valincourt

cérémonieux et nous délaissons les grandes manières ; cependant, le sentiment inspirateur de la volute, moins l'outrance, reste le même.

La volute qui surplombe le mot suivant exprime l'orgueil protecteur qui s'impose ; celle qui souligne le mot exprime la grâce et l'obligeance qui se proposent.

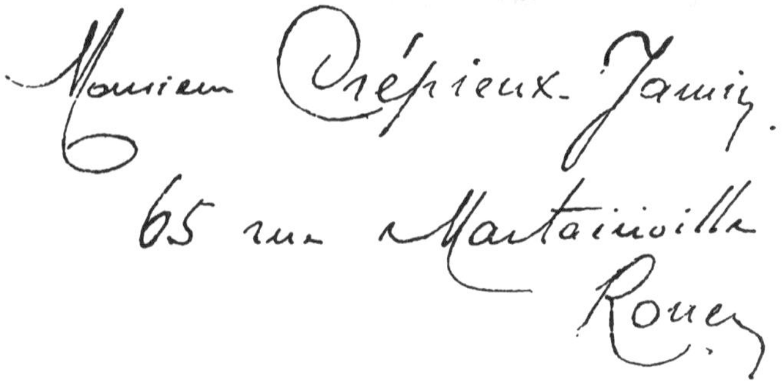

Fig. 649. — Écriture à volutes

Bien entendu, chacun a sa manière. Le P. Joseph (fig. 489), protège comme le bourru bienfaisant ; l'amiral Coligny (fig. 485), est aimable avec une réserve distinguée ; Rabelais (fig. 448), est serviable et console ; de Valincourt, de l'Académie française (fig. 648), émotif, passionné, important, est heureux de prouver sa puissance ; il serait dangereux de refuser son appui. Enfin, la fig. 649 reproduit l'écriture d'un homme prétentieux, sans doute, mais aimable, souriant et poli, le modèle des voisins à la campagne.

L'ÉCRITURE VULGAIRE *(Genre Forme)*

Synonyme : commune. — Antonymes : distinguée, noble

L'écriture vulgaire est celle de la multitude des gens dépourvus d'éducation et de goût. Elle peut ne pas être grossière ; elle ne manque jamais d'être banale et sans grâce.

Quoique la catégorie des écritures inorganisées fournisse le plus fort contingent des écritures vulgaires, il n'est pas rare de rencontrer des gens instruits qui se complaisent dans la vulgarité ; les uns sont accablés par leurs origines, les autres sont pervertis et jouent partout un rôle funeste. Parmi les discordances du caractère il n'en est pas une de plus inquiétante.

Les figures 64, 65, 90, 205, 207, 208, 210, 211, 220, etc. ; sont des exemples variés d'écriture vulgaire.

INDEX DES PERSONNES
dont les écritures sont représentées

INDEX DES ESPÈCES GRAPHIQUES

TABLE DES MATIÈRES

COLLECTION « QUADRIGE »

ABÉCASSIS É.	Petite métaphysique du meurtre
ALAIN	Propos sur l'éducation *suivis de* Pédagogie enfantine
ALAIN	Propos sur les beaux-arts
ALAIN	Stendhal *et autres textes*
ALLAND D. et RIALS S.	Dictionnaire de la culture juridique
ALQUIÉ F.	Le Désir d'éternité
ALTER N.	L'Innovation ordinaire
ALTHUSSER L.	Montesquieu, la politique et l'histoire
ALTHUSSER L. et BALIBAR É.	Lire *Le Capital*
AMBRIÈRE M.	Balzac et *La Recherche de l'Absolu*
ANDREAS-SALOMÉ L.	Ma vie
ANZIEU D., CHABERT C.	Les Méthodes projectives
ASSOUN P.-L.	Freud, la philosophie et les philosophes
ASSOUN P.-L.	Freud et Nietzsche
ASSOUN P.-L.	Freud et Wittgenstein
ASSOUN P.-L.	Le Freudisme
ASSOUN P.-L.	Marx et la répétition historique
ATTALI J. et GUILLAUME M.	L'Anti-économique
AUBENQUE P.	Le Problème de l'être chez Aristote
AUBENQUE P.	La Prudence chez Aristote
AUDI P.	Supériorité de l'éthique. De Schopenhauer à Wittgenstein
AYMARD A. et AUBOYER J.	L'Orient et la Grèce antique
AYMARD A. et AUBOYER J.	Rome et son Empire
BACHELARD G.	La Philosophie du non
BACHELARD G.	La Poétique de l'espace
BACHELARD G.	La Poétique de la rêverie
BACHELARD G.	Le Nouvel Esprit scientifique
BACHELARD G.	La Flamme d'une chandelle
BACHELARD G.	Le Rationalisme appliqué
BACHELARD G.	La Dialectique de la durée
BACHELARD G.	Le Matérialisme rationnel
BACHELARD G.	Le Droit de rêver
BALANDIER G.	Sens et puissance
BALANDIER G.	Sociologie actuelle de l'Afrique noire
BALANDIER G.	Anthropologie politique
BALIBAR É.	Droit de cité
BARON S. W.	Histoire d'Israël, vol. 1
BARON S. W.	Histoire d'Israël, vol. 2
BASTIDE R.	Les Problèmes de la vie mystique
BASTIDE R.	Sociologie et psychanalyse
BAUDUIN A., COBLENCE F.	Marcel Proust, visiteur des psychanalystes
BEAUFRET J.	Parménide. Le Poème
BELLEMIN-NOËL J.	Vers l'inconscient du texte
BELLEMIN-NOËL J.	Psychanalyse et littérature
BÉLY L.	Dictionnaire de l'Ancien Régime
BÉLY L.	La France moderne, 1498-1789
BENCHEIKH J. E., DIDIER B.	Dictionnaire de littérature de langue arabe
BENOIST J.-M.	Marx est mort
BERGSON H.	Essai sur les données immédiates de la conscience
BERGSON H.	L'Énergie spirituelle

BERGSON H.	L'Évolution créatrice
BERGSON H.	Le Rire
BERGSON H.	Les Deux Sources de la morale et de la religion
BERGSON H.	Matière et mémoire
BERGSON H.	La Pensée et le mouvant
BERGSON H.	Durée et simultanéité
BERNARD C.	Principes de médecine expérimentale
BERNSTEIN P.-L.	Des idées capitales
BERTHELOT J.-M.	La Sociologie française contemporaine
BERTHELOT J.-M.	Les Vertus de l'incertitude
BIDEAUD J., HOUDÉ O., PEDINIELLI J.-L.	L'Homme en développement
BILLIG J.	L'Hitlérisme et le système concentrationnaire
BLANCHÉ R.	L'Axiomatique
BLOCH J.-R.	Destin du siècle
BLOCH O., WARTBURG W. VON	Dictionnaire étymologique de la langue française
BLONDEL M.	L'Action (1893)
BODEUS R., GAUTHIER-MUZELLEC M.-H., JAULIN A. et WOLFF F.	La Philosophie d'Aristote
BONIFACE P.	Le Monde contemporain
BONTE P. et IZARD M.	Dictionnaire de l'ethnologie et de l'anthropologie
BORNE É.	Le Problème du mal
BOUDON R.	Effets pervers et ordre social
BOUDON R.	La Place du désordre
BOUDON R.	Études sur les sociologues classiques I
BOUDON R.	Études sur les sociologues classiques II
BOUDON R.	Le Sens des valeurs
BOUDON R. et BOURRICAUD F.	Dictionnaire critique de la sociologie
BOUGLÉ C.	Essais sur le régime des castes
BOUHDIBA A.	La Sexualité en Islam
BOURIAU C., CLAVIER P., LEQUAN M., RAULET G. et TOSEL A.	La Philosophie de Kant
BOUTANG P.	Ontologie du secret
BOUVIER A., GEORGE M., LE LIONNAIS F.	Dictionnaire des mathématiques
BRAGUE R.	Du temps chez Platon et Aristote
BRAHAMI F.	Introduction au « Traité de la nature humaine » de David Hume
BRAUDEL F. et LABROUSSE E.	Histoire économique et sociale de la France T. I : 1450-1660 T. II : 1660-1789 T. III : 1789-années 1880 T. IV : Années 1880-1950 T. V : Années 1950-1980
BRÉHIER É.	Histoire de la philosophie
BUBER M.	Moïse
CANGUILHEM G.	Le Normal et le pathologique
CANGUILHEM G.	Du développement à l'évolution au XIXe siècle
CANTO-SPERBER M.	Éthiques grecques
CARBONNIER J.	Sociologie juridique
CARON J.	Précis de psycholinguistique
CARRILHO M. M.	Rhétoriques de la modernité
CAUQUELIN A.	L'Invention du paysage
CAUQUELIN A.	Le Site et le paysage
CHAÎNEAU A.	Mécanismes et politique monétaires
CHÂTELET F., DUHAMEL O. et PISIER É.	Dictionnaire des œuvres politiques
CHAUVIN R.	Les Sociétés animales
CHEBEL M.	Le Corps en Islam
CHEBEL M.	L'Imaginaire arabo-musulman

CHOULET P., FOLSCHEID D., WUNENBURGER J.-J.	Méthodologie philosophique
COBAST E.	Culture générale, 1
COHEN-TANUGI L.	Le Droit sans l'État
COLAS D.	Sociologie politique
COLAS D.	Le Léninisme
COMTE-SPONVILLE A.	Traité du désespoir et de la béatitude
CONCHE M.	Essais sur Homère
CORNU G.	Vocabulaire juridique
CORVISIER A.	Histoire militaire de la France
	T. I : Des origines à 1715
	T. II : De 1715 à 1871
	T. III : De 1871 à 1940
	T. IV : De 1940 à nos jours
COTTERET J.-M.	Gouverner c'est paraître
CRÉPIEUX-JAMIN J.	ABC de la graphologie
CROUZET M.	L'Époque contemporaine
CROZET R.	L'Art roman
CUSIN F., BENAMOUZIG D.	Économie et sociologie
DAGOGNET F.	Le Catalogue de la vie
DANDREY P.	Poétique de La Fontaine, I : La Fabrique des fables
DAUMAS M.	Histoire générale des techniques
DAUMAS M.	T. 1 : Des origines au XVIe siècle
	T. 2 : Les Premières Étapes du machinisme
	T. 3 : L'Expansion du machinisme
	T. 4 : Énergie et matériaux
	T. 5: Transformation - Communication - Facteur humain
DAVIS M. et WALLBRIDGE D.	Winnicott. Introduction à son œuvre
DAVY M.	La Connaissance de soi
DE KONINCK T.	De la dignité humaine
DELEUZE G.	La Philosophie critique de Kant
DELEUZE G.	Proust et les signes
DELEUZE G.	Nietzsche et la philosophie
DELEUZE G.	Le Bergsonisme
DELMAS-MARTY M.	Le Flou du droit
DEMEULENAERE P.	*Homo œconomicus.* Enquête sur la constitution d'un paradigme
DENIS H.	Histoire de la pensée économique
DENIS P. et SCHAEFFER J.	Devenir psychanalyste ?
DENIS P., JANIN C.	Psychothérapie et psychanalyse
DERRIDA J.	La Voix et le phénomène
DESCARTES R.	Méditations métaphysiques
DEUTSCH H.	La Psychologie des femmes, t. I
DEUTSCH H.	La Psychologie des femmes, t. II
DOCKÈS P.	Ordre et désordres dans l'économie-monde
DOUIN J.-L.	Dictionnaire de la censure au cinéma
DROZ J.	Histoire générale du socialisme
	T. 1 : Des origines à 1875
	T. 2 : De 1875 à 1918
	T. 3 : De 1918 à 1945
	T. 4 : De 1945 à nos jours
DUMÉZIL G.	Du mythe au roman
DUPÂQUIER J.	Histoire de la population française
	T. 1 : Des origines à la Renaissance
	T. 2 : De la Renaissance à 1789
	T. 3 : De 1789 à 1914
	T. 4 : De 1914 à nos jours
DURAND G.	L'Imagination symbolique
DURKHEIM É.	Les Règles de la méthode sociologique
DURKHEIM É.	Le Suicide
DURKHEIM É.	Les Formes élémentaires de la vie religieuse
DURKHEIM É.	Éducation et sociologie

DURKHEIM É.	De la division du travail social
DURKHEIM É.	L'Évolution pédagogique en France
DURKHEIM É.	Leçons de sociologie
DURKHEIM É.	Le Socialisme
DURKHEIM É.	Sociologie et philosophie
DUVIGNAUD J.	Sociologie du théâtre
ECO U.	Sémiotique et philosophie du langage
EINAUDI J.-L.	Un rêve algérien
ELLUL J.	Histoire des institutions. L'Antiquité
ELLUL J.	Histoire des institutions. Le Moyen Âge
ELLUL J.	Histoire des institutions. XVIe-XVIIIe siècle
ELLUL J.	Histoire des institutions. Le XIXe siècle
FEBVRE L.	Martin Luther, un destin
FERRY L.	Philosophie politique T. 1 : Le Droit
FERRY L. et RENAUT A.	T. 3 : Des droits de l'homme à l'idée républicaine
FESTUGIÈRE A.-J.	Épicure et ses dieux
FICHTE J. G.	Fondement du droit naturel selon les principes de la doctrine de la science
FILLIOZAT P.-S.	Dictionnaire des littératures de l'Inde
FLOUZAT D.	Japon, éternelle renaissance
FOCILLON H.	L'Art des sculpteurs romans
FOCILLON H.	La Vie des formes
FORGES J.-M. DE	Droit administratif
FOUCAULT M.	Maladie mentale et psychologie
FOUCAULT M.	Naissance de la clinique
FOULQUIÉ P.	Dictionnaire de la langue pédagogique
FRAISSE G.	La Controverse des sexes
FREUD S.	L'Homme aux loups
FREUD S.	L'Homme aux rats
FREUD S.	La Première Théorie des névroses
FREUD S.	Le Président Schreber
FREUD S.	L'Avenir d'une illusion
FREUD S.	Inhibition, symptôme et angoisse
FREUD S.	Le Malaise dans la culture
FUMAROLI M., ZUBER R.	Dictionnaire de littérature française du XVIIe siècle
GALLIEN C.-L.	Homo. Histoire plurielle d'un genre très particulier
GANDHI	Autobiographie ou mes expériences de la vérité
GAUVARD C.	La France du Moyen Âge, du Ve au XVe siècle
GAUVARD C., LIBERA A. DE, ZINK M.	Dictionnaire du Moyen Âge
GEORGE P., VERGER F.	Dictionnaire de la géographie
GORCEIX B.	La Bible des Rose-Croix
GROSSKURTH P.	Melanie Klein
GROUSSET R.	Les Croisades
GUITTON J.	Justification du temps
GUSDORF G.	La Parole
GUTTON P.	Le Pubertaire
HALPÉRIN J.-L.	Histoire du droit privé français depuis 1804
HAMON Ph.	Texte et idéologie
HAMSUN K.	La Faim
HAROUEL J.-L.	Culture et contre-cultures
HAYEK F. A.	La Route de la servitude
HAYEK F. A.	Droit, législation et liberté Vol. 1 : Règles et ordre Vol. 2 : Le Mirage de la justice sociale Vol. 3 : L'Ordre politique d'un peuple libre
HEERS J.	Le Clan familial au Moyen Âge
HEGEL G. W. F.	Principes de la philosophie du droit
HEIDEGGER M.	Qu'appelle-t-on penser ?
HENRY M.	La Barbarie
HIRSCHMAN A. O.	Les Passions et les intérêts

HYPPOLITE J.	Figures de la pensée philosophique, vol. I et II
JACCARD R.	La Tentation nihiliste
JANKÉLÉVITCH V.	Philosophie première
JANKÉLÉVITCH V.	Henri Bergson
JAQUET C.	L'Unité du corps et de l'esprit. Affects, actions et passions chez Spinoza
JOHNSTON W.	L'Esprit viennois
JOSHUA S., DUPIN J.-J.	Introduction à la didactique des sciences et des mathématiques
JULLIEN F.	La Valeur allusive
JULLIEN F.	La Chaîne et la trame
JURANVILLE A.	Lacan et la philosophie
KANT E.	Critique de la raison pratique
KANT E.	Critique de la raison pure
KLEIN M.	Développements de la psychanalyse
KLEIN M.	La Psychanalyse des enfants
KRIEGEL B.	L'Histoire à l'âge classique
	T. I : Jean Mabillon
	T. II : La Défaite de l'érudition
	T. III : Les Académies de l'histoire
	T. IV : La République incertaine
LABICA G., BENSUSSAN G.	Dictionnaire critique du marxisme
LABRE C., SOLER P.	Études littéraires
LABURTHE-TOLRA P. et WARNIER J.-P.	Ethnologie, anthropologie
LACOSTE J.-Y.	Dictionnaire critique de théologie
LAFON R.	Vocabulaire de psychopédagogie et de psychiatrie de l'enfant
LAGACHE D.	La Jalousie amoureuse
LAGACHE D.	L'Unité de la psychologie
LALANDE A.	Vocabulaire technique et critique de la philosophie, vol. 1 et 2
LAMARCK J.-B. DE	Système analytique des connaissances positives de l'homme
LAPLANCHE J.	Nouveaux fondements pour la psychanalyse
LAPLANCHE J.	Problématiques
	I : L'Angoisse
	II : Castration. Symbolisations
	III : La Sublimation
	IV : L'Inconscient et le Ça
	V : Le Baquet. Transcendance du transfert
LAPLANCHE J. et PONTALIS J.-B.	Vocabulaire de la psychanalyse
LAPLANCHE J.	Entre séduction et inspiration : l'homme
LAURÉ M., BABEAU A. et LOUIT C.	Les Impôts gaspilleurs
LARTHOMAS P.	Le Langage dramatique
LE BON G.	Psychologie des foules
LE BRETON D.	Anthropologie du corps et modernité
LE BRETON D.	Conduites à risque
LE RIDER J.	Modernité viennoise et crises de l'identité
LEBOVICI S.	La Connaissance de l'enfant par la psychanalyse
LEBOVICI S., DIATKINE R., SOULÉ M.	Nouveau Traité de psychiatrie de l'enfant et de l'adolescent, T. 1
LEBOVICI S., DIATKINE R., SOULÉ M.	Nouveau Traité de psychiatrie de l'enfant et de l'adolescent, T. 2
LEBOVICI S., DIATKINE R., SOULÉ M.	Nouveau Traité de psychiatrie de l'enfant et de l'adolescent, T. 3
LEBOVICI S., DIATKINE R., SOULÉ M.	Nouveau Traité de psychiatrie de l'enfant et de l'adolescent, T. 4
LECOURT D.	Lyssenko. Histoire réelle d'une « science prolétarienne »
LECOURT D.	L'Amérique entre la Bible et Darwin
LECOURT D.	Contre la peur
LECOURT D.	Dictionnaire de la pensée médicale

LECOURT D.	Dictionnaire d'histoire et philosophie des sciences
LECOURT D., KAHN A.	Bioéthique et liberté
LEFEBVRE H.	Le Matérialisme dialectique
LÉONARD E. G.	Histoire générale du protestantisme T. I : La Réformation T. II : L'Établissement T. III : Déclin et renouveau
LEROI-GOURHAN A.	Les Religions de la préhistoire
LEROI-GOURHAN A.	Dictionnaire de la préhistoire
LEVINAS E.	Le Temps et l'autre
LÉVI-STRAUSS C.	L'Identité
LÉVY-BRUHL L.	L'Âme primitive
LÉVY-BRUHL L.	Carnets de note
LÉVY A., DIDIER B.	Dictionnaire de littérature chinoise
LIBÉRA A. DE	Philosophie médiévale
LIÉBERT G.	Nietzsche et la musique
LOCKE J.	Lettre sur la tolérance
MAÏMONIDE M.	Le Livre de la connaissance
MAISTRE J. DE	Écrits sur la Révolution
MÂLE P.	Psychothérapie de l'adolescent
MARION J.-L.	Dieu sans l'être
MARION J.-L.	Sur la théologie blanche de Descartes
MARTIN R.	Comprendre la linguistique
MARTY P., M'UZAN M. DE, DAVID C.	L'Investigation psychosomatique
MARX K.	Le Capital, livre I
MATTÉI J.-F.	La Barbarie intérieure
MATTÉI J.-F.	Philosopher en français
MATTÉI J.-F.	Platon et le miroir du mythe
MAUSS M.	Sociologie et anthropologie
MEILLASSOUX C.	L'Anthropologie de l'esclavage
MÉLÈZE-MODRZEJEWSKI J.	Les Juifs d'Égypte de Ramsès II à Hadrien
MERLEAU-PONTY M.	La Structure du comportement
MEYER M.	Langage et littérature
MEYER M.	Science et métaphysique chez Kant
MEYER M.	Pour une histoire de l'ontologie
MICHALET C.-A.	Le Capitalisme mondial
MICHAUD Y.	Hume et la fin de la philosophie
MICHAUD Y.	Locke
MILL J.	L'Utilitarisme. Essai sur Bentham
MINKOWSKI E.	Le Temps vécu
MONTAIGNE M. de	Les Essais, livres I, II, III
MONTBRIAL T. DE	L'Action et le système du monde
MORENO J.-L.	Psychothérapie de groupe et psychodrame
MOSCOVICI S.	Psychologie sociale
MOUNIN G.	Dictionnaire de la linguistique
MOUNIN G.	Histoire de la linguistique, des origines au XXe siècle
MOUSNIER R.	Les XVIe et XVIIe siècles
NEMO P.	Histoire des idées politiques aux Temps modernes et contemporains
NIETZSCHE F., RÉE P., SALOMÉ L.	Correspondance
NISBET R. A.	La Tradition sociologique
NIVEAU M. et CROZET Y.	Histoire des faits économiques contemporains
NOZICK R.	Anarchie, État et utopie
ORIGAS J.-J., DIDIER B.	Dictionnaire de littérature japonaise
ORLÉAN A.	Analyse économique des conventions
ORRIEUX C., SCHMITT-PANTEL P.	Histoire grecque
PARISET F. G.	L'Art classique
PAROT F., RICHELLE M.	Introduction à la psychologie
PAUGAM S.	La Disqualification sociale
PAUGAM S.	La Société française et ses pauvres

PERRIN M.	Les Praticiens du rêve
PERROY E.	Le Moyen Âge
PIAGET J.	Sagesse et illusions de la philosophie
PIAGET J.	La Représentation du monde chez l'enfant
PIÉRON H.	Vocabulaire de la psychologie
PINÇON M., PINÇON-CHARLOT M.	Voyage en grande bourgeoisie
PIRENNE H.	Mahomet et Charlemagne
PISIER É., DUHAMEL O., CHÂTELET F.	Histoire des idées politiques
POLITZER G.	Critique des fondements de la psychologie
PRIGENT M.	Le Héros et l'État dans la tragédie de Pierre Corneille
QUINODOZ J.-M.	La Solitude apprivoisée
RADKOWSKI G.-H. DE	Les Jeux du désir
RAVAISSON F.	De l'habitude
RAWLS J.	Libéralisme politique
RAYNAUD F.	Max Weber et les dilemmes de la raison moderne
REVUE DIOGÈNE	Chamanismes
RIALS S.	Villey et les idoles
RIEGEL M., PELLAT J.-C., RIOUL R.	Grammaire méthodique du français
ROBIN L.	Platon
ROCHÉ S.	Sociologie politique de l'insécurité
RODINSON M.	Les Arabes
RODIS-LEWIS G.	La Morale de Descartes
ROMILLY J. DE	Dictionnaire de littérature grecque ancienne et moderne
ROMILLY J. DE	La Tragédie grecque
ROMILLY J. DE	Précis de littérature grecque
ROSOLATO G.	Le Sacrifice
ROSSET C.	Schopenhauer, philosophe de l'absurde
ROSSET C.	L'Anti-Nature
ROSSET C.	Logique du pire
ROUSSILLON	Paradoxes et situations limites de la psychanalyse
SAÏD S., TRÉDÉ M., LE BOULLUEC A.	Histoire de la littérature grecque
SALAIS R., BAVEREZ N., REYNAUD B.	L'Invention du chômage
SALA-MOLINS L.	Le Code Noir ou le calvaire de Canaan
SANSOT P.	Les Gens de peu
SARTRE J.-P.	L'Imagination
SCHNERB R.	Le XIXe siècle
SCHOPENHAUER A.	Aphorismes sur la sagesse dans la vie
SCHOPENHAUER A.	De la volonté dans la nature
SCHOPENHAUER A.	Le Monde comme volonté et comme représentation
SCHWARTZ O.	Le Monde privé des ouvriers
SEN A.	Éthique et économie
SENGHOR L. Sedar	Anthologie de la nouvelle poésie nègre et malgache
SFEZ L.	La Politique symbolique
SICARD D.	Travaux du Comité national d'éthique
SIMMEL G.	Les Pauvres
SIMMEL G.	Philosophie de l'argent
SIMON P.-J.	Histoire de la sociologie
SINGLY F. DE	Fortune et infortune de la femme mariée
SIRINELLI J.-F.	La France de 1914 à nos jours
SMITH A.	Théorie des sentiments moraux
SOBOUL A.	La Révolution française
SOULEZ P., WORMS F.	Bergson. Biographie
SOURDEL J., SOURDEL D.	Dictionnaire historique de l'islam
SOURIAU É.	Vocabulaire d'esthétique
STRAUSS L.	Histoire de la philosophie politique
SUPIOT A.	Critique du droit du travail
SUPIOT A.	Pour une politique des sciences de l'homme et de la société

SUZUKI D. T., FROMM E., MARTINO R. DE	Bouddhisme zen et psychanalyse
TADIÉ J.-Y.	Le Roman d'aventures
TATON R.	La Science antique et médiévale, T. I
TATON R.	La Science moderne, histoire générale des sciences, T. II
TATON R.	La Science contemporaine. Le XIXe siècle, T. I
TATON R.	La Science contemporaine. Le XXe siècle, années 1900-1960, T. II
TAZIEFF H.	Les Volcans et la dérive des continents
TEYSSIER P., DIDIER B.	Dictionnaire de littérature brésilienne
TOUCHARD	Histoire des idées politiques, t. I
TOUCHARD	Histoire des idées politiques, t. II
TULARD D.	La France de la Révolution et de l'Empire
TURPIN D.	Droit constitutionnel
VAN TIEGHEM P.	Dictionnaire des littératures, vol. 1 : A-C
VAN TIEGHEM P.	Dictionnaire des littératures, vol. 2 : D-J
VAN TIEGHEM P.	Dictionnaire des littératures, vol. 3 : K-Q
VAN TIEGHEM P.	Dictionnaire des littératures, vol. 4 : R-Z
VAN TIEGHEM P.	Les Grandes Doctrines littéraires en France
VAX L.	La Séduction de l'étrange
VERGER J.	Les Universités au Moyen Âge
VERNANT J.-P.	Les Origines de la pensée grecque
VERNETTE J., MONCELON C.	Dictionnaire des groupes religieux aujourd'hui
WALLON H.	Les Origines du caractère chez l'enfant
WALLON H.	L'Enfant turbulent
WALLON H.	Les Origines de la pensée chez l'enfant
WIDLÖCHER D.	Le Psychodrame chez l'enfant
WOLFF F.	L'Être, l'homme, le disciple
ZARKA Y. C.	Hobbes et la pensée politique moderne
ZARKA Y. C.	Comment écrire l'histoire de la philosophie ?
ZAZZO R.	Les Jumeaux, le couple et la personne
ZWEIG S.	Montaigne

Imprimerie France Quercy - Cahors
N° d'impression : 40937/
Dépôt légal : avril 2004

Imprimé en France